权威·前沿·原创

皮书系列为

“十二五”“十三五”国家重点图书出版规划项目

BLUE BOOK

智库成果出版与传播平台

安徽上市公司蓝皮书

BLUE BOOK OF
LISTED COMPANIES IN ANHUI

安徽上市公司发展报告（2020）

DEVELOPMENT REPORT ON LISTED COMPANIES IN ANHUI (2020)

主　编 / 安徽上市公司发展报告编写组

社会科学文献出版社
SOCIAL SCIENCES ACADEMIC PRESS (CHINA)

图书在版编目（CIP）数据

安徽上市公司发展报告．2020／安徽上市公司发展报告编写组主编．--北京：社会科学文献出版社，2020.9
（安徽上市公司蓝皮书）
ISBN 978-7-5201-7313-1

Ⅰ．①安…　Ⅱ．①安…　Ⅲ．①上市公司－研究报告－安徽－2020　Ⅳ．①F279.275.4

中国版本图书馆 CIP 数据核字（2020）第 180545 号

安徽上市公司蓝皮书
安徽上市公司发展报告（2020）

主　　编／安徽上市公司发展报告编写组

出 版 人／谢寿光
责任编辑／恽　薇　孔庆梅
文稿编辑／李　璐　李吉环　李小琪

出　　版／社会科学文献出版社·经济与管理分社（010）59367226
　　　　　地址：北京市北三环中路甲 29 号院华龙大厦　邮编：100029
　　　　　网址：www.ssap.com.cn
发　　行／市场营销中心（010）59367081　59367083
印　　装／三河市东方印刷有限公司

规　　格／开 本：787mm×1092mm　1/16
　　　　　印 张：37.25　字 数：562 千字
版　　次／2020 年 9 月第 1 版　2020 年 9 月第 1 次印刷
书　　号／ISBN 978-7-5201-7313-1
定　　价／198.00 元

主要成员简介

吴劲松 理学硕士，现任安徽省人民政府副秘书长、办公厅党组成员，安徽省政府发展研究中心党组书记、主任。曾负责安徽省发改委、统计局等综合部门领导工作，主要研究方向为发展战略制定、宏观经济研究、经济社会发展规划、经济形势分析、产业发展与科技创新政策等，多次组织全省经济社会发展规划编制以及重大经济社会政策的制定工作，具有深厚的理论功底、丰富的经济工作经验和较深的学术造诣。

陈 翔 法学博士，现任安徽省投资集团控股有限公司董事长、党委书记。主要研究方向为宏观经济、基金投资管理、类金融、企业治理、国有企业改革等。发表《国有企业治理中的委托代理问题》《合伙协议治理规则属性的法律分析——以有限合伙制私募股权基金治理为视角》《浅析私募股权基金合伙协议的治理规则属性》等多篇论文，出版《私募合伙人：有限合伙私募股权基金治理》等多部论著。

章宏韬 现任华安证券股份有限公司董事长、党委书记，中国证券业协会理事，上海证券交易所战略发展委员会委员，安徽省证券期货业协会会长，合肥工业大学兼职硕士生导师，主要研究方向为资本市场发展、上市公司治理、金融业务与管理等。

蔡 咏 国元证券股份有限公司原董事长、党委书记，全联并购公会常务副会长，上海证券交易所博士后导师，安徽大学、安徽财经大学客座教授。主要研究方向为资本市场、上市公司、会计学等。出版《实践的回眸：证券公司、资本市场及文化建设》《实践的眼睛：证券公司与资本市场研究》等专著，合著《会计原理的学与教》《中国资本市场专题研究》等。

摘　要

安徽省投资集团已连续两年联合华安证券、国元证券、中国科学技术大学管理学院等机构开展安徽上市公司研究，发布《安徽上市公司发展报告（2018）》和《安徽上市公司发展报告（2019）》，全面、系统地展示安徽上市公司和资本市场发展状况，打造安徽特色、高端专业、全国知名的资本市场研究品牌。本书在前两年研究报告的基础上，继续瞄准新形势下的重点、难点和痛点，对安徽上市公司进行跟踪研究，深入分析上市公司发展存在的主要问题。总报告是在总结提炼安徽上市公司发展研究 6 篇分报告、1 篇借鉴报告和 8 篇专题报告主要研究成果的基础上形成的。

分报告主要从业绩发展、投融资水平、营运能力、创新能力、社会贡献与责任、综合发展能力 6 个层面系统考查了 2019 年安徽上市公司发展状况，并将各层面进一步拆解为具体指标，不仅从整体上进行研究，还从行业结构、城市结构和股权结构层面做了详细分析，最后将各层面指标进行整合做出综合评价，全面展示了安徽上市公司的发展水平和质量。

借鉴篇聚焦长三角制造业上市公司发展状况，从总体概况、行业结构、创新情况、财务表现、再融资情况等方面，深入分析了长三角制造业区域优势和发展短板，并就推动安徽制造业上市公司高质量发展提出相关建议。

专题报告重点围绕资本市场关注的智能化升级、科创企业发展、分拆上市、规范信息披露、股票质押式回购等话题，通过对标分析，结合安徽区域市场和安徽上市公司实践，提出一些有针对性的和专业性的建议。

本书全景式地描述分析了安徽上市公司的发展状况，从多个方面进行了系统考查评估，通过细致的数据指标测度，全面展示了上市公司和资本市场

“安徽板块”的形象。报告针对安徽上市公司发展存在的主要问题提出相关对策，对于推动安徽上市公司发展、区域经济协调发展、长三角一体化发展都具有十分重要的现实意义。

关键词： 上市公司　资本市场　长三角一体化　信息披露　智能化升级

目 录

Ⅰ 总报告

Ⅱ 分报告

Ⅲ 借鉴篇

Ⅳ 专题报告

皮书数据库阅读**使用指南**

总 报 告

General Report

B.1 安徽上市公司发展研究

蔡 毅 刘志迎 张道刚 梁欣然 汪名昆 李 欣 杨 欢 李 源*

摘 要： 2019年是中华人民共和国成立70周年，也是安徽全面进入长江三角洲区域一体化发展的第一年。面对错综复杂的外部环境以及国内经济下行压力的持续加大，安徽上市企业积极谋求发展，取得了较为优异的成绩。本报告聚焦资本市场改革、制造业转型升级等热门话题，多维度分析评价了安徽上市公司发展

* 蔡毅，安徽省投资集团董事会秘书兼中安研究院院长，主要研究方向为企业管理与公司治理；刘志迎，博士，教授，安徽省级重点研究基地工商管理创新研究中心主任，中国科学技术大学案例中心主任，主要研究方向为区域经济；张道刚，《决策》杂志社总编辑、安徽创新发展研究院执行院长，主要研究方向为区域经济；梁欣然，博士，安徽省投资集团中安研究院副院长，主要研究方向为金融与资本市场；汪名昆，《决策》杂志社副总编辑，主要研究方向为区域经济；李欣，博士，安徽省投资集团中安研究院副院长，主要研究方向为资本市场与公司金融；杨欢，安徽省投资集团中安研究院研究员，主要研究方向为金融与资本市场；李源，安徽省投资集团中安研究院研究员，主要研究方向为产业经济、区域经济与数据挖掘。

质量。研究表明，安徽上市公司持续实现量增质提，但存在的诸多问题还有待破解。本报告从政府层面和企业层面分别提出了有针对性的对策建议，希望能够为政府制定和实施政策、企业改善经营管理提供有益参考，在促进安徽上市公司高质量发展、推动长三角一体化发展等方面发挥积极作用。

关键词： 高质量发展　安徽　上市公司　资本市场

2019 年是中华人民共和国成立 70 周年。面对错综复杂的外部环境和艰巨繁重的改革发展稳定任务，安徽坚持以习近平新时代中国特色社会主义思想为指导，全面贯彻党的十九大和十九届二中、三中、四中全会精神，深入贯彻习近平总书记视察安徽重要讲话精神，坚定践行新发展理念，稳中求进，攻坚克难，统筹做好稳增长、促改革、调结构、惠民生、防风险、保稳定各项工作，着力推进五大发展行动计划。全面建成小康社会和现代化五大发展美好安徽建设取得了新的重大进展。安徽综合实力实现历史性突破，全省生产总值达 3.7 万亿元，经济总量朝着全国第一方阵迈进，发展格局由过去的“总量居中、人均靠后”转变为“总量靠前、人均居中”；区域发展格局实现历史性突破，安徽正式成为长三角重要成员，并被赋予打造具有重要影响力的科技创新策源地、新兴产业聚集地和绿色发展样板区的战略使命；高质量发展迈出新步伐，战略性新兴产业、高技术产业产值分别同比增长 14.7%、18.8%，新产业、新业态、新商业模式加快成长；开放平台建设实现历史性突破，2019 世界制造业大会习近平总书记亲致贺信；科技创新策源地建设取得新进展，量子计算与量子模拟、8.5 代 TFT-LCD 超薄浮法玻璃基板、动态随机存储芯片、特种缓冲吸能材料等一批原创性、首创性科技成果和产品不断涌现；三大攻坚战取得关键进展，脱贫攻坚实现历史性突破，贫困县全部摘帽、贫困村全部出列；基础设施体系不断完善，安徽成为全国第二个“市市通高铁”的省份。

上市公司是企业的优秀代表，是经济发展的支柱力量。2019 年，安徽上市公司积极适应国内外市场变化和区域经济发展新形势，聚焦主业和实业，业绩保持相对稳定，创新水平、营运能力和投融资水平得到进一步提高，社会贡献能力不断增强。同时，一批优势企业通过资本市场迅速做大做强，成为安徽经济社会发展的重要推动力量。特别是在长三角区域一体化发展国家战略的引领下，安徽上市公司为区域产业合作、技术合作、资源合作等方面提供了有力支撑，在优化服务区域资源配置、推动区域经济高质量发展中发挥了引领和示范作用。

但是，安徽上市公司发展也面临较多困难。从宏观层面来看，外部环境严峻复杂，正在全球蔓延的新冠肺炎疫情对全球经济的冲击范围日益扩大，经济下行压力持续加大；全省产业结构还不够合理，传统产业比重偏高；资本市场资源配置效率偏低，直接融资功能尚没有得到充分发挥。从上市公司自身来看，多数上市公司的核心竞争力还不强，可持续发展能力还有待提升；部分上市公司的内部治理水平还不高，内部治理结构不够完善，内部控制机制亟待规范；不同上市公司之间的创新能力差异较大，创新整体水平仍然偏低；部分上市公司的营运能力相对不足，经营管理有待加强；少数上市公司的社会责任意识有待增强。针对以上情况和问题，推动安徽上市公司高质量发展，关键要坚持问题导向，进行深入研究，找准问题症结，在此基础上提出有针对性的具体对策建议。

一　安徽上市公司总体概况

截至 2019 年 12 月 31 日，安徽上市公司总数达 116 家[①]，其中，A 股上市公司 105 家、港股上市公司 13 家、国外上市公司 1 家。2019 年，新增上市企业 5 家，其中新增 A 股上市 3 家（嘉美包装、三只松鼠、交建股份），

① 119 家（A 股上市 105 家 + 港股上市 13 家 + 国外上市 1 家），剔除了 3 家（海螺水泥、马钢股份、皖通高速）多地同时上市的重复计算，总数为 116 家。

港股上市 2 家（中国东方教育、信义能源）。迁入 1 家（德豪润达）、迁出 1 家（众泰汽车），退市 1 家（华信国际）。

截至 2019 年底，安徽 105 家 A 股上市公司总市值达 13540. 58 亿元，相当于当年安徽生产总值的 36. 48%；累计总资产规模达 13669 亿元，净资产规模达 6380 亿元，分别较上年同期增长 9. 35% 和 10. 03%；实现营业总收入 9658 亿元，净利润 690 亿元，分别较上年同期增长 9. 50% 和 6. 31%，呈现营收规模不断扩大、业绩状况持续改善的主要特征。

从全国排名、新上企业、行业结构、区域结构、板块结构、股权结构、融资规模等方面来看，2019 年安徽上市公司发展呈现如下特征。

（一）全国排名：全国第九

上市公司数量代表着一个区域内优质企业数量，特别是代表着该区域企业成长能力、未来发展前景和规范经营水平。截至 2019 年 12 月 31 日，安徽 A 股上市公司共有 105 家，在全国排名第 9，比上年同期上升 1 个位次（见图 1）。

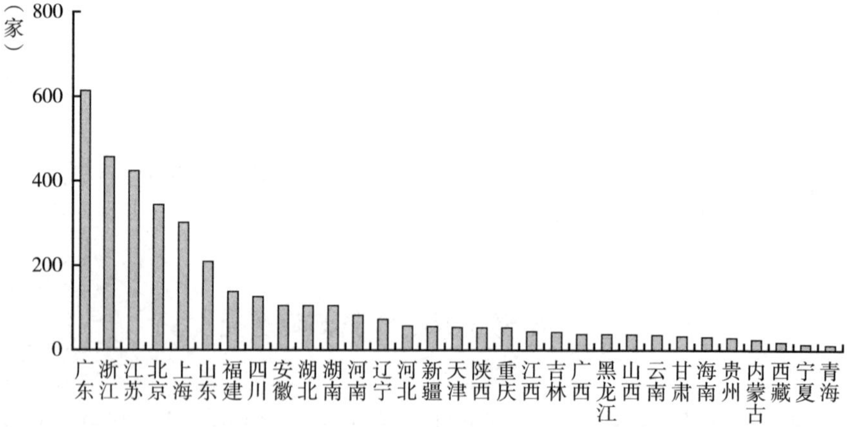

图 1　2019 年底各省区市 A 股上市公司总数比较

资料来源：根据 Wind 数据库提取的上市公司数据计算、整理得到。

注：本报告数据除特别说明外，均来自 Wind 数据库，此后不赘。

上市公司市值体现企业在资本市场上的价值，也反映投资者对该企业发展的信心。截至 2019 年 12 月 31 日，安徽 A 股 105 家上市公司市值达到

13540.58 亿元，占全国上市公司市值总量的 2.11%，较上年提升 0.38 个百分点；全国排名第 10，在中部地区排名继续保持第 1，但与沪苏浙相比差距很大；中部其他省份 A 股上市公司市值总量分别是湖北 12468.71 亿元、河南 10112.50 亿元、湖南 10030.66 亿元、山西 5157.92 亿元和江西 4081.82 亿元；长三角其他省市 A 股上市公司市值总量分别是上海 56732.49 亿元、浙江 46848.73 亿元和江苏 42671.60 亿元（见图 2）。

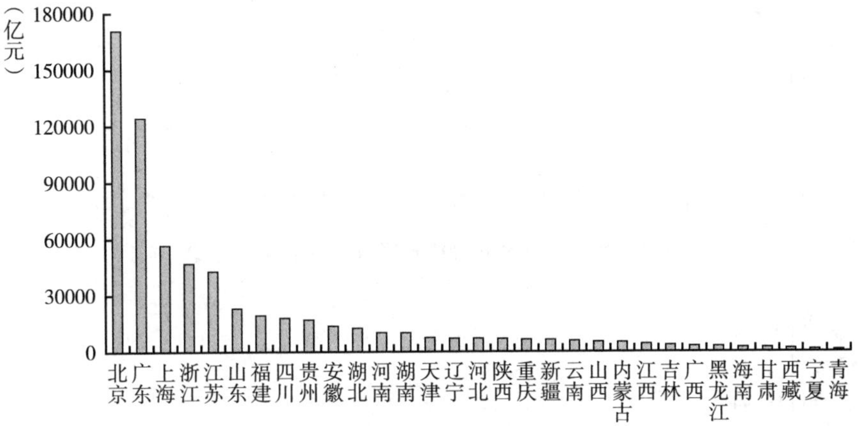

图 2　2019 年底各省区市 A 股上市公司市值比较

（二）新上企业：上市企业数量稳步增加

企业上市速度反映出该区域优质企业成长速度，也体现出企业筹资发展和扩大经营的意愿，还代表着区域获得外部投资者资金来发展本地经济的能力。2019 年科创板正式开市，70 家企业成功上市科创板，加上非科创板上市的 133 家，2019 年 A 股首发上市企业增至 203 家。2019 年安徽持续优化营商环境和营造创新产业发展氛围，先后出台实施促进经济持续健康发展“30 条”等系列政策，不断提高“四送一服”精准度，通过设立省股权托管交易中心科创板，加速培育上市企业后备资源，引导企业登陆上交所科创板。纵向对比来看，安徽全年新增 3 家 A 股非科创板上市公司（嘉美包装、三只松鼠、交建股份），数量与上一年持平（见图 3）。横向看，与中部其他省份比较，2019 年安徽新增 A 股上市公司数量落后于湖北（4 家，其中 1 家为科创板上市公司），领先于湖南（1 家）、江西（1 家）；明显落后于江苏（31 家）、浙江（25 家）、上海（22 家）（见图 4）。

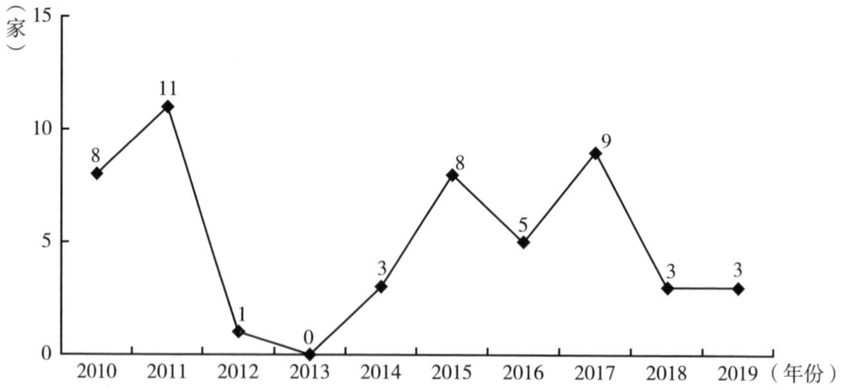

图 3　2010～2019 年安徽新增 A 股上市公司数量

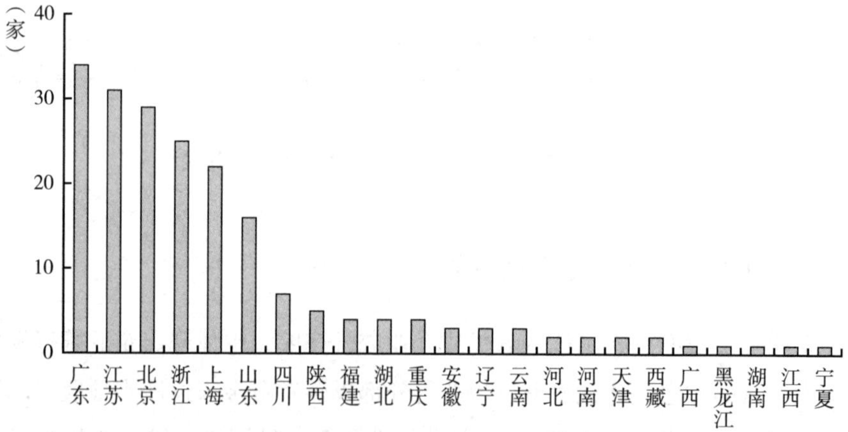

图 4　2019 年全国新增 A 股上市公司数量分布

从上市后备资源来看，非科创板方面，截至 2020 年 6 月 30 日，安徽首次公开募股（IPO）在审企业 11 家，远多于湖北（6 家）、江西（3 家）、湖南（2 家），在会排队企业数量优势明显；科创板方面，作为首个奖励科创板上市省份，安徽正按下科创板上市“加速键”，截至 2020 年 6 月 30 日，安徽已有 7 家企业“闯关”科创板，其中 3 家为 2020 年受理，科创企业队伍正快速壮大，相较于湖南（9 家）、湖北（6 家）、江西（3 家），安徽科创板上市后备资源相对充裕，但相较于江苏（50 家）、上海（45 家）、浙江（23 家）差距明显。安徽要紧抓科创板开市机遇，积极发挥科技企业资源丰富的优势，加快孵化和培育科技型企业科创板上市。

从退市来看，随着沪深两市上市公司退市新政的实施，2019 年 A 股退市公司数量创纪录达 18 家。其中安徽上市公司华信国际因触发了面值退市的条件，于 2019 年 11 月 1 日正式被摘牌。执行最严退市制度，对上市公司实现市场化市值、信息披露的要求更为规范严格，无法实现价值持续创造的企业将被淘汰。

（三）行业结构：体现制造强省特征

上市公司行业结构反映了各行业发展情况，其变化可以体现区域产业结构调整方向和重点。作为新兴工业大省，2019 年安徽持续深化供给侧结构性改革，启动“高新基”全产业链项目建设，实施重大新兴产业基地新三年建设规划，启动第四批重大工程、重大专项建设，推进制造业高质量发展。截至 2019 年 12 月 31 日，安徽 A 股上市公司中第一产业有 2 家，第二产业有 79 家，第三产业有 24 家；第二产业 A 股上市公司数量新增 2 家，占比达 75.24%，较上年略有提升（见图 5）。

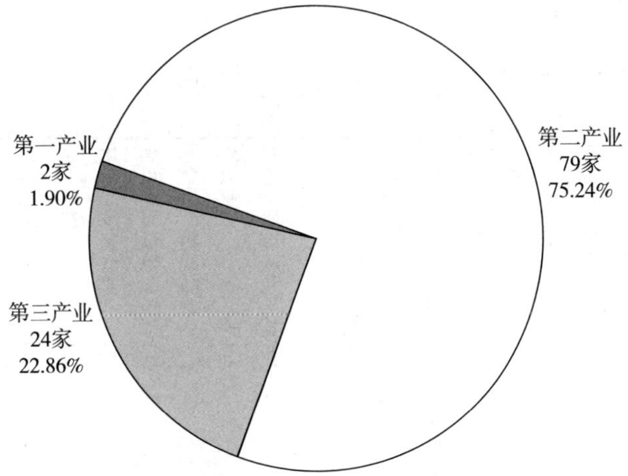

图 5　2019 年安徽 A 股上市公司产业结构

从各产业内部行业分布来看，第一产业 2 家 A 股上市公司都属于种子行业；第二产业 79 家 A 股上市公司中，采矿业有 3 家，建筑业有 4 家（新增 1 家交建股份），制造业有 70 家，电力、热力、燃气及水生产和供应业有 2 家。70 家制造业 A 股上市公司细分行业分布于 20 个行业，且主要聚集于传统原材料和装配加工行业，产业技术层次偏低，战略新兴产业利用资本市场仍大有挖潜空间。其中，化学原料和化学制品制造业 9 家，电气机械和器材制造业 8 家（新增 1 家德豪润达），通用设备制造业 6 家，汽车制造业、橡胶和塑料制品业、专用设备制造业各 5 家（其中汽车制造业减少 1 家众泰汽车）。金属制品业，计算机、通信和其他电子设备制造业，酒、饮料和精制茶制造业，医药制造业，有色金属冶炼和压延加工业各 4 家（其中金属制品业新增 1 家嘉美包装）。纺织业 3 家，非金属矿物制品业 2 家，黑色金属冶炼和压延加工业、化学纤维制造业、家具制造业、农副食品加工业、印刷和记录媒介复制业、造纸和纸制品业各 1 家，食品制造业、烟草制品业等无 A 股上市公司（见图 6）。

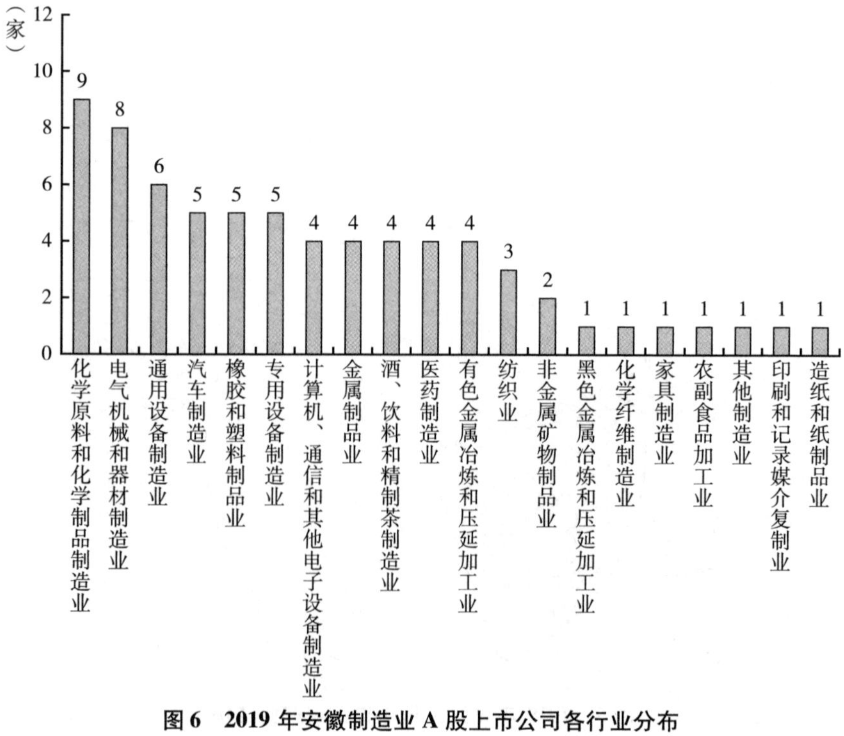

图 6　2019 年安徽制造业 A 股上市公司各行业分布

第三产业 A 股上市公司共 24 家，分别是信息传输、软件和信息技术服务业 5 家，水利、环境和公共设施管理业 4 家，批发和零售业 4 家（新增 1 家三只松鼠，减少 1 家华信国际），金融业 3 家，房地产业 2 家，交通运输、仓储和邮政业 2 家，文化、体育和娱乐业 2 家，科学研究和技术服务业 1 家，教育业 1 家，公共管理和社会组织、国际组织、社会保障和社会福利等行业没有 A 股上市公司（见图 7）。

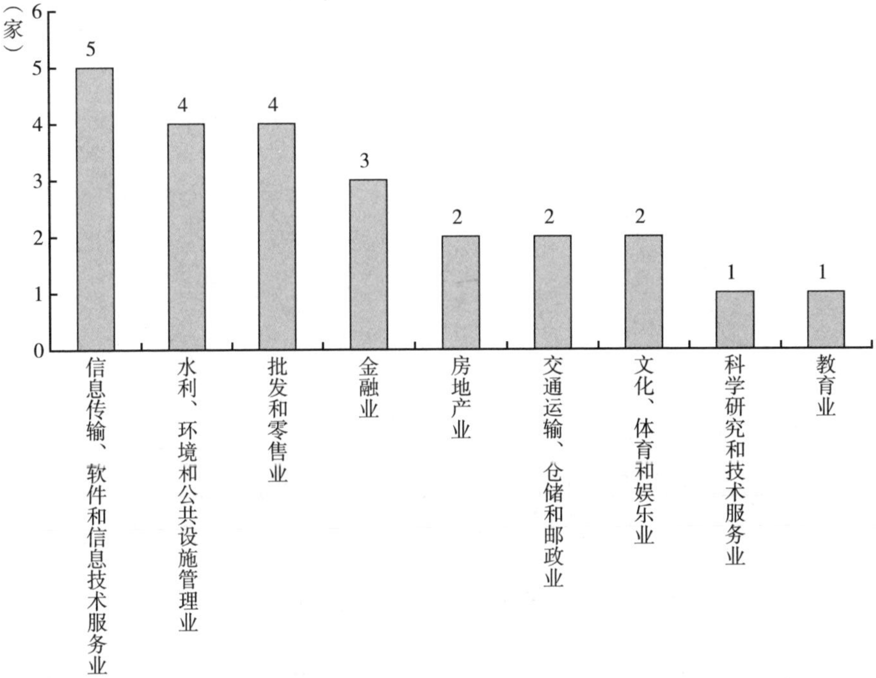

图 7　2019 年安徽第三产业 A 股上市公司各行业分布

（四）区域结构：省会城市引领作用凸显

上市公司数量和质量反映城市经济发展水平和能力。城市群正成为新常态下中国经济新的增长极，2019 年长三角区域一体化发展正式上升为国家战略，安徽全省被纳入其中。为贯彻落实长三角区域一体化发展国家战略，安徽正推进建设“一圈五区”，高质量融入长三角。从各城市 A 股上市公司数量来看，合肥 A 股上市公司数量多、占比大，2019 年总数为 46 家，且近几年持续有新增，大城市引领作用凸显；芜湖上市公司新增 1 家至 14 家，发展势头良好；宣城、马鞍山、铜陵、滁州 4 个城市 A 股上市公司数量在 5 家及以上，滁州新增 1 家上市企业（嘉美包装），马鞍山因华信国际退市，上市公司数量减少；蚌埠、淮北各有 4 家；安庆有 3 家；黄山、淮南、六安各有 2 家；亳州、池州、阜阳均只有 1 家 A 股上市公司；宿州是安徽 16 个地级市中唯一没有上市企业的城市（见图 8）。蚌埠近几年来积极参与上市公司纾困，2019 年珠海上市企业德豪润达成功落户。总的来看，安徽 A 股上市公司区域表现差异较大。

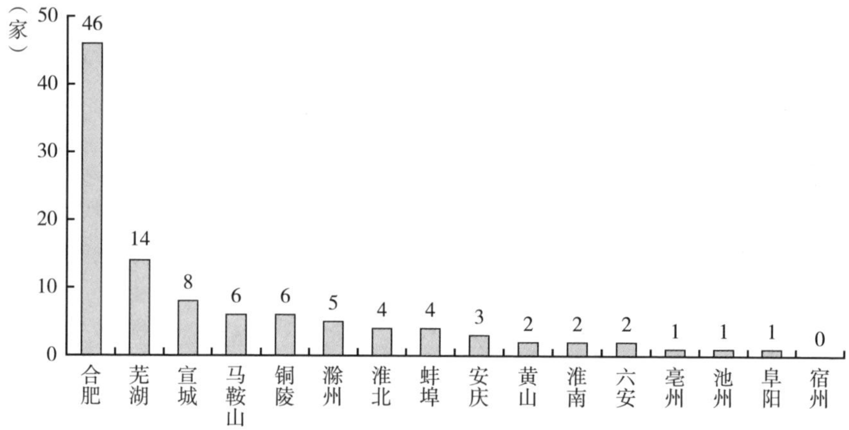

图 8　2019 年安徽各城市 A 股上市公司数量分布

从合肥都市圈来看，圈内 A 股上市公司数量为 46 家，占安徽 A 股上市公司总量的 44%，说明中心城市集聚效应明显，对其他地级市产生“虹吸”作用。作为省会城市，合肥是安徽经济增长核心极，并已成功晋升新一线城市。未来安徽高质量推进“一圈五区”建设，形成核心引领、板块联动、多点支撑、特色鲜明的区域发展新格局，仍需合肥继续发挥核心引领作用，不断增强辐射带动效应。

从合芜蚌国家自主创新示范区来看，A 股上市公司数量达 64 家，占安徽 A 股上市公司总量的 61%。虽然自 2008 年合芜蚌自主创新示范区成立以来，合肥、芜湖、蚌埠享有示范区相同政策，但各城市上市公司数量差距明显，合肥是芜湖的三倍以上，芜湖是蚌埠的三倍以上，芜湖发展不足，蚌埠弱势非常明显。

从皖江城市带承接产业转移示范区来看，区内A股上市公司数量达89家，占安徽A股上市公司总量的85%，其中合肥占皖江城市带A股上市公司总量近55%；芜湖、宣城、马鞍山、铜陵和滁州A股上市公司数量达到5家及以上；安庆有3家A股上市公司，池州仅有1家。

从皖北承接产业转移集聚区来看，区内A股上市公司数量为12家，仅占安徽A股上市公司总量的11%。其中淮北、蚌埠表现相对较好，各有4家上市企业，其余城市A股上市企业数量均较少甚至没有。这一情况说明，加快皖北承接产业转移集聚区建设，迫切需要培育一批有市场竞争力的优质企业。

从皖西大别山革命老区来看，区内A股上市公司共5家，两个地级市占安徽经济总量近10%，但其A股上市公司数量占安徽A股上市公司总量不足5%，与宣城、马鞍山相比差距明显，亟须加大培育或引入优质企业力度，加快推动老区振兴发展。

从皖南国际文化旅游示范区来看，区内A股上市公司数量达40家，占安徽A股上市公司总量的38%，其中作为示范区核心区的黄山、池州、安庆、宣城，其A股上市公司数量仅占示范区A股上市公司总量的35%，且近三年仅有2家新增上市公司，2019年的上市公司众泰汽车由黄山迁到外省。

（五）板块结构：资本市场良性发展

不同资本市场的功能有差异，所体现的企业属性也有差异。主板市场是中国的主要资本市场，集聚了一大批在上交所和深交所上市的优质公司。中小企业板市场是对主板市场的重要补充，在资本市场有着重要的位置，暂时无法在主板市场上市的创业型企业、中小企业和高科技企业等可在中小企业板市场上市。创业板市场类似于美国的纳斯达克（NASDAQ），是地位次于主板市场的二级证券市场，最大的特点是低门槛进入、严要求运作，有助于有潜力的中小企业获得融资机会。科创板市场是我国首个实行注册制的场内市场，主要服务于符合国家战略布局、突破关键核心技术、市场认可度高的科技创新企业。

在金融供给侧结构性改革的大背景下，安徽已形成包括主板、中小企业板、创业板、新三板、省区域性股权市场等在内的“正金字塔”多层次资本市场。截至2019年底，安徽新增境内外上市公司5家、“新三板”挂牌企业15家；省区域性股权市场挂牌企业5291家，其中新设立的科创专板挂牌企业共2043家。由此，形成了由成长板、科技板、农业板、文旅板、中医药板、专精特新板、机器人板和科创板8个板块共存的格局。

从板块分布来看，截至2019年底，主板市场A股上市企业达62家，占安徽A股上市企业总量近六成，中小企业板市场有28家，创业板市场有15家，暂无科创板市场A股上市企业（见图9）。安徽科技资源丰富，科技创新发展势头良好，资本市场发展在支持科技创新方面有着天然的优势，除主板市场外，应积极利用科创板、创业板、中小企业板等资本市场融资功能，助力资本市场与科技创新融合深化发展。

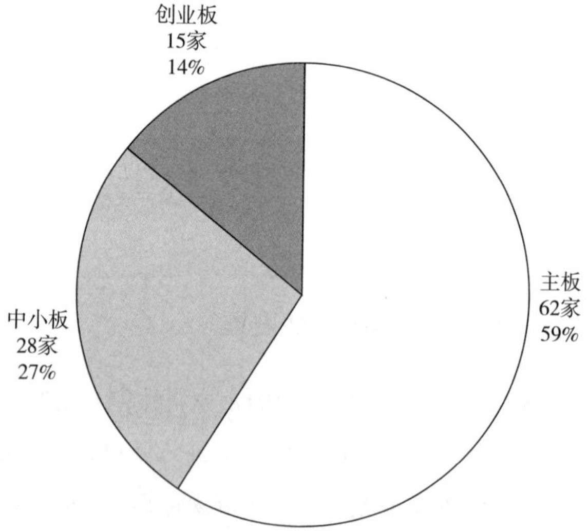

图9　2019年安徽A股上市公司板块分布

另外，境外市场能够帮助大型企业快速筹集大量资金，推动企业按照国际市场准则迅速发展，并帮助所处区域吸引外资。截至2019年底，安徽境外市场上市公司共有14家：在美国纽交所上市的仅有1家，说明安徽企业走向国际资本市场的整体能力较弱；在香港联交所上市的公司有13家，其中，芜湖5家，合肥4家，马鞍山2家，池州1家，滁州1家，反映了芜湖企业赴港上市的积极性较高。

（六）股权结构：民企撑起了半边天

不同股权结构的上市公司面临的市场、政策环境都存在差异。在本报告中，央企是指中央所属企业掌握上市公司控制权或占据大股东地位的企业；国企是指地方国有资本掌握上市公司控制权或占大股东地位的企业；民企是指主要由民营资本控制的企业；外企是指国外或境外资本控制的企业；除此之外还有少数是集体所有制资本控制的企业。2019年，安徽推深做实国资国企改革，持续激发企业发展活力，马钢集团被宝武集团收购、安徽国资委大比例战略入股长信科技、六国化工和安纳达混改落定。

从股权结构分布上看，截至2019年底，民企A股上市公司共54家，国企A股上市公司共33家，央企A股上市公司共9家，集体A股上市公司共3家，外企A股上市公司共3家，公众A股上市公司共3家（见图10）。从市值规模来

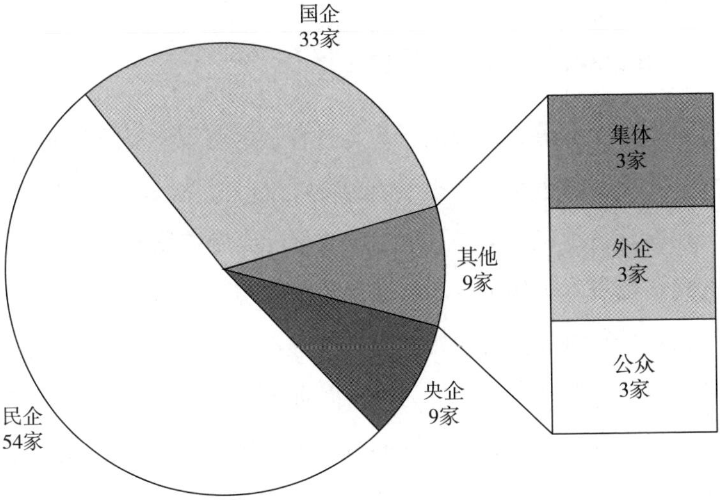

图10　2019年安徽A股上市公司股权结构情况

看，安徽央企和国企 A 股上市公司市值达 7629 亿元，占所有 A 股上市公司市值的 56%；民企 A 股上市公司市值为 5461 亿元，占所有 A 股上市公司市值的 40%，相比上年的 33.9% 上升明显（见图 11）。以上说明，安徽民企上市公司经济活力不断被激发，实力有所增强，但国企仍是区域经济发展的主力，未来着眼改革释放经济活力应紧抓混合所有制改革，有效吸引社会资本，增强上市公司活力。

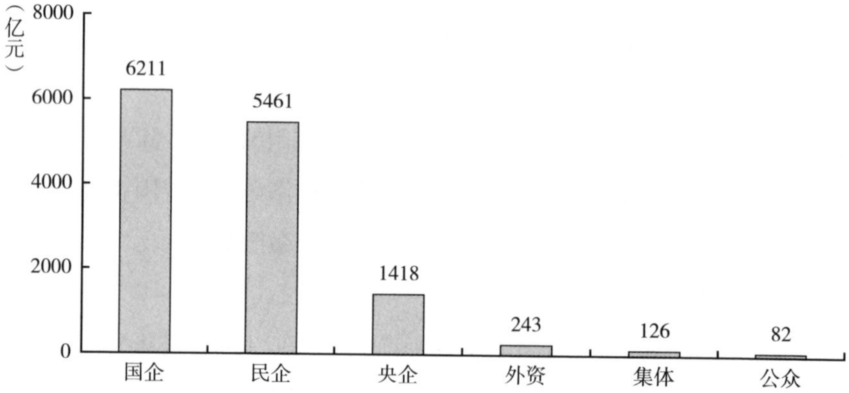

图 11　2019 年安徽不同股权结构 A 股上市公司市值分布

（七）融资规模：总额持续稳定增长

企业融资是企业筹集资金的行为与过程，融资规模反映了上市公司维持资本规模、稳定供求关系、调整资本结构的能力。截至 2019 年底，安徽 A 股上市公司融资持续稳定增长，达 10735 亿元，融资能力的稳步提升将有助于上市公司借助资本市场平台不断做优做强（见图 12）。

上市公司股权融资分为初始融资与再融资，初始融资是指上市公司首次向社会公开发行股票并上市的行为，再融资指的是上市公司通过配股、增发等方式在证券市场上进行直接融资的行为。截至 2019 年底，安徽 A 股上市公司初始融资总额为 550.3 亿元，其中，华安证券为 51.3 亿元，马钢集团为 23.7 亿元，新集能源为 20.7 亿元，占据前三位。2019 年，新增三只松

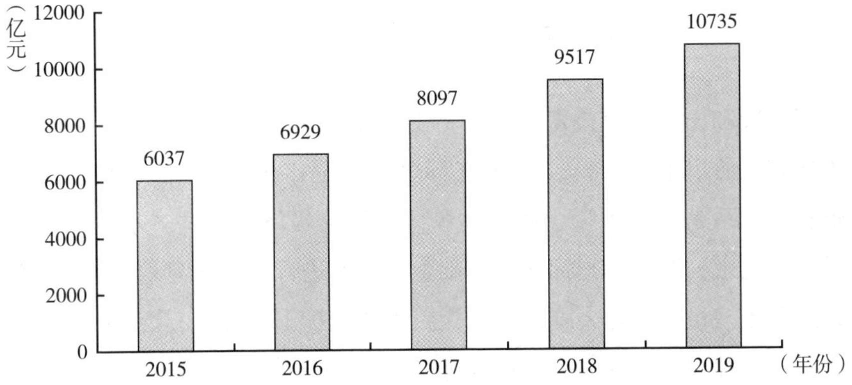

图 12　2015～2019 年安徽 A 股上市公司融资总规模

鼠、嘉美包装和交建股份 3 家上市公司，初始融资额分别为 6.0 亿元、3.5 亿元和 2.6 亿元。安徽 A 股上市公司再融资总额为 2581.1 亿元，其中增发总额为 2536.2 亿元，配股总额为 44.9 亿元，再融资规模仅占总融资规模的 24%，这说明安徽上市公司的再融资潜力还有待进一步挖掘。

从 2019 年度财务报表日时点再融资总额分布来看，仅有 24 家 A 股上市公司再融资额高于平均值。其中，国元证券、海螺水泥和中公教育再融资额占据前三，分别为 244.1 亿元、219.4 亿元和 184.8 亿元；排除 3 家 A 股新上市企业，有 49 家 A 股上市公司再融资额低于 10 亿元，且其中有 9 家从未进行过再融资。从 2015～2019 年再融资总额来看，淮北矿业、江淮汽车、中粮科技近五年新增再融资总额占据前三，分别为 208.3 亿元、109.8 亿元和 82.8 亿元；排除 3 家新上市企业，有 35 家 A 股上市公司五年间未进行过再融资。从 2019 年度新增再融资额来看，淮北矿业、中粮科技、江南化工新增再融资额占据前三，分别为 204.1 亿元、82.8 亿元和 25.0 亿元；排除 3 家新上市企业，有 88 家 A 股上市公司未进行再融资。可以看出，安徽上市公司利用资本市场再融资的能力较弱，安徽资本市场融资功能尚未得到充分发挥，对降低企业负债率、促进企业发展、防范金融风险的作用有限。

二 安徽上市公司多维度评价

因港股和国外上市公司数据与 A 股上市公司数据存在较大不同，难以纳入比较。所以本报告第二和第三部分所称上市公司仅指 A 股上市公司。评价指标体系是一种系统全面描述和评价社会经济的方法。本报告在 2019 年设定的上市公司评价指标体系基础上对指标进行了优化调整，社会责任方面，采取更多量化指标，降低了人为因素的干扰，使得社会责任部分更加客观、科学；社会贡献部分，对指标进行简化，降低指标间的冗余程度，同时综合考虑企业履行社会责任情况（见表 1）。

表 1 安徽上市公司评价指标体系

评价维度	细分指标		
业绩发展	权益净利率(ROE)		
	资产收益率(ROA)		
	收入净利率		
	每股收益(EPS)		
投融资水平	投资	内部投资	流动资产
			固定资产
			无形资产
		外部投资	长期股权投资
			可供出售金融资产
			持有至到期投资
	融资	发行股票融资	
		债券融资	
		银行借款融资	
		商业信用融资	
		自我累计融资	

评价维度	细分指标	
营运能力	总资产周转率	
	流动资产周转率	
	固定资产周转率	
	应收账款周转率	
	存货周转率	
创新能力	创新投入	研发强度
		高学历员工比例
	创新产出	每百人专利申请数
		主营业务利润率
社会贡献与责任	社会贡献	股东和债权人收入
		政府税收收入
		就业机会
		公益慈善
	社会责任	社会责任
		环境责任
		市场责任

注：创新产出指标本应该包括的是新产品销售收入，但因行业差异和各企业统计中没有这一项指标，所以，以“主营业务利润率”作为替代性指标。

本报告采取分总评价模式，首先从业绩发展、创新能力、营运能力、社会贡献与责任、投融资水平五个维度综合评价安徽上市公司，在具体评价时，选取有代表性的指标构建各维度评价体系；其次，对业绩发展、创新能力、营运能力、社会贡献与责任四个维度进行综合系统评价，形成上市公司综合发展能力排名。本报告中使用的熵值赋权法，基于“差异驱动”原理，突出局部差异，由各个样本的实际数据求得最优权重，反映了指标信息熵值的效用价值，避免了人为因素的影响。基于这样的研究思路和方法，形成以下基本评价结果。

（一）业绩发展总体稳定，提质增效有待着力

业绩是上市公司在一定经营期内的经营效益，是企业经营、成长、发展的直接体现，也是彰显企业质量的直接指标。2019 年，安徽纳入排行的 97 家上市公司整体权益净利率（11.8%）、资产收益率（5.6%）和收入净利率（7.5%），较 2018 年有小幅下滑但仍维持在较高水平（见图 13）。这也反映出在经济下行压力持续加大的情况下，企业发展面临严峻考验。

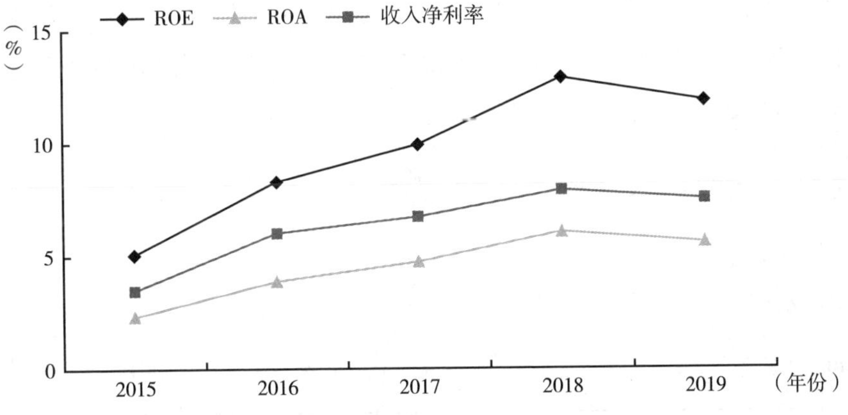

图 13　2015～2019 年安徽上市公司总体业绩发展趋势

从行业上看，多数行业业绩发展变动趋势与安徽 97 家上市公司整体趋势一致（见图 14）。其中，水利、环境和公共设施管理业以及批发和零售业上市公司各项业绩指标均跌至历史最低，主要是因为行业内黄山旅游和三只松鼠两家上市公司盈利下滑明显；信息传输、软件和信息技术服务业上市公

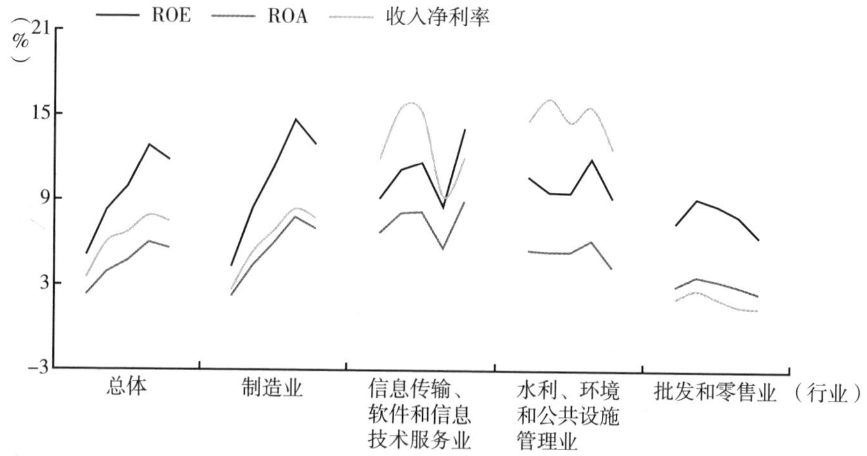

图14　2015～2019年安徽总体及主要行业上市公司业绩发展趋势

司各项业绩指标均大幅好转，尤其是权益净利率、资产收益率达到历史最高值，这主要受益于行业平稳向好发展态势。制造业上市公司中不同二级行业表现差别较大（见图15）。具体来看，专用设备制造业各项业绩指标持续回温，主要得益于欧普康视和美亚光电的良好业绩；通用设备制造业各项业绩指标明显好转，但业绩水平不尽如人意。

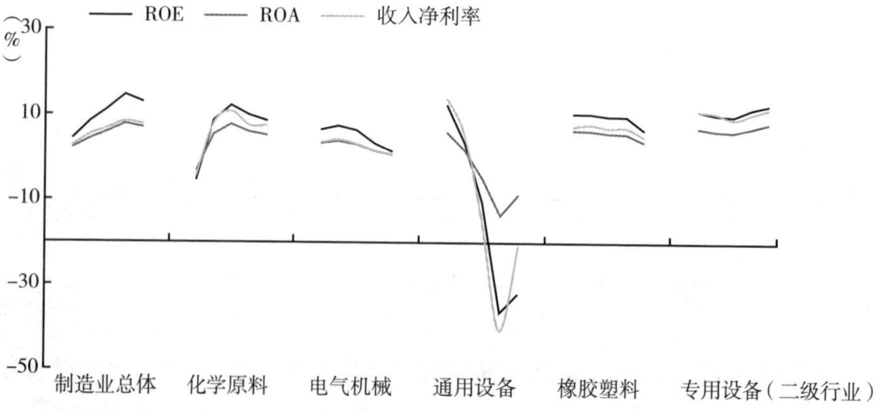

图15　2015～2019年安徽制造业及主要二级行业上市公司业绩发展趋势

从区域上看，安徽上市公司盈利能力水平区域分化明显（见图16）。其中，合肥上市公司各项盈利指标下行趋势有所缓解，出现回稳迹象，但由于区域内上市公司数量多且差异明显，少数盈利能力较差的企业拉低了总体水平，各项盈利指标水平表现一般；芜湖受海螺水泥、三七互娱和中公教育等龙头公司的带动，各项盈利指标水平较高，在经济下行大环境下虽略有下滑，但仍处于较高水平；宣城上市公司各项盈利指标整体表现较为平均，基本保持稳定，但下行趋势明显加速；马鞍山上市公司各项盈利指标出现明显波动，主要原因在于钢价频繁上演过山车行情，区域龙头马钢股份主业跟随行业波动明显，报告期内钢铁企业盈利空间受到严重挤压；铜陵上市公司数量不少，但盈利能力水平偏低，各项盈利指标低于安徽平均水平。另外，滁州、安庆、淮南、亳州、池州虽然上市公司数量少，但各项盈利指标整体向好；蚌埠、阜阳、淮北、黄山上市公司的各项盈利指标有所下滑，值得关注。

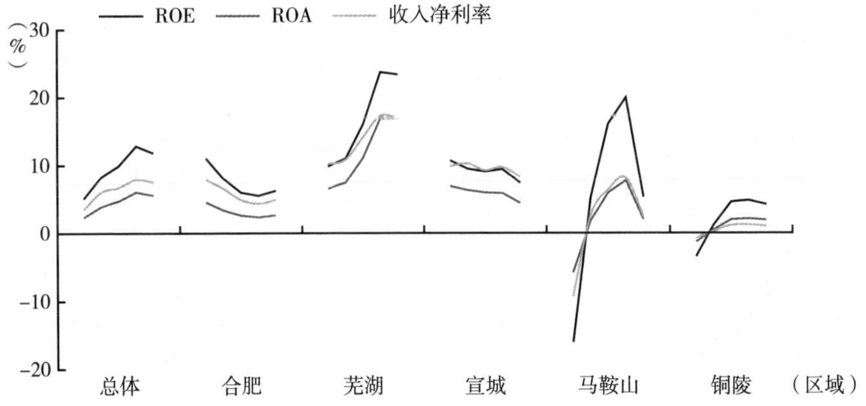

图16　2015～2019年安徽及部分城市上市公司业绩发展趋势

从企业综合业绩排名看，排名前十位上市公司分别是海螺水泥、古井贡酒、口子窖、三七互娱、淮北矿业、金禾实业、志邦家居、迎驾贡酒、中公教育和开润股份；排名后十位的分别是盛运环保、融捷健康、文一科技、铜峰电子、惠而浦、金种子酒、海螺型材、长虹美菱、德力股份和江淮汽车。前十名与后十名的上市企业多数属于制造业，说明制造业内部公司综合业绩水平两极分化现象较为突出，能源原材料类、白酒类上市公司盈利能力普遍较好（见表2）

表2　2019年安徽上市公司业绩发展前十名和后十名

排名	公司简称	综合业绩	行业简称	城市	股权结构	每股收益（元）	权益净利率（%）	资产收益率（%）	收入净利率（%）
1	海螺水泥	0.9466	制造	芜湖	国企	6.34	26.87	26.45	0.21
2	古井贡酒	0.7690	制造	亳州	国企	4.17	25.35	21.02	0.20
3	口子窖	0.6839	制造	淮北	民企	2.87	26.10	24.62	0.37
4	三七互娱	0.5553	信息	芜湖	民企	1.00	32.53	28.98	0.16
5	淮北矿业	0.5445	采矿	淮北	国企	1.68	20.12	8.78	0.06
6	金禾实业	0.5441	制造	滁州	民企	1.45	19.25	15.68	0.20
7	志邦家居	0.5356	制造	合肥	民企	1.49	17.33	12.62	0.11
8	迎驾贡酒	0.5311	制造	六安	民企	1.16	20.48	18.56	0.25
9	中公教育	0.5288	教育	芜湖	民企	0.29	56.52	25.58	0.20
10	开润股份	0.5283	制造	滁州	民企	1.04	30.74	16.83	0.08
88	江淮汽车	0.3770	制造	合肥	国企	0.06	0.82	0.74	0.00
89	德力股份	0.3766	制造	滁州	国企	0.03	0.95	1.37	0.02
90	长虹美菱	0.3756	制造	合肥	民企	0.05	1.13	0.20	0.00
91	海螺型材	0.3754	制造	芜湖	国企	0.03	0.47	1.27	0.00
92	金种子酒	0.3174	制造	阜阳	国企	-0.33	-7.91	-5.02	-0.22
93	惠而浦	0.3172	制造	合肥	其他	-0.42	-8.20	-3.73	-0.06
94	铜峰电子	0.3102	制造	铜陵	民企	-0.27	-13.06	-7.68	-0.19
95	文一科技	0.2857	制造	铜陵	民企	-0.46	-17.86	-8.16	-0.28
96	融捷健康	0.1003	制造	合肥	民企	-0.89	-58.16	-45.67	-0.98
97	盛运环保	0.0000	制造	安庆	民企	-1.51	—	-17.10	-3.00

注：因指标适用性问题，本排行剔除3家金融企业（新力金融、华安证券、国元证券）；因企业经营问题，本排行剔除安凯汽车、德豪润达、新光圆成、梦舟实业和六国化工。

（二）创新能力稳步提升，创新驱动有待深化

上市公司创新能力直接反映了企业所属区域的创新水平，是提升区域乃至国家创新能力的基础。在国家创新驱动发展战略深入推进的影响下，安徽持续加强创新能力建设，根据中国科技发展战略研究小组、中国科学院大学中国创新创业管理研究中心撰写的《中国区域创新能力评价报告2019》，安

徽区域创新能力稳居全国第一方阵。近五年来，安徽上市公司在创新能力提升上取得了一定的成绩。从创新投入来看，安徽上市公司高学历员工比例持续上升，研发强度保持平稳态势；但从创新产出来看，安徽上市公司主营业务利润率增长承压明显，且每百人专利申请数整体下降，说明安徽区域创新能力尤其是创新产出能力仍有提升空间（见图 17）。

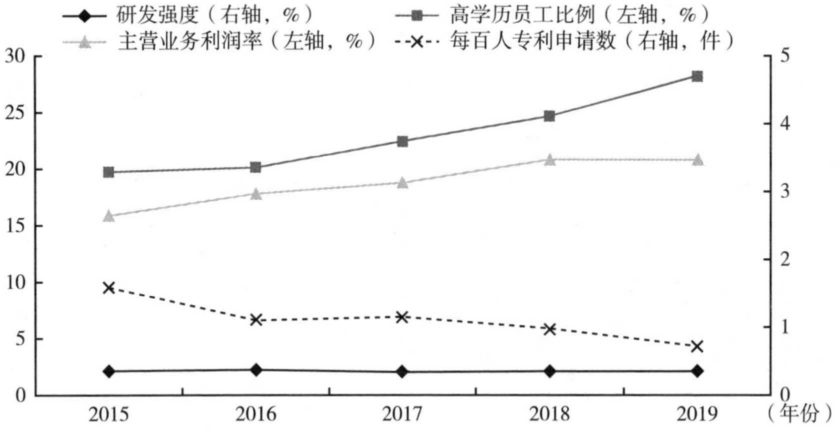

图 17　2015～2019 年安徽上市公司创新能力各项指标发展趋势

从行业上看，不同行业之间创新能力差距较大（见图 18）。其中，信息传输、软件和信息技术服务业，科学研究和技术服务业属于知识密集型行业，创新投入与创新产出“双高”行业特征明显，研发强度大、高学历员工比例高，每百人专利申请数及主营业务利润率较高；交通运输、仓储和邮政业，批发和零售业等劳动密集型行业研发强度与高学历员工比例较低，未来行业创新需在管理和商业模式方面有所突破。制造业属于专利产出较高、经济产出较低的行业，上市公司数量虽然较多，但由于企业内部差异较大，创新投入和创新产出整体水平相对较低。创新是制造业高质量发展的“牛鼻子”，当前安徽正以智能制造为主攻方向，加快推动制造业转型升级，充分发挥上市公司技术创新载体功能至关重要。与 2018 年相比，除采矿业、金融业、批发和零售业研发强度略有下降外，安徽上市公司创新投入总体向好，但以采矿业，电力、热力、燃气及水生产和供应业，水利、环境和公共设施

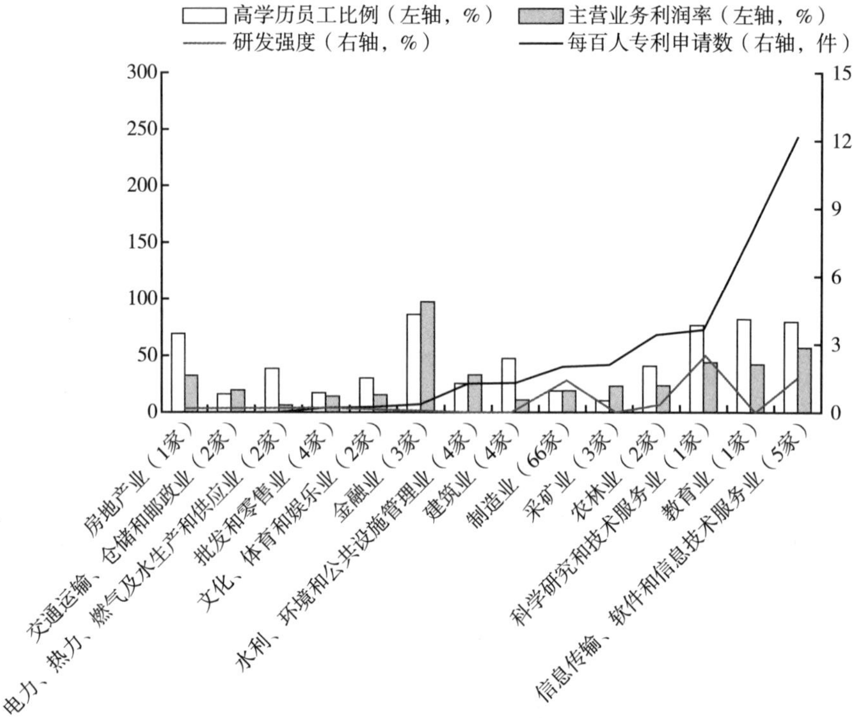

图 18　2019 年安徽各行业上市公司创新投入与产出情况

管理业为代表的传统产业创新产出下滑明显，创新能力和意愿有待改善。

从区域上看，安徽上市公司创新能力区域分化明显（见图 19）。其中，合肥创新能力优势凸显，整体研发强度、高学历员工比例以及每百人专利申请数均很高；芜湖和蚌埠虽然是合芜蚌国家自主创新示范区的重要成员，但与合肥相比，创新投入和创新产出尤其是在研发强度和每百人专利申请数上差距明显。与 2018 年相比，铜陵、淮南、池州创新投入和产出水平均有所提升；滁州、宣城、淮北创新投入和产出水平下滑明显。在创新驱动背景下，不论是领先城市还是落后城市未来均应加强区域科技创新体系的建设。

从股权结构看，央企上市公司的创新投入与创新产出表现突出（见图 20）。从创新投入看，民企上市公司的研发强度平均水平最高，央企上市公司的高学历员工比例平均水平最高；从创新产出来看，民企上市公司的主营业务利润率平均水平最高，国企上市公司每百人专利申请数平均水平最高。

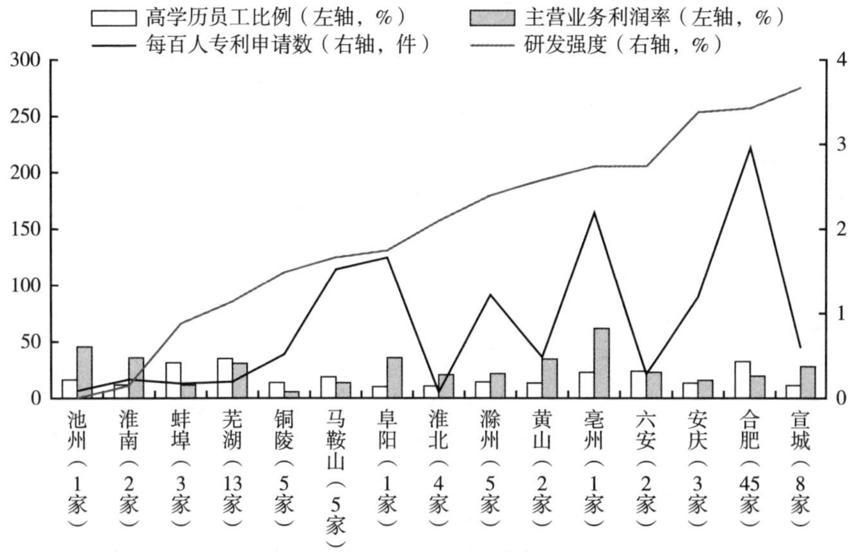

图 19　2019 年安徽各城市上市公司创新能力指标表现

与 2018 年相比，民企上市公司研发投入和人才集聚水平持续提高，但央企上市公司多个创新指标水平有所下滑。这说明在创新政策支持力度不断加大的情况下，民企受益于灵活的组织机制，创新后劲足，与央企和国企的差距有所缩小。

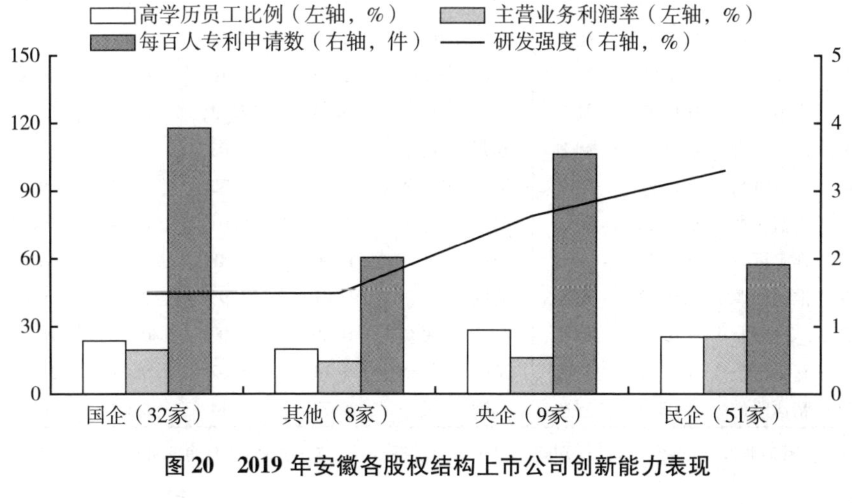

图 20　2019 年安徽各股权结构上市公司创新能力表现

从企业创新能力综合得分看，2019 年参与排名的 100 家上市公司创新能力综合得分平均数为 0.2007，高于平均数的有 37 家，低于平均数的有 63 家；中位数为 0.1550，比平均水平低 0.0457。以上数据显示，安徽部分上市企业创新能力比较强，比如科大讯飞、美亚光电、阳光电源等，但同时安徽上市公司创新能力仍显悬殊，比如精达股份、嘉美包装、安德利等公司的创新能力有待提高。总的来看，安徽上市公司创新水平整体仍有较大提升空间（见表 3）。

表 3　2019 年安徽上市公司创新能力综合得分前十名和后十名

排名	公司简称	综合得分	行业简称	城市	股权结构	研发强度（%）	高学历员工比例（%）	每百人专利申请数（件）	主营业务利润率（%）
1	科大讯飞	0.6373	信息	合肥	央企	21.59	88.73	2.11	47.80
2	美亚光电	0.6165	制造	合肥	民企	5.52	47.37	6.45	53.70
3	阳光电源	0.6105	制造	合肥	民企	4.56	66.66	6.66	24.76
4	泰禾光电	0.5870	制造	合肥	民企	9.91	33.87	5.61	53.08
5	江淮汽车	0.5024	制造	合肥	国企	3.91	35.90	6.61	8.99
6	科大国创	0.4489	信息	合肥	民企	14.26	81.68	1.01	32.22
7	设计总院	0.4298	科学	合肥	国企	3.64	76.74	2.63	43.98
8	安徽合力	0.4251	制造	合肥	国企	4.26	22.20	5.39	19.71
9	四创电子	0.3843	制造	合肥	央企	4.22	57.38	3.40	14.97
10	安科生物	0.3820	制造	合肥	民企	12.90	42.51	0.27	77.56
91	楚江新材	0.0598	制造	芜湖	民企	2.93	7.16	0.20	6.81
92	中粮科技	0.0537	制造	蚌埠	央企	0.54	14.63	0.04	13.82
93	德力股份	0.0520	制造	滁州	民企	0.53	5.03	0.24	18.92
94	华孚时尚	0.0477	制造	淮北	民企	1.31	12.79	0.00	9.16
95	长信科技	0.0466	制造	芜湖	国企	1.43	5.01	0.09	15.28
96	合肥百货	0.0454	批发	合肥	国企	0.00	11.48	0.00	18.07
97	淮河能源	0.0372	交通	芜湖	国企	0.01	13.94	0.03	9.40
98	安德利	0.0372	批发	合肥	民企	0.00	2.00	0.22	18.83
99	嘉美包装	0.0327	制造	滁州	外企	0.14	5.02	0.04	17.11
100	精达股份	0.0324	制造	铜陵	民企	1.77	3.14	0.00	10.15

注：因企业经营问题，本排行剔除安凯汽车、德豪润达、新光圆成、梦舟实业和六国化工。

（三）外部冲击影响有限，营运能力有待提升

上市公司营运能力主要指企业资产营运的效率和效益，直接反映企业的资产管理水平和资金周转情况。近年来，安徽上市公司营运能力的各项指标整体平稳发展。但受国际贸易形势和国内产业结构转型等外部环境影响，2019 年安徽上市公司的总资产、流动资产与固定资产的周转率以及应收账款和存货的周转率均回落，虽与 2018 年相比略有下降，但整体上受外部环境冲击有限。这主要得益于安徽各级政府大力推进改革以及企业自身的努力，但也与安徽经济外向依存度低存在一定关系。安徽上市公司营运能力仍存在明显不足，整体经营管理水平仍须进一步改善和提高，应不断增强抗风险能力，尤其是要加强对应收账款和存货的管理（见图 21）。

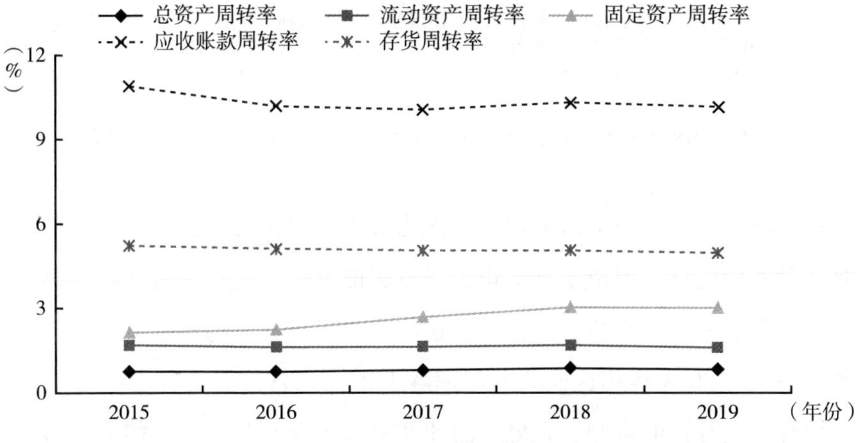

图 21　2015～2019 年安徽上市公司营运能力各项指标变化趋势

从行业上看，安徽各行业上市公司营运能力较为合理地反映了行业资产特征的差异，批发和零售业、教育业等总资产周转率较高；采矿业，电力、热力、燃气及水生产和供应业等流动资产周转率较高；房地产业等固定资产周转率较高；批发和零售业、采矿业等应收账款周转率较高；电力、热力、燃气及水生产和供应业，采矿业，交通运输、仓储和邮政业等存货周转率高。与 2018 年相比，信息传输、软件和信息技术服务业以及建筑业上市公

司的各项营运能力平均水平均有所上升，批发和零售业应收账款周转率增幅明显，但制造业，水利、环境和公共设施管理业的多个营运能力指标平均水平出现下滑（见图22）。

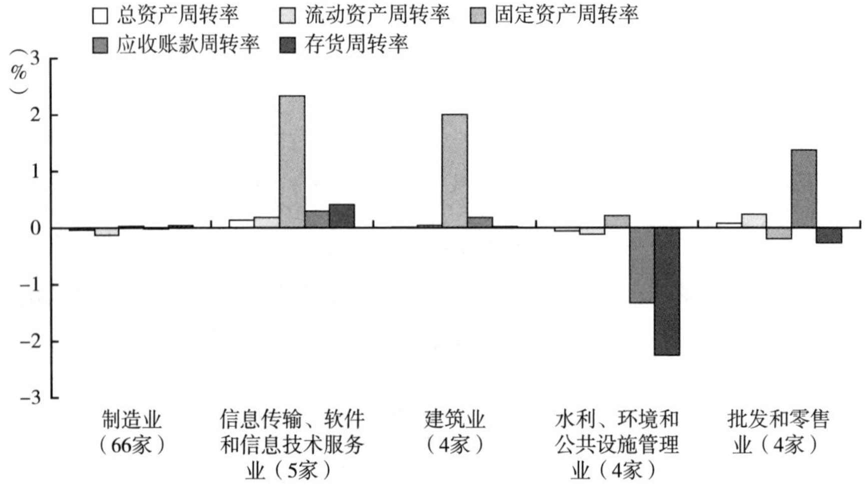

图22　2019年安徽主要行业上市公司营运能力各项指标增幅变化趋势

从区域上看，合肥上市公司营运能力表现一般，虽然交建股份、辉隆股份等公司表现优异，但由于其上市公司营运能力差异化较为显著，整体平均水平被拉低。芜湖、铜陵上市公司营运能力各项指标平均水平显著高于安徽一般水平。与2018年相比，芜湖和铜陵上市公司营运能力各个指标的平均水平均有所上升，但合肥、宣城、滁州和马鞍山上市公司营运能力的多个指标平均水平出现下滑（见图23）。

从股权结构看，其他上市公司营运能力各项指标平均水平整体较高，国企、央企上市公司营运能力的各项指标水平整体优于民企。与2018年相比，央企、国企上市公司营运能力平均水平出现下滑现象，尤其是央企应收账款周转率下降明显。相反，民企上市公司营运能力多项指标平均水平略有提升。这一情况反映出，安徽持续推进“放管服”改革的红利效应正在逐步显现（见图24）。

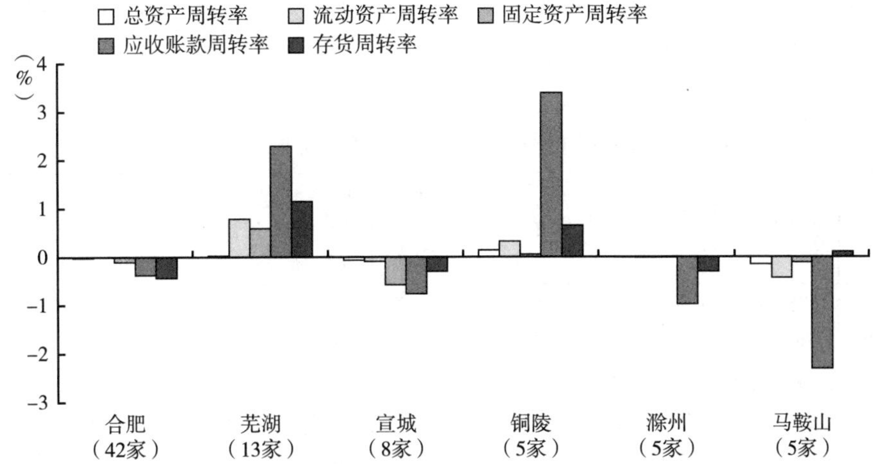

图 23　2019 年安徽主要城市上市公司营运能力各项指标增幅变化趋势

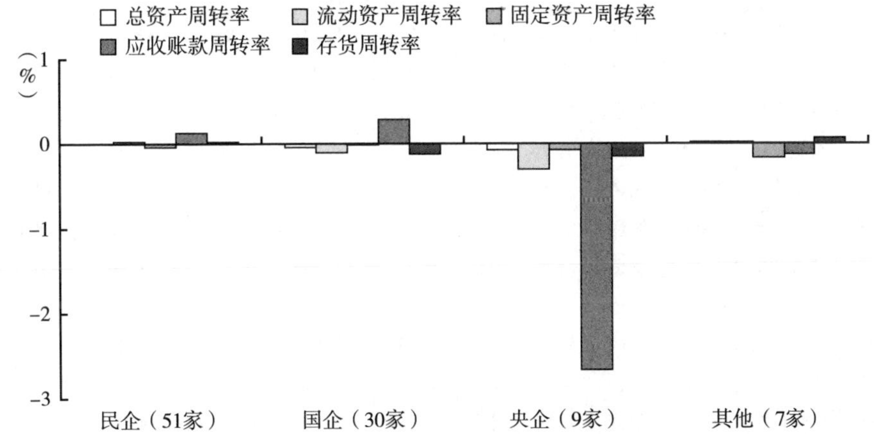

图 24　2019 年安徽各股权结构上市公司营运能力各项指标增幅变化趋势

从企业综合排名看，中公教育遥遥领先，主要是受其行业资产结构特性导致极高的应收账款周转率的影响；交建股份位列第 2，虽然在流动资产和应收账款上营运能力偏弱，但其固定资产营运能力远远高于其他上市公司；口子窖和古井贡酒等酒企营运能力表现优异，经济效益明显；盛运环保营运能力最差，当前其正面临严峻的债务危机和经营困难，迫切需要恢复公司持续经营能力；聚隆科技作为高新技术企业，虽然冠以“科技”之名，但营运能力综合得分居倒数第2位（见表4）。

表4　2019年安徽上市公司营运能力综合得分前十名及后十名

排名	公司简称	综合得分	行业	城市	股权结构	总资产周转率（%）	固定资产周转率（%）	流动资产周转率（%）	应收账款周转率（%）	存货周转率（%）
1	中公教育	0.879	教育	芜湖	民企	1.07	13.38	2.32	1926.55	380081.19
2	交建股份	0.111	建筑	合肥	民企	0.63	71.59	0.80	1.73	3.30
3	众源新材	0.101	制造	芜湖	民企	2.79	33.05	3.61	14.71	13.85
4	三只松鼠	0.096	批发	芜湖	民企	2.56	31.26	3.10	36.08	3.95
5	辉隆股份	0.090	批发	合肥	集体	2.27	24.60	3.23	81.39	8.55
6	口子窖	0.086	制造	淮北	民企	0.51	3.13	0.70	552.26	0.54
7	楚江新材	0.078	制造	芜湖	民企	2.26	18.65	3.93	18.51	13.53
8	安德利	0.067	批发	合肥	民企	1.06	2.37	3.23	244.30	4.24
9	铜陵有色	0.064	制造	铜陵	国企	1.96	5.22	3.92	81.85	8.42
10	古井贡酒	0.061	制造	亳州	国企	0.79	5.98	1.07	295.41	0.89
85	泰尔股份	0.010	制造	马鞍山	民企	0.37	3.41	0.48	1.66	1.10
86	长城军工	0.009	制造	合肥	国企	0.41	1.53	0.70	2.14	2.18
87	江南化工	0.009	制造	宣城	民企	0.30	0.61	1.01	2.64	14.96
88	黄山胶囊	0.009	制造	宣城	民企	0.40	1.48	0.61	4.75	3.02
89	合锻智能	0.007	制造	合肥	民企	0.29	1.84	0.55	1.65	0.97
90	金种子酒	0.007	制造	阜阳	国企	0.27	1.76	0.43	10.35	0.74
91	文一科技	0.006	制造	铜陵	民企	0.27	0.69	0.56	3.43	2.07
92	应流股份	0.005	制造	合肥	民企	0.24	0.61	0.59	2.96	0.94
93	聚隆科技	0.005	制造	宣城	民企	0.20	2.12	0.23	4.05	2.89
94	盛运环保	0.001	制造	安庆	民企	0.07	1.03	0.14	0.68	0.72

注：因指标适用性问题，本排行剔除3家金融企业（新力金融、华安证券、国元证券）；因企业经营问题，本排行剔除了安凯汽车、德豪润达、新光圆成、梦舟实业和六国化工；因部分细分指标数据缺失，合肥城建、皖通高速、三七互娱不参与营运能力评估。

（四）社会责任提升明显，社会贡献有待提高

企业社会贡献指企业对员工、政府、投资者等做出的贡献，社会贡献指

企业除了承担经济责任外还要承担对消费者、社区、市场和环境的责任。上市公司社会贡献的大小和社会责任的履行，关系上市公司的公众形象，也关系社会环境的健康和谐。2019 年安徽上市公司社会贡献总额共计 1573. 36 亿元，社会贡献率的平均值为 10. 86%，社会责任综合得分均值为 0. 3356（见图 25），社会贡献总额和社会贡献率为近三年最低，主要是由于安徽上市公司业绩受宏观经济影响有所下滑。社会贡献方面，2019 年有 32 家上市公司社会贡献率高于平均水平，但部分企业社会贡献率过低甚至为负，并没有创造较好的社会贡献。社会责任方面，有 45 家上市公司得分高于平均水平，且相较于社会贡献率，社会责任综合得分分布更为均匀，说明安徽上市公司社会责任意识整体较强。

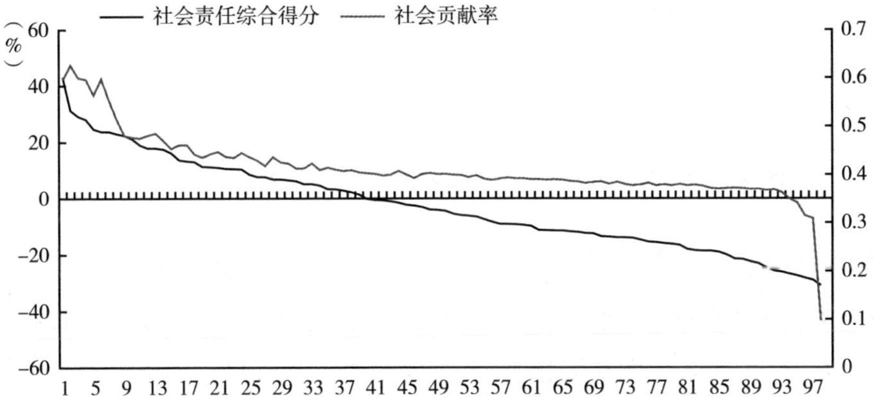

图 25　2019 年安徽上市公司社会责任综合得分和社会贡献率分布

从行业上看，社会贡献方面，仅有少部分行业社会贡献率高于平均值，说明安徽各行业上市公司对社会的贡献水平有待进一步提升；社会责任方面，安徽大多数行业上市公司社会责任综合得分高于平均值，且总体上行业间差异不大。具体来看，社会贡献率较高的行业有教育业，科学研究和技术服务业，信息传输、软件和信息技术服务业等；社会责任综合得分较高的行业有房地产业、批发和零售业、金融业等（见图 26）。

从区域上看，超半数城市上市公司的社会贡献率高于平均值；大多数城

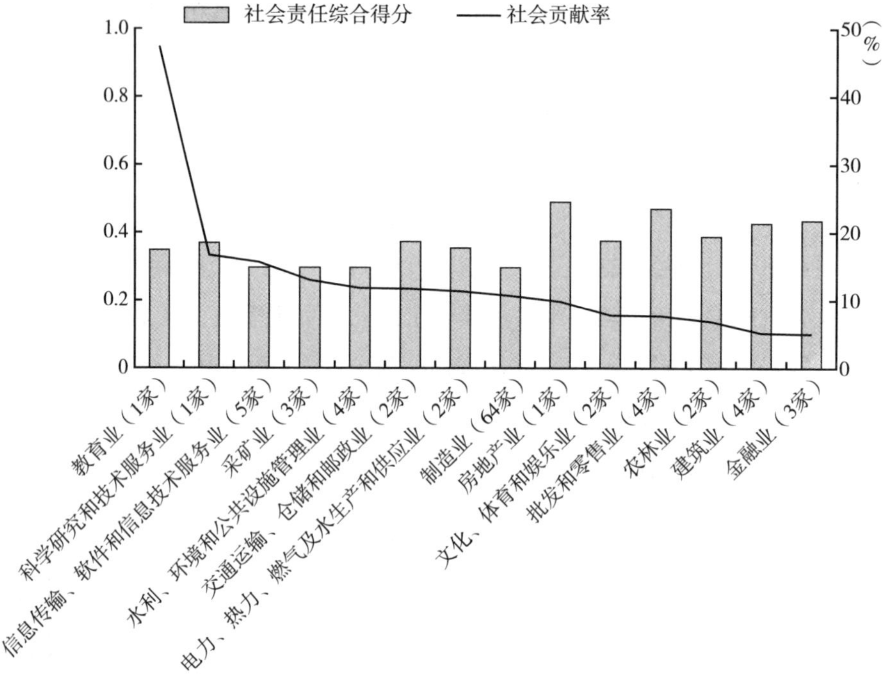

图 26　2019 年安徽各行业上市公司社会贡献率与社会责任综合得分

市上市公司的社会责任综合得分也高于平均值，说明安徽各城市上市公司的社会责任和社会贡献表现相对均衡。具体来看，社会贡献率较高的城市有亳州、六安、淮北等，尤其是亳州凭借古井贡酒税额贡献摘得桂冠；社会责任综合得分较高的城市有阜阳、六安、蚌埠等；宣城、马鞍山等市上市公司的社会贡献与社会责任履行情况较差，还需要注重引导上市公司增强社会责任意识（见图 27）。

从股权结构看，安徽各类型上市公司社会贡献的大小和社会责任的履行差距不大。具体来看，民企和国企上市公司社会贡献率较高；央企和国企上市公司社会责任综合得分较高，说明国有企业履行社会责任较好，作为区域发展的重要力量，未来应持续主动担当（见图 28）。

从企业社会综合贡献率排名看，安徽上市公司社会责任与贡献综合表现两极分化明显。三七互娱、中公教育、口子窖等上市公司的社会综合贡

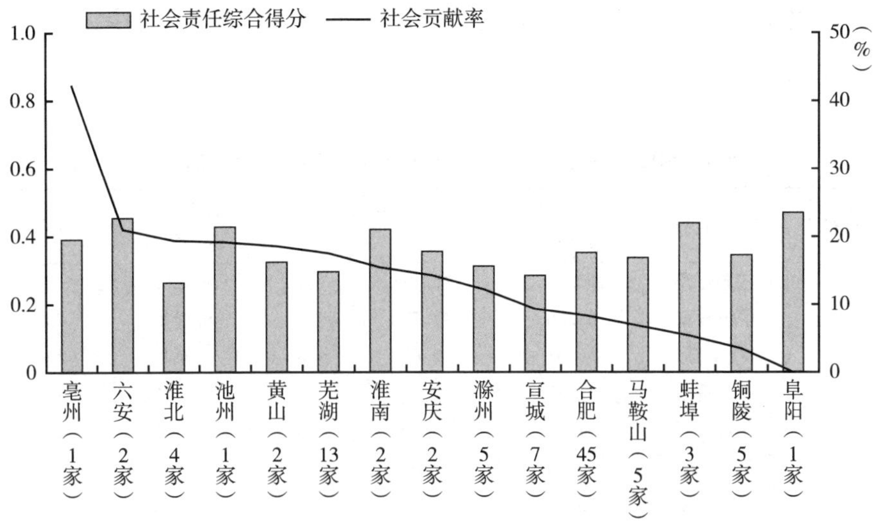

图 27　2019 年安徽各城市上市公司社会贡献率与社会责任综合得分

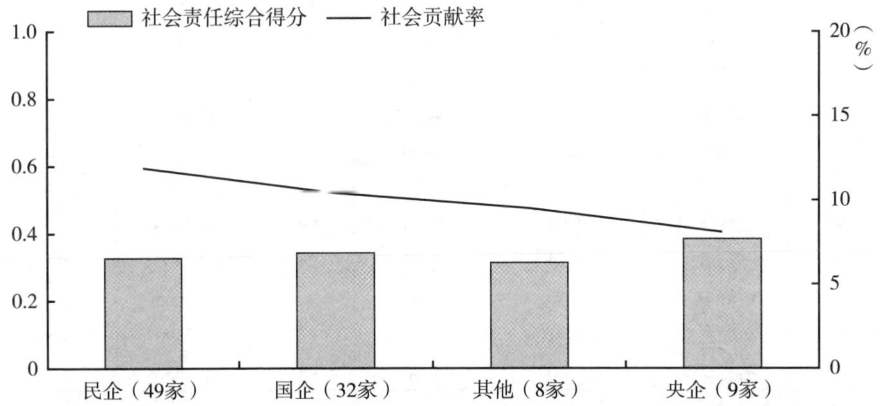

图 28　2019 年安徽各股权结构上市公司社会贡献率与社会责任综合得分

献率明显高于其他企业；融捷健康、文一科技、铜峰电子等企业排名靠后，表明其创造的社会价值与资源占用不匹配。具体来看，社会贡献率方面，中公教育、口子窖、美亚光电等排名靠前，融捷健康、文一科技因业绩较差无法实现收支平衡，排名靠后（见表 5）；社会责任综合得分方面，安德利排名第一，尤其是在合法经营上表现优异；华安证券和国元证券作为区域类金融机构具有强烈的社会责任意识，起到了很好的表率作用；恒源煤电和科大国创在年报中披露的公益扶贫等社会责任信息过少，社会责任意识有待强化。

表5　2019年安徽上市公司社会综合贡献率前十名和后十名

综合名次	企业简称	社会综合贡献率(%)	社会贡献率(%)	排名	社会责任综合得分	排名
1	三七互娱	60.08	42.12	5	0.4262	18
2	中公教育	58.86	47.37	1	0.2425	82
3	口子窖	56.33	42.86	2	0.3142	53
4	古井贡酒	53.78	42.29	4	0.2716	70
5	迎驾贡酒	51.92	36.77	6	0.4121	22
6	美亚光电	50.59	42.50	3	0.1906	95
7	海螺水泥	43.14	34.74	7	0.2418	83
8	欧普康视	39.50	27.90	8	0.4157	20
9	集友股份	31.49	22.31	11	0.4116	23
10	洽洽食品	30.19	21.74	12	0.3882	30
89	四创电子	4.36	3.32	90	0.3126	54
90	富煌钢构	4.24	3.42	89	0.2417	84
91	泰尔股份	4.07	2.95	92	0.3804	32
92	江淮汽车	3.88	3.20	91	0.2157	90
93	华菱星马	2.73	2.13	93	0.2836	64
94	金种子酒	-0.08	-0.10	94	0.3270	48
95	惠而浦	-1.24	-1.49	95	0.1980	93
96	铜峰电子	-4.46	-6.08	96	0.3635	38
97	文一科技	-5.71	-7.07	97	0.2390	85
98	融捷健康	-33.50	-43.38	98	0.2952	60

注：因企业经营问题，本排行剔除安凯汽车、德豪润达、新光圆成、梦舟实业和六国化工；因年报未披露社会贡献与责任指标数据，本排行剔除中鼎股份、盛运环保。

（五）投融资水平差异大，民企投融资能力待提升

投融资效率反映了企业资本流动的效率，一定程度上决定了企业在市场竞争中的地位和发展前景。近五年来，安徽上市公司的总投资和总融资规模呈稳定上升态势，截至2019年底，安徽上市公司投融资总额分别为1.18万

亿元、1.07 万亿元。从投资结构来看，由于受新金融工具准则实施以及加大对外投资影响，安徽上市公司的对外投资比重攀升明显；从融资结构看，间接融资额稳步增长，直接融资额比重有所上升，但与历史峰值相比仍有较大差距，未来还须进一步提高股票、债券等直接融资比重（见图 29）。

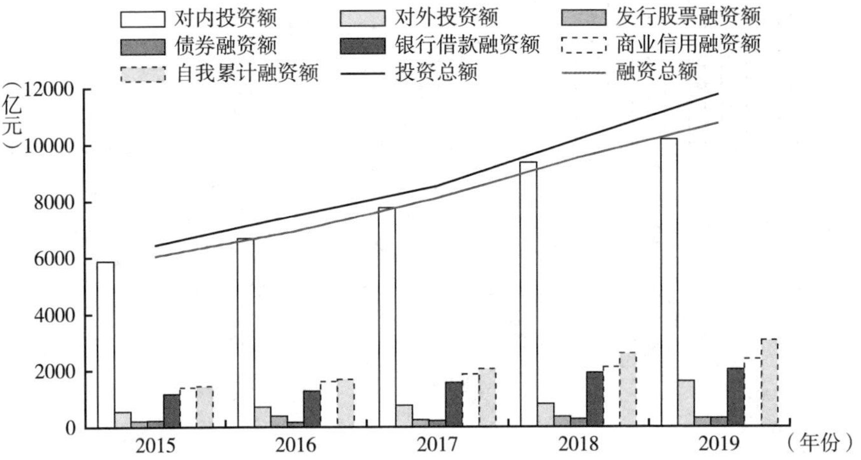

图 29　2015～2019 年安徽上市公司投融资额变化趋势

从行业上看，安徽各行业上市公司投融资规模较为明显反映了行业资产特征及其资金需求的差异。其中，采矿业、建筑业和金融业上市公司投融资规模平均值相对较高；科学研究和技术服务业，水利、环境和公共设施管理业以及农林牧渔业上市公司投融资规模平均值较低；制造业上市公司数量多，投融资总规模“一家独大”，但行业内部两极分化现象较为明显，拉低了投融资规模平均值；教育行业因中公教育 2019 年实施增发拉高了融资规模平均值（见图 30）。与 2018 年相比，各行业总投融资规模平均值均有所增加，教育业、金融业和房地产业的投资规模增幅较大；教育业，水利、环境和公共设施管理业的融资规模增幅较大。

从区域上看，安徽各城市上市公司投融资差异明显。其中，蚌埠和淮北因区域内采矿业和建筑业上市公司居多，投融资规模平均值相对较高；马鞍山因马钢股份和山鹰纸业拉高了整体投融资规模平均值；芜湖受区域内海螺水泥、

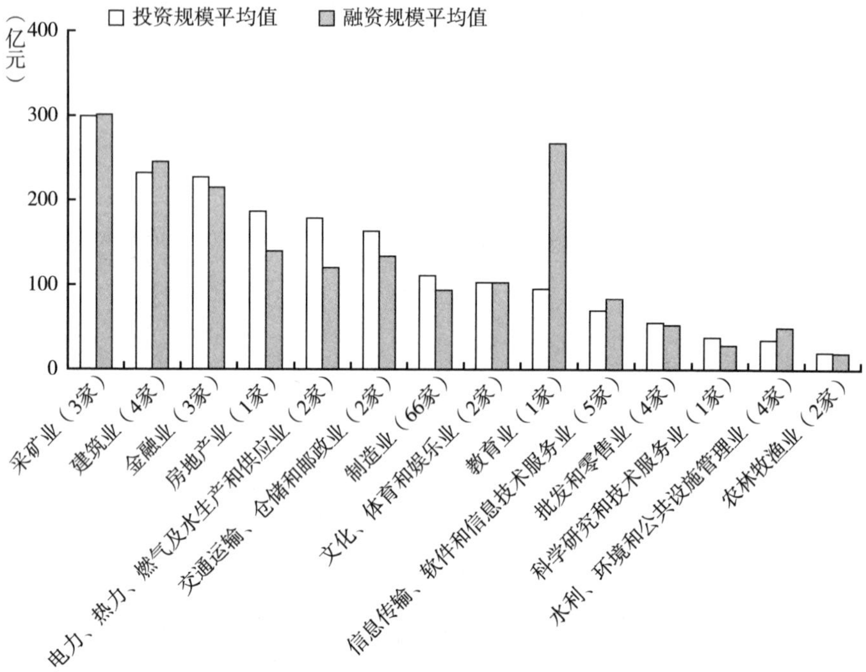

图 30　2019 年安徽各行业上市公司投融资规模平均值

中公教育等龙头企业带动，投融资规模平均值整体靠前；合肥虽然上市公司最多，但由于内部差异大，且较多上市公司投融资规模有限，拉低了整体投融资规模平均值；滁州和宣城虽然上市公司较多，但投融资规模平均值较小，投融资水平有待提高（见图 31）。与 2018 年相比，大部分城市上市公司的投融资规模平均值均有所增加，尤其是芜湖增幅较大。从投资规模来看，黄山因众泰汽车迁出，投资规模平均值略微下降；从融资规模来看，淮南和安庆融资规模平均值降幅明显，主要由于新集能源和盛运环保融资额下降幅度较大。

从股权结构看，国企和央企投融资规模平均值明显较高；民企虽然有阳光电源和山鹰纸业等投融资规模较高企业，但由于更多企业投融资规模偏小，整体投融资规模平均值较小（见图 32）。与 2018 年相比，各类股权结构上市公司投资规模平均值均有所增加，尤其是民企增幅最大，说明民企投融资情况改善明显，但其投融资水平仍需进一步提高。

从企业综合排名看，安徽上市公司投融资水平整体差异较大。截至

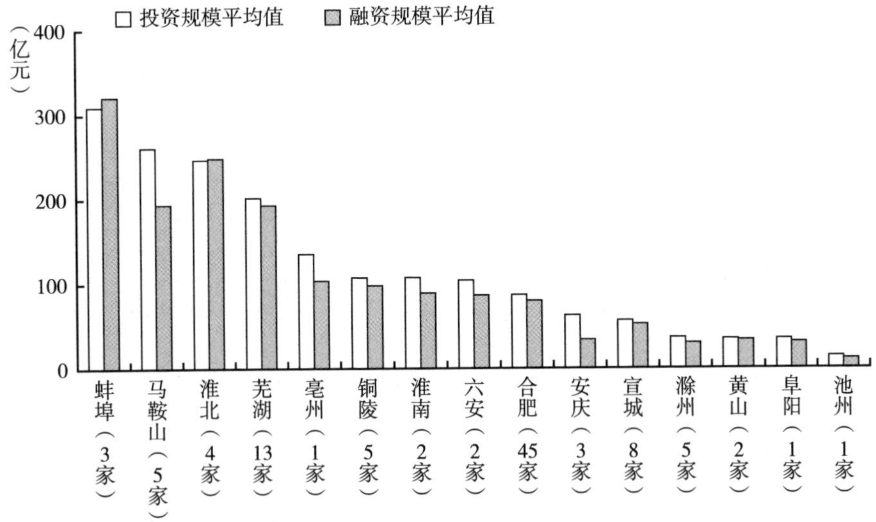

图 31　2019 年安徽各城市上市公司投融资规模平均值

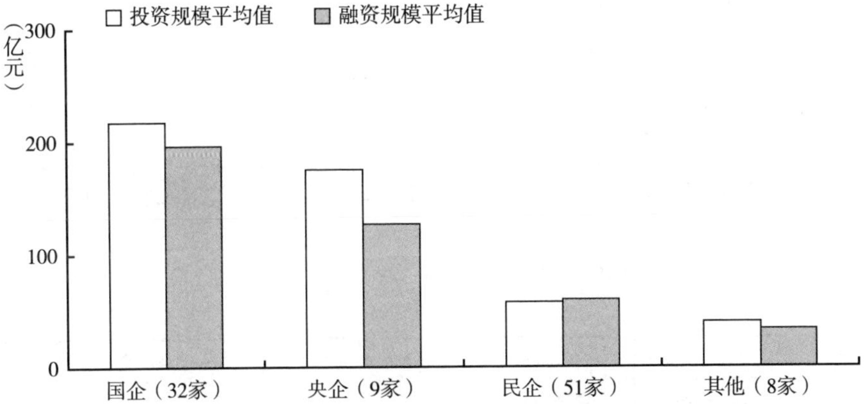

图 32　2019 年安徽各股权结构上市公司投融资规模

2019 年底，分别仅有 25 家、29 家高于平均值；排名前十的上市公司投融资规模均超 200 亿元，而后十名投融资规模均在 11 亿元以下；海螺水泥、马钢股份、安徽建工等公司投融资规模显著高于其他公司，尤其是海螺水泥投融资规模均突破 1500 亿元，投融资龙头地位稳固，行业带动效应明显；山河药辅、黄山胶囊等公司投融资规模均较小（见表 6 和表 7）。

表6　2019年安徽上市公司总投资额前十名和后十名

单位：亿元

排名	公司简称	总投资额	行业	城市	股权结构	对内投资额	对外投资额
1	海螺水泥	1868.76	制造	芜湖	国企	1659.47	209.29
2	马钢股份	844.92	制造	马鞍山	央企	785.41	59.51
3	安徽建工	702.04	建筑	蚌埠	国企	696.25	5.79
4	淮北矿业	547.45	采矿	淮北	国企	538.50	8.95
5	铜陵有色	443.11	制造	铜陵	国企	436.81	6.30
6	国元证券	418.04	金融	合肥	国企	13.38	404.66
7	江淮汽车	415.41	制造	合肥	国企	373.49	41.92
8	皖能电力	326.36	电力	合肥	国企	209.26	117.09
9	山鹰纸业	310.97	制造	马鞍山	民企	295.58	15.38
10	华安证券	237.23	金融	合肥	国企	6.89	230.34
91	华菱精工	11.52	制造	宣城	民企	11.52	0.00
92	凤形股份	10.66	制造	宣城	民企	10.02	0.64
93	众源新材	10.25	制造	芜湖	民企	10.24	0.00
94	融捷健康	10.18	制造	合肥	民企	8.58	1.60
95	文一科技	9.48	制造	铜陵	民企	8.71	0.77
96	国机通用	8.93	制造	合肥	央企	8.93	0.00
97	安纳达	8.93	制造	铜陵	其他	8.93	0.00
98	黄山胶囊	8.72	制造	宣城	民企	7.88	0.83
99	山河药辅	8.33	制造	淮南	民企	7.48	0.85
100	中环环保	8.01	水利	合肥	民企	7.79	0.22

注：因企业经营问题，本排行剔除安凯汽车、德豪润达、新光圆成、梦舟实业和六国化工。

表7　2019年安徽上市公司总融资额前十名和后十名

单位：亿元

排名	公司简称	总融资额	银行借款融资额	商业信用融资额	自我累计融资额
1	海螺水泥	1558.079	68.130	77.618	1213.315
2	安徽建工	753.311	238.063	414.972	34.435
3	淮北矿业	610.634	148.234	108.960	104.597
4	国元证券	467.312	15.360	4.192	59.018
5	马钢股份	427.227	163.483	134.441	106.175
6	铜陵有色	405.806	143.142	98.897	52.031
7	江淮汽车	400.373	74.358	142.428	57.267
8	山鹰纸业	391.355	165.042	41.934	66.584
9	中公教育	267.599	28.670	28.708	20.917

续表

排名	公司简称	总融资额	银行借款融资额	商业信用融资额	自我累计融资额
10	皖能电力	217.803	93.554	11.905	54.210
91	华菱精工	10.735	1.990	2.741	2.879
92	国机通用	10.588	0.000	2.884	1.103
93	众源新材	9.733	1.702	0.841	3.551
94	泰禾光电	9.030	0.000	0.814	4.541
95	文一科技	8.665	0.500	4.640	-1.682
96	安纳达	8.065	0.050	1.387	1.380
97	融捷健康	8.036	0.250	1.436	-12.893
98	凤形股份	7.358	1.530	1.810	2.544
99	黄山胶囊	6.586	0.000	0.550	3.399
100	山河药辅	6.516	0.111	1.488	3.430

注：因企业经营问题，本排行剔除安凯汽车、德豪润达、新光圆成、梦舟实业和六国化工。

（六）综合发展能力较弱，高质量发展有待突破

基于业绩发展、创新能力、营运能力和社会贡献与责任四个方面指标测算出的综合发展能力，能够直接反映上市公司的整体发展状况。2019 年参与排名的95 家安徽上市公司综合发展能力指数平均值为0.17，与2018 年的0.22 相比下降明显；35 家上市公司的综合发展能力指数高于或等于平均值，相较于2018 年少了4 家，说明在宏观经济不景气的背景下，安徽上市公司发展承压明显。但同时 2019 年安徽上市公司综合发展能力指数最高值为0.62，相较去年提高了 0.11，说明虽然整体发展不足，但个别企业凭借自身努力表现强劲。

四项细分指标中，业绩发展指数均值为 0.34，有 35 家企业高于平均值；创新能力指数均值为0.21，有35 家上市公司高于平均值；营运能力指数均值为0.09，有 34 家上市公司高于平均值；社会贡献与责任指数均值为0.40，有 43 家上市公司高于平均值。与 2018 年相比，除创新能力指数无明显变化外，其他三项细分指标指数平均值均有所下降，尤其是业绩发展指数和营运能力指数降幅明显（见图 33）。

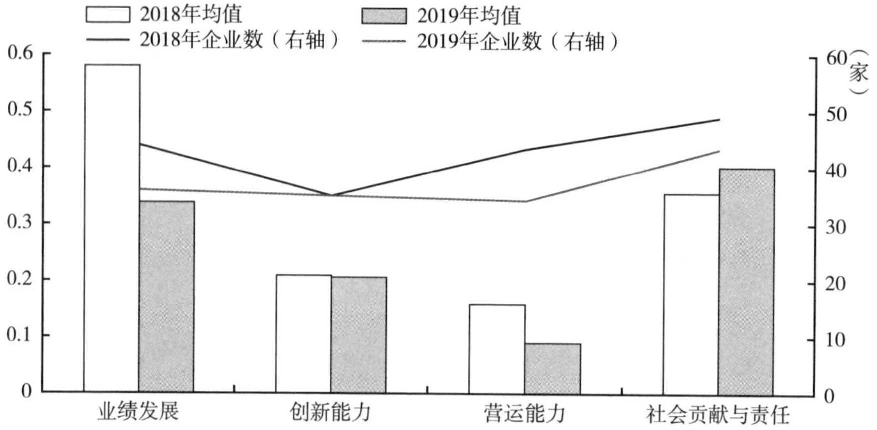

图 33　2018～2019 年安徽上市公司综合发展能力细分指标指数均值和高于均值企业数量变化

从行业上看，各行业上市公司的综合发展能力指数差距较大。信息传输、软件和信息技术服务业等高技术产业上市公司的综合发展能力指数相对较高；水利、环境和公共设施管理业等传统产业上市公司的综合发展能力指数相对较低；制造业上市公司的综合发展能力指数整体表现一般（见图34）。为加快推动安徽从制造大省迈向制造强省，制造业上市公司必须转变思路，重点聚焦先进制造业。

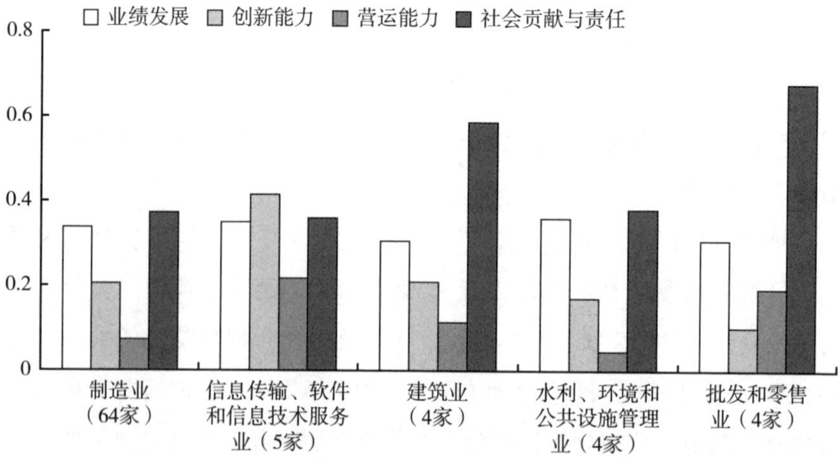

图 34　2019 年安徽主要行业上市公司综合发展能力各项指标情况

从区域上看，区域经济与上市公司发展密切相关，两者之间相互促进、相互制约。合肥、芜湖经济基础较好，地理位置优越，其上市公司综合发展能力较强（见图35）；池州、淮北以及黄山上市公司综合发展能力较弱；阜阳、滁州上市公司综合发展能力虽然在2018年提升明显，但2019年跌回较低水平。由此可见，与经济相对发达的城市相比，经济基础薄弱的城市在不占优势条件下，合理运用本地区资源禀赋来加快自身发展，显得尤其关键。

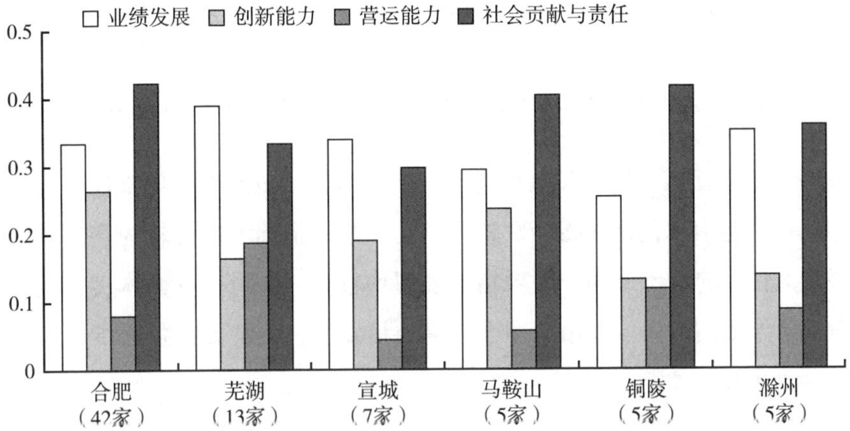

图35　2019年安徽主要城市上市公司综合发展能力各项指标情况

从股权结构看，央企综合发展能力指数相对较高，尤其是具有较高的社会责任与贡献指数，这主要是由于央企能够享受更多的政策和资源倾斜，同时也说明随着央企改革的不断深化，央企活力、竞争力不断增强；但同样作为国资类企业，国企综合发展能力表现一般，结合安徽实际，得出只有进一步推进全省国有企业改革，才能更大程度发挥国企的示范带头作用；民企综合发展能力相对较好，各项指标均表现良好，但需要注意大环境和市场波动，注重持续改善和加强经营管理（见图36）。

从企业综合发展能力指数排名来看，三七互娱、科大讯飞、泰禾光电等公司综合发展能力较强，长信科技、文一科技、嘉美包装等公司综合发展能

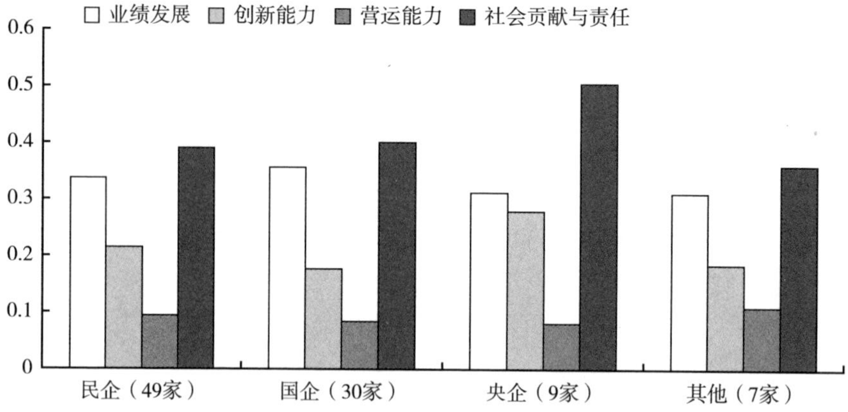

图 36　2019 年安徽各股权结构上市公司综合发展能力各项指标情况

力较弱。整体而言，综合发展能力较强的上市公司虽然在各项指标表现上存在不均衡，但表现良好的指标数较多，且在某项指标上表现较为突出；综合发展能力较弱的上市公司，各项指标表现均较差。说明企业整体实力是多种因素综合作用的结果。上市公司实现高质量发展，关键要在各项指标上寻求突破（见表8）。

表 8　2019 年安徽上市公司综合发展能力指数前十名及后十名

总排名	公司简称	综合发展能力指数	行业简称	城市	股权结构	业绩发展排名	创新能力排名	营运能力排名	社会贡献与责任排名
1	三七互娱	0. 62	信息	芜湖	民企	7	12	1	13
2	科大讯飞	0. 35	信息	合肥	央企	42	1	58	16
3	泰禾光电	0. 32	制造	合肥	民企	38	4	88	10
4	阳光电源	0. 32	制造	合肥	民企	30	3	63	66
5	美亚光电	0. 32	制造	合肥	民企	12	2	67	88
6	安徽合力	0. 30	制造	合肥	国企	20	8	16	4
7	江淮汽车	0. 28	制造	合肥	国企	87	5	25	87
8	三只松鼠	0. 27	批发	芜湖	民企	29	37	3	12
9	科大国创	0. 27	信息	合肥	民企	37	6	21	94
10	东华科技	0. 27	建筑	合肥	央企	55	11	20	8

续表

总排名	公司简称	综合发展能力指数	行业简称	城市	股权结构	业绩发展排名	创新能力排名	营运能力排名	社会贡献与责任排名
86	惠而浦	0.09	制造	合肥	外资	91	69	56	93
87	江南化工	0.09	制造	宣城	民企	47	70	86	76
88	淮河能源	0.09	交通	芜湖	国企	56	93	22	85
89	海螺型材	0.09	制造	芜湖	国企	90	83	36	89
90	德力股份	0.09	制造	滁州	民企	88	88	68	22
91	华孚时尚	0.09	制造	淮北	民企	64	91	43	60
92	融捷健康	0.08	制造	合肥	民企	95	72	72	74
93	嘉美包装	0.08	制造	滁州	外资	60	94	42	68
94	文一科技	0.08	制造	铜陵	民企	94	60	92	83
95	长信科技	0.08	制造	芜湖	国企	35	89	49	86

注：因指标适用性问题，本排行剔除3家金融企业（新力金融、华安证券、国元证券）；因企业经营问题，本排行剔除了安凯汽车、德豪润达、新光圆成、梦舟实业和六国化工；因部分指标缺失，本排行剔除了中鼎股份、盛运环保。

（七）制造业发展稳中向好，转型升级有待加快

制造业是国民经济的支柱产业，经过多年的发展，正处于产业结构转型升级的关键时期。长三角作为我国重要的制造业生产基地，推动制造业高质量发展具有重大意义。截至2019年底，长三角制造业上市公司总数达到872家，总市值为8.35万亿元。其中，安徽制造业上市公司共70家，总市值为8633亿元，仅占长三角制造业上市公司数量和市值总规模的8.14%和10.34%；合肥作为三大副中心城市之一，有24家制造业上市公司，总市值为1916亿元，但与杭州（74家，9865亿元）和南京（44家，2762亿元）相比差距明显，未来亟须在量和质上实现新的突破。

从行业结构来看，长三角制造业上市公司体系相对完备且产业分工格局基本形成。其中，机械设备、化工、电气设备、汽车、电子、生物医药、轻工制造、纺织服装、家用电器、有色金属等行业上市公司较多。2019年安徽制造业上市公司分布于20个行业，但仍有11个行业门类无上市公司

“落子”，与沪苏浙相比，空间分布有限、产业层次有待升级、龙头企业储备不足。数字经济蓬勃发展背景下，智能制造正成为制造业转型升级的重要途径和核心动力。以海螺水泥、江南化工以及安徽合力等为代表的安徽制造业上市公司，通过对传统产业改造或布局战略新兴产业，成功摸索出适宜的智能化转型升级路径。未来安徽制造业上市公司应对标领先企业，从技术创新入手，在数字科技赋能、信息技术平台升级、产业模式更迭、业务外延外拓等方面寻求突破，以全面带动安徽制造业全产业链的智能化大发展。

从创新能力来看，2019 年长三角制造业上市公司研发强度（3.24%）略低于全国平均水平（3.42%），整体创新投入力度还有待进一步加大。这其中，与沪苏浙相比，安徽制造业上市公司创新投入力度仍相对不足，但创新产出水平相对较高。2019 年安徽制造业上市公司平均研发支出为 1.93 亿元，研发强度为 2.03%；平均专利申请数为 51.25 件（见图 37），每百人专利申请数为 0.91 件。在长三角制造业上市公司研发支出、研发强度、平均专利申请数、每百人专利申请数 TOP20 排行榜中，安徽仅有 1～2 家制造业上市公司入榜，这主要是由于与沪苏浙相比，安徽制造业上市公司规模和龙头企业实力差距明显。

从财务表现来看，长三角制造业上市公司偿债能力和营运能力整体稳定，但盈利能力、发展能力受行业大环境影响下滑明显。与沪苏浙相比，2019 年安徽制造业上市公司的多个财务指标表现较优，但仍有进一步提升空间。具体来看，偿债能力方面，流动比率平均值为 2.22，资产负债率平均值为 42.16，一低一高，主要是细分行业经营特性和更偏好债权融资所致。营运能力方面，存货周转率平均值为 5.48，应收账款周转率平均值为 25.24，表现突出。盈利能力方面，净资产收益率平均值为 6.01，总资产报酬率平均值为 5.12，相比较江苏存有优势。发展能力方面，营业收入增长率平均值为 7.04，表现一般，但考虑到沪苏浙均存在营业收入爆发式增长的极端值，整体发展能力仍相对乐观（见表 9）。

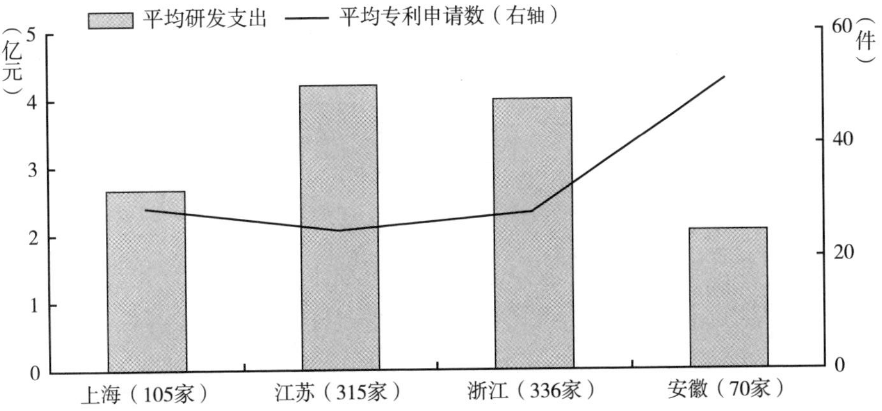

图 37　2019 年长三角各省市制造业上市公司创新情况

表 9　2019 年长三角各省市制造业上市公司财务表现

维度	细分指标	长三角	上海	江苏	浙江	安徽
偿债能力	流动比率平均值	2.78	3.2	2.86	2.63	2.22
	资产负债率平均值	38.01	36.73	37.56	38.12	42.16
营运能力	存货周转率平均值	4.57	5.44	4.19	4.34	5.48
	应收账款周转率平均值	14.27	12.61	16.52	10.56	25.24
盈利能力	净资产收益率平均值	4.65	6.38	3.48	4.69	6.01
	总资产报酬率平均值	5.45	5.99	4.88	5.82	5.12
发展能力	营业收入增长率平均值	8.88	12.48	8.25	8.22	7.04

从再融资情况来看，长三角制造业上市公司的再融资活动较为活跃。2019 年再融资规模为 1121.43 亿元，占同期全国制造业上市公司再融资规模的 23.21%；近五年累计再融资规模达 8097.58 亿元，累计全国占比为 27.50%。与沪苏浙相比，安徽制造业上市公司再融资表现一般，2019 年再融资总规模达 86.36 亿元（见图 38），近五年累计再融资规模达 798.61 亿元，规模体量一直处于最低水平。除了因为上市公司数量少外，这也与安徽制造业上市公司发展质量和融资积极性相关。

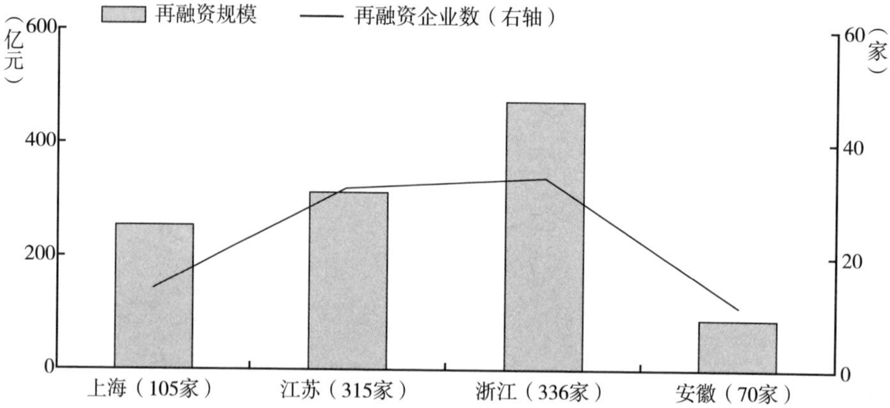

图 38　2019 年长三角各省市制造业上市公司再融资情况

三　安徽上市公司年度发展排名变化

本部分主要分析 2018～2019 年安徽 105 家 A 股上市公司综合发展能力及各细分维度（业绩发展、创新能力、营运能力、投融资水平）的排名变化情况，并重点考察前十名和后十名企业，分析影响排名变化的因素，为进一步提升安徽上市公司发展水平和质量提供参考。细分维度方面，社会贡献与责任维度因指标调整，不进行年度排名比较。

（一）综合发展能力排名变化

为确保排行有效性，筛选出 95 家安徽上市公司，对其 2019 年综合发展能力指数进行排名。整体来看，2019 年安徽上市公司综合发展能力指数排名变化明显，较多企业表现起伏大。具体来看，优质上市公司领先位置基本保持不变，呈现出较强的可持续发展能力；部分企业由于发展潜力不足或抗风险能力较差，可持续发展能力弱；部分企业注重提升创新能力、社会责任与贡献等方面的表现，其社会影响力和综合实力提升明显。

对比 2018 年，综合发展能力指数排名上升的公司数有 43 家，下降的有

45家，保持不变的有4家，其余3家为新上市企业。剔除排名连锁性变动产生的影响，名次上升超过10位的有20家，下降超过10位的有26家，整体排名变化明显。其中，上升幅度最大的是皖天然气（↑44），其各项分指标排名较上年均上升，尤其是在社会贡献与责任方面；华菱星马（↑37）、中钢天源（↑36）和长城军工（↑31）上升也较为明显。下降幅度最大的是皖新传媒（↓48），除创新能力外，其各项分指标指数排名均出现明显下滑，尤其是在业绩发展方面；惠而浦（↓37）、金种子酒（↓32）下降也较为明显。

对比2018年，2019年安徽上市公司综合发展能力指数排名前十名和后十名变化情况见表10。前十名上市公司中，江淮汽车（↑4）、东华科技（↑2）和新上市公司三只松鼠新入榜单；四创电子（↓9）、中公教育（↓6）和众源新材（↓4）跌出榜单；其他7家公司持续入榜。其中，三只松鼠作为新上市企业凭借新模式快速崛起，综合发展能力相对较强，其发展速度之快创造了中国电子商务史上的一个奇迹。后十名上市公司中，惠而浦（↓37）、长信科技（↓24）、华孚时尚（↓14）和融捷健康（↓13）新入榜单；其中，惠而浦因行业市场需求下滑加上缺乏核心竞争力，家电业务发展承压明显，2019年在业绩发展和社会责任与贡献方面排名下跌幅度较大；凯盛科技（↑28）、常青股份（↑21）、皖能电力（↑19）、神剑股份（↑10）和九华旅游（↑7）综合表现有不同程度改善，均退出榜单；其他5家公司排名依旧垫底。

表10　2018～2019年安徽上市公司综合发展能力及各维度指数排名前十名及后十名对比

公司简称	总排名			业绩发展		创新能力		营运能力		社会责任与贡献	
	2019年	2018年	排名变化	2019年	2018年	2019年	2018年	2019年	2018年	2019年	2018年
三七互娱	1	1	—	7	19	12	11	1	1	13	20
科大讯飞	2	3	↑1	42	50	1	1	58	55	16	42
泰禾光电	3	9	↑6	38	31	4	4	88	79	10	16
阳光电源	4	2	↓2	30	42	3	2	63	58	66	17
美亚光电	5	6	↑1	12	11	2	3	67	64	88	49
安徽合力	6	8	↑2	20	21	8	12	16	18	4	5
江淮汽车	7	11	↑4	87	92	5	8	25	27	87	52

续表

公司简称	总排名			业绩发展		创新能力		营运能力		社会责任与贡献	
	2019年	2018年	排名变化	2019年	2018年	2019年	2018年	2019年	2018年	2019年	2018年
三只松鼠	8	/	/	29	/	37	/	3	/	12	/
科大国创	9	4	↓5	37	63	6	6	21	11	94	58
东华科技	10	12	↑2	55	60	11	15	20	10	8	70
惠而浦	86	49	↓37	91	55	69	71	56	47	93	8
江南化工	87	94	↑7	47	66	70	50	86	91	76	93
淮河能源	88	97	↑9	56	67	93	94	22	36	85	92
海螺型材	89	96	↑7	90	91	83	84	36	53	89	86
德力股份	90	91	↑1	88	93	88	89	68	83	22	30
华孚时尚	91	77	↓14	64	44	91	92	43	52	60	19
融捷健康	92	79	↓13	95	96	72	38	72	70	74	80
嘉美包装	93	/	/	60	/	94	/	42	/	68	/
文一科技	94	86	↓8	94	87	60	51	92	93	83	63
长信科技	95	71	↓24	35	34	89	97	49	23	86	32

注：1. 因指标适用性问题，本排行剔除 3 家金融企业（新力金融、华安证券、国元证券）；因企业经营问题，本排行剔除了安凯汽车、德豪润达、新光圆成、梦舟实业和六国化工；因部分指标缺失，本排行剔除中鼎股份、盛运环保。

2. 本报告—代表排名无变化；/代表 2018 年无名次，无法计算排名变化。

（二）业绩发展排名变化

为确保排行有效性，筛选出 97 家安徽上市公司对其 2019 年业绩发展能力进行排名。整体来看，安徽上市公司业绩发展能力排名变化较大，但与 2018 年相比，波动明显收窄，头部公司和排名靠后公司变化不大。除受所处行业周期、上下游市场需求变化等因素影响以外，部分上市公司业绩发展能力排名变动较大主要与企业自身经营管理相关。这表明安徽上市公司仍需以市场为导向，努力提高经营管理水平，最大限度减少行业周期带来的不利影响，从而确保公司可持续发展。

对比 2018 年，排名上升的公司有 43 家，下降的有 39 家，保持不变的有 12 家，其余 3 家为新上市企业。剔除排名连锁性变动产生的影响，名次上升和下降至少10位的上市公司分别有15家、18家，整体排名变化较大。其中，凤形股份（↑27）、新集能源（↑27）、科大国创（↑25）和安利股份（↑25）上升较为明显，尤其是凤形股份近几年积极谋求转型升级，通过内涵式增长和外延式扩张强力扭转了传统业务发展被动局面，经营情况改善明显；下降幅度最大的马钢股份（↓58），主要是由于行业景气度有所下滑，尤其是2019年员工辞退等问题导致利润被大幅压缩，其各项能力指标排名都出现大幅度下滑；安科生物（↓46）、皖新传媒（↓38）、惠而浦（↓38）和山鹰纸业（↓37）排名下降也较为明显。

对比2018年，2019年上市公司业绩发展能力排名前十名和后十名变化情况见表11，整体变化较小。前十名上市公司中，海螺水泥、古井贡酒、口子窖依旧占据前三位，表现出强劲的盈利水平；三七互娱（↑15）和迎驾贡酒（↑4）新入榜单；设计总院（↓15）和欧普康视（↓5）跌出榜单。后十名中，盛运环保和融捷健康继续垫底；惠而浦（↓38）和金种子酒（↓27）受业务经营波动影响，排名下滑明显，新入后十名榜单；安德利（↑5）因业绩表现略有改善退出榜单。

表11　2018～2019年安徽上市公司业绩发展能力及分指标排名前十名及后十名对比

公司简称	综合排名			权益净利率		资产收益率		收入净利率		每股收益	
	2019年	2018年	排名变化	2019年	2018年	2019年	2018年	2019年	2018年	2019年	2018年
海螺水泥	1	1	—	4	4	2	1	9	8	1	1
古井贡酒	2	2	—	7	8	7	8	12	12	2	2
口子窖	3	3	—	5	5	4	4	3	5	3	3
三七互娱	4	19	↑15	2	17	1	11	19	20	13	36
淮北矿业	5	5	—	11	2	29	12	52	46	4	5
金禾实业	6	4	↓2	14	7	11	6	11	10	6	6
志邦家居	7	8	↑1	15	19	15	18	28	26	5	4
迎驾贡酒	8	12	↑4	10	14	8	14	6	9	8	12
中公教育	9	9	—	1	1	3	3	14	15	55	61
开润股份	10	10	—	3	3	10	7	33	34	12	16
江淮汽车	88	92	↑4	90	92	90	92	91	92	88	93
德力股份	89	93	↑4	89	93	87	93	80	94	90	92
长虹美菱	90	90	—	88	90	91	90	89	90	89	88

续表

公司简称	综合排名			权益净利率		资产收益率		收入净利率		每股收益	
	2019年	2018年	排名变化	2019年	2018年	2019年	2018年	2019年	2018年	2019年	2018年
海螺型材	91	91	—	91	91	88	91	90	91	91	90
金种子酒	92	65	↓27	92	70	93	56	94	39	93	66
惠而浦	93	55	↓38	93	55	92	58	92	64	94	47
铜峰电子	94	89	↓5	94	89	94	87	93	84	92	91
文一科技	95	87	↓8	95	87	95	86	95	77	95	89
融捷健康	96	96	—	96	95	97	97	96	96	96	95
盛运环保	97	97	—	97	97	96	96	97	97	97	97

注：因指标适用性问题，本排行剔除3家金融企业（新力金融、华安证券、国元证券）；因企业经营问题，本排行剔除了安凯汽车、德豪润达、新光圆成、梦舟实业和六国化工。

（三）创新能力排名变化

为确保排行有效性，筛选出100家安徽上市公司对其2019年创新能力进行排名。整体来看，安徽上市公司创新能力排名变化不大，虽然有较大波动，但多数增减幅度有限。以科大讯飞、美亚光电和阳光电源为代表的高科技企业稳居前列，而以精达股份、嘉美包装和安德利为代表的传统产业企业则表现较差，亟待转型升级、寻求突破。

对比2018年，创新能力排名上升的公司有44家，下降的有39家，保持不变的有14家，其余3家为新上市企业。剔除排名连锁性变动产生的影响，名次上升超10位的公司有13家，下降超10位的有12家。其中，上升幅度最大的是凤形股份（↑26），2019年其在创新投入和创新产出各维度指标上均有明显提升，主要是由于其与并购的高科技企业康富科技并表；安纳达（↑22）、伯特利（↑21）提升也较为明显。下降幅度最大的是融捷健康（↓35），其排名由去年的第1位跌至第38位，这主要是由于新增已完工未结算项目额较大导致其存货骤增；丰乐种业（↓31）和开润股份（↓26）下降也较为明显。

对比2018年，2019年上市公司创新能力排名前十名和后十名变化情况见表12，整体变化很小。前十名上市公司中，8家公司依旧在榜，且多数变动幅度较小；设计总院（↑9）和安科生物（↑2）新入榜单；中电兴发（↓13）和聚隆科技（↓8）跌出榜单。后十名上市公司中，8 家公司依旧在榜；新上市公司嘉美包装新入榜单；铜陵有色（↑7）退出榜单。

表 12 2018～2019 年安徽上市公司创新能力及分指标排名前十名及后十名对比

公司简称	创新能力			研发强度		高学历员工比例		每百人专利申请数		主营业务利润率	
	2019年	2018年	排名变化	2019年	2018年	2019年	2018年	2019年	2018年	2019年	2018年
科大讯飞	1	1	—	1	1	4	3	16	25	13	13
美亚光电	2	3	↑1	12	15	20	17	3	4	10	10
阳光电源	3	2	↓1	24	23	11	10	1	1	46	42
泰禾光电	4	4	—	5	5	35	33	4	7	11	11
江淮汽车	5	8	↑3	33	26	30	30	2	3	95	94
科大国创	6	6	—	3	2	8	4	34	59	33	24
设计总院	7	16	↑9	37	45	9	8	11	20	17	17
安徽合力	8	10	↑2	27	27	42	39	5	5	55	56
四创电子	9	7	↓2	28	25	15	14	7	6	75	78
安科生物	10	12	↑2	4	4	24	20	65	53	5	4
楚江新材	91	93	↑2	52	58	90	89	72	62	96	97
中粮科技	92	92	—	79	78	57	62	86	68	78	74
德力股份	93	94	↑1	80	77	92	93	68	55	56	68
华孚时尚	94	95	↑1	73	73	64	63	91	91	94	88
长信科技	95	99	↑4	70	79	94	95	82	84	73	85
合肥百货	96	96	—	99	98	72	69	99	93	62	63
淮河能源	97	98	↑1	89	88	61	60	89	90	92	83
安德利	98	100	↑2	100	97	100	100	70	99	57	60
嘉美包装	99	/	/	86	/	93	/	88	/	69	/
精达股份	100	90	↓10	65	66	99	92	100	49	90	89

注：因企业经营问题，本排行剔除安凯汽车、德豪润达、新光圆成、梦舟实业和六国化工。

（四）营运能力排名变化

为确保排行有效性，筛选出 94 家安徽上市公司对其 2019 年营运能力进行排名。整体来看，安徽上市公司营运能力排名变化不大，多数企业排名虽有变动但幅度不大，整体排名结果与企业所处行业资产特征及经营管理水平相关。但同时受经济大环境影响，即使是优质企业也会有较大波动，说明随着整个经济大环境的不确定性越来越大，企业亟须练好内功、锻造韧性。

对比2018年，排名上升的公司有50家，下降的有35家，保持不变的有6家，其余3家为新上市企业，3家企业因部分指标缺失不做整体排名。剔除排名连锁性变动产生的影响，名次上升超10位的公司有13家，下降超10位的有4家。其中，上升幅度最大的是凯盛科技（↑18），主要是因其2019年度销售收入显著增加，各项资产营运能力均有所提高，尤其是总资产周转率提升明显。下降幅度最大的是设计总院（↓37），其排名由去年的第1位跌至第38位，这主要是由于新增已完工未结算项目额较大导致其存货骤增，大部分营运能力被削弱；四创电子（↓34）和长信科技（↓27）下降也较为明显。

对比2018年，2019年上市公司综合营运能力排名前十名和后十名变化情况见表13，整体变化较大。前十名上市公司中，仅3家公司依旧在榜；中公教育（↑14）、口子窖（↑11）、铜陵有色（↑9）、安德利（↑5）、古井贡酒（↑1）和新上市公司交建股份、三只松鼠新入榜单；设计总院（↓37）、皖新传媒（↓10）、淮北矿业（↓7）、开润股份（↓4）和精达股份（↓1）跌出榜单。后十名上市公司中，金种子酒（↓5）新入榜单；集友股份（↑6）退出榜单；其余9家公司仍在榜中。

表13　2018～2019年安徽上市公司营运能力及分指标排名前十名及后十名对比

公司简称	营运能力			总资产周转率		固定资产周转率		流动资产周转率		应收账款周转率		存货周转率	
	2019年	2018年	排名变化	2019年	2018年	2019年	2018年	2019年	2018年	2019年	2018年	2019年	2018年
中公教育	1	15	↑14	14	17	15	17	16	17	1	6	1	26
交建股份	2	/	/	51	/	2	/	72	/	91	/	63	/
众源新材	3	4	↑1	1	1	4	4	7	7	27	28	14	14
三只松鼠	4	/	/	2	/	5	/	11	/	15	/	55	/

续表

公司简称	营运能力			总资产周转率		固定资产周转率		流动资产周转率		应收账款周转率		存货周转率	
	2019年	2018年	排名变化	2019年	2018年	2019年	2018年	2019年	2018年	2019年	2018年	2019年	2018年
辉隆股份	5	5	—	3	3	7	3	8	13	9	11	21	23
口子窖	6	17	↑11	67	65	52	51	82	84	2	2	94	95
楚江新材	7	6	↓1	4	2	11	9	5	5	24	23	15	16
安德利	8	13	↑5	15	16	62	64	9	10	5	4	49	58
铜陵有色	9	18	↑9	6	5	27	25	6	6	8	12	22	25
古井贡酒	10	11	↑1	34	38	24	27	56	51	3	3	91	93
泰尔股份	85	88	↑3	84	87	48	60	92	94	92	94	87	90
长城军工	86	91	↑5	77	76	81	82	81	76	88	91	79	79
江南化工	87	87	—	88	89	95	92	61	62	82	72	13	15
黄山胶囊	88	92	↑4	79	83	83	85	86	89	60	63	65	68
合锻智能	89	89	—	90	86	73	73	91	86	93	92	89	88
金种子酒	90	85	↓5	92	80	76	66	94	87	40	39	92	89
文一科技	91	93	↑2	91	90	94	88	90	81	74	71	81	77
应流股份	92	95	↑3	93	93	96	97	87	90	78	85	90	91
聚隆科技	93	94	↑1	94	95	65	61	95	95	64	82	68	63
盛运环保	94	96	↑2	97	97	90	94	97	97	95	96	93	96

注：因指标适用性问题，本排行剔除3家金融企业（新力金融、华安证券、国元证券）；因企业经营问题，本排行剔除了安凯汽车、德豪润达、新光圆成、梦舟实业和六国化工；因部分细分指标缺失，合肥城建、皖通高速、三七互娱不参与营运能力综合评估。

（五）投融资排名变化

为确保排行有效性，筛选出100家安徽上市公司对其2019年投融资进行排名。整体来看，安徽上市公司投融资排名变化较小，仅有个位数企业名次发生较大变动，且多数是因新金融工具准则实施带来的影响。安徽上市公司出现明显分化现象，仅头部公司较好利用了资本市场的功能。当前再融资政策有所松绑，上市企业要充分利用资本市场来提高直接融资比重。

对比2018年，投资方面，排名上升的上市公司有42家，下降的有39家，保持不变的有16家，其余3家为新上市企业；剔除排名连锁性变动产生的影响，名次上升超 10 位的公司有 5 家，下降超 10 位的有 3 家，变化较小。其中，上升幅度最大的是华安证券（↑29），主要是由于 2019 年新金融工具准则的全面实施，公司交易性金融资产公允价值变动金额较大。下降幅度最大的是应流股份（↓12）和融捷健康（↓12），分别是偿还银行借款、历史应收账款所致。融资方面，排名上升的上市公司有 46 家，下降的有 40 家，保持不变的有 11 家，其余 3 家为新上市企业；剔除排名连锁性变动产生的影响，名次上升超 10 位的公司有 4 家，下降超 10 位的有 2 家，变化较小。其中，上升幅度最大的是中公教育（↑28），同样是受新金融工具准则影响，债权投资中以摊余成本计量的金融资产规模较大。下降幅度最大的是盛运环保（↓21），主要是因其净利润持续为负，自我累计融资额减少较多。

对比 2018 年，2019 年上市公司投融资排名前十名和后十名变化情况见表 14，前十名和后十名均仅有 1 ~2 家新入榜单。投资前十名中，华安证券（↑29）新入榜单，众泰汽车因迁址退出排名；后十名中，融捷健康(↓12) 和众源新材（↓3）新入榜单，集友股份（↑8）和泰禾光电（↑2）退出榜单。融资前十名中，除众泰汽车退出排名以外，新集能源（↓3）跌出榜单；后十名中，融捷健康（↓17）和国机通用（↓3）新入榜单，集友股份（↑8）和欧普康视（↑3）退出榜单。

表 14　2018 ~2019 年安徽上市公司投融资排名前十名及后十名对比

公司简称	投资排名及变化			公司简称	融资排名及变化		
	2019 年	2018 年	排名变化		2019 年	2018 年	排名变化
海螺水泥	1	1	—	海螺水泥	1	1	—
马钢股份	2	2	—	安徽建工	2	2	—
安徽建工	3	3	—	淮北矿业	3	4	↑1
淮北矿业	4	4	—	国元证券	4	3	↓1
铜陵有色	5	5	—	马钢股份	5	6	↑1
国元证券	6	7	↑1	铜陵有色	6	7	↑1
江淮汽车	7	6	↓1	江淮汽车	7	5	↓2
皖能电力	8	8	—	山鹰纸业	8	8	—

续表

公司简称	投资排名及变化			公司简称	融资排名及变化		
	2019 年	2018 年	排名变化		2019 年	2018 年	排名变化
山鹰纸业	9	9	—	中公教育	9	37	↑28
华安证券	10	39	↑29	皖能电力	10	11	↑1
华菱精工	91	92	↑1	华菱精工	91	97	↑6
凤形股份	92	94	↑2	国机通用	92	89	↓3
众源新材	93	90	↓3	众源新材	93	94	↑1
融捷健康	94	82	↓12	泰禾光电	94	93	↓1
文一科技	95	95	—	文一科技	95	91	↓4
国机通用	96	97	↑1	安纳达	96	96	—
安纳达	97	93	↓4	融捷健康	97	80	↓17
黄山胶囊	98	98	—	凤形股份	98	100	↑2
山河药辅	99	99	—	黄山胶囊	99	98	↓1
中环环保	100	100	—	山河药辅	100	99	↓1

注：因企业经营问题，本排行剔除安凯汽车、德豪润达、新光圆成、梦舟实业和六国化工。

四　安徽上市公司发展对策建议

通过大量客观、翔实的数据分析，本报告较为系统、全面地研究和展示了安徽上市公司发展的基本现状、主要特征和变化趋势。总的来说，安徽上市公司数量继续在中部地区保持领先地位，发展质量稳步提高，经济社会贡献度不断提高，在推动现代化美好安徽建设中发挥了主要作用；但同时也存在业绩有待改善、创新能力不足、内部治理有待规范等诸多问题。2020 年是全面建成小康社会和“十三五”规划收官之年。受新冠肺炎疫情冲击，安徽经济发展短期内受到明显影响，来自各方面的挑战明显增多，保持经济平稳健康发展的任务还相当艰巨。为推动上市公司持续健康发展和优质企业上市，从根本上有效解决以上这些问题，本报告从政府和企业层面提出以下相关对策建议。

（一）政府层面的对策建议

1. 加快推动多层次资本市场体系建设

充分发挥多层次资本市场功能，有利于推动安徽上市公司高质量发展。第一，充分完善上市后备资源库，按照“改制一批、辅导一批、达标一批、申报一批、上市挂牌一批”，分梯次推进企业上市，确保上规模、上质量。第二，抢抓注册制改革重要机遇，全力支持省内符合条件的科技型企业在科创板挂牌。抓住资本市场改革机会，鼓励上市企业分拆上市，支持新三板精选层公司转至科创板、创业板。第三，规范发展省区域性股权市场。在省区域性股权市场服务的广度和深度上下功夫，为省内广大中小微企业成长构建完整的融资链、服务链、价值链。第四，紧抓重组新规和再融资松绑机遇。鼓励和支持上市企业充分利用资本市场平台工具实施兼并重组、直接融资。推动重点行业企业兼并重组，支持行业龙头企业通过兼并重组等方式做优做强，打造一批具有较强竞争力的大企业大集团。

2. 优化营商环境，强化金融对实体经济的支持

企业发展离不开政府的大力支持和政策扶持，通过不断优化营商环境，鼓励和引导上市公司实现高质量发展。第一，建立健全推动企业上市的政策支持体系。加大优质企业上市孵化培育力度，着力提升政府服务效率，畅通企业上市“绿色通道”。第二，建立完善科技企业全生命周期金融服务体系。探索科技企业从创业孵化到上市的服务模式，加快培养一批快速成长的安徽“独角兽”企业。加大招商引资力度，完善承接产业转移相关配套措施，积极引进一批重点企业和项目落户安徽。第三，大力发展各类股权投资基金。创新完善基金投资引导对接机制，鼓励支持省级种子投资基金、省级风险投资基金、“三重一创”产业发展基金、省中小企业（专精特新）发展基金以及各私募股权投资基金健康有序发展。第四，加大相关政策落实力度。坚持以问题为导向，精准施策，用足用好用活经济“30条”等政策，全方位加大企业帮扶力度，高效保障企业持续经营的资金需求，尽快提升上市公司市场竞争力。通过设立救助基金、提供专项资金补助、减税降费等方

式，全力支持疫情影响下的受困企业走出困境，尤其要对有市场、有前景，技术有竞争力及流动性但暂时遇到困难的民营企业进行重点帮扶。深入实施“四送一服”双千工程，有效打通政策落地最后一公里，及时解决上市公司运营过程中遇到在的困难和问题。

3. 引领区域经济转型升级，促进区域协调发展

当前，安徽正处于转变发展方式、优化经济结构、转换增长动力的攻坚期。充分发挥上市公司在推动区域发展中的引领带动作用至关重要。第一，高质量融入长三角区域一体化发展，积极主动作为，全方位、多领域、深层次对接优质资源，充分利用好上交所安徽基地等平台。高质量推进“一圈五区”建设，推动区域协调发展，充分挖掘各区域特色优势产业上市后备资源。常态化推动省—市—县联动服务企业，积极加强沟通协调，为经济薄弱地区企业上市做好服务。第二，聚力发展战略性新兴产业。以重大新兴产业基地、制造业创新中心、“高新基”全产业链项目建设为依托，引导上市公司转型升级，提升区域内产业链、供应链稳定性和竞争力。在关键技术和“卡脖子”领域进行大力突破，引导优质企业上市发展。第三，加快推进数字产业化和产业数字化。以 5G 建设为契机，加快工业互联网基础设施建设，从“点、线、面”三个维度引导上市公司发力布局智能制造，推动安徽由制造大省迈向制造强省。第四，鼓励上市公司做大做强做优。为发挥上市公司在转型升级中的示范带头作用，关键要重点培育一批具有核心竞争力的国际化企业，引导龙头骨干企业围绕产业链并购整合，支持引导中小企业走“专精特新”之路，充分释放头部上市公司在创新引领、产业集聚和延链强链中的带动效应，全面提高安徽产业集群的产业分工地位和整体核心竞争力。

4. 持续提升区域创新能力，聚力打造创新高地

安徽创新能力活跃强劲，全省区域创新能力连续八年稳居全国第一方阵。加快打造具有重要影响力的科技创新策源地，推动安徽建设创新型经济强省，关键要提升安徽上市公司的创新能力。第一，持续强化创新引领。依托“四个一”创新主平台和“一室一中心”分平台，持续提升创新水平。聚力打造创新高地，积极衔接长三角区域一体化发展战略，吸引创新要素资源集聚。

大力支持以企业为主体的促进“链合”协同创新的管理机制，推进“创新成果 + 开发园区 + 产业基金 + ‘三重一创’政策”的科技创新成果转化“四融”模式。积极引导和鼓励企业尤其是上市公司在管理创新、商业模式创新方面寻求新突破。第二，持续激发创新创业活力。大力推动“大众创业、万众创新”，健全优化创新创业的政策体系和生态系统，以“三比一增”专项行动为抓手，掀起创新创业创造热潮。大力开展创业扶持工程，着力从场地、人才、政策、资金等方面提供优质服务。统筹建设孵化器、众创空间、加速器等创业生态，增强其专业服务能力。第三，着力培养创新型优质企业上市后备资源。重点聚焦新产业、新业态、新商业模式，尽快培育一批创新型、创业型和成长型中小企业。加大对专精特新企业和“四个一百”冠军企业的扶持力度，创新优质企业服务模式，积极推动创新型优质企业对接资本市场。

5. 继续深化国资国企改革，不断增强国企上市公司发展活力

安徽国企上市公司比重大，在区域经济发展中扮演着重要角色，今后仍需要继续深化改革。第一，深化国有资本授权经营体制机制改革。以加快推进国有资本投资、运营公司改革试点为契机，提升国有资本投资运营公司行权能力和加强平台功能建设，不断优化国有资本投向，引导资源向重点行业、关键领域和优势企业集中，以更好地服务全省发展大局。利用上市公司资源，进一步加大国企重组力度，推动优质资源上市。第二，加快推进混合所有制改革。按规定放开国有股权比例限制，通过引导国有企业定增引入战略投资者、施行股权激励、让员工持股、整体上市或核心子公司上市等多种方式，促进国有经济结构优化、效益提升，提高国有资本配置和运行效率。第三，提高国有企业内部治理能力。按照完善治理、强化激励、突出主业、提高效率的要求，扎实推进国有企业做大做强做优。按照“管资本，不管经营”的总原则，减少政府部门对企业发展的行政干预，让国有上市公司依据公司法，遵循市场规律进行自主经营。进一步完善国有企业法人治理结构，健全现代企业制度，以制度创新持续增强国企活力。

6. 全方位推进，全力打造优质金融生态环境

金融作为经济社会运行的“心脏”，具有聚集、融资、分配等诸多功

能。各级政府要加快步伐，积极争取更多的金融资源。第一，加快打造区域性金融中心。加快金融资源集聚，引进域外金融资源。完善市场化引才机制，加强金融人才引进。支持地方法人金融机构做大做强，全面提升中介服务能力。第二，优化融资对接服务。围绕产业链布局科技链，聚焦科技链、完善资本链，重点加大对重点领域、重点行业的信贷扶持力度。引导证、银、担、保、投等金融机构担当作为，重点向经济薄弱区域和中小微企业倾斜。第三，着力改善金融生态环境。加强同国内领先金融城市的交流与合作，提升区域金融服务水平。畅通金融机构和监管机构之间、金融机构和企业之间的交流渠道，促进沟通交流。搭建金融公共服务平台，通过举办专家论坛、专题讲座、专题培训等，进一步提升企业在资本市场的运作和融资能力。

7. 发挥各方协调效应，多措并举提高上市公司质量

2019 年证监会下发《推动提高上市公司质量行动计划》，指出力争通过 3 ~5 年的努力，使上市公司整体面貌有较大改变。推动提升上市公司质量，需要证券监管部门、行业主管部门、上市公司以及市场其他各参与主体的共同努力。第一，持续强化精准监管。相关部门要保持监管高压态势，坚持全面监管与重点监管相结合、事前防范与事后监管相结合和外部监管与股东行权相结合，聚焦问题公司、高风险公司，紧盯财务造假、资金占用、违规担保等行为，加强风险监测预警，不断提高监管前瞻性、主动性。同时，通过发展监管科技，加快提升科技监管能力。第二，深入推进信用体系建设。建立和完善守信联合激励及失信联合惩戒制度，加大对上市公司违法违规行为的惩戒力度。第三，健全完善风险防范化解处置机制。坚持底线思维，把主动防范系统性金融风险放在更加重要的位置，做到早识别、早预警、早发现、早处置。建立健全上市公司风险防范和处置应急机制，做到快速响应、分类施策、稳妥处置。严格落实退市主体责任，探索丰富退出方式，畅通多元化退出渠道。第四，注重提高信息披露质量。坚持以投资者需求为导向，强化上市公司信息披露的真实性、完整性和及时性，积极引导上市公司提倡真和实，不搞虚和假，主动提高信息披露质量。创造良好舆论环境，提升舆

论引导力。密切关注 ESG 信息披露框架构建，做好相应准备工作。第五，充分发挥上市公司协会的管理服务作用。上市公司协会要注重完善政府与企业之间的联系沟通机制，加强信息共享与交流，引导上市公司规范内部管理和流程。

（二）公司层面的对策建议

1. 主动顺应趋势，提升上市公司可持续发展能力

当前，经济形势仍然复杂严峻，不稳定性、不确定性较大，上市公司发展面临诸多困难和问题。为有效应对外部环境带来的风险和挑战，上市公司关键要“练好内功”保运行，化危为机谋发展。第一，明确主攻方向，做大做强主业。上市公司要紧紧围绕自身主营业务，努力适应市场需求，注重遵循市场规律，科学制定发展战略，不断提升主业核心竞争力。使市场前景差，与主业紧密性不强、关联度不高的非主业，通过转让、剥离等方式，有计划、有步骤地退出，推动各类资源向主业集中，不断提高自身盈利能力。第二，主动适应市场变化。上市公司要顺应经济发展新形势、新要求，紧紧围绕主营业务，以新理念求新发展，以新技术聚实力，以新产品拓市场，加快转型升级步伐。坚持稳健经营，避免盲目投资、扩张，确保公司现金流健康和充裕程度，降低突发事件对企业的冲击。第三，加快数字化转型步伐。数字化转型将用信息技术全面重塑企业经营管理模式，是企业发展模式的变革和创新。上市公司要积极探索数字时代自身业务运行模式，在战略规划、路径选择、数字打通、企业上运、人才培养和组织机制等方面上下功夫，有计划开展数字化业务和实现业务流程数字化，不断提高公司组织竞争力。

2. 突出创新创造，增强企业发展核心竞争力

创新是引领企业高质量发展的第一动力。上市公司要注重加强技术创新、管理创新和模式创新，主动增强自身内生动力。第一，不断提升自身创新能力。上市公司要瞄准核心技术和关键环节推进技术创新，把更多的人力、财力、物力投向核心技术研发。加强互联网、大数据、人工智能等科技创新及成果应用，不断提高研发设计、供应链管理、品牌培育和营销水平，不断

推进产品迭代升级。头部企业要大力强化自主创新，努力实现在关键技术领域的进行有效突破，争做国内国际一流企业。中小企业要加强自主研发，善于运用市场上成熟的服务技术。第二，培育引进创新型人才。上市公司要加强人才挖掘、引进和储备。按照“不求所有、但求所用，不求所在、但求所为”的理念，在培养和引进高层次创新型领军人才和高水平团队上进行大胆探索。加大人才激励力度，破除论资排位观念，强化企业员工创新意识，给予创新型人才应有的待遇，持续激发企业创新潜能。第三，探索创新成果商业化模式。充分利用资本市场平台工具，购买成熟的技术或加大对外合作，并与自身市场平台嫁接，快速实现业务突破，在资本市场获取高成长溢价。

3. 强化内部管理，增强企业运营能力和盈利能力

良好的内部管理可以帮助企业提升资产运营效率，增强企业获利能力。上市公司要积极引进先进的管理体系和管理工具，对标先进企业，强化运营管理，全面提升自身运营能力。第一，持续优化资产结构。上市公司要高度重视资产配置和使用效率，注重固定资产和流动资产之间的平衡，重点关注负债结构、流动性指标、风险敞口集中度等指标，既要确保生产性投入，也要保持流动性。注重业务和市场之间的平衡，预防和对冲个体或地域性经营风险，强化集群式布局、多点布局。国有企业要盘活存量资产，稳妥处置低效、无效资产，积极寻求合作伙伴或对接金融资产管理公司探索变现途径。第二，完善应收账款管理。上市公司要完善客户信用管理，建立应收账款风险预警机制，切实防范应收账款风险。针对三年期及以上陈欠应收账款、具有较大坏账风险的应收账款和欠款大户的清收清欠，要善于运用沟通协商、抵抹账、第三方清欠、法律诉讼等多种形式，推进应收账款的回收进度。依赖单一大客户的企业要强化市场拓展、拓宽业务领域。第三，提高存货管理水平。借助 ERP 系统等信息化管理手段，完善存货管理制度，提高存货管理的精确性、及时性，加快存货周转速度。领先企业要加快智能制造转型升级，运用大数据、云计算、物联网技术，实现生产管理一体化。

4. 灵活开展资本运作，提升企业价值管理水平

价值管理是上市公司利用资本市场实现价值管理的重要手段。最严退市

制度执行，对企业价值管理提出更高更严的要求。上市公司要充分利用资本市场，促进公司由产业经营为主向产业经营和资本经营相结合模式转变。第一，注重加强市值管理。上市公司要配备专业化的市值管理团队，加强与监管部门、股东之间的交流与沟通，帮助投资人了解公司，增加投资人的信心。其他上市公司要学习借鉴海螺水泥的价值管理经验，注重把市值管理与企业经营相结合，逐步提升自身整体价值。第二，拓宽创新融资渠道。上市公司要善于运用股权融资、债券融资等手段进行直接融资，不断提高融资效率，努力降低融资成本。围绕主业加大项目投资和项目开发力度，不断增强自我发展能力。提升流动性管理意识，合理使用杠杆，避免过度负债、过度投资，逐步提高自身抗风险能力。第三，积极开展并购重组。上市公司要主动运用并购重组等价值管理手段，优化配置省内外资源，实现业务升级和战略转型，推动自身由内生式增长为主向内生式与外联式增长并重转变。但在并购重组过程中，上市公司应完善融资风险及风险预防机制，避免大额商誉减值带来的风险。

5. 积极履行主体责任，确保内部运行规范有序

上市公司作为公众公司，在推动高质量发展中理应展现其责任情怀和价值担当。上市公司要勇于承担社会责任，通过提高社会贡献率来提升企业整体形象。第一，注重提高治理水平。上市公司作为应当肩负起规范发展的第一责任和主体责任，要坚持敬畏市场、敬畏法治、敬畏专业、敬畏投资者，切实提高规范运作水平，完善法人治理结构，促进董事会规范运行，建立健全内部控制体系，提高公司风险防范能力。第二，重视投资者利益保障。上市公司要树立诚实守信的良好形象，强化投资者关系管理，坚持对投资者负责、为全体股东谋利益的理念，尽心尽责地履行好受托责任。第三，自觉履行社会责任。上市公司要主动承担社会责任，通过提高社会贡献来提升企业价值，自觉把落实社会责任贯穿到企业发展的全过程，合理制定社会责任发展战略，积极投身社会公益活动，在构建和谐劳动关系、促进就业、关爱员工、依法纳税、节约资源、保护环境等方面发挥更加重要作用。

6. 发挥示范引领作用，更好地服务区域经济发展

安徽上市公司是全省企业的优秀群体，要努力提高经营业绩，在规范运作、运营效率、社会责任与贡献等各方面做出表率，在服务省域经济高质量发展中发挥重要支撑作用。第一，放大辐射带动效应。上市公司尤其是头部公司要不断巩固和提高行业领先地位，带动相关产业集群的形成和发展，为社会创造更多经济和社会效益。第二，积极适应市场要求。上市公司要按照供给侧结构性改革要求，主动淘汰落后产能，加快设备技术改造，以节能环保、资源综合利用为导向，不断提高生产效率、降低生产成本。紧紧围绕自身主营业务，主动对接区域产业战略，积极发展具有战略意义的新兴产业。第三，积极响应政策引导。上市公司要认真学习和贯彻落实近期资本市场和安徽发展相关政策，密切关注产业政策变化和区域产业发展动态，努力争取相关政策和项目资金支持。

分 报 告

Sub-reports

B.2
安徽上市公司业绩发展报告

陈明春　广俊杰　田 卉　李 欣*

摘　要： 本报告依据经营业绩相关理论，对安徽上市公司业绩发展状况进行系统性评价，得出安徽上市公司业绩总体表现良好、区域分布不均衡、行业业绩分化明显等结论，最终基于研究结论，针对性地提出加快优势传统产业转型升级、加强创新能力建设、优化区域发展布局等对策建议。

关键词： 上市公司业绩　经营效率　权益净利率　资产收益率

* 陈明春，中国科学技术大学管理学院博士，注册会计师，工商管理创新研究中心成员，主要研究方向为创新与互联网金融；广俊杰，中国科学技术大学管理学院，工商管理创新研究中心成员，主要研究方向为创新管理；田卉，中国科学技术大学管理学院，工商管理创新研究中心成员，主要研究方向为创新管理；李欣，博士，安徽省投资集团中安研究院副院长，主要研究方向为资本市场与公司金融研究。

当前，国际经济格局进入深入调整与重组阶段，我国经济运行稳中有进，长三角一体化安徽行动计划发布，安徽经济发展迎来了新的机遇和挑战。目前，安徽上市公司面临复杂的经营环境，如世界经济增长低迷，国际经贸摩擦加剧，国内经济下行压力加大，为安徽省推进供给侧结构性改革、实现经济高质量发展增加了挑战，安徽各行业、区域、股权结构上市公司业绩表现如何，值得深入研究。本报告选取多个业绩代表性指标，分行业、区域、股权结构深入分析安徽上市公司业绩发展状况，找出业绩发展水平存在差异的原因，基于新冠肺炎疫情的影响及“六稳”“六保”的基本政策目标，预测上市公司发展可能面临的问题，并针对研究结论提出相应的对策和建议。

一　安徽上市公司业绩概念界定与评价指标

（一）上市公司业绩概念界定

业绩是指上市公司在一定经营期内的经营效益。通常所说的业绩包括经营业绩和管理业绩。经营业绩直观反映由经营活动带来的整体财务状况与经营结果，它以真实公允的会计报表为主要依据，是对公司状况的静态评价；管理业绩是由高级管理者的努力带来的结果与状况，是对管理者主观能动性的评价。

上市公司业绩多指上市公司经营管理中的经营业绩，主要包括经营效率（即投入和产出间的比例关系）和效果（上市公司目标达成程度）。上市公司经营业绩有狭义和广义之分：狭义的经营业绩指在一定时期内，上市公司利用自身有限的资源，从事相关的经营活动而最终取得的经济成果，一般通过经济增加值、销售收入、营业利润等形式呈现；广义的经营业绩除了包括在一定经营期间取得的经济利润外，还包括公司在经营期间所表现出的经营效益水平，通过偿债能力、获利能力、资产运营能力等形式呈现。在对安徽上市公司业绩进行评价时，本报告主要采用狭义的经营业绩概念，分析上市公司的业绩水平。

（二）评价指标选择

本报告选取权益净利率（ROE）、资产收益率（ROA）、收入净利率和每股收益（EPS）分析上市公司业绩水平，并通过熵值赋权法构建综合业绩评价体系。

（1）权益净利率（ROE）=（净利润/所有者权益）×100%

权益净利率是上市公司净利润与所有者权益的比率，反映所有者权益所获报酬的水平。

（2）资产收益率（ROA）=（净利润/资产）×100%

资产收益率用于反映上市公司资产与净利润之间的关系。资产收益率越高，说明上市公司利用全部资产的获利能力越强；资产收益率越低，说明上市公司利用全部资产的获利能力越弱。

（3）收入净利率=（净利润/营业收入）×100%

收入净利率用来反映上市公司营业收入与净利润之间的关系，是反映上市公司获利能力的重要指标，该指标越高，说明上市公司利用营业收入获取利润的能力越强。

（4）每股收益（EPS）=净利润/股本

在评价上市公司业绩时，单一指标对不同行业上市公司评价的有效性不同，如收入净利率，金融业等服务业上市公司的收入净利率往往较高，而批发和零售业的收入净利率往往较低，并不能准确评价不同上市公司的盈利能力。

（三）综合评价指标计算方法

为准确评价不同行业上市公司的业绩水平，报告选取了以上几个指标进行综合评价。本报告选取熵值赋权法计算各个指标的权重，试图通过不同指标的相互制衡抵消不同指标在评价不同行业上市公司业绩时的偏差。

（1）熵值赋权法

熵值赋权法基于“差异驱动”原理，突出局部差异，由各个样本的实际数据求得最优权重，反映了指标信息熵的效用值，避免了人为的影响因素，因而给出的指标权重更具有客观性，从而具有较高的再现性和可信度。信息熵反映的是信息的无序度，而不是指标的直观重要性，信息熵越大，信息的无序度越高，其信息的效用值越小，权重越小；反之，信息熵越小，信息的无序度越低，其信息的效用值越大，权重越大。

（2）综合指标的计算方法

步骤一：对分项指标进行去量纲处理，将所有指标缩放到0和1之间。

a. 对于正向评价指标，处理公式为：

$$X_{ij} = \frac{y_{ij} - y_j^{\min}}{y_j^{\max} - y_j^{\min}}$$

b. 对于反向评价指标，处理公式为：

$$X_{ij} = \frac{y_j^{\max} - y_{ij}}{y_j^{\max} - y_j^{\min}}$$

其中，$y_j^{\max} = \max y_{ij}$，$y_j^{\min} = \min y_{ij}$；

y_{ij} 表示第 i 个上市第 j 个评价指标的原始数据；

X_{ij} 表示第 i 个上市第 j 个评价指标的标准化数据。

步骤二：计算每个评价指标的贡献度。

$$P_{ij} = \frac{X_{ij}}{\sum_{i=1}^{n} X_{ij}}$$

P_{ij} 表示第 i 个上市第 j 个评价指标的贡献度。

步骤三：计算每个指标的信息熵。

$$E_j = -K\sum_{i=1}^{n} P_{ij}\ln P_{ij}$$

其中，$K = 1/\ln n$。

步骤四：计算每个指标的权重。

$$w_j = \frac{1 - E_j}{\sum_{j=1}^{m}(1 - E_j)}$$

其中，m 表示指标个数。

步骤五：计算每个上市公司的得分。

$$score_i = \sum_{j=1}^{m} X_{ij} w_j$$

二　安徽上市公司经营业绩分析

本部分先分析各指标反映的安徽总体业绩水平及主要行业、城市上市公司业绩水平，然后分析安徽上市公司各指标排名。此外，本报告数据来源于万得数据库（Wind 数据库）。截至 2019 年底，安徽共有 A 股上市公司 105 家。因指标适用性问题以及经营问题，本报告剔除三家金融上市公司（新力金融、华安证券、国元证券）以及安凯汽车、德豪润达、新光圆成、梦舟实业和六国化工。

（一）安徽上市公司权益净利率

1. 安徽上市公司权益净利率整体分析

数据显示，安徽上市公司业绩自 2015 年以来呈现不断增长的趋势，权益净利率总体处于上升趋势。2015 年，安徽上市公司权益净利率处在 5.1% 的较低水平；而 2018 年，安徽上市公司权益净利率已达到 12.8% 的较高水平；2019 年安徽上市公司权益净利率略微下滑至 11.8%，安徽上市公司业绩表现较为稳定（见图 1）。

2. 安徽上市公司权益净利率行业角度分析

安徽 105 家 A 股上市公司共涉及 14 个行业，其中包括 70 家制造业公司，5 家信息运输、软件和信息技术服务业公司，4 家水利、环境和公共设施管理

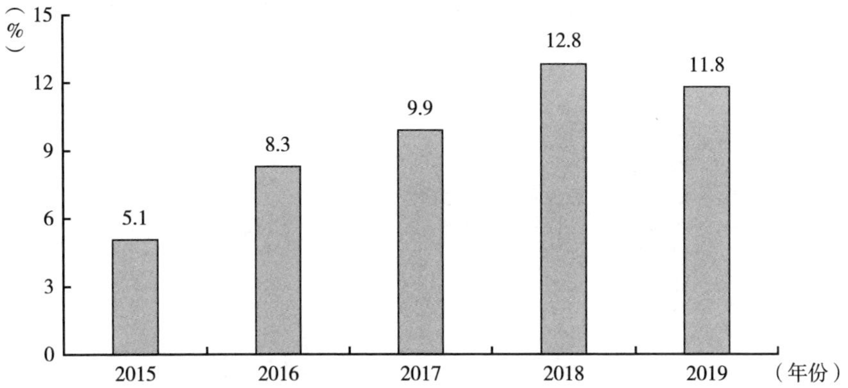

图 1　2015～2019 年安徽上市公司权益净利率总体变动情况

资料来源：Wind 数据库，个人整理。

业公司，4 家批发和零售业公司，4 家建筑业公司和 18 家其他行业公司。数据显示，制造业上市公司权益净利率从 2015 年开始持续增长，至 2018 年底权益净利率已达到最近五年的最高水平 14.7%，且高于安徽上市公司总体平均水平，2019 年略微下滑至 12.9%；信息运输、软件和信息技术服务业上市公司权益净利率表现较为稳定，2018 年出现下滑之后，2019 年有较大幅度上升，达到近五年的最高水平 14.1%；水利、环境和公共设施管理业上市公司权益净利率总体表现比较稳定，但 2019 年有所下滑；建筑业上市公司权益净利率总体呈现下降趋势；值得注意的是，由于电商和消费升级的冲击，批发和零售业上市公司盈利能力总体上持续下跌，权益净利率从 2015 年的 7.4% 跌至 2019 年的 6.5%，达到近五年来的最低水平（见图 2）。

70 家制造业上市公司中，化学原料和化学制品制造业有 8 家，电气机械和器材制造业有 7 家，通用设备制造业有 6 家，计算机、通信和其他电子设备制造业有 5 家，橡胶和塑料制品业有 5 家，专用设备制造业有 5 家。其中，化学原料和化学制品制造业上市公司盈利表现有所好转，权益净利率在 2016～2019 年比较稳定；电气机械和器材制造业上市公司以及计算机、通信和其他电子设备制造业上市公司盈利能力较差，权益净利率低于制造业总体水平；橡胶和塑料制品业与专用设备制造业上市公司盈利表现较为稳定，权益净利率接近制造业总体水平；除此之外通用设备制造业业绩表现较差，行业整体呈亏损状态（见图3）。

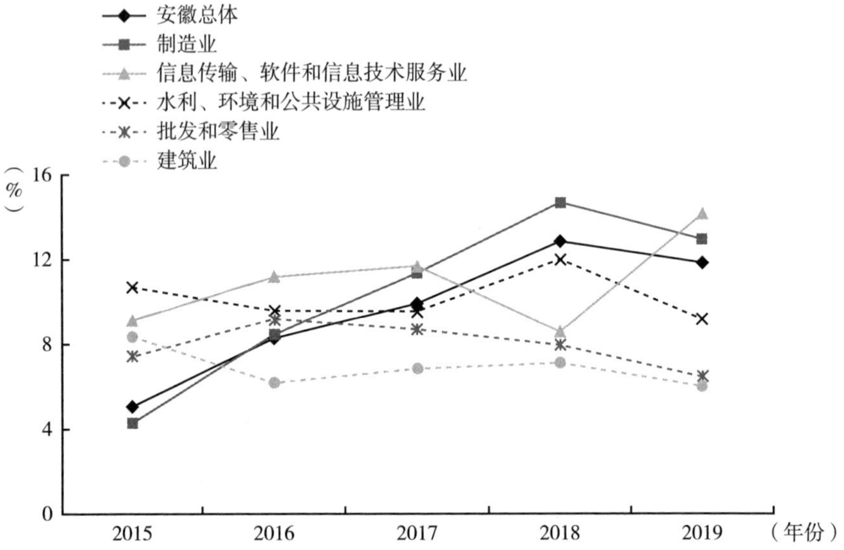

图2　2015～2019年安徽各主要行业上市公司权益净利率变动情况

资料来源：Wind数据库，个人整理。

3. 安徽上市公司权益净利率区域角度分析

安徽105家上市公司主要集中在合肥，合肥共有48家，占比45.7%；其次为芜湖，共有14家，占比13.3%；宣城有8家，占比7.6%；而马鞍山、铜陵各有6家上市公司；滁州有5家。本报告即选择上述城市进行安徽上市公司权益净利率区域分析。图4展示了2015～2019年安徽各主要城市上市公司权益净利率变动情况。

数据显示，受海螺水泥等龙头企业带动作用的影响，芜湖市上市公司权益净利率较高，业绩水平较为可观且呈现增长趋势，至2018年，芜湖市上市公司权益净利率已经超过了20%；宣城市和铜陵市上市公司权益净利率较为稳定，宣城市维持在9%附近，铜陵市维持在4%附近；滁州市的权益净利率略高于安徽总体的权益净利率，维持在12%附近；马鞍山市上市公

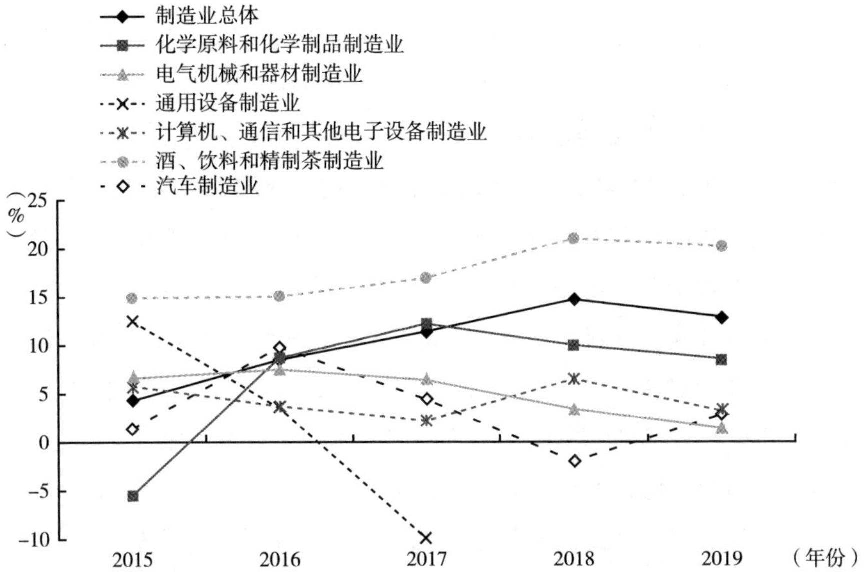

图 3　2015～2019 年安徽制造业各主要二级行业上市公司权益净利率变动情况

资料来源：Wind 数据库，个人整理。

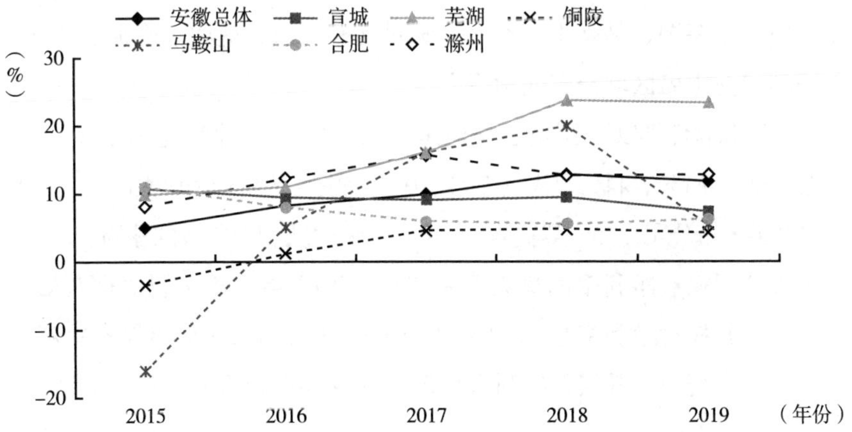

图 4　2015～2019 年安徽各主要城市上市公司权益净利率变动情况

资料来源：Wind 数据库，个人整理。

司近几年的权益净利率先是稳步增加，但 2019 年严重下滑至 5.3%；值得注意的是，合肥市上市公司虽数量多，但权益净利率却呈现下降的趋势，2019 年权益净利率仅为 6.24%，低于同期安徽总体水平。

4. 安徽上市公司权益净利率排名

附件 1 为安徽 97 家参与分析的上市公司权益净利率排名以及行业、区域分布情况，2019 年权益净利率排名前十位的上市公司分别为：中公教育、三七互娱、开润股份、海螺水泥、口子窖、欧普康视、古井贡酒、美亚光电、集友股份和迎驾贡酒。其中，芜湖有 3 家，合肥有 2 家，滁州、淮北、亳州、安庆和六安各有 1 家。排名前十位的上市公司中，教育业上市公司有 1 家（中公教育），信息传输、软件和信息技术服务业有 1 家（三七互娱），另外 8 家上市公司均属于制造业。而排名后十位的上市公司分别为：盛运环保、融捷健康、文一科技、铜峰电子、惠而浦、金种子酒、海螺型材、江淮汽车、德力股份和长虹美菱。

上市公司权益净利率区域分布变化较大。2018 年权益净利率排名前十位的上市公司分别是：中公教育、淮北矿业、开润股份、海螺水泥、口子窖、山鹰纸业、金禾实业、古井贡酒、欧普康视和马钢股份。排名前十位的上市公司中，芜湖、马鞍山、淮北、滁州各有 2 家，亳州、合肥各有 1 家，权益净利率前十名区域分布变动不大。

互联网和软件类以及白酒类上市公司业绩较好。互联网和软件类上市公司，如三七互娱（↑15）、科大讯飞（↑7）、中电兴发（↑18）和科大国创（↑25），以及白酒类上市公司，如迎驾贡酒（↑4），盈利能力仍有较大的涨幅。

上市公司权益净利率的最大值在增加。2018 年权益净利率排名第一的上市公司，其权益净利率是 47.4%（中公教育），而 2019 年权益净利率排名第一的上市公司，其权益净利率是 56.5%（中公教育）。

（二）安徽上市公司收入净利率

1. 安徽上市公司收入净利率整体分析

安徽上市公司收入净利率从 2015 年开始总体呈现增长趋势（见图 5）。

2015 年，安徽上市公司收入净利率为 3.5% 的最低水平。2016 年实现较大增幅增至 6.0%，随后增幅放缓，至 2018 年达到了最近五年的最大值 7.9%，2019 年小幅降低至 7.5%。安徽上市公司营业收入创造净利润的能力不断提升。

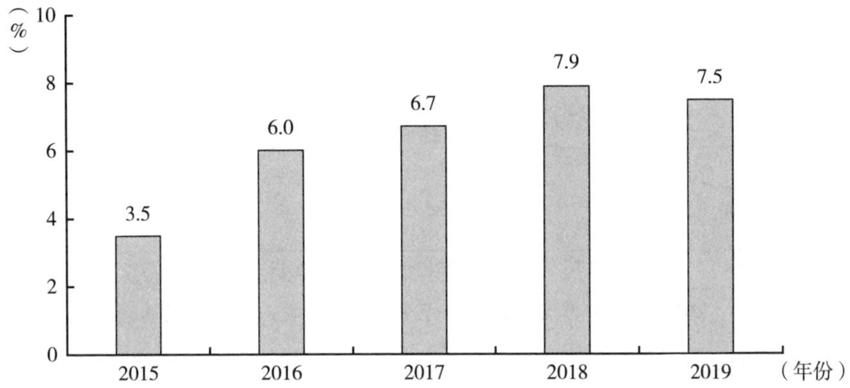

图 5　2015～2019 年安徽上市公司收入净利率总体变动情况

资料来源：Wind 数据库，个人整理。

2. 安徽上市公司收入净利率行业角度分析

数据显示，制造业上市公司收入净利率水平及变动趋势和安徽总体水平相似，且数值也基本一致，2015 年开始逐渐增长，至 2018 年底，制造业上市公司收入净利率达到了最近五年的最高水平 8.3%，2019 年小幅降低至 7.7%；信息传输、软件和信息技术服务业上市公司收入净利率相对较高，维持在 12% 左右，2018 年出现了较大下滑，2019 年又有所增长；水利、环境和公共设施管理业上市公司收入净利率较为稳定且整体水平较高，维持在 15% 左右，但在 2019 年出现了下降，总体呈现上升势头，有较强的发展势能。此外，受行业特征影响，安徽批发和零售业上市公司收入净利率水平整体远低于安徽上市公司总体水平且呈下降趋势，行业发展势头疲软，盈利能力较弱（见图 6）。

制造业中，化学原料和化学制品制造业收入净利率从 2015 年开始进入

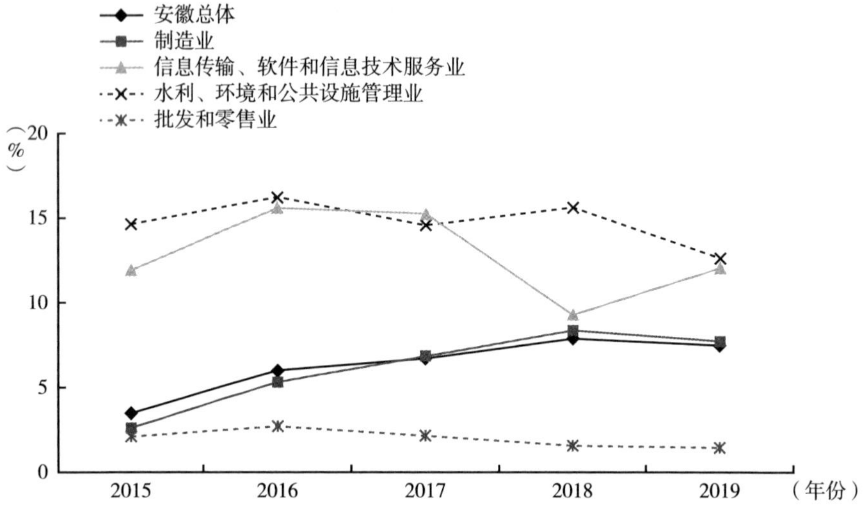

图6　2015～2019年安徽各主要行业上市公司收入净利率变动情况

资料来源：Wind数据库，个人整理。

了一段时间的高增长期，但在2018年又有所下滑；电气机械和器材制造业的盈利能力较差，其收入净利率低于制造业总体收入净利率，且呈下降趋势；通用设备制造业的盈利能力是最差的，收入净利率为负，几乎每年都处于亏损状态；计算机、通信和其他电子设备制造业盈利能力较差，收入净利率比较低，维持在3%左右；橡胶和塑料制品业盈利能力较稳定，收入净利率维持在7%左右，但是2019年有小幅下滑；专用设备制造业的盈利能力较好，其收入净利率高于制造业总体水平，维持在10%左右（见图7）。

3. 安徽上市公司收入净利率区域角度分析

从区域角度分析，芜湖市、宣城市和滁州市上市公司收入净利率表现良好，高于安徽总体水平且呈上升趋势。其中，芜湖市上市公司受海螺水泥、三七互娱等龙头公司带动作用的影响，2019年的收入净利率已远超安徽总体水平，具有较高的盈利能力。宣城市上市公司受聚隆科技和广信股份经营状况的影响，收入净利率基本维持在10%左右，各年收入净利率数值均明显高于安徽总体的相应指标。滁州市上市公司受金禾实业和开润股份经营状况的影响，收入净利率总体上稳步上升，2019年收入净利率达到9.3%，反

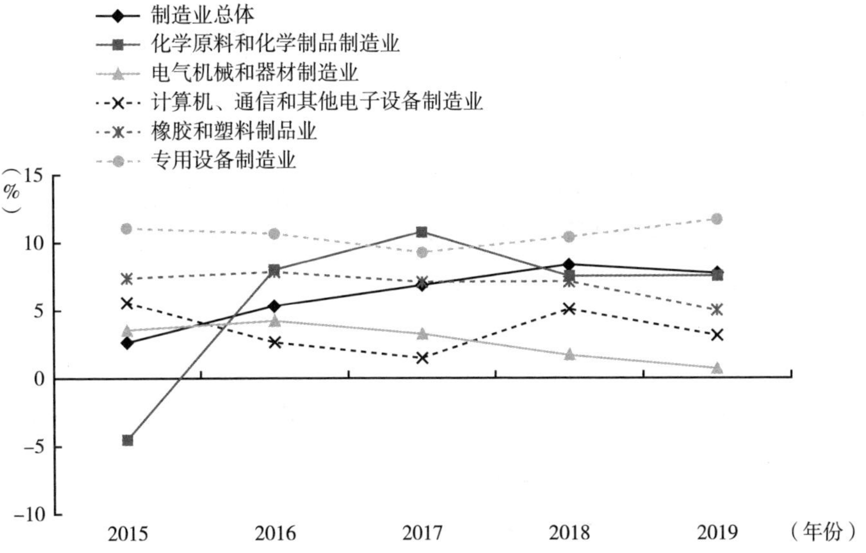

图7　2015～2019 年安徽制造业各主要二级行业上市公司收入净利率变动情况

资料来源：Wind 数据库，个人整理。

映了滁州市上市公司盈利能力增强。铜陵市上市公司收入净利率较为稳定，维持在 1% 左右，波动很小，且其各年收入净收率水平普遍低于安徽总体相应指标，铜陵市上市公司盈利水平存在较大问题。马鞍山市上市公司收入净利率呈现上升的态势，但 2019 年有较大的下滑。值得注意的是，合肥市上市公司虽多，但收入净利率呈现下降趋势，2019 年收入净利率仅为 4.95%，远低于同期安徽总体水平（见图 8）。

4. 安徽上市公司收入净利率排名

2019 年安徽 97 家参与分析的上市公司收入净利率排名以及行业、区域分布情况见附件 2，收入净利率排名前十位的上市公司分别是：欧普康视、皖通高速、口子窖、美亚光电、集友股份、迎驾贡酒、九华旅游、聚隆科技、海螺水泥和黄山旅游。在这十家公司中，交通运输、仓储和邮政业有 1 家（皖通高速），水利、环境和公共设施管理业有 2 家（九华旅游、黄山旅游），其余 7 家均为制造业公司。从区域角度看，前十名中，合肥占据了 3 家，淮北、安庆、六安、池州、宣城、芜湖和黄山各有 1 家。

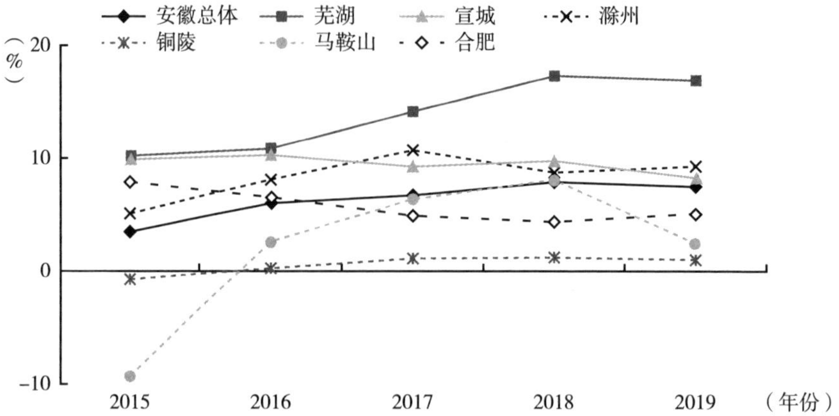

图 8　2015～2019 年安徽各主要城市上市公司收入净利率变动情况

资料来源：Wind 数据库，个人整理。

2019 年安徽收入净利率排名后十位的上市公司分别是盛运环保、融捷健康、文一科技、金种子酒、铜峰电子、惠而浦、江淮汽车、海螺型材、长虹美菱、华菱星马，这些上市公司均属于制造业。从区域角度看，排名后十位的上市公司中，合肥市占据 4 家，分别为长虹美菱、江淮汽车、惠而浦以及融捷健康。另外，问题较为严重的是排名倒数第一的安庆市盛运环保，其出现巨额亏损，收入净利率低至 -299.6%。

2018 年安徽收入净利率排名前两位的上市公司，其收入净利率分别是 47.8%（欧普康视）和 37.3%（黄山旅游），排名后两位的分别是 -74.2%（融捷健康）和 -606.0%（盛运环保），极差为 654% 左右；而 2019 年安徽收入净利率排名前两位的上市公司，其收入净利率分别是 47.4%（欧普康视）和 37.3%（皖通高速），排名后两位的分别是 -98.1%（融捷健康）和 -299.6%（盛运环保），极差缩小到 347% 左右，收入净利率差距逐渐缩小。

（三）安徽上市公司资产收益率

1. 安徽上市公司资产收益率整体分析

安徽省上市公司资产收益率与 2018 年相比，2019 年有小幅度下滑，但自2015年起整体呈上升趋势，发展较为平稳（见图9）。2015年，安徽上市公司资产收益率最低，达2.3%；而2018年增加至最高值6.0%；2019年小幅下滑至5.6%。综合五年来看，安徽上市公司总体业绩较为良好，发展稳定。

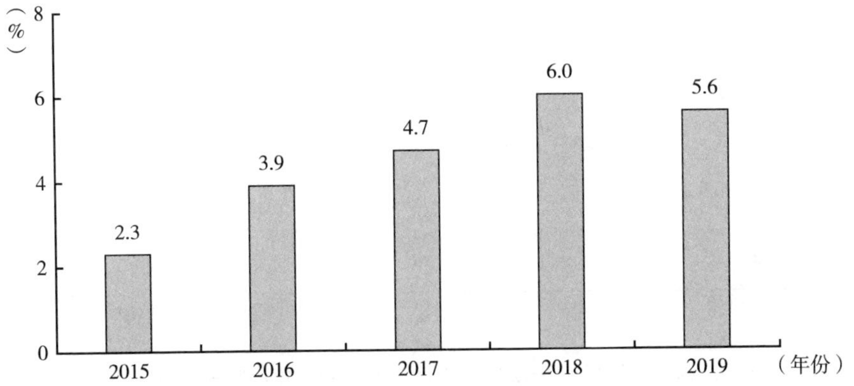

图9　2015~2019年安徽上市公司资产收益率总体变动情况

资料来源：Wind数据库，个人整理。

2. 安徽上市公司资产收益率行业角度分析

放眼全行业，在安徽省上市公司中，制造业占比最大，2015~2019年，该行业上市公司资产收益率变化趋势与安徽上市公司总体趋势保持一致，除2015年略低于全行业平均水平外，均高于全省上市公司总体水平，制造业拉动了安徽省上市公司的资产收益率，行业盈利能力较强；信息传输、软件和信息技术服务业上市公司资产收益率总体显著高于安徽上市公司平均水平，社会对于智慧产品与信息平台的新需求，使得该行业从2018年的低谷期迅速恢复，2019年达到近五年最高水平，极具发展潜力；因旅游业受政策约束，国家加强环保管控，水利、环境和公共设施管理业上市公司资产收益率总体下滑；因受消费升级与互联网企业竞争力不断增强的影响，批发和零售业与建筑业资产收益率自2016年起持续呈下跌趋势，发展低迷，资产利用能力较弱（见图10）。

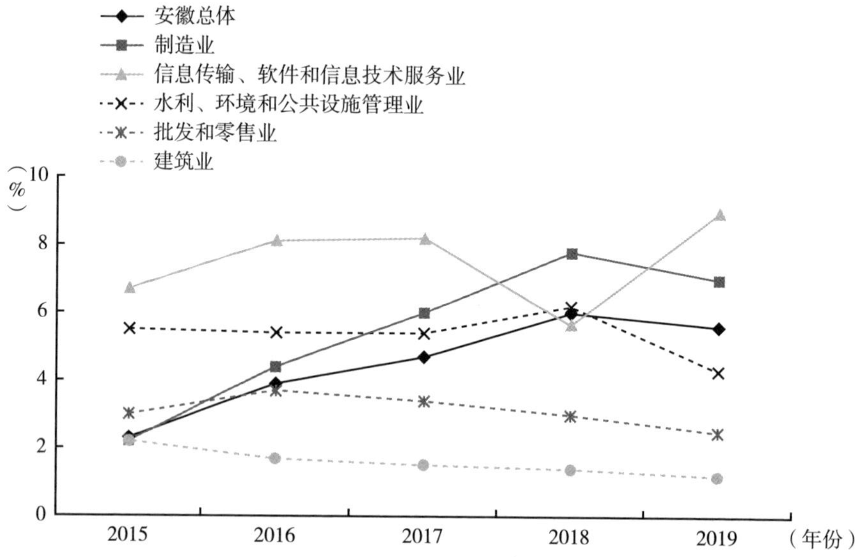

图 10　2015～2019 年安徽各主要行业上市公司资产收益率变动情况

资料来源：Wind 数据库，个人整理。

数据表明，电气机械和器材制造业资产收益率持续下降，由于带式输送机行业产品整体利润较低，家电行业利润受互联网挤压严重，近年来该行业整体盈利能力远落后于制造业总体水平，急需进行转型升级；橡胶和塑料制品业因 2019 年产能扩张，供应压力大，加之中美贸易摩擦使塑料制品业的关税增加，发展形势较差，较前几年盈利能力下滑幅度较大；受汽车、石油加工以及钢铁等少数行业影响，化学原料和化学制品制造业资产收益率近三年持续下滑，市场低迷；专用设备制造业因行业自身特殊性，资产收益率稳步上升；受宏观经济增速放缓、购置税优惠退出和“国六”标准出台的影响，汽车制造业景气度下行，2019 年资产收益率有小幅回升但仍然较低。波动幅度较大与盈利能力较强的制造业二级行业变动情况如图 11 所示。非金属矿物制品业变动趋势与制造业总体保持一致；2019 年印刷和记录媒介复制业、家具制造业盈利能力有所提升，总体较为稳定；安徽酒、饮料和精制茶制造业资产收益率高于制造业总体水平，整体发展稳定。这四个二级行业资产收益率均显著高于制造业总体水平，提升了制造业整体的盈利能力。受个别企业影响，通用设备制造业的资产收益率明显低于制造业总体水平，它是2019年所有制造业中唯一资产收益率仍为负值的二级行业。

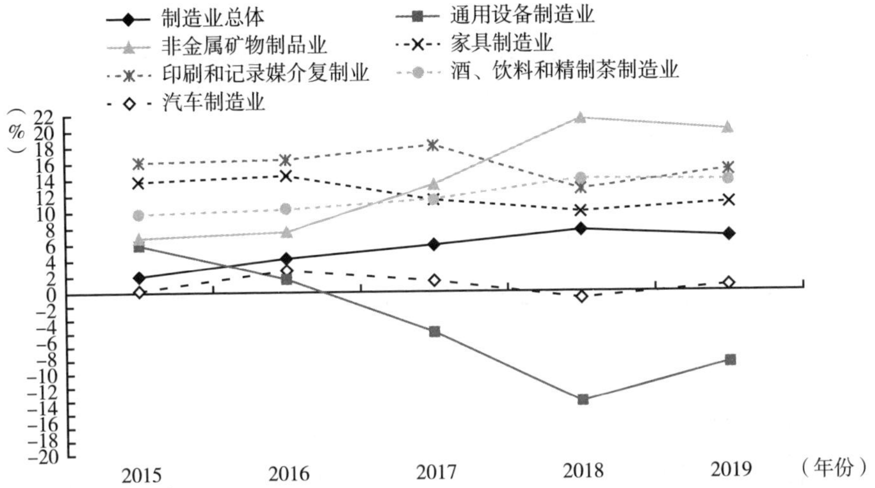

图11　2015～2019年安徽制造业各主要二级行业上市公司资产收益率变动情况

资料来源：Wind数据库，个人整理。

3. 安徽上市公司资产收益率区域角度分析

对安徽省主要城市上市公司资产收益率进行比较，由数据可知，芜湖市上市公司具有显著优势，业绩突出，近三年来资产收益率水平持续升高，获利能力不断提升。三七互娱、海螺水泥与中公教育三家安徽省龙头上市公司均隶属芜湖市，发展潜力较大；宣城市资产收益率近年来基本保持稳定，稍高于安徽省总体水平；受行业限制，马鞍山市除2017年和2018年外，各年上市公司资产收益率水平普遍低于全省总体水平，且在2019年有明显下滑，总资产利用能力相对全省总体水平仍较低；铜陵市上市公司资产收益率变动趋势与安徽省总体保持一致，2019年低于总体水平；自2015年至今，合肥市上市公司资产收益率持续下降，2018年、2019年该数值均低于全省总体水平，资产利用能力下降（见图12）。

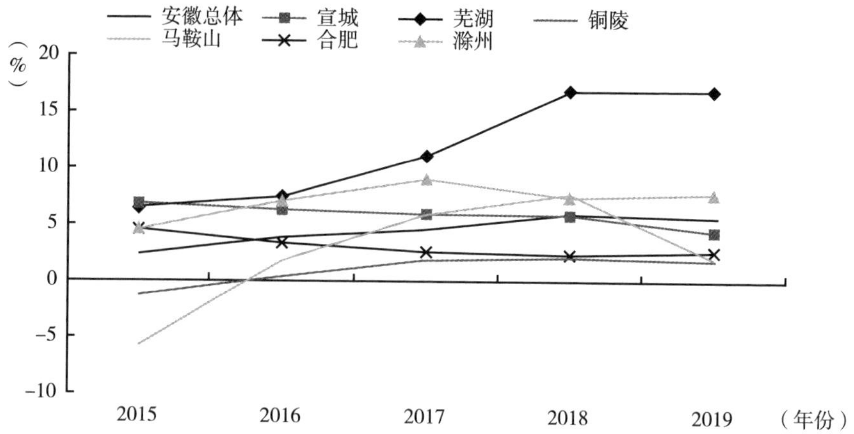

图 12　2015～2019 年安徽各主要城市上市公司资产收益率变动情况

资料来源：Wind 数据库，个人整理。

4. 安徽上市公司资产收益率排名

附件 1 为安徽省参与分析的 97 家上市公司资产收益率排名以及行业与区域分布情况。2019 年资产收益率排名前十位的上市公司分别为：三七互娱、海螺水泥、中公教育、口子窖、欧普康视、美亚光电、古井贡酒、迎驾贡酒、集友股份以及开润股份。从区域来看，前十名中，芜湖有 3 家，合肥有 2 家，滁州、六安、亳州、安庆、淮北各有 1 家。从行业来看，前十名中，除三七互娱为信息传输、软件和信息技术服务业，中公教育为教育业，其余 8 家均为制造业。三七互娱从 2018 年的低谷期恢复，2019 年直冲资产收益率排名榜首，稳步推进“精品化、多元化、平台化、全球化”的发展战略，移动游戏业务持续高速发展，盈利能力上升，资产收益率高达 29.0%，综合排名提升 15 名。其余公司排名较为稳定，无太大波动。排名后十位的上市公司分别为融捷健康、盛运环保、文一科技、铜峰电子、金种子酒、惠而浦、长虹美菱、江淮汽车、华菱星马、海螺型材。其中，惠而浦（↓38）、金种子酒（↓27）综合排名下降较多。从行业角度看，均为制造业。从区域角度看，合肥有 4 家，铜陵有 2 家，芜湖、马鞍山、阜阳、安庆各有 1 家。其中，融捷健康与盛运环保问题较为突出，连续两年排名垫底，融捷健康2019年亏损7亿元，资产收益率低至-45.7%，盛运环保2019年亏损20亿元，资产收益率低至-17.1%。

（四）安徽上市公司每股收益

每股收益即每股盈利（EPS），是普通股股东每持有一股所能享有的上市公司净利润或需承担的净亏损。每股收益通常被用来衡量普通股的获利水平及投资风险，是投资者等信息使用者评价盈利能力、预测成长潜力，进而做出相关经济决策的重要财务指标之一。因不同公司股本数量差异较大、EPS易受股票股利和配股等影响，平均指标意义不大，因此本部分不统计各行业和各区域平均水平。

1. 安徽上市公司每股收益总体排名分析

2019年安徽省97家参与分析的上市公司每股收益排名、行业与区域分布情况以及与2018年排名对比情况见附件1和附件2。2019年每股收益排名前十位的上市公司分别为海螺水泥、古井贡酒、口子窖、淮北矿业、志邦家居、金禾实业、洽洽食品、迎驾贡酒、广信股份和鸿路钢构。排名前十位的公司中除淮北矿业外均为制造业，其整体盈利能力在各行业中遥遥领先。从区域角度看，排名前十位的上市公司中，合肥有3家，淮北有2家，芜湖、宣城、滁州、亳州、六安各有1家，迎驾贡酒近年来每股收益排名持续上升，六安首次跻身前十。2019年排名前三位的海螺水泥、古井贡酒以及口子窖每股收益分别达6.34元、4.17元以及2.87元，与2018年相比，每股收益均有小幅提升，综合排名未发生变化。前十名中，志邦家居、金禾实业与广信股份有小幅变化但变化不大。淮北矿业作为前十名中唯一的非制造业公司，继去年大幅提升后，维持良好的盈利能力。四创电子因其主营雷达产业不景气，智慧产业2019年行业竞争激烈，盈利能力下降，综合排名下滑了18名。

2019年安徽省每股收益排名后十位的上市公司分别为盛运环保、融捷健康、文一科技、惠而浦、金种子酒、铜峰电子、海螺型材、德力股份、长虹美菱、江淮汽车。盛行环保连续三年排名倒数第一，2019年由于遗留关联方交易以及对外违规担保问题导致债务危机爆发，经营举步维艰，每股收益低至－1.51元；融捷健康2018年与2019年均排在倒数前三位，虽剥离部分不良产业，但新产品、新业务销售仍不达预期，每股收益低至－0.89元；两公司每股收益虽比上年有所提升，但盈利能力在安徽省上市公司中仍然排在末位。对比2018年，惠而浦每股收益在短暂上升后，由于2019年中国家电行业市场低迷，需求基本面不足，其次受电商冲击，盈利能力下降，综合排名下滑了38名；2019年白酒行业消费升级趋势进一步显现，金种子酒主营的中低端酒产品受到冲击，此年度发生亏损，综合排名下滑了27名。

2019年，部分公司每股收益变动较大，盈利能力有明显提升。在排名上升幅度排在前三位的公司中，安利股份积极转型，加大研发投入以提高产品创新力度，优化产品与客户结构，排名上升31名，在全部公司中变动最大；2019年，智能平台及产品发展势头猛烈，科大国创抓住机会，其平台运营业绩稳定增长，获得了良好发展，排名上升25名；凤形股份2019年进行股权收购，发展多元化业务，还通过加强管控来降低制造成本，排名上升25名，盈利能力持续上升。

2019年，部分公司每股收益水平有显著下降。在排名下滑幅度排在前三位的公司中，2019年原材料铁矿石价格受淡水河谷溃坝事件影响产生高位波动，加之环保政策倾斜，受成本因素影响，钢铁企业马钢股份排名变动最大，下滑了55名；2019年汽车产业产销量低于预期，汽车零部件行业竞争激烈，整车厂商需求减少，导致常青股份发展受到影响，排名下滑37名；2019年中美贸易摩擦对多个行业均产生不同程度的影响，惠而浦由于三洋品牌使用权到期，公司新品牌推广费用增加，加之2018年土地搬迁使非经常性损益较大而2019年非经常性损益较小，导致2019年的利润较2018年有明显下降，盈利水平下降明显，每股收益排名下滑47名。

2. 安徽上市公司每股收益行业排名分析

纵观14个行业，值得关注的是，由于2019年互联网发展迅速，国家制定的“信息化、智慧化”战略带动了相关产业的发展，智慧科技、移动数据智能平台迅速发展，安徽省所有归属于信息传输、软件和信息技术服务业的5家上市公司，每股收益排名均有不同程度的提升，业绩形势较好。2019年，全国用电量平稳增长，煤炭供应总体增加，由于成本压力缓解，归属于电力、热力、燃气及水生产和供应业的2家公司，盈利能力也得到了良好提升。此外，归属于水利、环境和公共设施管理业的4家公司中，除黄山旅游受门票价格下调、极端天气影响外，其余3家公司盈利能力均逐步增强。

三　安徽上市公司业绩综合评价

为平衡不同指标在评价不同行业上市公司业绩水平有效性的差异，本报告以熵值赋权法为基础，基于各项指标的内在数据结构构建合理的指标体系，以评价安徽上市公司业绩水平。此外，本报告还分析了不同行业、区域及股权结构上市公司业绩变动情况及原因。

（一）综合业绩整体分析

依据熵值赋权法，业绩综合评价中各项指标的权重分别为：15.91%（权益净利率）、9.21%（收入净利率）、15.62%（资产收益率）和59.26%（每股收益）。附件1和附件2展示了安徽上市公司的综合得分及区域分布、行业分布及各项分指标排名情况。

所有参与比较的上市公司中，2019年综合业绩排名前十位的分别是：海螺水泥、古井贡酒、口子窖、三七互娱、淮北矿业、金禾实业、志邦家居、迎驾贡酒、中公教育和开润股份。其中，从区域分布看，芜湖有3家上市公司，滁州和淮北各有2家上市公司，合肥、六安和亳州各有1家上市公司；从行业分布看，制造业有7家上市公司，采矿业，教育业，信息传输、软件和信息技术服务业各有1家上市公司；从股权结构看，地方国企有3家上市公司，民营企业有7家上市公司。2019年综合业绩排名后十位的分别是盛运环保、融捷健康、文一科技、铜峰电子、惠而浦、金种子酒、海螺型材、长虹美菱、德力股份、江淮汽车。其中，从区域分布看，合肥有4家上市公司，铜陵有2家上市公司，安庆、滁州、阜阳、芜湖各有1家上市公司；从行业分布看，综合排名后十位的上市公司均属于制造业；从股权结构看，地方国企有4家上市公司，民营企业有5家上市公司，其他企业有1家上市公司。

从公司层面分析，海螺水泥、古井贡酒、口子窖延续了较高的业绩水平，而盛运环保、融捷健康等上市公司综合业绩一直处于低位，值得关注。从业绩变动分析，新集能源（↑27）、凤形股份（↑27）、安利股份(↑25)、科大国创（↑25）、合肥城建（↑20）等上市公司综合业绩较2018年有显著提升，而马钢股份（↓58）、安科生物（↓46）、惠而浦（↓38）、皖新传媒（↓38）、山鹰纸业（↓37）、常青股份（↓28）和金种子酒(↓27)等上市公司综合业绩较2018年有明显降低。

（二）综合业绩行业分析

2018~2019年各行业上市公司综合业绩平均排名及变动情况见图13。2019年业绩综合排名靠前的行业有采矿业（24），水利、环境和公共设施管理业（28），信息传输、软件和信息技术服务业（34）（部分行业上市公司数量较少，参考价值不大）。此外，房地产业（↑20），电力、热力、燃气及水生产和供应业（↑17），信息传输、软件和信息技术服务业（↑15），科学研究和技术服务业（↓15），文化、体育和娱乐业（↓24）等行业变动较大，表1展示了部分行业业绩变动较大的原因。

2019年，采矿业3家上市公司中，1家公司排名较2018年上升；水利、环境和公共设施管理业4家上市公司中，3家公司排名较2018年上升；批发和零售业3家上市公司中，2家公司排名上升；制造业65家上市公司中，30家公司排名较2018年下降，25家公司排名较2018年上升。值得注意的是，信息传输、软件和信息技术服务业5家上市公司排名均较2018年上升。

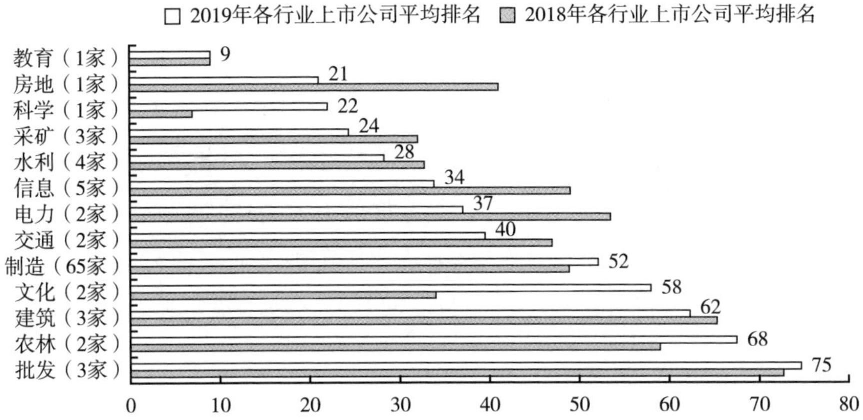

图13 2018～2019年各行业* 上市公司综合业绩平均排名及变动情况

＊行业：制造代表制造业；信息代表信息传输、软件和信息技术服务业；文化代表文化、体育和娱乐业；水利代表水利、环境和公共设施管理业；批发代表批发和零售业；农林代表农、林、牧、渔业；科学代表科学研究和技术服务业；交通代表交通运输、仓储和邮政业；建筑代表建筑业；房地代表房地产业；电力代表电力、热力、燃气及水生产和供应业；采矿代表采矿业；金融代表金融业；教育代表教育业。

资料来源：Wind数据库，个人整理。

表1 部分行业业绩变动及原因

行业（平均排名变动）	上市公司代表（排名变动）	业绩变动原因
房地产业(↑20)	合肥城建(↑20)	2019年兑现的房地产项目较多;安徽省地级市整体政策变动幅度较小
电力、热力、燃气及水生产和供应业(↑17)	皖能电力(↑17)	收购神皖能源49%股权,投资收益较2018年同期大幅上升;煤炭采购价格较2018年同期下降,主营业务盈利能力增强;装机容量增加,导致经营利润增加
科学研究和技术服务业(↓15)	设计总院(↓15)	省内交通行业受土地、生态红线等审批要求约束,高速公路、国省道和水运项目未能按原计划推进,相应投资暂缓,项目周期延长,影响公司部分项目收入的确认
文化、体育和娱乐业(↓24)	皖新传媒(↓38)	由于业务结构调整,进一步压缩了盈利水平较低业务的规模;公司不再实施创新型资产运作项目;公司对卡得万利理财产品计提减值

资料来源：Wind数据库，个人整理。

2018～2019 年安徽制造业各二级行业上市公司平均排名及变动情况见图 14，酒、饮料和精制茶制造业（26），专用设备制造业（31），化学原料和化学制品制造业（47）等行业上市公司平均排名靠前，而通用设备制造业（71）、电气机械和器材制造业（73）等行业上市公司平均排名相对靠后（部分二级行业上市公司数据较少，参考价值不大）。金属制品业（↑15）、化学纤维制造业（↑19）、黑色金属冶炼和压延加工业（↓58）、造纸和纸制品业（↓37）等行业业绩变动明显，部分制造业二级行业业绩变动及原因见表 2。

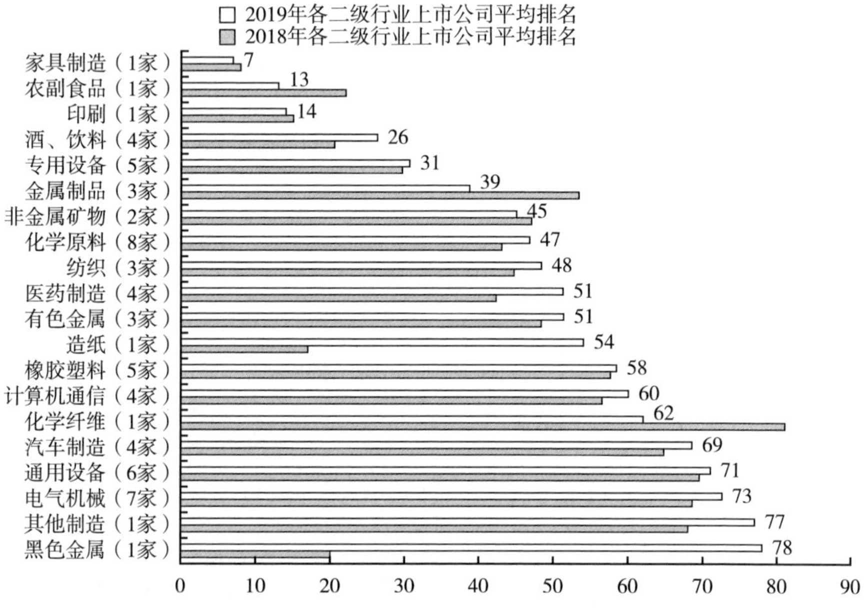

图 14　2018～2019 年安徽制造业各二级行业*上市公司平均排名及变动情况

＊二级行业：化学纤维代表化学纤维制造业；金属制品代表金属制品业；电气机械代表电气机械和器材制造业；其他制造代表其他制造业；通用设备代表通用设备制造业；橡胶塑料代表橡胶和塑料制品业；计算机通信代表计算机通信和其他电子设备制造业；有色金属代表有色金属冶炼和压延加工业；汽车制造代表汽车制造业；纺织代表纺织业；化学原料代表化学原料和化学制品制造业；医药制造代表医药制造业；黑色金属代表黑色金属冶炼和压延加工业；农副食品代表农副食品加工业；非金属矿物代表非金属矿物制品业；专用设备代表专用设备制造业；造纸代表造纸和纸制品业；酒、饮料代表酒、饮料和精制茶制造业；印刷代表印刷和记录媒介复制业；家具制造代表家具制造业。

资料来源：Wind 数据库，个人整理。

表 2　部分制造业二级行业业绩变动及原因

行业（平均排名变动）	上市公司代表（排名变动）	业绩变动原因
金属制品业(↑15)	凤形股份(↑27)	下游市场需求回暖;适时调整销售策略,形成了有效的价格传导机制;新收购子公司康富科技有限公司,并将其纳入合并财务报表范围
化学纤维制造业(↑19)	皖维高新(↑19)	内需和出口逐年增加;通过技术创新,开发的高端聚乙烯醇产品创造了较好的经济效益;产品线丰富
黑色金属冶炼和压延加工业(↓58)	马钢股份(↓58)	钢铁行业受产能增加、产量增加等因素影响,钢材价格窄幅波动;废钢、煤炭等燃料受环保政策及相关行业供给侧改革等因素的影响,价格高位波动;受成本因素影响,报告期内钢铁企业盈利空间受到严重挤压
造纸和纸制品业(↓37)	山鹰纸业(↓37)	受市场和政策影响,营收规模及毛利率水平同比下滑;中美贸易摩擦致进口原料关税及相关物流成本较同期增加;退税收益减少

资料来源：Wind 数据库，个人整理。

酒、饮料和精制茶制造业 4 家上市公司中，1 家公司排名较 2018 年上升、2 家公司排名与 2018 年持平、1 家公司较 2018 年下降，值得注意的是，白酒行业整体表现优异，而金种子酒排名显著下降。化学原料和化学制品制造业 8 家上市公司中，仅有 1 家排名较 2018 年上升，7 家排名较 2018 年下降，行业整体发展困难。

（三）综合业绩区域分析

2018～2019 年安徽各区域上市公司平均排名与变动情况见图 15。2019 年，排名比较靠前的城市有亳州（2）、池州（16）、淮北（23）、黄山（30）等（部分城市上市公司数量较少，参考价值不大），而排名靠后的城市有阜阳（92）、铜陵（77）、马鞍山（70）等。淮南（↑13）、池州（↑10）、阜阳（↓27）、马鞍山（↓21）等城市业绩变动较大，表 3 展示了部分区域业绩变动及原因。

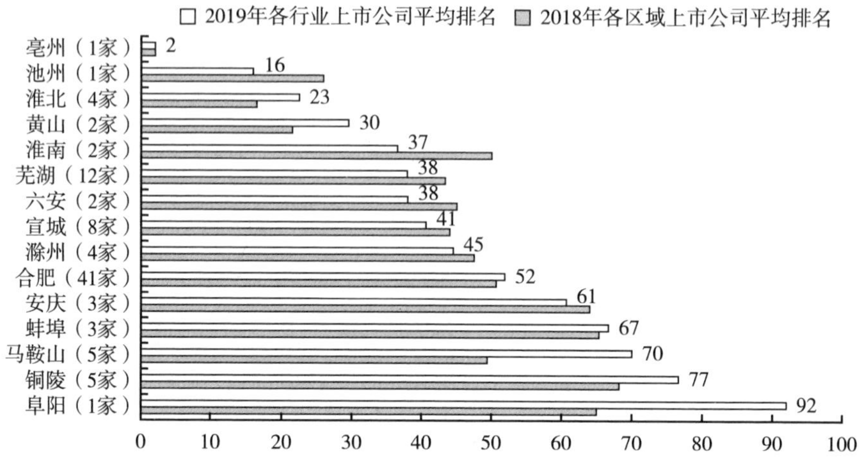

图 15　2018～2019 年安徽各区域上市公司平均排名与变动情况

资料来源：Wind 数据库，个人整理。

表 3　部分区域业绩变动及原因

区域（平均排名变动）	上市公司代表（排名变动）	业绩变动原因
淮南(↑13)	新集能源(↑27)	煤炭市场需求趋缓,主营业务增加(煤炭板块和电力板块)
阜阳(↓27)	金种子酒(↓27)	白酒销售收入较同期下降较大,是销售毛利率略有下降所致;公司冲回递延所得税费用金额较大;品牌形象较低,产品结构低端;医药业务贡献不足
马鞍山(↓21)	马钢股份(↓58)	受钢铁行业产能增加、产量增加等因素影响,钢价同比下跌;原燃料价格快速上升或高位波动;辞退补偿等非经常性损益

资料来源：Wind 数据库，个人整理。

比较安徽各市上市公司综合绩效，2019 年，淮北市 4 家上市公司中，2 家公司排名较 2018 年下降，2 家公司持平；芜湖市 12 家上市公司中，8 家公司排名较 2018 年上升，3 家公司持平，整体业绩较好；宣城市 8 家上市公司中，4 家公司较 2018 年上升，4 家公司下降；滁州市 4 家上市公司中，2 家公司较 2018 年上升，1 家公司持平；合肥市 41 家上市公司中，21 家公司较2018年上升，3家公司持平；马鞍山和铜陵市各5家上市公司排名均较2018年下降，区域发展值得注意。

（四）综合业绩股权结构分析

2018年和2019年安徽各股权结构上市公司平均排名情况见表4。2019年，94家参与比较的上市公司（部分上市公司数据较少，已剔除）中，中央国企、地方国企、民营和其他类型上市公司的平均排名分别是55.7、51.5、45.6和54.8；而2018年，四类股权结构的上市公司平均排名分别是49.9、49.7、46.6和47.3。总体来说，中央国企和其他类型上市公司2019年排名与2018年相比有明显下降，地方国企上市公司排名稳中有降，而民营上市公司2019年综合业绩排名较2018年上升1个位次。

表4　2018～2019年安徽各股权结构上市公司平均排名情况

股权结构	2019年平均排名	2018年平均排名	排名涨跌幅
中央国企(9家)	55.7	49.9	↓5.8
地方国企(30家)	51.5	49.7	↓1.8
民营(49家)	45.6	46.6	↑1.0
其他(6家)	54.8	47.3	↓7.5

资料来源：Wind数据库，个人整理。

此外，参与分析的9家中央国企上市公司中，5家公司排名较2018年下降，4家公司排名上升；30家地方国企上市公司中，12家公司排名较2018年上升，13家公司排名下降；49家民营上市公司中，24家公司排名较2018年上升，7家公司持平；而6家其他类型上市公司中，3家公司排名较2018年上升，3家公司排名下降。

（五）综合业绩公司分析

参与分析的97家上市公司中，2019年综合业绩排名较2018年上升幅度超过20个位次的有新集能源（↑27）、凤形股份（↑27）、安利股份

（↑25）、科大国创（↑25）；而排名下降幅度超过20个位次的有马钢股份（↓58）、安科生物（↓46）、惠而浦（↓38）、皖新传媒（↓38）、山鹰纸业（↓37）、常青股份（↓28）、金种子酒（↓27）、安纳达（↓22）。部分上市公司业绩变动及原因见表5。整体而言，安徽上市公司业绩变动受政策变动作用明显，受中美贸易摩擦影响有限。

表5　部分上市公司业绩变动及原因

上市公司(排名变动)	业绩变动原因
安利股份(↑25)	主营产品平均销售单价同比增长约4.6%,毛利率提高近2个百分点,产品附加值增加;当期损益的政府补助同比增加604.12万元;成本费用控制良好
安科生物(↓46)	竞争激烈,中德美联商品价格下降,成本提高,利润挤压;苏豪逸明商品价格下降,创新投入增加;业务转型,创新投入增加
惠而浦(↓38)	三洋品牌使用权到期;品牌切换影响,品牌宣传费用投入较大;2018年公司由于土地搬迁补偿等造成非经常性损益约2.55亿元,2019年非经常性损益大幅下降

资料来源：Wind数据库，个人整理。

四　研究结论与对策

（一）研究结论

1. 上市公司业绩总体稳定，中美贸易摩擦影响有限

当前，安徽省正处于转变发展方式、优化经济结构的攻关期，面临经济下行压力和产业升级压力。从上市公司总体层面分析，安徽上市公司所考察业绩指标均较2018年有小幅下滑但维持在较高水平。其中，权益净利率从2018年的12.8%下降到2019年的11.8%，下降了1.0个百分点；收入净利率从7.9%下降到7.5%，下降了0.4个百分点；资产收益率从6.0%下降到5.6%，下降了0.4个百分点。各项所考察业绩指标普遍高于2018年之前的

水平，安徽上市公司业绩整体稳定。

中美贸易摩擦对安徽上市公司影响有限。为分析中美贸易摩擦对安徽上市公司业绩影响，本报告分析了业绩变动幅度较大的企业，发现安徽上市公司业绩变动多源于内部经营管理与政策等，鲜有将业绩变动较大归因为中美贸易摩擦的影响，中美贸易摩擦对安徽上市公司影响有限。

2. 部分行业业绩表现优异，行业业绩分化加剧

从行业角度看，部分高科技行业（如信息传输、软件和信息技术服务业，专用设备制造业）、原材料相关上市公司（如采矿业、非金属矿物制品业、有色金属冶炼和压延加工业）、白酒行业业绩表现优异。其中，海螺水泥（非金属矿物制品业）以 0.9466 的得分连续三年蝉联安徽省上市公司综合业绩排名第一位；古井贡酒、口子窖、迎驾贡酒三家白酒企业纷纷进入安徽上市公司综合业绩排名前十位。此外，化学纤维制造业，有色金属冶炼和压延加工业，农、林、牧、渔业呈现逐渐增长的趋势，业绩表现优异。

与此同时，安徽上市公司业绩分化加剧。由于环保政策、去产能、消费升级等影响，批发和零售业上市公司自 2016 年以来，总体业绩逐年下滑；家具制造业、电气机械和器材制造业、通用设备制造业上市公司更是连续五年业绩下滑，安徽上市公司业绩分化加剧。同时，新冠肺炎疫情将改变区域投资者和消费者的行为逻辑，改变不同行业经营环境，使安徽上市公司业绩分化程度加深，技术重要性和经营管理现代化作用凸显。

3. 芜湖、淮南上市公司表现优异，马鞍山、黄山业绩下滑明显

从区域角度看，芜湖、淮南上市公司表现优异，芜湖上市公司权益净利率从 2015 年的 9.87% 上升到 2019 年的 23.33%，复合增长率达到 23.99%，其 2019 年综合排名（38）较 2018 年（43）提升了 5 个位次；淮南上市公司权益净利率从 2015 年的 –41.56% 增长至 2019 年的 9.44%，综合排名也从 2018 年的第 50 名提升到 2019 年的第 37 名，增长幅度较大。此外，马鞍山和黄山上市公司业绩下滑明显，马鞍山上市公司权益净利率从 2018 年的 19.94% 下降到 2019 年的 5.28%，其综合排名也从 2018 年的第 49 名下降到 2019 年的第 70 名，下滑了 21 个位次；而黄山上市公司权益净利率从 2018

年的 13.35% 下降到 2019 年的 9.73%，其综合排名也从 2018 年的第 22 名下降到 2019 年的第 30 名，下滑了 8 个位次。

4. 民营上市公司效率增加，中央国企、地方国企业绩下滑

从股权结构角度看，民营上市公司排名提升，相较于 2018 年，2019 年民营上市公司综合业绩平均排名提升了 1 个位次。此外，中央国企、地方国企、其他类型上市公司效率降低，中央国企上市公司平均排名下滑了 5.8 个位次，参与比较的 9 家上市公司中，5 家公司排名下滑；地方国企平均排名下滑了 1.8 个位次，参与比较的 30 家上市公司中，12 家排名上升，13 家排名下滑；其他类型企业平均排名更是下滑了 7.5 个位次，参与比较的 6 家上市公司中，3 家排名上升，3 家排名下滑。

5. 政策环境影响显著，部分企业经营效率较低

目前，安徽省上市公司业绩受行业政策影响显著，汽车制造业、采矿业、黑色金属冶炼和压延加工业等受政策大环境（供给侧结构性改革、去产能）影响显著，部分企业对政策的快速反应能力不足。此外，部分上市公司经营效率较低，盛运环保、新光圆成、梦舟实业被出具保留审计意见，多家企业（如金种子酒）面临经营问题，如多元化效率低下、产品线紊乱等，对外部环境变动的反应能力不足，经营效率亟待提升。

（二）对策

安徽省正处于转变发展方式、优化经济结构的攻关期，经济环境日渐复杂。与此同时，中美贸易摩擦转向科技战，新冠肺炎疫情将在很大程度上改变企业和居民的投资、消费行为逻辑与各行业上市公司经营环境，基于“六保”“六稳”基本目标，本报告基于前文的分析，针对前文问题，结合当前外部经济环境，提出以下几点建议。

1. 充分发挥政策引导作用，促进上市公司高质量发展

近年来，国内外产业发展环境发生了深刻变化，安徽省正面临经济下行和产业升级双重压力。2019 年，安徽省上市公司业绩表现稳定，但连续多年的增长势头被打破。为发挥上市公司在安徽省经济中的领头羊作用，安徽

省相关部门应稳定市场预期，引导投资方向，指导政府管理投资项目，发挥上市公司在“六保”“六稳”中的作用，促进结构调整和优化升级，引领安徽省经济和上市公司高质量发展。

2. 加快优势传统产业转型升级，培育布局未来产业

当前，安徽上市公司业绩行业分化加剧，完善内部治理结构、优化产品线等改革对业绩复苏的作用有限，管理当局应积极关注市场机会，把握科技变革大势和消费升级趋势，发挥安徽区域创新优势，整合现有资源，利用市场机会，加快优势传统产业转型升级，提前布局前景行业（如新零售 + 互联网），实现结构升级，降低经营风险，稳定现金流，带动区域经济更好的发展，特别是在消费升级、产业结构升级和新冠肺炎疫情对社会行为逻辑产生影响的背景下。对政府来说，当前经济大环境下，相关部门应构建高水平科技创新平台体系，积极寻找市场机会深入研究，引导优势传统产业转型升级，鼓励上市公司把盈余现金流投放到前景行业，提前布局有前景的行业，实现安徽省产业结构整体升级。

3. 优化区域发展布局，发挥区域特色产业优势

长三角一体化上升为国家战略，为安徽省经济高质量发展提供重大机遇。长期以来，安徽省面临发展不平衡、不充分，综合竞争力不强的问题。从上市公司视角分析，各区域上市公司分化明显，一方面，从上市公司区域分布上看，多数上市公司分布在合肥、芜湖等经济发展水平较高的城市；另一方面，除合肥、芜湖外，其他区域上市公司多依赖于原材料、能源、风景名胜等相关自然资源。各级政府应借着“长三角一体化”和“高质量发展”的“东风”，坚决打破“一亩三分地”的思维定式，着眼全省“一盘棋”，优化区域发展布局，推动区域优势与现代服务业等深度融合，发挥区域特色产业优势，协同发展，为长三角经济高质量发展贡献安徽力量。

4. 加强创新能力建设，提升核心竞争力

由于供给侧结构性改革和环保政策的影响，部分上市公司因无法达到环保标准，业绩大幅下降。而业绩下降的根本原因是技术水平不足，缺乏必要的创新。中央国企、地方国企作为重要创新主体，应针对行业具体情况，加

大研发投入，加强对知识型人才的培养与引进，提高创新效率，积极推进科技成果转移转化，以深度发展解决发展中的问题。对政府来说，各级政府应优化区域创新生态环境，探索科技创新合作模式，加强科技、金融深度融合，完善科技成果转移转化机制，鼓励企业内创新、企业间协同创新、产学研融合，实现企业创新能力全面提升，提高企业业绩水平，助力区域经济发展。

5. 提升管理体系效率水平，健全内部控制制度

A 股上市公司频繁陷入管理层凌驾、内部控制重大缺陷、管理效率低下等问题。就安徽而言，2019 年盛运环保、新光圆成、梦舟实业被出具保留审计意见，且存在重大内部控制缺陷，安凯汽车、德豪润达、新光圆成、梦舟实业和六国化工被 ST，10 家公司出现亏损甚至是巨额亏损，盛运环保被强制退市；还有一些公司管理效率低下，主营业务不明、产品线紊乱。在新冠肺炎疫情影响社会经济活动的逻辑下，管理当局应提升管理体系效率水平、运营效率，做好战略收缩准备，并做大做强主营业务、优化产品线，大力提高竞争能力。与此同时，营造良好的内部控制环境、设置富有成效的内部控制活动、强化内部审计以提高内部控制制度的执行力、提高内部控制人员的综合素质、切实提高公司的风险意识。

突如其来的新冠肺炎疫情，对安徽上市公司发展提出了挑战。从宏观角度看，在需求维度上，受国内外消费者收入影响较大，部分重点人群收入脆弱性增大对消费将产生抑制作用；此外，疫情改变了人们的生活和消费习惯，国内居民对不同消费品消费意愿变化明显（如房地产业、汽车制造业等）。在供给维度上，受产业链全球分工的影响，虽供应链总体稳定可控，但对部分公司复工、复产影响较大。新冠肺炎疫情以来，中央推出“新基建”等项目刺激经济发展；此外，中央提出扎实做好“六稳”工作，全面落实“六保”任务，不同行业上市公司业绩将会有更加明显的变动，如信息传输、软件和信息技术服务业以及医药制造业。从公司层面分析，消费不景气对企业经营管理效率提出要求，当前安徽部分上市公司管理水平较低（如盛运环保等），安徽省上市公司需合理管理企业现金流，提升管理体系的效率水平，提升创新意识，在危机中育新机，于变局中开新局。

附件

附件 1　2019 年安徽上市公司综合业绩与各指标情况

排名	公司名称	综合业绩	行业[1]	城市	股权结构	每股收益（元）	权益净利率（%）	资产收益率（%）	收入净利率（%）
1	海螺水泥	0.9466	制造	芜湖	国企	6.34	26.87	26.45	21.39
2	古井贡酒	0.7690	制造	亳州	国企	4.17	25.35	21.02	20.14
3	口子窖	0.6839	制造	淮北	民营	2.87	26.10	24.62	36.82
4	三七互娱	0.5553	信息	芜湖	民营	1.00	32.53	28.98	15.99
5	淮北矿业	0.5445	采矿	淮北	国企	1.68	20.12	8.78	6.04
6	金禾实业	0.5441	制造	滁州	民营	1.45	19.25	15.68	20.36
7	志邦家居	0.5356	制造	合肥	民营	1.49	17.33	12.62	11.12
8	迎驾贡酒	0.5311	制造	六安	民营	1.16	20.48	18.56	24.63
9	中公教育	0.5288	教育	芜湖	民营	0.29	56.52	25.58	19.67
10	开润股份	0.5283	制造	滁州	民营	1.04	30.74	16.83	8.39
11	欧普康视	0.5257	制造	合肥	民营	0.77	26.07	23.45	47.44
12	美亚光电	0.5205	制造	合肥	民营	0.81	23.21	22.82	36.29
13	洽洽食品	0.5167	制造	合肥	民营	1.19	17.29	14.26	12.48
14	集友股份	0.5038	制造	安庆	民营	0.79	22.49	16.84	30.04
15	伯特利	0.5011	制造	芜湖	其他	0.98	19.34	12.97	12.72
16	九华旅游	0.4934	水利	池州	国企	1.06	10.17	11.35	21.78
17	广信股份	0.4896	制造	宣城	民营	1.09	10.40	9.01	16.26
18	恒源煤电	0.4853	采矿	淮北	国企	0.94	13.64	9.89	18.80
19	鸿路钢构	0.4819	制造	合肥	民营	1.07	11.95	6.41	5.20
20	安徽合力	0.4817	制造	合肥	国企	0.88	13.64	11.89	6.43
21	合肥城建	0.4728	房地	合肥	国企	0.75	19.33	7.49	14.94
22	设计总院	0.4726	科学	合肥	国企	0.71	14.44	11.44	20.06
23	山河药辅	0.4719	制造	淮南	民营	0.61	16.56	13.52	18.18
24	皖通高速	0.4660	交通	合肥	国企	0.66	10.55	10.49	37.25
25	凤形股份	0.4615	制造	宣城	民营	0.75	12.12	7.36	10.83
26	永新股份	0.4589	制造	黄山	其他	0.54	14.56	12.14	10.35
27	皖天然气	0.4560	电力	合肥	国企	0.67	10.61	9.34	5.37
28	三只松鼠	0.4558	批发	芜湖	民营	0.63	15.88	7.59	2.35
29	中环环保	0.4502	水利	合肥	民营	0.61	11.53	6.92	14.85
30	长信科技	0.4471	制造	芜湖	国企	0.37	15.15	11.79	14.03
31	众源新材	0.4457	制造	芜湖	民营	0.53	10.34	9.93	2.88

续表

排名	公司名称	综合业绩	行业[1]	城市	股权结构	每股收益（元）	权益净利率（%）	资产收益率（%）	收入净利率（%）
32	阳光电源	0.4438	制造	合肥	民营	0.61	10.95	5.24	6.86
33	黄山旅游	0.4429	水利	黄山	国企	0.46	8.06	10.33	21.17
34	华菱精工	0.4409	制造	宣城	民营	0.52	9.72	8.17	4.78
35	国祯环保	0.4400	水利	合肥	民营	0.54	11.51	5.45	7.83
36	四创电子	0.4344	制造	合肥	央企	0.70	4.57	2.22	3.03
37	精达股份	0.4322	制造	铜陵	民营	0.23	13.01	12.46	3.65
38	科大国创	0.4317	信息	合肥	民营	0.49	8.29	5.48	7.57
39	中鼎股份	0.4294	制造	宣城	民营	0.50	7.08	5.10	5.17
40	皖通科技	0.4287	信息	合肥	民营	0.41	8.03	6.61	11.55
41	泰禾光电	0.4282	制造	合肥	民营	0.42	6.89	6.18	16.21
42	楚江新材	0.4278	制造	芜湖	民营	0.37	9.27	7.91	2.70
43	科大讯飞	0.4255	信息	合肥	央企	0.40	8.45	5.56	8.13
44	中电兴发	0.4254	信息	芜湖	民营	0.43	6.64	5.39	10.33
45	黄山胶囊	0.4241	制造	宣城	民营	0.45	5.52	4.56	12.02
46	中钢天源	0.4221	制造	马鞍山	央企	0.24	9.93	8.50	9.93
47	皖能电力	0.4217	电力	合肥	国企	0.39	6.65	5.75	4.81
48	江南化工	0.4211	制造	宣城	民营	0.32	7.00	6.92	11.14
49	时代出版	0.4208	文化	合肥	国企	0.48	5.07	3.27	3.60
50	新集能源	0.4205	采矿	淮南	央企	0.22	10.10	8.81	6.25
51	国机通用	0.4200	制造	合肥	央企	0.33	8.48	5.56	7.16
52	司尔特	0.4191	制造	宣城	民营	0.33	6.48	6.37	7.90
53	荃银高科	0.4189	农林	合肥	其他	0.22	14.75	4.72	8.20
54	山鹰纸业	0.4180	制造	马鞍山	民营	0.30	9.87	4.97	5.86
55	淮河能源	0.4171	交通	芜湖	国企	0.23	9.67	6.94	7.66
56	嘉美包装	0.4154	制造	滁州	其他	0.20	9.34	7.58	6.55
57	安利股份	0.4152	制造	合肥	民营	0.33	6.95	4.70	4.20
58	东华科技	0.4135	建筑	合肥	央企	0.33	8.19	3.09	3.92
59	中粮科技	0.4125	制造	蚌埠	央企	0.32	6.22	4.37	3.04
60	交建股份	0.4114	建筑	合肥	民营	0.23	11.46	3.53	3.74

续表

排名	公司名称	综合业绩	行业[1]	城市	股权结构	每股收益（元）	权益净利率（%）	资产收益率（%）	收入净利率（%）
61	安徽建工	0.4113	建筑	蚌埠	国企	0.35	6.79	2.55	1.26
62	皖维高新	0.4093	制造	合肥	国企	0.20	7.91	5.65	6.06
63	丰原药业	0.4084	制造	芜湖	民营	0.26	6.19	4.66	2.50
64	华孚时尚	0.4079	制造	淮北	民营	0.27	6.08	4.14	2.53
65	聚隆科技	0.4078	制造	宣城	民营	0.22	5.16	4.10	21.46
66	辉隆股份	0.4072	批发	合肥	其他	0.23	7.80	4.27	1.04
67	皖新传媒	0.4071	文化	合肥	国企	0.28	5.47	3.33	6.31
68	精工钢构	0.4066	建筑	六安	民营	0.22	7.95	3.92	3.94
69	应流股份	0.4061	制造	合肥	民营	0.30	4.04	3.00	7.02
70	神剑股份	0.4033	制造	芜湖	民营	0.15	6.91	5.28	6.02
71	华茂股份	0.4031	制造	安庆	国企	0.21	4.72	4.41	6.64
72	富煌钢构	0.4027	制造	合肥	民营	0.27	4.27	2.85	2.41
73	全柴动力	0.4012	制造	滁州	国企	0.26	4.87	2.10	2.39
74	安科生物	0.3998	制造	合肥	民营	0.12	5.47	5.47	7.27
75	合肥百货	0.3988	批发	合肥	国企	0.20	4.13	3.75	1.46
76	安纳达	0.3971	制造	铜陵	其他	0.15	4.64	4.21	3.12
77	长城军工	0.3951	制造	合肥	国企	0.14	4.44	3.28	6.70
78	马钢股份	0.3948	制造	马鞍山	央企	0.15	4.09	3.68	1.44
79	国风塑业	0.3941	制造	合肥	国企	0.11	5.24	3.43	6.17
80	凯盛科技	0.3937	制造	蚌埠	央企	0.13	3.95	3.86	2.14
81	铜陵有色	0.3920	制造	铜陵	国企	0.08	4.71	4.49	0.92
82	丰乐种业	0.3918	农林	合肥	国企	0.13	3.50	3.21	2.38
83	安德利	0.3894	批发	合肥	民营	0.14	2.50	2.56	0.81
84	常青股份	0.3862	制造	合肥	民营	0.12	1.44	2.40	1.34
85	泰尔股份	0.3817	制造	马鞍山	民营	0.06	2.20	1.71	3.08
86	合锻智能	0.3810	制造	合肥	民营	0.06	1.60	1.66	3.93
87	华菱星马	0.3801	制造	马鞍山	国企	0.08	1.53	0.96	0.68
88	江淮汽车	0.3770	制造	合肥	国企	0.06	0.82	0.74	0.22
89	德力股份	0.3766	制造	滁州	民营	0.03	0.95	1.37	1.56

续表

排名	公司名称	综合业绩	行业[1]	城市	股权结构	每股收益（元）	权益净利率（%）	资产收益率（%）	收入净利率（%）
90	长虹美菱	0.3756	制造	合肥	国企	0.05	1.13	0.20	0.34
91	海螺型材	0.3754	制造	芜湖	国企	0.03	0.47	1.27	0.32
92	金种子酒	0.3174	制造	阜阳	国企	-0.33	-7.91	-5.02	-22.37
93	惠而浦	0.3172	制造	合肥	其他	-0.42	-8.20	-3.73	-6.11
94	铜峰电子	0.3102	制造	铜陵	民营	-0.27	-13.06	-7.68	-18.60
95	文一科技	0.2857	制造	铜陵	民营	-0.46	-17.86	-8.16	-28.02
96	融捷健康	0.1003	制造	合肥	民营	-0.89	-58.16	-45.67	-98.07
97	盛运环保	0.0000	制造	安庆	民营	-1.51	——	-17.10	-299.60

备注：

1. 行业：制造代表制造业；信息代表信息传输、软件和信息技术服务业；文化代表文化、体育和娱乐业；水利代表水利、环境和公共设施管理业；批发代表批发和零售业；农林代表农、林、牧、渔业；科学代表科学研究和技术服务业；交通代表交通运输、仓储和邮政业；建筑代表建筑业；房地代表房地产业；电力代表电力、热力、燃气及水生产和供应业；采矿代表采矿业；金融代表金融业；教育代表教育业。

2. 因指标适用性问题本报告剔除三家金融上市公司（新力金融、华安证券、国元证券）以及安凯汽车、德豪润达、新光圆成、梦舟实业和六国化工。

3. 各项指标数据均来自 Wind 数据库。

4. 以上 3 点适用于本报告余下各图表。

附件 2　2019 年和 2018 年各上市公司综合业绩排名与各分指标排名情况

公司名称	综合排名			权益净利率		资产收益率		收入净利率		每股收益	
	2019 年	2018 年	排名变化	2019 年	2018 年	2019 年	2018 年	2019 年	2018 年	2019 年	2018 年
海螺水泥	1	1	—	4	4	2	1	9	8	1	1
古井贡酒	2	2	—	7	8	7	8	12	12	2	2
口子窖	3	3	—	5	5	4	4	3	5	3	3
三七互娱	4	19	↑15	2	17	1	11	19	20	13	36
淮北矿业	5	5	—	11	2	29	12	52	46	4	5
金禾实业	6	4	↓2	14	7	11	6	11	10	6	6
志邦家居	7	8	↑1	15	19	15	18	28	26	5	4
迎驾贡酒	8	12	↑4	10	14	8	14	6	9	8	12
中公教育	9	9	—	1	1	3	3	14	15	55	61
开润股份	10	10	—	3	3	10	7	33	34	12	16
欧普康视	11	6	↓5	6	9	5	2	1	1	19	11

续表

公司名称	综合排名			权益净利率		资产收益率		收入净利率		每股收益	
	2019年	2018年	排名变化	2019年	2018年	2019年	2018年	2019年	2018年	2019年	2018年
美亚光电	12	11	↓1	8	13	6	5	4	4	17	24
洽洽食品	13	22	↑9	16	27	12	24	24	27	7	14
集友股份	14	15	↑1	9	12	9	10	5	7	18	26
伯特利	15	25	↑10	12	16	14	20	23	23	14	27
九华旅游	16	26	↑10	36	48	21	33	7	14	11	15
广信股份	17	16	↓1	34	37	27	30	17	18	9	9
恒源煤电	18	14	↓4	24	15	25	27	15	11	15	10
鸿路钢构	19	36	↑17	27	39	41	46	56	53	10	18
安徽合力	20	21	↑1	23	28	18	19	47	45	16	17
合肥城建	21	41	↑20	13	25	35	68	20	21	20	20
设计总院	22	7	↓15	22	11	20	9	13	6	22	8
山河药辅	23	23	—	17	20	13	15	16	17	27	34
皖通高速	24	27	↑3	33	31	22	32	2	3	25	23
凤形股份	25	52	↑27	26	57	36	54	29	49	21	46
永新股份	26	30	↑4	21	29	17	22	30	30	30	39
皖天然气	27	43	↑16	32	43	26	39	55	58	24	33
三只松鼠	28	—	—	18	—	33	—	78	—	26	—
中环环保	29	47	↑18	28	49	39	43	21	19	28	44
长信科技	30	34	↑4	19	18	19	26	22	44	44	51
众源新材	31	32	↑1	35	34	24	28	71	75	32	30
阳光电源	32	42	↑10	31	35	53	42	43	38	29	28
黄山旅游	33	13	↓20	48	23	23	13	10	2	37	19
华菱精工	34	33	↓1	40	30	31	31	59	51	33	37
国祯环保	35	45	↑10	29	26	50	53	37	41	31	32
四创电子	36	18	↓18	75	32	83	52	70	59	23	7
精达股份	37	35	↓2	25	22	16	23	65	62	62	62
科大国创	38	63	↑25	46	62	48	61	39	55	35	60
中鼎股份	39	24	↓15	53	24	54	34	57	33	34	13
皖通科技	40	51	↑11	49	56	40	49	26	36	41	54
泰禾光电	41	31	↓10	57	42	43	29	18	13	40	31
楚江新材	42	37	↓5	43	38	32	35	72	71	45	43
科大讯飞	43	50	↑7	45	52	47	48	35	40	42	55
中电兴发	44	62	↑18	60	73	51	59	31	42	39	58

续表

公司名称	综合排名			权益净利率		资产收益率		收入净利率		每股收益	
	2019年	2018年	排名变化	2019年	2018年	2019年	2018年	2019年	2018年	2019年	2018年
黄山胶囊	45	48	↑3	65	61	59	45	25	24	38	41
中钢天源	46	40	↓6	38	41	30	36	32	31	61	50
皖能电力	47	64	↑17	59	60	44	69	58	60	43	52
江南化工	48	66	↑18	54	67	38	57	27	32	51	68
时代出版	49	39	↓10	70	51	75	41	66	56	36	25
新集能源	50	77	↑27	37	63	28	78	49	61	66	81
国机通用	51	46	↓5	44	45	46	38	41	37	48	49
司尔特	52	38	↓14	61	46	42	37	36	29	47	40
荃银高科	53	49	↓4	20	44	56	40	34	28	67	71
山鹰纸业	54	17	↓37	39	6	55	17	54	22	53	22
淮河能源	55	67	↑12	41	65	37	55	38	57	63	75
嘉美包装	56	—	—	42	—	34	—	46	—	71	—
安利股份	57	82	↑25	55	82	57	82	60	83	49	80
东华科技	58	60	↑2	47	50	77	65	63	68	50	48
中粮科技	59	53	↓6	62	47	62	51	69	74	52	57
交建股份	60	—	—	30	—	71	—	64	—	65	—
安徽建工	61	58	↓3	58	40	81	80	84	79	46	38
皖维高新	62	81	↑19	51	78	45	76	51	78	72	84
丰原药业	63	70	↑7	63	66	58	71	74	81	59	64
华孚时尚	64	44	↓20	64	36	65	47	73	54	57	35
聚隆科技	65	75	↑10	69	79	66	74	8	43	68	69
辉隆股份	66	71	↑5	52	59	63	73	85	87	64	65
皖新传媒	67	29	↓38	67	33	73	25	48	25	56	29
精工钢构	68	78	↑10	50	72	67	75	61	80	69	79
应流股份	69	79	↑10	80	81	78	85	42	67	54	70
神剑股份	70	73	↑3	56	71	52	67	53	66	74	82
华茂股份	71	80	↑9	72	80	61	79	45	69	70	74
富煌钢构	72	72	—	77	74	79	77	75	76	58	59
全柴动力	73	83	↑10	71	84	84	84	76	86	60	78
安科生物	74	28	↓46	66	21	49	16	40	16	81	56
合肥百货	75	59	↓16	78	58	69	60	81	73	73	53
安纳达	76	54	↓22	74	53	64	44	67	65	75	63
长城军工	77	68	↓9	76	64	74	62	44	48	77	72

续表

公司名称	综合排名			权益净利率		资产收益率		收入净利率		每股收益	
	2019年	2018年	排名变化	2019年	2018年	2019年	2018年	2019年	2018年	2019年	2018年
马钢股份	78	20	↓58	79	10	70	21	82	35	76	21
国风塑业	79	61	↓18	68	54	72	50	50	47	83	73
凯盛科技	80	85	↑5	81	85	68	83	79	82	79	85
铜陵有色	81	76	↓5	73	75	60	72	86	85	84	83
丰乐种业	82	69	↓13	82	76	76	64	77	72	80	67
安德利	83	88	↑5	83	88	80	89	87	89	78	86
常青股份	84	56	↓28	87	68	82	63	83	63	82	45
泰尔股份	85	84	↓1	84	86	85	81	68	70	86	87
合锻智能	86	74	↓12	85	77	86	70	62	50	87	76
华菱星马	87	86	↓1	86	83	89	88	88	88	85	77
江淮汽车	88	92	↑4	90	92	90	92	91	92	88	93
德力股份	89	93	↑4	89	93	87	93	80	94	90	92
长虹美菱	90	90	—	88	90	91	90	89	90	89	88
海螺型材	91	91	—	91	91	88	91	90	91	91	90
金种子酒	92	65	↓27	92	70	93	56	94	39	93	66
惠而浦	93	55	↓38	93	55	92	58	92	64	94	47
铜峰电子	94	89	↓5	94	89	94	87	93	84	92	91
文一科技	95	87	↓8	95	87	95	86	95	77	95	89
融捷健康	96	96	—	96	95	97	97	96	96	96	95
盛运环保	97	97	—	97	97	96	96	97	97	97	97

B.3
安徽上市公司投融资发展报告

马朝良　王露敏　张　勇　李　源*

摘　要： 本报告依据财务管理和投融资管理相关理论，运用Wind数据库数据，多角度地研究安徽上市公司投融资结构，并对比近两年上市公司投融资排名和规模变化，得到安徽上市公司总投融资水平大幅提升、对外投资比重回升、直接融资比重有所提升但仍需加强等结论，最后基于这些结论提出政府引导资本投资方向、培育上市资源、推动行业升级、营造优良政策环境，企业加大对外投资、大力发展直接融资、积极进行并购重组等具有针对性的对策建议。

关键词： 内部投资　对外投资　直接融资　间接融资

2019年在经济下行压力加大、风险挑战上升的背景下，安徽经济经受住了考验。受疫情黑天鹅冲击，宏观经济形势依然严峻，安徽需把握长三角区域一体化、中部崛起等战略机遇，积极推动制造业高质量发展，扎实做好“强实体，稳增长”工作，打赢三大攻坚战，做好“六稳”工作，落实“六保”任务。发展安徽实体经济，必须进行金融和资本创新体系建设，其中，

* 马朝良，综合开发研究院（中国·深圳）博士后，主要研究方向为创新与互联网金融；王露敏，中国科学技术大学管理学院硕士研究生，工商管理创新研究中心成员，主要研究方向为技术创新；张勇，中国科学技术大学管理学院硕士研究生，工商管理创新研究中心成员，主要研究方向为技术创新；李源，安徽省投资集团中安研究院研究员，主要研究方向为产业经济、区域经济与数据挖掘。

促进多层次资本市场健康发展、提高直接融资比重尤为重要。在此背景下，探讨安徽上市公司投融资概况，了解安徽上市公司投融资结构，从而分析安徽上市公司直接融资比重，对推动安徽经济高质量发展有重要意义。从微观层面看，分析安徽上市公司投融资发展概况对企业增加投资机会、丰富融资渠道、提高抗风险能力同样具有重要意义。

基于此，本报告在介绍安徽上市公司近年来投融资水平总体趋势的基础上，从行业、区域和股权结构等维度介绍安徽上市公司投融资结构和偏好，并探讨近两年安徽上市公司的投融资水平变化，继而为安徽上市公司优化资源配置和政府完善资本市场提供相应对策建议。

一 上市公司投融资概念界定和评价指标

（一）投资概念和评价指标

上市公司投资指公司投入财力以期在未来获取收益的行为，根据投资方向分为内部投资和对外投资。内部投资指企业将资金投放在内部购置各种生产经营资产。[①] 对外投资指企业将一定数量货币资金、股权、实物资产和无形资产等对外进行各种形式投资活动，以换取另一项资产并在未来获取相应收益的行为。[②]

本报告选取内部投资规模和对外投资规模之和评判总投资规模，使用流动资产、固定资产及无形资产之和评判内部投资规模。由于 2019 年新金融工具准则中，金融资产由“四分类”变为“三分类”，可供出售金融资产和持有至到期投资有所调整，本报告根据指标变化情况，选取长期股权投资、债权投资、其他债权投资、其他权益工具投资及交易性金融资产之和评价 2019 年各上市公司的对外投资规模。同时，2018 年及之前的对

① 荆新、王化成、刘俊彦主编《财务管理学》，中国人民大学出版社，2012，第 221 页。

② 张新民：《企业财务报表分析》，对外经济贸易大学出版社，2001，第 108 页。

外投资规模仍使用长期股权投资、可供出售金融资产及持有至到期投资之和评判。

（二）融资概念和评价指标

上市公司融资指企业作为筹资主体，根据需要，通过一定的金融市场和筹资渠道，采取一定的筹资方式，经济有效地筹措和集中资本的活动。基于财务管理分类，上市公司融资方式可分为发行股票融资、债券融资、银行借款融资、商业信用融资和自我累计融资五种。①

本报告中上市公司总融资规模为年度财务报表日时点的五种融资规模之和；发行股票融资规模指发行股票融资累计额，并使用新增股票融资额进行分析；债券融资规模指财务报表日的存量债券余额，并使用新发行债券规模进行分析；银行借款融资规模指“短期借款”和“长期借款”的期末余额之和；商业信用融资规模指“应付票据”、“应付账款”、“预收账款”和“长期应付款（合计）”的期末余额之和；自我累计融资规模指“盈余公积”和“未分配利润”的期末余额之和。

本报告中投融资数据均来源于Wind数据库各上市公司的合并报表，投融资规模及分指标规模均为年度财务报表日时点数据。由于企业经营问题，本报告剔除了安凯汽车、德豪润达、新光圆成、梦舟实业和六国化工五家上市公司数据。

二　安徽上市公司投资情况分析

本部分从总投资及内外部投资视角探讨2019年安徽上市公司投资规模与结构，并对比近两年上市公司投资特征变化。总投资及内外部投资规模均为统计年度财务报表日的时点数据，不是当年新增投资规模。

① 荆新、王化成、刘俊彦等主编《财务管理学》，中国人民大学出版社，2012，第6页。

（一）上市公司总投资分析

1. 上市公司总投资规模分析

安徽上市公司总投资规模2015～2019年呈稳定上升趋势（见图1），总投资占总资产比重整体呈上升趋势，并在2019年达到近五年最高值，上市公司整体投资能力有所提升。

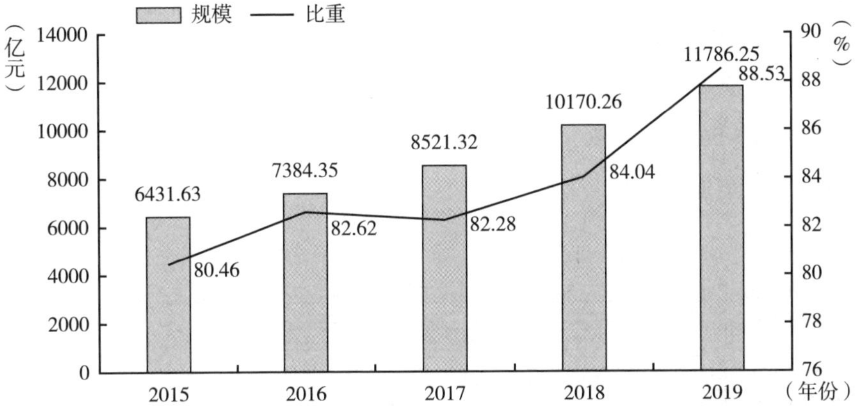

图1　2015～2019年安徽上市公司总投资规模及占总资产比重

2. 上市公司总投资结构分析

（1）整体分析

2019年安徽上市公司总投资规模差异较大（见附件1）。本报告100家公司中，仅25家公司总投资规模高于平均值。排名前5位的公司为海螺水泥、马钢股份、安徽建工、淮北矿业、铜陵有色，其中海螺水泥总投资规模达到1869亿元，投资龙头地位显著。排名后5位公司为中环环保、山河药辅、黄山胶囊、安纳达和国机通用，总投资规模均不足9亿元。

部分企业增幅降幅明显。和2018年相比，海螺水泥总投资规模增加429亿元，仅增加值就高于95家公司2019年规模。华安证券总投资规模同比增加261.8%，中公教育总投资规模同比增加130.8%，融捷健康总投资规模同比下降36.6%，中粮科技同比降低31.4亿元，降幅为

16.2%。

（2）行业角度分析

制造业上市公司总投资规模最高，但全省前10名和后10名中各有5家和9家制造业公司。采矿业及交通运输、仓储和邮政业共五家公司，均排在前20，整体投资规模较高。从平均值看，采矿业及建筑业上市公司总投资规模平均值较高（见图2）；水利、环境和公共设施管理业有4家上市公司，但总投资规模平均值排在倒数第二，相对较低。

和2018年相比，2019年各行业总投资规模平均值均有所增加。其中，教育业、金融业和房地产业上市公司总投资规模平均值增幅较大，分别同比增加131%、56%和46%；水利、环境和公共设施管理业上市公司总投资规模平均值也增加35%。

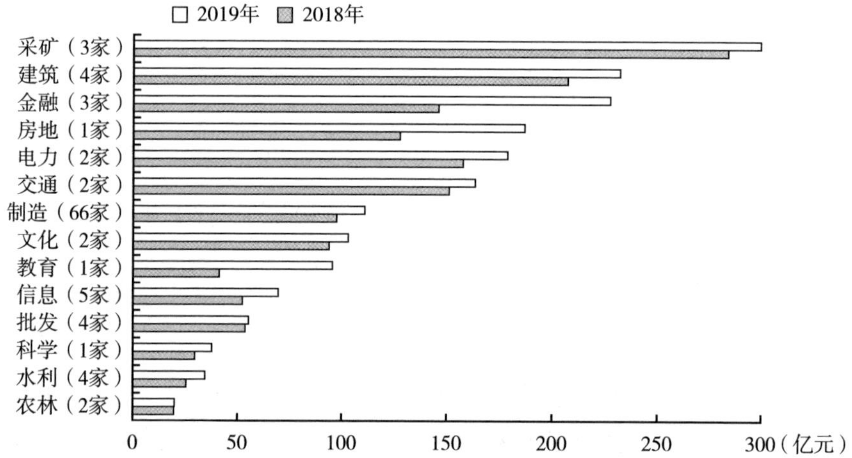

图2　2019年和2018年各行业上市公司总投资规模平均值对比

注：图中行业简称和B2中一致，本报告中下同。

（3）区域角度分析

总投资规模排名靠前的公司没有地区集聚现象，安庆、滁州和黄山等地上市公司总投资规模均低于全省平均值。在拥有超过4家上市公司的城市中，淮北4家公司总投资规模均排名前30，其他城市公司总投资规模平均值均呈现两极分化现象。马鞍山 5 家上市公司总投资规模差异较大，但由于马钢股份和山鹰纸业规模较高，马鞍山上市公司整体平均值也显著高于其他城市。

和 2018 年相比，2019 年仅黄山上市公司总投资规模平均值略微下降，其他城市总投资规模平均值均有所增加（见图 3）。芜湖 13 家公司总投资规模平均值同比增加 28%，增幅较大。

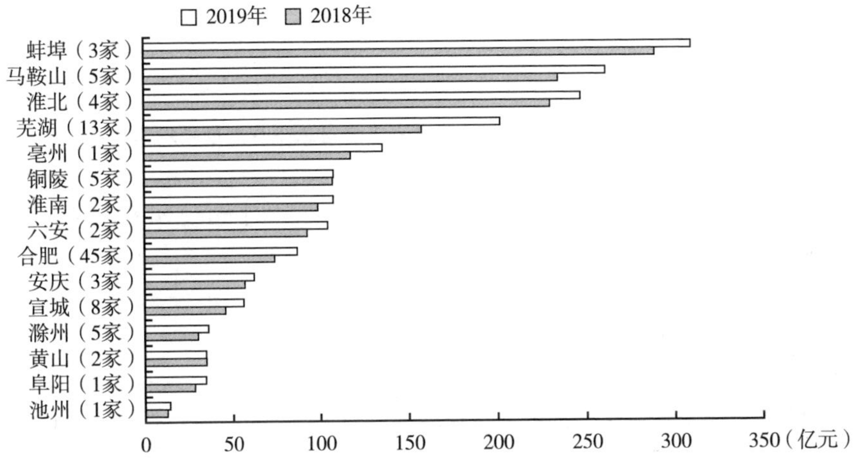

图 3　2019 年和 2018 年各城市上市公司总投资规模平均值对比

（4）股权结构角度分析

地方国企的总投资规模和平均值均显著高于其他各类型企业。虽然民营企业总投资规模高于中央国企，但由于总投资规模较低的民企较多，中央国企总投资规模平均值高于民营企业（见图 4）。

和 2018 年相比，2019 年各类股权结构上市公司总投资规模平均值均有所增加。其中，民营企业平均值同比增加 21%，进步较大。

（二）上市公司内部投资分析

1. 上市公司内部投资规模分析

2015～2019 年，安徽上市公司内部投资总规模呈稳定上升趋势（见图

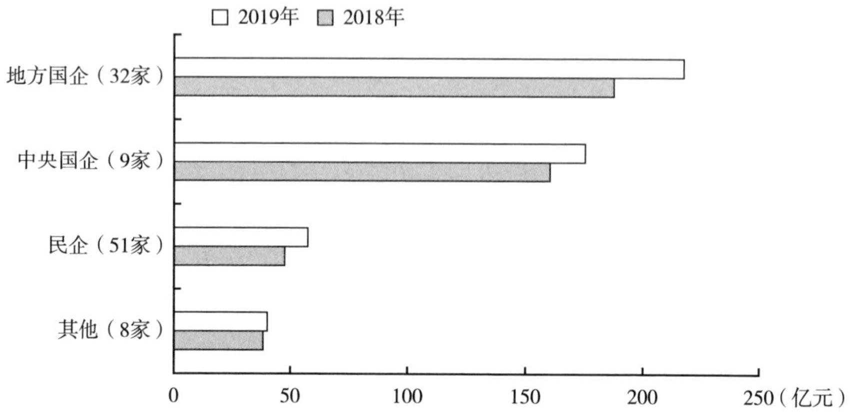

图 4　2019 年和 2018 年各股权结构上市公司总投资规模平均值对比

5），但 2019 年内部投资占总投资比重下降明显，与上市公司实施新金融工具准则后对外投资规模数据增幅较大有关。

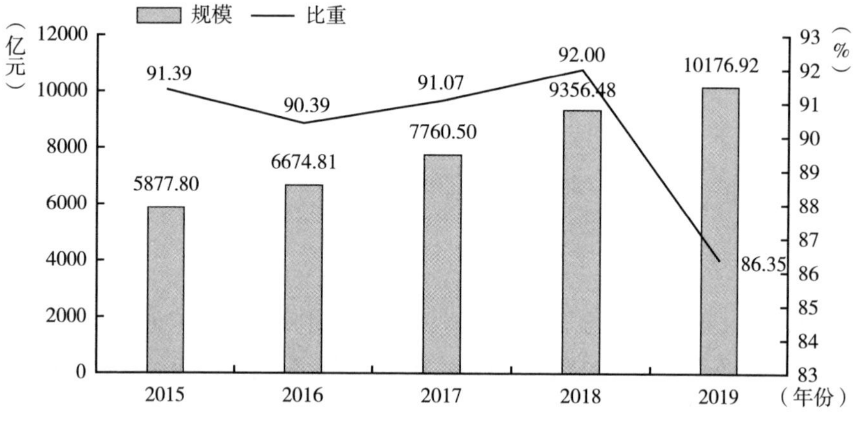

图 5　2015～2019 年安徽上市公司内部投资规模及其占总投资比重

2. 上市公司内部投资结构分析

（1）整体分析

2019 年共 25 家公司内部投资规模高于全省平均值。排名前 5 位的公司分别为海螺水泥、马钢股份、安徽建工、淮北矿业和铜陵有色；排名后 5 位的公司分别为华安证券、山河药辅、中环环保、黄山胶囊和融捷健康，规模不足 8.6 亿元。

和 2018 年相比，2019 年 72 家公司内部投资规模有所增加。部分公司内部投资规模增加显著，国祯环保和集友股份内部投资规模同比增长 87% 和 71%，排名也显著上升。融捷健康和中粮科技内部投资规模同比下降 33% 和 17%，中粮科技排名也跌出前 10，排在第 13 名。

（2）行业角度分析

采矿业以及交通运输、仓储和邮政业的内部投资规模较高，5 家公司均在前 20 名；制造业公司内部投资规模存在两极分化现象。采矿业和建筑业公司内部投资规模平均值最高（见图 6）；金融业公司内部投资规模平均值最低，与指标适用性有关，国元证券和华安证券两家公司在 Wind 数据库合并报表中没有流动资产数据。

和 2018 年相比，2019 年采矿业以及文化、体育和娱乐业公司内部投资规模平均值增幅较大，分别增加 45% 和 44%；交通运输、仓储和邮政业公司内部投资规模平均值下降 7%，降幅较大。

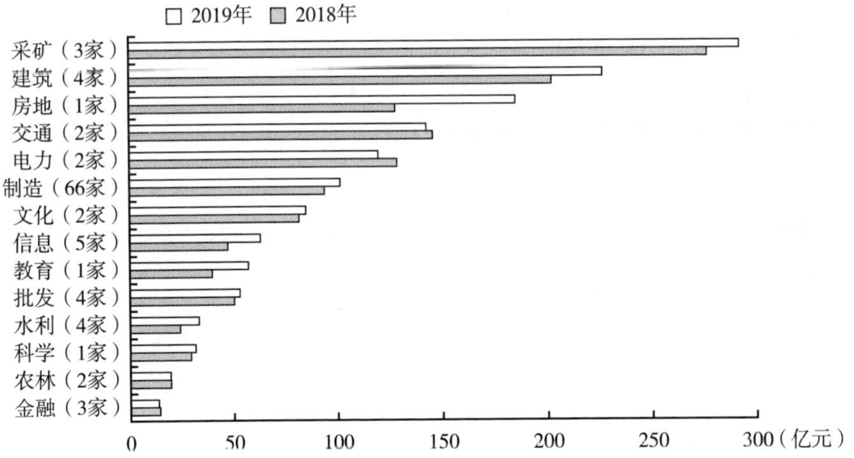

图 6　2019 年和 2018 年各行业上市公司内部投资规模平均值对比

（3）区域角度分析

淮北和蚌埠上市公司内部投资规模相对较高，两市 7 家公司均排在前

40 位；蚌埠、马鞍山和淮北上市公司内部投资规模平均值也显著高于其他城市（见图 7）。其他上市公司较多的城市均表现出两极分化现象。

和 2018 年相比，2019 年黄山上市公司内部投资规模平均值略有下降，其他城市均有所增加。芜湖共 13 家上市公司，内部投资规模平均值同比增加 16%，增幅显著高于其他城市。

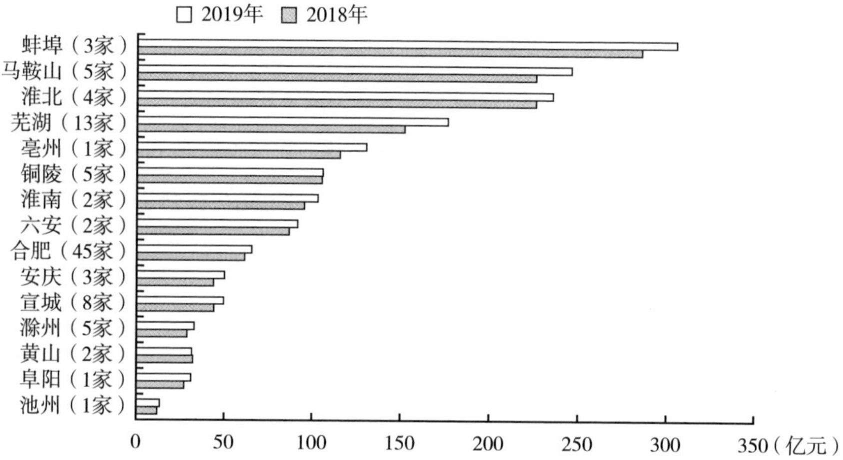

图 7　2019 年和 2018 年各城市上市公司内部投资规模平均值对比

（4）股权结构角度分析

地方国企上市公司内部投资规模远高于民营企业，中央国企上市公司内部投资规模平均值也显著高于民营企业，民营企业内部投资规模差异化较大，存在严重的两极分化现象。

和 2018 年相比，2019 年各类股权结构上市公司内部投资总规模和平均值均有所增加（见图 8）。民营企业内部投资规模平均值同比增加 14%，增幅高于其他股权结构公司，民营企业内部投资规模整体提升较大。

（三）上市公司对外投资分析

1. 上市公司对外投资规模分析

安徽上市公司对外投资规模呈稳定上升趋势（见图 9）。2019 年安徽上

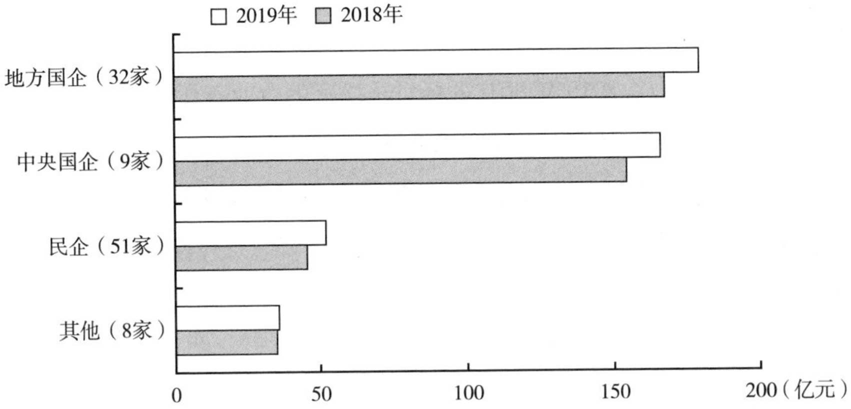

图 8　2019 年和 2018 年各股权结构上市公司内部投资规模平均值对比

市公司对外投资规模、对外投资占总投资比重均有较大增幅，与新金融工具准则的实施以及安徽上市公司普遍增加对外投资有关。

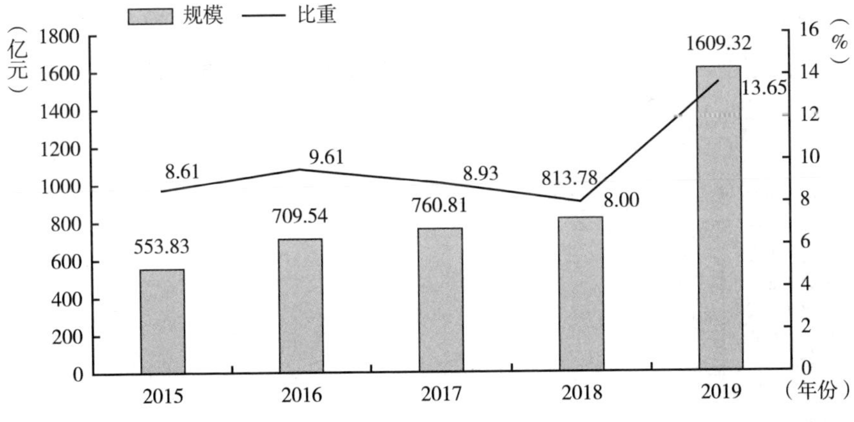

图 9　2015～2019 年安徽上市公司对外投资规模及占总投资比重

2. 上市公司对外投资结构分析

（1）整体分析

2019 年共 15 家公司对外投资规模高于平均值。排名前 5 位的公司分别为国元证券、华安证券、海螺水泥、皖能电力和马钢股份，安纳达、嘉美包装、安利股份和国机通用等9家公司无对外投资数据，应加大对外投资，增强持续发展能力。

和2018年相比，2019年没有进行对外投资的企业有所减少。2018年共18家公司没有对外投资数据，2019年仅有9家公司。其中，安纳达、安利股份、国机通用、四创电子和集友股份等5家公司连续两年没有进行对外投资；山河药辅、文一科技等12家公司在2019年新增对外投资。此外，国风塑业和华菱精工2018年进行了对外投资，但2019年对外投资数据为0。

（2）行业角度分析

金融业公司对外投资规模显著高于其他行业，与行业特性有关。采矿业，交通运输、仓储和邮政业以及文化、体育和娱乐业的7家公司对外投资规模均排在前35名，整体高于其他行业。制造业上市公司对外投资整体规模较高，但内部差异化明显。

和2018年相比，2019年批发和零售业以及水利、环境和公共设施管理业公司对外投资规模平均值有所降低，其他行业对外投资规模平均值均有所增加。制造业共66家公司，整体对外投资规模平均值同比增加169%，制造业公司整体加大了对外投资。

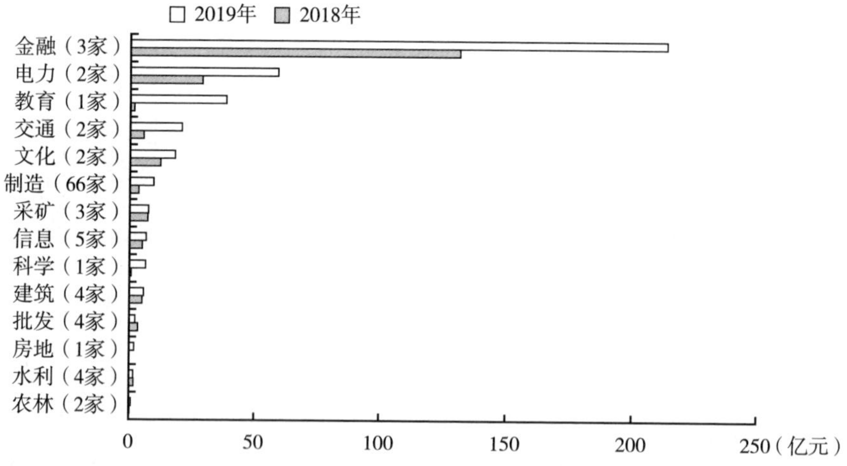

图10　2019年和2018年各行业上市公司对外投资规模平均值对比

(3) 区域角度分析

合肥上市公司对外投资规模较高。合肥 45 家上市公司对外投资规模平均值排在全省第 2，仅低于芜湖（见图 11），合肥上市公司持续发展能力整体高于其他城市。滁州和铜陵共 10 家上市公司，但对外投资规模平均值较低，有待提升。

和 2018 年相比，2019 年芜湖、宣城等地上市公司对外投资规模平均值显著增加，芜湖 13 家公司对外投资规模平均值同比增加 357%，排名也跃居全省第 1。安庆、铜陵和池州上市公司对外投资规模平均值显著下降，安庆同比下降 6%，排名也由 2018 年全省第 1 降至 2019 年全省第 5。

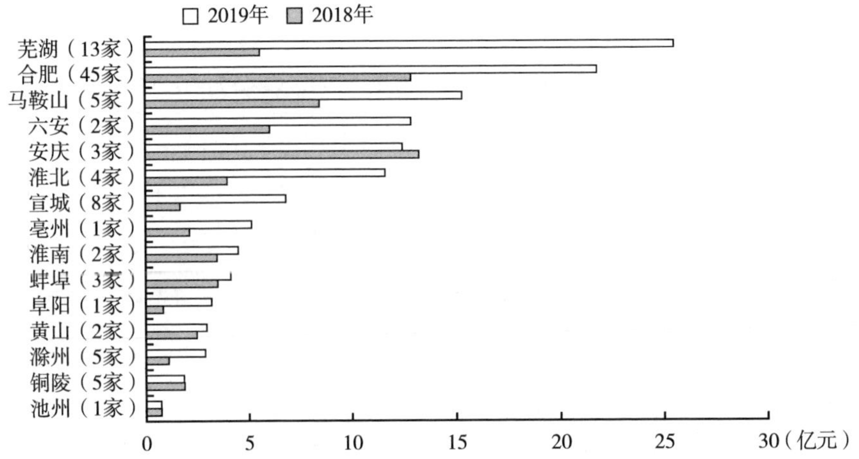

图 11 2019 年和 2018 年各城市上市公司对外投资规模平均值对比

(4) 股权结构分析

地方国企上市公司对外投资规模和平均值远高于其他类型企业（见图 12）。民营企业对外投资规模高于中央国企，但由于内部差异化较大，对外投资规模平均值低于中央国企。

和 2018 年相比，2019 年各类股权结构上市公司对外投资规模平均值均有所增加，民营企业增幅最大，同比增加 179%。

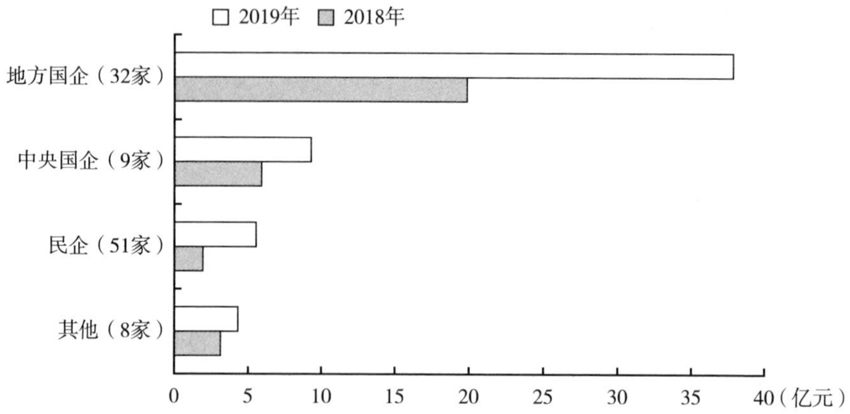

图 12　2019 年和 2018 年各股权结构上市公司对外投资规模平均值对比

三　安徽上市公司融资情况分析

本部分从总融资及五种融资方式角度分别探讨安徽上市公司融资规模与结构，并对比 2019 年和 2018 年安徽上市公司融资特征变化；总融资及各种融资规模均为统计年度财务报表日的时点数据，不是当年新增融资规模。

（一）上市公司总融资分析

本部分通过分析安徽上市公司近年来总融资规模的变化趋势，探讨上市公司融资结构和直接融资比重，了解安徽上市公司融资偏好。

1. 上市公司总融资规模分析

安徽上市公司 2015 ~2019 年总融资规模稳步上升，整体融资水平有明显提升，但增长率在 2019 年大幅收紧（见图 13）。

2. 上市公司总融资结构分析

（1）整体分析

2019 年共 29 家安徽上市公司总融资规模高于全省平均值（见附件 3）。排名前 5 位的公司分别为海螺水泥、安徽建工、淮北矿业、国元证券和马钢

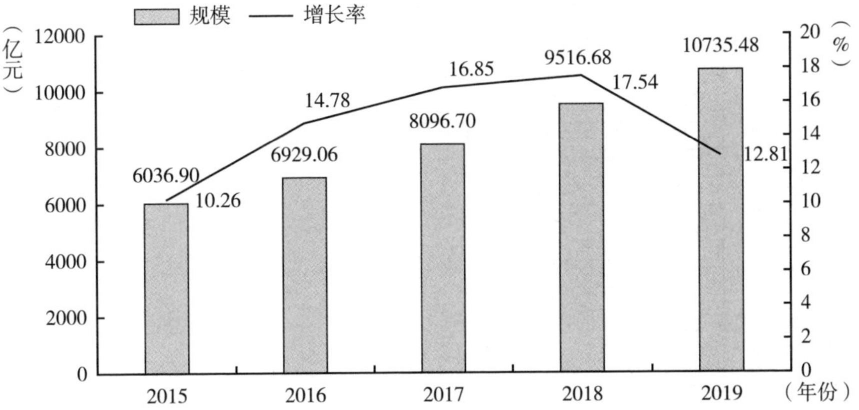

图 13　2015～2019 年安徽上市公司总融资规模及增长率

股份，排名后 5 位的公司分别为山河药辅、黄山胶囊、凤形股份、融捷健康和安纳达；总融资规模超过 400 亿元的有 7 家公司，不足 10 亿元的有 8 家公司。

和 2018 年相比，2019 年中公教育和科大国创总融资规模增幅较大，分别同比增长 292% 和 132%。盛运环保和融捷健康总融资规模分别下降 52% 和 47%，降幅较大。

（2）行业角度分析

行业特色体现，部分行业存在总融资规模普遍较高或较低现象。采矿业及交通运输、仓储和邮政业的上市公司融资总额均较高，排名均在前 30；农、林、牧、渔业的 2 家公司融资总额均较低。

和 2018 年相比，2019 年各类行业公司总融资规模及平均值均有所增加（见图 14）。教育业增幅最大，其次为水利、环境和公共设施管理业的 4 家公司平均值增长 32%。

（3）区域角度分析

蚌埠和淮北上市公司总融资规模平均值较高，安庆、宣城和滁州上市公司融资规模有待提高（见图 15）。蚌埠和淮北共 7 家公司总融资规模均排在前 45 名，宣城有 2 家公司排在倒数前 3 名，滁州 5 家公司整体平均值排在

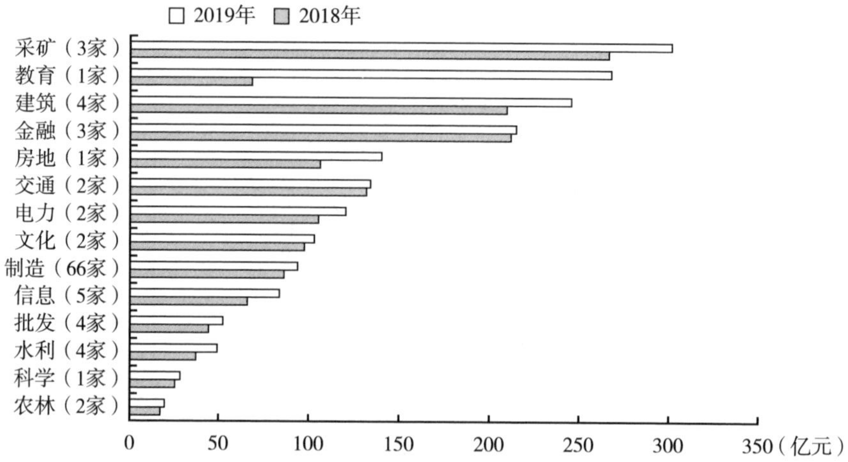

图 14　2019 年和 2018 年各行业上市公司总融资规模平均值对比

全省倒数第 2。

和 2018 年相比，2019 年淮南和安庆上市公司总融资规模平均值下降明显，分别下降 13% 和 6%，与新集能源和盛运环保总融资下降幅度较大有关。其他城市均有所增加，芜湖增幅最大，13 家公司总融资规模平均值增长 30%。

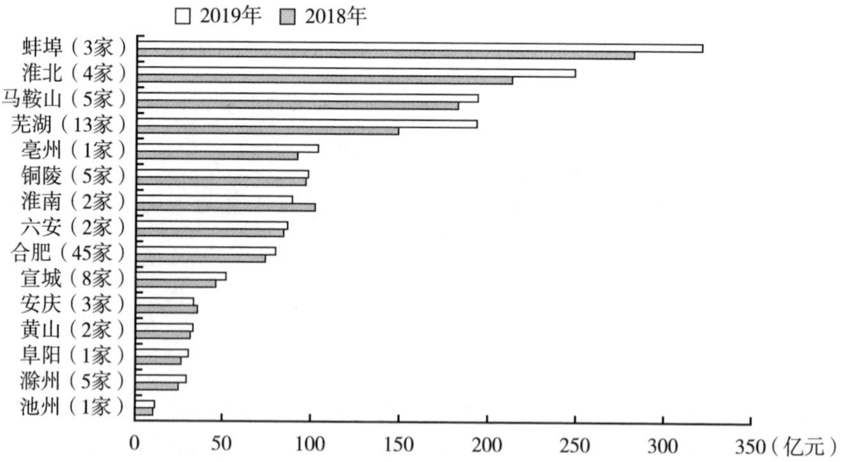

图 15　2019 年和 2018 年各城市上市公司总融资规模平均值对比

(4) 股权结构角度分析

地方国企总融资规模及平均值高于其他类型企业（见图16）。民营企业由于内部差异化较大，虽然有山鹰纸业和中公教育等总融资规模较高的企业，但平均值低于中央国企。

和2018年相比，2019年民营企业总融资规模平均值增长23%，增速较大，也充分体现了民营企业的融资潜力。

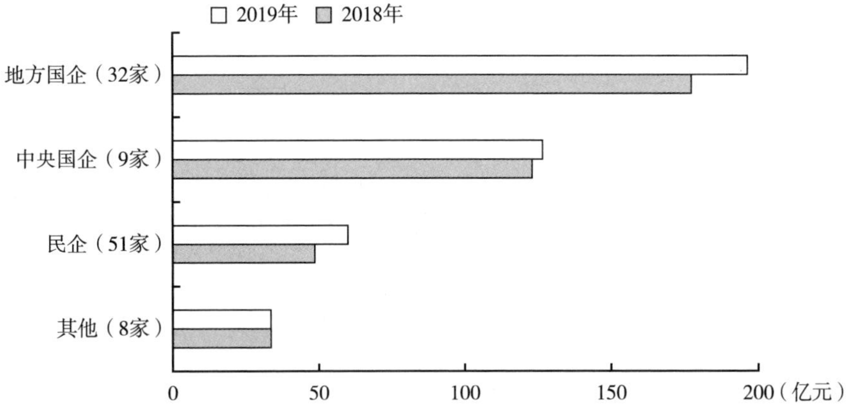

图16　2019年和2018年各股权结构上市公司总融资规模平均值对比

3. 上市公司投融资相关分析

分析2019年安徽上市公司投融资规模分布情况（见图17）。本报告100家上市公司中，有24家公司投融资规模均高于全省平均值；有1家公司投资规模高于全省平均值，但融资规模低于全省平均值；有5家公司融资规模高于全省平均值，但投资规模低于全省平均值；其他70家公司投融资规模均低于全省平均值；上市公司投融资水平具有一定相关性。

从行业看，部分行业公司投融资规模存在集聚现象。采矿业、房地产业以及交通运输、仓储和邮政业的6家公司投融资规模均高于全省平均值，农、林、牧、渔业，批发和零售业以及科学研究和技术服务业的7家公司投融资规模均低于全省平均值，制造业公司投融资水平差异显著。

从区域看，安庆、黄山、滁州、池州和阜阳上市公司投融资水平较低，均低于全省平均值。淮北上市公司投融资水平相对较高，4 家公司中有 3 家公司投融资规模均高于全省平均值。

从股权结构分布看，集体企业、公众企业以及外资企业整体投融资水平较低，均低于全省平均值。国企投融资水平整体高于民营企业，51 家民营企业中有 41 家公司投融资规模均低于全省平均值。

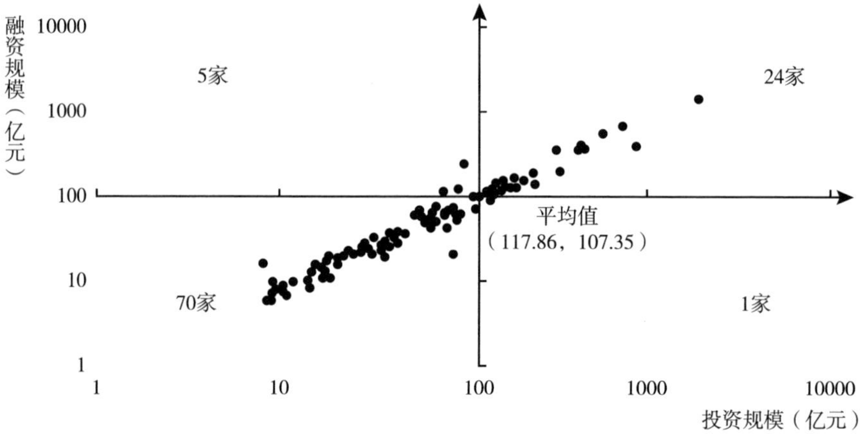

图 17　2019 年安徽上市公司投融资规模分布

4. 上市公司直接融资比重分析

以本报告 100 家公司为依据，分析 2015 ~ 2019 年安徽上市公司当年直接融资比重（见图 18）。2017 ~ 2019 年安徽上市公司直接融资比重逐年上升，但和 2015 年相比仍有较大差距，仍存在上升空间。

（二）上市公司发行股票融资分析

本部分使用上市公司统计年度新增股票融资额对发行股票融资情况进行具体分析。

1. 上市公司发行股票融资规模分析

对 2015 ~ 2019 年安徽上市公司新增股票融资额和 IPO 新增融资额分析（见图 19 和图 20）发现，2016 年安徽上市公司新增股票融资额和 IPO 新增融

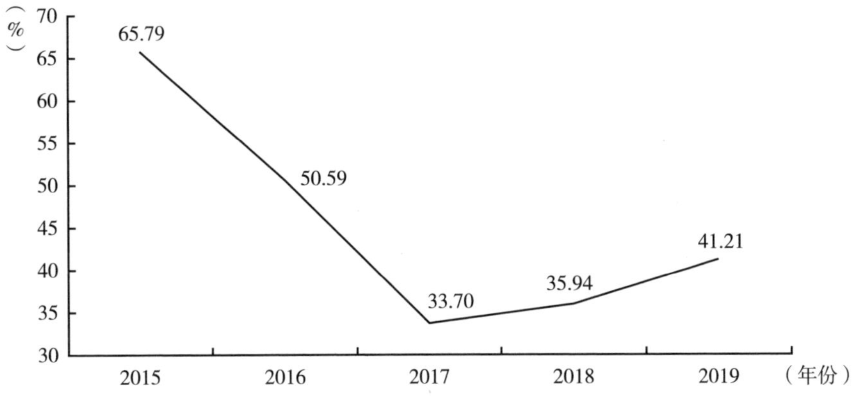

图 18　2015～2019 年安徽上市公司当年直接融资比重

资额均为近年来的峰值。2018 年安徽上市公司通过增发、配股提高了股票融资规模，但 2019 年整体股票融资规模又有所下降。2016～2019 年，安徽上市公司 IPO 新增融资额逐年下降，新增上市公司直接融资水平有待提升。

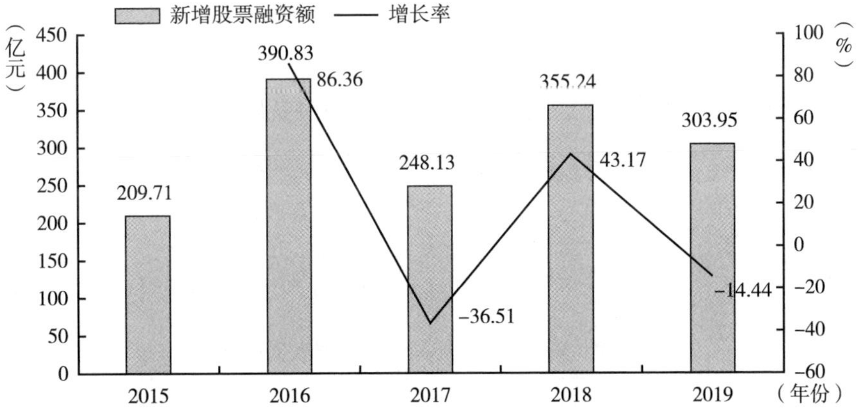

图 19　2015～2019 年安徽上市公司新增股票融资额及增长率

2. 上市公司发行股票融资结构分析

对 2019 年安徽上市公司新增股票融资额进行排名（见表 1），共 16 家公司 2019 年新增股票融资，包括嘉美包装、三只松鼠和交建股份 3 家公司

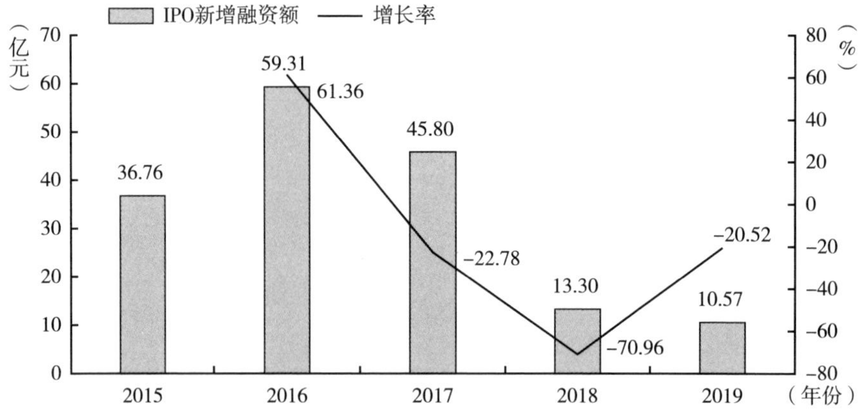

图 20　2015～2019 年安徽上市公司 IPO 新增融资额及增长率

IPO 融资，以及中公教育、科大讯飞等 13 家公司增发融资。其中，中公教育新增股票融资最高，为 174. 85 亿元。和 2018 年相比，新增股票融资公司数量有所增加，但新增股票融资规模有所下降。

从行业看，制造业公司 2019 年新增股票融资数量最多（6 家），但教育业的中公教育新增股票融资额高于其他公司之和。

从区域看，合肥上市公司 2019 年新增股票融资数量最多（9 家），芜湖有 3 家公司 2019 年新增股票融资，和 2018 年相比均有较大增幅。

从股权结构看，民营企业 2019 年股票融资方面表现良好，民营企业新增股票融资数量（9 家）和规模都远高于其他类型企业。

表 1　2019 年安徽上市公司新增股票融资额及排名

排名	公司名称	新增股票融资额(亿元)	分行业排名		分城市排名		分股权结构排名	
1	中公教育	174. 85	教育	1	芜湖	1	民企	1
2	科大讯飞	29. 27	信息	1	合肥	1	央企	1
3	皖能电力	23. 01	电力	1	合肥	2	国企	1
4	楚江新材	15. 44	制造	1	芜湖	2	民企	2
5	国祯环保	9. 42	水利	1	合肥	3	民企	3

续表

排名	公司名称	新增股票融资额(亿元)	分行业排名		分城市排名		分股权结构排名	
6	科大国创	8.77	信息	2	合肥	4	民企	4
7	安科生物	6.82	制造	2	合肥	5	民企	5
8	应流股份	6.16	制造	3	合肥	6	民企	6
9	金种子酒	5.76	制造	4	阜阳	1	国企	2
10	三只松鼠	5.45	批发	1	芜湖	3	民企	7
11	淮北矿业	5.17	采矿	1	淮北	1	国企	3
12	集友股份	4.01	制造	5	安庆	1	民企	8
13	嘉美包装	3.08	制造	6	滁州	1	其他	1
14	丰乐种业	2.69	农林	1	合肥	7	国企	4
15	交建股份	2.04	建筑	1	合肥	8	民企	9
16	新力金融	2.01	金融	1	合肥	9	其他	2

（三）上市公司债券融资分析

图 21 为 2015～2019 年安徽上市公司统计年度新发行债券融资额及增长率。2016～2019 年安徽上市公司新发行债券融资规模逐年增加，债券融资市场表现良好。

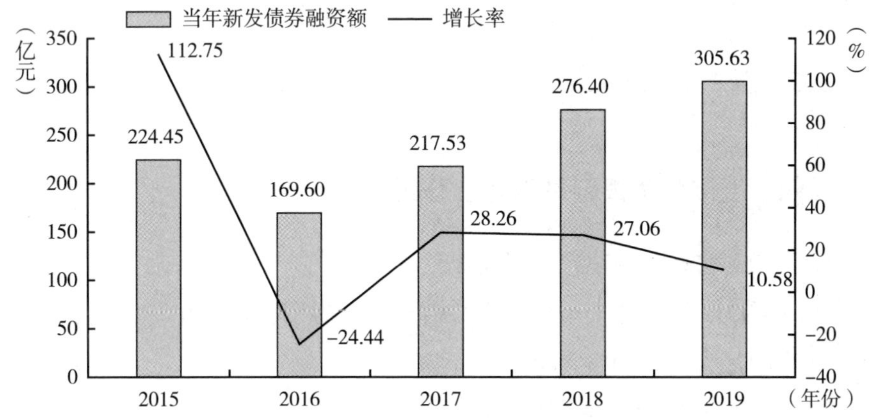

图 21　2015～2019 年安徽上市公司债券融资额及增长率

2019 年共 12 家公司新发债券融资（见表 2），国元证券和华安证券发行债券规模远高于其他公司。截至 2019 年 12 月 31 日，国元证券和华安证券分别有 139 亿元和 70 亿元的存量债券，债券融资能力显著高于其他公司。

从行业看，新发债券融资的制造业公司较多，但金融业融资规模较高，行业特性明显。从区域和股权结构看，合肥上市公司新发债券融资规模较高，地方国企新发债券融资规模较高。

表 2　2019 年安徽上市公司新发债券融资规模及排名

排名	公司名称	新发债券融资额(亿元)	分行业排名		分城市排名		分股权结构排名	
1	国元证券	172.03	金融	1	合肥	1	国企	1
2	华安证券	30	金融	2	合肥	2	国企	2
3	淮北矿业	27.57	采矿	1	淮北	1	国企	3
4	山鹰纸业	18.6	制造	1	马鞍山	1	民企	1
5	长信科技	12.3	制造	2	芜湖	1	国企	4
6	中鼎股份	12	制造	3	宣城	1	民企	2
7	皖能电力	10	电力	1	合肥	3	国企	5
8	司尔特	8	制造	4	宣城	2	民企	3
9	安徽建工	5	建筑	1	蚌埠	1	国企	6
10	合肥城建	5	房地	1	合肥	4	国企	7
11	中环环保	2.9	水利	1	合肥	5	民企	4
12	开润股份	2.23	制造	5	滁州	1	民企	5

（四）上市公司银行借款融资分析

1. 上市公司银行借款融资规模分析

2015 ~2019 年安徽上市公司银行借款累计融资额逐年增加（见图 22），2017 年增幅最大，2019 年增幅大幅下降。

2. 上市公司银行借款融资结构分析

（1）整体分析

2019 年共 20 家公司银行借款融资累计规模高于全省平均值。排名

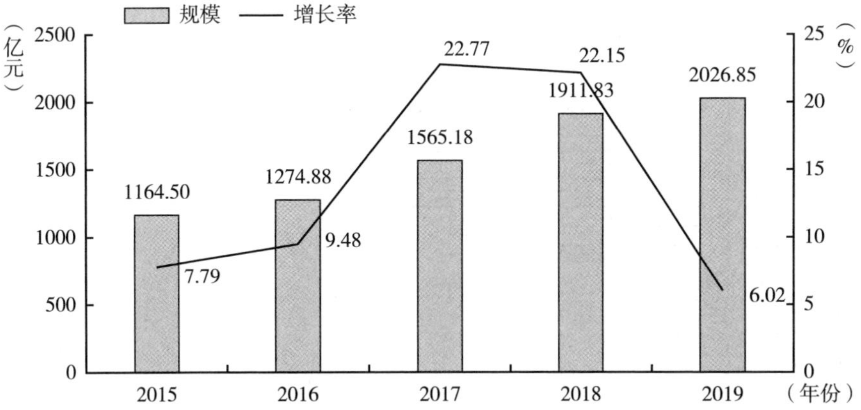

图 22　2015～2019 年安徽上市公司银行借款融资规模及增长率

前 5 位的公司分别为安徽建工、山鹰纸业、马钢股份、淮北矿业和铜陵有色，均高于 150 亿元；口子窖、泰禾光电等 14 家公司没有银行借款融资数据。

和 2018 年相比，2019 年凯盛科技银行借款规模增幅较大，排名上升 17 名；安徽合力和长信科技银行借款规模大幅下降，排名分别下降 32 名和 20 名。其中，安徽合力由于几项长期借款重分类至一年内到期的非流动负债，长期借款规模大幅下降；长信科技由于归还借款，短期借款规模下降。2018 年共 17 家公司没有银行借款数据，广信股份、志邦家居、山河药辅和欧普康视 4 家公司 2019 年新增银行借款，古井贡酒和黄山胶囊等 13 家公司 2019 年依然没有增加银行借款融资。此外，美亚光电 2018 年有 0.1 亿元银行借款，2019 年还款后没有银行借款数据。

（2）行业角度分析

安徽上市公司银行借款融资体现行业特性。采矿业以及交通运输、仓储和邮政业银行借款融资规模较高，5 家公司均排在全省前 25 名。文化、体育和娱乐业以及农、林、牧、渔业的公司银行借款融资规模较低，与行业特性密不可分（见图 23）。

和 2018 年相比，2019 年水利、环境和公共设施管理业上市公司银行借款规模平均值大幅增加，同比增长 67%；文化、体育和娱乐业 2 家公司银行借款规模平均值则同比下降 42%。

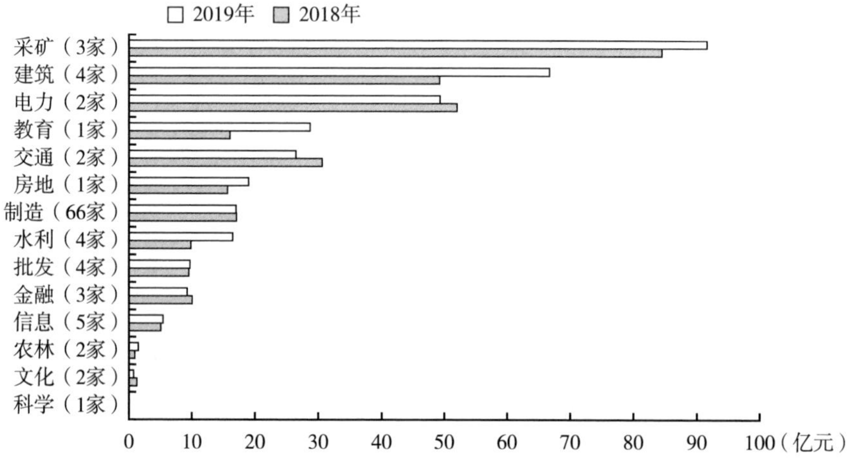

图 23　2019 年和 2018 年各行业上市公司银行借款融资规模平均值对比

（3）区域角度分析

蚌埠上市公司银行借款融资规模较高，滁州和黄山上市公司银行借款融资规模较低。蚌埠 3 家公司 2019 年银行借款融资累计规模均排在前 20 名，滁州和黄山共 7 家公司排名均相对靠后（见图 24）。马鞍山两家公司山鹰纸业和马钢股份均在前 3 位，得到了银行的大力支持。芜湖 13 家公司都有银行借款数据，但平均借款融资规模低于铜陵、淮北等市，整体有待提升。

和 2018 年相比，2019 年蚌埠、淮北、芜湖和马鞍山上市公司银行借款融资规模平均值增加，池州、阜阳和亳州 3 家公司依然缺少银行借款融资数据，其他城市均同比下滑。

（4）股权结构角度分析

地方国企银行借款融资规模相对较高，排名前 10 的公司中有 6 家地方国企。中央国企银行借款融资规模整体较高，平均值高于其他类型企业。

和 2018 年相比，2019 年地方国企和民营企业银行借款融资规模平均值增加，中央国企则同比下降（见图 25）。

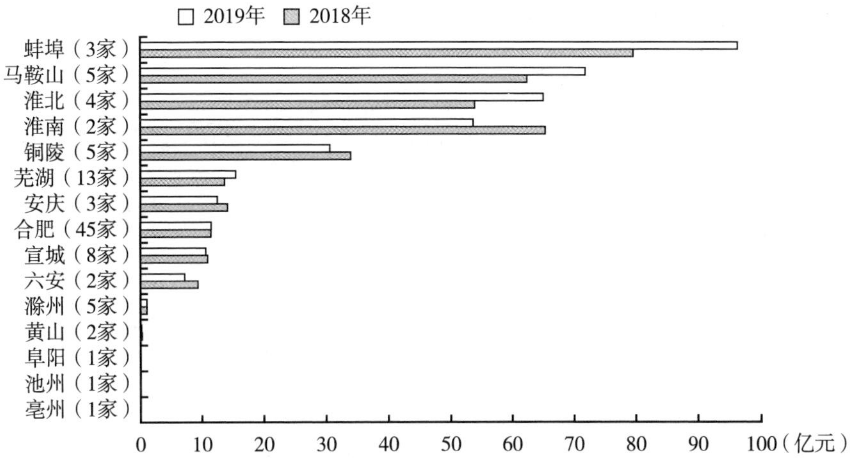

图 24　2019 年和 2018 年各城市上市公司银行借款融资规模平均值对比

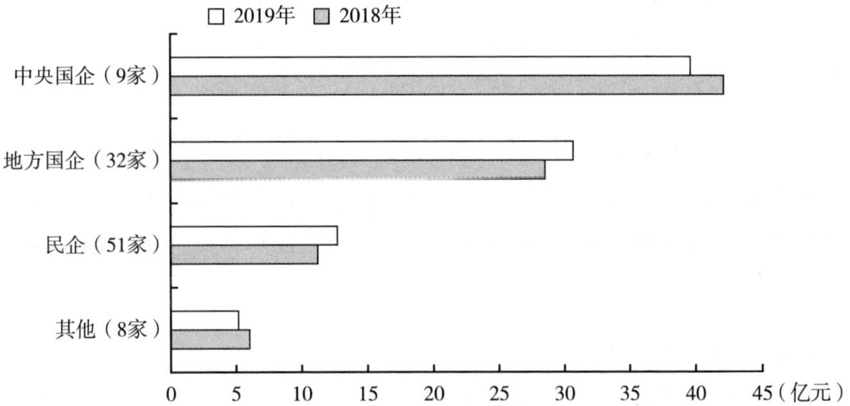

图 25　2019 年和 2018 年各股权结构上市公司银行借款融资规模平均值对比

（五）上市公司商业信用融资分析

1. 上市公司商业信用融资规模分析

2015 ~ 2019 年安徽上市公司商业信用融资规模逐年增加（见图 26），增长率在 2018 年有所放缓，但 2019 年又有所回升。

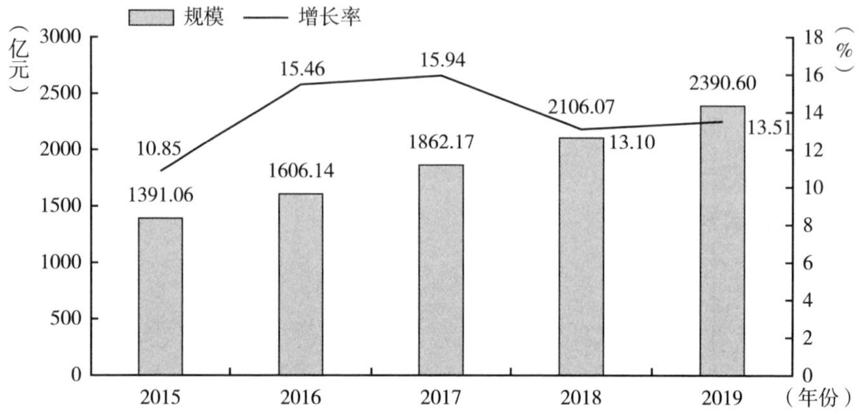

图 26　2015～2019 年安徽上市公司商业信用融资规模及增长率

2. 上市公司商业信用融资结构分析

（1）整体分析

2019 年共 25 家公司商业信用融资规模高于全省平均值。排名前 5 位的公司分别为安徽建工、江淮汽车、马钢股份、阳光电源和淮北矿业，排名后 5 位的公司分别为欧普康视、黄山胶囊、华安证券、九华旅游和泰禾光电。

和 2018 年相比，2019 年泰尔股份和四创电子商业信用融资规模大幅增长，排名也显著上升；皖维高新、皖能电力和长信科技商业信用融资规模则下降明显。

（2）行业角度分析

建筑业和采矿业公司商业信用融资规模较高，7 家公司排名均在前 35 位（见图 27）。金融业以及农、林、牧、渔业公司商业信用融资规模较低，与行业性质有很大关系。

和 2018 年相比，2019 年金融业，交通运输、仓储和邮政业以及电力、热力、燃气及水生产和供应业公司商业信用融资平均值下降，其他行业公司平均值均有所增加。

（3）区域角度分析

蚌埠和淮北上市公司商业信用融资规模较高，7 家公司均排在前 45 名

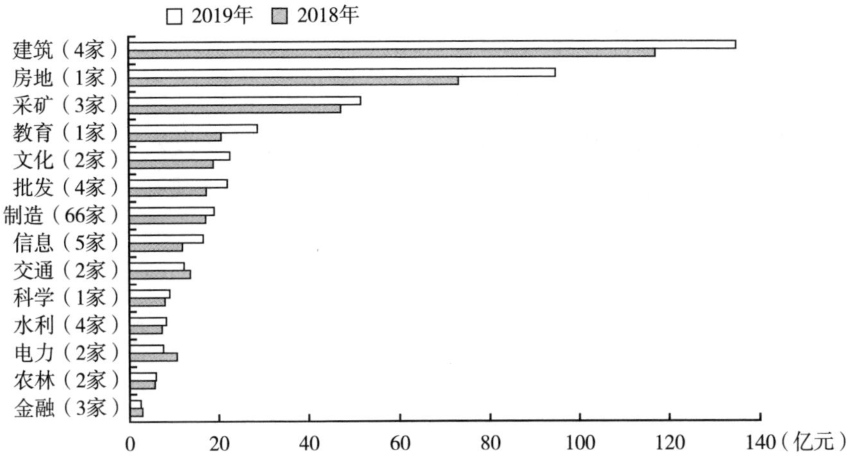

图 27　2019 年和 2018 年各行业上市公司商业信用融资规模平均值对比

（见图 28）。合肥公司商业信用融资总规模最高，但内部存在显著差异；黄山 2 家公司商业信用融资规模均相对较低。

和 2018 年相比，2019 年淮南、池州和亳州公司商业信用融资规模平均值下降，其他城市均有所上升。其中，芜湖 13 家公司 2019 年商业信用融资规模平均值同比增加 36%。

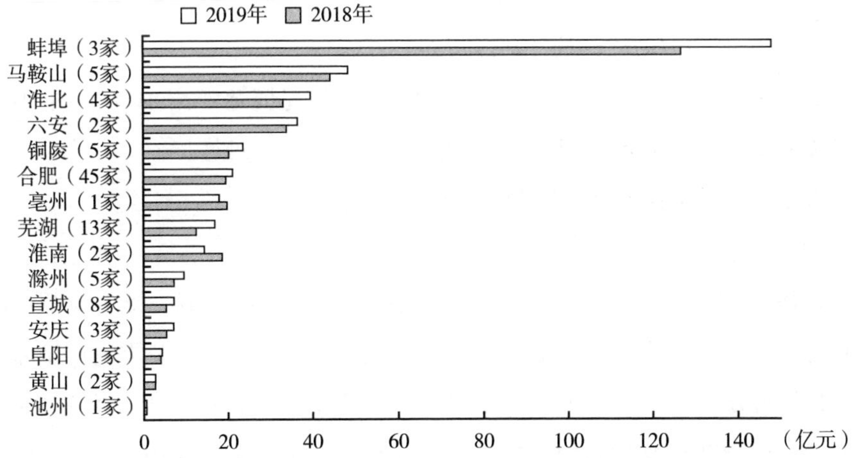

图 28　2019 年和 2018 年各城市上市公司商业信用融资规模平均值对比

（4）股权结构角度分析

地方国企商业信用融资规模及平均值较高（见图 29）。前 10 名公司中有 8 家地方国企，地方国企相对更容易通过商业信用融资。

和 2018 年相比，2019 年各类上市公司商业信用融资规模平均值均有所增加。民营企业商业信用融资规模平均值增幅较大，同比增长 33%。

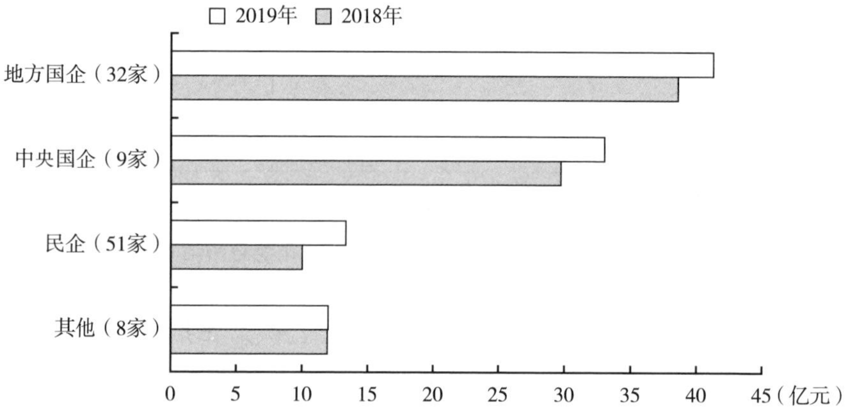

图 29　2019 年和 2018 年各股权结构上市公司商业信用融资规模平均值对比

（六）上市公司自我累计融资分析

1. 上市公司自我累计融资规模分析

2015～2019 年安徽上市公司自我累计融资规模逐年增加（见图 30），增长率在 2018 年达到近年最高值，并在 2019 年有所回落。

2. 上市公司自我累计融资结构分析

（1）整体分析

2019 年共 22 家公司自我累计融资规模高于全省平均值。排名前 5 位的公司分别为海螺水泥、马钢股份、淮北矿业、皖通高速和古井贡酒；排名后 5 位的公司分别为盛运环保、融捷健康、华菱星马、铜峰电子和文一科技，自我累计融资规模均为负值，由于未分配利润负值较大，2019 年亏损严重。新集能源 2019 年未分配利润为 -0.48 亿元，冲减之后自我累计融资为正。

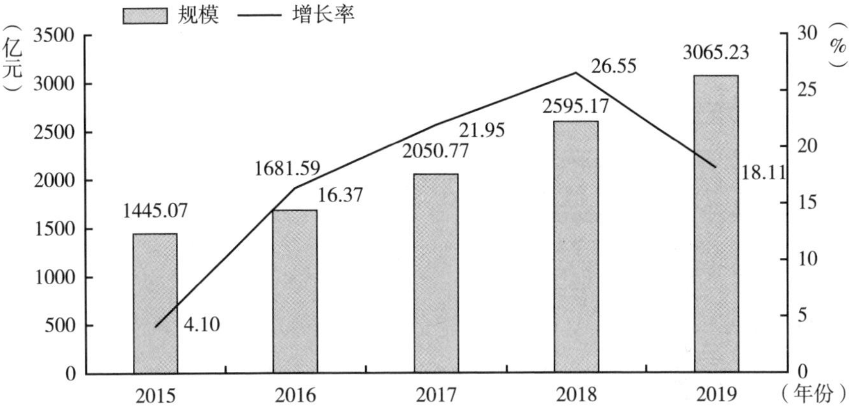

图 30　2015～2019 年安徽上市公司自我累计融资规模及增长率

和 2018 年相比，海螺水泥自我累计融资规模新增 246 亿元，增长量高于其他公司 2019 年末数值。三七互娱、华茂股份、淮河能源、新集能源和中粮科技等公司自我累计融资额显著增加；淮河能源 2019 年盈利能力增强，自我累计融资额由负转正，排名也大幅上升。华菱星马、文一科技、铜峰电子、融捷健康和盛运环保 2019 年盈利能力仍较差，自我累计融资额仍为负值；盛运环保自我累计融资额下跌 70%，盈利能力亟须提升。

（2）行业角度分析

文化、体育和娱乐业公司自我累计融资额规模整体较高，2 家公司均排在前 25 名。制造业自我累计融资规模存在明显的两极分化，前 10 名中有 6 家公司属于制造业，同时 5 家自我累计融资规模为负值的公司均属于制造业。从平均值来看，采矿业公司自我累计融资规模平均值较高，农、林、牧、渔业公司自我累计融资规模平均值较低（见图 31）。

和 2018 年相比，2019 年各行业自我累计融资规模平均值均有所提升，信息传输、软件和信息技术服务业公司平均值增长 34%，增幅最大。

（3）区域角度分析

淮北和六安公司自我累计融资规模整体较高，6 家公司均排在全省前 30 名。个别上市公司对区域影响明显，海螺水泥庞大的自我累计融资规模使得

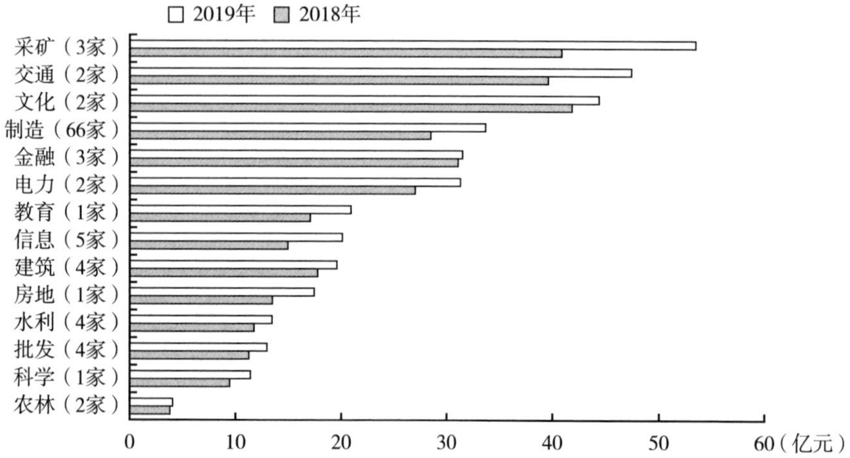

图 31　2019 年和 2018 年各行业上市公司自我累计融资规模平均值对比

芜湖平均值排名全省第一，而盛运环保较大的负自我累计融资额也使得安庆排名倒数第一（见图 32）。铜陵的文一科技和铜峰电子自我累计融资规模均为负值，有待改善。

和 2018 年相比，2019 年安庆和阜阳公司自我累计融资规模平均值有所下降，盈利能力亟须提升，其他城市均有所提升。

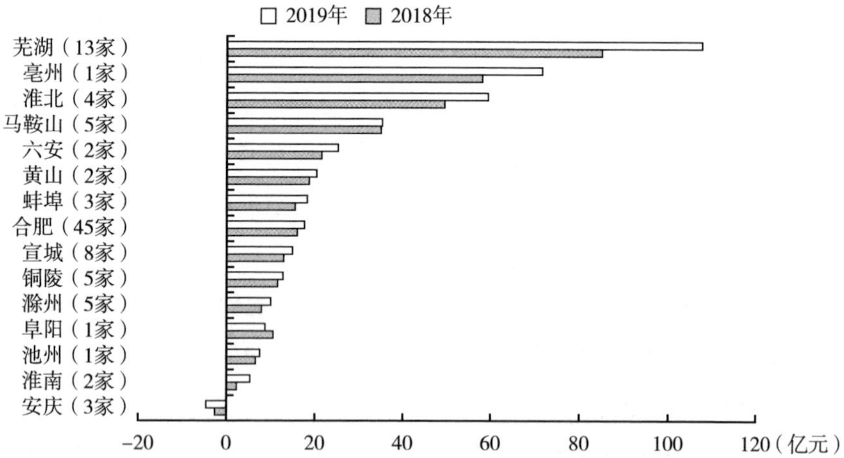

图 32　2019 年和 2018 年各城市上市公司自我累计融资规模平均值对比

(4) 股权结构角度分析

地方国企自我累计融资规模较高，整体盈利能力高于其他类型企业（见图 33）。32 家地方国企上市公司中，22 家公司自我累计融资规模排名前 50；5 家自我累计融资规模为负值的公司中，有 4 家民营企业，民企和央企的自我累计融资水平整体需要提升。

和 2018 年相比，2019 年各类股权结构公司自我累计融资规模平均值均有所提升，地方国企平均值同比增长 20%，增幅高于其他类型企业。

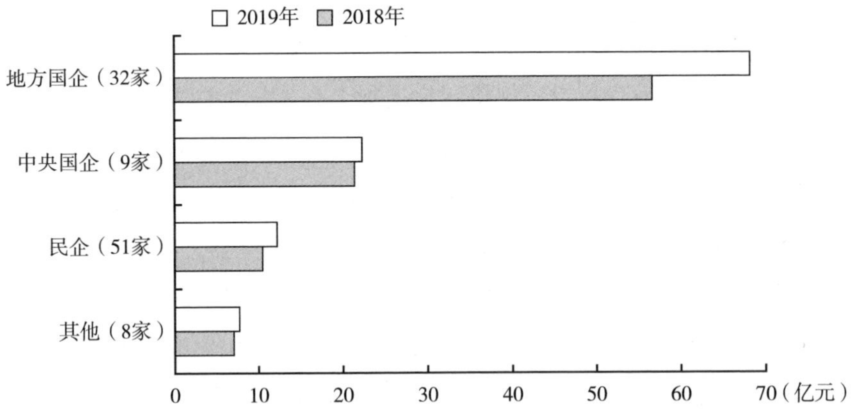

图 33　2019 年和 2018 年各股权结构上市公司自我累计融资规模平均值对比

四　研究结论与对策

（一）研究结论

本报告通过分析安徽上市公司 2019 年投融资规模与结构，并对比近两年投融资结构变化，得到以下结论。

1. 安徽上市公司总投融资水平大幅提升，受贸易摩擦影响不大

安徽上市公司总投融资水平大幅提升。2015～2019 年，安徽上市公司总投融资规模显著增加，整体投融资水平有所提升，但增速均在 2019 年有

所放缓。和2018年相比，2019年安徽上市公司投融资规模平均值均大幅增加，其中70家公司投融资规模均有所扩大。安徽龙头上市公司投融资规模显著高于其他公司，海螺水泥、马钢股份、安徽建工、淮北矿业、铜陵有色、国元证券、江淮汽车和山鹰纸业等公司近两年投融资规模一直位居全省前10。

安徽上市公司投融资水平受贸易摩擦影响不大。2019年安徽上市公司投融资水平更多受内部生产水平、盈利能力影响，受中美贸易摩擦影响不大。分析2019年总投资规模变动较大的公司，华安证券总投资规模同比增长261.8%，主要由于使用新金融工具准则后，交易性金融资产公允价值变动金额较大；中公教育总投资规模同比增加130.8%，主要是因为使用新金融工具准则后，债权投资中以摊余成本计量的金融资产较大，中公教育在华夏银行、建设银行和民生银行各有5亿元的债权投资。融捷健康总投资规模同比下降36.6%，主要是因为其流动资产同比下降较多，与2019年企业利用闲置资金购买银行理财产品及偿还银行贷款有一定关系；中粮科技同比降低31.4亿元，降幅为16.2%，主要是因为中粮科技2019年资产整合后，降低生产成本，加快流动资产周转率，导致流动资产同比下降较多。2019年总融资规模变动较大的公司中，中公教育主要是由于其2019年1月以3.27元的发行价格增发53.47亿股；盛运环保和融捷健康总融资规模分别下降52%和47%，降幅较大，与两家公司盈利能力较差、资金周转困难有关，两家公司未分配利润2019年分别降低20.5亿元和7.1亿元。

2. 安徽上市公司对外投资比重回升，内部投资比重下降

2019年安徽上市公司对外投资比重大幅上升。安徽上市公司对外投资比重在2016~2018年连续三年下降，但2019年上升明显。2018年共18家公司没有对外投资数据，2019年则仅有9家公司没有对外投资。通过加强对外投资，绝大多数安徽上市公司整体增强了产业竞争优势。但安纳达、嘉美包装、安利股份和国机通用等9家公司仍无对外投资数据，应加大对外投资，增强持续发展能力。

2019年安徽上市公司内部投资比重下降。2015~2018年，安徽上市公

司内部投资占比均高于90%，2019年内部投资比重则有所下降。一方面是由于实施新金融工具准则后上市公司对外投资规模数据增幅较大；另一方面因为安徽部分上市公司愈发重视对外投资，增加了对外投资比重，如中公教育、欧普康视、金禾实业等公司。

3. 安徽上市公司间接融资规模稳步增长，直接融资比重有所提升但仍需加强

安徽上市公司间接融资规模稳步增长。2015～2019年，安徽上市公司银行借款融资、商业信用融资和自我累计融资稳步增长。部分公司间接融资手段利用不足，仍需加强。其中，古井贡酒、美亚光电和黄山胶囊等14家公司无银行借款融资。

安徽上市公司直接融资比重有所提升但仍需加强。从2015～2019年安徽上市公司当年新增融资数据来看，近三年直接融资比重有所回升，但与2015年和2016年相比仍有较大差距。安徽上市公司仍以间接融资为主，直接融资对增强服务实体经济能力、推进多层次资本市场建设的作用亟须加强。近四年安徽上市公司当年新发债券融资额逐年增加，但新增股票融资额下降明显。安徽上市公司应在继续加大债券融资的基础上，加大股票融资。

4. 部分行业公司投融资水平较高，制造业公司投融资水平差异化明显

部分行业上市公司投融资水平整体较高。采矿业3家公司固定资产规模显著高于其他行业公司，内部投资规模较高，2019年总投资规模均排在全省前20；企业的大规模和高利润也使得采矿业公司银行借款融资规模和自我累计融资规模较高，总融资规模均排在全省前30，采矿业整体投融资水平较高。此外，建筑业公司投融资水平相对较高，水利、环境和公共设施管理业公司投融资水平相对较低，有待提升。

制造业公司投融资总规模较高，但内部差异化明显。2019年制造业公司投融资总规模时点数据分别为7320亿元和6192亿元，均超过其他行业公司投融资规模之和。制造业内部存在严重的两极分化现象，海螺水泥、马钢股份、铜陵有色、江淮汽车和山鹰纸业等公司投融资规模均高于300亿元，排名全省前10；同时山河药辅、黄山胶囊和安纳达等公司投融资规模不足10亿元，排名倒数前5。

5. 蚌埠和淮北公司投融资水平较高，滁州和宣城公司投融资水平有待提升

蚌埠和淮北公司投融资水平较高，合肥公司投融资水平差异明显。蚌埠和淮北公司投融资规模均排名全省前 50，且蚌埠上市公司投融资规模平均值均排名全省第 1。合肥共 45 家上市公司，投融资规模平均值排在全省中游，整体较好。同时，合肥公司投融资水平差异化明显，有国元证券、江淮汽车和皖能电力三家投融资均排名全省前 10 的公司，也有国机通用、融捷健康等投融资均排名倒数前 10 的公司。

滁州和宣城公司投融资水平有待提升。滁州 5 家公司均属于制造业，其中 4 家公司投融资规模均排在全省后 50 名，各类投融资子指标平均规模均排名靠后，需要加强。宣城 8 家公司均为制造业公司，且均属于民营企业，没有一家国企；其中 3 家公司投融资规模均排名全省倒数前 10，亟须提升。

6. 地方国企投融资水平较高，民营企业投融资水平整体需要提升

地方国企投融资水平较高。2019 年地方国企总投融资规模及平均值均高于其他类型公司，与 2018 年相比也有明显增加。在 25 家总投资规模高于平均值和 29 家总融资规模高于平均值的公司中，均有 15 家地方国企，地方国企整体投融资优势较为明显。

民营企业投融资水平整体需要提升。虽然部分民营企业投融资水平较高，如山鹰纸业投融资规模均排名全省前 10，但更多民营企业投融资水平较低，民营企业整体投融资平均规模和多数子指标的平均值也均低于地方国企和中央国企，总投融资规模排名倒数前 10 中均有 8 家民营企业，如山河药辅、黄山胶囊和凤形股份等民营企业投融资规模均排名倒数前 10，大部分民营企业亟须提升投融资水平。

（二）对策

1. 政府积极引导资本投资方向，企业继续加大对外投资

各地应积极出台政策引导上市公司投资方向，发挥上市公司投资带动作用，辐射周边中小企业。政府应积极推动建立产业引导投资基金，规范管理各地产业引导投资基金公司，吸引优质资本、项目、技术和人才，积极引导

外部资金投向安徽省具有核心技术、有良好发展前景和声誉的优质企业，优化资源配置。同时，地方政府要深刻认识并尊重市场规律，加强对省内部分重点风险上市公司的监管，确保安徽资本市场平稳有序发展。2019 年安徽上市公司对外投资比重有所提升，一定程度上得益于长三角一体化和中部崛起战略。在此基础上，安徽上市公司应继续加大对外投资力度，完善产业链布局，增强自身产业竞争优势。

2. 企业大力发展直接融资，地方政府积极培育上市资源

2017～2019 年安徽上市公司当年新增融资中，直接融资比重逐年增加，但增幅较小，且与 2015 年和 2016 年相比仍有较大差距。安徽上市公司应积极发展直接融资，积极通过增发、配股、发债进行股票融资和债券融资，降低融资成本，优化融资结构。政府应适当放宽债券发行条件，鼓励债券融资，进一步发展企业债券、公司债券、非金融企业债务融资工具等。近几年安徽上市公司 IPO 新增融资额逐年降低，新上市公司数量也有所减少。各地应积极培育、推荐具有潜力的优质企业，推动风险投资、私募股权投资和引导基金支持这类企业发展和上市；积极筛选主营业务突出、盈利水平较高、竞争能力较强且具有较大发展潜力的高科技企业，推进高科技企业在科创板上市。尤其是没有上市公司的宿州市，以及只有一家上市公司的阜阳市、池州市和亳州市，更应该积极培育推动区域内优质企业上市。

3. 企业积极进行并购重组，政府多措并举推动行业升级

并购重组是资本市场优化资源配置的重要方式，在支持服务实体经济方面发挥着至关重要的作用。2019 年中公教育投融资水平表现良好，中公教育借壳亚夏汽车的成功案例对安徽企业有借鉴意义。安徽未上市公司可以积极通过并购重组寻求上市，已上市公司更可以积极进行并购重组，加速转型升级、提高行业地位、抵御风险挑战、实现高质量发展。黄山旅游、九华旅游等公司应积极通过并购重组扩大自身规模，提升在旅游行业中的地位。各地政府应积极发挥产业并购基金作用，引导上市公司并购重组，整合产业链，做大产业群。

各行业之间投融资水平差异化明显，采矿业公司投融资水平较高，水

利、环境和公共设施管理业公司投融资水平相对较低，制造业公司内部两极分化严重。各地政府应多措并举，积极推动行业升级，尤其传统产业更需要加大重视，优化投融资结构，提升投融资水平。

4. 政府营造优良政策环境，积极支持民营企业发展

龙头企业对区域发展有较强的带动作用，海螺水泥对芜湖经济发展有较大贡献。各地应营造优良的政策环境，支持区域内上市公司发展，鼓励上市公司带动当地企业发展，并进一步带动区域发展。各市上市公司投融资水平差异明显，滁州和宣城公司投融资水平亟须提高。各地上市公司应厘清发展思路，积极通过各种投融资手段提升自身投融资水平，尤其是直接融资水平。

省内上市公司融资约束具有鲜明的产权特征，尽管民营企业对经济增长贡献不断增加，但民营上市公司融资约束往往强于国企上市公司，民营企业整体投融资水平不高。在 9 家缺少对外投资数据的公司中，有 4 家民营企业，民营企业应加大对高附加值项目的投资，提升企业投资水平，主动寻求投资项目，增加对外投资，提升企业竞争力。51 家民营企业中，仅有 10 家民企融资水平高于全省平均值，民营企业整体融资水平亟须提升。中央经济工作会议指出，要深化金融供给侧结构性改革，更好缓解民营企业和中小微企业融资难、融资贵问题。国务院多次发文强调要营造公平竞争的市场环境和政策环境等，支持民营企业改革发展，加强融资服务基础设施建设，拓宽直接融资渠道。安徽各地政府应积极出台有利于民营企业融资的政策机制，通过政府出资、鼓励民资和吸引外资等途径，提高民营企业融资能力。民营企业应积极利用所处行业和区域资源，提升自身融资水平。

2019 年安徽经济经受住了考验，人均 GDP 达到 58496 元。2020 年，在新冠肺炎疫情和中美贸易摩擦等因素的影响下，安徽企业资金压力陡然上升，尤其中小企业面临压力更大。新冠肺炎疫情影响大、波及面广，安徽上市公司面临的经营风险和投融资风险要比省内一般企业大得多。通过资本市场进行新股发行以及提高再融资效率，是缓解安徽企业资金压力、做好“稳就业、稳金融、稳投资”等“六稳”工作、落实“保居民就业、保市场

主体、保产业链供应链稳定”等“六保”任务的重要手段。部分受影响较大的安徽上市公司应积极通过资本市场再融资，通过定增等工具提高直接融资比例，减少资金链和现金流受阻带来的影响。2020 年 4 月 10 日，工业和信息化部办公厅下发《关于开展 2020 年中小企业公共服务体系助力复工复产重点服务活动的通知》。通知要求，推动金融惠企政策落实，梳理摸排中小企业融资需求，加强与金融机构联系合作，开展优质中小企业上市培育，促进投融资服务对接，提高中小企业直接融资比重。各地政府要落实相关政策，积极培育优质中小企业上市。

附件

附件1　2019年安徽上市公司总投资规模及子指标（年度财务报表日时点数据）

单位：亿元

排名	公司名称	总投资	行业	城市	股权结构	内部投资	对外投资
1	海螺水泥	1868.76	制造	芜湖	国企	1659.47	209.29
2	马钢股份	844.92	制造	马鞍山	央企	785.41	59.51
3	安徽建工	702.04	建筑	蚌埠	国企	696.25	5.79
4	淮北矿业	547.45	采矿	淮北	国企	538.50	8.95
5	铜陵有色	443.11	制造	铜陵	国企	436.81	6.30
6	国元证券	418.04	金融	合肥	国企	13.38	404.66
7	江淮汽车	415.41	制造	合肥	国企	373.49	41.92
8	皖能电力	326.36	电力	合肥	国企	209.26	117.09
9	山鹰纸业	310.97	制造	马鞍山	民企	295.58	15.38
10	华安证券	237.23	金融	合肥	国企	6.89	230.34
11	阳光电源	230.31	制造	合肥	民企	214.73	15.58
12	新集能源	206.52	采矿	淮南	央企	198.42	8.10
13	合肥城建	186.75	房地	合肥	国企	184.77	1.97
14	华孚时尚	182.89	制造	淮北	民企	174.27	8.62
15	淮河能源	168.37	交通	芜湖	国企	135.32	33.05
16	中粮科技	161.97	制造	蚌埠	央企	156.32	5.66
17	科大讯飞	159.04	信息	合肥	央企	154.82	4.22
18	皖通高速	158.35	交通	合肥	国企	149.62	8.73
19	中鼎股份	144.66	制造	宣城	民企	139.87	4.79
20	恒源煤电	143.88	采矿	淮北	国企	138.42	5.46
21	皖新传媒	140.95	文化	合肥	国企	111.04	29.90
22	长虹美菱	136.18	制造	合肥	国企	135.21	0.96
23	古井贡酒	135.48	制造	亳州	国企	130.35	5.14
24	精工钢构	130.41	建筑	六安	民企	117.63	12.78
25	鸿路钢构	119.47	制造	合肥	民企	119.13	0.34
26	口子窖	112.93	制造	淮北	民企	89.58	23.35
27	华菱星马	108.88	制造	马鞍山	国企	108.61	0.27
28	江南化工	108.58	制造	宣城	民企	104.79	3.80
29	中公教育	95.47	教育	芜湖	民企	57.06	38.41
30	安徽合力	91.05	制造	合肥	国企	72.40	18.65
31	三七互娱	90.50	信息	芜湖	民企	64.19	26.31

续表

排名	公司名称	总投资	行业	城市	股权结构	内部投资	对外投资
32	广信股份	88.28	制造	宣城	民企	60.28	28.00
33	华茂股份	88.05	制造	安庆	国企	56.17	31.87
34	惠而浦	87.47	制造	合肥	其他	70.96	16.51
35	皖维高新	86.50	制造	合肥	国企	76.57	9.93
36	合肥百货	85.31	批发	合肥	国企	84.11	1.20
37	盛运环保	84.34	制造	安庆	民企	78.95	5.39
38	长信科技	81.01	制造	芜湖	国企	68.29	12.72
39	迎驾贡酒	78.19	制造	六安	民企	65.31	12.88
40	富煌钢构	75.33	制造	合肥	民企	75.23	0.10
41	国祯环保	75.22	水利	合肥	民企	72.88	2.34
42	辉隆股份	74.47	批发	合肥	其他	66.49	7.98
43	金禾实业	68.30	制造	滁州	民企	58.77	9.54
44	楚江新材	67.72	制造	芜湖	民企	62.51	5.21
45	时代出版	65.17	文化	合肥	国企	58.75	6.42
46	洽洽食品	63.85	制造	合肥	民企	50.58	13.27
47	凯盛科技	63.67	制造	蚌埠	央企	62.78	0.89
48	应流股份	61.14	制造	合肥	民企	60.72	0.42
49	司尔特	59.52	制造	宣城	民企	46.80	12.72
50	精达股份	59.33	制造	铜陵	民企	57.39	1.94
51	东华科技	57.23	建筑	合肥	央企	52.97	4.26
52	四创电子	55.81	制造	合肥	央企	55.81	0.00
53	中电兴发	52.29	信息	芜湖	民企	51.84	0.45
54	三只松鼠	46.03	批发	芜湖	民企	45.97	0.06
55	黄山旅游	42.32	水利	黄山	国企	38.94	3.38
56	伯特利	41.98	制造	芜湖	其他	41.49	0.49
57	全柴动力	41.26	制造	滁州	国企	40.31	0.95
58	海螺型材	40.35	制造	芜湖	国企	38.02	2.33
59	设计总院	38.02	科学	合肥	国企	31.53	6.49
60	交建股份	37.79	建筑	合肥	民企	37.79	0.00
61	嘉美包装	36.26	制造	滁州	其他	36.26	0.00
62	常青股份	35.88	制造	合肥	民企	32.53	3.35
63	长城军工	34.64	制造	合肥	国企	33.63	1.02
64	金种子酒	34.53	制造	阜阳	国企	31.34	3.19
65	神剑股份	31.35	制造	芜湖	民企	30.09	1.26

续表

排名	公司名称	总投资	行业	城市	股权结构	内部投资	对外投资
66	皖天然气	31.00	电力	合肥	国企	29.99	1.01
67	志邦家居	29.98	制造	合肥	民企	26.40	3.58
68	皖通科技	28.04	信息	合肥	民企	27.79	0.25
69	丰原药业	27.27	制造	芜湖	民企	25.93	1.34
70	永新股份	26.97	制造	黄山	其他	24.46	2.51
71	美亚光电	26.65	制造	合肥	民企	26.15	0.50
72	新力金融	26.19	金融	合肥	其他	20.79	5.40
73	安科生物	24.35	制造	合肥	民企	20.95	3.40
74	丰乐种业	22.91	农林	合肥	国企	22.89	0.02
75	合锻智能	21.83	制造	合肥	民企	18.42	3.42
76	泰尔股份	20.20	制造	马鞍山	民企	19.99	0.22
77	国风塑业	20.00	制造	合肥	国企	20.00	0.00
78	中钢天源	19.92	制造	马鞍山	央企	18.89	1.03
79	安利股份	19.82	制造	合肥	民企	19.82	0.00
80	聚隆科技	18.36	制造	宣城	民企	14.65	3.71
81	科大国创	18.14	信息	合肥	民企	16.14	2.00
82	开润股份	17.66	制造	滁州	民企	17.18	0.48
83	荃银高科	17.47	农林	合肥	其他	15.93	1.54
84	铜峰电子	17.02	制造	铜陵	民企	16.91	0.11
85	欧普康视	16.98	制造	合肥	民企	13.79	3.20
86	德力股份	16.58	制造	滁州	民企	13.21	3.37
87	安德利	15.43	批发	合肥	民企	15.31	0.12
88	集友股份	14.66	制造	安庆	民企	14.66	0.00
89	泰禾光电	14.22	制造	合肥	民企	9.67	4.56
90	九华旅游	14.02	水利	池州	国企	13.29	0.73
91	华菱精工	11.52	制造	宣城	民企	11.52	0.00
92	凤形股份	10.66	制造	宣城	民企	10.02	0.64
93	众源新材	10.25	制造	芜湖	民企	10.24	0.00
94	融捷健康	10.18	制造	合肥	民企	8.58	1.60
95	文一科技	9.48	制造	铜陵	民企	8.71	0.77

续表

排名	公司名称	总投资	行业	城市	股权结构	内部投资	对外投资
96	国机通用	8.93	制造	合肥	央企	8.93	0.00
97	安纳达	8.93	制造	铜陵	其他	8.93	0.00
98	黄山胶囊	8.72	制造	宣城	民企	7.88	0.83
99	山河药辅	8.33	制造	淮南	民企	7.48	0.85
100	中环环保	8.01	水利	合肥	民企	7.79	0.22

注：1. 行业和股权结构简称同 B2 附件 1 一致；2. 因企业经营问题，剔除了安凯汽车、德豪润达、新光圆成、梦舟实业和六国化工等五家上市公司数据；3. 本表各项指标数据来自 Wind 数据库；4. 以上 3 点也适用于本报告余下各表。

附件 2　2019 年安徽上市公司总投资和子指标排名及与 2018 年对比情况

公司名称	总投资排名及变化			内部投资排名		对外投资排名	
	2019 年	2018 年	排名变化	2019 年	2018 年	2019 年	2018 年
海螺水泥	1	1	—	1	1	3	5
马钢股份	2	2	—	2	2	5	7
安徽建工	3	3	—	3	3	33	29
淮北矿业	4	4	—	4	4	25	15
铜陵有色	5	5	—	5	5	32	31
国元证券	6	7	↑1	86	81	1	1
江淮汽车	7	6	↓1	6	6	6	6
皖能电力	8	8	—	9	9	4	3
山鹰纸业	9	9	—	7	7	17	10
华安证券	10	39	↑29	100	98	2	2
阳光电源	11	13	↑2	8	13	16	16
新集能源	12	12	—	10	11	28	20
合肥城建	13	19	↑6	11	18	58	83
华孚时尚	14	14	—	12	12	27	48
淮河能源	15	15	—	18	14	8	14
中粮科技	16	11	↓5	13	10	34	23
科大讯飞	17	23	↑6	14	22	43	17
皖通高速	18	17	↓1	15	16	26	46

续表

公司名称	总投资排名及变化			内部投资排名		对外投资排名	
	2019 年	2018 年	排名变化	2019 年	2018 年	2019 年	2018 年
中鼎股份	19	21	↑2	16	19	40	27
恒源煤电	20	18	↓2	17	17	35	24
皖新传媒	21	22	↑1	23	24	10	8
长虹美菱	22	16	↓6	19	15	68	47
古井贡酒	23	24	↑1	20	20	39	40
精工钢构	24	20	↓4	22	21	20	11
鸿路钢构	25	27	↑2	21	25	81	61
口子窖	26	32	↑6	26	28	13	83
华菱星马	27	25	↓2	24	23	82	83
江南化工	28	26	↓2	25	26	44	34
中公教育	29	55	↑26	45	53	7	42
安徽合力	30	37	↑7	32	35	14	37
三七互娱	31	43	↑12	37	49	12	9
广信股份	32	44	↑12	41	40	11	83
华茂股份	33	35	↑2	46	50	9	4
惠而浦	34	33	↓1	33	34	15	12
皖维高新	35	29	↓6	29	29	23	19
合肥百货	36	28	↓8	27	27	64	33
盛运环保	37	30	↓7	28	30	37	21
长信科技	38	31	↓7	34	31	21	18
迎驾贡酒	39	42	↑3	36	38	19	83
富煌钢构	40	38	↓2	30	36	88	77
国祯环保	41	56	↑15	31	54	55	45
辉隆股份	42	34	↓8	35	33	29	13
金禾实业	43	47	↑4	42	42	24	49
楚江新材	44	50	↑6	39	44	38	51
时代出版	45	40	↓5	43	39	31	22
洽洽食品	46	51	↑5	50	46	18	43
凯盛科技	47	45	↓2	38	41	70	83
应流股份	48	36	↓12	40	32	80	59
司尔特	49	53	↑4	51	52	22	32
精达股份	50	46	↓4	44	45	59	25
东华科技	51	48	↓3	48	47	42	35
四创电子	52	41	↓11	47	37	92	83

续表

公司名称	总投资排名及变化			内部投资排名		对外投资排名	
	2019 年	2018 年	排名变化	2019 年	2018 年	2019 年	2018 年
中电兴发	53	54	↑1	49	48	79	65
三只松鼠	54		/	52		89	
黄山旅游	55	52	↓3	55	51	49	26
伯特利	56	59	↑3	53	57	77	66
全柴动力	57	60	↑3	54	58	69	73
海螺型材	58	58	—	56	55	56	64
设计总院	59	62	↑3	61	60	30	54
交建股份	60		/	57		92	
嘉美包装	61		/	58		92	
常青股份	62	72	↑10	60	69	51	83
长城军工	63	61	↓2	59	59	66	82
金种子酒	64	65	↑1	62	63	53	52
神剑股份	65	64	↓1	63	62	63	50
皖天然气	66	63	↓3	64	61	67	71
志邦家居	67	69	↑2	66	67	46	62
皖通科技	68	70	↑2	65	66	83	75
丰原药业	69	67	↓2	68	65	62	39
永新股份	70	71	↑1	69	68	54	83
美业光电	71	68	↓3	67	64	76	57
新力金融	72	66	↓6	72	70	36	28
安科生物	73	83	↑10	71	82	48	41
丰乐种业	74	73	↓1	70	71	90	58
合锻智能	75	80	↑5	77	78	47	56
泰尔股份	76	74	↓2	74	73	85	44
国风塑业	77	77	—	73	74	92	79
中钢天源	78	81	↑3	76	77	65	68
安利股份	79	75	↓4	75	72	92	83
聚隆科技	80	85	↑5	84	79	45	80
科大国创	81	86	↑5	80	86	57	63
开润股份	82	87	↑5	78	85	78	69
荃银高科	83	78	↓5	81	76	61	70
铜峰电子	84	76	↓8	79	75	87	72
欧普康视	85	89	↑4	85	88	52	67
德力股份	86	79	↓7	88	83	50	30

续表

公司名称	总投资排名及变化			内部投资排名		对外投资排名	
	2019 年	2018 年	排名变化	2019 年	2018 年	2019 年	2018 年
安德利	87	84	↓3	82	80	86	73
集友股份	88	96	↑8	83	94	92	83
泰禾光电	89	91	↑2	92	90	41	83
九华旅游	90	88	↓2	87	87	74	53
华菱精工	91	92	↑1	89	91	92	76
凤形股份	92	94	↑2	91	95	75	55
众源新材	93	90	↓3	90	89	91	83
融捷健康	94	82	↓12	96	84	60	36
文一科技	95	95	—	95	93	73	83
国机通用	96	97	↑1	93	96	92	83
安纳达	97	93	↓4	94	92	92	83
黄山胶囊	98	98	—	97	97	72	78
山河药辅	99	99	—	99	99	71	83
中环环保	100	100	—	98	100	84	81

注：1. 本表中 2018 年排名是按照 2018 年安徽上市公司数量计算的排名；2. 排名变化中，↑代表排名上升，↓代表排名下降，—代表排名不变，/为 2019 年新上市公司；3. 以上两点也适用于附件 4。

附件 3　2019 年安徽上市公司总融资规模及部分子指标（年度财务报表日时点数据）

单位：亿元

排名	公司名称	总融资	银行借款融资	商业信用融资	自我累计融资
1	海螺水泥	1558. 079	68. 130	77. 618	1213. 315
2	安徽建工	753. 311	238. 063	414. 972	34. 435
3	淮北矿业	610. 634	148. 234	108. 960	104. 597
4	国元证券	467. 312	15. 360	4. 192	59. 018
5	马钢股份	427. 227	163. 483	134. 441	106. 175
6	铜陵有色	405. 806	143. 142	98. 897	52. 031
7	江淮汽车	400. 373	74. 358	142. 428	57. 267
8	山鹰纸业	391. 355	165. 042	41. 934	66. 584
9	中公教育	267. 599	28. 670	28. 708	20. 917
10	皖能电力	217. 803	93. 554	11. 905	54. 210
11	阳光电源	208. 412	19. 292	109. 578	40. 334

续表

排名	公司名称	总融资	银行借款融资	商业信用融资	自我累计融资
12	华孚时尚	184.543	92.436	16.471	29.717
13	新集能源	171.822	107.084	27.364	7.163
14	科大讯飞	163.488	11.308	39.563	30.175
15	中鼎股份	157.082	45.729	21.729	50.912
16	华安证券	151.777	0.000	0.595	31.565
17	中粮科技	146.354	28.068	11.960	12.511
18	合肥城建	140.019	18.992	94.676	17.428
19	淮河能源	139.834	34.675	8.357	6.457
20	三七互娱	136.209	2.500	19.159	49.385
21	皖新传媒	135.454	0.000	27.837	59.633
22	皖通高速	127.860	18.127	16.188	88.276
23	精工钢构	127.098	14.416	62.187	23.977
24	国祯环保	126.413	59.849	27.305	12.491
25	长虹美菱	122.328	15.053	62.616	12.949
26	恒源煤电	121.147	19.142	18.189	48.438
27	鸿路钢构	110.902	16.567	46.009	22.847
28	华菱星马	110.462	26.192	55.134	-3.688
29	江南化工	110.056	32.175	10.401	13.662
30	古井贡酒	103.633	0.000	17.970	71.451
31	楚江新材	83.367	17.203	8.038	15.335
32	合肥百货	82.180	5.850	36.987	28.780
33	口子窖	78.041	0.000	14.778	54.349
34	皖维高新	76.596	15.800	13.813	9.322
35	长信科技	75.541	8.714	11.117	28.504
36	四创电子	75.459	16.717	25.649	14.035
37	辉隆股份	72.161	23.789	24.607	10.742
38	惠而浦	71.381	0.100	32.103	17.497
39	时代出版	70.673	1.499	17.333	29.028
40	安徽合力	67.956	0.008	19.088	39.151
41	中电兴发	66.081	8.813	13.042	10.074
42	富煌钢构	66.058	16.540	29.806	6.289
43	华茂股份	63.540	17.244	3.076	32.029
44	凯盛科技	62.908	22.336	16.322	7.668
45	东华科技	60.673	5.855	35.370	16.254

续表

排名	公司名称	总融资	银行借款融资	商业信用融资	自我累计融资
46	广信股份	58. 987	0. 993	13. 055	23. 582
47	应流股份	56. 742	20. 801	6. 084	9. 269
48	金禾实业	54. 982	1. 008	7. 551	33. 656
49	精达股份	53. 498	7. 330	10. 737	15. 423
50	司尔特	52. 003	2. 445	5. 541	15. 919
51	迎驾贡酒	46. 096	0. 000	10. 814	26. 452
52	洽洽食品	45. 797	2. 977	8. 151	15. 785
53	黄山旅游	42. 211	0. 035	1. 150	30. 668
54	交建股份	40. 329	8. 255	26. 448	3. 582
55	三只松鼠	39. 018	3. 952	20. 214	9. 404
56	全柴动力	36. 501	0. 000	18. 336	5. 967
57	神剑股份	36. 081	10. 446	6. 372	6. 600
58	海螺型材	35. 699	8. 210	3. 478	16. 622
59	伯特利	32. 208	1. 697	12. 864	12. 023
60	常青股份	31. 955	8. 642	8. 539	6. 961
61	金种子酒	30. 677	0. 000	4. 328	8. 727
62	皖通科技	30. 418	0. 308	7. 802	7. 251
63	设计总院	28. 420	0. 000	9. 042	11. 409
64	丰原药业	28. 232	5. 959	10. 270	4. 500
65	志邦家居	26. 422	0. 112	8. 161	9. 655
66	丰乐种业	25. 158	2. 251	5. 081	6. 166
67	新力金融	25. 051	12. 397	2. 792	3. 935
68	长城军工	24. 552	3. 271	8. 310	8. 417
69	永新股份	24. 359	0. 313	4. 309	9. 947
70	美亚光电	23. 636	0. 000	2. 649	12. 929
71	安科生物	23. 267	0. 140	1. 290	8. 263
72	皖天然气	22. 994	4. 984	3. 265	8. 407
73	盛运环保	22. 864	20. 103	14. 781	-49. 971
74	合锻智能	22. 043	2. 970	4. 132	2. 434
75	科大国创	21. 773	4. 179	3. 340	3. 528
76	中钢天源	21. 161	1. 543	3. 550	5. 037
77	嘉美包装	20. 893	2. 288	10. 948	4. 082
78	开润股份	19. 248	1. 092	7. 503	5. 463
79	国风塑业	18. 835	0. 365	3. 564	3. 125

续表

排名	公司名称	总融资	银行借款融资	商业信用融资	自我累计融资
80	中环环保	17. 451	6. 069	3. 943	3. 110
81	安利股份	17. 123	4. 341	3. 669	4. 706
82	泰尔股份	17. 046	2. 536	6. 777	2. 133
83	安德利	16. 483	5. 258	6. 253	2. 935
84	德力股份	15. 837	0. 620	3. 137	0. 842
85	铜峰电子	14. 660	1. 877	2. 796	-3. 098
86	集友股份	14. 070	0. 062	3. 278	4. 442
87	荃银高科	13. 883	0. 778	6. 807	2. 030
88	聚隆科技	11. 854	0. 000	1. 322	6. 485
89	欧普康视	11. 458	0. 002	0. 509	7. 352
90	九华旅游	11. 179	0. 000	0. 599	7. 531
91	华菱精工	10. 735	1. 990	2. 741	2. 879
92	国机通用	10. 588	0. 000	2. 884	1. 103
93	众源新材	9. 733	1. 702	0. 841	3. 551
94	泰禾光电	9. 030	0. 000	0. 814	4. 541
95	文一科技	8. 665	0. 500	4. 640	-1. 682
96	安纳达	8. 065	0. 050	1. 387	1. 380
97	融捷健康	8. 036	0. 250	1. 436	-12. 893
98	凤形股份	7. 358	1. 530	1. 810	2. 544
99	黄山胶囊	6. 586	0. 000	0. 550	3. 399
100	山河药辅	6. 516	0. 111	1. 488	3. 430

附件4　2019年安徽上市公司总融资和部分子指标排名及与2018年对比情况

公司名称	总融资排名及变化			银行借款融资排名		商业信用融资排名		自我累计融资排名	
	2019年	2018年	排名变化	2019年	2018年	2019年	2018年	2019年	2018年
海螺水泥	1	1	—	10	13	8	9	1	1
安徽建工	2	2	—	1	1	1	1	18	17
淮北矿业	3	4	↑1	4	6	5	5	3	4
国元证券	4	3	↓1	32	33	71	61	8	5
马钢股份	5	6	↑1	3	3	3	3	2	2
铜陵有色	6	7	↑1	5	2	6	6	12	12
江淮汽车	7	5	↓2	9	9	2	2	9	7
山鹰纸业	8	8	—	2	5	13	18	6	9

续表

公司名称	总融资排名及变化			银行借款融资排名		商业信用融资排名		自我累计融资排名	
	2019 年	2018 年	排名变化	2019 年	2018 年	2019 年	2018 年	2019 年	2018 年
中公教育	9	37	↑28	15	30	19	24	32	34
皖能电力	10	11	↑1	7	7	44	30	11	11
阳光电源	11	14	↑3	22	27	4	7	16	18
华孚时尚	12	12	—	8	8	34	39	24	19
新集能源	13	10	↓3	6	4	21	15	64	89
科大讯飞	14	23	↑9	36	39	14	17	23	26
中鼎股份	15	16	↑1	12	12	26	29	13	10
华安证券	16	22	↑6	87	84	98	92	21	24
中粮科技	17	13	↓4	16	10	43	37	45	57
合肥城建	18	27	↑9	24	31	7	8	34	38
淮河能源	19	15	↓4	13	11	53	45	68	95
三七互娱	20	21	↑1	57	44	28	41	14	16
皖新传媒	21	18	↓3	87	84	20	22	7	8
皖通高速	22	20	↓2	25	32	36	32	4	3
精工钢构	23	19	↓4	34	24	10	11	29	30
国祯环保	24	30	↑6	11	15	22	21	46	46
长虹美菱	25	17	↓8	33	20	9	10	43	40
恒源煤电	26	25	↓1	23	28	31	31	15	14
鸿路钢构	27	28	↑1	29	37	12	14	31	33
华菱星马	28	24	↓4	17	16	11	12	98	97
江南化工	29	26	↓3	14	14	49	59	42	48
古井贡酒	30	29	↓1	87	84	32	26	5	6
楚江新材	31	44	↑13	27	38	57	76	40	44
合肥百货	32	32	—	47	51	15	13	26	23
口子窖	33	36	↑3	87	84	38	34	10	13
皖维高新	34	33	↓1	31	29	39	25	54	63
长信科技	35	31	↓4	39	19	45	33	27	27
四创电子	36	47	↑11	28	34	24	66	41	39
辉隆股份	37	35	↓2	18	18	25	20	49	51
惠而浦	38	34	↓4	81	69	17	16	33	29
时代出版	39	39	—	67	61	33	35	25	21
安徽合力	40	38	↓2	85	53	29	27	17	15
中电兴发	41	42	↑1	38	47	41	47	50	52
富煌钢构	42	41	↓1	30	26	18	23	69	67

续表

公司名称	总融资排名及变化			银行借款融资排名		商业信用融资排名		自我累计融资排名	
	2019 年	2018 年	排名变化	2019 年	2018 年	2019 年	2018 年	2019 年	2018 年
华茂股份	43	46	↑3	26	23	82	83	20	32
凯盛科技	44	48	↑4	19	36	35	40	60	59
东华科技	45	43	↓2	46	43	16	19	36	36
广信股份	46	45	↓1	70	84	40	42	30	31
应流股份	47	40	↓7	20	17	65	57	55	54
金禾实业	48	49	↑1	69	64	59	50	19	22
精达股份	49	51	↑2	43	42	48	48	39	41
司尔特	50	55	↑5	58	49	66	95	37	37
迎驾贡酒	51	54	↑3	87	84	47	43	28	28
洽洽食品	52	53	↑1	54	46	56	55	38	42
黄山旅游	53	56	↑3	84	82	94	86	22	20
交建股份	54		/	41		23		80	
三只松鼠	55		/	52		27		53	
全柴动力	56	60	↑4	87	84	30	36	71	68
神剑股份	57	59	↑2	37	40	63	56	66	62
海螺型材	58	58	—	42	41	77	80	35	35
伯特利	59	62	↑3	64	59	42	46	47	53
常青股份	60	66	↑6	40	45	52	67	65	58
金种子酒	61	63	↑2	87	84	69	68	56	45
皖通科技	62	61	↓1	76	78	58	58	63	65
设计总院	63	64	↑1	87	84	51	51	48	47
丰原药业	64	69	↑5	45	55	50	49	76	73
志邦家居	65	70	↑5	79	84	55	54	52	55
丰乐种业	66	73	↑7	60	63	67	64	70	66
新力金融	67	65	↓2	35	35	85	73	79	74
长城军工	68	67	↓1	53	52	54	52	57	56
永新股份	69	68	↓1	75	74	70	63	51	49
美亚光电	70	71	↑1	87	80	87	75	44	43
安科生物	71	77	↑6	78	67	93	90	59	50
皖天然气	72	72	—	49	48	80	70	58	60
盛运环保	73	52	↓21	21	22	37	44	100	100
合锻智能	74	74	—	55	68	72	74	90	81
科大国创	75	90	↑15	51	62	78	72	82	83
中钢天源	76	76	—	65	70	76	82	73	72

续表

公司名称	总融资排名及变化			银行借款融资排名		商业信用融资排名		自我累计融资排名	
	2019 年	2018 年	排名变化	2019 年	2018 年	2019 年	2018 年	2019 年	2018 年
嘉美包装	77		/	59		46		78	
开润股份	78	83	↑5	68	72	60	60	72	75
国风塑业	79	75	↓4	74	83	75	69	85	84
中环环保	80	86	↑6	44	54	73	79	86	85
安利股份	81	79	↓2	50	57	74	62	74	70
泰尔股份	82	85	↑3	56	56	62	93	91	87
安德利	83	87	↑4	48	50	64	89	87	80
德力股份	84	82	↓2	72	71	81	100	95	91
铜峰电子	85	78	↓7	62	58	84	77	97	94
集友股份	86	95	↑9	82	77	79	71	77	79
荃银高科	87	81	↓6	71	81	61	53	92	86
聚隆科技	88	84	↓4	87	84	92	81	67	64
欧普康视	89	92	↑3	86	84	100	96	62	69
九华旅游	90	88	↓2	87	84	97	94	61	61
华菱精工	91	97	↑6	61	75	86	84	88	82
国机通用	92	89	↓3	87	84	83	78	94	92
众源新材	93	94	↑1	63	65	95	97	81	77
泰禾光电	94	93	↓1	87	84	96	91	75	71
文一科技	95	91	↓4	73	76	68	65	96	93
安纳达	96	96	—	83	73	91	85	93	90
融捷健康	97	80	↓17	77	66	90	99	99	98
凤形股份	98	100	↑2	66	79	88	87	89	88
黄山胶囊	99	98	↓1	87	84	99	98	84	76
山河药辅	100	99	↓1	80	84	89	88	83	78

B.4 安徽上市公司营运能力发展报告

刘天翔　龚磊　倪萍　杨欢*

摘　要： 本报告依据财务管理理论，运用熵值赋权法对安徽上市公司各资产营运能力水平进行了系统性研究，得出安徽上市公司外部环境影响有限、内部控制总体稳定、行业发展保持稳态，但个别企业仍显不足、区域差异仍待改善等结论，并针对上述结论，提出了加强应收账款及存货管理、合理处置闲置资产、完善内部控制制度及增强企业忧患意识的对策建议。

关键词： 营运能力　应收账款　固定资产　内部控制

2019年，中美贸易摩擦进入第二年，在全球商业情绪不断恶化的背景下，两国经济增速放缓，贸易额下降，制造业低迷，为两国经济建设带来了严峻的挑战。在外部风险挑战明显上升的复杂局面中，中国坚持新发展理念，以供给侧结构性改革为主线，积极推动高质量发展，扎实做好稳就业、稳金融、稳外贸、稳外资、稳投资、稳预期工作，三大攻坚战取得关键进展，国民经济运行总体平稳，发展质量稳步提升，主要预期目标较好实现，为全面建成小康社会奠定了坚实基础。

---

* 刘天翔，中国科学技术大学管理学院博士研究生，工商管理创新研究中心成员，主要研究方向为创新金融；龚磊，中国科学技术大学管理学院博士研究生，工商管理创新研究中心成员，主要研究方向为创新管理；倪萍，中国科学技术大学管理学院硕士研究生，工商管理创新研究中心成员，主要研究方向为创新管理；杨欢，安徽省投资集团中安研究院研究员，主要研究方向为金融与资本市场。

面对国内外经济形势变化带来的挑战，安徽抢抓推动长三角一体化发展、促进中部崛起等战略机遇，认真贯彻新发展理念，全面落实“六稳”工作要求，大力推进“三重一创”建设，引领战略性新兴产业集聚发展，不断促进产业转型升级，培育壮大经济发展新动能，为企业发展注入强劲动力，对安徽即期和长远发展具有重大战略意义。

企业是经济建设发展的重要参与主体，资产是企业生存发展的命脉，营运能力是企业资产获利能力和经营管理水平的重要衡量指标。上市公司作为区域及行业内企业资产经营管理的先进水平代表，在复杂严峻的外部经济环境下，其营运能力受到广泛关注：各资产营运能力水平在微观层面上有助于上市公司了解自身资产利用效率、提升资产管理水平、提高经济效益；在宏观角度上为安徽各级政府在行业与区域等角度精准把握上市公司间差异，是安徽各级政府在经济发展中对症下药、扩大发展优势、抢抓战略机遇所需的重要参考依据。

本报告构建了系统性评价体系，关注安徽省上市公司营运能力总体趋势变化，从行业、区域和股权结构角度出发，深入分析和评价 2019 年安徽各上市公司资产营运能力。在各项资产营运能力的测算基础上，通过熵值赋权法对上市公司综合营运能力进行分析与评价，在客观的原则上凸显各指标中上市公司间差异，为上市公司优化资产营运能力提供较为全面的对策与建议。

一　概念界定与评价指标

（一）概念界定

广义营运能力是指企业对诸如人力、财力、物力、技术信息和管理资源等企业各项经济资源的经营运行能力。狭义营运能力指企业资产营运的效率和效益，主要反映公司的资产管理水平和资产周转情况。本报告对安徽上市公司营运能力的界定采用普遍关注的狭义概念。上市公司的资产营运效率主要指资产的周转率或周转天数，资产营运效益主要指产出额与资产占用额之间的比例。上市公司资产运用效率越高，资产实现产出的循环越快，在同等收益下投入的资产越少。

（二）评价指标

上市公司营运能力主要包括总资产、流动资产和固定资产营运能力，常见计算指标主要有总资产、流动资产、应收账款、存货及固定资产的周转率和周转天数，分别指在一定时期内（季度或年度）各项资产的周转次数和周转一次所需的时间①，其中应收账款和存货作为流动资产占比较大的指标通常单独分析。为直观体现上市公司资产营运效率，本报告以总资产、流动资产、固定资产、应收账款及存货周转率②作为安徽上市公司营运能力分析指标。各指标测算方法如下。

1. 总资产周转率

总资产周转率衡量企业经营期间全部资产从投入到产出的流转速度，反映了企业对全部资产的利用效率。计算公式如下：

$$总资产周转率 = \frac{销售收入}{资产平均总值}$$

$$资产平均总值 = \frac{期初资产总额 + 期末资产总额}{2}$$

公式中的销售收入一般用销售收入净额，即扣除销售退回、销售折扣和折让后的净额。

总资产周转率数值越大代表总资产周转次数越多，即同等数额下总资产获取的收益越多，企业对总资产的利用效率越高；数值越小代表企业总资产的经营效率越差，获利能力越低。

2. 流动资产周转率

流动资产周转率反映了企业全部流动资产的利用效率。计算公式如下：

---

① 池国华、王玉红、徐晶编著《财务报表分析》（第 2 版），清华大学出版社、北京交通大学出版社，2011，第 206 ~ 207 页。

② 荆新、王化成、刘俊彦主编《财务管理学》，中国人民大学出版社，2006，第 103 ~ 107 页。

$$流动资产周转率 = \frac{销售收入}{流动资产平均余额}$$

$$流动资产平均余额 = \frac{流动资产期初余额 + 流动资产期末余额}{2}$$

流动资产周转率衡量了企业流动资产周转的次数，反映了流动资产周转的速度，该指标越高说明企业对流动资产的利用效率越高。

3. 固定资产周转率

固定资产周转率用于分析企业对厂房、设备等固定资产的利用效率，计算公式如下：

$$固定资产周转率 = \frac{销售收入}{固定资产平均净值}$$

$$固定资产平均净值 = \frac{期初固定资产净值 + 期末固定资产净值}{2}$$

固定资产周转率越高，企业对固定资产的管理水平越高，利用效率越高，反之则企业生产效率较低，或影响企业获利能力。

4. 应收账款周转率

应收账款周转率反映了企业应收账款的周转速度。计算公式如下：

$$应收账款周转率 = \frac{销售收入}{应收账款平均余额}$$

$$应收账款平均余额 = \frac{期初应收账款余额 + 期末应收账款余额}{2}$$

应收账款周转率越高，说明企业催收账款速度越快，有利于减少坏账损失，提高资产流动性，增强短期偿债能力，一定程度上能够弥补流动比率低给企业经营带来的负面影响。如果企业的应收账款周转率过低，则说明企业催收账款的效率较低，或影响企业资金利用率和资金的正常周转。

5. 存货周转率

存货周转率为企业存货周转的次数，反映了企业存货的变现速度，衡量了企业的销售能力及存货是否过量。其计算公式如下：

$$存货周转率 = \frac{销售成本}{平均存货}$$

$$平均存货 = \frac{期初存货余额 + 期末存货余额}{2}$$

存货周转率越高，企业的销售能力越强，营运资金占用在存货上的金额越少；存货周转率过低，则表明企业的库存管理能力较弱，销售状况不良，或造成存货积压。

二 安徽上市公司各营运能力分析

本部分将基于第一部分选取的指标对2019年安徽上市公司各项营运能力做整体趋势分析和排名分析。整体趋势分析对象为2015～2019年全体上市公司资产营运能力各年均值；安徽上市公司排名分析对象为2019年各上市公司各营运能力指标计算结果，分别从行业、城市与股权结构等维度进行排名。截至2019年12月31日，安徽上司实业公司剔除B股及经营异常企业（安凯汽车、德豪润达、新光圆成、梦舟实业、六国化工）后剩余100家，国元证券、华安证券和新力金融为金融业上市公司，因金融类行业资产结构的特殊性不做营运能力分析，最终共计97家上市公司参与2019年安徽上市公司营运能力分析。

（一）总资产营运能力

1. 安徽上市公司整体总资产营运能力

2015～2019年，安徽上市公司总体平均总资产周转率呈倒U形增长（见图1）。受国际贸易形势和国内产业结构转型等外部环境影响，2019年安徽上市公司总体平均总资产周转率较2018年有所下降，但仍高于2017年平均水平，整体上可利用总资产周转不低于总资产额82%的销售收入。

2. 安徽各上市公司总资产营运能力

总资产周转率及排名结果（见附件1和附件2）表明，2019年安徽上市公司仅34家的总资产周转率高于安徽平均水平（0.77），26家上市公司总资产周转率低于0.5，远低于安徽一般水平（0.64），上市公司间总资产周转率差异较大，两极分化明显。排名前10的上市公司分别为众源新材、

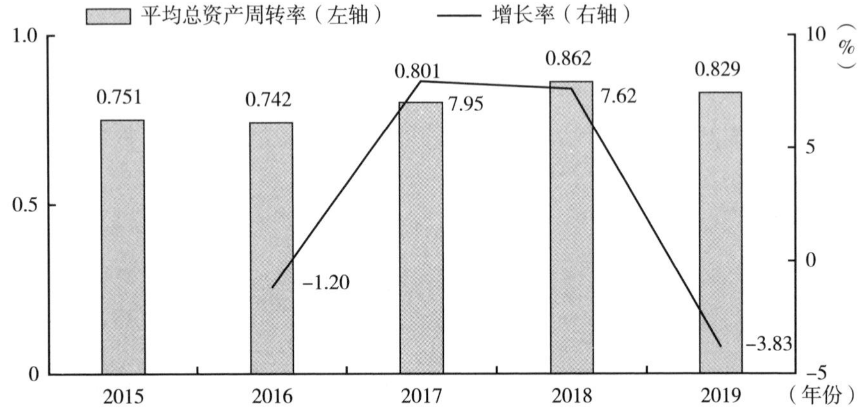

图1　2015～2019年安徽上市公司平均总资产周转率整体趋势

资料来源：Wind数据库。

三只松鼠、辉隆股份、楚江新材、精达股份、铜陵有色、开润股份、三七互娱、安徽合力和皖天然气，在相同资产水平和营运周期下通过周转总资产可获得不低于资产额127%的销售收入。后10位上市公司分别为盛运环保、皖通高速、合肥城建、聚隆科技、应流股份、文一科技、金种子酒、合锻智能、江南化工和中环环保，周转总资产所得销售收入不高于30%的总资产额。部分企业总资产营运能力较2018年变化显著：凯盛科技产品创新优势明显，2019年收入大幅上升，排名较2018年再度上升23位，三七互娱营业收入持续高速增长，排名上升19位；长信科技因主营业务结算模式变化导致主营收入大幅下降，排名下降35位，四创电子因收缩缺乏核心竞争力的业务规模，处于收入结构调整期，收入大幅下滑，排名下降30位，淮北矿业因重组后固定资产大幅增长导致收入周转效率明显下滑，排名下降16位，山鹰纸业因废纸限制进口政策继续收紧导致收入同比下降，排名下降20位。其他企业较2018年在排名上无显著变化。

从行业角度分析，排名结果较为合理地反映了行业资产特征的差异。第一，处于流动资产占比较高及流动资产变现能力较强行业的企业的资产周转收益能力相对其他行业较强。批发和零售业、教育业以及流动资产变现能力较强的制造业和文化、体育和娱乐业的上市公司具有较好的总资产营运能力（见图2）。排名结果表明2019年资产周转率高于安徽平均水平的上市公司超过七成属于制造业，较2018年无显著差异。受二级行业资产结构差异影响，制造业上市公司内部差异明显，有5家位列安徽前10，7家位列安徽后10。第二，固定资产和存货占比较高的行业资产流动性和变现能力相对低于其他行业。采矿业，交通运输、仓储和邮政业，水利、环境和公共设施管理业，房地产业上市公司总资产营运能力较弱。第三，农、林、牧、渔业上市公司受农业生产的特殊性和农业周期影响，总资产营运能力有所限制，仅高于安徽半数企业。第四，信息传输、软件和信息技术服务业以及科学研究和技术服务业属技术、知识密集型的智力服务行业，尽管企业资产结构以流动资产为主，或由于企业应收账款占比较大，总资产营运能力低于安徽半数企业。与2018年相比，2019年除制造业，文化、体育和娱乐业，水利、环境和公共设施管理业，科学研究和技术服务业以及采矿业外，其他行业上市公司总资产营运能力的平均水平均有所增长。采矿业行业总资产营运能力的平均水平较2018年大幅下降，主要受淮北矿业资产重组后总资产大幅上升影响，但行业其他上市公司排名处安徽80名后，仍符合所属制造业二级行业的资产结构特征。

从区域角度分析，芜湖市上市公司总资产营运能力的平均水平最高，企业数量仅次于合肥市（见图3）。合肥市上市公司有一半以上的总资产营运能力超过安徽半数企业，但总资产营运能力突出的企业占比较少，在前10名中仅占第3、第9和第10。与2018年相比，铜陵市、芜湖市、六安市、黄山市、淮南市、池州市、亳州市和安庆市的总资产营运能力平均水平有所增长。其中，受淮北矿业影响，淮北市的总资产营运能力平均水平较2018年明显下降。

从股权结构角度分析，国有企业总资产营运能力整体优于民营企业（见图4），但前10位上市公司中民营企业的排名和占比均优于国有企业。尽管其他类企业总资产营运能力平均水平较高，但企业数量极少，尚不能代表此类股权结构企业的整体水平。与2018年相比，央企、国企、民企依然存在两极分化现象，央企受四创电子影响，总资产营运能力平均水平较

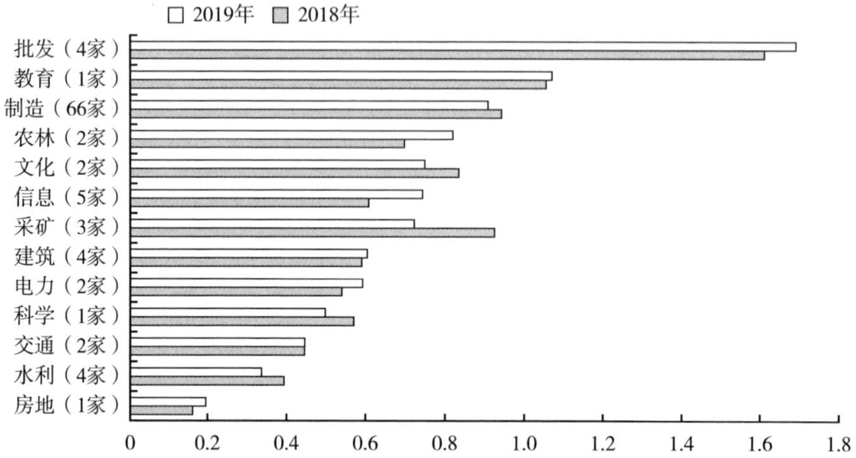

图 2　2019 年和 2018 年各行业总资产周转率均值分布

资料来源：Wind 数据库。

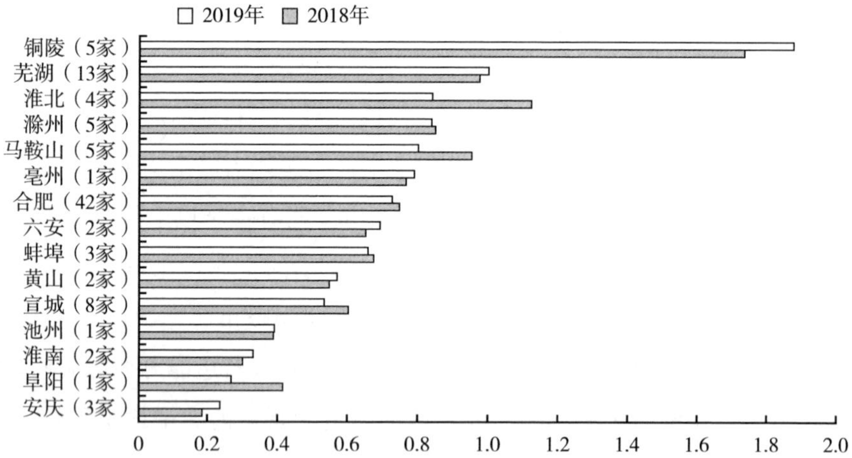

图 3　2019 年和 2018 年各区域总资产周转率均值分布

资料来源：Wind 数据库。

2018 年明显下降，国有企业受淮北矿业和长信科技影响，总资产营运能力平均水平较 2018 年明显下降。

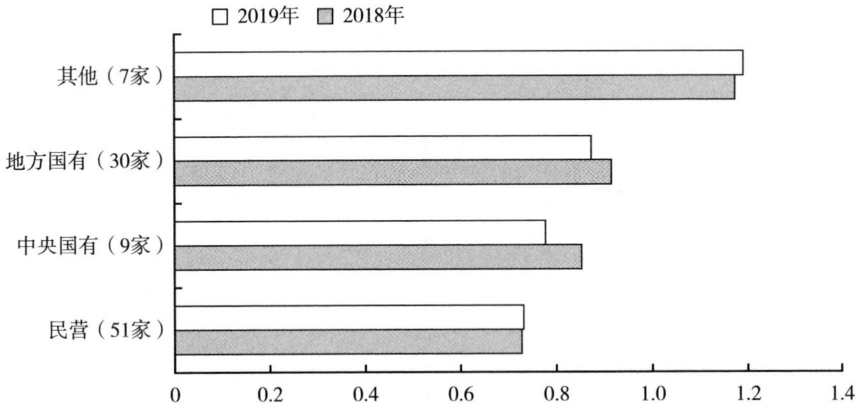

图4　2019年和2018年各股权结构总资产周转率均值分布

资料来源：Wind数据库。

（二）流动资产营运能力

1. 安徽上市公司整体流动资产营运能力

安徽上市公司总体平均流动资产周转率在2015～2019年呈先减后增趋势（见图5），2019年安徽上市公司总体平均流动资产周转率较2018年明显下滑，目前仍低于宏观调控前水平，但未跌破1.6，整体上可利用流动资产周转不低于流动资产额166%的销售收入。2019年安徽上市公司受贸易环境影响流动资产获利能力较往年有所下降。

2. 安徽各上市公司流动资产营运能力

流动资产周转率及排名结果（见附件1和附件2）表明，仅35家上市公司的流动资产周转率高于安徽平均水平，36家上市公司流动资产周转率低于1，远低于安徽平均水平，占安徽上市公司的33%。前10位上市公司分别为新集能源、皖天然气、淮北矿业、皖能电力、楚江新材、铜陵有色、众源新材、辉隆股份、安德利和三只松鼠，在相同资产水平和营运周期下通过周转流动资产可获得不低于资产额310%的销售收入。后10位上市公司分别为盛运环保、合肥城建、聚隆科技、金种子酒、泰禾光电、泰尔股份、

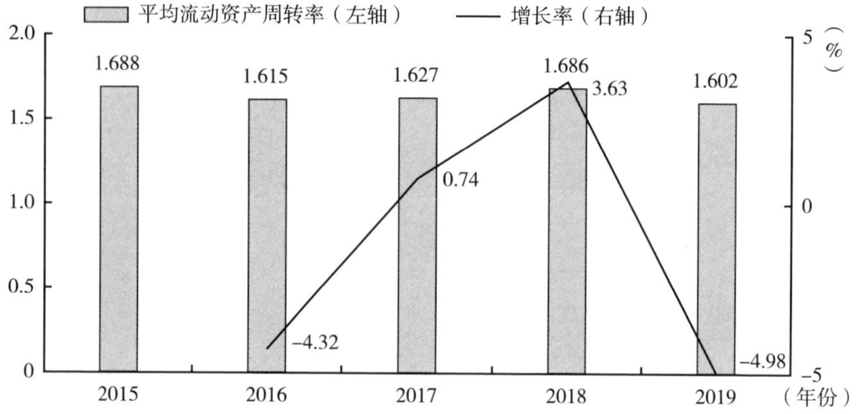

图5　2015～2019年安徽上市公司平均流动资产周转率整体趋势

资料来源：Wind数据库。

合锻智能、文一科技、设计总院和欧普康视，周转流动资产所得销售收入不高于58%的流动资产额。部分企业流动资产营运能力较2018年变化显著：科大国创业绩保持稳定增长，排名较2018年上升18位；荃银高科因回购股份及支付投资款，货币资金大幅下降，流动资产较往年明显下降，流动资产营运能力上升15位；凯盛科技产品创新优势明显，2019年收入大幅上升，排名上升15位；惠而浦因市场低迷和品牌授权到期等因素收入大幅下降，排名下降14位；长信科技因主营业务结算模式变化导致主营收入大幅下降，排名下降19位；四创电子因处于收入结构调整期，收入大幅下滑，排名下降24位。

从行业角度分析，排名结果较为合理地反映了行业资产特征的差异。第一，流动资产占比较低的行业在相同销售收入的情况下具有更高的流动资产营运能力。部分制造业，采矿业，电力、热力、燃气及水生产和供应业，批发和零售业，交通运输、仓储和邮政业，教育业上市公司流动资产周转高于安徽平均水平。制造业上市公司中有23家高于安徽流动资产营运能力的平均水平，35家高于安徽半数企业，占制造业企业的53%。受二级行业资产结构差异影响，制造业上市公司有3家位列安徽前10，9家居安徽后10位。

第二，流动资产占比较高的行业流动资产营运能力相对较低。房地产业，建筑业，科学研究和技术服务业，农、林、牧、渔业，水利、环境和公共设施管理业，文化、体育和娱乐业，信息传输、软件和信息技术服务业的流动资产周转率普遍低于安徽半数企业（见图6）。与2018年相比，2019年采矿业流动资产周转能力平均水平大幅下降，主要受淮北矿业资产重组影响。此外，部分行业上市公司数量仍然较少，企业的总资产营运能力仍旧难以代表行业整体水平。

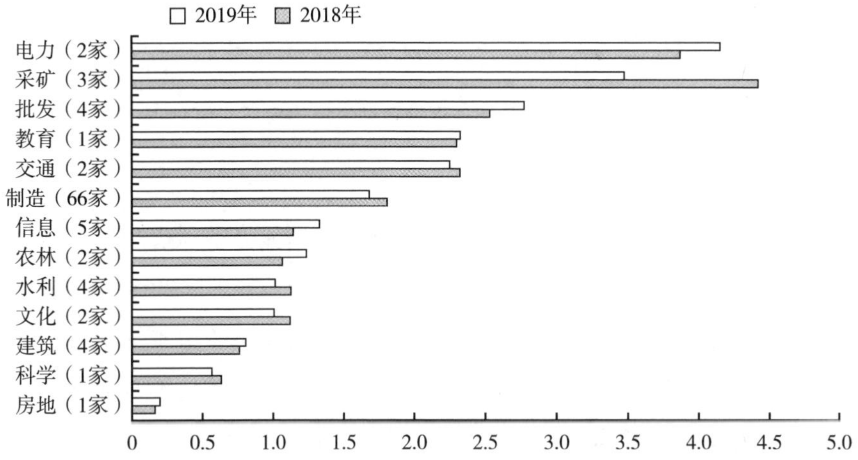

图6　2019年和2018年各行业流动资产周转率均值分布

资料来源：Wind数据库。

从区域角度分析，淮南市上市公司流动资产营运能力的平均水平最高，但上市企业数量有限（见图7）。合肥市超过半数企业流动资产营运能力高于安徽半数企业，且流动资产营运能力突出的企业较2018年有所增加，在前10位中占据第2、第4、第8和第9。与2018年相比，铜陵市、六安市、黄山市、淮南市和安庆市的流动资产营运能力有所增长。其中，在新集能源的贡献下，淮南市流动资产营运能力平均水平显著增长；受山鹰纸业和马钢股份的影响，马鞍山市流动资产营运能力平均水平明显下降。此外，部分城市的上市公司数量仍然较少，企业的流动资产营运能力难以代表城市整体水平。

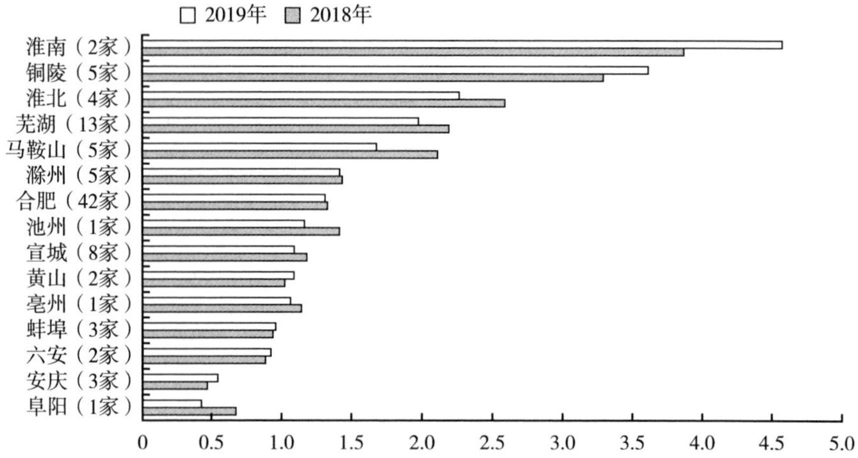

图 7　2019 年和 2018 年各区域流动资产周转率均值分布

资料来源：Wind 数据库。

从股权结构角度分析，国有企业流动资产营运能力整体优于民营企业且优势明显，在前 10 名中分别占第 2、第 3、第 4 及第 6。与 2018 年相比，央企、国企、民企依然存在明显的内部差异，中央国有企业由于马钢股份和四创电子的影响，流动资产营运能力平均水平明显下降。其他类企业数量极少（见图 8），流动资产营运能力平均水平对此类股权结构企业的参考价值较低。

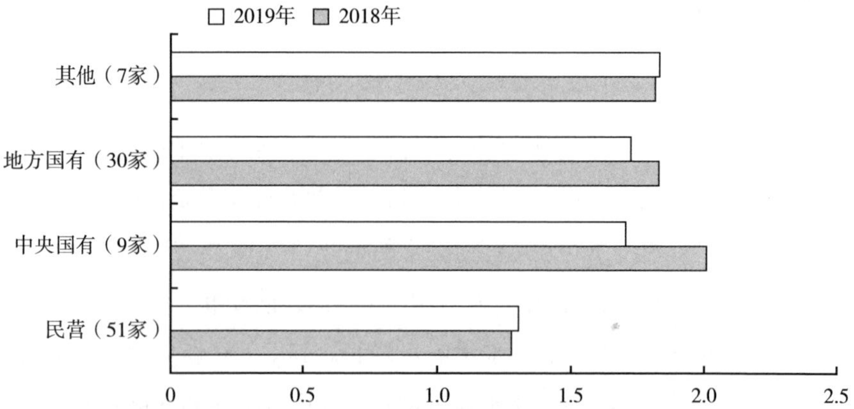

图 8　2019 年和 2018 年各股权结构流动资产周转率均值分布

资料来源：Wind 数据库。

（三）固定资产营运能力

1. 安徽上市公司整体固定资产营运能力

安徽上市公司总体平均固定资产周转率在 2015～2019 年呈先减后增趋势（见图9），但于2015 年宏观调控后保持正向增长。2019 年受国内外经济环境影响，总体平均固定资产周转率较2018 年略微下降，整体上 2019 年安徽上市公司可利用固定资产周转不低于固定资产额 300% 的销售收入，较 2018 年无明显变化，较往年显著提升。

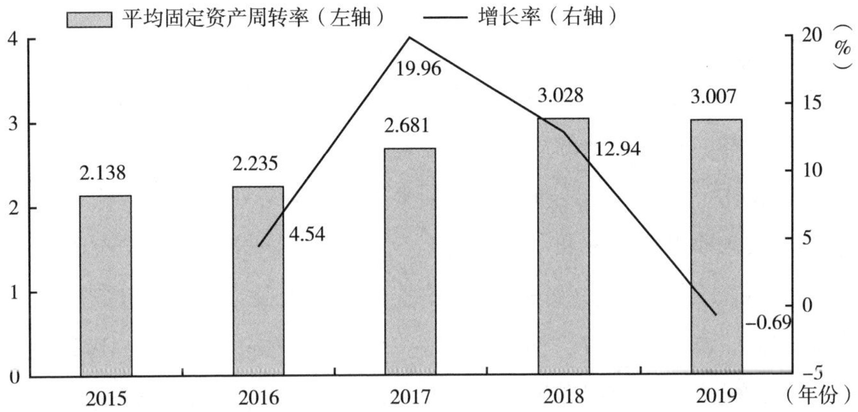

图 9　2015～2019 年安徽上市公司平均固定资产周转率整体趋势

资料来源：Wind。

2. 安徽各上市公司固定资产营运能力

固定资产周转率及排名结果（见附件 1 和附件 2）表明，2019 年安徽上市公司固定资产营运能力差异较大，两极分化依然明显。2019 年安徽上市公司固定资产周转率高于安徽平均水平的企业仅 17 家，至少半数企业固定资产营运能力远低于安徽平均水平。排名前 10 位的上市公司分别为三七互娱、交建股份、合肥城建、众源新材、三只松鼠、东华科技、辉隆股份、科大国创、皖新传媒和开润股份，可通过周转固定资产可获得不低于资产额 1883% 的销售收入。后 10 位上市公司分别为新集能源、应流股份、江南化工、文一科技、九华旅游、皖能电力、黄山旅游、盛运环保、铜峰电子和淮河能源，周转固定资产所得销售收入不高于132%的固定资产额。部分企业流动资产营运能力较2018年变化显著：凯盛科技产品创新优势明显，2019年收入大幅上升，排名较2018年上升20位；四创电子处于收入结构调整期，排名下降16位；长信科技因主营业务结算模式变化导致主营收入大幅下降，排名下降21位；淮北矿业因重组后固定资产大幅增长，排名下降23位。

从行业角度分析，排名结果较为合理地反映了行业资产特征的差异（见图10）。第一，固定资产占比较低的行业在相同销售收入的情况下具有更高的固定资产营运能力。房地产业，文化、体育和娱乐业，科学研究和技术服务业，建筑业，批发和零售业，教育业，信息传输、软件和信息技术服务业和农、林、牧、渔业的固定资产营运能力高于安徽平均水平。其中，房地产业，文化、体育和娱乐业，科学研究和技术服务业，信息传输、软件和信息技术服务业以及批发和零售业的企业流动资产占比极高，导致固定资产周转率极端高于其他企业。第二，固定资产占比较高的行业固定资产营运能力相对较低。农、林、牧、渔业，制造业，交通运输、仓储和邮政业，电力、热力、燃气及水生产和供应业以及采矿业企业的固定资产营运能力普遍较低。与2018年相比，房地产业在合肥城建的贡献下固定资产营运能力平均水平显著上升。此外，部分行业上市公司数量仍然较少，企业的总资产营运能力仍旧难以代表行业整体水平。

从区域角度分析，铜陵市、蚌埠市、六安市和亳州市企业固定资产营运能力平均水平占据安徽前4位，但上市企业数量有限（见图11）。合肥市有七成企业固定资产营运能力超过安徽半数企业，且在固定资产营运能力突出的企业中占据主导地位，在前10中分别占据第2、第3、第6、第7、第8和第9位。与2018年相比，淮北市受淮北矿业影响固定资产营运能力平均水平大幅下降；亳州市与2018年相比大幅上升，是因为古井贡酒销售收入显著提高。

从股权结构角度分析，民营企业固定资产营运能力整体优于国有企业且优势明显，在前10名中占据6家。其他类企业固定资产营运能力平均水平

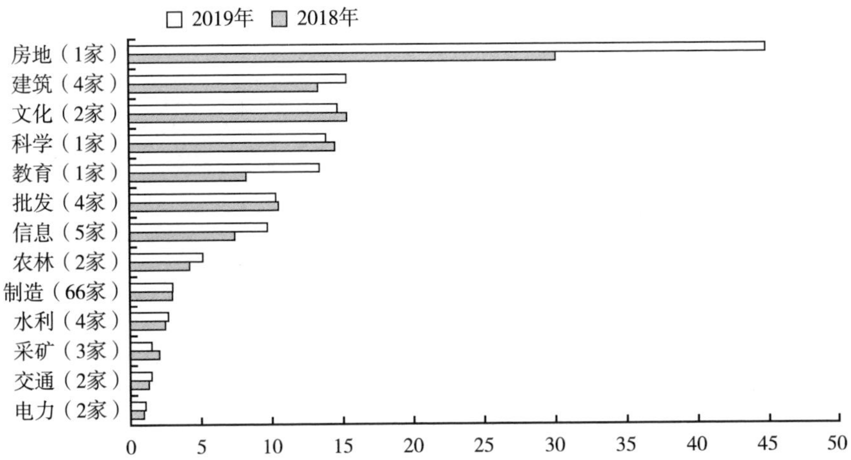

图 10　2019 年和 2018 年各行业固定资产周转率均值分布

资料来源：Wind 数据库。

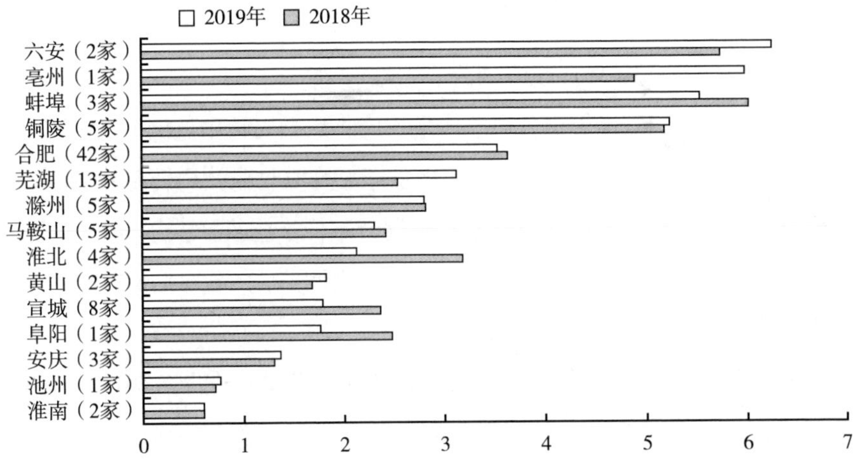

图 11　2019 年和 2018 年各区域固定资产周转率均值分布

资料来源：Wind 数据库。

较为突出，但受企业数量限制难以客观反映此类股权结构企业的整体水平（见图 12）。与 2018 年相比，其他企业、国有企业和中央国有企业固定资产营运能力平均水平均有所下降。

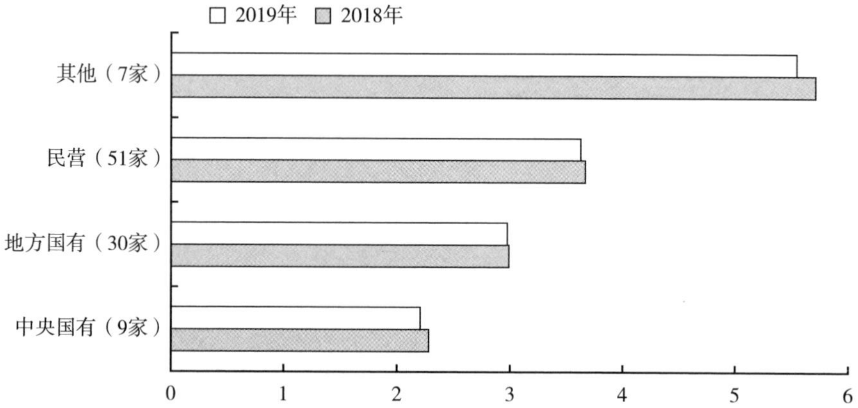

图 12　2019 年和 2018 年各股权结构固定资产周转率均值分布

资料来源：Wind 数据库。

（四）应收账款营运能力

1. 安徽上市公司整体应收账款营运能力

2015～2019 年，安徽上市公司总体平均应收账款周转率呈倒 U 形增长（见图 13）。受国内外经济形势影响，2019 年总体平均应收账款周转率较 2018 年略有下降，上市公司整体上可利用应收账款周转不低于应收账款额 1017% 的销售收入，远低于 2015 年宏观调控前水平，但与宏观调控后的各年均值差异不大。

2. 安徽各上市公司应收账款营运能力

应收账款周转率及排名结果（见附件 1 和附件 2）表明，2019 年安徽上市公司应收账款营运能力差异较大，排名第一的中公教育的应收账款周转率高达 1926. 55，根本原因是行业资产结构特性使其具有极低的应收账款占比（0. 027%），与 2018 年相比无显著差异。排名前 10 的上市公司分别为中公教育、口子窖、古井贡酒、九华旅游、安德利、合肥百货、海螺水泥、铜陵有色、辉隆股份和迎驾贡酒。受中公教育极端的应收账款周转率影响，2019 年安徽上市公司应收账款营运能力的平均水平较高，但仍有 41 家上市公司的应收账款周转率高于安徽平均水平，占比超过 40%。在不考虑极端值（中公教

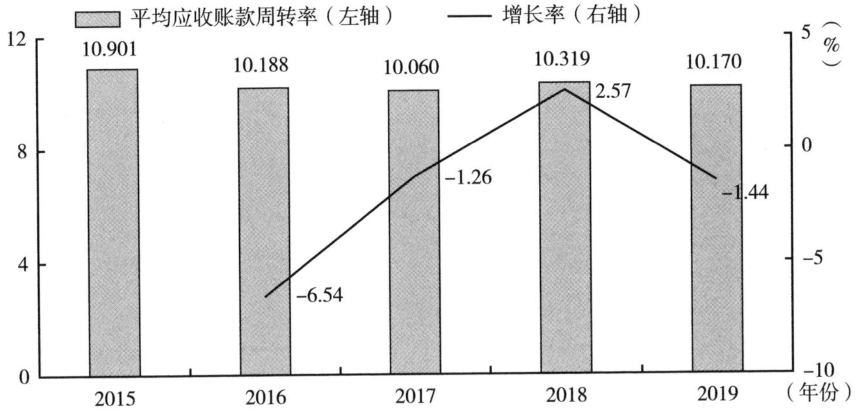

图 13　2015～2019 年安徽上市公司平均应收账款周转率整体趋势

资料来源：Wind 数据库。

育）的情况下，安徽上市公司在应收账款营运能力上仍存在较大差异，标准差为 74.54。排名后 10 位的上市公司为四创电子、神剑股份、长城军工、阳光电源、富煌钢构、交建股份、泰尔股份、合锻智能、设计总院、盛运环保，周转应收账款所得销售收入不高于 232% 的应收账款额。部分企业应收账款营运能力较 2018 年变化显著：聚隆科技因应收款项陆续到期，2018 年以来应收账款大幅下降，应收账款营运能力大幅提高，排名较 2018 年上升 18 位。

从行业角度分析，排名结果较为合理地反映了行业资产特征的差异（见图 14）。应收账款占比较低的行业在相同销售收入的情况下具有更高的应收账款营运能力，安徽前 5 位上市公司的应收账款占比普遍低于 1.2%，这是导致应收账款周转率排名结果存在极端差异的主要原因。批发和零售业、采矿业、制造业的上市公司固定资产占比较大，所以行业应收账款周转率较高。信息传输、软件和信息技术服务业，建筑业以及科学研究和技术服务业企业的应收账款营运能力普遍较低。然而行业特性造成的影响并不能完全解释排名结果的成因，部分企业在应收账款占比较小的同时并未具有较高的应收账款营运能力。与 2018 年相比，由于淮北矿业应收账款提高，采矿业上市公司应收账款营运能力平均水平显著下降，其他行业无明显变化。

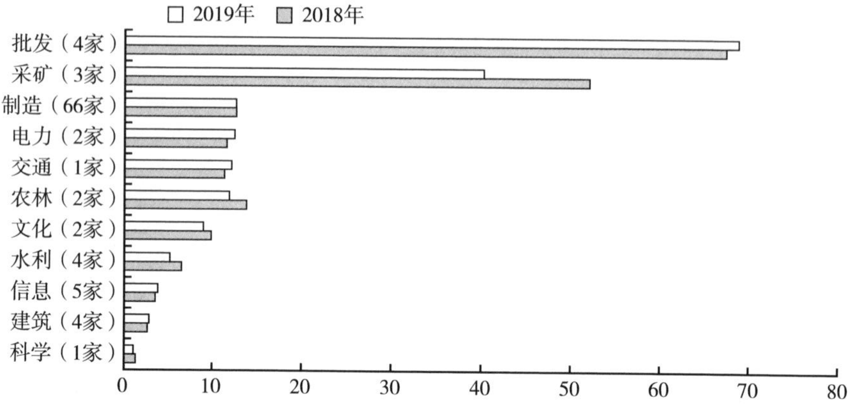

图 14　2019 年和 2018 年各行业应收账款周转率均值分布

注：由于教育业仅中公教育一家上市公司，行业均值为极端值，为直观对比其他行业，故不将教育业在图 14 中显示。

资料来源：Wind 数据库。

从区域分布看，合肥市有近半数的企业应收账款营运能力超过安徽半数企业，且在应收账款营运能力突出的企业中占据主导地位，在前 10 中分别占据第 2、第 4、第 8 和第 9 位。由于安徽前 20 位上市公司应收账款周转率远高于其他企业，部分城市企业应收账款营运能力平均水平高于合肥市。其中马鞍山市虽并无上市公司处于安徽前 20 位，但应收账款营运能力整体高于安徽半数企业，因此仍高于合肥市（见图 15）。与 2018 年相比，安徽各城市应收账款营运能力平均水平无显著变化，部分城市的上市公司数量依然较少，企业应收账款营运能力难以代表城市整体水平。

从股权结构角度分析，2019 年国有企业应收账款营运能力整体优于民营企业且优势明显，在前 10 名中占据 5 家。与 2018 年相比，地方国有、民营企业应收账款营运能力平均水平有所增长，中央国有企业和其他股权结构企业则有所下降，且中央国有企业更为明显（见图 16）。

（五）存货营运能力

1. 安徽上市公司整体存货营运能力

2015～2019 年，安徽上市公司总体平均存货周转率呈倒 U 形增长（见

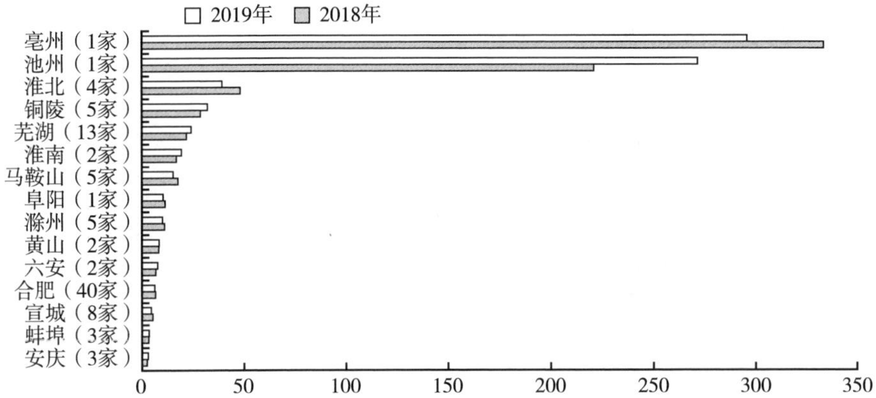

图 15　2019 年和 2018 年各区域应收账款周转率均值分布

资料来源：Wind 数据库。

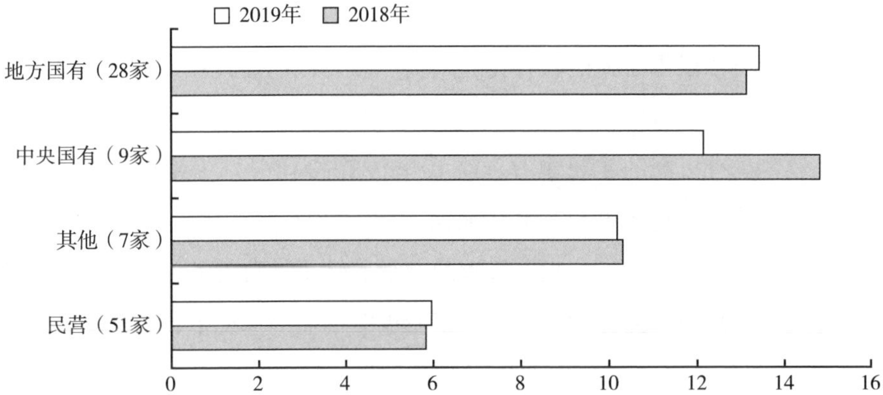

图 16　2019 年和 2018 年各股权结构应收账款周转率均值分布

资料来源：Wind 数据库。

图 17）。总体平均存货周转率在 2018 年摆脱负增长态势，在 2019 年受国内外经济形势影响略有下降。整体上 2019 年安徽上市公司可利用存货周转不低于存货额 497% 的销售收入，远低于 2015 年宏观调控前水平，但与宏观调控后各年均值相比差异微弱。

2. 安徽各上市公司存货营运能力

存货周转率及排名结果（见附件 1 和附件 2）表明，2019 年安徽上市公司存货营运能力存在极端差异。排名第一的中公教育具有高达 380081. 19

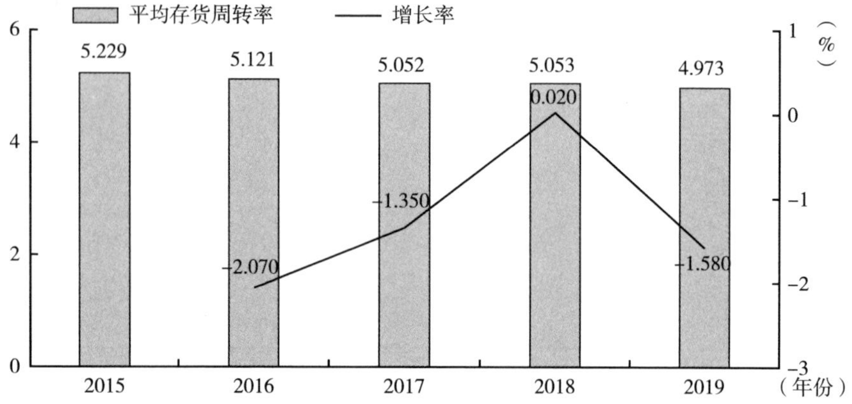

图 17　安徽上市公司平均存货周转率整体趋势

资料来源：Wind 数据库。

的存货周转率，根本原因是教育行业的资产结构特性使其存货占比极低，且该公司存货金额相对成本金额极低。从存货周转能力上看，这一极端结果表明中公教育具有极高的变现能力。前 10 位上市公司分别为中公教育、皖通高速、皖天然气、皖能电力、九华旅游、淮北矿业、黄山旅游、新集能源、设计总院、淮河能源。中公教育极端的存货周转率导致仅 1 家上市公司的应收账款周转率高于安徽平均水平。在不考虑极端值的情况下，安徽上市公司仅有 16 家高于安徽平均水平，70 家上市公司在相同资产水平和营运周期下的存货周转效率在 100% ~1000% 的区间内。后 10 位上市公司分别为泰尔股份、荃银高科、合锻智能、应流股份、古井贡酒、金种子酒、盛运环保、口子窖、迎驾贡酒、合肥城建，周转存货所得销售收入不高于 110% 的存货额。部分企业存货营运能力较 2018 年变化显著：中环环保 2019 年新签订单大幅增长，营业收入和成本均大幅增长，排名较 2018 年上升 23 位；科大国创业绩稳定增长带动成本上升，排名上升 28 位；四创电子因处于收入结构调整期，收入和成本均大幅下滑，排名下降 16 位。

从行业角度分析，排名结果较为合理地反映了行业资产特征的差异（见图 18）。第一，存货占比较低的行业在相同销售收入的情况下具有更高的存货营运能力。电力、热力、燃气及水生产和供应业，采矿业，交通运输、仓储和邮政业以及水利、环境和公共设施管理业的固定资产占比较高，存货占比较小。制造业尽管流动资产占比较高，但流动资产主要为应收账款，存货占比较低。第二，存货占比较高的行业存货营运能力相对较低，房地产业，建筑业，农、林、牧、渔业，文化、体育和娱乐业以及信息传输、软件和信息技术服务业的企业存货营运能力普遍较低。与 2018 年相比，教育业在中公教育的贡献下存货营运能力平均水平显著上升；科学研究和技术服务业因设计总院存货的增加，存货营运能力平均水平大幅下降；电力、热力、燃气及水生产和供应业及采矿业有所下滑；其他行业无明显变化。

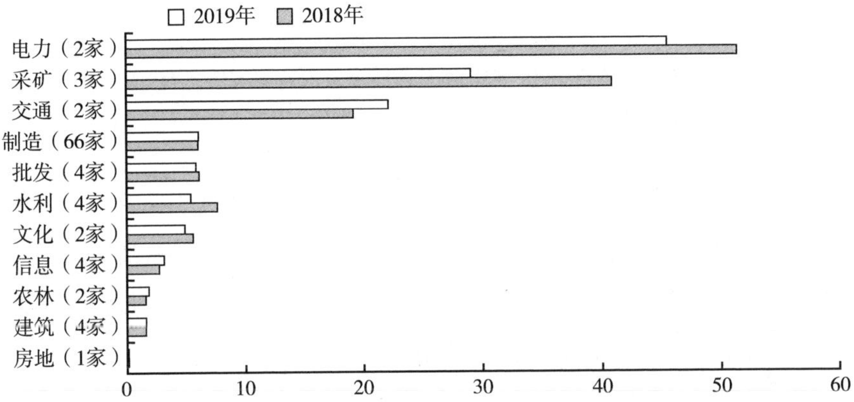

图 18　2019 年和 2018 年各行业存货周转率均值分布

注：由于科学研究和技术服务业仅设计总院一家上市公司，且 2018 年行业均值处于极端值；教育业仅中公教育一家上市公司，且 2019 年行业均值处于极端值，为直观对比其他行业，故不将科学研究和技术服务业以及教育业在图 18 中显示。

资料来源：Wind 数据库。

从区域角度分析，合肥市有近五成的企业存货营运能力超过安徽半数企业，且在存货营运能力突出的企业中具有主导地位（见图 19），在前 10 中分别占据第 2、第 3、第 4 和第 9 位。由于安徽前 20 位上市公司存货周转率远高于其他企业，部分城市企业存货营运能力平均水平高于合肥市。其中马鞍山市、滁州市虽无上市公司处于安徽前 20 位，但多数企业存货营运能力高于安徽半数企业，因此仍高于合肥市。与 2018 年相比，芜湖市在中公教育的贡献下存货营运能力平均水平显著上升。部分城市上市公司数量仍然较少，企业的存货营运能力难以代表城市的整体水平。

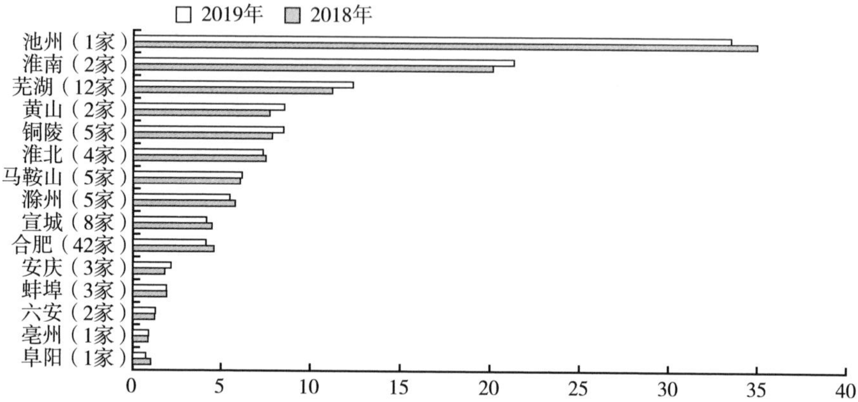

图 19　2019 年和 2018 年各区域存货周转率均值分布

资料来源：Wind 数据库。

从股权结构角度分析，国有企业存货营运能力整体优于民营企业且优势明显（见图 20），在前 10 名中占据 9 家。与 2018 年相比，除其他股权结构企业（由于中公教育的极端值）外，各类股权结构企业的存货营运能力平均水平均有所下降，但相对优势保持不变。

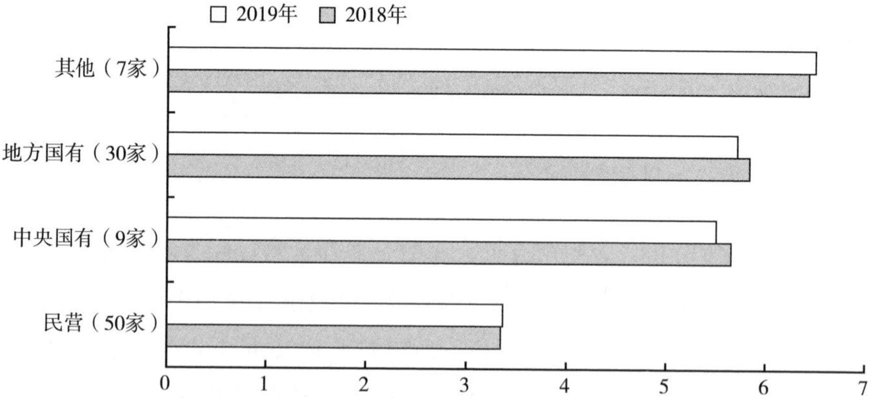

图 20　2019 年和 2018 年各股权结构存货周转率均值分布

资料来源：Wind 数据库。

三　安徽上市公司综合营运能力

（一）指标测算

本章沿用之前分报告中的熵值赋权法测算上市公司各营运能力在综合营运能力中所占权重，结果如表1所示。

表1　各营运指标熵值赋权结果

指标	总资产周转率	流动资产周转率	固定资产周转率	应收账款周转率	存货周转率
熵值	0.9487	0.9389	0.8271	0.5540	0.0045
权重(%)	2.9689	3.5399	10.0141	25.8262	57.6509

基于表1结果可得：

某企业综合营运能力＝2.9689%×总资产周转率＋10.0141%×固定资产周转率＋3.5399%×流动资产周转率＋25.8262%×应收账款周转率＋57.6509%×存货周转率

应收账款周转率和存货周转率在综合营运能力中占较高权重，是由于部分公司的应收账款周转率和存货周转率极端高于其他企业且极端高于其他资产营运能力最大值。熵值赋权法通过赋予指标权重进一步放大企业在各指标中的差异，从而直观凸显安徽上市公司综合营运能力差距。

（二）综合营运能力分析

综合营运能力及各营运能力排名结果（见附件1和附件2）较为直观地反映了各资产营运能力中企业间存在的显著差异。2019年仅21家上市公司的综合营运能力高于安徽平均水平，41家上市公司综合营运能力不足0.02，远低于安徽平均水平。前10位上市公司分别为中公教育、交建股份、众源新材、三只松鼠、辉隆股份、口子窖、楚江新材、安德利、铜陵有色、古井贡酒；后10位上市公司分别为泰尔股份、长城军工、江南化工、黄山胶囊、合锻智能、金种子酒、文一科技、应流股份、聚隆科技、盛运环保。

综合营运能力排名结果直观反映了企业资产营运能力变动对综合营运能力的影响。2019年凯盛科技各项资产营运能力较2018年均有显著提升，综合营运能力排名上升18位；国风塑业除存货资产外，各项资产营运能力较2018年有明显提升，排名上升17位；中公教育应收账款、存货营运能力较2018年大幅提升，排名上升14位；设计总院存货营运能力较2018年有明显下降，综合营运能力排名下降37位；四创电子除存货资产外，各项资产营运能力较2018年均有所下滑，排名下降34位；长信科技各项资产营运能力较2018年均出现下滑，排名下降27位。

综合营运能力的排名结果在一定程度上体现了优质企业的行业资产结构特征，具有较高的合理性。如综合能力排名第1位的中公教育虽然其他资产营运能力不够突出，但应收账款、存货营运能力远远高于其他上市公司。排名第2位的交建股份在流动资产和应收账款营运能力上相较其他上市公司严重不足，但固定资产营运能力远远高于其他上市公司。前10位中其他上市公司的流动资产营运能力不够突出时固定资产营运能力往往较为突出；当固定资产营运能力不够突出时流动资产营运能力往往较为突出，且总资产营运能力、应收账款营运能力和存货营运能力往往较为良好。后10位上市公司各项资产周转率无论是数值还是排名均远远低于多数公司。与2018年相比，2019年除金种子酒排名下降（下降5位）外，后10位上市公司在名单上排名有所上升或保持不变，资产营运能力水平未发生明显改变。其他上市公司的综合能力中各项营运能力的相对水平较2018无显著差异。

从行业角度分析，2019年教育业，批发和零售业，建筑业，电力、热力、燃气及水生产和供应业，交通运输、仓储和邮政业，农、林、牧、渔业企业综合营运能力平均水平较2018年有所上升（见图21），但由于行业内上市公司数量较少，企业的综合营运能力难以代表行业整体水平。其他行业企业综合营运能力平均水平较2018年均有所下降，其中安徽后13位上市公司均为制造业企业，严重拉低了制造业企业综合营运能力的平均水平。由于中公教育综合营运能力排名上升，教育业企业营运能力平均水平较2018年显著上升。受设计总院的影响，科学研究和技术服务业企业营运能力平均水平较2018年严重下滑。

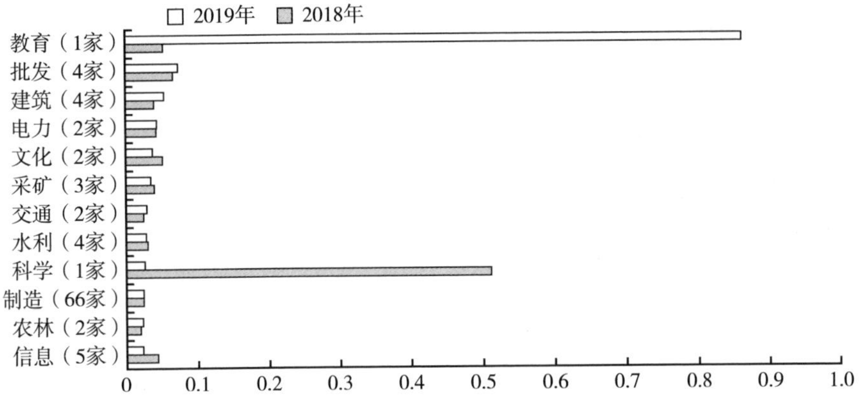

图21　2019年和2018年各行业综合营运能力均值分布

资料来源：Wind数据库。

从区域角度分析，2019年芜湖市上市公司综合营运能力位列安徽第一（见图22）。尽管亳州市和池州市企业综合营运能力平均水平较高，但其上市公司仅有古井贡酒和九华旅游，难以代表区域整体水平。整体上合肥市上市公司综合营运能力的平均水平在2019处于中上游水平，在综合营运能力优秀的上市公司中占主导地位，占据前10位中的第2、第5和第8，但后10位中也存在3家合肥市上市公司，总体上省会城市的模范带头作用较2018年有所减弱。与2018相比，受中公教育和口子窖综合营运能力显著提升的影响，芜湖市和池州市综合营运能力显著增长；受设计总院综合营运能力大幅下降的影响，合肥市综合营运能力平均水平大幅下降。与2017年相比，其他城市上市公司的综合营运能力相对水平无显著波动，部分城市的上市公司数量仍然较少，其综合营运能力难以代表城市整体水平。

从股权结构角度分析，民营企业综合营运能力优势凸显，政府“放管服”改革激发市场活力效果显现。在前10位上市公司中，民营企业占据了

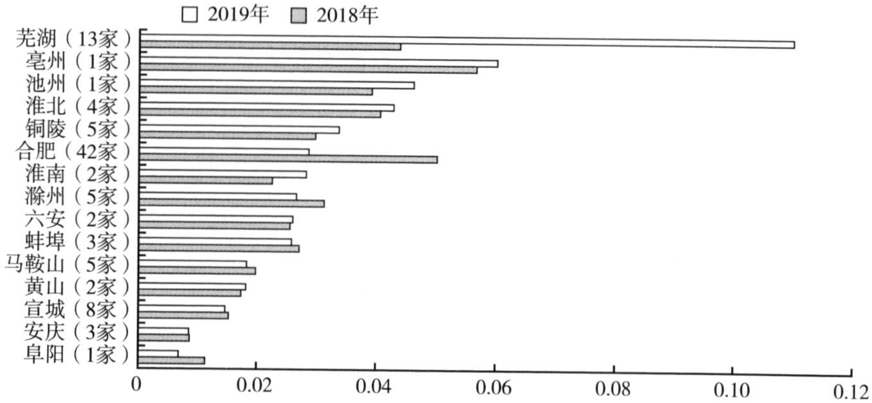

图 22　2019 年和 2018 年各区域综合营运能力均值分布

资料来源：Wind 数据库。

第 1、第 2、第 3、第 4、第 6、第 7；国有企业占据了第 9 位和第 10 位。与 2018 年相比，地方国有企业综合营运能力平均水平下降明显，被民营企业赶超（见图 23）。国有企业综合营运能力平均水平变化的主要原因是 2018 年排名第 2 的合肥城建因无应收账款数据不参与 2019 年分析，使平均水平在统计结果中变化较大。其他类股权结构上市公司由于数量极少，即使综合营运能力平均水平突出，仍难以客观反映此类企业的整体水平。

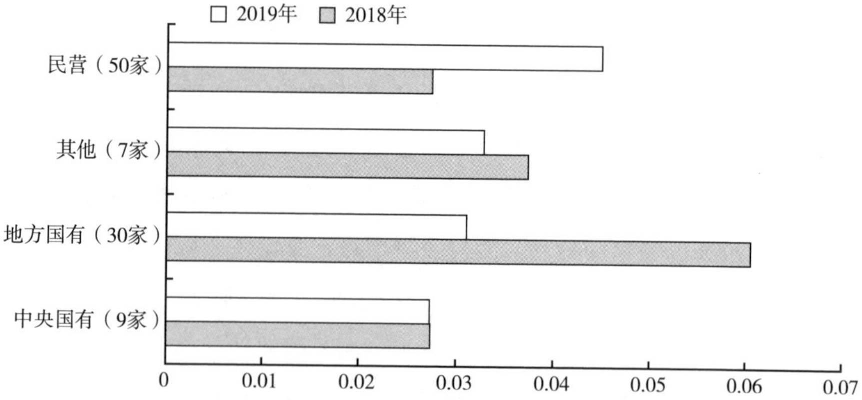

图 23　2019 年和 2018 年各股权结构综合营运能力均值分布

资料来源：Wind 数据库。

四 结论与对策

（一）结论

本报告基于2019年安徽上市公司各营运能力指标分析结果，以及2019年上市公司营运能力和2018年的纵向比较分析结果，得出以下结论。

1. 外部环境影响有限，个别企业仍显不足

受2019年国内外经济形势影响，安徽上市公司各资产营运能力在整体水平上较往年略微下降，但未低于宏观调控前水平，整体上安徽上市公司受国内外经济形势影响有限，企业内部控制较为稳定。个别企业在2019年稳步发展，各项营运能力显著提升，也是安徽上市公司营运能力整体水平没有大幅下滑的重要原因，如凯盛科技、三七互娱、科大国创、中公教育、中环环保等企业业绩较2018年大幅增长，提高了安徽上市公司资产营运能力的整体水平。从统计结果看，个别企业仍显不足，经济形势对安徽上市公司的影响同样不可忽视，中美贸易摩擦或国内产业结构转型等影响因素或导致个别上市公司获利能力大幅下降，如惠而浦、长信科技、四创电子等企业。此外，各资产营运能力排名的末位企业较2018年无显著变化，内部控制亟待加强。

2. 行业发展保持稳态，整体水平提升缓慢

2019年安徽上市公司各资产营运能力结果客观反映了企业所属行业资产结构的特征差异，个别极端营运能力数值系企业行业特性所致，整体上安徽上市公司所属行业发展稳定。与2018年相比，安徽上市公司行业资产营运能力整体水平提升有限，各指标仅部分行业较往年有所提升。除去外部经济环境的影响因素，安徽上市公司行业分布不均也是导致上述问题的重要原因：一是制造业上市公司占比超过60%，行业企业参差不齐，能够同时占据各资产营运能力的前10位和后10位，导致行业资产营运能力整体水平被末位企业显著拉低；二是诸如采矿业、房地产业和教育行业仅有个位数上市

公司，导致行业资产营运能力整体水平极易受个别企业影响产生显著变化，如采矿业（3 家）总资产营运能力整体水平受淮北矿业资产重组影响较 2018 年明显下降，难以客观反映行业整体水平。

3. 省会城市贡献突出，区域差异仍待改善

2019 年合肥市上市公司在数量上占比仍超 40%，多数企业在各项资产营运能力上均高于安徽半数企业，多家上市公司排名位列前 10，为安徽经济做出突出贡献。从区域上看，2019 年安徽各城市上市公司资产营运能力平均水平仍存在较大差异，合肥市个别资产营运能力的整体水平在区域分布中处中下游水平，较 2018 年无明显改善，主要原因有：其一，除合肥市与芜湖市上市公司超过 10 家，其他城市上市公司数量仅个位数，亳州市、阜阳市和池州市等部分城市仅一家上市公司，企业自身资产营运能力直接代表了区域整体水平，这种整体水平极易受经营风险影响导致区域整体水平波动明显，如铜陵有色总资产营运能力的提升直接导致铜陵市总资产营运能力整体水平较 2018 明显上升，难以客观反映该市企业资产营运能力的整体水平；其二，合肥市拥有数量众多的上市公司，但企业所属行业多样，资产营运能力受行业资产结构特征影响无法全部具有较高的测算结构，在统计结果上易弱于仅拥有个位数上市公司的城市，此外行业内上市公司参差不齐，末位企业各资产营运能力均处末位，导致各资产营运能力平均水平被显著拉低，使合肥市在个别资产营运能力的区域分布中处于中下游水平。

4. 国企强势民企突出，两极分化依然明显

2019 年安徽国有上市公司资产营运能力除固定资产营运能力弱于民营企业外，其他资产营运能力均显著优于民营企业。从排名前 10 位的结果看，国有企业在安徽优质企业中占比较大，具有明显优势。民营企业在优质企业中占比可观，固定资产营运能力明显优于国有企业，综合营运能力微弱领先国有企业，对安徽贡献较大。尽管国有企业综合营运能力平均水平较往年下降明显主要由于 2018 年位列第 2 的合肥城建不参与 2019 年综合营运能力分析，但从前 10 位优质企业的排名结果看，国有企业占据的位次依然落后于民营企业，说明 2019 年安徽民营企业的发展较为突出。与 2018 年相比，国

有企业和民营企业的两极分化依然明显，主要原因依旧是国有企业和民营企业构成了安徽九成以上的上市公司，末位企业显著拉低二者的平均水平。此外，集体、外资和公众企业数量之和仍维持在个位数，安徽上市公司股权结构的多样性仍待提升。

5. 内部控制总体稳定，个别企业波动较大

2019 年多数安徽上市公司排名结果较 2018 年仅有个位数变动，整体上安徽上市公司内部管理水平和经营能力相对稳定。与 2018 年相比，部分上市公司如三七互娱、荃银高科等企业销售收入显著增长，多项资产营运能力提升显著，荃银高科综合营运能力上升 15 位；部分上市公司如四创电子销售收入大幅下滑，设计总院因存货骤增导致其多项营运能力大幅下降，综合排名下降超过 30 位。个别企业波动较大的主要原因一方面受 2019 年内外经济形势的影响，另一方面也在于企业自身内部管理不够完善，导致部分资产经营效率较低。

（二）对策

从结论上看，目前安徽上市公司的末位企业及营运能力下滑明显的企业是导致安徽整体行业水平、区域水平和股权结构水平下滑的主要因素。在国际贸易摩擦、国内产业结构转型和高质量发展需求等大环境下，加强内部控制、提升资产管理水平、提高资产获利能力既是企业维生的基础，也是实现可持续发展的重要保障。上市公司提升资产营运能力主要依靠优化自身资产结构和完善内部控制等手段，政府无法直接干预企业的生产、销售、投资等商业行为。针对安徽上市公司营运能力提升的对策主要从企业的主要流动资产、资产结构、内部控制等方面展开，具体如下。

1. 加强应收账款管理，提高企业生存能力

应收账款营运能力直接影响企业的账款催收能力，对企业减少坏账、提高资产流动性具有重要作用。目前安徽部分上市公司应收账款周转能力亟待改善，如 2019 年的盛运环保、泰尔股份和合锻智能虽属于制造业上市公司，但应收账款周转能力处于全体上市公司末位，远低于同行优质企业如海螺水

泥和口子窖。在目前国内外经济形势下，提升应收账款管理水平将避免企业坏账积压、提升企业的生存能力。

企业要提升应收账款营运能力，首先，科学拓展赊销业务，不以销售利润为目标导向，避免出现赊销数额过大的情况；其次，建立健全应收账款管理制度，定期核查财务人员的台账清理和往来账务核算；再次，提高对赊销客户的信用管理，建立科学的信用评价体系，对评级良好的赊销客户提供一定的信用担保，对评级较差的客户进行抵押管理；最后，加强应收账款维权意识，尽可能减少应收账款的坏账损失。

2. 严格管理企业存货，降低营运资金负担

存货营运能力分析考察了企业存货的变现速度和营运资金在存货的占用情况。存货营运能力的提升需要企业建全存货管理机制，提升存货质量，优化存货管理，具体而言：①制定采购规划，准确判断市场需求，制定合乎本企业的科学采购方案；②完善进、销、存管理制度，明确物料去向，杜绝物料浪费，对库存物料定期盘查，确保账实相符，及时处理过期、变质、报废的物料，做到物料不积压，不断供；③有效利用资金杠杆，提高资金运作效率，降低平均资金占用水平，提高企业获利能力；④提高存货信息传递效率，通过信息技术加快企业信息化建设的步伐。

3. 合理处置闲置资产，优化企业资产结构

2019 年安徽上市公司各项资产营运能力的排名整体上符合企业所在行业的资产结构特征。然而综合营运能力排名末位的企业如盛运环保、聚隆科技和应流股份在各项资产营运能力排名中处于安徽末位水平，与所属行业资产结构特征不相符，这说明上述企业存在大量闲置资产，资产获利效率较低。闲置资产直接导致企业管理成本增大，企业对此应开展租赁业务，有助于解决企业或面临的资金短缺问题，大大增强企业的流动性；加强对外投资，企业可将内部不需用的，但整体完好的、无损失的闲置资产进行对外投资，从而获取投资收益；寻求资产置换，不同企业可将自身闲置资产用于置换对方闲置且符合自身生产所需的资产，既有利于企业资产利用效率的提升，又能节约企业货币资金。

4. 完善内部控制制度，提升风险应对能力

加强内部控制制度建设是企业在经济活动中提升管理，加强风险防范工作的主要手段。对安徽上市公司而言，优质企业可通过改进内部控制制度进一步提高资产营运能力，带动安徽经济发展；其他企业尤其是末位企业可通过加强内部控制制度建设提升资产营运能力在安徽企业的相对水平。对此，首先，企业应完善公司治理机制。企业应依据《内部控制基本规范》规定设立公司治理结构，制定治理结构的相应制度，明确治理机构议事规则。各机构严格按照规则执行相关职能，明确董事会在内部控制制度建立的主体责任，明确公司各部门对内部控制制度的职责。其次，规范业务操作。企业应基于内部控制制度严格规范公司各项业务操作，通过编制公司各业务流程图，制定授权审批制度和授权权限指引，开展内控合规性分析，从而防范业务风险，降低经营风险。再次，加强内控监督机制。企业应对内部控制进行日常监督与专项监督，对企业关键控制活动等发生调整或变化情况进行的持续性的监督检查，确保事后监督和事前监督的有机结合。最后，加强全员风险管控意识。企业管理层应强化风险意识，在内部控制制度活动中起带头作用。企业要对公司每一业务循环中所涉及的业务流程中的潜在风险进行辨识、分析、分类、评估和应对，形成与企业业务相适应的一套风险管理机制体系，对风险事件的发生频率和损失进行量化评估，从而使管理层对风险控制有明确的选择策略。

5. 增强企业忧患意识，确保企业持续发展

资产营运能力排名反映了安徽各上市公司在行业、区域和股权结构中的相对水平，末位排名结果不仅反映了该上市公司自身资产结构和内部控制存在的明显不足，同时也反映了该上市公司在安徽同行业、区域和股权结构中难以具有竞争优势。如今国际贸易环境严峻，国内也处于供给侧改革、产业转型和高质量发展的重要阶段，各行业企业都在积极制定发展战略，急抓发展机遇，不断完善自身管理水平，以提高自身的竞争力和可持续发展能力。企业间的差距在一次次的机遇和挑战中不断拉开，安徽末位上市公司应增强忧患意识，积极谋求自身发展，努力提高企业资产管理水平，这不仅有利于

提高企业的生存能力和可持续发展水平，同时也有利于提高安徽上市公司的整体营运能力，实现企业和地方经济发展的双赢局面。

在世界贸易环境紧张的严峻环境下，2019年中国供给侧改革稳步推进，高质量发展不断推动，产业转型升级不断加快。安徽紧抓长三角一体化发展、促进中部崛起等战略机遇，在战略性新兴产业集聚发展、产业转型升级和经济发展新动能培育等工作上取得了一系列成果。从各项营运能力结果上看，2019年安徽上市公司各营运能力较2018年虽有所下降，但降幅有限，受外部经济环境影响较弱，一方面得益于安徽各级政府始终贯彻新发展理念、紧跟供给侧改革主线、抢抓发展机遇、及时布局发展战略；另一方面也得益于企业自身资产经营能力不断增强、内部管控不断加强。截至2020年上半年，新冠肺炎疫情对全球政治经济形势的影响不断加大，“逆全球化”、单边主义、保护主义的杂音伴随着疫情暴发兴风作浪，全球化与多边主义遭受冲击，中国将面对更加严峻的国际贸易和政治环境带来的挑战。2020年企业的生存环境无疑更加严峻，在国家“六保”“六稳”和各地稳步恢复生产的保障下，企业更应加强资产营运管理能力，紧抓发展机遇，增强企业竞争力，提高企业生存能力和获利水平，实现自身和地方经济发展共赢。

附件

附件1　2019年安徽上市公司综合营运能力及分指标值

综合排名	公司名称	综合得分	行业	城市	股权结构	总资产周转率	固定资产周转率	流动资产周转率	应收账款周转率	存货周转率
1	中公教育	0.879	教育	芜湖	民营	1.07	13.38	2.32	1926.55	380081.19
2	交建股份	0.111	建筑	合肥	民营	0.63	71.59	0.80	1.73	3.30
3	众源新材	0.101	制造	芜湖	民营	2.79	33.05	3.61	14.71	13.85
4	三只松鼠	0.096	批发	芜湖	民营	2.56	31.26	3.10	36.08	3.95
5	辉隆股份	0.090	批发	合肥	集体	2.27	24.60	3.23	81.39	8.55
6	口子窖	0.086	制造	淮北	民营	0.51	3.13	0.70	552.26	0.54
7	楚江新材	0.078	制造	芜湖	民营	2.26	18.65	3.93	18.51	13.53
8	安德利	0.067	批发	合肥	民营	1.06	2.37	3.23	244.30	4.24
9	铜陵有色	0.064	制造	铜陵	国企	1.96	5.22	3.92	81.85	8.42
10	古井贡酒	0.061	制造	亳州	国企	0.79	5.98	1.07	295.41	0.89
11	精达股份	0.057	制造	铜陵	民营	2.02	11.70	2.89	6.59	11.43
12	开润股份	0.056	制造	滁州	民营	1.59	18.83	2.03	8.21	4.08
13	皖天然气	0.056	电力	合肥	国企	1.27	2.10	5.14	43.96	126.76
14	淮北矿业	0.051	采矿	淮北	国企	0.99	1.96	4.86	47.92	33.47
15	东华科技	0.048	建筑	合肥	央企	0.72	25.17	0.97	5.62	2.46
16	科大国创	0.047	信息	合肥	民营	0.65	24.18	1.19	3.46	8.40
17	九华旅游	0.047	水利	池州	国企	0.39	0.77	1.17	271.07	33.48
18	合肥百货	0.047	批发	合肥	国企	1.02	5.07	2.03	126.32	4.99
19	皖新传媒	0.045	文化	合肥	国企	0.65	23.58	0.87	8.76	5.19
20	海螺水泥	0.041	制造	芜湖	国企	0.96	2.64	1.86	125.31	18.07
21	新集能源	0.041	采矿	淮南	央企	0.32	0.58	5.27	20.06	23.81
22	安徽合力	0.036	制造	合肥	国企	1.32	6.40	1.93	12.52	6.94
23	安纳达	0.036	制造	铜陵	公众	1.14	2.03	2.99	18.33	7.87
24	国祯环保	0.035	水利	合肥	民营	0.34	18.41	1.13	3.64	4.21
25	马钢股份	0.034	制造	马鞍山	央企	0.96	2.54	1.84	70.68	6.48
26	皖能电力	0.033	电力	合肥	国企	0.52	0.94	3.95	10.51	39.00
27	长虹美菱	0.033	制造	合肥	国企	1.11	8.46	1.47	10.82	7.40
28	华菱精工	0.032	制造	宣城	民营	1.26	5.44	1.84	3.31	10.16
29	中粮科技	0.032	制造	蚌埠	央企	1.04	2.36	2.41	24.01	5.04
30	时代出版	0.031	文化	合肥	国企	0.95	9.67	1.28	9.33	4.56

续表

综合排名	公司名称	综合得分	行业	城市	股权结构	总资产周转率	固定资产周转率	流动资产周转率	应收账款周转率	存货周转率
31	精工钢构	0.031	建筑	六安	民营	0.76	12.49	0.98	5.76	1.65
32	安徽建工	0.030	建筑	蚌埠	国企	0.57	14.78	0.76	2.51	1.52
33	淮河能源	0.030	交通	芜湖	国企	0.68	1.32	3.10	12.14	19.90
34	江淮汽车	0.030	制造	合肥	国企	1.04	3.67	2.03	12.90	17.37
35	丰原药业	0.028	制造	芜湖	民营	0.99	4.39	1.95	4.92	4.23
36	志邦家居	0.028	制造	合肥	民营	1.01	4.49	1.71	12.42	9.85
37	丰乐种业	0.028	农林	合肥	国企	0.95	4.98	1.60	12.60	2.60
38	设计总院	0.026	科学	合肥	国企	0.50	13.85	0.56	1.05	20.02
39	洽洽食品	0.026	制造	合肥	民营	0.92	4.50	1.36	23.93	2.48
40	全柴动力	0.026	制造	滁州	国企	1.04	4.12	1.50	8.84	5.97
41	永新股份	0.025	制造	黄山	集体	1.02	3.55	1.59	5.75	6.89
42	海螺型材	0.025	制造	芜湖	国企	0.92	2.87	1.61	16.64	6.45
43	鸿路钢构	0.024	制造	合肥	民营	0.93	4.19	1.43	6.54	2.21
44	皖维高新	0.024	制造	合肥	国企	0.69	1.41	2.08	18.69	7.43
45	华孚时尚	0.023	制造	淮北	民营	0.86	3.07	1.36	20.04	2.66
46	迎驾贡酒	0.023	制造	六安	民营	0.56	2.65	0.80	73.52	0.53
47	国机通用	0.023	制造	合肥	央企	0.77	7.13	0.92	2.91	3.58
48	安利股份	0.023	制造	合肥	民营	0.82	1.71	1.77	12.07	4.15
49	嘉美包装	0.022	制造	滁州	外资	0.73	1.39	1.92	9.28	6.81
50	安科生物	0.020	制造	合肥	民营	0.60	3.54	1.54	4.69	3.41
51	中环环保	0.020	水利	合肥	民营	0.30	7.10	1.27	4.51	6.86
52	伯特利	0.020	制造	芜湖	外资	0.80	4.26	1.05	3.68	6.87
53	山鹰纸业	0.020	制造	马鞍山	民营	0.59	1.77	1.76	7.75	8.09
54	司尔特	0.019	制造	宣城	民营	0.58	2.04	1.21	33.44	2.69
55	荃银高科	0.019	农林	合肥	公众	0.63	5.54	0.84	10.66	1.03
56	中鼎股份	0.019	制造	宣城	民营	0.69	3.14	1.36	3.98	4.04
57	美亚光电	0.019	制造	合肥	民营	0.55	7.28	0.64	6.77	4.90
58	长信科技	0.019	制造	芜湖	国企	0.66	1.82	1.59	4.35	9.78
59	科大讯飞	0.018	信息	合肥	央企	0.57	5.16	1.05	2.38	5.83
60	国风塑业	0.018	制造	合肥	国企	0.64	1.48	1.54	8.34	6.72
61	金禾实业	0.018	制造	滁州	民营	0.67	2.57	1.01	20.59	7.99
62	中钢天源	0.018	制造	马鞍山	央企	0.71	3.08	1.16	3.44	6.69
63	凯盛科技	0.018	制造	蚌埠	央企	0.70	3.17	1.10	3.68	2.37

续表

综合排名	公司名称	综合得分	行业	城市	股权结构	总资产周转率	固定资产周转率	流动资产周转率	应收账款周转率	存货周转率
64	惠而浦	0. 017	制造	合肥	外资	0. 67	3. 79	0. 99	3. 77	5. 30
65	山河药辅	0. 017	制造	淮南	民营	0. 61	2. 02	1. 26	11. 57	7. 10
66	阳光电源	0. 017	制造	合肥	民营	0. 63	4. 87	0. 79	2. 00	3. 42
67	神剑股份	0. 016	制造	芜湖	民营	0. 59	3. 53	0. 95	2. 30	6. 12
68	常青股份	0. 015	制造	合肥	民营	0. 56	1. 89	1. 19	8. 04	5. 52
69	凤形股份	0. 015	制造	宣城	民营	0. 57	1. 73	1. 20	5. 40	3. 90
70	四创电子	0. 015	制造	合肥	央企	0. 50	4. 55	0. 78	2. 32	2. 46
71	恒源煤电	0. 015	采矿	淮北	国企	0. 40	1. 72	0. 79	37. 47	11. 02
72	中电兴发	0. 014	信息	芜湖	民营	0. 41	4. 83	0. 75	2. 42	1. 28
73	欧普康视	0. 014	制造	合肥	民营	0. 46	4. 79	0. 58	7. 40	2. 73
74	德力股份	0. 014	制造	滁州	民营	0. 47	1. 68	1. 21	5. 71	2. 31
75	融捷健康	0. 014	制造	合肥	民营	0. 46	2. 90	0. 99	2. 96	2. 91
76	华茂股份	0. 014	制造	安庆	国企	0. 39	1. 46	1. 22	10. 70	3. 75
77	皖通科技	0. 013	信息	合肥	民营	0. 48	4. 01	0. 70	2. 90	2. 08
78	广信股份	0. 013	制造	宣城	民营	0. 50	2. 23	0. 73	11. 56	3. 49
79	华菱星马	0. 013	制造	马鞍山	国企	0. 51	2. 06	0. 91	2. 92	3. 05
80	集友股份	0. 012	制造	安庆	民营	0. 51	1. 42	1. 03	3. 55	3. 50
81	黄山旅游	0. 012	水利	黄山	国企	0. 33	1. 02	0. 72	32. 51	25. 63
82	富煌钢构	0. 012	制造	合肥	民营	0. 51	2. 57	0. 69	1. 97	1. 43
83	泰禾光电	0. 010	制造	合肥	民营	0. 37	3. 78	0. 46	4. 05	1. 93
84	铜峰电子	0. 010	制造	铜陵	民营	0. 45	1. 08	0. 83	3. 06	2. 96
85	泰尔股份	0. 010	制造	马鞍山	民营	0. 37	3. 41	0. 48	1. 66	1. 10
86	长城军工	0. 009	制造	合肥	国企	0. 41	1. 53	0. 70	2. 14	2. 18
87	江南化工	0. 009	制造	宣城	民营	0. 30	0. 61	1. 01	2. 64	14. 96
88	黄山胶囊	0. 009	制造	宣城	民营	0. 40	1. 48	0. 61	4. 75	3. 02
89	合锻智能	0. 007	制造	合肥	民营	0. 29	1. 84	0. 55	1. 65	0. 97
90	金种子酒	0. 007	制造	阜阳	国企	0. 27	1. 76	0. 43	10. 35	0. 74
91	文一科技	0. 006	制造	铜陵	民营	0. 27	0. 69	0. 56	3. 43	2. 07
92	应流股份	0. 005	制造	合肥	民营	0. 24	0. 61	0. 59	2. 96	0. 94

续表

综合排名	公司名称	综合得分	行业	城市	股权结构	总资产周转率	固定资产周转率	流动资产周转率	应收账款周转率	存货周转率
93	聚隆科技	0.005	制造	宣城	民营	0.20	2.12	0.23	4.05	2.89
94	盛运环保	0.001	制造	安庆	民营	0.07	1.03	0.14	0.68	0.72
	合肥城建		房地	合肥	国企	0.20	44.78	0.20		0.12
	三七互娱		信息	芜湖	民营	1.43	316.58	2.51	10.23	
	皖通高速		交通	合肥	国企	0.19	3.14	1.08		237.35
平均数		0.038				0.77	9.98	1.52	49.19	3969.53
中位数		0.023				0.64	3.17	1.19	8.04	4.40

注：2019 年合肥城建和皖通高速无应收账款、三七互娱无存货，故不参与综合营运能力计算。
资料来源：Wind 数据库。

附件 2　2019 年安徽上市公司综合营运能力及分指标排名

公司名称	综合排名			总资产周转率		固定资产周转率		流动资产周转率		应收账款周转率		存货周转率	
	2019年	2018年	排名变化	2019年	2018年	2019年	2018年	2019年	2018年	2019年	2018年	2019年	2018年
中公教育	1	15	↑14	14	17	15	17	16	17	1	6	1	26
交建股份	2	/	/	51	/	2	/	72	/	91	/	63	/
众源新材	3	4	↑1	1	1	4	4	7	7	27	28	14	14
三只松鼠	4	/	/	2	/	5	/	11	/	15	/	55	/
辉隆股份	5	5	—	3	3	7	3	8	13	9	11	21	23
口子窖	6	17	↑11	67	65	52	51	82	84	2	2	94	95
楚江新材	7	6	↓1	4	2	11	9	5	5	24	23	15	16
安德利	8	13	↑5	15	16	62	64	9	10	5	4	49	58
铜陵有色	9	18	↑9	6	5	27	25	6	6	8	12	22	25
古井贡酒	10	11	↑1	34	38	24	27	56	51	3	3	91	93
精达股份	11	10	↓1	5	4	17	13	13	11	52	53	16	17
开润股份	12	8	↓4	7	7	10	6	18	22	47	44	53	53
皖天然气	13	12	↓1	10	20	66	77	2	3	13	15	3	3
淮北矿业	14	7	↓7	22	6	71	48	3	1	12	9	6	4
东华科技	15	14	↓1	38	47	6	7	65	70	57	54	74	73

续表

公司名称	综合排名			总资产周转率		固定资产周转率		流动资产周转率		应收账款周转率		存货周转率	
	2019年	2018年	排名变化	2019年	2018年	2019年	2018年	2019年	2018年	2019年	2018年	2019年	2018年
科大国创	16	16	—	47	57	8	8	50	68	72	86	23	51
九华旅游	17	21	↑4	82	84	93	95	51	37	4	5	5	7
合肥百货	18	20	↑2	20	19	29	24	20	27	6	7	46	44
皖新传媒	19	9	↓10	48	37	9	5	69	63	45	40	44	32
海螺水泥	20	24	↑4	25	24	58	72	24	19	7	8	11	12
新集能源	21	35	↑14	87	91	97	96	1	2	21	26	8	10
安徽合力	22	25	↑3	9	9	23	19	22	25	30	37	30	29
安纳达	23	34	↑11	12	15	69	75	12	12	25	25	26	36
国祯环保	24	19	↓5	85	74	12	10	53	38	70	64	51	33
马钢股份	25	27	↑2	24	13	61	65	26	15	11	10	37	38
皖能电力	26	33	↑7	64	70	92	93	4	4	39	42	4	5
长虹美菱	27	22	↓5	13	12	19	15	37	40	36	41	28	43
华菱精工	28	32	↑4	11	10	26	31	25	29	75	75	18	20
中粮科技	29	23	↓6	17	8	63	54	15	8	18	17	45	31
时代出版	30	26	↓4	27	22	18	16	42	43	42	45	48	49
精工钢构	31	29	↓2	36	45	16	14	64	65	54	60	83	85
安徽建工	32	28	↓4	58	60	13	12	77	83	83	89	84	87
淮河能源	33	41	↑8	43	49	88	89	10	9	32	38	10	11
江淮汽车	34	30	↓4	18	14	44	40	19	21	28	30	12	9
丰原药业	35	38	↑3	23	18	37	45	21	24	59	62	50	55
志邦家居	36	39	↑3	21	26	36	43	29	41	31	22	19	19
丰乐种业	37	43	↑6	26	31	30	39	31	35	29	29	72	81
设计总院	38	1	↓37	70	58	14	11	89	88	94	95	9	1
洽洽食品	39	42	↑3	30	28	35	38	39	44	19	21	73	74
全柴动力	40	44	↑4	16	23	40	47	36	39	44	46	40	45
永新股份	41	46	↑5	19	25	45	50	32	36	55	57	31	39
海螺型材	42	55	↑13	29	29	56	70	30	32	26	27	38	42
鸿路钢构	43	51	↑8	28	32	39	35	38	47	53	61	78	82
皖维高新	44	59	↑15	41	50	86	87	17	20	23	31	27	27
华孚时尚	45	56	↑11	31	33	54	59	40	45	22	24	71	76
迎驾贡酒	46	62	↑16	61	59	57	63	73	74	10	13	95	94
国机通用	47	47	—	35	44	21	21	67	67	80	80	58	54

续表

公司名称	综合排名			总资产周转率		固定资产周转率		流动资产周转率		应收账款周转率		存货周转率	
	2019年	2018年	排名变化	2019年	2018年	2019年	2018年	2019年	2018年	2019年	2018年	2019年	2018年
安利股份	48	57	↑9	32	30	79	80	27	26	33	32	52	50
嘉美包装	49	/	/	37	/	87	/	23	/	43	/	34	/
安科生物	50	54	↑4	54	53	46	57	35	23	61	59	62	64
中环环保	51	58	↑7	89	92	22	20	43	55	62	58	33	56
伯特利	52	50	↓2	33	34	38	32	57	58	68	76	32	37
山鹰纸业	53	45	↓8	56	36	75	74	28	16	49	43	24	24
司尔特	54	52	↓2	57	48	68	67	47	34	16	16	70	62
荃银高科	55	70	↑15	50	64	25	33	70	85	38	35	88	92
中鼎股份	56	48	↓8	42	35	50	42	41	33	66	68	54	52
美亚光电	57	65	↑8	63	71	20	22	85	91	51	55	47	46
长信科技	58	31	↓27	46	11	74	53	33	14	63	51	20	13
科大讯飞	59	61	↑2	59	61	28	29	58	60	85	83	41	57
国风塑业	60	77	↑17	49	56	82	84	34	42	46	52	35	30
金禾实业	61	53	↓8	44	43	59	58	60	59	20	20	25	21
中钢天源	62	60	↓2	39	40	53	49	52	54	73	70	36	34
凯盛科技	63	81	↑18	40	63	49	69	54	69	69	79	76	83
惠而浦	64	49	↓15	45	41	42	30	62	48	67	66	43	35
山河药辅	65	63	↓2	53	52	70	55	44	53	34	36	29	22
阳光电源	66	64	↓2	52	54	31	26	75	77	89	93	61	67
神剑股份	67	67	—	55	55	47	41	66	66	87	90	39	28
常青股份	68	66	↓2	62	46	72	62	49	46	48	47	42	40
凤形股份	69	84	↑15	60	66	77	86	48	57	58	56	56	60
四创电子	70	36	↓34	69	39	34	18	76	52	86	78	75	59
恒源煤电	71	74	↑3	80	81	78	78	74	73	14	18	17	18
中电兴发	72	76	↑4	78	82	32	36	78	80	84	84	86	86
欧普康视	73	68	↓5	75	77	33	23	88	92	50	48	69	71
德力股份	74	86	↑12	73	75	80	81	46	56	56	69	77	75
融捷健康	75	72	↓3	74	78	55	44	63	64	77	87	67	70
华茂股份	76	78	↑2	81	85	84	83	45	31	37	33	57	66
皖通科技	77	69	↓8	72	68	41	28	83	78	81	73	80	78
广信股份	78	82	↑4	71	69	64	71	79	79	35	34	60	65
华菱星马	79	73	↓6	65	51	67	68	68	50	79	74	64	61

续表

公司名称	综合排名			总资产周转率		固定资产周转率		流动资产周转率		应收账款周转率		存货周转率	
	2019年	2018年	排名变化	2019年	2018年	2019年	2018年	2019年	2018年	2019年	2018年	2019年	2018年
集友股份	80	83	↑3	66	67	85	76	59	61	71	67	59	72
黄山旅游	81	75	↓6	86	88	91	91	80	82	17	19	7	8
富煌钢构	82	79	↓3	68	62	60	56	84	75	90	88	85	84
泰禾光电	83	80	↓3	83	79	43	46	93	93	65	65	82	80
铜峰电子	84	90	↑6	76	72	89	90	71	71	76	77	66	69
泰尔股份	85	88	↑3	84	87	48	60	92	94	92	94	87	90
长城军工	86	91	↑5	77	76	81	82	81	76	88	91	79	79
江南化工	87	87	—	88	89	95	92	61	62	82	72	13	15
黄山胶囊	88	92	↑4	79	83	83	85	86	89	60	63	65	68
合锻智能	89	89	—	90	86	73	73	91	86	93	92	89	88
金种子酒	90	85	↓5	92	80	76	66	94	87	40	39	92	89
文一科技	91	93	↑2	91	90	94	88	90	81	74	71	81	77
应流股份	92	95	↑3	93	93	96	97	87	90	78	85	90	91
聚隆科技	93	94	↑1	94	95	65	61	95	95	64	82	68	63
盛运环保	94	96	↑2	97	97	90	94	97	97	95	96	93	96
合肥城建		2		95	96	3	2	96	96		1	96	97
三七互娱		3		8	27	1	1	14	28	41	50		6
皖通高速				96	94	51	52	55	49			2	2

注：1. 2019 年合肥城建和皖通高速无应收账款、三七互娱无存货，故不参与综合营运能力计算；2. 排名变化为 2019 年排名较 2018 年的变化情况："↑"表示排名上升，"↓"表示排名下降，"—"表示排名无变化，"/"表示 2019 年上市公司 2018 年未参与排名；3. 2018 年排名结果以 2019 年企业名单为准，仅做相对参考，与《安徽上市公司发展报告（2019）》结果不冲突。

资料来源：Wind 数据库。

B.5
安徽上市公司创新能力发展报告

付丽华　鲁 晨　吴婉婷　查韦婷*

摘　要： 本报告依据技术创新理论，运用熵值赋权法，对安徽上市公司的创新能力进行了总体研究以及分行业、区域和股权结构角度的具体研究，得出安徽上市公司创新投入总体向好、创新产出有待改善、高新技术行业持续壮大、传统制造业仍需蓄势崛起、区域差异明显、民企创新产出有待提升等结论，并基于研究结论，有针对性地提出加大研发强度、加快人才集聚、强化企业专利意识、加强区域科技创新体系建设、整合创新资源、促进传统产业与科技创新加速融合等对策建议，最后，基于新冠肺炎疫情的影响及“六稳”“六保”的基本政策目标提出展望。

关键词： 创新能力　研发强度　企业专利

中美贸易摩擦和美国对中国的科技遏制，造成中国诸多企业遭遇“卡脖子”难题，企业仅依赖全球价值链分工做“低端制造”难以获得全球竞争力和可持续发展。解决关键技术节点不被“卡脖子”，企业需要攻克核心或关键

* 付丽华，博士，合肥工业大学管理学院讲师，主要研究方向为创新管理与创业投资；鲁晨，中国科学技术大学管理学院博士研究生，工商管理创新研究中心成员，主要研究方向为创新管理；吴婉婷，中国科学技术大学管理学院硕士研究生，工商管理创新研究中心成员，主要研究方向为创新管理；查韦婷，安徽省投资集团中安研究院研究员，主要研究方向为金融与资本市场。

技术，向价值链的高端攀升，企业实施自主创新成为必然选择。面对当前经济发展新态势，安徽省积极顺应新趋势，应对新挑战和新变革，推动企业高质量发展。坚持发展安徽实体经济，特别是塑造更多依靠创新驱动的引领型发展企业，需要深入分析安徽省上市公司创新能力，有针对性地分析企业创新发展面临的挑战与机遇。本报告从创新投入和创新产出两个方面对创新能力进行分析，分行业、区域、股权结构进行排名与分析，并对上市公司2018年和2019年的创新能力进行纵向比较，找出造成企业综合创新能力落后的原因，针对本报告结论提出相应的对策和建议，最后，基于新冠肺炎疫情的影响及“六稳”“六保”的基本政策目标，预测安徽上市公司创新发展面临的挑战、前行的方向，为提升安徽上市公司创新能力提供思路与建议。

一 概念界定、评价指标选择与评价方法

（一）创新能力概念界定

创新包含技术创新、制度创新和商业模式创新等。本报告的创新能力主要指的是技术创新能力。技术创新是指由企业或者研发机构发起和完成的，将一种新产品或新的生产工艺引入市场。技术创新是一个长期的过程，它始于某个想法，直至产品投放市场才告一段落。创新过程的每一个阶段都需要知识、技能、劳作以及成员的通力合作，每一阶段都由开发过程的技术要求及其合法性所决定。从技术创新的整体过程来看，技术创新能力一般包括各种资源的投入能力和产出能力等。创新的资源投入为创新行为的启动、维持以及创新产出奠定了基础。创新的资源投入主要是指研发人员的投入、研发资金的投入；产出能力主要是指专利申请量和代表企业创新盈利的能力。

（二）创新能力评价指标选择

（1）创新投入

目前相关文献和报告中衡量创新投入能力采用最多的指标为研发强度和

高学历员工比例。研发强度越高，说明该公司对科技投入力度越大；高学历员工人数越多往往整体创新能力和素质也更高。① 据此本报告选用研发强度和高学历员工比例作为创新投入指标。

研发强度 =（研发支出/营业收入）× 100%

高学历员工比例 =（本科及以上学历人数/员工总数）× 100%

（2）创新产出

本报告选用每百人专利申请数和主营业务利润率作为创新产出指标。企业的创新产出一方面以专利等有形的实物形式存在，而且从现有研究来看，学者们都以专利数这个便于量化的指标来表示企业的创新产出。能反映企业专利情况的一般有专利申请数和专利授权数两个指标，本报告研究时采用专利申请数。另一方面，企业创新活动的成功实现最终会转化为实际的专利，从而直接提高企业的盈利能力以及创新绩效。由于企业新产品产值这一数据无法获取，本报告采取主营业务利润率作为替代指标进行衡量，反映企业创新产品市场化的成效。

每百人专利申请数 =（专利申请量/员工总数）× 100

主营业务利润率 =（主营业务利润/主营业务收入）× 100%

（三）创新能力综合评价方法

目前国内外关于多指标综合评价的方法有很多。根据权重确定方法的不同，这些方法可以大致分为主观赋权法和客观赋权法两类。② 熵值法是一种客观赋权法，它能够深刻地反映出指标信息熵值的效用价值，其给出的指标权重值相比德尔菲法和层次分析法有更高的可信度。因此，本报告采用熵值赋权法对企业创新能力进行综合评价。

① 徐立平、姜向荣、尹翀：《企业创新能力评价指标体系研究》，《科研管理》2015 年第 s1 期，第 122 ~ 126 页。

② 郭显光：《改进的熵值法及其在经济效益评价中的应用》，《系统工程理论与实践》1998 年第 12 期，第 98 ~ 102 页。

二 安徽上市公司创新能力分析

截至2019年12月31日，安徽上司公司剔除B股及经营异常企业（安凯汽车、德豪润达、新光圆成、梦舟实业、六国化工）后剩余100家，最终共计100家上市公司参与2019年安徽上市公司创新能力分析。专利申请数的数据来源于SIPO专利检索及分析，其他指标的相关数据来自Wind数据库和公司年报。其中，本科及以上学历员工数以Wind数据库里面的本科人数、硕士人数、博士人数相加作为高学历员工数，对相加人数为0的公司通过年报确认高学历员工数。特殊数据的处理：①缺失值部分采用平均值替代；②合肥百货、皖能电力、国元证券、合肥城建、皖通高速、黄山旅游、海螺水泥、新集能源、安德利、九华旅游、皖天然气和交建股份的研发支出在以上数据源中未披露，计为0；③华茂股份、华孚时尚、安纳达、中电兴发、开润股份、全柴动力、华菱星马、精工钢构和海螺水泥这9家公司因为数据披露形式问题，本科及以上学历员工数用大专及以上学历员工数代替。

（一）安徽上市公司创新投入能力分析

本部分将分别针对研发强度和高学历员工比例2个指标从总体、行业、城市、股权结构4个方面对这100家上市公司进行排名和分析。附件2描述了安徽上市公司研发强度和高学历员工比例排名，需要特别说明的一点是，淮河能源2018年研发强度的百分数由于保留两位小数而计为0.00。

1. 研发强度

（1）总体分析

从总体来看，研发强度排名前十位的上市公司依次是：科大讯飞、应流股份、科大国创、安科生物、泰禾光电、中公教育、三七互娱、国机通用、合锻智能、集友股份；研发强度排名后十一位的上市公司是：交建股份、九华旅游、安德利、新集能源、海螺水泥、黄山旅游、皖通高速、合肥城建、国元证券、皖能电力、合肥百货，研发强度均为0。

总体来看，与 2018 年相比，2019 年淮北矿业、文一科技、国风塑业排名分别下降了 25 名、13 名、10 名，恒源煤电、华安证券、皖天然气、新力金融排名分别上升了 16 名、15 名、11 名、10 名。

100 家上市公司的研发强度平均数为 3. 34%，高于平均数的公司有 44 家，低于平均数的有 56 家，而 100 家上市公司的研发强度中位数为 3. 00%，低于研发强度平均数 0. 34 个百分点。

图 1 展示了 2015 ~2019 年安徽上市公司研发强度的变化趋势。从图中可以看出，安徽上市公司研发强度在 2017 年出现较大幅度下降，2019 年和 2018 年又有了小幅度上升。

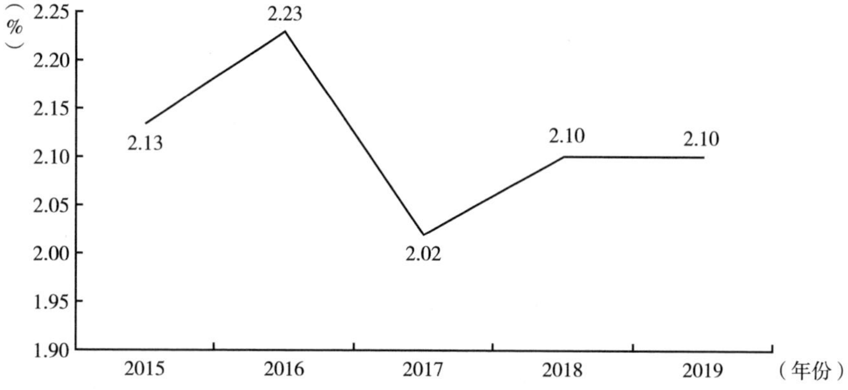

图 1　2015 ~2019 年安徽上市公司研发强度

（2）行业角度分析

从行业结构来看，根据证监会最新行业分类，参与分析的安徽省 100 家上市公司分属 14 个行业。图 2 展示了安徽上市公司各行业研发强度 2019 年和 2018 年的对比情况。

从图 2 可以看出，信息传输、软件和信息技术服务业的研发强度排名第一位，分别是科大讯飞、科大国创、三七互娱、皖通科技和中电兴发。2019 年各分行业上市公司的研发强度基本呈上升趋势，教育业、科学研究与技术服务业，制造业，农、林、牧、渔业等行业研发强度有所上升，但采矿业、

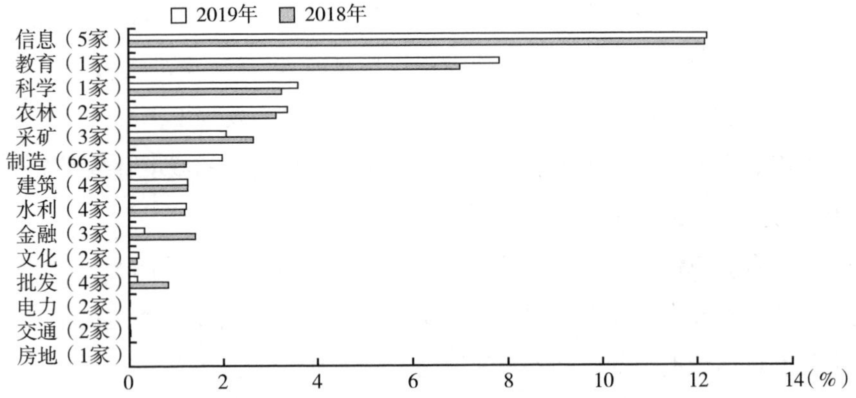

图 2　2019 年和 2018 年安徽上市公司各行业研发强度

金融业、批发和零售业研发强度下降较为明显。

其中制造业研发强度排名前五的分别是应流股份、安科生物、泰禾光电、国机通用和合锻智能，研发强度都在 6% 以上；排名后五的分别是海螺水泥、嘉美包装、迎驾贡酒、德力股份和中粮科技，研发强度都低于 1%，说明 66 家制造业上市公司研发强度差异较大。

（3）区域角度分析

从城市来看，参与分析的安徽省 100 家上市公司分布在 15 个地级市。图 3 展示了安徽上市公司各城市研发强度 2019 年和 2018 年的对比情况。

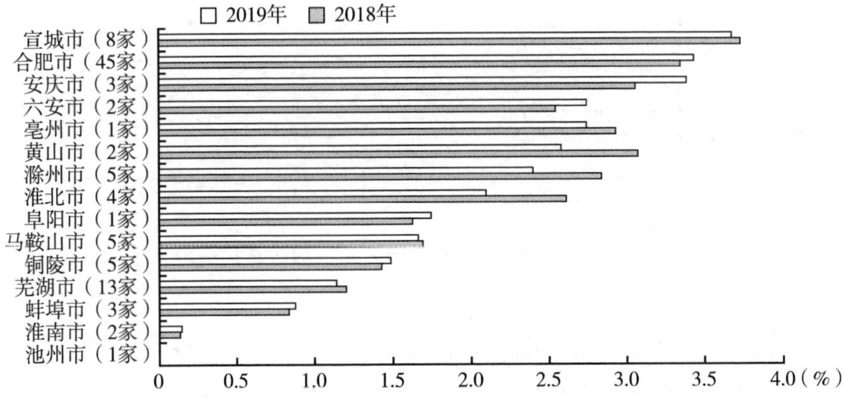

图 3　2019 年和 2018 年安徽上市公司各城市研发强度

从图3可以看出，宣城市、合肥市占据了安徽上市公司城市研发强度的前两位。合肥市内上市公司中，研发强度排名前五位的，同时也是安徽上市公司研发强度排名的前五位。各个城市上市公司的研发强度上升比较明显的有安庆市、六安市、合肥市、阜阳市等；研发强度下降的城市有亳州市、黄山市、滁州市、淮北市等。

其中合肥市研发强度排名前五的分别是科大讯飞、应流股份、科大国创、安科生物和泰和光电，同时这五家企业也是安徽省研发强度的前五名；研发强度排名后七位的分别是交建股份、安德利、皖通高速、合肥城建、国元证券、皖能电力和合肥百货，研发强度均为0，说明合肥市内上市公司研发强度差异较大。

（4）股权结构角度分析

图4展示了安徽上市公司各股权结构研发强度2019年和2018年的对比情况。从图中可以看出，民营企业的研发强度在2019年最高，而中央国有企业的研发强度位居第二。

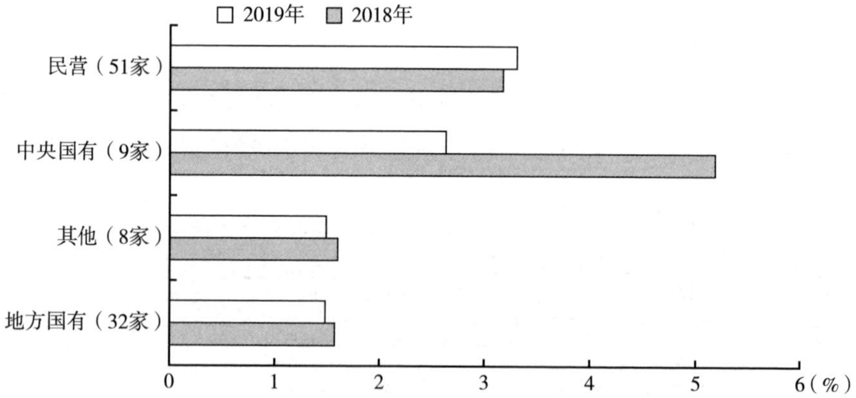

图4　2019年和2018年安徽上市公司各股权结构研发强度

民营企业研发强度排名前三位的依次为应流股份、科大国创、安科生物；中央国有企业研发强度排名前五位的依次为科大讯飞、国机通用、中钢天源、凯盛科技、四创电子；地方国有企业研发强度排名前三位的依次为长城军工、长虹美菱、华菱星马。2019 年，除民营企业研发强度有所上升，其他类型企业研发强度都在下降。

2. 高学历员工比例

（1）总体分析

总体来看，高学历员工比例排名前十位的上市公司依次是：安德利、精达股份、黄山胶囊、众源新材、华菱精工、聚隆科技、长信科技、嘉美包装、德力股份、广信股份。高学历员工比例排名后十位的上市公司是：安德利、凤形股份、精达股份、黄山胶囊、众源新材、华菱精工、聚隆科技、长信科技、嘉美包装、德力股份。这 100 家上市公司的高学历员工比例平均数为 28.40%，高于平均数的公司有 36 家，低于平均数的公司有 64 家，而 100 家上市公司的高学历员工比例中位数为 16.80%，低于高学历员工比例平均数约 12 个百分点，这说明高学历员工比例高的上市公司拉高了 100 家上市公司高学历员工比例的平均水平，出现“强者很强”的现象。

总体来看，与 2018 年相比，2019 年神剑股份、开润股份排名分别下降了 41 名、18 名，安纳达、凤形股份排名分别上升了 23 名、16 名。

图 5 展示了 2015 ~ 2019 年安徽上市公司高学历员工比例的变化趋势。从图中可以看出，安徽上市公司高学历员工比例 5 年来持续上升。

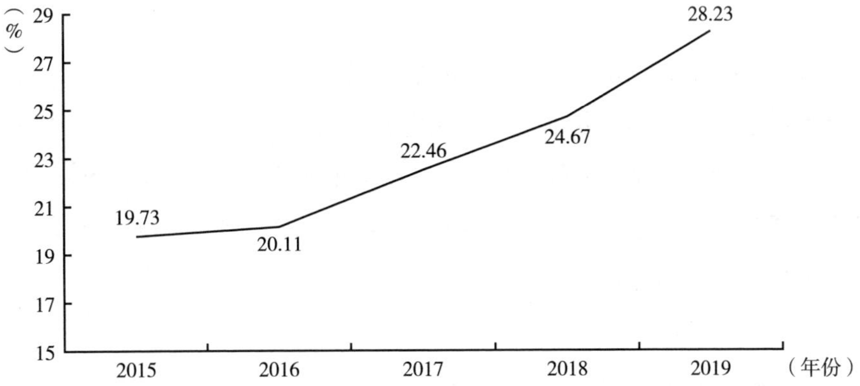

图 5　2015 ~ 2019 年安徽上市公司高学历员工比例

（2）行业角度分析

图 6 展示了安徽上市公司各行业高学历员工比例 2018 年和 2019 年的对比情况。通过与前面研发强度行业分析的对比，可以发现，信息传输、软件和信息技术服务业，教育业，科学研究和技术服务业等属于研发强度高、高学历员工比例高的“双高”行业，其创新投入能力也较强。高学历员工比例排名后三位的是采矿业，交通运输、仓储和邮政业，批发和零售业。其中，交通运输、仓储和邮政业，批发和零售业属于研发强度低、高学历员工比例低的“双低”行业，说明其创新投入能力较弱。

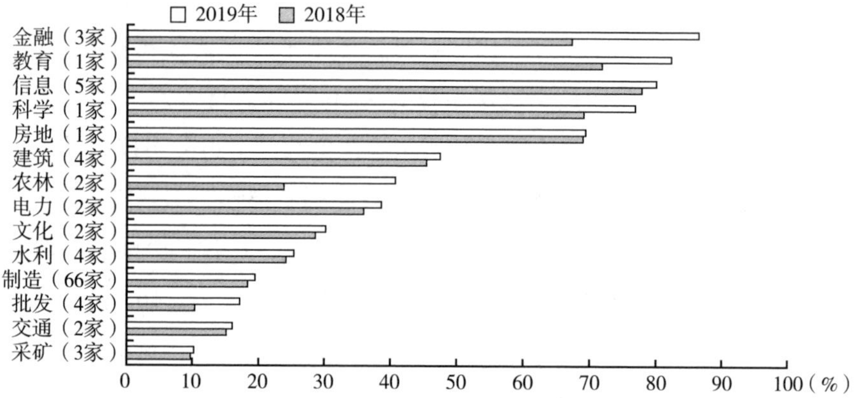

图 6　2019 年和 2018 年安徽上市公司各行业高学历员工比例

制造业的高学历员工比例排名倒数第四位，制造业内公司高学历员工比例排名前五位的分别是安纳达、阳光电源、四创电子、国机通用、美亚光电，都高于 45%；制造业的高学历员工比例排名后五位的分别是精达股份、黄山胶囊、众源新材、华菱精工和聚隆科技，都低于 5%，说明 66 家制造业上市公司高学历员工比例差异较大。

（3）区域角度分析

图 7 展示了安徽上市公司各城市高学历员工比例 2019 年和 2018 年的对比情况。

结合前面的安徽上市公司高学历员工比例的行业分析，可以看出高学历

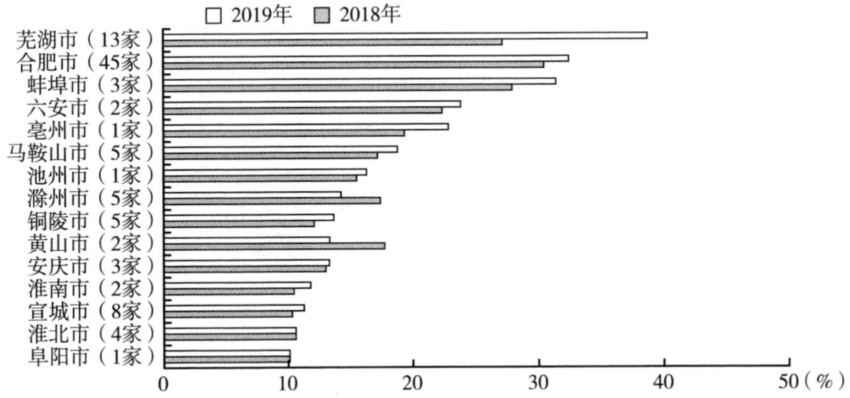

图7　2019 年和 2018 年安徽上市公司各城市高学历员工比例

员工比例排名靠后的上市公司主要来自制造业及批发和零售业等。2019 年，各个城市上市公司的高学历员工比例基本也呈上升趋势，其中进步比较明显的有芜湖市、蚌埠市、亳州市、合肥市等。但黄山市和滁州市高学历员工比例下降比较明显。

其中合肥市高学历员工比例排名前五位的分别是东华科技、国元证券、科大讯飞、华安证券和新力金融，都高于 80%，且这五家企业在安徽省内高学历员工比例也都排在前十位；高学历员工比例排名后五位的企业分别是安德利、皖维高新、鸿路钢构、常青股份和应流股份，都低于 9%，说明合肥市内上市公司高学历员工比例差异较大。

（4）股权结构角度分析

图 8 表明，高学历员工比例从高到低分别是中央国有企业、民营企业、地方国有企业、其他企业。

中央国有企业高学历员工比例排名前五位的依次是东华科技、科大讯飞、四创电子、国机通用、中钢天源；地方国有企业高学历员工比例排名前三位的依次为国元证券、华安证券、设计总院；民营企业高学历员工比例排名前三位的依次为中公教育、科大国创、阳光电源。2019 年，除中央国有企业高学历员工比例有所下降外，其他类型企业高学历员工比例都略有上升。

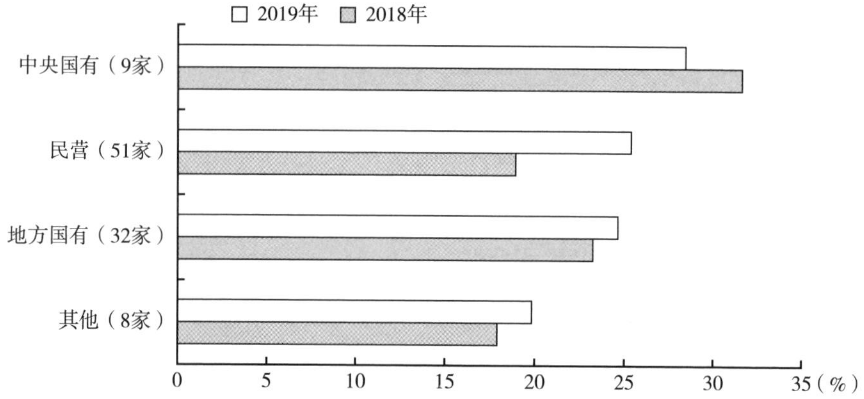

图8　2019年和2018年安徽上市公司各股权结构高学历员工比例

（二）安徽上市公司创新产出能力分析

本部分将分别针对每百人专利申请数和主营业务利润率2个指标从总体、行业、城市和股权结构4个方面对这100家上市公司的创新产出能力进行排名和分析。附件1描述了安徽上市公司每百人专利申请数和主营业务利润率排名。需要特别说明的一点是，精达股份、合肥百货、皖能电力、黄山旅游、合肥城建、新力金融、中公教育、三七互娱、华安证券由于连续三年未查到相关专利数据，所以计为0。另外华孚时尚的每百人专利申请数由于保留两位小数而计为0.00。

1. 每百人专利申请数

（1）总体分析

总体来看，每百人专利申请数排名前十位的上市公司依次是阳光电源、江淮汽车、美亚光电、泰禾光电、安徽合力、聚隆科技、四创电子、泰尔股份、国风塑业和中钢天源，其中前七家在2018年也排名前七。剔除专利为0的几家公司后，排名后十位的企业依次是华孚时尚、淮北矿业、淮河能源、嘉美包装、海螺水泥、中粮科技、皖新传媒、中鼎股份、九华旅游和长信科技。这100家上市公司的每百人专利申请数平均数为

1.08件，中位数为0.53件，高于平均数的公司有31家，低于平均数的公司有69家；中位数约为平均数的一半，说明这100家上市公司的每百人专利申请数相差较大，依然是“强者很强”，如阳光电源和华孚时尚的每百人专利申请数相差近7件。

总体来看，安徽上市公司2019年在专利申请方面的创新产出要低于2018年。其中伯特利、安德利、铜陵有色、科大国创和中钢天源的排名均显著提高，分别上升了38名、29名、25名、25名、24名，主要是因为这几家公司在2019年的创新产出明显增多；而丰乐种业、精达股份、三七互娱、融捷健康和开润股份则下降了65名、50名、48名、46名、30名，因为这几家公司2019年的创新产出显著减少。图9展示了2015～2019年安徽上市公司每百人专利申请数的变化趋势。从图中可以看出，安徽上市公司每百人专利申请数在2016～2019年呈现不断下降的趋势，其中2016年下降的幅度比较大，在2017年小幅上升后又在2018年和2019年连续下降。

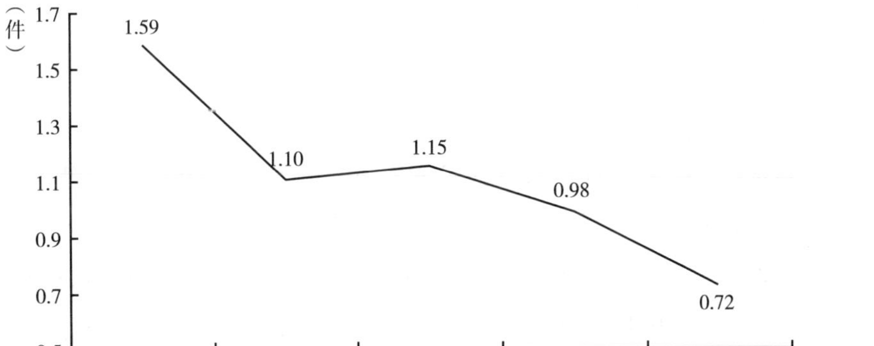

图9　2015～2019年安徽上市公司每百人专利申请数

（2）行业角度分析

图10展示了安徽上市公司在2019年和2018年各行业的每百人专利申请数情况。可以看出，这些行业在2019年和2018年排名基本相同，大多数行业上市公司每百人专利申请数要低于2018年，除了与公司专利产出有关

外，企业规模的变动也是很重要的一个原因。科学研究和技术服务业，信息传输、软件和信息技术服务业和制造业依然排在前三名，排在后两名的是房地产业和教育业。只是批发和零售业由于在 2019 年专利产出有所提高从而从第八位上升至第四位。由于制造业拥有上市公司数量最多、最具代表性，其在 2019 年的表现进一步说明安徽制造业上市公司的专利产出能力整体较高且稳定。

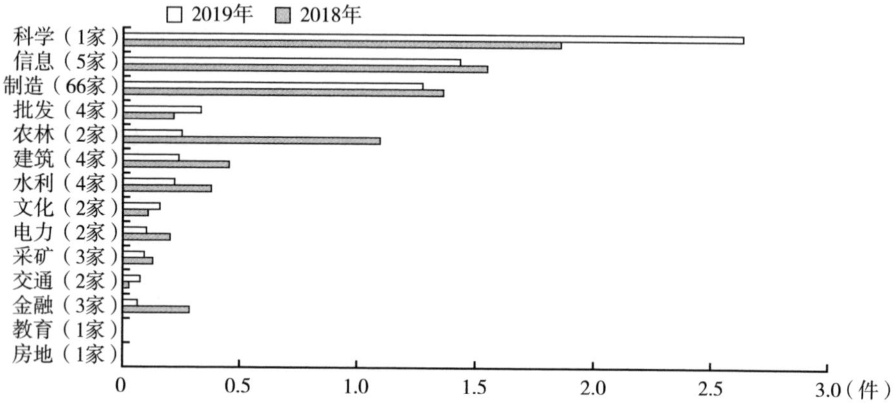

图 10　2019 年和 2018 年安徽上市公司各行业每百人专利申请数

制造业也包括安徽每百人专利申请数最多的 10 家上市公司，其中，3 家是专用设备制造，2 家是电气机械及器材制造业，1 家是通用设备制造业。这 3 个行业的每百人专利申请数均值也都超过 100 家公司的均值。剔除专利为 0 的几家公司后排名后十位的有 6 家制造业，分属纺织业、金属制品业等细分行业。可见，安徽不同制造业细分行业内的上市公司之间在创新产出方面仍然存在较大的差距。

（3）区域角度分析

从图 11 可以看出，大多数城市上市公司每百人专利申请数要低于 2018 年，因为这些城市在 2019 年专利产出有所减少，同时企业规模却在扩大。与 2018 年一样，合肥市上市公司的每百人专利申请数在 2019 年依旧排名第一；马鞍山则因为专利产出增加较多所以由第七位上升至第四位；宣城则由第六位下降到第七位；排名最低的依然是淮北和池州，芜湖排在第十二位，与2018年的第十一位基本一致。排在第二、三位的分别是亳州和阜阳，这两个城市都仅有一家上市公司，且都是酒企，不具有代表性。

合肥市内上市公司中，每百人专利申请数排名前七位的，均在安徽所有上市公司中排在前十名内；而每百人专利申请数在合肥市上市公司排名中最后五名的公司均在100家上市公司中排名后三十位（每百人专利申请数为0的不予考虑），另外合肥市有超过一半的上市公司在安徽省内排名前五十，说明合肥市虽然在安徽内专利产出能力较强，但内部公司之间的差距依然较大。

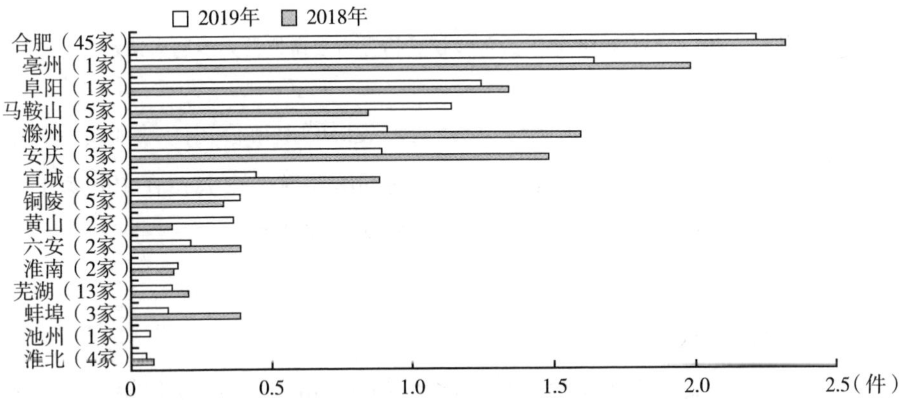

图11　2019年和2018年安徽上市公司各城市每百人专利申请数

（4）股权结构角度分析

从公司股权结构来看，根据图12可以看出地方国有企业和民营企业2019年的每百人专利申请数低于2018年，主要是因为专利产出能力的降低。而中央国有企业虽然规模有所扩大但是专利产出增加得更多。在所有上市公司中地方国有企业的专利产出能力要比中央国有企业、民营企业高。

地方国有上市公司中，每百人专利申请数排名前七位的，均在安徽所有上市公司中排名前二十名内；而每百人专利申请数在地方国有上市公司排名最后七位的公司均在100家上市公司中排名后二十位（每百人专利申请数为0的不予考虑）。民营上市公司中，每百人专利申请数排名前五位的，均

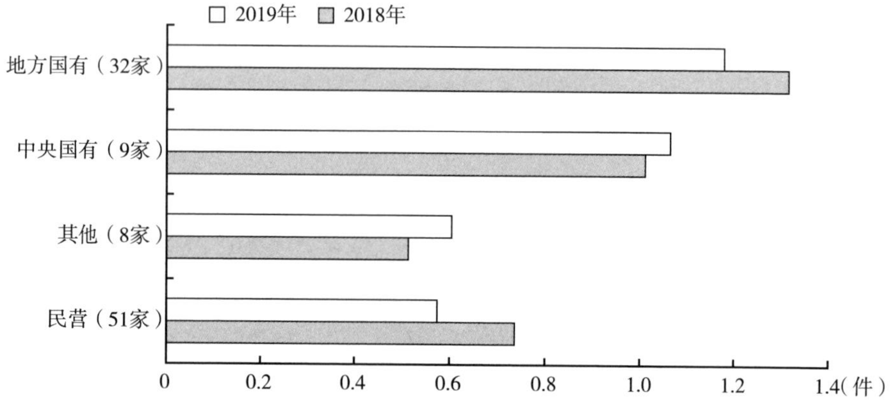

图 12　2019 年和 2018 年安徽各股权结构上市公司每百人专利申请数

在安徽所有上市公司中排在前十名内；大多数民营上市公司的每百人专利申请数在 100 家公司中排在八十名以内，只有两家民营上市公司在 100 家上市公司中排名后十位（每百人专利申请数为 0 的不予考虑）。

2. 主营业务利润率

（1）总体分析

总体来看，主营业务利润率排名前十位的上市公司与 2018 年一致，依次为华安证券、国元证券、新力金融、三七互娱、安科生物、欧普康视、古井贡酒、口子窖、皖通高速和美亚光电，后十位依次是铜陵有色、辉隆股份、皖能电力、众源新材、楚江新材、江淮汽车、华孚时尚、交建股份、淮河能源和皖天然气，后十位十家公司中除了华孚时尚、交建股份、淮河能源外，其余七家在 2018 年排名中也排在后十位中。安徽上市公司的主营业务利润率平均数为 28.16%，中位数为 21.85%，低于平均数 6.31 个百分点，高于平均数的公司有 39 家，低于平均数的公司有 61 家，超过安徽上市公司数量的一半，同样说明安徽上市公司的主营业务利润率普遍较低，且与高主营业务利润率的上市公司相差比较大，特别是排名第一的华安证券的主营业务利润率达到了 98.95%。

和 2018 年相比，2019 年安徽上市公司在经营效益方面的表现整体变化幅度较小，个别公司排名波动较大。中公教育和合肥城建分别上升了30名、19名，因为这两家公司在2019年实现了较高的经济回报；而盛运环保下跌了32名，因为这家公司2019年经济产出较低。图13展示了2015～2019年安徽上市公司主营业务利润率的变化趋势。从图中可以看出，安徽上市公司的主营业务利润率虽然在2019年有所降低，但是整体呈现不断上升的趋势。

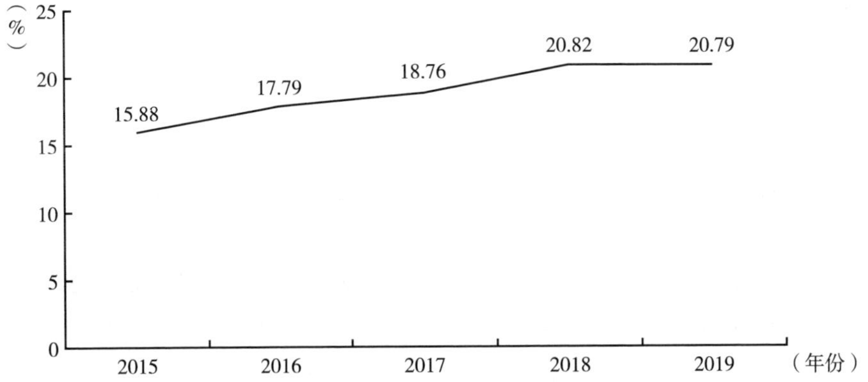

图13　2015～2019年安徽上市公司主营业务利润率

（2）行业角度分析

从图14可以看出，一半以上行业上市公司2019年的盈利能力比2018年强。2019年主营业务利润率排名前三位和后三位的行业和2018年一样。前三位依然分别是金融业，信息传输、软件和信息技术服务业，科学研究和技术服务业，特别是后两个行业的创新产出无论是专利产出还是经济产出都排名比较高；电力、热力、燃气及水生产和供应业，建筑业依然排名最低，且其与第一名差距非常大，说明不同行业之间盈利能力差距较大。

另外，与2018年一样，制造业的主营业务利润率仍排名第十，低于行业间的平均水平，属于专利产出较高、经济产出较低的行业。在制造业内主营业务利润率排名前五位的公司在100家上市公司中排名前十，而后五位公司在100家公司中排名后十，说明制造业上市公司的盈利能力彼此差距明显。

从制造业细分行业来看，在行业内排名前五位同时在安徽前十名以内的5

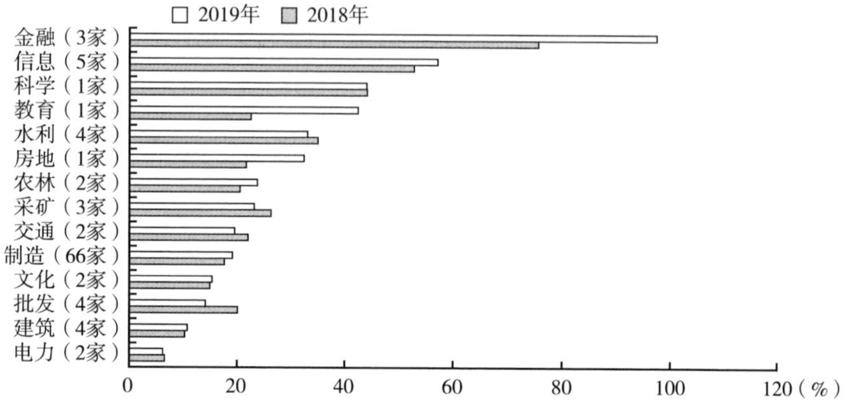

图 14　2019 年和 2018 年安徽上市公司各行业主营业务利润率

家制造业企业有 2 家是专用设备制造业，2 家是酒、饮料与精制茶制造业。这两个行业的主营业务利润率基本均超过 100 家公司的平均数。而制造业中排名后五位同时在安徽后十名以内的公司有 3 家为有色金属冶炼及压延加工业，该行业内上市公司主营业务利润率也远低于 100 家企业平均数，说明制造业内不同细分行业上市公司的盈利能力存在显著差距的现象在 2019 年依然存在。

（3）区域角度分析

图 15 展示了 2019 年和 2018 年安徽不同上市公司的主营业务利润率的情况。一半城市上市公司 2019 年的盈利能力比 2018 年强。亳州、池州和阜阳由于均只有一家上市公司且主营业务利润率都比较高，所以主营业务利润率在 2019 年依然排名在前四名内，不具有代表性；铜陵市依然最低。芜湖、宣城和合肥在 2019 年分别排名第六、七和十一位，与 2018 年的第六、五、十一位相比盈利能力虽然略有下降，但是更具代表性。

合肥上市公司中，主营业务利润率排名前七位的，在安徽上市公司中也排在前十位，而排名后五位的均在 100 家上市公司中排在后十位以内，说明合肥市内上市公司主营业务利润率差异较大。

（4）股权结构角度分析

从图 16 可以看出，民营和地方国有企业在 2019 年提高了盈利能力，而

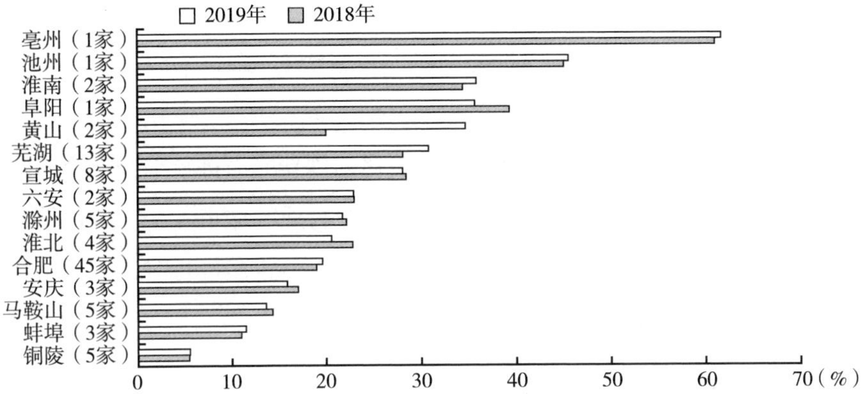

图 15　2019 年和 2018 年安徽上市公司各城市的主营业务利润率

中央国有企业和其他企业相反。与 2018 年中央国有企业的主营业务利润率最高不同，2019 年民营企业的主营业务利润率最高，其次是地方国有企业，再次是中央国有企业。

地方国有上市公司中，主营业务利润率排名前四位的，均在安徽所有上市公司中排在前十名以内；而主营业务利润率在地方国有上市公司排名最后五位的公司均在 100 家上市公司中排在后十名以内。民营上市公司中，主营业务利润率排名前五位的，均在安徽所有上市公司中排在前十名以内；主营业务利润率排名后四位的，也均在安徽所有上市公司中排在后十名以内。

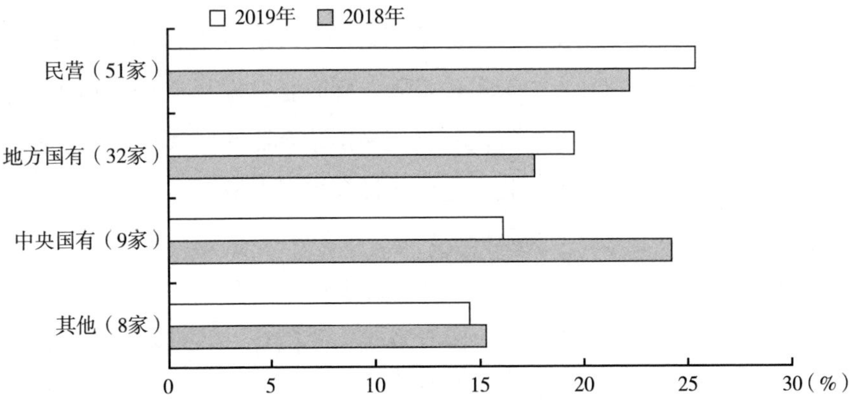

图 16　2019 年和 2018 年安徽上市公司各股权结构的主营业务利润率

三　安徽上市公司创新能力综合评价

本部分采用熵值赋权法对安徽上市公司的创新能力进行综合评价，首先对安徽上市公司进行综合排名和分析，然后分行业、城市、企业股权结构进行排名和分析，并将综合得分排名与各分指标得分排名进行对比，找出造成企业创新综合能力落后的原因。

（一）创新能力总体分析

根据熵值赋权法原理，得出安徽100家上市公司的四个指标的相对权重，如表1所示。

表1　2019年安徽100家上市公司创新水平综合评价体系权重

指标	研发强度(%)	高学历员工比例(%)	每百人专利申请数(%)	主营业务利润率(%)
熵值	90.21	91.43	89.2	93.33
熵权	24.1	21.36	37.60	16.63

从表1中我们可以看出在评价企业的创新水平时，与2018年类似，每百人专利申请数的比重最大，其次是研发强度和高学历员工比例，最后是主营业务利润率。再次说明在评价企业的创新能力时最应注重企业的技术创新成果，其次是研发费用和人力资本的投入，同时企业盈利能力确实能通过一定程度上反映企业技术创新所实现的价值来衡量企业的创新能力。根据以上计算出来的四个指标的权重，我们进一步计算出了安徽100家上市公司的各自综合得分，整理得附件1和附件2。

2019年综合得分排在前十的分别是科大讯飞、美亚光电、阳光电源、泰禾光电、江淮汽车、科大国创、设计总院、安徽合力、四创电子和安科生物，除了设计总院和安科生物分别从2018年的第16名、第12名升至2019年的第9名、第10名外，其余8家与上年排名基本一致。这10家都在合肥，其中有7家是制造业，2家是信息传输、软件和信息技术服务业，1家是科学研究和技术服务业；属于民营企业的5家，属于地方和中央国企的5家。而且这十家公司的创新投入和创新产出普遍较高，特别是有6家公司的专利产出能力排在安徽前十以内，弥补了这几家企业盈利能力弱的劣势；排在后十位的分别是精达股份、嘉美包装、安德利、淮河能源、合肥百货、长信科技、华孚时尚、德力股份、中粮科技和楚江新材，除精达股份和嘉美包装外，其余8家在2018年也排名后十位。这些公司无论是创新投入还是创新产出在100家公司中排名都普遍靠后，所以它们的创新水平在安徽最弱。其中，7家是制造业企业，2家是批发和零售业，1家是交通运输、仓储和邮政业；3家在芜湖，2家在合肥，2家在滁州，蚌埠、淮北、铜陵各1家；5家是民营企业，4家是地方和中央国有企业，1家是其他企业。

这100家上市公司创新能力综合得分平均数为0.2007，中位数为0.1550，高于平均数的有37家，低于平均数的有63家，说明安徽上市公司的创新能力之间还是有差异的。通过图17可以发现安徽上市公司的创新能力大多聚集于0.0324～0.1839这一区域，且越高于平均数，企业越少，说明安徽虽然拥有创新能力比较高的企业，但是安徽上市公司的创新水平整体还有很大程度的发展空间（图17将企业创新综合得分分为四个区间）。

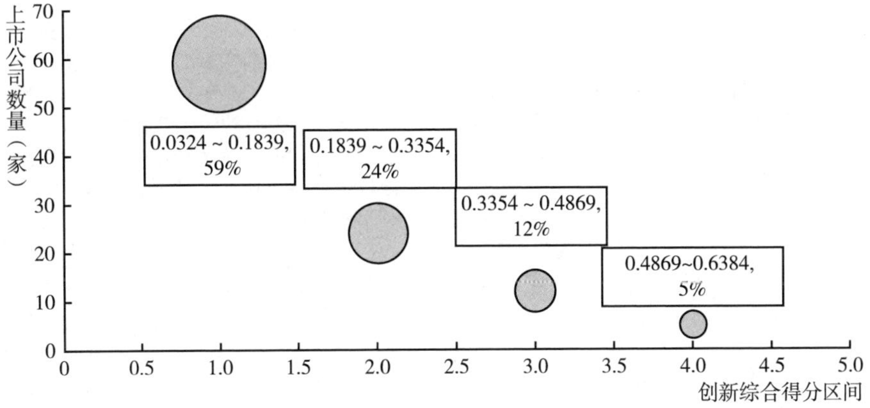

图17　安徽上市公司创新能力综合得分分布

与2018年相比，创新能力得分较高的企业在2019年仍然表现优异，这些公司在研发费用、人才投入方面投入均较多，同时在专利创新成果方面具有较大的优势；同样创新能力得分较低的企业在2019年也是不尽如人意。其中，凤形股份、伯特利、中钢天源和马钢股份分别上升了26名、21名、17名、16名，显著提高了创新能力。凤形股份是因为在2019年既投入了更多的研发费用和引进了高学历人才，又提高了专利产出和盈利能力；伯特利、中钢天源和马钢股份是因为专利产出能力显著提高。而融捷健康、丰乐种业、开润股份、华菱精工、江南化工分别下降了35名、31名、26名、23名、22名。融捷健康和华菱精工是因为在2019年不仅专利产出减少，盈利能力也有所下降；开润股份在高学历人才投入比例和专利产出方面都有所下降，丰乐种业、江南化工在专利产出方面下降明显。另外，一些公司虽然在某项指标上表现有所提升（下降），但是本身或在其他方面表现较差（较好），导致其创新能力变差或者变化不大，如科大国创、神剑股份、淮北矿业、恒源煤电等。部分上市公司创新能力变动及原因见表2。

表2　部分上市公司创新能力变动及原因

上市公司(排名变动)	创新能力变动原因
凤形股份 (↑26)	报告期内,公司根据行业发展趋势,继续加大研发投入,提升自主创新能力。如在耐磨材料方面,公司与中国科学院合肥物质科学研究院合作实施“湿磨专用耐腐蚀铸造高磨球研制”产学研项目,已取得突破性进展。在发电机及发电机组方面,公司产业升级落子高端制造,收购了康富科技51%的股权。康富科技为高新技术企业,具备较强的核心竞争力,拥有多项自主研发的核心技术。公司围绕该技术应用进行自主研发,形成了多项研究成果,包括各项相关专利的取得、应用产品种类的增加,以及运用行业的扩展。而且通过本次收购股权,公司的营业收入、净利润得到了较好提升,业务构成多样化,提升了公司整体规模和盈利能力,增进公司持续经营能力,提高公司整体价值
伯特利 (↑21)	2019年,公司加大研发投入,稳步推进新产品研发及量产交付,荣登芜湖市工业百强企业第18位。报告期内,公司新增开发项目123项,涉及69个新车型,同时投产项目92个,涉及54车型。为进一步提升新能源车辆的驻车安全性和可靠性,公司在已有的Smart EPB基础上自主研发、推出针对新能源车辆的又一款新技术产品“双控电子驻车制动系统”,并已同步运用到多款新产品开发中。同时2019年伯特利盈利同比大增近七成,主营业务利润率也较2018年有所增长,盈利能力持续改善

续表

上市公司(排名变动)	创新能力变动原因
融捷健康 (↓35)	2015 年开始,公司实施了系列并购,包括按摩椅、文化传媒、干细胞等众多领域,试图构筑大健康产业版图,但是买来的业绩终究靠不住,融捷健康的转型也因标的屡屡爽约而宣告失败。2019 年主营业务利润率较 2018 年继续下降,净亏损 7.1 亿。国内远红外桑拿房行业发展平稳,作为其主营业务之一的远红外桑拿房虽然在国内具有较高的品牌知名度,市场占有率较高,但其是公司上市之初产品。国内保健按摩器械增长势头良好,但行业竞争参与者众多,公司按摩椅、按摩小器械、空气净化器等产品主要为 ODM 代工或者代理销售,竞争力较低,市场占有率比较低。公司投资参股的远程诊断、干细胞精准医疗等项目虽然长远看市场空间较大,但是进入门槛高,整体仍处于初期发展阶段

（二）创新能力行业分析

图 18 表明，2019 年安徽大多数行业上市公司的创新能力综合得分要低于 2018 年。两年得分最高的依然是信息传输、软件和信息技术服务业，其次是科学研究和技术服务业，这两个行业无论是创新投入还是创新产出，在所有行业中均排名很靠前。特别是信息传输、软件和信息技术服务业这两年的研发强度远高于其他行业，该行业的创新能力也远高于其他行业。交通运输、仓储和邮政业，电力、热力、燃气及水生产和供应业得分在两年里一直很低，因为这两个行业总体来说无论创新投入还是产出都比较低。而制造业在 2019 年和 2018 年分别排名第五位和第六位，总体来说创新能力比较高而且稳定。主要是因为该行业具有较大研发投入和较高的专利产出。

具体到制造业，综合得分最高的前七家公司在全安徽排名前十。与此相反，制造业中综合得分排名后七家公司在安徽范围内排名后十位。而且这些公司在 2019 年和 2018 年的排名变化不明显，同样说明制造业中存在的企业创新能力差距悬殊现象依然没有得到改善。

再从制造业细分行业来看，排名前七的公司中有 3 家属于专用设备制造业。其中专用设备制造业中的企业创新能力普遍较高，其综合得分均超过 100 家公司的平均数。而有色金属冶炼及压延加工业、金属制品业、纺织业、非

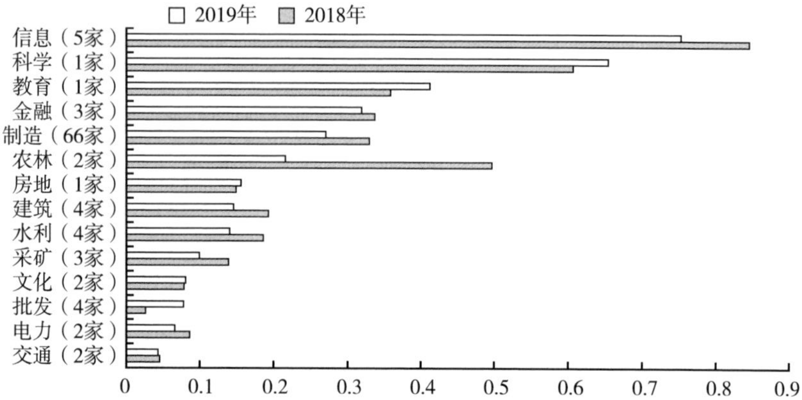

图 18　2019 年和 2018 年安徽不同行业创新能力综合得分

金属矿物制品业这几个行业中所有的企业创新能力综合得分均低于平均值。由此可见，即使是细分行业也存在上市公司创新能力差距悬殊的问题。

（三）创新能力区域分析

从图 19 中可看出 2019 年安徽大多数城市上市公司的创新能力综合得分也低于 2018 年。合肥市的创新能力综合得分在安徽省内两年都是第一，这是因为相对于其他城市，其整体研发强度、高学历人才投入以及专利产出均很高，特别是专利产出在安徽最高，可能是合肥的高校资源优势，以及政府大力扶持双创政策的结果。因此其创新能力要远高于其他城市。与此相反的是淮北、淮南和铜陵市由于创新投入较少，创新产出也较低，所以其综合得分两年都垫底。芜湖、马鞍山和宣城市分别由 2018 年的第 4、第 10、第 9 位变化为 2019 年的第 3、第 4 和第 10 位。芜湖排名上升是因为其在 2019 年继续引进了更多的高学历人才，盈利能力也再次提升。马鞍山则是因为在 2019 实现了更多的专利产出从而提升了排名。

具体到合肥市，合肥市排名前 12 位的公司在 100 家企业中也排名前 12 位，仅安德利和合肥百货在 100 家公司中排名后 10 位，而且这些公司大多数在 2019 年的排名与上年变动不大，所以合肥市上市公司的创新能力整体比较高且比较稳定。

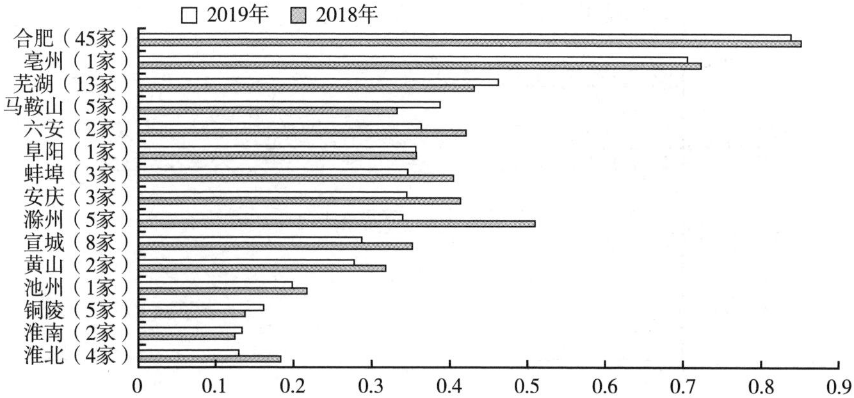

图 19　2019 年和 2018 年安徽不同城市创新能力综合得分

（四）创新能力股权结构分析

图 20 显示 2019 年除中央国有企业外，其他股权结构上市公司的创新能力综合得分要高于 2018 年。与 2018 年中央国有企业创新能力综合得分最高不同的是，2019 年得分最高的是民营企业，可能受国家支持力度最大的影响，其在 2019 年相较于其他股权结构投入了最多的研发费用并引进了较多的高学历人才，尽管其没有实现最高的专利产出，但是实现了最高的盈利能力，因此其创新能力还是高于其他股权结构的企业。中央国有企业综合得分排名第二，和民营企业相差不大。其引进了最多的高学历人才并投入了较多的研发费用，虽盈利能力不如民营企业，但专利产出较高。地方国有企业虽然没有高的创新投入，但是却有着最高的专利产出和较高的盈利能力，所以其综合得分排名第三。

地方国有上市公司中，创新能力综合得分排名前三位的，在安徽所有上市公司中排名前十位以内；而创新能力综合得分在地方国有上市公司排名最后三名的公司均在 100 家上市公司中排名后十位；这些公司在 2019 年的排名与上年变动不大。民营上市公司中，创新能力综合得分排名前五位的，均在安徽所有上市公司中排在前十名以内；创新能力综合得分排名后五位的，

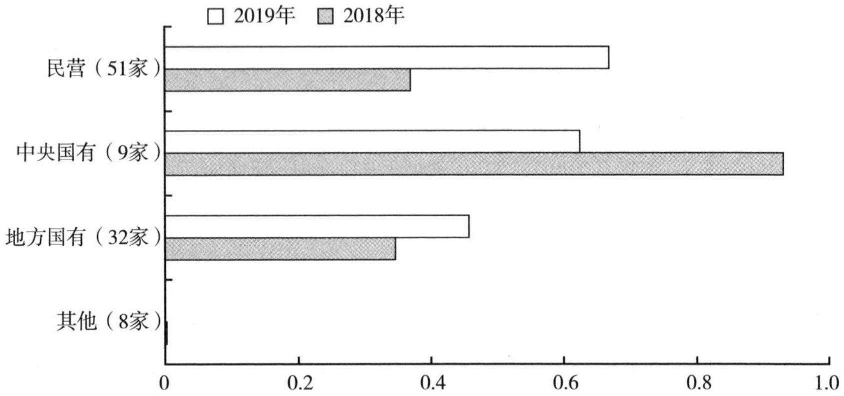

图 20　2019 年和 2018 年安徽不同企业股权结构创新能力综合得分

也均在安徽所有上市公司中排在后十名内；这些公司在 2019 年的排名与上年变动不大。

综上所述，同样，在评价上市公司的创新能力时，最看重的是企业的专利产出，其次是投入的研发费用和人力资本，最后是企业的盈利能力。总体来看，从事信息传输、软件和信息技术服务业，科学研究和技术服务行业，位于经济发达的城市，受双创扶持力度大，属于中央国有的上市公司的创新能力较强。

四　结论及对策建议

（一）研究结论

本报告基于对安徽省上市公司创新能力综合指标、分指标的分析，以及对 2018 年和 2019 年的纵向比较分析，得出以下结论。

1. 创新投入总体向好，创新产出有待改善

从数据分析的结果可以看出，安徽上市公司为提升创新能力所付出的努力。近年来，安徽上市公司越来越重视高学历人才的引进。2015～2019 年，

安徽上市公司高学历人才比例逐年上升。其中，高学历人才比例从2018年的24.67%上升到2019年的28.23%，提高了3.56个百分点。研发强度趋势稳定，2019年与2018年持平，研发强度2018年平均数为3.30%，高于平均数的公司有44家，2019年平均数为3.34%，高于平均数的公司为44家，悬殊问题有改善趋势。主营业务利润率2015~2019年整体趋势向好。

虽然安徽省上市公司在创新能力方面取得了一定的成绩，但仍有提升潜力。在创新能力综合得分方面，安徽上市公司差异仍显悬殊，100家上市公司创新能力综合得分平均数为0.2007，高于平均数的有37家，低于平均数的有63家。而创新能力综合得分的中位数为0.1550，低于平均水平4.57个百分点。安徽上市公司的创新能力大多聚集于0.0324~0.1839这一区间，且越高于平均数，企业越少。在研发强度方面，2017年骤降，2018年有所回升，2019年与2018年持平，仍低于2016年。在企业高学历人员比例方面，虽然总体逐年增加，但100家上市公司的高学历员工比例中位数为16.80%，半数企业本科及以上学历人员不足17%，平均数为28.40%，高于平均数的公司有36家，低于平均数的公司有64家。从中可以看出，只有少数企业拥有较多的高学历人才。在主营业务利润率方面，2015~2019年虽然整体向好，但差距仍然较大，100家上市公司的平均数为28.16%，高于平均数的公司有39家，低于平均数的公司有61家，而中位数仅为21.85%，低于平均数6.31个百分点。在专利产出方面，2015~2019年，安徽上市公司每百人专利申请数变化出现了缓慢下降的趋势，专利产出亟待提升。

安徽上市公司创新能力的提升，离不开安徽省的政策支持，离不开企业自身对创新的重视。总结过去的成功经验继续学习的同时，也需要寻找落后的原因。企业的创新产出离不开创新投入，从上述分析中可以看出，上市公司的投入有向好趋势，但仍然有11家上市公司的研发强度为0，尚未意识到研发强度的重要性。高学历员工比例仍然差距悬殊，一方面是因为不同行业的需求不同，另一方面是因为企业可能仍未意识到人才的重要性，在引进人才方面仍存在困难。主营业务利润率悬殊与行业因素息息相关，近年来信息技术的变革给传统制造业带来了巨大的挑战，主营业务利润率排在后十位的多为传统制造业企业，应充分利用信息技术，提高产品附加价值。每百人专利产出的缓慢下降，一方面是由于员工人数增加迅速，另一方面与专利产出速度较慢有关，专利产出的效率仍然较低。

2. 高新技术行业持续壮大，传统制造业仍需蓄势崛起

信息传输、软件和信息技术服务业，科学研究和技术服务业等高新技术行业，在创新投入和创新产出方面都凸显了优势。两个行业 2019 年创新能力综合得分分别为 0.7517 和 0.6535。交通运输、仓储和邮政业，电力、热力、燃气及水生产和供应业批发和零售业，由于行业特点，创新能力水平仍然较低。制造业的创新水平综合得分排名第五位，2019 年创新能力排名比 2018 年进步一位。从制造业内部分析来看，综合得分最高的前十位无论是在制造业行业内部还是在整个安徽省，都非常高。而制造业中综合得分最低的十位则与此相反。而且这些公司在 2018 年和 2019 年的排名变化不明显，这说明制造业中企业的创新能力差距仍然悬殊，传统制造业亟须与时俱进，蓄势崛起，结合信息技术，提高创新能力。

3. 合肥、芜湖、马鞍山创新能力突出，部分区域潜力仍有待挖掘

从区域角度的分析来看，无论是分指标还是综合指标，省会城市合肥和芜湖的创新能力优势凸显。合肥市和芜湖市拥有上市公司数量较多，创新能力综合得分总体较高，其中合肥市高达 0.8363，相对于其他城市，合肥市整体研发强度、高学历人才投入以及专利产出均很高，特别是专利产出在安徽最高，主要是因为合肥拥有高校以及科研院所资源优势，以及政府对双创的大力扶持。从 2018 年和 2019 年的比较来看，芜湖市、马鞍山市 2019 年的得分高于 2018 年，其中芜湖市 2018 年得分为 0.4308，2019 年得分为 0.4617，马鞍山市 2018 年得分为 0.3319，2019 年得分为 0.3870，创新能力综合得分提升较快，对创新的重视程度较高。淮北、淮南和铜陵综合得分较低，仍然需要进一步加大对创新的重视和投入。蚌埠、安庆、滁州、宣城的创新综合得分在安徽区域排名中处于中间段，在创新发展方面仍然有很大提升空间与潜力。

4. 央企、国企、民企悬殊状况有所改善，民企创新产出仍有待提升

从股权结构方面来看，与上年相比，2019 年在研发强度和高学历员工比例方面，央企、国企、民企的悬殊状况有所改善，央企高学历员工比例仍然最高，对于安徽省来说，央企对人才仍然更具吸引力；国企和民企主营业务利润率均高于上年。在综合得分方面，2018 年央企远远高于国企与民企的状况被打破，2019 年民企综合得分最高，略高于央企。出现这样的情况，可能因为民营企业受国家支持力度较大，其在 2019 年投入的研发费用和高学历人才高于其他股权结构，但仍然没有实现最高的专利产出，专利产出仍然与央企和国企差距较大，因而民营企业创新产出能力仍有待提升，这与民营企业涉足新兴产业较少、技术交流活动仍然较少有关。

（二）对策

1. 提升研发强度，加快转型升级

企业是开展研发活动的核心力量和动力源泉。要进一步巩固企业的研发投入主体地位，发挥其重要的引领作用。上市公司是企业中的优秀成分，更应该认识到研发投入的重要性，提升研发强度，加快转型升级，尤其是传统制造业，制造业后几位的嘉美包装、迎驾贡酒、德力股份、中粮科技等尤其应重视研发强度的提升。2019 年的研发强度与 2018 年持平，仍低于 2016 年。尤其是皖能电力等 11 家企业，研发强度均为 0，要以持续发展的眼光，根据自身的情况有针对性地增加对人力资本、技术工艺的研发和加强研发资金的投入。政府部门加大财政科技投入力度，强化政府研发投入的引导作用。优化科技专项资金管理体系，提升各级政府研发投入保障能力，做好财政科技支出的统计工作。另一方面，政府部分应突出创新主体培育，实施创新型企业培育工程，着力培养形成一批主业突出、行业引领能力强、具有国际国内先进技术水平和竞争力的创新型龙头企业，引领带动企业创新转型发展；落实优惠政策，应建立健全财政性科技投入稳定增长机制，优化政府资金支持方式，对有市场潜力的研发活动，采用阶梯贴息、绩效奖励等间接支持方式，鼓励企业开展技术创新，充分调动企业研发投入积极性。

2. 加快人才集聚，建立完善人才培养体系

2015～2019 年，安徽上市公司高学历员工比例逐年增加，但安徽 100 家上市公司的高学历员工比例中位数为 16.80%，半数企业本科及以上学历人员仍然不足 17%。高端人才是推动经济转型升级最迫切的需要、是抢占区域竞争制高点最根本的保障。企业应借助上市公司平台加快人才集聚，发挥上市企业的引才主力军作用，重点引进一批高级技术人才，大力创新高端人才引进的“新思路”，精心打造高端人才创新的“好载体”，积极优化人才落地生根的“软环境”。因而，针对高学历员工比例排在后十名的安德利、精达股份、黄山胶囊、众源新材、华菱精工、聚隆科技、长信科技、嘉美包装、德力股份、广信股份，应该借助上市公司平台加大引进高素质人才的力度，适当增加专业培训。同时，主动结合自身的发展特色建立不同的培养体系。

3. 强化企业专利意识，提高专利申请数量和质量

本研究报告发现专利是影响企业技术创新能力的关键性因素。改进企业的专利申请，首先需要继续加大宣传培训力度，增强企业专利申请和保护意识，进一步普及和推广知识产权知识；培育和提升中介机构服务水平，为企业提供优质专业服务。其次，企业应当在技术创新活动开展之前，做好市场调查，把握市场动态，在取得成果的同时对创新成果申请专利，及时将新产品打入市场，占领市场高地，推动企业创新发展。特别是民营企业，虽然其研发费用和人才投入要高于地方国有企业，专利产出却较低，因而民营企业更应该积极提升技术成果转化效率，提高专利申请数量和质量。

4. 加强区域科技创新体系建设，推动创新全面发展

从区域方面来看，创新能力较高的城市应借助自身优势，加快创新体系建设，发挥自身优势，进一步推动创新发展。对于创新能力较为落后的城市而言，首先，积极学习领先型城市的成功经验，加强自身科技创新体系的建设。其次，教育是基础，政府一方面应该重视教育基础，另一方面需要加强对科研经费和科研人才的投入。再次，落后城市从多途径引进高新技术产业投资，为提升区域创新能力提供良好的创新环境，提供科技创新项目支持。

同时，可建立共享机制和联动机制，推动促成创新发展的共识，改善城市间上市公司创新能力差异悬殊的局面。

5. 整合创新资源，加快产学研合作步伐

加快创新资源整合，形成全面高质量创新合力。一方面以重点领域前沿技术和共性关键技术的研发供给、转移扩散和首次商业化为重点；另一方面重视国家实验室建设，以打造国家高水平基础研究和应用基础研究、聚集和培养优秀科学家、开展高层次学术交流重要基地为目标，二者应有机协同、共同创新，为创新发展和实体经济发展做出更大贡献。企业技术创新能力的发展不是孤立的，因而需要充分调动企业、科研院所和高等学校的创新资源，推进产业链、创新链、资金链等创新要素的聚合参与。安徽省应借助自身的科教资源优势，中国科学技术大学、合肥工业大学、安徽大学等众多高校科研资源，还有中央驻皖科研机构以及省市的科研单位，促进多主体之间的资源整合，充分调动多方资源和力量推动创新。

6. 加速新旧动能转换，促进传统产业与科技创新加速融合

当前，全球经济正处于新旧动能转换的历史时期，上一轮产业革命提供的动能已近尾声，新一轮科技革命与产业变革正在积聚力量。互联网 +、共享经济、3D 打印、数字经济等新理念、新业态快速成长，其中蕴含巨大商机，正在创造巨大需求，将带动大量新的投资热点和就业岗位，为经济发展催生新的动能。面对新冠肺炎疫情下全球产业链的重构，以及产业中越来越激烈的优胜劣汰，传统制造业应该有转型升级的紧迫感和危机感，主动变革，加快科技创新与传统产业的深度融合，从而提高传统产业的整体韧性和现代化水平，为经济高质量发展，以及中国经济向全球价值链中高端迈进提供契机。

回顾 2019 年，安徽上市公司在创新能力提升方面付出了努力，也取得了成绩。过去的成绩为未来的发展奠定了基础，但与此同时，也应该意识到 2020 年的经济形势变化，善于变压力为动力，勇于攻坚克难，战胜风险挑战，赢得创新，发展主动。为扎实做好“六稳”工作、全面落实“六保”任务，安徽上市公司需要发挥自身优势投身脱贫攻坚战，培育壮大新的增长点增长极，牢牢把握创新发展主动权。2020 年初新冠肺炎疫情的暴发，对

经济发展和人民生活产生了全面而深刻的影响，在与疫情抗击博弈的过程中，新技术、新产品、新业态因势而生。信息技术产业迎来新机遇，装备制造产业在生产模式、产品类型和设计方式上显现诸多新特征，生物技术产业发生重大变革，中药与西药结合、诊断与治疗并重成为发展共识，新一代信息技术广泛而深入地融入经济社会发展各个领域，对网络化、智能化、数字化的迫切需求带动了相关新兴产业的加速发展，安徽上市公司需要把握科技创新的方向，加速新旧动能转换，促进传统产业与科技创新加速融合，积极主动变革，顺应新趋势，应对新挑战和新变革。

附件

附件1　2019年安徽上市公司创新能力及分指标值

排名	公司名称	综合得分	行业	城市	股权结构	研发强度（%）	高学历员工比例（%）	每百人专利申请数（件）	主营业务利润率（%）
1	科大讯飞	0.6373	信息	合肥	央企	21.59	88.73	2.11	47.80
2	美亚光电	0.6165	制造	合肥	民企	5.52	47.37	6.45	53.70
3	阳光电源	0.6105	制造	合肥	民企	4.56	66.66	6.66	24.76
4	泰禾光电	0.5870	制造	合肥	民企	9.91	33.87	5.61	53.08
5	江淮汽车	0.5024	制造	合肥	国企	3.91	35.90	6.61	8.99
6	科大国创	0.4489	信息	合肥	民企	14.26	81.68	1.01	32.22
7	设计总院	0.4298	科学	合肥	国企	3.64	76.74	2.63	43.98
8	安徽合力	0.4251	制造	合肥	国企	4.26	22.20	5.39	19.71
9	四创电子	0.3843	制造	合肥	央企	4.22	57.38	3.40	14.97
10	安科生物	0.3820	制造	合肥	民企	12.90	42.51	0.27	77.56
11	东华科技	0.3759	建筑	合肥	央企	3.45	90.24	2.16	12.34
12	国元证券	0.3717	金融	合肥	国企	0.00	89.35	0.12	98.61
13	聚隆科技	0.3688	制造	宣城	民企	4.90	4.59	4.59	31.87
14	华安证券	0.3604	金融	合肥	国企	0.80	83.11	0.00	98.95
15	三七互娱	0.3538	信息	芜湖	民企	6.63	66.62	0.00	79.14
16	中公教育	0.3380	教育	芜湖	民企	7.83	82.17	0.00	42.38
17	中钢天源	0.3378	制造	马鞍山	央企	4.82	42.65	2.73	25.33
18	新力金融	0.3272	金融	合肥	集企	0.51	81.78	0.00	83.71
19	泰尔股份	0.3148	制造	马鞍山	民企	4.57	26.98	2.95	27.10
20	安纳达	0.3091	制造	铜陵	公企	3.36	95.63	0.64	16.58
21	国机通用	0.3050	制造	合肥	央企	6.09	56.81	1.54	18.40
22	中电兴发	0.2985	信息	芜湖	民企	5.10	62.03	1.04	30.29
23	应流股份	0.2905	制造	合肥	民企	18.53	8.34	0.30	32.64
24	皖通科技	0.2826	信息	合肥	民企	5.49	64.52	0.63	28.65
25	华菱星马	0.2718	制造	马鞍山	国企	4.64	46.95	1.80	13.09
26	古井贡酒	0.2717	制造	亳州	国企	2.74	22.84	1.64	61.61
27	荃银高科	0.2654	农林	合肥	公企	5.42	51.59	0.51	39.73
28	中环环保	0.2541	水利	合肥	民企	3.32	34.28	1.71	30.93
29	全柴动力	0.2541	制造	滁州	国企	3.62	34.83	2.25	11.01
30	长虹美菱	0.2533	制造	合肥	国企	4.65	17.44	2.53	17.53

续表

排名	公司名称	综合得分	行业	城市	股权结构	研发强度（%）	高学历员工比例（%）	每百人专利申请数(件)	主营业务利润率（%）
31	安利股份	0. 2472	制造	合肥	民企	5. 12	20. 30	2. 21	17. 43
32	国风塑业	0. 2440	制造	合肥	国企	3. 58	16. 21	2. 85	10. 43
33	欧普康视	0. 2438	制造	合肥	民企	2. 77	26. 33	0. 54	76. 44
34	广信股份	0. 2337	制造	宣城	民企	5. 20	6. 45	1. 98	34. 57
35	志邦家居	0. 2265	制造	合肥	民企	3. 88	26. 46	1. 27	35. 72
36	集友股份	0. 2164	制造	安庆	民企	5. 97	13. 04	0. 91	45. 69
37	合肥城建	0. 2026	房地	合肥	国企	0. 00	69. 30	0. 00	32. 43
38	合锻智能	0. 1978	制造	合肥	民企	6. 06	20. 39	0. 67	32. 65
39	金禾实业	0. 1947	制造	滁州	民企	3. 02	8. 51	1. 73	31. 94
40	三只松鼠	0. 1886	批发	芜湖	民企	0. 44	38. 87	1. 04	27. 71
41	凤形股份	0. 1877	制造	宣城	民企	3. 20	8. 44	1. 90	21. 38
42	长城军工	0. 1799	制造	合肥	国企	5. 71	17. 98	0. 69	27. 34
43	黄山胶囊	0. 1798	制造	宣城	民企	4. 00	3. 61	1. 39	34. 27
44	伯特利	0. 1718	制造	芜湖	外企	3. 80	20. 15	0. 94	24. 13
45	富煌钢构	0. 1698	制造	合肥	民企	3. 60	12. 42	1. 54	14. 99
46	国祯环保	0. 1634	水利	合肥	民企	1. 78	42. 46	0. 33	22. 98
47	金种子酒	0. 1632	制造	阜阳	国企	1. 74	10. 12	1. 25	35. 62
48	常青股份	0. 1589	制造	合肥	民企	2. 77	8. 22	1. 61	17. 20
49	永新股份	0. 1588	制造	黄山	集企	4. 44	11. 70	0. 98	22. 31
50	皖天然气	0. 1572	电力	合肥	国企	0. 06	53. 84	0. 52	9. 58
51	精工钢构	0. 1528	建筑	六安	民企	3. 66	39. 45	0. 19	13. 22
52	交建股份	0. 1505	建筑	合肥	民企	0. 00	47. 85	0. 67	9. 27
53	皖通高速	0. 1487	交通	合肥	国企	0. 00	21. 94	0. 21	56. 54
54	恒源煤电	0. 1447	采矿	淮北	国企	4. 12	10. 70	0. 25	40. 92
55	神剑股份	0. 1437	制造	芜湖	民企	3. 96	7. 59	1. 09	18. 44
56	海螺水泥	0. 1418	制造	芜湖	国企	0. 00	40. 53	0. 04	33. 84
57	山河药辅	0. 1342	制造	淮南	民企	3. 16	15. 41	0. 31	33. 04
58	丰原药业	0. 1306	制造	芜湖	民企	2. 71	14. 31	0. 32	35. 06
59	马钢股份	0. 1289	制造	马鞍山	央企	1. 12	16. 93	1. 24	11. 41
60	安徽建工	0. 1259	建筑	蚌埠	国企	0. 68	47. 23	0. 09	10. 41
61	华茂股份	0. 1259	制造	安庆	国企	2. 97	12. 09	1. 00	11. 88
62	丰乐种业	0. 1235	农林	合肥	国企	2. 37	33. 90	0. 09	15. 38
63	时代出版	0. 1222	文化	合肥	国企	0. 44	39. 06	0. 38	10. 88

续表

排名	公司名称	综合得分	行业	城市	股权结构	研发强度（%）	高学历员工比例（%）	每百人专利申请数（件）	主营业务利润率（%）
64	口子窖	0.1218	制造	淮北	民企	0.56	8.90	0.10	58.16
65	文一科技	0.1213	制造	铜陵	民企	3.49	16.67	0.43	18.27
66	盛运环保	0.1197	制造	安庆	民企	3.30	16.33	0.63	12.60
67	辉隆股份	0.1158	批发	合肥	集企	0.24	29.88	0.86	5.01
68	司尔特	0.1150	制造	宣城	民企	2.75	7.55	0.74	21.26
69	中鼎股份	0.1148	制造	宣城	民企	4.21	13.17	0.06	26.30
70	开润股份	0.1147	制造	滁州	民企	2.81	14.50	0.26	27.01
71	洽洽食品	0.1142	制造	合肥	民企	0.61	15.28	0.55	30.53
72	惠而浦	0.1134	制造	合肥	外企	2.49	12.44	0.57	21.16
73	众源新材	0.1121	制造	芜湖	民企	1.45	3.68	1.57	6.44
74	凯盛科技	0.1119	制造	蚌埠	央企	4.41	11.13	0.43	14.15
75	黄山旅游	0.1111	水利	黄山	国企	0.00	14.31	0.00	51.70
76	融捷健康	0.1108	制造	合肥	民企	5.02	9.34	0.09	22.94
77	迎驾贡酒	0.1093	制造	六安	民企	0.48	9.44	0.23	46.46
78	江南化工	0.1086	制造	宣城	民企	1.46	11.63	0.12	40.37
79	九华旅游	0.1084	水利	池州	国企	0.00	16.31	0.07	45.47
80	铜峰电子	0.1043	制造	铜陵	民企	3.18	10.41	0.51	16.13
81	华菱精工	0.0987	制造	宣城	民企	1.46	4.32	0.96	17.54
82	皖维高新	0.0958	制造	合肥	国企	3.58	7.52	0.35	17.67
83	山鹰纸业	0.0883	制造	马鞍山	民企	2.43	9.44	0.27	20.66
84	新集能源	0.0862	采矿	淮南	央企	0.00	11.65	0.16	35.92
85	皖新传媒	0.0832	文化	合肥	国企	0.09	25.94	0.05	18.63
86	鸿路钢构	0.0770	制造	合肥	民企	2.68	7.76	0.29	14.29
87	皖能电力	0.0768	电力	合肥	国企	0.00	34.97	0.00	5.51
88	海螺型材	0.0712	制造	芜湖	国企	1.38	18.12	0.15	10.31
89	淮北矿业	0.0654	采矿	淮北	国企	2.23	9.55	0.01	17.47
90	铜陵有色	0.0639	制造	铜陵	国企	1.40	12.27	0.44	4.61
91	楚江新材	0.0598	制造	芜湖	民企	2.93	7.16	0.20	6.81
92	中粮科技	0.0537	制造	蚌埠	央企	0.54	14.63	0.04	13.82
93	德力股份	0.0520	制造	滁州	民企	0.53	5.03	0.24	18.92
94	华孚时尚	0.0477	制造	淮北	民企	1.31	12.79	0.00	9.16
95	长信科技	0.0466	制造	芜湖	国企	1.43	5.01	0.09	15.28
96	合肥百货	0.0454	批发	合肥	国企	0.00	11.48	0.00	18.07

续表

排名	公司名称	综合得分	行业	城市	股权结构	研发强度(%)	高学历员工比例(%)	每百人专利申请数(件)	主营业务利润率(%)
97	淮河能源	0.0372	交通	芜湖	国企	0.01	13.94	0.03	9.40
98	安德利	0.0372	批发	合肥	民企	0.00	2.00	0.22	18.83
99	嘉美包装	0.0327	制造	滁州	外企	0.14	5.02	0.04	17.11
100	精达股份	0.0324	制造	铜陵	民企	1.77	3.14	0.00	10.15

附件2　安徽上市公司创新能力综合排名

公司名称	综合排名及其变动			研发强度排名		高学历员工比例排名		每百人专利申请数排名		主营业务利润率排名	
	2019年	2018年	排名变化	2019年	2018年	2019年	2018年	2019年	2018年	2019年	2018年
科大讯飞	1	1	—	1	1	4	3	16	25	13	13
美亚光电	2	3	↑1	12	15	20	17	3	4	10	10
阳光电源	3	2	↓1	24	23	11	10	1	1	46	42
泰禾光电	4	4	—	5	5	35	33	4	7	11	11
江淮汽车	5	8	↑3	33	26	30	30	2	3	95	94
科大国创	6	6	—	3	2	8	4	34	59	33	24
设计总院	7	16	↑9	37	45	9	8	11	20	17	17
安徽合力	8	10	↑2	27	27	42	39	5	5	55	56
四创电子	9	7	↓2	28	25	15	14	7	6	75	78
安科生物	10	12	↑2	4	4	24	20	65	53	5	4
东华科技	11	15	↑4	43	34	2	1	15	21	82	77
国元证券	12	11	↓1	90	89	3	2	77	86	2	1
聚隆科技	13	5	↓8	19	22	95	94	6	2	35	30
华安证券	14	14	—	75	90	5	5	92	98	1	2
三七互娱	15	13	↓2	7	7	12	12	96	46	4	6
中公教育	16	24	↑8	6	6	6	7	93	95	18	48
中钢天源	17	34	↑17	20	21	23	28	10	34	45	44
新力金融	18	19	↑1	81	91	7	6	94	97	3	3
泰尔股份	19	20	↑1	23	32	37	35	8	12	42	35
安纳达	20	42	↑22	44	44	1	24	45	58	70	67
国机通用	21	22	↑1	8	9	16	22	26	17	60	61
中电兴发	22	9	↓13	17	17	14	13	33	10	38	37

续表

公司名称	综合排名及其变动			研发强度排名		高学历员工比例排名		每百人专利申请数排名		主营业务利润率排名	
	2019年	2018年	排名变化	2019年	2018年	2019年	2018年	2019年	2018年	2019年	2018年
应流股份	23	29	↑6	2	3	84	84	62	60	31	33
皖通科技	24	21	↓3	13	11	13	11	47	45	39	43
华菱星马	25	36	↑11	22	30	22	19	19	41	80	80
古井贡酒	26	25	↓1	57	51	41	44	22	18	7	7
荃银高科	27	27	—	14	14	18	16	52	71	21	19
中环环保	28	17	↓11	45	47	33	26	21	9	36	23
全柴动力	29	28	↓1	38	37	32	27	13	16	85	82
长虹美菱	30	35	↑5	21	19	49	41	12	22	65	66
安利股份	31	30	↓1	16	16	45	43	14	14	67	64
国风塑业	32	32	—	41	31	54	57	9	11	87	91
欧普康视	33	26	↓7	54	48	39	37	50	44	6	5
广信股份	34	18	↓16	15	13	91	91	17	8	26	28
志邦家居	35	23	↓12	34	41	38	36	28	13	23	25
集友股份	36	33	↓3	10	8	63	64	39	35	15	14
合肥城建	37	37	—	91	96	10	9	95	94	32	51
合锻智能	38	39	↑1	9	10	44	42	43	47	30	32
金禾实业	39	46	↑7	50	59	82	90	20	26	34	34
三只松鼠	40	—	—	83	—	29	—	32	—	40	—
凤形股份	41	67	↑26	47	52	83	99	18	32	51	65
长城军工	42	45	↑3	11	12	48	50	42	52	41	38
黄山胶囊	43	38	↓5	31	33	98	97	27	19	27	22
伯特利	44	65	↑21	35	39	46	47	38	76	47	47
富煌钢构	45	49	↑4	39	43	66	70	25	23	74	76
国祯环保	46	40	↓6	64	68	25	21	59	51	48	45
金种子酒	47	48	↑1	66	71	76	77	29	31	24	20
常青股份	48	54	↑6	55	56	85	88	23	28	68	58
永新股份	49	50	↑1	25	20	69	68	36	38	50	50
皖天然气	50	52	↑2	88	99	17	15	51	69	91	93
精工钢构	51	43	↓8	36	40	27	23	73	50	79	79
交建股份	52	—	—	92	—	19	—	44	—	93	—
皖通高速	53	55	↑2	93	92	43	45	71	88	9	9
恒源煤电	54	63	↑9	30	46	74	80	67	73	19	21

续表

公司名称	综合排名及其变动			研发强度排名		高学历员工比例排名		每百人专利申请数排名		主营业务利润率排名	
	2019年	2018年	排名变化	2019年	2018年	2019年	2018年	2019年	2018年	2019年	2018年
神剑股份	55	51	↓4	32	35	87	46	31	39	59	59
海螺水泥	56	64	↑8	94	86	26	34	87	87	28	27
山河药辅	57	59	↑2	49	53	55	56	61	66	29	29
丰原药业	58	68	↑10	58	64	59	61	60	72	25	31
马钢股份	59	75	↑16	74	76	50	55	30	40	84	81
安徽建工	60	60	—	76	81	21	18	81	77	88	92
华茂股份	61	57	↓4	51	57	68	71	35	27	83	86
丰乐种业	62	31	↓31	62	61	34	29	80	15	72	71
时代出版	63	73	↑10	84	83	28	25	57	80	86	87
口子窖	64	69	↑5	78	84	81	82	78	89	8	8
文一科技	65	53	↓12	42	29	51	53	56	42	61	55
盛运环保	66	47	↓19	46	55	52	48	46	30	81	49
辉隆股份	67	78	↑11	85	85	36	31	40	61	99	99
司尔特	68	62	↓6	56	50	88	85	41	37	52	54
中鼎股份	69	66	↓3	29	28	62	66	84	75	44	40
开润股份	70	44	↓26	53	54	58	40	66	36	43	41
洽洽食品	71	70	↓1	77	80	56	52	49	63	37	36
惠而浦	72	72	—	60	63	65	65	48	64	53	46
众源新材	73	80	↑7	69	69	97	98	24	29	97	96
凯盛科技	74	61	↓13	26	24	73	73	55	43	77	72
黄山旅游	75	71	↓4	95	93	60	59	98	96	12	12
融捷健康	76	41	↓35	18	18	80	74	79	33	49	39
迎驾贡酒	77	77	—	82	82	79	83	69	82	14	15
江南化工	78	56	↓22	67	67	71	72	76	56	20	18
九华旅游	79	74	↓5	96	94	53	54	83	100	16	16
铜峰电子	80	79	↓1	48	49	75	75	53	54	71	73
华菱精工	81	58	↓23	68	74	96	96	37	24	64	52
皖维高新	82	82	—	40	42	89	87	58	65	63	69
山鹰纸业	83	88	↑5	61	62	78	86	64	74	54	53
新集能源	84	89	↑5	97	95	70	76	74	83	22	26
皖新传媒	85	85	—	87	87	40	38	85	85	58	62
鸿路钢构	86	81	↓5	59	65	86	81	63	48	76	70

续表

公司名称	综合排名及其变动			研发强度排名		高学历员工比例排名		每百人专利申请数排名		主营业务利润率排名	
	2019年	2018年	排名变化	2019年	2018年	2019年	2018年	2019年	2018年	2019年	2018年
皖能电力	87	83	↓4	98	100	31	32	97	81	98	98
海螺型材	88	86	↓2	72	72	47	49	75	70	89	84
淮北矿业	89	84	↓5	63	38	77	78	90	92	66	57
铜陵有色	90	97	↑7	71	75	67	67	54	79	100	100
楚江新材	91	93	↑2	52	58	90	89	72	62	96	97
中粮科技	92	92	—	79	78	57	62	86	68	78	74
德力股份	93	94	↑1	80	77	92	93	68	55	56	68
华孚时尚	94	95	↑1	73	73	64	63	91	91	94	88
长信科技	95	99	↑4	70	79	94	95	82	84	73	85
合肥百货	96	96	—	99	98	72	69	99	93	62	63
淮河能源	97	98	↑1	89	88	61	60	89	90	92	83
安德利	98	100	↑2	100	97	100	100	70	99	57	60
嘉美包装	99	—	—	86	—	93	—	88	—	69	—
精达股份	100	90	↓10	65	66	99	92	100	49	90	89

B.6
安徽上市公司社会贡献与责任发展报告

刘 杨　杨 静　叶雨杭　王 娜*

摘　要： 在信息时代，社会舆论极具影响力，企业的社会贡献与责任更能影响企业的社会形象。中美贸易摩擦背景下，考察上市公司履行社会责任与对社会做出贡献的总体情况更具价值。本报告依据会计原理，运用科学的评估方法，从多个角度对安徽上市公司的社会贡献与社会责任做出了评价。本报告的主要结论是安徽上市公司在2019年中，所做社会贡献受经济环境影响有所减少，而在履行社会责任方面表现有所提高。再结合国内外经济环境以及安徽区域特点，从企业、政府和投资人等角度出发提出了针对性的意见和建议。

关键词： 社会贡献　社会责任　安徽上市公司

2020年，一场突如其来的疫情在武汉暴发，在社会各界的共同努力下，中国抗疫取得了世界瞩目的成果。其中，大量的企业出钱出力，为抗击疫情工作做出了巨大贡献。作为社会的独立法人组织，企业在其商业运作里应遵循可持续发展的原则，并且对利益相关者承担起企业社会责任。履行社会责任不仅能够帮助企业提升社会形象，更能促进社会发展。作为地区企业的代

* 刘杨，中国科学技术大学管理学院博士研究生，主要研究方向为技术创新；杨静，中国科学技术大学管理学院硕士研究生，主要研究方向为二元创新；叶雨杭，中国科学技术大学管理学院硕士研究生，主要研究方向为开放式创新；王娜，安徽省投资集团中安研究院综合部主任，主要研究方向为宏观经济。

表和“领头羊”，上市公司社会责任履行情况在一定程度上可以反映地区社会责任意识。2019 年，在中美贸易摩擦的冲击下，国内诸多地区都受到了冲击。在这个背景下，考察安徽上市公司社会贡献与责任履行情况，更能考察安徽经济发展质量，有利于督促企业注重社会贡献与责任，促进企业全面健康发展。

一　安徽上市公司社会贡献与社会责任发展报告概述

首先，要明确什么是社会贡献和社会责任。本部分先对社会贡献和社会责任的基本概念和内涵进行界定；然后明确关注企业的社会贡献和社会责任的意义所在；最后，给出本报告采用的社会贡献和社会责任测量指标和测算方法。在文献研究的基础上，本报告选取了能够反映企业社会贡献和社会责任的一系列指标，形成了安徽上市公司社会贡献和社会责任评价指标体系。

（一）社会贡献和社会责任的基本含义

企业在进行商业运作的同时，应遵循可持续发展的原则，并且对利益相关者承担起应负的责任。企业不仅仅要创造利润，对股东和员工承担法律责任，还要承担对消费者、社区、市场和环境的责任，这部分责任就是企业社会责任（Corporate Social Responsibility，CSR）。企业社会责任的概念是英国学者欧利文·谢尔顿（Oliver Sheldon）在 1923 年首次提出的。在《管理的哲学》一书中，他认为企业的目标不再单纯地只是生产产品，而且应该考虑社会的因素，并认为企业社会责任应包含道德责任。[①] 霍瓦德·R. 博文（H. R. Bowen）被称为“企业社会责任之父”。1953 年，他在《商人的社会责任》中明确提出，“商人有根据社会的目标和价值，逐渐向国家有关政策靠拢，做出自己相应的决策，并采最佳具体行动的义务”。[②] 这表明了早期企业履行社会责任与政府立法执法的推动密不可分。1979 年，卡罗尔（Archie B.

① O. Sheldon, *The Philosophy of Management*, Routledge, 2004.

② H. R. Bowen and F. E. Johnson, *Social Responsibility of the Businessman*, Harper, 1953.

Carroll）提出了企业社会责任表现的三维概念模型，认为“企业社会责任是指某一特定时期社会对企业所寄托的经济、法律、伦理、慈善的期望”。[①]

企业的社会贡献，主要指企业在一定期间内通过生产经营活动，为社会和国家创造的价值，反映企业对社会或国家的贡献水平，主要包括对员工、政府、投资者等做出的贡献。在本报告中，投资者是指包括股东和债权人在内的广义投资者。企业根据自身发展的实际情况，依法履行纳税义务、积极吸纳社会劳动力并保证员工权益、对资本所有者给予回馈、主动帮助社会困难群体等行为，都是企业对社会所做的贡献。企业对社会做贡献，从表面看是付出了成本，但是从长期来看，实际是改善企业外部环境的一种方式，有利于企业价值的提高。

理论认为，广义的社会责任包含了社会贡献，狭义的社会责任与社会贡献是有区别的。本报告采用狭义的社会贡献与社会责任界定，认为这是两个不同的概念。然后，通过处理后的计算方式，将社会贡献与社会责任综合为社会综合贡献率指标来衡量上市公司履行社会责任的状况。

（二）安徽上市公司社会贡献和社会责任的研究意义

自加入长江三角洲经济带以来，安徽的经济得以快速发展，安徽市场总体呈现向好态势。上市公司是否也因此给社会带来了更多的福祉？研究并强调安徽上市公司的社会贡献和社会责任，是促进企业和社会和谐以及可持续发展的必然要求，也是我国证券市场规范化的必经历程。企业作为社会发展的主体和基本单元，既享受着社会提供的生存发展的条件和资源，也应承担一定的社会责任，对社会做出一定的贡献。作为发展中国家的中国，需要企业特别是上市公司承担起相应的社会责任和做出相应的社会贡献，这样才能保障绿色、环保、持续、有序的发展。随着我国证券市场运行的规范化，披露企业的社会贡献和社会责任相关信息，已经成为上市公司需要承担的义务。

---

① A. B. Carroll, “Three - dimensional Conceptual Model of Corporate Performance,” *Academy of Management Review*, 1979, 4 (4): 497 - 505.

研究安徽上市公司社会贡献和社会责任的履行情况，有助于发现安徽上市公司在履行社会责任中存在的问题，从而得出提高社会贡献和改善社会责任履行的对策建议。在对企业社会贡献的状况进行分析时，可以通过客观数据的处理和分析，来产生相对准确的数据结果。这有助于发掘对社会贡献巨大的优秀企业，旨在促进安徽上市公司更加积极地对社会做贡献、履行社会责任。此外，通过对安徽上市公司社会贡献和社会责任披露信息的关注，能够督促这些企业在未来更加详细、诚实地披露社会贡献与责任相关信息。

对安徽上市公司社会贡献和社会责任的研究，是对现有市场上地域性上市公司社会贡献和社会责任报告的补充。自本书第一版出版以来，安徽上市公司的社会贡献和社会责任发展报告已经连续三年得到深入研究。通过持续的深入探讨，更能发现安徽上市公司纵向的发展脉络，得出跨越时间的结论。

（三）安徽上市公司社会贡献和社会责任指标选取及衡量方法

2019 年的上市公司社会贡献与社会责任报告，将社会贡献与社会责任割离开来，分为两个独立的部分去考察了上市公司为社会带来的福利。对于社会贡献部分，采用了三组指标进行综合衡量，最后通过熵值赋权的方式计算综合得分；对于社会责任部分，采用了四大责任指标，79 个详细指标，使用主管评判打分的方式得出指标得分。

为了统一指标、综合考察上市公司的社会贡献，本报告对指标做了优化调整。相比 2019 年指标体系，调整后的指标一方面冗余程度大幅降低，避免了不必要的工作，降低了指标的复杂程度；另一方面在社会责任部分，降低了人为因素的干扰，使得社会责任部分更加客观、科学。

本报告参考相关文献[①]，结合实际情况，在保证全面准确反映社会贡献以及社会责任的基础上以企业社会贡献为主要指标，以企业履行社会责任情况为调整，构建更加简洁、准确、清晰的社会综合贡献率指标：

---

① 陈竞雄等：《构建社会综合贡献率指标　完善财务报告信息披露》，《西部经济管理论坛》2014 年第 25 期，第 64 ~66 页。

社会综合贡献率 = 社会责任调整系数 × 社会贡献率

其中：社会贡献率 = 社会贡献总额/平均资产总额 × 100%

平均资产总额 = (期初资产总额 + 期末资产总额)/2

社会贡献总额 = 股利与利息支出 + 税金总额 + 公益性支出 + 就业支出

社会责任调整系数：初始为1，根据企业履行社会责任情况调整。

1. 社会贡献部分

（1）平均资产总额

平均资产总额是指企业在一定时期内占用资产的平均数额。它既是一个描述企业在一定时间段内拥有资产平均数量的指标，又是一个能够预测企业在未来一段时期内占用和取得多少资源使用权的指标。而企业对资源进行合理配置的能力，恰好体现了企业对于社会的价值。只有在企业获得了资源的使用权，对它进行一些有效利用后，它才能转变为对人类有益的物质。能否用尽可能少的资源为社会创造尽可能多的贡献，是衡量一个企业社会贡献能力高低的重要指标。①

（2）社会贡献率

社会贡献率是公司社会贡献总额与公司平均资产总额的比，是衡量公司运用全部资产为社会创造价值的能力。社会贡献率是衡量公司社会贡献最直接、最主要的指标。社会贡献总额是以货币形式表现的公司为社会创造的国民收入总额。② 社会贡献总额指标分解见表1。

表1　社会贡献总额指标分解

一级指标	二级指标	三级指标
直接利益相关者	股东和债权人收入	利息支出、净利润
政府	政府财政收入	所得税、税金及附加
社会利益	就业机会	工资、奖金、津贴和补贴
	公益慈善	公益支出 + 救助支出

① 叶彬：《我国企业社会责任绩效综合评价指标体系的构建研究》，《时代金融》2018年第7期，第139～141页。

② 严复海、赵麟：《企业社会责任绩效评价指标体系的构建》，《生产力研究》2009年第2期，第146～148页。

企业的社会贡献包含四个方面：股东和债权人的收入、政府财政收入、公益慈善和就业机会。[①]

①股东和债权人的收入

企业对股东和债权人的义务履行成果主要从企业对股东和债权人的股利支出中体现出来。股东和债权人无疑是社会这一有机整体的一部分，他们和企业有着非常直接的利益关系。[②] 他们希望通过企业获得他们预想的经济收益，而企业也有义务帮他们争取利益。企业能够为他们争取的经济利益越多，证明企业对于他们的价值越大。

②政府财政收入

企业对政府财政收入的贡献可以用企业所缴纳的各项税金来确定。政府要采取多种措施使社会秩序稳定、经济繁荣和人民生活水平得到提高，要实现这一目标，就会耗用一定量的资源。政府必须有效地组织好财政收入，从而能够支付所耗用资源的费用，税收是财政收入的一个重要部分。企业向政府纳税，政府取得财政收入后才有能力调配更多资源去解放和发展生产力、促进社会繁荣稳定，这其实也是企业对社会的贡献。

③公益慈善

企业参与公益性事业，是将企业的财富输送到更需要它的地方，是把资源的使用权让渡给了更能体现资源价值的人。对企业的这一部分贡献，可以将企业在公益、救助方面的支出加总后予以确认。

④就业机会

社会需要企业提供充分的就业机会，让获得就业岗位的人能够依靠自己的劳动收入满足自己和家人的物质和心理需求。另外，企业能够提供较多的或充分的就业机会解决社会闲置人口的就业问题，也是企业对社会做出的贡献。在确认企业对社会就业的贡献时，不能仅对企业给员

---

① 刘良惠、朱耀：《构建以企业社会责任为基础的财务绩效评价指标体系探讨》，《财会研究》2011 年第 17 期，第 45 ~ 48 页。

② 张兆国等：《企业社会责任与财务管理变革——基于利益相关者理论的研究》，《会计研究》2009 年第 3 期，第 54 ~ 59 页。

工的工资进行确认，还应包括企业给员工的福利费用以及对他们进行培训的费用。

2. 社会责任部分

（1）企业的社会责任调整系数

该系数根据企业承担社会责任情况得出。企业在承担经济责任，为债权人、股东和员工创造经济利润的同时，应承担起相应的社会责任。其基本内容是：一是对社会负责，肩负起应该承担的责任；二是对环境负责，保证可持续发展；三是对市场负责，维持正常市场秩序。本报告根据上市公司公布的社会责任报告，以及相关的商业诉讼权威新闻和消费者的投诉记录，依照指标的分解，对上市公司的社会责任履行情况进行评价，得出上市公司的社会责任调整系数。此外需要注意的是，为体现社会责任调整系数的作用，当企业的社会贡献率为负时，该系数由扩大作用改为缩小作用，使得其发挥的调整作用一致。[①] 企业社会责任指标分解见表2。

表2　企业社会责任指标分解

一级指标	二级指标	三级指标
社会责任	员工保障	社会保险覆盖率;劳动合同签订率;参加工会的员工占比;每年人均带薪年假数;工伤事故率;职工培训;残障人士雇佣率;困难员工帮扶投入;员工满意度;员工工资水平及增长情况
	公益扶贫	扶贫支出;公益捐赠;基金会;志愿活动
	安全管理	安全生产管理体系以及认证;安全及消防知识培训;安全设备及人员投入;员工伤亡数(负向)

① 王晓路：《完善会计社会责任评价指标体系的探索》，《中国证券期货》2013年第2期，第120、124页。

续表

一级指标	二级指标	三级指标
环境责任	绿色经营	环境管理体系以及认证;环保培训与宣传;改善环境投入;达到/远低于/超出国家排放标准;可持续经营理念
市场责任	客户满意	客户关系管理;售后服务体系;客户投诉(负向);客户信息保护;客户满意度
	合法经营	违规处罚(负向);信息披露;商业诉讼败诉(负向)

①社会责任

企业在进行生产经营时，需要对社会履行必要的责任：一对是内部员工负责，需要保证他们的合法权益、制定适当的成长计划、照顾弱势群体；二是对社会弱势群体负责，企业占用社会资源成长后，有责任帮扶社会弱势群体，带动他们的发展与进步；三是对安全负责，企业在生产经营时，不能盲目追求绩效而忽略安全，安全经营也是对社会负责的体现。

②环境责任

改革开放以来，党中央、国务院高度重视中国的可持续发展。企业在生产经营中，需要坚持绿色经营理念，对生态环境负责。盲目追求经济利益而损害环境，是对未来发展不负责的表现。企业对生态环境负责，也是履行社会责任的一种体现。

③市场责任

企业所处的经营市场环境，决定了企业在日常交易中的信任度和形象，也会影响行业的一些潜在的规则。良好的市场交易环境能提高企业和行业的交易效率，带来整体经济效益的提高。因此，企业在经营过程中，有责任维护市场秩序，遵守市场规则，共同营造一个健康积极的市场环境。

（2）指标赋权

在多属性评价中，指标权重的确定是构建评价指标体系的重要环节，反映了各因素在多属性评价过程中所起的作用或所占的地位，并直接影响评价结果的可靠性和客观性。利用客观赋权法确定指标权重是基于各种数学模型和方法进行的，客观性较强。一般，客观赋权法有熵值法、标准离差法、Critic 法、复相关系数法、主成分分析（Principal Component Analysis，PCA）法等。

这里本报告首先采用主成分赋权法从打分的三级指标中提取包含足够信息的二级指标。相比其他几种方法，该方法构建的权重系数不仅具有良好的信度，还能体现各项指标的相对重要性和指标间的差异性，将其应用于多指标综合评价中的评价结果能够达到科学、合理、客观的要求。并且，该方法能使二级指标充分包含三级指标的信息，在降低指标维度的同时，做到最大化地保留重要信息。

然后，本报告采取熵值赋权的方法，从二级指标中提取社会责任的综合指标。熵值赋权法是基于差异驱动的原理、突出局部差异的一种赋权方法。它根据各个样本的实际数值求得最优权重，反映了指标信息熵值的效用价值，避免了人为因素的干扰，从而具有较高的再现性和可信度。信息熵是信息无序的度量，其值越大，信息的无序度越高，效用价值越小，那么相应的指标权重就越小。

（3）三级指标打分

本报告对每一家企业单独考察，依照指标项目，对企业的社会责任报告、官方通知、权威新闻等社会责任重要披露渠道披露的信息进行评价，对符合指标项目的做正向记录，不符合指标项目的做负向记录，对没有相关信息的记录为零，最终得到三级指标得分。依据指标得分，本报告推算出上级指标的得分。最终根据主成分赋权法计算企业的社会责任调整系数。[①]

① 沈洪涛、冯杰：《舆论监督、政府监管与企业环境信息披露》，《会计研究》2012 年第 2 期，第 72～78 页，第 97 页；季晓佳等：《媒体报道、政府监管与企业环境信息披露》，《中国环境管理》2019 年第 6 期，第 180～181 页。

3. 研究样本与数据来源

本报告中社会贡献数据主要来自 Wind 数据库和每个企业的财务报告等权威报告。以 2019 年度沪深 A 股上市公司为初始样本进行筛选，选择归属地为安徽的上市公司。社会责任的指标数据则通过浏览安徽上市公司 2017～2019 年的年度报告、社会责任报告以及公司官网、新浪财经、巨潮资讯网、证券交易所网站等其他权威网站中的信息，手工统计得出。①

样本选择标准如下：不包括暂停上市公司、中止上市公司；样本上市公司覆盖中国证券监督管理委员会上市公司行业分类标准涉及的 13 个行业类别；样本不包括经营连续三年亏损，被进行退市风险警示的境内上市公司（在其股票简称前冠以“＊ST”标记）；样本不包括严重亏损、市值严重低于净资产的上市公司。

在此，为明确研究主体，本部分特做以下说明。

首先，行业、区域和企业股权结构的划分同《安徽上市公司业绩发展报告》一致。

其次，研究数据截至 2019 年 12 月 31 日，芯瑞达、玉禾田、艾可蓝三家企业属于 2020 年新增上市公司，不在本报告研究的范围内；大富科技归属地于 2020 年由深圳更改为安徽，也不在本报告研究的范围内。安徽上市公司剔除 B 股上市及经营异常企业（股票简称为＊ST 安凯、＊ST 德豪、＊ST 新光、＊ST 梦舟、＊ST 六化）。中鼎股份、盛运环保、芯瑞达三家企业在本报告展开研究时，仍未公布年报这一重要报告，许多重要信息无法获取，暂不将其纳入样本考察。进行上述筛选后，共选择 98 家上市公司用于本报告分析。

最后，各项指标数据来自年度报告、社会责任报告以及公司官网、新浪财经、巨潮资讯网、证券交易所等其他权威网站。

① 钟宏武：《上海上市公司社会责任研究报告》，经济管理出版社，2016。

二　安徽上市公司社会贡献综合分析

在这一部分，本报告将从社会贡献、社会责任和社会综合贡献三个方面，分行业、城市、股权结构对安徽上市公司进行多维度、多角度的分析。

（一）安徽上市公司社会贡献分析

基于以上对社会责任涵义的界定及目前会计报表体系对社会责任会计信息的披露情况，同时借鉴1995年财政部公布的评价企业经济效益十大指标中“社会贡献率”指标的计算方法（社会贡献率 = 企业社会贡献总额/平均资产总额 ×100%），本报告对安徽上市公司的社会贡献率进行了考察。

1. 安徽上市公司社会贡献率总体评价

总体来看，2019年安徽上市公司社会贡献总额较前两年有所下降（见图1）。2019年社会贡献总额共计1573.36亿元，相比2018年的2325.38亿元，下降了32.34%。2019年社会贡献率的平均值为10.86%，相比2018年的18.28%，降低了7.42个百分点。

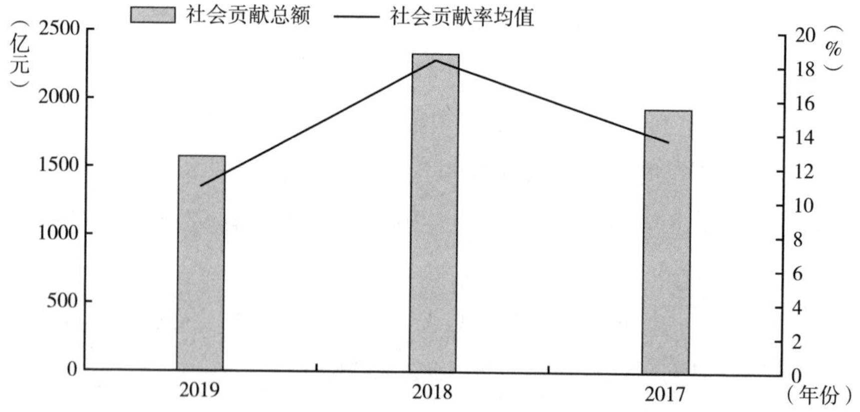

图1　2017～2019年安徽上市公司社会贡献总额与社会贡献率均值变化

2019 年安徽上市公司社会贡献率排名见本报告附件 1，其中，前十名如表 3 所示。因酒企税率较高，古井贡酒、迎驾贡酒和口子窖三家酒企运营稳定，因此保持在前十名之中。开润股份因超高的营业额，也有较高的税收贡献，因此在前十名中稳定占据一席之地。海螺水泥、美亚光电、三七互娱等企业均有两年位列前十名（剩余年份排名也比较靠前），也为社会创造了不可忽视的福祉。中公教育自 2018 年上市以来，凭借独特的行业特点和较高的盈利能力，一直占据社会贡献率榜首。

表 3　2017～2019 年安徽上市公司社会贡献率前十名变化情况

名次	2019 年	2018 年	2017 年
1	中公教育	中公教育	古井贡酒
2	口子窖	古井贡酒	口子窖
3	美亚光电	淮北矿业	国机通用
4	古井贡酒	口子窖	迎驾贡酒
5	三七互娱	海螺水泥	开润股份
6	迎驾贡酒	迎驾贡酒	三七互娱
7	海螺水泥	开润股份	金禾实业
8	欧普康视	美亚光电	安纳达
9	开润股份	安徽合力	中鼎股份
10	永新股份	设计总院	华菱精工

2019 年安徽上市公司中社会贡献率高于平均数 10.86% 的企业有 32 家，其中有 22 家企业属于制造业。这一占比是 68.75%，与之前的研究结果一致，制造业依然是社会贡献的中坚力量，总体上，制造业运用社会资源创造社会福祉的能力，依然高于其他行业。但是 2019 年社会贡献率高于 30% 的企业只有 7 家，这一数值在 2018 年是 18 家。整体上，2019 年安徽上市公司社会贡献率有所降低。

2. 安徽上市公司社会贡献率多角度评价

分行业来看，同 2018 年的结果一致，行业社会贡献率最高的依然是教育行业（见表 4），但仅仅一家中公教育，很难反映行业的真实状况。中公教育能否一直保持最高的社会贡献率，是值得关注的。

表4　2019年安徽上市公司行业社会贡献率与排名

单位：家，%

行业简称	企业数量	2019年行业社会贡献率	2019年行业排名	2018年行业排名	2017年行业排名
教育	1	47.37	1	1	—
科学	1	16.65	2	2	1
信息	5	15.61	3	9	3
采矿	3	12.97	4	3	2
水利	4	11.80	5	5	5
交通	2	11.72	6	8	8
电力	2	11.35	7	7	11
制造	64	10.69	8	6	4
房产	1	9.84	9	13	9
文化	2	7.80	10	11	6
批发	4	7.70	11	12	7
农林	2	6.87	12	14	10
建筑	4	5.17	13	4	12
金融	3	5.06	14	10	13
平均值:12.90			中位数:11.02		

总体上，行业社会贡献率的均值高于中位数，说明行业间存在着一定的差距；此外，行业的排名中仅有个别行业波动比较大，其他的较为稳定（见图2）。2019年，科学行业社会贡献率依然位列前茅，且三年内排名都比较优异，同教育行业一样，只有一家企业的科学行业也无法非常准确地说明行业的真实状况。建筑行业在2018年排名靠前，但2019年和2017年名次均比较靠后，其波动性较大。与建筑行业波动方向相反的是信息行业，信息行业2018年社会贡献率排名靠后，但是前后两年排名比较靠前。上市企业数量最多的制造业社会贡献率排名逐年靠后，其背后的原因值得深入研究。

从地域来看，亳州依然凭借古井贡酒的巨大税额贡献，摘得桂冠。然而一家企业很难真实反映这一地区的水平。六安和淮北两个地区社会贡献率排名较为稳定，连续三年名列前茅。上市公司数量最多的合肥，表现稳定，但其排名靠后，说明合肥地区的上市企业社会贡献率高低差距较大（见表5）。

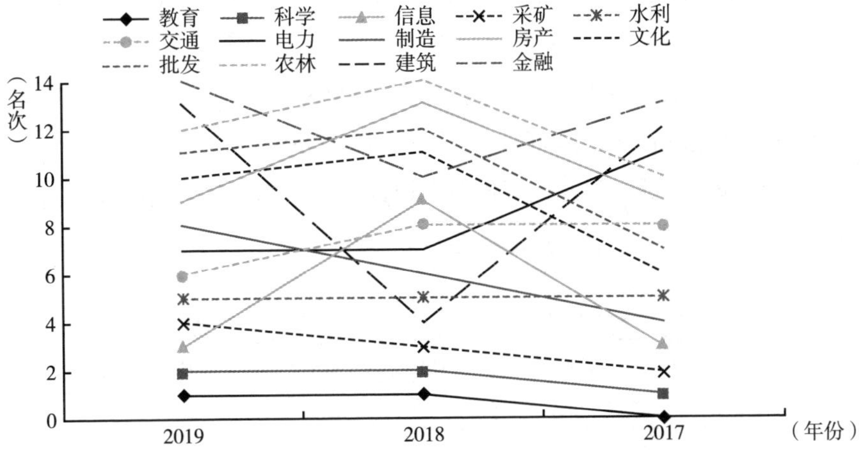

图 2　2017～2019 年安徽上市公司行业社会贡献率名次变化

表 5　2019 年安徽上市公司区域社会贡献率排名

区域简称	企业数量	2019 年区域社会贡献率(%)	2019 年排名	2018 年排名	2017 年排名
亳州	1	42.29	1	1	1
六安	2	20.96	2	3	3
淮北	4	19.33	3	2	2
池州	1	19.09	4	6	5
黄山	2	18.49	5	12	7
芜湖	13	17.47	6	4	9
淮南	2	15.38	7	5	8
安庆	2	14.20	8	15	15
滁州	5	12.12	9	7	4
宣城	7	9.21	10	10	10
合肥	45	8.21	11	11	12
马鞍山	5	6.75	12	9	11
蚌埠	3	5.25	13	13	14
铜陵	5	3.37	14	14	13
阜阳	1	-0.10	15	8	6
平均值:14.14			中位数:14.20		

当然，也应注意到有几个地区变化较大。黄山在2018年排名靠后，但是2017年、2019年两年排名较好。安庆前两年排名靠后，2019年排名迅速攀升（见图3）。这些地区的排名波动，不排除是短暂性的波动。阜阳仅有金种子酒一家上市企业，但2019年该企业净利润为-20375.62万元，导致社会贡献率迅速降低，因此地区排名也快速下滑。滁州的排名持续下滑，该地区需要排查原因，稳定企业的社会贡献。

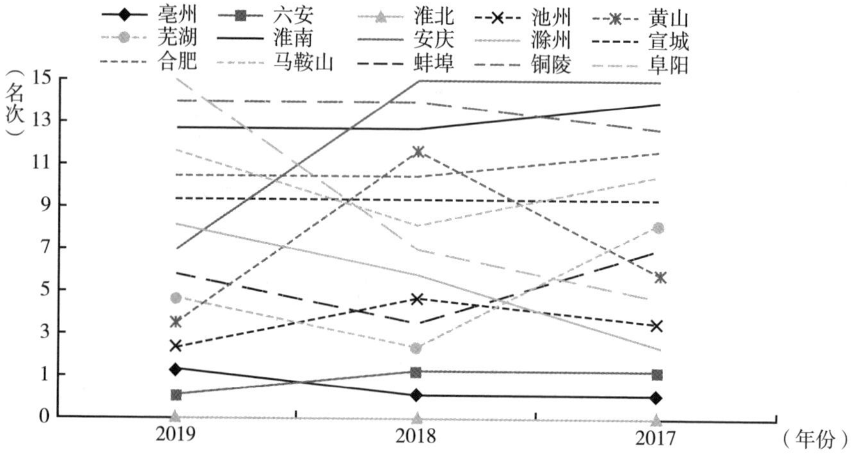

图3 2017~2019年安徽上市公司区域社会贡献率名次变化

从股权结构来看，总体情况与2018年相似。民企类和地方国企类的上市公司依然为安徽带来了较好的社会贡献；中央国企和其他类型的企业数量接近、表现也接近（见图4）。然而和2018年相比，2019年安徽上市公司各股权结构企业社会贡献率均表现为下降。

（二）安徽上市公司社会责任分析

企业社会责任发展指数是对企业社会责任管理体系建设现状和社会/环境信息披露水平进行评价的综合指数。本报告将责任主体拆解为对社会负责、对环境负责和对市场负责，并进一步的细化为三级指标体系。然后，本报告根据安徽上市公司公布的社会责任报告、年度报告以及相关的权威新闻、数

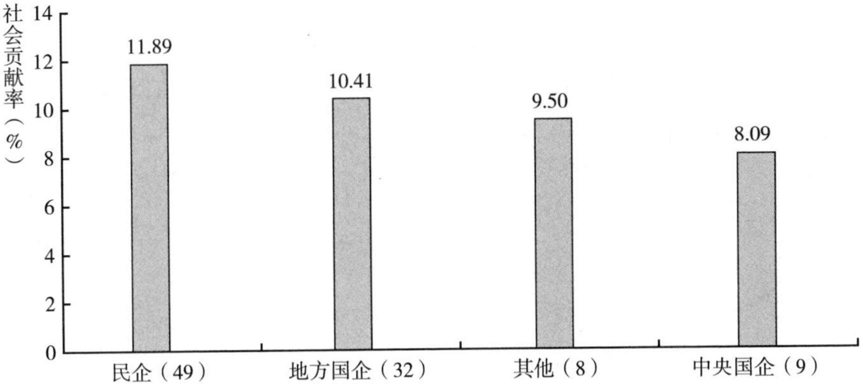

图 4　2019 年安徽上市公司各股权结构企业社会贡献率

注：括号中数字为企业数量，此后不赘述。

据网站，对每一家上市公司的社会责任履行情况按照三级指标进行评价。

在得到三级指标数据后，为了尽可能地保留三级指标包含的信息，本报告依据主成分的方法提取二级指标数据（提取一个主成分，解释度均达标）；然后，与其他报告一致，为了突出各个指标之间的差异，本报告采用熵值赋权法对二级指标进行整合得到社会责任综合得分。

表 6　熵值赋权各指标权重

指标	员工保障	公益扶贫	安全管理	绿色经营	客户满意	合法经营
权重	0. 0901	0. 2400	0. 0790	0. 1114	0. 1767	0. 3029

另外，需要注意的是本报告对这部分指标做了调整，但指标本身反映的都是社会责任这一大的概念。因此在每年的排名对比上，本报告不做重点探讨，仅仅提出一些参考性的对比，这样的对比虽然在理论上无法说明问题，但实际中可以反映一些问题。

1. 安徽上市公司社会责任综合得分总体评价

本报告附件 2 给出了安徽上市公司社会责任的详细信息。如图 5 所示，本报告按照社会责任综合得分，将安徽上市公司从高到低排列，可以看到曲线非常接近数据拟合线；并且，安徽上市公司的社会责任综合得分均值为0.3356，中位数是0.3253，两者比较接近，也能说明安徽上市企业社会责任的履行比较对称，即具有相对较高社会责任意识的企业与有相对较低社会责任意识的企业几乎呈对称分布。

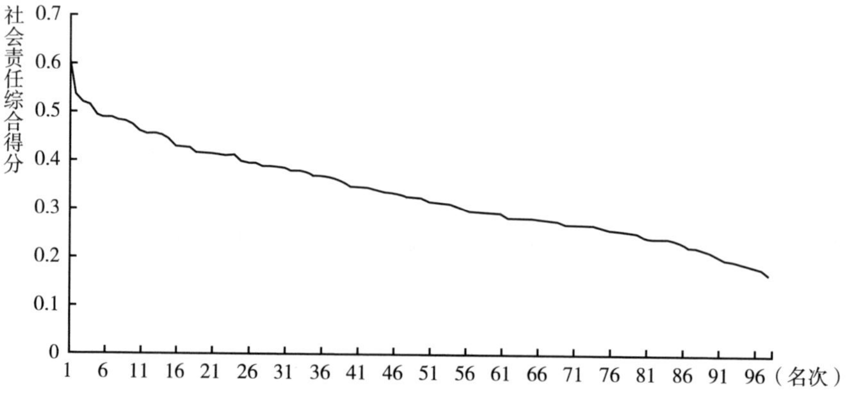

图5　2019年安徽上市公司社会责任综合得分

通过数据可以看到，前十名公司的社会责任综合得分下降得更快（见表7），在图5中也可以观察到其下降幅度更大。这表明，安徽上市企业社会责任意识较高企业间的差距比其他等级企业间差距大。另外，皖维高新（2018年社会责任综合得分名次7）和安徽合力（2018年社会责任综合得分名次6）在2019年和2018年的社会责任综合得分排名中，均位列前十。虽然无法直接做对比，但就两次考察来说，这两家企业均有着较高的社会责任综合得分，能够表明皖维高新与安徽合力具有良好的社会责任意识。

值得注意的是，在社会责任综合得分的前十名中，有两家金融类公司（见表7）。安徽共有三家金融类上市公司，另外一家金融类企业的社会责任综合得分表现也良好（新力金融综合得分为0.3467，高于平均水平，排名41），这表明，安徽金融类企业在金融市场为其他行业服务时，也非常注重履行自身的社会责任。金融类企业具备良好的社会责任意识，能够更好地服务社会经济发展。

表 7　2019 年安徽上市公司社会责任综合得分前后十名

名次	企业简称	综合得分	名次	企业简称	综合得分
1	安德利	0. 6017	89	长信科技	0. 2195
2	皖维高新	0. 5327	90	江淮汽车	0. 2157
3	皖通高速	0. 5202	91	海螺型材	0. 2069
4	安徽合力	0. 5137	92	国机通用	0. 2003
5	精工钢构	0. 4941	93	惠而浦	0. 1980
6	凯盛科技	0. 4889	94	皖通科技	0. 1943
7	新集能源	0. 4887	95	美亚光电	0. 1905
8	华安证券	0. 4838	96	开润股份	0. 1858
9	东华科技	0. 4807	97	科大国创	0. 1815
10	国元证券	0. 4734	98	恒源煤电	0. 1703
平均值:0. 3356			中位数:0. 3253		

本报告针对社会责任综合得分后十名的上市公司，深入二级指标整理分析发现，它们大都在公益扶贫这个指标上失分严重，再加上员工保障得分低（例如海螺型材、江淮汽车等）、绿色经营得分低（例如恒源煤炭、惠而浦等）等，致使综合得分排名比较靠后。另外值得注意的是，国机通用在2018 年排名中也比较靠后，其在今年的公益扶贫指标上失分较多。

在表 8 中，本报告对比了 2017 年至 2019 年的社会责任综合得分前十名。可以看到，安徽合力在三年的排名中，都有不错的成绩；皖维高新、新集能源、皖新传媒在三年中，有两年的表现比较好。总体上，安徽上市公司在社会责任方面没有出现“一家独大”的现象，总体比较接近。

表 8　2017 ~ 2019 年安徽上市公司社会责任综合得分前十名

名次	2019 年	2018 年	2017 年
1	安德利	皖新传媒	海螺水泥
2	皖维高新	安徽水利	安徽合力
3	皖通高速	山河药辅	新集能源
4	安徽合力	阳光电源	洽洽食品
5	精工钢构	黄山旅游	众源新材
6	凯盛科技	安徽合力	金禾实业
7	新集能源	皖维高新	梦舟股份

续表

名次	2019 年	2018 年	2017 年
8	华安证券	中公教育	皖新传媒
9	东华科技	科大讯飞	华孚时尚
10	国元证券	金种子酒	惠而浦

2. 安徽上市公司社会责任综合得分多角度评价

从行业角度来看，总体上行业之间没有出现特别大的断裂（见图 6），可划分为四个层次：房产和批发二马当先，难分伯仲；金融和建筑紧随其后；农林、文化、交通、科学、电力和教育行业更能代表中间力量；水利、制造、采矿和信息行业尾随，仍须努力。公司数量最多的制造业社会责任综合得分均值为 0. 3189，低于总体均值 0. 3356，这表明制造业内，不少企业依然没有足够重视履行社会责任，需要加强培养制造业企业的社会责任意识。在图 7 中，本报告将行业排名的三年变化绘在同一折线图中。由于本报告对指标做出优化调整，因此今年的排名变动明显较大，因此这部分仅作参考。

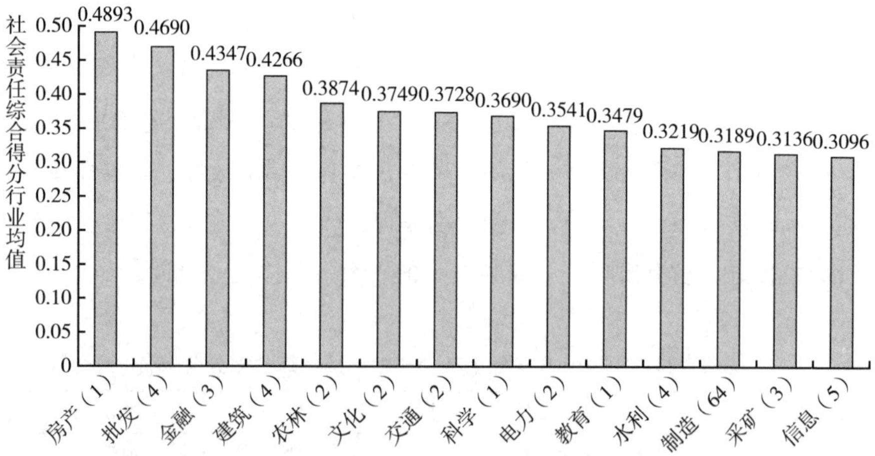

图 6　2019 年安徽上市公司社会责任综合得分行业均值

从地区来看，阜阳、六安、蚌埠、池州、淮南和亳州上市公司社会责任综合得分表现较好，和其他地区之间出现了一个断裂；其他地区间比较平稳，总体落差不大。上市公司数量最多的合肥，社会责任综合得分均值为

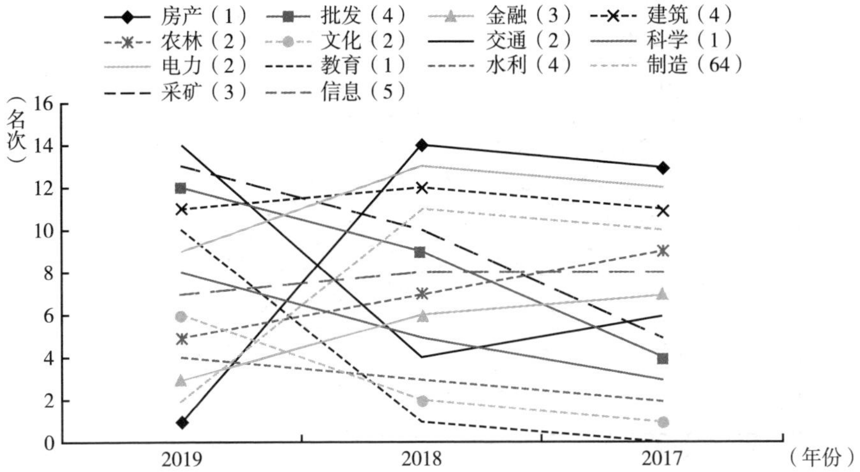

图7　2017～2019年安徽上市公司社会责任综合得分行业排名变化

0.3503，高于总体均值0.3356，这表明合肥的上市公司，多数具备较好的社会责任意识。淮北需要重视提高企业的社会责任意识，以求实现地区的全面发展。在图9中，本报告呈现出了各个地区三年的名次变化。

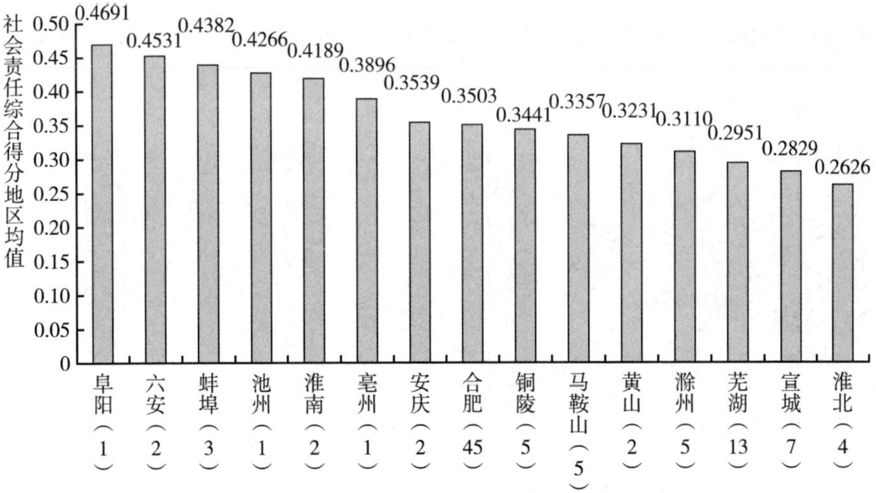

图8　2019年安徽上市公司社会责任综合得分地区均值

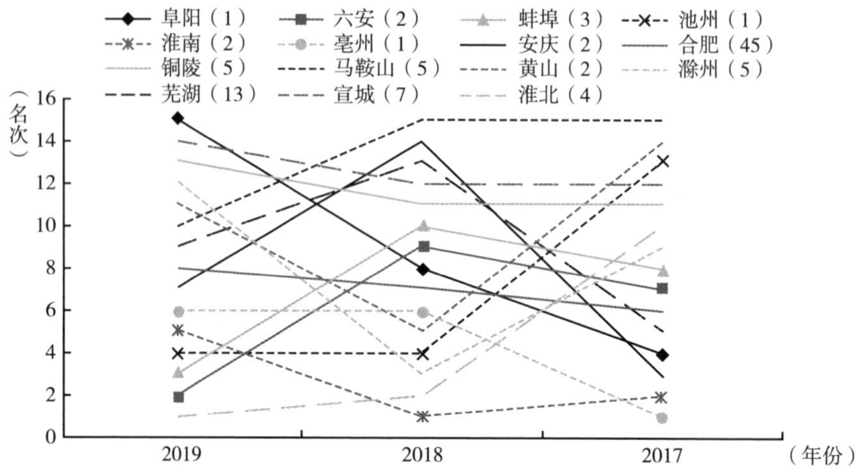

图 9　2017～2019 年安徽上市公司社会责任综合得分地区名次变化

从股权结构来看，中央国企履行社会责任的意识最为强烈，其次是地方国企和民企（见图 10）。这表明国企类的上市公司有着更高的社会责任意识，能够体现企业存在的价值。数量较多的民营企业的得分与地方国企和其他类企业没有拉开差距，这表明大多数的民营企业都具备一定的社会责任意识，能够积极主动地践行自己应当承担的社会责任。

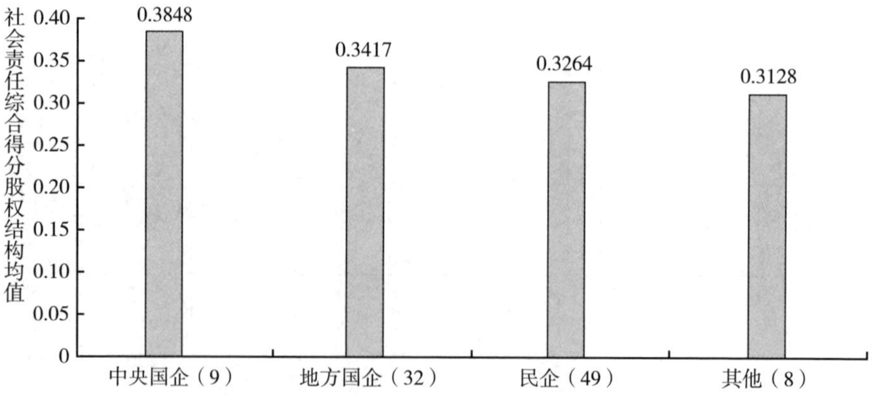

图 10　2019 年安徽上市公司社会责任综合得分股权结构均值

3. 安徽上市公司社会责任二级指标评价

本报告将经过 PCA 提炼的二级指标分别单独做了排名，深入综合得分的结构中，考察安徽上市公司践行社会责任的具体方面。如图 11 所示，本报告根据二级指标得分由高到低绘制了折线图（同一名次下不一定是同一家企业）。在表 9 中，本报告呈现出了各二级指标得分前十名的名单（合法经营指标内有 29 家企业得到满分，一些企业在该指标下未列入前十名不代表比前十名差）。

除公益扶贫外，其他各二级指标的平均数和中位数非常接近，从图 11 中也可以看到，这些指标得分总体平稳，名次间没有较大差距。客户满意高低分差距最小，得分总体较高，这表明安徽各上市公司在维护客户关系方面均表现优异；而且，在合法经营方面，虽然存在着较大的变动，但是大多数企业都能在这一项得到满分，即使排名靠后的企业，也没有在这一项过多失分。这两个指标表明，总体上安徽上市企业在履行市场责任方面具有优异的表现，都能积极主动地尊重客户、合法合规经营。

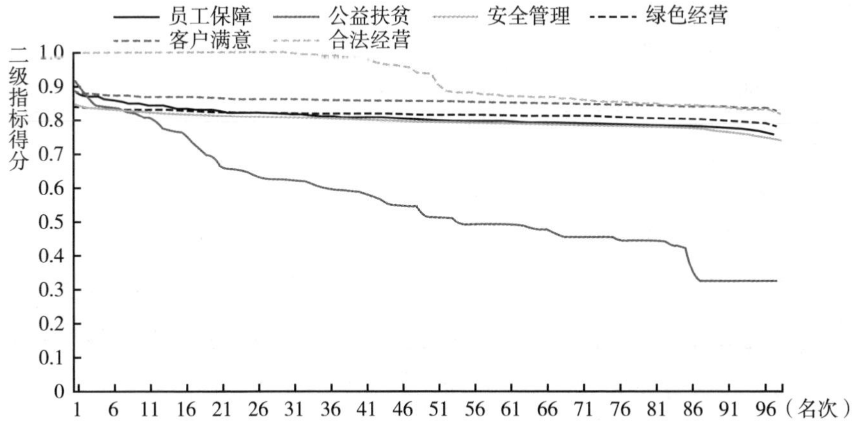

图 11　2019 年安徽上市公司社会责任二级指标得分及排名

在公益扶贫这个指标下，能够观察到较大的高低差距。这一现象表明，安徽上市企业在公益扶贫方面存在着较大的差距，华安证券、国元证券、科大讯飞等企业能够积极主动响应国家打赢全面脱贫攻坚战的号召，动用自身力量去帮扶困难地区对象。但也有一些企业或因利润不佳，或因意识不足，没能积极帮扶困难对象或实践公益。不管如何，企业本身的存在就是要为社会创造价值、带来福祉，排名靠后的企业应当反思，提高公益扶贫意识，丰富自身存在的意义。

表 9　2019 年安徽上市公司社会责任二级指标得分前十名

名次	员工保障	公益扶贫	安全管理	绿色经营	客户满意	合法经营	综合得分
1	皖通高速	华安证券	新集能源	欧普康视	皖通高速	安德利	安德利
2	皖维高新	国元证券	山河药辅	伯特利	安徽合力	安徽合力	皖维高新
3	精达股份	科大讯飞	荃银高科	泰禾光电	丰乐种业	安徽建工	皖通高速
4	口子窖	迎驾贡酒	司尔特	黄山旅游	合肥百货	伯特利	安徽合力
5	时代出版	合肥百货	交建股份	丰乐种业	安德利	常青股份	精工钢构
6	安徽建工	长城军工	铜峰电子	众源新材	志邦家居	广信股份	凯盛科技
7	辉隆股份	三七互娱	中钢天源	华茂股份	皖天然气	国机通用	新集能源
8	安德利	精工钢构	皖新传媒	铜陵有色	皖维高新	海螺水泥	华安证券
9	新集能源	皖维高新	合肥城建	鸿路钢构	洽洽食品	淮河能源	东华科技
10	三只松鼠	铜陵有色	九华旅游	时代出版	欧普康视	黄山旅游	国元证券
平均数	0.8049	0.5553	0.7950	0.8139	0.8536	0.9219	0.3356
中位数	0.7972	0.6442	0.7823	0.8128	0.8480	0.9183	0.3253

表 9 列出了各个二级指标以及综合得分前十名的企业。综合得分前十的企业中，在五项二级指标（除合法经营除外）中，鲜有表现全部优异者。换句话说，少有企业能够在社会责任、环境责任和市场责任方面同时表现优异。这个现象反映出，目前安徽上市公司对社会责任的认识仍然存在着不足，在履行社会责任时，只关注片面，不能意识到社会责任的方方面面。

（三）安徽上市公司社会综合贡献分析

接下来，按照初始倍率为 1 的社会责任调整系数，根据社会责任综合得分来计算安徽上市公司社会综合贡献率。

1. 安徽上市公司社会综合贡献率总体评价

如图 12 所示，将安徽上市公司按照社会综合贡献率由高到低排列，绘制了折线图。不难发现，折线两端明显弯曲，中间较为平缓。大多数上市公司（共有 68 家）社会综合贡献率处于 5% ~25%；高于 30% 的共有 11 家，且差异偏大；低于 5% 的共有 14 家，其中 5 家为负值。总体上说，安徽上市公司的社会综合贡献率不够高，大多数企业都没有很好地创造社会福利。有些企业或因当年经营问题，未能实现净利润入账，出现了异常的过低甚至为负的社会综合贡献率。排名靠前的企业，在社会综合贡献率方面能与大部分企业拉开比较大差距，说明其在 2019 年为社会带来了较多的福祉。

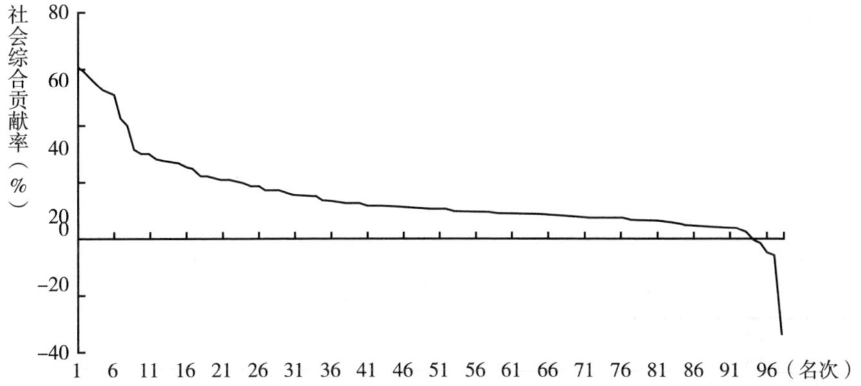

图 12　2019 年安徽上市公司社会综合贡献率排名

对于排名靠后的企业（见表 10），融捷健康、文一科技、铜峰电子、惠而浦、金种子酒几家企业均出现不同程度的盈利问题，在 2019 年净利润为负。当企业无法实现净利润时，企业的纳税也会大幅下降，甚至当返税过多时，会出现纳税为负的情况。华菱星马、江淮汽车、泰尔股份、富煌钢构和四创电子虽然能够盈利，但是或因过多的平均总资产，或因净利润、纳税少，这些企业的社会综合贡献率比较低。排名靠后的企业占用了企业的资源，却无法带来应有的社会价值，因此排名比较靠后。它们应该积极反思自己，努力丰富自身存在意义，为社会做出应有的贡献。

对于排名靠前的企业，社会综合贡献率排名第一的三七互娱比第十名的洽洽食品得分高出将近一倍，前十名得分下降幅度比较大，这表明安徽上市公司在社会贡献和社会责任方面，仅有个别企业能做得比较出色，能与其他企业拉开不小的差距。

表 10　2019 年安徽上市公司社会综合贡献率前十名与后十名

单位：%

名次	企业简称	综合贡献率	名次	企业简称	综合贡献率
1	三七互娱	60.08	89	四创电子	4.36
2	中公教育	58.86	90	富煌钢构	4.24
3	口子窖	56.33	91	泰尔股份	4.07
4	古井贡酒	53.78	92	江淮汽车	3.88
5	迎驾贡酒	51.92	93	华菱星马	2.73
6	美亚光电	50.59	94	金种子酒	-0.08
7	海螺水泥	43.14	95	惠而浦	-1.24
8	欧普康视	39.50	96	铜峰电子	-4.46
9	集友股份	31.49	97	文一科技	-5.71
10	洽洽食品	30.19	98	融捷健康	-33.50
平均值:14.78			中位数:10.87		

2. 安徽上市公司社会综合贡献率多角度评价

从行业角度来看，教育行业在安徽上市公司社会综合贡献率排名中占据榜首，与其他行业相比存在着明显的优势（见图 13）。但教育行业仅仅有一家企业，而且中公教育在测算中总体表现不错，因此教育行业出现了明显高于其他行业的优势。其他行业之间总体差距不大，部分行业存在“聚集”现象，即存在着微弱的差距。金融业虽然在社会责任方面表现非常出色，但受限于其行业特点，社会综合贡献率普遍偏低，因此总体排名比较靠后。上市企业数量最多的制造业社会综合贡献率为 14.61%，略低于总体的均值 14.78%，表明制造业企业仍有提升空间。

从地区角度来看，两端分化较为严重（见图 14）。亳州和阜阳两个地区，同属皖北，上市公司都仅有一家酒企，非常相似。然而，古井贡酒

（位于亳州）在社会贡献率方面做得更好，不仅仅能够盈利，还能为地方带来较高的税收；而金种子酒（位于阜阳）在 2019 年经营不佳，净利润为 -20375.62 万元，亏损较为严重，因此社会贡献率被拉低，导致社会综合贡献率也较低，进而，仅有一家上市公司的阜阳，显得力不从心，无法摆脱倒数的“命运”。其他地区以滁州为分水岭，大致可分为两个层次：六安、池州、淮北、黄山、芜湖等社会综合贡献率较高的地区和宣城、合肥、马鞍山等社会综合贡献率较低的地区。合肥和芜湖两地的上市公司数量均比较多，但合肥社会综合贡献率低于总体平均值，芜湖的却能够远高于平均值。这表明，总体上合肥地区的上市企业社会贡献与责任意识更差，虽然位于省会城市，但没有起到很好的示范与引领作用。

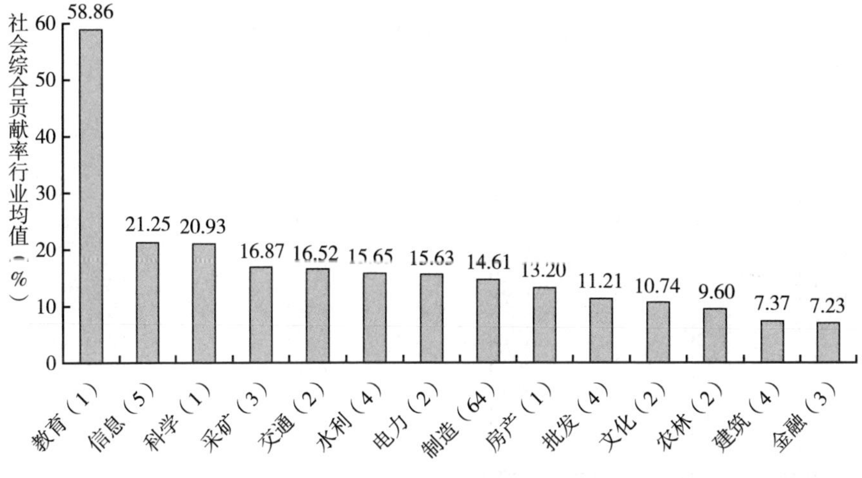

图 13　2019 年安徽上市公司社会综合贡献率行业均值

从股权结构来看，各种类型的企业差距不大，尤其是地方国企、中央国企和其他类型的企业，差距甚微。民营类企业表现较好，但也没有对其他类型的企业形成绝对的优势（见图 15）。

3. 安徽上市公司社会综合贡献指标分析

在 2019 年报告的基础上，本报告对指标进行了优化处理，为更好地体现指标优化后的优势，本报告对社会综合贡献率指标排名，按照社会贡献率

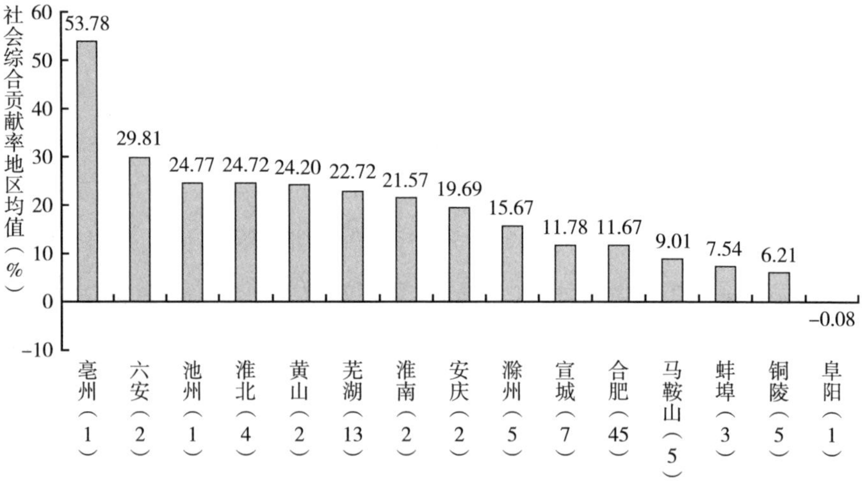

图 14　2019 年安徽上市公司社会综合贡献率地区均值

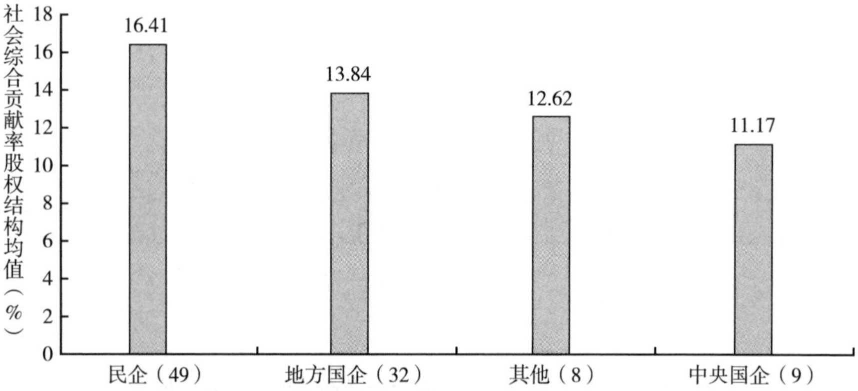

图 15　2019 年安徽上市公司社会综合贡献率股权结构均值

排名和社会责任综合得分排名展开了进一步的深入探索。

本报告按照社会综合贡献率由高到低的顺序，用综合的名次分别减去对应企业的社会贡献率排名和社会责任综合得分排名，并将两折线绘在同一图中（见图 16）。可以看到，其与社会贡献率排名的差值更接近横轴，且波动更小；而与社会责任综合得分排名的差值波动比较大。这表明，社会综合贡献率更大程度上受社会贡献率的影响，社会贡献率的高低更能决定社会综合贡献率的排名。

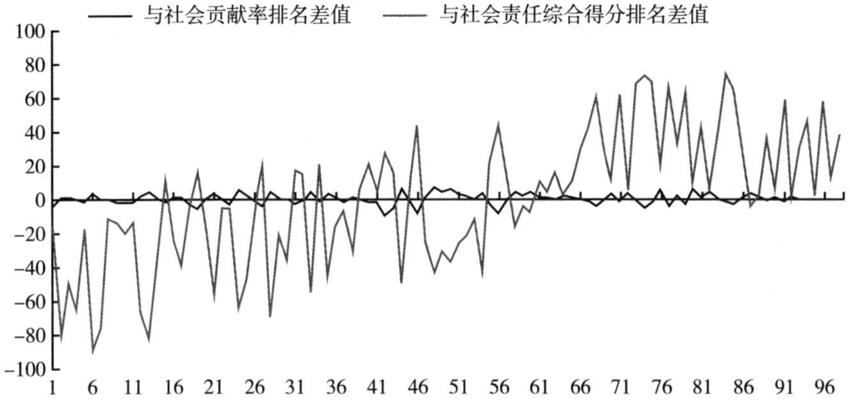

图 16　2019 年安徽上市公司社会综合贡献率排名与社会贡献率、社会责任综合得分排名差值

更进一步，为凸显社会责任的重要性，本报告适当提高社会责任调整系数的倍率（由初始的 1 提高至 10），并按照新得到的社会综合贡献排名，以同样的方式将排名差值绘在同一图中（见图 17）。可以看到，提高社会责任

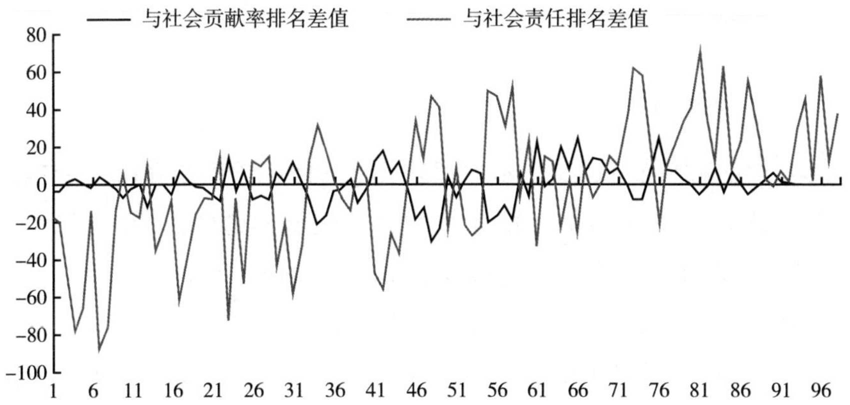

图 17　2019 年安徽上市公司社会综合贡献率排名与社会贡献率、社会责任综合得分排名差值（调整倍率）

调整系数的倍率后，社会综合贡献率排名与社会贡献率排名差值的波动性增大，也逐渐偏离横轴（这是必然的结果，该排名的方差会向社会责任综合得分排名方差靠近）。那么这里就存在一个较为合理的社会责任调整系数的倍率使得社会贡献率与社会责任综合得分排名的方差之和达到最大，即，社会综合贡献率受到来自社会贡献与社会责任同等重要的影响。换而言之，企业要想在该指标下获得更好的排名，需要同时兼顾社会贡献与社会责任两个方面，以求达到更加高的社会综合贡献率。当然，这倍率也可以成为政府或者监管部门调整企业社会责任行为的工具。

三　结论与对策

本报告以安徽上市公司为样本，依据 Wind 数据库、RESSET 数据库上市公司公布的财务报告、年度报告和社会责任报告以及新浪财经等网站披露的数据和文字资料，对安徽上市公司的社会贡献和社会责任进行研究。通过熵值赋权等方法，计算了上市公司社会综合贡献率、社会贡献率和社会责任综合得分指标，并分行业、区域和企业股权结构进行分析，得出结论，揭示发现的问题。本部分将综述研究结论，并向企业、政府、投资者提出相关建议。

（一）研究结论

本报告的第二部分详细分析了安徽上市公司的社会贡献和社会责任履行情况以及社会综合贡献率指标排名，一些结论已经初见端倪。在这里，本报告基于第二部分的分析结果，总结提炼出本报告的主要结论。

1. 社会责任表现良好，社会贡献率总体降低

总体上来看，安徽上市公司 2019 年的社会贡献率较 2018 年有所下降，而社会责任的总体表现有所上升。在 2019 年中，安徽上市公司的业绩表现总体有所下滑（见《安徽上市公司业绩发展报告》），因此在本报告的测算指标体系中，社会贡献率下降。在上一年度的基础上，本报告调整和优化了

社会责任指标体系。尽管指标体系有所变动，但其反映的主旨是一致的。尽管受到国际经济形势的冲击，安徽上市公司总体业绩有所下滑，但2019年社会责任综合得分的计算结果表明，安徽上市公司的社会责任表现依然良好，相比之下较2018年有所改善。

2. 中坚力量相对稳定，酒企贡献不可磨灭

2017年至2019年，安徽上市公司社会贡献率排名前十的企业，相对固定，尤其是古井贡酒、口子窖、迎驾贡酒等酒企名次一直靠前。这些企业为安徽做出了巨大的贡献，它们不仅仅创造就业，带来税收，盘活资源实现盈利，还在捐赠方面承担起应有的责任，这些企业是安徽社会贡献的中坚力量。酒企行业具有税率较高的特点，在税收方面为当地政府的财政做出了巨大的贡献，它们的功绩应该被铭记。

3. 行业地区分化明显，企业数量影响较大

2019年安徽上市公司社会贡献率行业、地区第一名和其他的差距较为明显。而且行业间、地区间也存在着差距。可以观察到，教育行业（排名第一）和亳州（排名第一）都仅有一家企业，而且仅有的企业在社会贡献率指标测算下表现良好，因此会出现这种第一名与其他名次间的巨大差距。对于其他的行业或者地区，虽然总体表现比较平均，但对于行业或者地区而言，这种差距是需要尽可能缩小的。最后，在股权结构方面，总体差距不大，民营类企业表现稍好。

4. 社会责任总体表现良好，个别企业表现突出

2019年安徽上市公司社会责任总体表现良好，除了表现优异的企业外，从高到低较为平滑，没有明显的巨大差异。安德利、皖维高新、皖通高速、安徽合力等企业具有较强的社会责任意识，表现突出，能够积极履行社会责任。在前十名中，社会责任综合得分下降得比较快（相对于中间企业），说明具备较高社会责任意识的企业仍是少数。另外，金融类的企业在社会责任方面表现较好。在股权结构方面，国企（尤其是中央国企）能更加积极响应党和国家的政策与号召，在社会责任方面发挥了应有的作用，发挥了较大的表率作用。

5. 合法经营表现优异，公益扶贫差距明显

在社会责任的细分指标中，2019 年安徽上市公司在合法经营方面表现优秀，较多企业在该项下获得满分，其他企业的得分也比较高，没有拉开特别大的差距。在公益扶贫项目下，各个公司差距较为明显，首尾差距比较大。除这两个项目外，安徽上市公司在员工保障、安全管理、绿色经营、客户满意等方面总体表现比较良好，各个企业间差距甚微。所以总的来说，安徽上市公司社会责任差距主要来源于公益扶贫，在这个项目下企业表现差距较为明显。此外，在各个细分指标中，鲜有表现全部优秀者。

6. 综合表现两极分化，中间企业差距较小

2019 年安徽上市公司社会责任与贡献综合表现两极分化现象比较明显：排名靠前的企业社会综合贡献率较高，而且下降得非常快；中间的企业总体差距不大；排名靠后的企业因经营等问题，甚至出现了负值。本报告深入分析排名靠后的企业发现，社会综合贡献率为负的企业是因为经营不佳，出现了负的利润，这导致其社会贡献率非常低，因此在计算社会综合贡献率时排名靠后。企业占用社会资源最根本的目的是实现利润，创造价值。因此这些企业要及时调整经营策略，保证企业经营绩效。

7. 数量少的行业地区，承受风险能力更弱

2019 年，在安徽上市公司社会综合贡献表现中，教育行业仅有一家企业（中公教育），企业的出色表现使得该行业在众多行业中脱颖而出。与教育行业类似，亳州地区也仅有一家酒企（古井贡酒），并凭借这家企业在社会综合贡献率上有绝对优势，在安徽各个地区间的对比中，独树一帜。而阜阳地区上市公司构成与亳州类似，也是仅有一家酒企（金种子酒），但因经营业绩问题，阜阳在安徽各地区排名中“无力回天”。企业数量少的行业或地区受企业经营情况的影响更大，相应的风险也较高。

（二）对策建议

1. 强化各方责任意识，厘清企业价值所在

社会贡献与和社会责任与企业的长期利益是不冲突的，上市公司作为地

区或行业的代表，更应明白履行社会责任与社会贡献的意义，明确企业本身存在的价值，为社会做出应有的贡献，并为行业地区树立榜样。政府作为市场的引导者、监管者，也应该加强企业的社会责任与贡献的意识，明确企业在社会中应承担的义务与责任，以便履行好自己的职责。社会各界也应该认识到企业履行社会责任是为社会带来福祉的表现，在进行投资的时候可以适当倾斜。

2. 营造社会贡献文化，完善责任信息披露

企业文化是指导企业发展的价值体现。上市企业高层领导团队应注重企业社会贡献与社会责任，打造与企业自身发展相契合的社会贡献文化，借由企业管理结构，层层分解到每个部门、每个员工，形成全面的企业社会贡献文化践行结构。注重企业责任信息的披露，及时公布企业履行社会责任情况，营造注重社会贡献与责任的企业文化，让社会责任意识在企业内部蔚然成风。

3. 政府制定合理指标，引导企业公益行为

考察指标的变动能影响到名次的结果，在分析中，社会责任的权重会影响最终的排名。政府作为监管者和引导者，制定合理的奖励与考察机制，能在很大程度上激发企业践行社会责任的行为。此外，合适的标杆企业也能发挥非常好的示范作用，政府相关部门应该对表现优异者予以肯定。

4. 梳理行业地区特色，引导人才资源流动

不同类型的行业和地区，有着不尽相同的特点。合理的分配人才和资源的流向，能最大限度地为社会创造价值和福祉。相比于房地产行业，制造业对人才的需求更高。但因资源的不对等，传统制造业难以吸引足够多的人才，因而限制了行业的整体发展。政府应制定合理政策，引导和鼓励应届高校毕业生进入制造业等更能创造社会价值的行业。借助人才优势，使这些行业快速发展，提高社会贡献能力。

5. 鼓励更多企业上市，提高社会贡献能力

若行业或者地区企业的数量过少，那么该行业或地区在社会贡献或社会责任方面的表现受企业的影响非常大。如果一个地区无法培育出更多的上市

公司，那么该地区的大部分资源将被浪费，无法创造更多社会价值；如果一个行业无法衍生更多的上市公司，行业内部竞争将比较弱，无法提高企业利用社会资源创造价值的效率。政府应当予以政策去鼓励和培育企业的上市，以提高地区和行业的社会贡献能力。

6. 关注企业社会责任，推动企业全面发展

投资者要深刻意识到，能够履行良好社会责任、积极为社会做贡献的上市公司，是更值得投资的。为规避损失，投资者可以从这两个角度多方位考察上市公司。同时，这也能够让企业意识到，企业的价值和维度是多方面的，要想获得更多的认可，就必须注重自身的社会贡献和履行社会责任。通过这种路径，可以从资本的角度，驱动企业提高社会贡献能力和履行社会责任。

2020 年，新冠病毒肺炎疫情在国内肆虐，最后席卷全球，对全球社会各界造成了前所未有的影响。在中国共产党的领导下，全国人民上下同心，共抗疫情。企业作为经济社会的重要组成部分，更是在这场“战疫”中发挥了不可替代的作用。在疫情的冲击下，上市公司第一季度总体表现不如以往。这种情况更考验企业的社会责任感与意识，更能体现企业的社会价值。各上市公司在抓经济、复生产的同时，应牢记自身的价值，不忘应当承担的社会责任与义务，为社会做出应有的贡献。

附件

附件1　2019年安徽上市公司社会综合贡献率与排名

综合名次	企业简称	社会综合贡献率(%)	社会贡献率(%)	排名	社会责任综合得分	排名
1	三七互娱	60.08	42.12	5	0.4262	18
2	中公教育	58.86	47.37	1	0.2425	82
3	口子窖	56.33	42.86	2	0.3142	53
4	古井贡酒	53.78	42.29	4	0.2716	70
5	迎驾贡酒	51.92	36.77	6	0.4121	22
6	美亚光电	50.59	42.50	3	0.1906	95
7	海螺水泥	43.14	34.74	7	0.2418	83
8	欧普康视	39.50	27.90	8	0.4157	20
9	集友股份	31.49	22.31	11	0.4116	23
10	洽洽食品	30.19	21.74	12	0.3882	30
11	金禾实业	30.02	21.44	13	0.4004	25
12	永新股份	28.23	22.47	10	0.2560	79
13	开润股份	27.53	23.21	9	0.1859	96
14	志邦家居	27.30	20.58	14	0.3263	49
15	安徽合力	26.83	17.72	17	0.5137	4
16	山河药辅	25.80	19.13	15	0.3492	40
17	九华旅游	24.77	19.09	16	0.2974	57
18	皖天然气	22.32	15.81	21	0.4111	24
19	皖通高速	22.25	14.64	25	0.5202	3
20	伯特利	21.72	15.85	20	0.3701	35
21	设计总院	20.93	16.65	18	0.2573	78
22	精达股份	20.87	14.96	22	0.3949	27
23	黄山旅游	20.18	14.51	26	0.3901	29
24	长信科技	19.84	16.27	19	0.2195	89
25	众源新材	18.86	14.86	23	0.2696	72
26	安科生物	18.81	13.56	27	0.3865	31
27	新集能源	17.33	11.64	31	0.4887	7
28	恒源煤电	17.28	14.77	24	0.1703	98
29	中钢天源	17.13	12.94	28	0.3244	50
30	淮北矿业	16.01	12.49	30	0.2819	66
31	三只松鼠	15.58	10.73	34	0.4523	14
32	科大讯飞	15.41	10.79	33	0.4278	17

续表

综合名次	企业简称	社会综合贡献率(%)	社会贡献率(%)	排名	社会责任综合得分	排名
33	华菱精工	15.32	12.51	29	0.2245	88
34	泰禾光电	14.85	10.21	36	0.4547	13
35	广信股份	13.79	11.07	32	0.2454	81
36	凤形股份	13.59	10.33	35	0.3155	52
37	合肥城建	13.20	9.84	39	0.3411	44
38	楚江新材	12.94	10.13	37	0.2777	69
39	皖新传媒	12.92	9.36	40	0.3803	33
40	荃银高科	12.82	9.05	42	0.4165	19
41	鸿路钢构	12.06	8.82	43	0.3670	37
42	合肥百货	11.98	8.29	52	0.4444	15
43	司尔特	11.82	8.50	49	0.3903	28
44	皖通科技	11.81	9.89	38	0.1943	94
45	马钢股份	11.53	8.58	47	0.3440	43
46	皖维高新	11.31	7.38	55	0.5327	2
47	嘉美包装	11.06	8.71	46	0.2694	73
48	国机通用	11.04	9.19	41	0.2003	92
49	神剑股份	10.94	8.73	45	0.2537	80
50	淮河能源	10.79	8.81	44	0.2253	87
51	江南化工	10.75	8.54	48	0.2592	77
52	安纳达	10.67	8.41	50	0.2684	74
53	安利股份	9.85	7.68	53	0.2835	65
54	科大国创	9.85	8.33	51	0.1816	97
55	辉隆股份	9.73	7.07	59	0.3775	34
56	铜陵有色	9.66	6.64	65	0.4548	12
57	山鹰纸业	9.61	7.14	58	0.3462	42
58	黄山胶囊	9.47	7.49	54	0.2646	75
59	华孚时尚	9.24	7.20	57	0.2841	63
60	阳光电源	9.23	7.22	56	0.2784	68
61	中电兴发	9.09	6.90	60	0.3183	51
62	皖能电力	8.94	6.89	61	0.2971	58
63	丰原药业	8.94	6.71	63	0.3323	47
64	中环环保	8.91	6.89	62	0.2933	61
65	国祯环保	8.75	6.70	64	0.3069	55
66	时代出版	8.56	6.25	66	0.3694	36

续表

综合名次	企业简称	社会综合贡献率(%)	社会贡献率(%)	排名	社会责任综合得分	排名
67	中粮科技	8.47	6.07	68	0.3954	26
68	华安证券	8.25	5.56	72	0.4838	8
69	新力金融	7.98	5.93	70	0.3467	41
70	华茂股份	7.89	6.09	67	0.2963	59
71	东华科技	7.81	5.28	73	0.4807	9
72	聚隆科技	7.73	6.03	69	0.2807	67
73	精工钢构	7.71	5.16	75	0.4941	5
74	安德利	7.56	4.72	79	0.6017	1
75	凯盛科技	7.49	5.03	77	0.4889	6
76	交建股份	7.29	5.60	71	0.3016	56
77	长城军工	6.84	4.68	81	0.4608	11
78	合锻智能	6.73	5.04	76	0.3354	46
79	安徽建工	6.66	4.66	82	0.4301	16
80	应流股份	6.63	5.22	74	0.2707	71
81	丰乐种业	6.39	4.70	80	0.3583	39
82	国风塑业	6.21	4.92	78	0.2604	76
83	常青股份	6.04	4.52	83	0.3367	45
84	国元证券	5.46	3.70	86	0.4734	10
85	德力股份	4.97	3.51	88	0.4146	21
86	全柴动力	4.77	3.72	85	0.2848	62
87	海螺型材	4.62	3.83	84	0.2070	91
88	长虹美菱	4.49	3.64	87	0.2334	86
89	四创电子	4.36	3.32	90	0.3126	54
90	富煌钢构	4.24	3.42	89	0.2417	84
91	泰尔股份	4.07	2.95	92	0.3804	32
92	江淮汽车	3.88	3.20	91	0.2157	90
93	华菱星马	2.73	2.13	93	0.2836	64
94	金种子酒	-0.08	-0.10	94	0.3270	48
95	惠而浦	-1.24	-1.49	95	0.1980	93
96	铜峰电子	-4.46	-6.08	96	0.3635	38
97	文一科技	-5.71	-7.07	97	0.2390	85
98	融捷健康	-33.50	-43.38	98	0.2952	60
平均数		14.78	10.86	—	0.3356	—
中位数		10.87	8.46	—	0.3253	—

附件2　2019年安徽上市公司社会责任详细得分

社会责任名次	企业简称	综合得分	员工保障	公益扶贫	安全管理	绿色经营	客户满意	合法经营
1	安德利	0. 6017	0. 8487	0. 3235	0. 7884	0. 8022	0. 8720	1. 0000
2	皖维高新	0. 5327	0. 8710	0. 8200	0. 7684	0. 8223	0. 8700	0. 9933
3	皖通高速	0. 5202	0. 8832	0. 6220	0. 7958	0. 8259	0. 8800	0. 9967
4	安徽合力	0. 5137	0. 8288	0. 7959	0. 7740	0. 8158	0. 8780	1. 0000
5	精工钢构	0. 4941	0. 8418	0. 8226	0. 7857	0. 8182	0. 8620	1. 0000
6	凯盛科技	0. 4889	0. 8414	0. 7663	0. 8083	0. 8120	0. 8660	0. 9700
7	新集能源	0. 4887	0. 8468	0. 6554	0. 8433	0. 8197	0. 8660	0. 9334
8	华安证券	0. 4838	0. 8070	0. 9116	0. 7977	0. 8179	0. 8521	0. 9933
9	东华科技	0. 4807	0. 8107	0. 6947	0. 8128	0. 8279	0. 8680	0. 8433
10	国元证券	0. 4734	0. 7916	0. 8751	0. 8060	0. 8120	0. 8580	0. 8433
11	长城军工	0. 4608	0. 8200	0. 8373	0. 7829	0. 8062	0. 8620	1. 0000
12	铜陵有色	0. 4548	0. 7941	0. 8070	0. 7963	0. 8299	0. 8520	0. 8699
13	泰禾光电	0. 4547	0. 7914	0. 7706	0. 8254	0. 8337	0. 8480	1. 0000
14	三只松鼠	0. 4523	0. 8450	0. 6904	0. 7939	0. 8202	0. 8620	0. 9600
15	合肥百货	0. 4444	0. 8168	0. 8408	0. 7461	0. 7921	0. 8740	0. 8400
16	安徽建工	0. 4301	0. 8587	0. 7316	0. 8176	0. 8100	0. 8480	1. 0000
17	科大讯飞	0. 4278	0. 7614	0. 8559	0. 7590	0. 8141	0. 8620	0. 8833
18	三七互娱	0. 4262	0. 7977	0. 8328	0. 7809	0. 8177	0. 8500	0. 8433
19	荃银高科	0. 4165	0. 7952	0. 8064	0. 8335	0. 8258	0. 8340	0. 7900
20	欧普康视	0. 4157	0. 8168	0. 4917	0. 8059	0. 8378	0. 8680	1. 0000
21	德力股份	0. 4146	0. 8316	0. 5929	0. 8209	0. 8117	0. 8641	0. 8433
22	迎驾贡酒	0. 4121	0. 7883	0. 8409	0. 7763	0. 8001	0. 8580	1. 0000
23	集友股份	0. 4116	0. 8047	0. 6405	0. 8203	0. 8060	0. 8661	1. 0000
24	皖天然气	0. 4111	0. 8330	0. 5440	0. 7807	0. 8220	0. 8720	1. 0000
25	金禾实业	0. 4004	0. 7912	0. 6261	0. 7959	0. 8139	0. 8680	0. 8532
26	中粮科技	0. 3954	0. 7788	0. 6316	0. 8128	0. 8179	0. 8620	0. 8733
27	精达股份	0. 3949	0. 8685	0. 6061	0. 7981	0. 8158	0. 8520	1. 0000
28	司尔特	0. 3903	0. 7936	0. 5709	0. 8332	0. 8219	0. 8580	0. 8533
29	黄山旅游	0. 3901	0. 8097	0. 5968	0. 8056	0. 8319	0. 8520	1. 0000
30	洽洽食品	0. 3882	0. 7884	0. 5492	0. 7931	0. 8258	0. 8681	0. 8799
31	安科生物	0. 3865	0. 7801	0. 7566	0. 7817	0. 8121	0. 8540	0. 8400
32	泰尔股份	0. 3804	0. 8269	0. 6181	0. 7854	0. 8279	0. 8500	0. 8266
33	皖新传媒	0. 3803	0. 8039	0. 7152	0. 8278	0. 8120	0. 8420	0. 9833
34	辉隆股份	0. 3775	0. 8551	0. 6220	0. 7883	0. 7982	0. 8600	0. 8700

续表

社会责任名次	企业简称	综合得分	员工保障	公益扶贫	安全管理	绿色经营	客户满意	合法经营
35	伯特利	0.3701	0.8056	0.5651	0.7810	0.8358	0.8540	1.0000
36	时代出版	0.3694	0.8616	0.6554	0.7512	0.8297	0.8420	0.9600
37	鸿路钢构	0.3670	0.8131	0.4917	0.7909	0.8298	0.8620	0.8666
38	铜峰电子	0.3635	0.8257	0.5915	0.8302	0.8179	0.8440	0.9800
39	丰乐种业	0.3583	0.7729	0.3499	0.8160	0.8318	0.8780	0.8333
40	山河药辅	0.3492	0.8201	0.5877	0.8353	0.7942	0.8541	0.8633
41	新力金融	0.3467	0.7887	0.6578	0.7719	0.8100	0.8560	0.9367
42	山鹰纸业	0.3462	0.8042	0.7649	0.7733	0.7882	0.8520	0.9534
43	马钢股份	0.3440	0.8412	0.6181	0.8132	0.8138	0.8380	0.9900
44	合肥城建	0.3411	0.7857	0.4436	0.8261	0.8119	0.8680	0.8433
45	常青股份	0.3367	0.7946	0.4436	0.8153	0.8278	0.8580	1.0000
46	合锻智能	0.3354	0.8178	0.4556	0.8108	0.8219	0.8560	0.8533
47	丰原药业	0.3323	0.8179	0.5084	0.7811	0.8241	0.8540	0.8666
48	金种子酒	0.3270	0.8063	0.6223	0.8083	0.8143	0.8400	1.0000
49	志邦家居	0.3263	0.7791	0.4917	0.7885	0.8041	0.8720	1.0000
50	中钢天源	0.3244	0.7852	0.5492	0.8281	0.8039	0.8540	0.8200
51	中电兴发	0.3183	0.8036	0.4917	0.8182	0.8039	0.8580	0.8733
52	凤形股份	0.3155	0.7674	0.4917	0.8252	0.8117	0.8580	0.8600
53	口子窖	0.3142	0.8669	0.4917	0.8074	0.8223	0.8360	0.9967
54	四创电子	0.3126	0.7901	0.4556	0.8176	0.8099	0.8600	0.9833
55	国祯环保	0.3069	0.7874	0.5779	0.7538	0.8137	0.8560	0.8367
56	交建股份	0.3016	0.8199	0.3235	0.8306	0.8103	0.8641	0.9867
57	九华旅游	0.2974	0.8392	0.5440	0.8255	0.8080	0.8341	1.0000
58	皖能电力	0.2971	0.7988	0.6009	0.7892	0.8099	0.8420	0.8533
59	华茂股份	0.2963	0.7563	0.5084	0.8057	0.8299	0.8460	0.8733
60	融捷健康	0.2952	0.7808	0.4436	0.8037	0.8018	0.8660	0.8500
61	中环环保	0.2933	0.7826	0.4436	0.7661	0.8217	0.8620	1.0000
62	全柴动力	0.2848	0.7942	0.4760	0.8014	0.8098	0.8520	1.0000
63	华孚时尚	0.2841	0.7840	0.5445	0.7957	0.8142	0.8440	0.8366
64	华菱星马	0.2836	0.8058	0.4677	0.8007	0.8039	0.8540	0.9567
65	安利股份	0.2835	0.8179	0.5140	0.7979	0.8182	0.8380	0.8599
66	淮北矿业	0.2819	0.8132	0.4556	0.7859	0.8021	0.8580	0.9833
67	聚隆科技	0.2807	0.8201	0.4917	0.7908	0.8100	0.8460	0.8299
68	阳光电源	0.2784	0.7765	0.6501	0.7781	0.7881	0.8500	0.8633

续表

社会责任名次	企业简称	综合得分	员工保障	公益扶贫	安全管理	绿色经营	客户满意	合法经营
69	楚江新材	0.2777	0.7432	0.4917	0.7856	0.8157	0.8581	0.8467
70	古井贡酒	0.2716	0.7677	0.4555	0.7836	0.8061	0.8620	0.8300
71	应流股份	0.2707	0.7841	0.4556	0.7959	0.8157	0.8500	1.0000
72	众源新材	0.2696	0.7889	0.4424	0.8083	0.8317	0.8380	1.0000
73	嘉美包装	0.2694	0.7752	0.5877	0.7386	0.8158	0.8480	0.8799
74	安纳达	0.2684	0.7900	0.4819	0.7804	0.8062	0.8541	0.8666
75	黄山胶囊	0.2646	0.8066	0.4556	0.7783	0.8221	0.8440	0.8400
76	国风塑业	0.2604	0.8034	0.4292	0.8005	0.8178	0.8440	0.9033
77	江南化工	0.2592	0.7923	0.4917	0.7661	0.8280	0.8400	0.8799
78	设计总院	0.2573	0.8332	0.4765	0.7811	0.7802	0.8580	1.0000
79	永新股份	0.2560	0.7749	0.4436	0.7830	0.8220	0.8481	0.8700
80	神剑股份	0.2537	0.7801	0.3235	0.7932	0.8100	0.8660	0.8299
81	广信股份	0.2454	0.8005	0.3235	0.7986	0.8138	0.8560	1.0000
82	中公教育	0.2425	0.7848	0.5140	0.7609	0.8157	0.8421	0.8466
83	海螺水泥	0.2418	0.7916	0.5115	0.7858	0.7801	0.8560	1.0000
84	富煌钢构	0.2417	0.7967	0.4556	0.7837	0.8080	0.8460	0.8300
85	文一科技	0.2390	0.7841	0.4238	0.8050	0.8262	0.8360	1.0000
86	长虹美菱	0.2334	0.7898	0.3235	0.8060	0.8082	0.8560	0.8566
87	淮河能源	0.2253	0.7967	0.3235	0.7928	0.8002	0.8600	1.0000
88	华菱精工	0.2245	0.8291	0.4870	0.7888	0.7898	0.8400	0.9667
89	长信科技	0.2195	0.7851	0.4436	0.7779	0.8119	0.8420	0.8867
90	江淮汽车	0.2157	0.7763	0.6246	0.7412	0.8161	0.8260	1.0000
91	海螺型材	0.2070	0.7736	0.4291	0.7961	0.8120	0.8380	0.8700
92	国机通用	0.2003	0.7955	0.3235	0.7928	0.8181	0.8420	1.0000
93	惠而浦	0.1980	0.8147	0.3235	0.7611	0.8162	0.8460	0.9900
94	皖通科技	0.1943	0.7961	0.3235	0.7861	0.8038	0.8501	0.8500
95	美亚光电	0.1906	0.7904	0.3235	0.7961	0.8203	0.8380	0.8666
96	开润股份	0.1859	0.7905	0.4556	0.7960	0.8102	0.8260	1.0000
97	科大国创	0.1816	0.7791	0.3235	0.8057	0.8020	0.8461	0.8466
98	恒源煤电	0.1703	0.8201	0.3235	0.7882	0.8098	0.8340	0.9933

B.7

安徽上市公司综合发展能力报告

吴瑞瑞　盛嘉隆　丁子豪　陈又鸣*

摘　要： 在中美贸易摩擦、美国对中国实行遏制战略和外部环境动态多变的背景下，上市公司综合发展能力成为理论和实践关注的重要问题。本报告构建了综合发展能力评价指标体系，运用熵值赋权法对安徽上市公司综合发展能力水平及其排名变化情况进行了全面分析，得出安徽上市公司综合发展能力个别强劲、整体不高，皖南地区比皖北地区综合发展能力更高，高技术行业和中央国有上市公司综合发展能力较高等结论，提出上市公司要关注短板，立足区域禀赋，促进传统产业与信息产业融合升级，政府要继续深化国有企业改革等对策建议。

关键词： 综合发展能力　评价指标体系　关注短板　均衡发展

中美贸易摩擦已持续多年，近年来美国加大对中国的贸易制裁，打击中国龙头企业，进而进行科技封锁，使中国很多企业生活在水深火热中。从国内外经济形势来看，世界经济增长低迷，国内经济下行压力加大，加之美国对中国的遏制战略，这些无疑都对中国企业生存发展发出了新的挑战。面对动荡、不确定性极大的外部宏观环境，只有拥有较强综合发展能力的企业才

* 吴瑞瑞，中国科学技术大学管理学院博士研究生，工商管理创新研究中心成员，主要研究方向为技术创新和科技政策；盛嘉隆，中国科学技术大学管理学院硕士研究生，工商管理创新研究中心成员，主要研究方向为互联网金融和创新；丁子豪，中国科学技术大学管理学院硕士研究生，工商管理创新研究中心成员，主要研究方向为合作创新；陈又鸣，安徽省投资集团中安研究院研究员，主要研究方向为金融与资本市场。

能应对复杂的局势，获得持久发展。

为了从整体上考察安徽上市公司的发展水平，本报告在分报告的基础上，重点选取业绩发展、创新能力、营运能力、社会贡献与责任4个一级指标及13个二级指标，形成指标体系，对安徽上市公司的综合发展能力进行评价分析，更加综合性地反映了安徽上市公司发展现状。本报告解决了两个问题：一是在对上市公司综合发展能力概述的基础上，构建安徽上市公司综合发展能力评价指标体系，运用熵值赋权法综合评价了安徽上市公司的发展能力，给出了综合性的排行榜，分行业、区域、股权结构三个视角探讨了上市公司发展差异；二是动态多维度地比较了安徽上市公司综合发展能力变化情况。本报告最后部分得出了相应结论和对策建议。

一　上市公司综合发展能力概念界定和指标体系构建

（一）上市公司综合发展能力概念界定

综合发展能力是指企业通过自身的生产经营活动，不断扩大积累而形成的发展潜能。上市公司的综合发展能力不是一蹴而就的，是企业不断积累发展的结果。上市公司的发展具有系统性和整体性，上市公司的业绩发展、创新能力、营运能力、社会贡献与责任等要素共同决定了综合发展能力。因此，上市公司的综合发展需要各个层面的协调配合，综合发展能力的提升不仅仅依靠利润的增加，还需要创新能力的提升，营运能力的改善，以及为国家或社会创造更多的价值。

截至2019年底，安徽共有A股上市公司106家[①]。因指标适用性问题以及企业经营问题，本报告将剔除三家金融企业（新力金融、华安证券、

① 本报告中安徽上市公司总数为106家，与总报告的105家不同，因上市公司大富科技2019年被收购，由深圳迁入安徽，但其注册地址于2020年1月才变更完成，本报告按其迁入时间将其计算在内。

国元证券）以及股票简称为＊ST 梦舟、＊ST 六化、＊ST 新光、＊ST 德豪和＊ST 安凯的五家企业，还有两家因没有披露年报而无法获取社会贡献与责任数据的公司（盛运环保、中鼎股份），一家变更公司注册地的大富科技，对余下 95 家上市公司综合发展能力进行分析。

（二）上市公司综合发展能力评价指标体系的构建

评价指标体系是系统全面描述和评价社会经济现象的一种行之有效的方法，全面、系统和可操作性强的上市公司综合发展能力评价指标，将直接影响上市公司发展的政策导向、资源分配乃至整个省市上市公司的未来走向。而确定评价指标体系的关键是对构成上市公司综合发展能力各要素的把握和理解。

本报告参考国内外有关上市公司综合发展能力评价的做法，深入研究上市公司综合发展评价的相关研究成果，结合安徽上市公司实际情况，考虑业绩发展、创新能力、营运能力和社会贡献与责任四个方面的指标，构建了上市公司综合发展能力评价指标体系。整个评价体系共 13 项二级评价指标，具体指标体系见表 1。

1. 业绩发展

业绩是企业经营的最终成果，也是企业持续发展的基础和价值支撑。而安徽上市公司的业绩状况会直接影响安徽经济增长以及经济发展水平。要衡量一个企业的业绩发展，不能仅仅从上市公司的利润进行评价，还应该考虑其资产质量，反映其债务风险、经营发展情况等。以国务院对中央企业进行财务绩效评价的指标体系为基准，本报告选择衡量业绩发展的指标有：股东权益收益率（ROE）、资产收益率（ROA）、收入净利率和每股收益（EPS）。

2. 创新能力

创新能力是企业发展的关键要素，是企业核心竞争力的重要体现，是全社会创新的基础。企业要按照社会主义市场经济体制要求，增强创新驱动发展的内在动力，加强研发能力，提高持续创新能力和核心竞争力。企业的创新能力包括创新投入和创新产出、创新支撑要素等，具体指标有研发支出、高学历员工比例、每百人专利申请数和主营业务利润率。

3. 营运能力

企业营运能力主要涉及企业营运资产的效率与效益。企业营运资产的效率主要指资产的周转率或周转速度。企业营运资产的效益通常是指企业的产出量与资产占用量之间的比率。通过对企业营运能力的评价分析，为企业提高业绩指明方向。本报告选择的营运能力衡量指标为流动资产周转率、总资产周转率和固定资产周转率。

4. 社会贡献与责任

企业社会责任是指企业在创造利润、对股东和员工承担法律责任的同时，还要承担对消费者、社区和环境的责任。履行企业社会贡献与责任可以为企业带来一系列好处：提高企业利润与投资回报率；加强品牌建设，赢得顾客信任；提升员工使命感、幸福度及满意度。从企业战略发展的角度综合考虑，承担企业社会贡献与责任可以使企业优化与所有利益相关者的关系，更全面综合地规划企业发展，并为企业带来发展和前进的动力。考虑到数据的可获得性，本报告选取社会责任、社会贡献率作为衡量指标。

表 1　安徽上市公司综合发展能力评价指标体系

一级指标	二级指标	指标说明
业绩发展	股东权益收益率	股东权益收益率是以每股税后收益除以每股的股东权益账面价值,或者公司总的税后收益(EAT)除以公司总的股东权益账面价值(EQ)。
	资产收益率	资产收益率表明企业资产的利用效果,衡量企业在增加收入和节约资金等方面的成效。
	收入净利率	指企业净利润与营业收入的比率,它反映企业营业收入创造净利润的能力。
	每股收益	指税后利润与股本总数的比率。是测定股票投资价值的重要指标之一,是分析每股价值的一个基础性指标,是综合反映公司获利能力的重要指标。
创新能力	研发支出	指在研究与开发过程中所使用资产的折旧费、消耗的原材料成本费、直接参与开发人员的工资及福利费、开发过程中产生的租金以及借款费用等。
	高学历员工比例	本科及以上学历人数占员工总数的比重,是衡量企业人力资源状况的指标。
	每百人专利申请数	是衡量企业创新水平的一个指标,表明该企业的创新能力和创新潜力。
	主营业务利润率	指企业在一定时期内主营业务利润同主营收入的比率。它表明企业每单位主营业务收入能带来多少主营业务利润,反映了企业主营业务的获利能力,是评价企业经营效益的主要指标。

续表

一级指标	二级指标	指标说明
营运能力	流动资产周转率	是销售收入与流动资产平均余额的比率,它反映的是全部流动资产的利用效率。流动资产周转率是分析流动资产周转情况的一个综合指标,流动资产周转得快,可以节约资金、提高资金的利用效率。
	总资产周转率	指企业在一定时期内销售(营业)收入同平均资产总额的比率。总资产周转率是综合评价企业全部资产经营质量和利用效率的重要指标。
	固定资产周转率	是企业年产品销售收入净额与固定资产平均净值的比率,它反映企业固定资产周转状况,从而衡量固定资产利用效率。该比率越高,表明固定资产利用效率越高,利用固定资产效果越好。
社会贡献与责任	社会责任	基于商业运作必须符合可持续发展的想法,企业除了考虑自身的财务和经营状况外,也要加入其对社会和自然环境所造成的影响的考量。
	社会贡献率	指社会贡献总额与公司平均资产总额的比值。其中社会贡献总额包括工资、奖金、津贴和补贴、税金及附加、所得税、净利润、利息净支出额。用以衡量企业运用全部资产为国家或社会创造价值的能力。

本部分按照综合评价的数据处理步骤统一指标属性，其次运用熵值赋权法确定各指标的权重。上市公司综合发展能力评价指标的权重见表 2。最后，计算综合发展能力指数。

表 2　2019 年安徽上市公司综合发展能力各评价指标赋权

指标	研发支出	高学历员工比例	每百人申请专利数	主营业务利润率	社会责任	社会贡献率	流动资产周转率
权重	0.11	0.09	0.16	0.06	0.05	0.01	0.06
指标	总资产周转率	固定资产周转率	ROE	ROA	收入净利率	每股收益	
权重	0.071	0.345	0.005	0.005	0.004	0.03	

二　安徽上市公司综合发展能力评价分析

考虑到各个城市资源禀赋和基础设施等要素之间的差异，企业所处行业的差异性以及上市公司的股权结构等，本报告在分析 2019 年安徽 95 家上市公司综合发展能力的基础上，将从行业、区域及股权结构的角度进一步探讨安徽上市公司之间的差异。

（一）综合发展能力整体分析

利用综合评价法，本报告得出2019年安徽上市公司综合发展能力指数及排名情况，并得到其四个一级指标——业绩发展指数、创新能力指数、营运能力指数和社会贡献与责任指数的具体排名情况。评价结果见本报告附件1。

就综合发展能力评价分析结果而言，95家上市公司的综合发展能力指数均值为0.17，中位数为0.15，综合发展能力指数平均值大于中位数，说明综合发展能力较强的企业偏少，有35家企业的综合发展能力指数高于或等于平均值，60家企业的综合发展能力指数低于平均值。综合发展能力指数排名前10的企业分别是三七互娱、科大讯飞、泰禾光电、阳光电源、美亚光电、安徽合力、江淮汽车、三只松鼠、科大国创和东华科技，综合发展能力指数为0.27～0.62，综合发展能力相对较强。其中，三七互娱的综合发展能力指数为0.62，排名第1；而综合发展能力指数排名倒数前10位的企业分别是长信科技、文一科技、嘉美包装、融捷健康、华孚时尚、德力股份、海螺型材、淮河能源、江南化工和惠而浦，其综合发展能力指数为0.08～0.09，综合发展能力较弱。整体而言，安徽上市公司综合发展能力不容乐观，有待提高。

上市公司的综合发展能力是业绩发展、创新能力、营运能力、社会贡献与责任四个要素综合作用的结果。对综合发展能力指数排名前10的上市公司进行具体分析，可以看出，综合发展能力较强的上市公司，其各个指标的发展能力并不均衡。一般来说，综合发展能力强的公司，其子要素的发展能力也应较强，但从附件1可以看出，其各指标发展状况不一。如综合发展能力指数排名第1的三七互娱，其营运能力指数排名第1，业绩发展指数排名第7，创新能力指数排名第12，社会贡献与责任指数排名第13，整体而言发展较好；综合发展能力指数排第2的科大讯飞，创新能力和社会贡献与责任发展突出，创新能力指数排名第1，社会贡献与责任指数排名第16，但业绩发展和营运能力薄弱，业绩发展指数排名第42，营运能力指数排名第58，表明科大讯飞的业绩发展和营运能力有待增强；综合发展能力指数排第3的泰禾光电，其创新能力指数居第4位，社会贡献与责任指数排名第10，但业绩发展和营运能力有待提升；综合发展能力指数排第4的阳光电源，创新能力和业绩发展能力良好，但社会贡献与责任和营运能力指数均低于平均水平；综合发展能力指数排第10的东华科技发展较为均衡，业绩发展指数稍低于平均水平，但创新能力、营运能力和社会贡献与责任指数均高于平均水平。整体而言，综合发展能力较强的上市公司，其优势子要素个数较多，且优势子要素表现较为突出。

对综合发展能力指数排名倒数前10位的上市公司进行分析，可以看出，其各子要素发展能力都较为薄弱，进而导致综合发展能力不足。如综合发展能力指数排名倒数第1的长信科技，除业绩发展指数可以赶上平均水平外，其创新能力、营运能力、社会贡献与责任发展指数都处于较低水平；综合发展能力指数排倒数第2至第5的文一科技、嘉美包装、融捷健康、华孚时尚，其业绩发展、创新能力、营运能力、社会贡献与责任发展能力都非常薄弱，均低于平均水平；其余5家上市公司，除个别公司某个子要素表现良好外，整体而言，各子要素发展能力都处于较低水平。

对综合发展能力表现一般的上市公司进行分析，可以看出上市公司发展各有所长。从附件1可以看到，综合发展能力指数排第12位的安科生物、排第13位的设计总院和排第16位的四创电子的创新能力指数排名均为前10，但其他子要素排名未能赶上平均水平。如安科生物的业绩发展指数排名第74，营运能力指数排名第51；设计总院的营运能力指数排名第55，社会贡献与责任指数排名第75。这导致三家公司综合发展能力指数未能排进前10位。出现此类情况可能与三家公司自身的业务性质有关，公司在关注创新的同时，也应注意全方面综合发展；古井贡酒的综合发展能力指数排名第20，业绩发展指数排名第2，创新能力指数排名第21，均处于较高水平。这是由于安徽作为白酒生产大省，在全国白酒市场发挥着重要的作用，而古井贡酒作为安徽白酒企业中的佼佼者，其业绩发展和创新能力均较强。排名处于第40位至第50位的上市公司，其综合发展能力指数为0.15~0.16，分布较为集中。其中，就业绩发展而言，综合发展能力指数排第40位的金禾实业、排第46位的海螺水泥和排第49位的淮北矿业的业绩发展能力表现优异，而综合发展能力指数排第42位的国风塑业和排第50位的安德利的业绩发展表现较差；就创新能力而言，综合发展能力指数排第41位的中电兴发、排第42位的国风塑业和排第48位的广信股份的创新能力处于中上等水平，其余7家公司的创新能力都低于平均水平，综合发展能力指数排第45位的精达股份创新能力表现很差，居倒数第1位；就营运能力而言，综合发展能力指数排第44位的开润股份、排第45位的精达股份、排第49位的淮北矿业和排第50位的安德利的营运能力指数排名进入前15名，其余6家公司的营运能力均等于或低于平均水平；就社会贡献与责任而言，综合发展能力指数排第50位的安德利、排第43位的精工钢构的社会贡献与责任表现突出，都位列前5。尤其是安德利，其社会贡献与责任指数排名第1，社会责任履行突出。综合而言，不同上市公司发展同时存在优势子要素和劣势子要素，不能仅仅从综合发展能力分析，有必要针对具体公司的具体要素进行深入分析。

（二）综合发展能力行业角度分析

根据证监会最新行业分类，截至2019年底，本报告研究的95家上市公司分属13个行业。由图1可以看出房地产，批发和零售，建筑，科学研究和技术服务，教育，信息传输、软件和信息技术服务业的综合发展能力指数平均值大于0.167，说明这些行业的综合发展能力相对突出。但教育行业只有中公教育1家企业，科学研究和技术服务业只有设计总院1家企业，可能并不具有对行业整体发展情况的代表性，仅说明这家企业综合发展能力很强。排名第4的建筑业的综合发展能力指数的平均值为0.189，显著低于前3名，与第3名相差0.053，接下来是批发和零售业、房地产业，这二者的综合发展能力指数平均值分别为0.187和0.179，大于95家上市公司综合发展能力指数的平均值0.17。可以看出建筑业、批发和零售业、房地产业的综合发展能力指数处于上游，综合发展能力普遍较强。制造业，农林牧渔业，电力、热力燃气及水生产和供应业的综合发展能力指数平均值分别为 0.157、0.162 和 0.166，高于附件 1 中综合发展能力指数的中位数 0.15，可以看出这三个行业上市公司的综合发展能力稍强于处于中部位置的上市企业，综合发展能力稍强。其他四个行业的综合发展能力指数平均值为0.117～0.137，综合发展能力相对较弱，处于最低水平，综合发展能力有待提高（见图 1）。

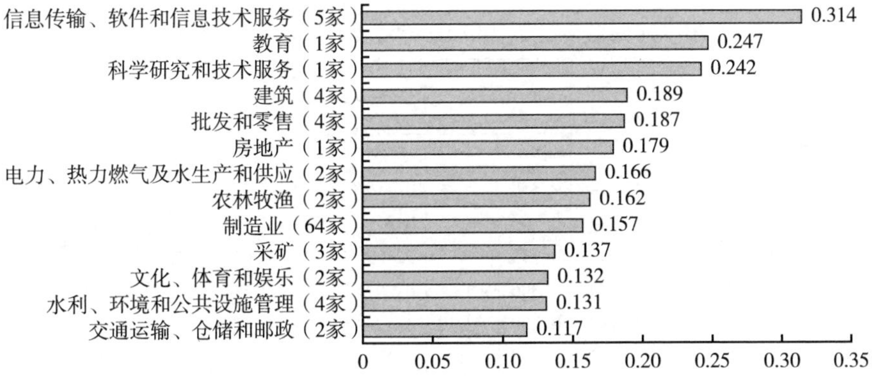

图 1　2019 年安徽各行业上市公司综合发展能力指数均值

注：括号内为上市公司数量，余同。

从综合发展能力的各项二级指标来看，不同行业的业绩发展、创新能力、营运能力和社会贡献与责任的发展参差不齐。就业绩发展指数而言，排在前 3 位的行业分别是教育业（0.394）、采矿业（0.389）和房地产业（0.375），这与综合发展能力排名有较大的不同。如综合发展能力指数排名第 1 的信息传输、软件和信息技术服务业的业绩发展指数排第 6（0.350）；就创新能力指数而言，科学研究和技术服务业以及信息传输、软件和信息技术服务业的创新能力指数平均值为 0.439 和 0.415，创新能力具有明显优势，排在第 3 位的教育业的创新能力指数平均值为 0.359，显著低于前 2 位，处于最末端的交通运输、仓储和邮政业以及文化、体育和娱乐业分别为 0.102 和 0.109，创新能力处于较低水平，亟待加强；就营运能力而言，各行业排名与综合发展能力指数排名有很大的差别，如综合发展能力指数排名第 3 的科学研究和技术服务业的营运能力指数排第 12（0.057），排在最末的行业是水利、环境和公共设施管理业（0.046），超过一半的行业高于附件 1 中的平均水平（0.09），表明营运能力整体处于较高水平；就社会贡献与责任而言，批发和零售业，教育业，建筑业，农林牧渔业，交通运输、仓储和邮政业，文化、体育和娱乐业，电力、热力燃气及水生产和供应业，房地产业排于前 7 位，高于 95 家上市企业平均值，其他都低于平均水平（0.40）（见表 3）。

表 3　2019 年安徽各行业上市公司综合发展能力指数与分指标均值

总排名	行业简称	综合发展能力指数	业绩发展		创新能力		营运能力		社会贡献与责任	
			指数	排名	指数	排名	指数	排名	指数	排名
1	信息(5 家)	0.314	0.350	6	0.415	2	0.217	1	0.36	11
2	教育(1 家)	0.247	0.394	1	0.359	3	0.135	4	0.262	12
3	科学(1 家)	0.242	0.375	4	0.439	1	0.057	12	0.254	13
4	建筑(4 家)	0.189	0.306	12	0.209	5	0.114	5	0.587	2
5	批发(4 家)	0.187	0.308	11	0.102	11	0.193	2	0.678	1
6	房产(1 家)	0.179	0.375	3	0.217	4	0.101	7	0.418	7
7	电力(2 家)	0.166	0.337	9	0.122	9	0.157	3	0.446	6
8	农林(2 家)	0.162	0.299	13	0.206	6	0.072	10	0.509	3
9	制造(64 家)	0.157	0.338	8	0.205	7	0.073	9	0.373	9
10	采矿(3 家)	0.137	0.389	2	0.107	10	0.114	6	0.365	10
11	文化(2 家)	0.132	0.314	10	0.109	12	0.094	8	0.484	5
12	水利(4 家)	0.131	0.36	5	0.171	8	0.046	13	0.381	8
13	交通(2 家)	0.117	0.343	7	0.102	13	0.067	11	0.485	4

（三）综合发展能力区域角度分析

图 2 为安徽各区域上市公司综合发展能力指数均值，其上市公司综合发展能力指数均值由小到大排列。从图 2 中可以看出，亳州的综合发展能力指数均值为 0.204，居于榜首，但是，亳州市只有 1 家上市企业古井贡酒，不能代表亳州市整体的综合发展能力，只能说明该上市企业的综合发展能力较强。

芜湖市上市公司的综合发展能力指数均值为 0.195，在 95 家上市企业中，芜湖市的企业有 13 家，虽不及合肥市的 42 家企业，但综合发展能力指

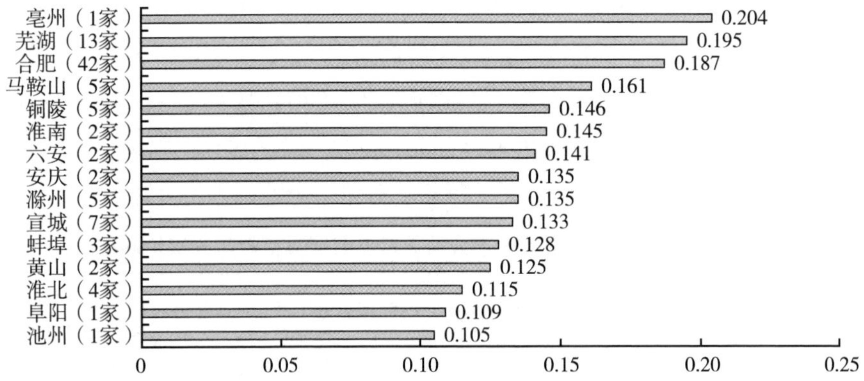

图 2　2019 年安徽各区域上市公司综合发展能力指数均值

数均值排名前列，位居第 2，表现出非常明显的优势。从图 2 中也可以看出，安徽各区域综合发展能力指数均值呈现个别突出、整体落后的状态，即亳州市、芜湖市和合肥市具有明显游离于其他地市之外的突出表现，综合发展能力指数均值处于 0.167 以上的较高水平。值得注意的是，合肥市上市公司的综合发展能力指数均值为 0.187，在 95 家上市企业中，合肥市企业有 42 家之多，但综合发展能力指数均值依旧高于均值（0.167），说明合肥市的上市企业的综合发展能力仍然相对较强。其他地市综合发展能力指数均值则集中分布在 0.167 以下，呈现规律性的逐级递减状态，综合发展能力指数均值最低的四个地市是池州、阜阳、淮北、黄山。

从表 4 可以看到，从综合发展能力的各个指标来看，不同城市的业绩发展、创新能力、营运能力和社会贡献与责任能力依旧参差不齐。综合发展能力指数均值排名前列的城市，必有发展较强的子要素。如合肥市的综合发展能力指数均值排名第 3，创新能力指数均值排名第 2（0.264），营运能力指数均值（0.080）排名第 5，社会贡献与责任指数均值（0.422）排名第 5，业绩发展指数均值（0.334）排名第 11；芜湖市的综合发展能力指数均值排名高于合肥位列第二，营运能力指数均值（0.187）排名第 1，业绩发展指数均值（0.389）、创新能力指数均值（0.164）、社会贡献与责任指数均值（0.333）分别排名第 4、第 7、第 12。作为自主创新综合试验区，合肥市和芜湖市上市公司的发展领先于其他地市，从数量上看合肥市拥有42家上市公司，芜湖市有13家上市公司；从发展质量看，合肥市的创新能力指数均值（0.264）位居第2、营运能力指数均值（0.080）居第5，芜湖市的营运能力指数均值（0.187）则居第1。

表4　2019年安徽各区域上市公司综合发展能力指数与分指标均值

总排名	区域	综合发展能力指数	业绩发展		创新能力		营运能力		社会贡献与责任	
			指数	排名	指数	排名	指数	排名	指数	排名
1	亳州(1家)	0.204	0.733	1	0.290	1	0.069	8	0.315	13
2	芜湖(13家)	0.195	0.389	4	0.164	7	0.187	1	0.333	12
3	合肥(42家)	0.187	0.334	11	0.264	2	0.080	5	0.422	5
4	马鞍山(5家)	0.161	0.294	13	0.236	3	0.057	11	0.403	7
5	铜陵(5家)	0.146	0.254	14	0.132	11	0.118	2	0.416	6
6	淮南(2家)	0.145	0.34	9	0.120	13	0.098	3	0.584	3
7	六安(2家)	0.141	0.369	5	0.141	9	0.061	9	0.662	1
8	滁州(5家)	0.135	0.351	7	0.138	10	0.087	4	0.359	10
9	安庆(2家)	0.135	0.352	6	0.178	5	0.041	13	0.449	4
10	宣城(7家)	0.133	0.339	10	0.190	4	0.044	12	0.297	14
11	蚌埠(3家)	0.128	0.302	12	0.102	15	0.079	6	0.611	2
12	黄山(2家)	0.125	0.349	8	0.145	8	0.057	10	0.391	8
13	淮北(4家)	0.115	0.445	2	0.102	14	0.078	7	0.268	15
14	阜阳(1家)	0.109	0.204	15	0.173	6	0.013	15	0.376	9
15	池州(1家)	0.105	0.405	3	0.121	12	0.037	14	0.339	11

马鞍山市排第4位，且其创新能力指数均值（0.236）排第4显著高于芜湖（0.164），具备很强的竞争力。其后，铜陵市和淮南市的营运能力与社会贡献指数均值排名靠前，分别为第2位和第3位。接下来是六安市、滁州市、安庆市等地市，排名较为靠后，综合发展能力水平普遍偏低。

淮北市、阜阳市、池州市的综合发展能力指数均值为0.105～0.115，综合发展能力水平较低，扮演“拖后腿”角色。这三个地市共有6家上市公司，包括3家制造业企业。从子要素看，除淮北市和池州市的业绩发展指数均值和阜阳市的创新能力指数均值处于中游以上外，其余子要素都处于中游或者末尾。说明这三个地市上市公司发展水平亟须提高。

（四）综合发展能力股权结构角度分析

图 3 为安徽各股权结构上市公司综合发展能力指数均值，不同类型股权结构上市公司的综合发展能力指数平均值由大到小排列。

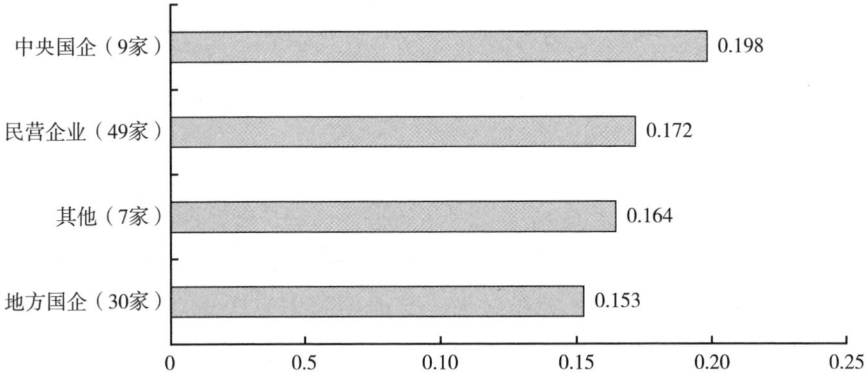

图 3　2019 年安徽不同股权结构上市公司综合发展能力指数均值

由图 3 可以看出，从企业股权结构来看，综合发展能力指数平均值由高到低的排序依次为中央国有企业（0.198）、民营企业（0.172）、其他（0.164）、地方国有企业（0.153）。相较于其他类型企业，中央国有企业的综合发展能力具有明显优势。这可能是由于中央国有企业能够享受经济和政策上的支持，具有稳定的市场，因此表现突出。

综合发展能力是业绩发展、创新能力、营运能力、社会贡献与责任四个要素综合作用的结果。从表 5 可知，就中央国有企业而言，其业绩发展指数均值（0.312）排在第 3 位，营运能力指数均值（0.081）排在末位，表现较差，但其创新能力指数均值（0.279）和社会贡献与责任指数均值（0.505）排在第 1 位，具有较强的创新性和社会贡献，这可能是因为作为国民经济的重要支柱，中央国企往往肩负着政府重大创新的期望和使命，在创新方面受到政府的大力支持。并且中央国企在社会贡献与责任的履行上起到示范与带头的作用。

表 5　2019 年安徽各股权结构上市公司综合发展能力指数与分指标均值

总排名	股权结构	综合发展能力指数	业绩发展		创新能力		营运能力		社会贡献与责任	
			指数	排名	指数	排名	指数	排名	指数	排名
1	中央国企(9 家)	0.198	0.312	3	0.279	1	0.081	4	0.505	1
2	民营企业(49 家)	0.172	0.337	2	0.215	2	0.094	2	0.390	3
3	其他(7 家)	0.164	0.311	4	0.185	3	0.110	1	0.360	4
4	地方国企(30 家)	0.153	0.356	1	0.177	4	0.084	3	0.401	2

民营企业的综合发展能力指数均值居第 2 位，在各个子要素上均表现良好，位于第 2 或第 3。

其他类型企业包括集体、公众和外资企业，综合发展能力指数均值排在第 3。其在营运能力方面表现突出（0.110）排在第 1，其他股权结构企业都不到 0.100，第 2 名与其差距较大，其遥遥领先于其他股权结构的企业。但其业绩发展能力指数均值表现较差，为 0.311，社会贡献与责任履行也较少，需要注意提高社会责任意识。

地方国有企业的综合发展能力指数均值位于第 4，其综合能力指数均值排名落后的原因是其创新能力不强，这可能是与中国特殊的经济转型背景相关。但其业绩发展能力指数均值（0.356）表现突出，排在首位，其社会贡献与责任指数均值（0.401）也较高，排在第 2 位。

三　安徽上市公司综合发展能力对比分析

（一）综合发展能力整体对比分析

本报告得到了 2019 年安徽上市公司综合发展能力指数排名，并将之与 2018 年进行对比，重点考察 2019 年上市公司综合发展能力指数排名变化情况，除此之外，本报告还得到其四个一级指标业绩发展指数、创新能力指数、营运能力指数和社会贡献与责任指数的具体排名年度对比情况，如附件 2 所示。

从综合发展能力指数排名对比来看，在2019年综合发展能力指数排名上升的有43家，2018年综合发展能力指数排名前10的上市公司中，有7家公司在2019年综合发展能力指数排名中仍位列前10，表现出较强综合发展潜力。尤其三七互娱连续两年综合发展能力指数排名第1，表现出雄厚的实力；中公教育在2018年综合发展能力指数排名中居第5名，在2019年下降至第11名；四创电子在2018年居第7名，在2019年下降至第16名，值得注意的是四创电子在2017年综合发展能力指数排名中居第1名，2017～2019年三年间其综合发展能力指数排名一直在后退；众源新材在2018年排第10名，在2019年排名下降至第14名。2019年综合发展能力指数倒数前10名中，有4家在2018年综合发展能力指数排名中也在倒数前10，表现出较弱的发展潜力。

从综合发展能力指数排名变化的幅度来看，在2019年，名次上升至少10位的有22家上市公司，其中上升20～30名的有安纳达、铜陵有色、新集能源、伯特利、凤形股份、凯盛科技和常青股份7家，排名上升至少30名的有中钢天源、皖天然气、华菱星马、长城军工4家，其中排名上升最快的皖天然气上升了44位，这主要是因为其各项分指标能力都有所增强，尤其是在社会贡献与责任方面，较2018年有大量投入。从各分指标的排名变化来看，其变化趋势并不总是与总指标排名变化方向相同，因为综合发展能力是各个分指标共同作用的结果。2019年综合发展能力指数排名上升超过10名的22家上市公司中，皖天然气、新集能源、安德利、皖维高新、凤形股份和皖能电力6家上市公司四个分指标排名较2018年都有所上升，其余16家上市公司的四个分指标排名表现出你升我降的状态，位次有上有下，但最后综合表现位次上升。

2019年，有26家上市公司综合发展能力指数位次下降超过10名，其中位次下降20～30名的有10家，排名下降至少30名的有皖新传媒、金种子酒和惠而浦3家公司，其中排名下降最多的皖新传媒下降了48位，尽管其2019年创新能力指数排名较2018年有所上升，但是其业绩发展、营运能力和社会责任与贡献指数排名都下降了将近20名。从各分指标的排名变化来看，其变化趋势并不总是与总指标排名变化方向相同。2019年综合发展能力指数位次下降超过10名的26家上市公司中，开润股份、金种子酒2家上市公司四个分指标排名位次较2018年都有所下降，其余24家上市公司的四个分指标排名表现出你升我降的状态，位次有升有降，但最后综合表现位次下降。

（二）综合发展能力行业角度对比分析

行业排名变化情况如表6所示。从行业来看，2018～2019年，信息传输、软件和信息技术服务业，教育业，科学研究和技术服务业以及建筑业综合发展能力指数均值排名均在前4名内，表现出较稳定的强劲综合发展能力，其中信息传输、软件和信息技术服务业在2019年综合发展能力指数均值排名中位列第1，2018年位列第2，是众多行业中的佼佼者。房地产业，农林牧渔业，制造业，采矿业，水利、环境和公共设施管理业以及交通运输、仓储和邮政业2018～2019年综合发展能力指数均值排名稳定，几乎无变化；批发和零售业，电力、热力、燃气及水生产和供应业2019年名字上升较多，这主要因为这两个行业社会贡献与责任在2019年名次上升幅度较多导致，文化、体育和娱乐业综合发展能力指数2019年名次呈下降趋势，这主要因为文化、体育和娱乐业在2019年业绩发展和营运能力指数名次下降较多导致。值得注意的是，房地产业，科学研究和技术服务业，电力、热力、燃气及水生产和供应业，交通、仓储和邮政业，文化、体育和娱乐业和农林牧渔业等行业只有一家或者两家上市公司，其综合发展能力指数均值排名情况对行业的综合发展能力水平并不具备代表性。

表6　2019年与2018年安徽各行业上市公司综合发展能力指数与分指标均值排名对比

行业	总排名		排名变化	业绩发展		创新能力		营运能力		社会贡献与责任	
	2019年	2018年		2019年	2018年	2019年	2018年	2019年	2018年	2019年	2018年
信息(5家)	1	2	↑1	6	8	2	1	1	4	11	6
教育(1家)	2	1	↓1	1	2	3	3	4	6	12	1
科学(1家)	3	3	—	4	1	1	2	12	7	13	9
建筑(4家)	4	4	—	12	12	5	5	5	5	2	3

续表

行业	总排名		排名变化	业绩发展		创新能力		营运能力		社会贡献与责任	
	2019年	2018年		2019年	2018年	2019年	2018年	2019年	2018年	2019年	2018年
批发(4家)	5	9	↑4	11	13	11	13	2	2	1	5
房产(1家)	6	5	↓1	3	6	4	7	7	1	7	13
电力(2家)	7	12	↑5	9	10	9	9	3	9	6	12
农林(2家)	8	7	↓1	13	11	6	4	10	12	3	10
制造(64家)	9	8	↓1	8	9	7	8	9	10	9	7
采矿(3家)	10	11	↑1	2	3	10	10	6	8	10	4
文化(2家)	11	6	↓5	10	5	12	12	8	3	5	2
水利(4家)	12	10	↓2	5	4	8	6	13	11	8	8
交通(2家)	13	13	—	7	7	13	11	11	13	4	11

从各分指标来看，有些行业综合发展能力指数均值排名较稳定，但是分指标内变化幅度较大。例如采矿业虽然其综合发展能力指数均值 2018～2019 年稳定在第 10 名上下，但其业绩发展能力指数均值和营运能力指数均值排名都有上升，社会贡献与责任指数均值名次下降幅度比较大。农林牧渔业综合发展能力指数均值 2018～2019 年稳定在第 8 名上下，其业绩发展和创新能力指数均值排名下降 2 名，社会贡献与责任指数均值排名上升较多。房地产业业绩发展指数均值、创新能力指数均值都上升了 3 名，社会贡献与责任指数均值上升了 6 名，营运能力指数下降了 6 名，最终导致其总排名下降 1 名。制造业，采矿业，水利、环境和公共设施管理业是 2018～2019 年综合发展能力指数均值排名较稳定的行业，其四项分指标排名也较稳定，导致其综合发展能力指数均值排名较稳定。从整体来看，行业综合发展能力指数均值排名变化主要是营运能力指数均值和社会贡献与责任指数均值排名变化导致的。

（三）综合发展能力区域角度对比分析

由表 7 结果可以看出，2018～2019 年亳州、合肥和芜湖综合发展能力指数均值排名均在前 4 名内，说明这三个地市的综合发展能力较强而稳定，但是值得注意的是亳州市只有一家上市公司，其综合发展能力指数均值可能并不具有代表性。2019 年综合发展能力指数均值排第四位的马鞍山市，在 2018 年排名为第 10，排名波动比较大。铜陵市和安庆市在 2019 年排名较 2018 年上升幅度较大，分别上升了 6 名和 5 名，滁州市、淮北市和阜阳市在 2019 年排名较 2018 年下降幅度较大，阜阳最大，下降了 8 名。黄山市和池州市 2018 ~ 2019 年综合发展能力指数均值排名基本保持稳定，淮南市综合发展能力指数均值排名在 2019 年上升了 3 名，宣城市在 2019 年综合发展能力指数均值排名中下降了 2 名，蚌埠市综合发展能力指数均值排名较稳定，在第 11 名上下。

表 7　2019 年与 2018 年安徽各区域上市公司综合发展能力指数与分指标均值排名对比

区域	总排名			业绩发展		创新能力		营运能力		社会贡献与责任	
	2019 年	2018 年	排名变化	2019 年	2018 年	2019 年	2018 年	2019 年	2018 年	2019 年	2018 年
亳州(1 家)	1	1	—	1	1	1	1	8	8	13	1
芜湖(13 家)	2	4	↑2	4	7	7	8	1	1	12	9
合肥(42 家)	3	2	↓1	11	11	2	2	5	5	5	10
马鞍山(5 家)	4	10	↑6	13	9	3	4	11	10	7	14
铜陵(5 家)	5	11	↑6	14	14	11	15	2	3	6	8
淮南(2 家)	6	9	↑3	9	10	13	12	3	9	3	3
六安(2 家)	7	5	↓2	5	5	9	9	9	7	1	4
滁州(5 家)	8	3	↓5	7	6	10	7	4	2	10	5
安庆(2 家)	9	14	↑5	6	15	5	5	13	15	4	15
宣城(7 家)	10	8	↓2	10	8	4	3	12	12	14	12
蚌埠(3 家)	11	12	↑1	12	13	15	13	6	6	2	11
黄山(2 家)	12	13	↑1	8	4	8	10	10	11	8	7
淮北(4 家)	13	7	↓6	2	2	14	14	7	4	15	6
阜阳(1 家)	14	6	↓8	15	12	6	6	15	13	9	2
池州(1 家)	15	15	—	3	3	12	11	14	14	11	13

由各分指标来看，芜湖市综合发展能力指数均值排在第 2，其营运能力指数最强，2018 ~ 2019 年该指标均值都位列第一，但其社会贡献与责任指

数均值排名较靠后甚至是倒数。合肥市综合发展能力指数均值排名第三，主要来自其强大的创新能力，但是其业绩发展指数均值排名靠后也在倒数。铜陵市和安庆市排名综合发展能力指数均值上升幅度较大，但其分指标变化情况并不相同。马鞍山市综合发展能力指数均值排第 4，其创新能力较强，2019 年该项指标排名上升了 1 名，业绩发展、营运能力和社会贡献与责任指数均值排名处于中等靠后水平。铜陵市创新能力指数均值排名的提升导致其综合发展能力指数均值在 2019 年排名上升较多，安庆市综合发展能力指数均值排名上升的原因主要是业绩发展和社会贡献与责任指数均值排名上升较多。滁州市 2019 年综合发展能力指数均值名次下降较多的原因在于四项分指标排名下降，其中业绩发展和社会贡献与责任指数均值排名下降较多，淮北市综合发展能力指数均值在 2019 年排名下降较多，原因是营运能力和社会贡献与责任发展不足，阜阳市 2019 年综合发展能力指数均值排名下降是业绩发展和社会贡献与责任指数均值排名下降导致。此外，不少地市 2019 年综合发展能力指数均值排名虽然排在后面，但是分指标排名位列前 10，表现出各分指标发展的不均衡，比如宣城、蚌埠和滁州。

（四）综合发展能力股权结构角度对比分析

从股权结构来看，与 2018 年相比，2019 年安徽上市公司股权结构综合发展能力指数均值排名位次没有变化，从第 1 名到第 4 名依旧依次为中央国有企业、民营企业、其他和地方国有企业（见表 8）。

从各分指标来看，创新能力指数均值排名相较 2018 年不变。中央国有企业排名变化较大的是社会贡献与责任指数均值；民营企业排名变化较大的是营运能力和社会贡献与责任指数均值，前者上升了 2 名，后者下降了 2 个名次；地方国有企业各指标排名变化较稳定；其他企业排名变化较大的也是业绩发展能力指数均值，下降了 2 个位次。中央国有企业创新能力和社会贡献与责任较强，民营企业四项分指标差距不大，较为均衡，其他企业营运能力较强，地方国有企业业绩发展和社会贡献与责任较强。总的来说，国有企业社会责任与贡献较强，这与中国独特的制度背景有关系。

表 8　2019 年与 2018 年安徽各股权结构上市公司综合发展能力指数与分指标均值排名对比

股权结构	总排名			业绩发展		创新能力		营运能力		社会贡献与责任	
	2019 年	2018 年	排名变化	2019 年	2018 年	2019 年	2018 年	2019 年	2018 年	2019 年	2018 年
中央国企(9 家)	1	1	—	3	4	1	1	4	3	1	4
民营企业(49 家)	2	2	—	2	3	2	2	2	4	3	1
其他(7 家)	3	3	—	4	2	3	4	1	1	4	3
地方国企(30 家)	4	4	—	1	1	4	3	3	2	2	2

四　研究结论与对策

本部分基于上述分析，总结出主要结论，并给出相应的对策建议。

1. 个别企业发展强劲，整体能力有待提高

从安徽上市公司综合发展能力整体来看，2019 年安徽上市公司综合发展能力指数均值为 0.17，2018 年综合发展能力指数均值为 0.22，相比上年下降 23%，有较大退步。从综合发展能力指数排名来看，本报告所考察的安徽 95 家上市公司的综合发展能力指数相比上年提高的有 43 家。高于综合发展能力指数均值的有 33 家，占 35%，和 2018 年相比少了 4 家。而综合发展能力指数最高值达到 0.62，相比上年最高值提高 0.11，综合以上数据说明安徽上市公司综合发展能力个别企业强劲，整体发展不足。

就四个指标而言，业绩发展指数均值为 0.34，相比上年下降 42%，下降幅度尤为明显。高于业绩发展指数均值的有 35 家，占 37%，比上年少了 9 家。和上年相比，业绩发展指数提高的有 0 家，今年的业绩发展不容乐观，安徽全部上市公司均有不同程度的下降。创新能力指数均值为 0.21，相比上年几乎没有变化，高于平均值的有 35 家，占 37%，与上年相比同样没有明显变化，和 2018 年相比，创新能力指数提高的有 37 家。营运能力指数均值为 0.09，相比 2018 年下降 43%，高于平均值的有 34 家，占 36%，比 2018 年多了 2 家。和 2018 年相比，营运能力指数提高的有 1 家，仅三七

互娱一家公司在营运能力指数上有所提升。社会贡献与责任指数均值为0.40，相比2018年下降13%，高于平均值的有43家，占45%，比2018年少了6家。和2018年相比，社会贡献与责任指数提高的有58家。

三家公司为2019年新上市公司，不计算在对比范围内。与2018年相比，业绩发展指数下降的有92家，创新能力指数下降的有55家，营运能力指数下降的有91家，社会贡献与责任指数下降的有34家。整体来看，安徽上市公司今年的综合发展能力及各个子指标均有较大幅度的下降，需要公司内部和各级政府加以关注。

对策：关注短板，提升综合能力。

安徽上市公司综合发展能力整体较弱，2019年排名第1的三七互娱综合发展能力指数为0.62，第2名科大讯飞综合发展能力指数仅为0.35，第1名与第2名差距较大。除此之外，2019年综合发展能力指数排名前10的上市公司，分指标排名与总指标并不总是相当，有些甚至差距很大。比如科大讯飞虽然综合发展能力指数排名第2，但其业绩发展指数排名中等，营运能力指数排名中下等；泰禾光电综合发展能力指数排名第3，但其营运能力指数竟排名第88，进入倒数行列；江淮汽车综合发展能力指数排名第7，业绩发展指数排名达到第87名。一个具有成长潜力和后劲的企业必定是各个方面都良好的企业，这样的企业才能在不断变化的外部环境和动荡的市场中长久立于不败之地，安徽大多数上市公司各分指标发展不均衡，此强彼弱，这也是安徽上市公司整体综合发展能力不强的原因。因此，对于企业来说，必须合理分配企业的资源，提高自身管理能力和运营水平，在保持自身优势的同时，重点关注短板，保证各方面均衡发展。

2. 行业发展能力整体稳定，分指标表现不一

从行业来看，各行业发展存在差距、高技术产业优势突出，制造业整体表现一般，安徽各个行业上市公司综合发展能力差距较大。从2018～2019年排名变化来看，高技术产业因其独特战略地位和政策优惠，具有较强的市场竞争力，相较传统行业，综合发展能力整体较强。其中信息传输、软件和信息技术服务业综合发展能力指数在2018～2019年连续两年排在前2名内，表

现出强劲的综合发展能力；相较之下，囿于传统产业固有的发展模式，采矿业，交通运输、仓储和邮政业综合发展能力指数 2018～2019 年表现都较差，传统产业亟须进行结构转型升级，提升综合发展水平。2018～2019 年，排名发生较大变化的有建筑业，电力、热力燃气及水生产和供应业以及文化、体育和娱乐业，主要是因为其营运能力发生较大波动，其次是因为社会贡献与责任发生较大变化，业绩发展和创新能力整体较往年稳定，对总指标变化的影响较小。

对策：转变思路，促进信息产业与传统产业垂直融合。

制造业上市公司占安徽上市公司七成以上，倒数前 7 名都属于制造业，且在行业排名中，制造业排名也在中等偏后位置，这表明传统产业尤其传统制造业存在综合发展能力较弱的问题。相对应的，信息传输、软件和信息技术服务行业综合发展能力较强，排在前列，可见依靠高新技术进行高质量经济发展已经成为一种趋势和选择。当前传统制造业依旧为安徽经济发展和腾飞奠定了基础，依旧是安徽建设现代化产业体系的主体框架之一。但是传统制造业存在产能过剩、产业发展滞缓等问题也是共识，因此传统制造业必须转变思路，在工业 4.0 时代，加深与信息、人工智能和互联网的融合，寻找新的增长点，用高质量发展为安徽经济提供支撑。

3. 长江沿岸城市实力较强，皖北地区实力减弱

从区域来看，区域经济与上市公司发展密切相关，两者之间相互促进也相互制约。上市公司主要集中在合肥、芜湖等经济发达的城市，而阜阳、池州、亳州上市公司较少。从发展能力来看，合肥占据省会优势，综合发展能力较强也且稳定，综合发展能力指数均值排在全省前三名；芜湖、铜陵和马鞍山这些长江沿岸城市凭借较好的经济基础和地理位置优势，综合发展能力指数均值持续几年排在前列。与 2018 年不同的是，2018 年综合发展能力明显变强的阜阳和滁州等地区，在 2019 年综合发展能力指数均值排名中下降较多。总体来说，省会城市合肥综合发展能力强劲，皖南地区上市公司综合发展能力要强于皖北地区。

对策：立足资源禀赋，把握机遇。

2019 年整体上皖南地区较强，皖北地区综合发展能力较弱。企业所在

的区域环境对其发展有着至关重要的作用，只有利用地域优势进行发展才能不断壮大。皖北地区的很多上市公司集中在制造业、采矿业等传统行业，这些上市公司发展能力较弱。这一方面由于区域因素的制约，另一方面由于行业因素的制约。首先，皖北地区上市公司应该顺应省政府加快皖北崛起的规划布局，利用利好政策。皖北在生产要素和市场潜力方面具有后发比较优势，当前又面临长三角区域一体化发展、淮河生态经济带建设等政策机遇，交通运输、园区建设等也在加速推进，面临重大机遇。皖北地区要把握转型机遇，强化创新驱动，加快改造传统产业，积极培育新产业、新业态、新模式，着力构建产业新支撑。立足资源禀赋，加快发展农副产品精深加工业和煤矿业，培育龙头企业和皖北农业、煤矿业产业化品牌。

4. 中央国有企业持续领跑，地方国有企业综合发展能力有待加强

从企业股权结构看，得益于经济和政策上的较多支持，中央国有企业连续三年的综合发展能力指数均值高于其他三种股权结构的上市公司，稳居第1名。民营企业综合发展能力指数均值一直稳居第2名。2018年地方国有企业排名倒数第1，2019年依旧排名倒数第1，地方国有企业综合发展能力有待提升。从年度对比来看，2019年与2018年相比不同股权结构排名无变化，但其有些分指标排名波动较大。

对策：加强自身能力建设，促进地方国有企业发展。

企业是社会主义市场经济的主体，综合发展能力提升主要在于企业自身能力的提高。基于报告得出的结论，企业应首先提高自己的能力，提升内部管理能力与管理水平。管理能力提高是企业高效健康运转的基础，因此企业应该多总结、多吸收外部先进的管理技术，建立一整套科学合理的管理机制和内部控制机制，更加高效治理企业。

地方国有企业应该提高综合实力。国有企业受到政府经济和政策的很多优待，地方国有企业应该发挥经济引领作用，但是报告结论显示地方国有企业综合发展能力一直排在末位，地方国有企业存在诸多无效率问题，无法发挥经济发动机的作用。因此，应该继续推进国有企业调整重组，优化国有经济布局结构，深化国有企业改革，建立现代企业制度，为此要继续加大公司

制改革力度，通过重组上市、合资合作、相互参股等多种途径，加快推进国有企业，特别是母公司层面的公司制股份制改革，促进投资主体多元化。

五 结束语

2020 年，新冠肺炎疫情给整体经济运行造成了巨大影响。为了恢复和促进企业运营发展，安徽省政府应该响应两会号召，做好“六稳”工作，落实“六保”任务，实施好就业优先政策，减税降负，尤其是做好对中小微企业的帮扶，出台“救企”政策。对于证监会而言，要全力保障市场平稳运行，坚持股票首发常态化，不断满足实体经济融资需求，进一步研究支持措施，帮助实体企业复工复产。对于企业，应根据疫情对本企业的影响程度及时调整企业策略，顺利渡过此次疫情带来的生存与发展难关。

附件

附件1　2019年安徽上市公司综合发展能力指数及排名

总排名	公司简称	综合发展能力	行业	城市	股权结构	业绩发展		创新能力		营运能力		社会贡献与责任	
						指数	排名	指数	排名	指数	排名	指数	排名
1	三七互娱	0.62	信息	芜湖	民营	0.44	7	0.38	12	0.85	1	0.63	13
2	科大讯飞	0.35	信息	合肥	央企	0.32	42	0.66	1	0.05	58	0.60	16
3	泰禾光电	0.32	制造	合肥	民营	0.33	38	0.61	4	0.02	88	0.65	10
4	阳光电源	0.32	制造	合肥	民营	0.35	30	0.62	3	0.05	63	0.29	66
5	美亚光电	0.32	制造	合肥	民营	0.42	12	0.64	2	0.05	67	0.15	88
6	安徽合力	0.30	制造	合肥	国企	0.38	20	0.43	8	0.12	16	0.78	4
7	江淮汽车	0.28	制造	合肥	国企	0.27	87	0.51	5	0.10	25	0.15	87
8	三只松鼠	0.27	批发	芜湖	民营	0.35	29	0.20	37	0.28	3	0.65	12
9	科大国创	0.27	信息	合肥	民营	0.33	37	0.47	6	0.11	21	0.09	94
10	东华科技	0.27	建筑	合肥	央企	0.31	55	0.39	11	0.11	20	0.70	8
11	中公教育	0.25	教育	芜湖	民营	0.39	17	0.36	14	0.14	13	0.26	71
12	安科生物	0.24	制造	合肥	民营	0.29	74	0.41	9	0.07	51	0.52	29
13	设计总院	0.24	科学	合肥	国企	0.37	23	0.44	7	0.06	55	0.25	75
14	众源新材	0.23	制造	芜湖	民营	0.34	33	0.11	74	0.31	2	0.28	67
15	安纳达	0.23	制造	铜陵	公众	0.29	75	0.32	17	0.13	15	0.27	70
16	四创电子	0.22	制造	合肥	央企	0.34	32	0.39	10	0.04	70	0.35	51
17	辉隆股份	0.21	批发	合肥	集体	0.30	68	0.12	71	0.25	5	0.49	32
18	中钢天源	0.21	制造	马鞍山	央企	0.31	50	0.35	15	0.06	53	0.39	47
19	皖天然气	0.21	电力	合肥	国企	0.36	26	0.16	47	0.19	9	0.57	21
20	古井贡酒	0.20	制造	亳州	国企	0.73	2	0.29	21	0.07	45	0.32	58
21	交建股份	0.19	建筑	合肥	民营	0.30	63	0.16	50	0.20	7	0.33	54
22	聚隆科技	0.19	制造	宣城	民营	0.31	58	0.38	13	0.00	95	0.29	64
23	荃银高科	0.19	农林	合肥	公众	0.31	53	0.28	22	0.05	60	0.57	20
24	志邦家居	0.19	制造	合肥	民营	0.45	6	0.24	32	0.10	29	0.40	44
25	泰尔股份	0.19	制造	马鞍山	民营	0.28	84	0.32	16	0.02	89	0.49	31
26	全柴动力	0.19	制造	滁州	国企	0.30	71	0.27	24	0.09	33	0.29	62
27	国机通用	0.19	制造	合肥	央企	0.32	48	0.32	18	0.07	47	0.13	90
28	长虹美菱	0.18	制造	合肥	国企	0.27	89	0.26	28	0.10	24	0.19	82
29	欧普康视	0.18	制造	合肥	民营	0.42	9	0.27	25	0.03	81	0.59	18
30	楚江新材	0.18	制造	芜湖	民营	0.32	44	0.06	86	0.26	4	0.29	65
31	合肥城建	0.18	房地产	合肥	国企	0.37	22	0.22	34	0.10	26	0.42	41

续表

总排名	公司简称	综合发展能力	行业	城市	股权结构	业绩发展		创新能力		营运能力		社会贡献与责任	
						指数	排名	指数	排名	指数	排名	指数	排名
32	铜陵有色	0.18	制造	铜陵	国企	0.28	82	0.07	85	0.21	6	0.65	11
33	安利股份	0.18	制造	合肥	民营	0.31	52	0.25	29	0.08	41	0.30	61
34	中环环保	0.17	水利	合肥	民营	0.35	28	0.27	26	0.05	66	0.32	57
35	集友股份	0.17	制造	安庆	民营	0.40	14	0.23	33	0.04	69	0.58	19
36	华菱星马	0.16	制造	马鞍山	国企	0.28	86	0.28	23	0.04	73	0.29	63
37	皖通科技	0.16	信息	合肥	民营	0.33	39	0.30	20	0.04	75	0.12	91
38	应流股份	0.16	制造	合肥	民营	0.31	61	0.30	19	0.01	94	0.27	69
39	新集能源	0.16	采矿	淮南	央企	0.31	54	0.10	78	0.14	12	0.72	6
40	金禾实业	0.16	制造	滁州	民营	0.46	5	0.20	36	0.05	59	0.55	23
41	中电兴发	0.16	信息	芜湖	民营	0.33	41	0.26	27	0.04	78	0.37	49
42	国风塑业	0.16	制造	合肥	国企	0.29	78	0.25	30	0.06	52	0.25	77
43	精工钢构	0.16	建筑	六安	民营	0.30	67	0.16	49	0.08	39	0.73	5
44	开润股份	0.16	制造	滁州	民营	0.42	11	0.12	64	0.17	11	0.12	92
45	精达股份	0.15	制造	铜陵	民营	0.32	46	0.03	95	0.20	8	0.53	24
46	海螺水泥	0.15	制造	芜湖	国企	0.95	1	0.13	61	0.09	31	0.24	78
47	伯特利	0.15	制造	芜湖	外资	0.40	15	0.18	41	0.07	50	0.48	33
48	广信股份	0.15	制造	宣城	民营	0.40	16	0.24	31	0.04	80	0.22	80
49	淮北矿业	0.15	采矿	淮北	国企	0.46	4	0.07	84	0.17	10	0.30	59
50	安德利	0.15	批发	合肥	民营	0.28	81	0.04	92	0.13	14	0.95	1
51	皖通高速	0.14	交通	合肥	国企	0.38	21	0.16	46	0.03	84	0.79	3
52	永新股份	0.14	制造	黄山	集体	0.35	27	0.17	45	0.09	34	0.26	72
53	丰原药业	0.14	制造	芜湖	民营	0.30	65	0.14	54	0.10	27	0.40	46
54	长城军工	0.14	制造	合肥	国企	0.29	76	0.19	38	0.03	85	0.66	9
55	国祯环保	0.14	水利	合肥	民营	0.34	34	0.17	43	0.07	44	0.34	52
56	皖维高新	0.14	制造	合肥	国企	0.30	66	0.10	77	0.08	40	0.81	2
57	时代出版	0.14	文化	合肥	国企	0.32	43	0.13	59	0.09	30	0.47	34
58	洽洽食品	0.14	制造	合肥	民营	0.42	10	0.12	65	0.08	38	0.53	25
59	凤形股份	0.14	制造	宣城	民营	0.37	25	0.18	40	0.05	62	0.37	50
60	马钢股份	0.14	制造	马鞍山	央企	0.29	77	0.13	56	0.09	32	0.42	40

续表

总排名	公司简称	综合发展能力	行业	城市	股权结构	业绩发展		创新能力		营运能力		社会贡献与责任	
						指数	排名	指数	排名	指数	排名	指数	排名
61	丰乐种业	0.14	农林	合肥	国企	0.29	80	0.13	58	0.09	35	0.45	36
62	安徽建工	0.14	建筑	蚌埠	国企	0.31	59	0.13	57	0.07	46	0.59	17
63	合锻智能	0.13	制造	合肥	民营	0.28	85	0.21	35	0.02	91	0.40	45
64	凯盛科技	0.13	制造	蚌埠	央企	0.29	79	0.12	73	0.06	54	0.72	7
65	山河药辅	0.13	制造	淮南	民营	0.37	24	0.14	53	0.06	57	0.45	37
66	常青股份	0.13	制造	合肥	民营	0.28	83	0.16	48	0.05	64	0.40	43
67	皖新传媒	0.12	文化	合肥	国企	0.31	62	0.09	80	0.10	28	0.50	30
68	口子窖	0.12	制造	淮北	民营	0.62	3	0.14	55	0.04	77	0.40	42
69	迎驾贡酒	0.12	制造	六安	民营	0.44	8	0.12	66	0.04	71	0.60	15
70	华菱精工	0.12	制造	宣城	民营	0.34	36	0.10	76	0.12	18	0.18	84
71	皖能电力	0.12	电力	合肥	国企	0.32	45	0.08	82	0.12	17	0.32	55
72	中粮科技	0.12	制造	蚌埠	央企	0.31	57	0.06	87	0.11	19	0.52	26
73	黄山胶囊	0.12	制造	宣城	民营	0.33	40	0.19	39	0.02	87	0.26	73
74	合肥百货	0.12	批发	合肥	国企	0.29	73	0.05	90	0.11	23	0.63	14
75	司尔特	0.12	制造	宣城	民营	0.32	49	0.12	67	0.05	61	0.52	28
76	鸿路钢构	0.12	制造	合肥	民营	0.39	19	0.08	81	0.08	37	0.47	35
77	富煌钢构	0.11	制造	合肥	民营	0.30	69	0.17	42	0.04	79	0.21	81
78	神剑股份	0.11	制造	芜湖	民营	0.30	72	0.15	52	0.05	65	0.24	79
79	金种子酒	0.11	制造	阜阳	国企	0.20	92	0.17	44	0.01	93	0.38	48
80	山鹰纸业	0.11	制造	马鞍山	民营	0.31	51	0.09	79	0.07	48	0.42	39
81	黄山旅游	0.11	水利	黄山	国企	0.34	31	0.12	63	0.02	90	0.52	27
82	九华旅游	0.11	水利	池州	国企	0.41	13	0.12	68	0.04	76	0.34	53
83	华茂股份	0.10	制造	安庆	国企	0.30	70	0.13	62	0.04	74	0.32	56
84	恒源煤电	0.10	采矿	淮北	国企	0.39	18	0.16	51	0.03	83	0.07	95
85	铜峰电子	0.10	制造	铜陵	民营	0.20	93	0.11	75	0.03	82	0.44	38
86	惠而浦	0.09	制造	合肥	外资	0.21	91	0.12	69	0.06	56	0.11	93
87	江南化工	0.09	制造	宣城	民营	0.32	47	0.12	70	0.03	86	0.25	76
88	淮河能源	0.09	交通	芜湖	国企	0.31	56	0.04	93	0.11	22	0.18	85
89	海螺型材	0.09	制造	芜湖	国企	0.27	90	0.07	83	0.08	36	0.13	89

续表

总排名	公司简称	综合发展能力	行业	城市	股权结构	业绩发展		创新能力		营运能力		社会贡献与责任	
						指数	排名	指数	排名	指数	排名	指数	排名
90	德力股份	0.09	制造	滁州	民营	0.27	88	0.06	88	0.05	68	0.56	22
91	华孚时尚	0.09	制造	淮北	民营	0.30	64	0.05	91	0.07	43	0.30	60
92	融捷健康	0.08	制造	合肥	民营	0.00	95	0.12	72	0.04	72	0.26	74
93	嘉美包装	0.08	制造	滁州	外资	0.31	60	0.04	94	0.08	42	0.27	68
94	文一科技	0.08	制造	铜陵	民营	0.17	94	0.13	60	0.01	92	0.19	83
95	长信科技	0.08	制造	芜湖	国企	0.34	35	0.05	89	0.07	49	0.18	86
	平均值	0.17				0.34		0.21		0.09		0.40	
	中位数	0.15				0.32		0.16		0.07		0.38	

注：1. 行业、城市和企业股权结构的简称同分报告一中附件 1 一致。

2. 本报告数据来源于 Wind 数据库。截至 2019 年，安徽省共有 A 股上市公司 105 家。因指标适用性问题以及企业经营问题，本报告剔除三家金融业（新力金融、华安证券、国元证券）以及股票简称为＊ST 梦舟、＊ST 六化、＊ST 新光、＊ST 德豪和＊ST 安凯的企业，还有两家因没有披露年报而无法获取社会贡献与责任数据的公司（盛运环保、中鼎股份）。

附件 2　2018～2019 年安徽上市公司综合发展能力指数与分指标指数排名对比情况

公司名称	总排名			业绩发展		创新能力		营运能力		社会责任与贡献	
	2019 年	2018 年	排名变化	2019 年	2018 年	2019 年	2018 年	2019 年	2018 年	2019 年	2018 年
三七互娱	1	1	—	7	19	12	11	1	1	13	20
科大讯飞	2	3	↑1	42	50	1	1	58	55	16	42
泰禾光电	3	9	↑6	38	31	4	4	88	79	10	16
阳光电源	4	2	↓2	30	42	3	2	63	58	66	17
美亚光电	5	6	↑1	12	11	2	3	67	64	88	49
安徽合力	6	8	↑2	20	21	8	12	16	18	4	5
江淮汽车	7	11	↑4	87	92	5	8	25	27	87	52
三只松鼠	8	—	—	29	—	37	—	3	—	12	—
科大国创	9	4	↓5	37	63	6	6	21	11	94	58
东华科技	10	12	↑2	55	60	11	15	20	10	8	70
中公教育	11	5	↓6	17	9	14	23	13	15	71	1
安科生物	12	13	↑1	74	28	9	10	51	49	29	13
设计总院	13	14	↑1	23	7	7	13	55	16	75	54
众源新材	14	10	↓4	33	32	74	78	2	2	67	25

续表

公司名称	总排名			业绩发展		创新能力		营运能力		社会责任与贡献	
	2019年	2018年	排名变化	2019年	2018年	2019年	2018年	2019年	2018年	2019年	2018年
安纳达	15	39	↑24	75	54	17	42	15	28	70	36
四创电子	16	7	↓9	32	18	10	7	70	29	51	15
辉隆股份	17	17	—	68	71	71	76	5	3	32	81
中钢天源	18	54	↑36	50	40	15	31	53	56	47	85
皖天然气	19	63	↑44	26	43	47	53	9	19	21	91
古井贡酒	20	16	↓4	2	2	21	19	45	45	58	3
交建股份	21	—	—	63	—	50	—	7	—	54	—
聚隆科技	22	18	↓4	58	75	13	5	95	95	64	83
荃银高科	23	36	↑13	53	49	22	24	60	67	20	55
志邦家居	24	32	↑8	6	8	32	18	29	37	44	84
泰尔股份	25	41	↑16	84	84	16	17	89	87	31	75
全柴动力	26	31	↑5	71	83	24	26	33	38	62	46
国机通用	27	40	↑13	48	46	18	22	47	44	90	89
长虹美菱	28	42	↑14	89	90	28	32	24	14	82	90
欧普康视	29	30	↑1	9	6	25	21	81	66	18	48
楚江新材	30	26	↓4	44	37	86	91	4	4	65	66
合肥城建	31	22	↓9	22	41	34	34	26	8	41	87
铜陵有色	32	52	↑20	82	76	85	95	6	13	11	38
安利股份	33	25	↓8	52	82	29	27	41	51	61	18
中环环保	34	21	↓13	28	47	26	14	66	54	57	79
集友股份	35	51	↑16	14	15	33	29	69	80	19	71
华菱星马	36	73	↑37	86	86	23	35	73	68	63	94
皖通科技	37	24	↓13	39	51	20	20	75	63	91	27
应流股份	38	43	↑5	61	79	19	25	94	96	69	40
新集能源	39	59	↑20	54	77	78	80	12	33	6	22
金禾实业	40	37	↓3	5	4	36	41	59	59	23	7
中电兴发	41	23	↓18	41	62	27	9	78	71	49	95
国风塑业	42	61	↑19	78	61	30	30	52	74	77	97
精工钢构	43	33	↓10	67	78	49	43	39	22	5	29
开润股份	44	15	↓29	11	10	64	39	11	5	92	33
精达股份	45	34	↓11	46	35	95	87	8	9	24	51
海螺水泥	46	29	↓17	1	1	61	58	31	35	78	2
伯特利	47	74	↑27	15	25	41	63	50	48	33	73

续表

公司名称	总排名			业绩发展		创新能力		营运能力		社会责任与贡献	
	2019年	2018年	排名变化	2019年	2018年	2019年	2018年	2019年	2018年	2019年	2018年
广信股份	48	20	↓28	16	16	31	16	80	82	80	37
淮北矿业	49	28	↓21	4	5	84	81	10	7	59	61
安德利	50	68	↑18	81	88	92	96	14	25	1	21
皖通高速	51	55	↑4	21	27	46	46	84	77	3	23
永新股份	52	62	↑10	27	30	45	45	34	41	72	74
丰原药业	53	60	↑7	65	70	54	66	27	30	46	57
长城军工	54	85	↑31	76	68	38	49	85	89	9	76
国祯环保	55	27	↓28	34	45	43	37	44	12	52	59
皖维高新	56	69	↑13	66	81	77	79	40	57	2	28
时代出版	57	44	↓13	43	39	59	72	30	20	34	31
洽洽食品	58	46	↓12	10	22	65	69	38	42	25	9
凤形股份	59	83	↑24	25	52	40	68	62	81	50	53
马钢股份	60	50	↓10	77	20	56	73	32	31	40	24
丰乐种业	61	38	↓23	80	69	58	28	35	39	36	64
安徽建工	62	35	↓27	59	58	57	64	46	21	17	6
合锻智能	63	64	↑1	85	74	35	36	91	88	45	60
凯盛科技	64	92	↑28	79	85	73	65	54	78	7	82
山河药辅	65	48	↓17	24	23	53	54	57	65	37	10
常青股份	66	87	↑21	83	56	48	52	64	61	43	88
皖新传媒	67	19	↓48	62	29	80	82	28	6	30	11
口子窖	68	45	↓23	3	3	55	55	77	73	42	4
迎驾贡酒	69	65	↓4	8	12	66	70	71	76	15	26
华菱精工	70	58	↓12	36	33	76	57	18	24	84	68
皖能电力	71	90	↑19	45	64	82	85	17	34	55	78
中粮科技	72	72	–	57	53	87	88	19	17	26	67
黄山胶囊	73	53	↓20	40	48	39	33	87	92	73	35
合肥百货	74	70	↓4	73	59	90	93	23	26	14	43
司尔特	75	81	↑6	49	38	67	61	61	60	28	72
鸿路钢构	76	76	–	19	36	81	77	37	46	35	56
富煌钢构	77	56	↓21	69	72	42	48	79	72	81	39
神剑股份	78	88	↑10	72	73	52	47	65	62	79	96
金种子酒	79	47	↓32	92	65	44	40	93	84	48	12
山鹰纸业	80	75	↓5	51	17	79	83	48	43	39	50

续表

公司名称	总排名			业绩发展		创新能力		营运能力		社会责任与贡献	
	2019年	2018年	排名变化	2019年	2018年	2019年	2018年	2019年	2018年	2019年	2018年
黄山旅游	81	66	↓15	31	13	63	60	90	94	27	14
九华旅游	82	89	↑7	13	26	68	67	76	85	53	62
华茂股份	83	82	↓1	70	80	62	59	74	75	56	65
恒源煤电	84	67	↓17	18	14	51	56	83	86	95	34
铜峰电子	85	84	↓1	93	89	75	75	82	90	38	41
惠而浦	86	49	↓37	91	55	69	71	56	47	93	8
江南化工	87	94	↑7	47	66	70	50	86	91	76	93
淮河能源	88	97	↑9	56	67	93	94	22	36	85	92
海螺型材	89	96	↑7	90	91	83	84	36	53	89	86
德力股份	90	91	↑1	88	93	88	89	68	83	22	30
华孚时尚	91	77	↓14	64	44	91	92	43	52	60	19
融捷健康	92	79	↓13	95	96	72	38	72	70	74	80
嘉美包装	93	—	—	60	—	94	—	42	—	68	—
文一科技	94	86	↓8	94	87	60	51	92	93	83	63
长信科技	95	71	↓24	35	34	89	97	49	23	86	32

借 鉴 篇

Experience and Lessons

B.8

长三角制造业上市公司比较研究

李 欣　李 源　杨 欢　查韦婷　陈又鸣　夏青桐*

摘　要： 长三角制造业上市公司是推进长三角一体化发展和打造世界级产业集群的重要力量。本报告以 2019 年 872 家上市公司为研究对象，从总体概况、行业结构、创新情况、财务表现、再融资情况等维度分析长三角制造业上市公司的发展情况，以点带面地感知沪苏浙皖制造业发展的基础、特征和趋势。报告在分析长三角整体的同时，更加注重分析安徽在长三角区域格局中的比较优势和发展短板，并基于此，提出安徽深

* 李欣，博士，安徽省投资集团中安研究院副院长，主要研究方向为资本市场与公司金融；李源，安徽省投资集团中安研究院研究员，主要研究方向为产业经济、区域经济与数据挖掘；杨欢，安徽省投资集团中安研究院研究员，主要研究方向为金融与资本市场；查韦婷，安徽省投资集团中安研究院研究员，主要研究方向为金融与资本市场；陈又鸣，安徽省投资集团中安研究院研究员，主要研究方向为绩效审计；夏青桐，安徽省投资集团中安研究院研究员，主要研究方向为理论经济学和公司金融。

度融入长三角制造业分工和合作的思路与建议，以期为政府完善产业发展环境、市场优化资源配置，以及制造业企业提高核心竞争能力等提供参考。

关键词： 长三角制造业　上市公司　再融资

作为实体经济的基本盘，制造业是立国之本、兴国之器、强国之基。改革开放以来，我国制造业依靠低劳动力成本、超大规模市场和逐步积累的自主创新取得了长足进步，为中华民族在世界的崛起奠定了坚实基础。进入新世纪后，世界面临百年未有之大变局，新一轮科技革命和产业变革迅猛发展，全球产业链发生深刻变化，我国制造业也同步进入了转型升级的关键时期。

长三角作为我国重要的制造业生产基地，近年来面临成本提升、核心技术受限、环境因素制约、原有优势弱化等现实问题。解决这些问题必须充分发挥市场主体作用，突破体制障碍和行政区划限制，加强战略、组织、信息等协同作用，促进区域协调联动发展。上市公司作为实体经济的重要组成部分，是长三角打造世界级产业集群的重要支柱和依靠力量。深入研究长三角制造业上市公司，把握上市公司所代表的产业引领方向，揭示区域制造业特征以及分工合作关系，对安徽打好产业基础高级化、产业链现代化的攻坚战，推动制造业高质量发展，具有重要的现实意义。

一　总体概况

长三角制造业上市公司在全国制造业上市公司板块中具有重要地位，也是长三角上市公司的中坚力量。本部分从总体规模、市值结构、区域结构、股权属性等角度，呈现长三角制造业上市公司的总体概况。

（一）总体规模

长三角制造业上市公司总体规模庞大。截至2019年底，长三角制造业上市公司总数达到872家，总市值8.35万亿元，实现营业总收入5.31万亿元、净利润2757亿元。放在全国的大格局看，长三角制造业上市公司占全国制造业上市公司数量和市值的比重分别为36.87%和29.64%。从长三角来看，制造业上市公司占全部上市公司数量和市值的比重分别为67.49%和52.18%，是长三角上市公司的中坚力量（见图1）。

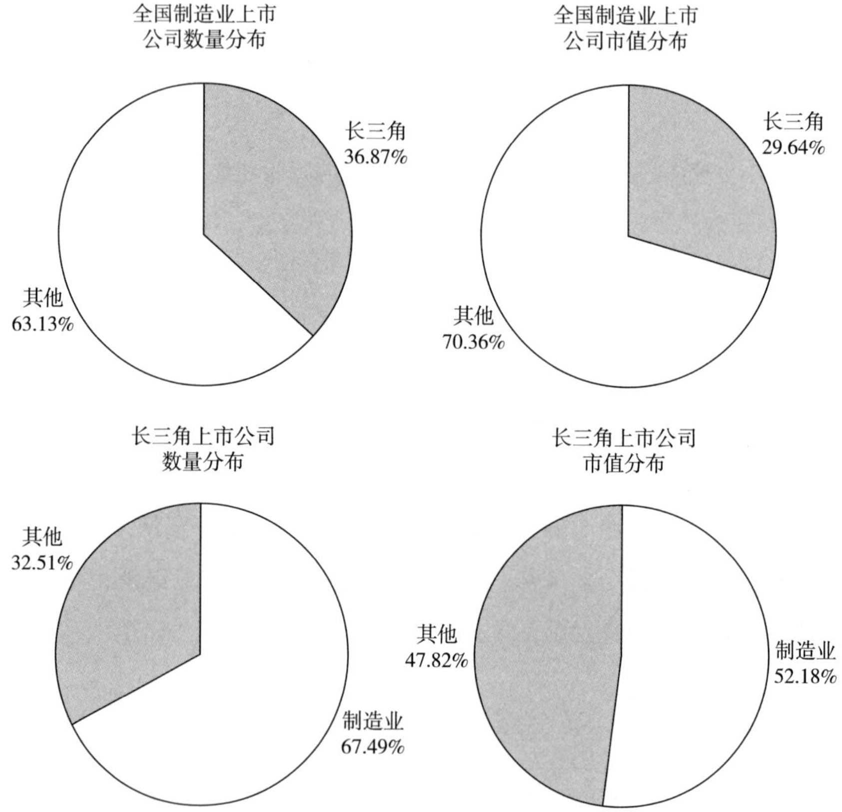

图1　2019年长三角制造业上市公司的总体规模

资料来源：Wind数据库及作者计算所得，下同。

近五年来，长三角制造业上市公司发展迅速。2015～2019 年，长三角制造业上市公司数量由 591 家增长至 872 家，增长 47.55%，高于全国 14.14 个百分点，占全国比重由 33.39% 上升至 36.87%；总市值由 7.48 万亿元增长至 8.35 万亿元，增长 11.63%，低于全国 5.51 个百分点，占全国比重由 31.17% 下降至 29.64%（见图 2、图 3）。可见相对全国来说，长三角制造业上市公司数量增长较快，市值增长较慢，说明企业首次公开募股（IPO）数量较多，但单体市值规模相对较小；同时，存量上市公司因受经济整体走势及资本市场走势影响，市值增长幅度不高。

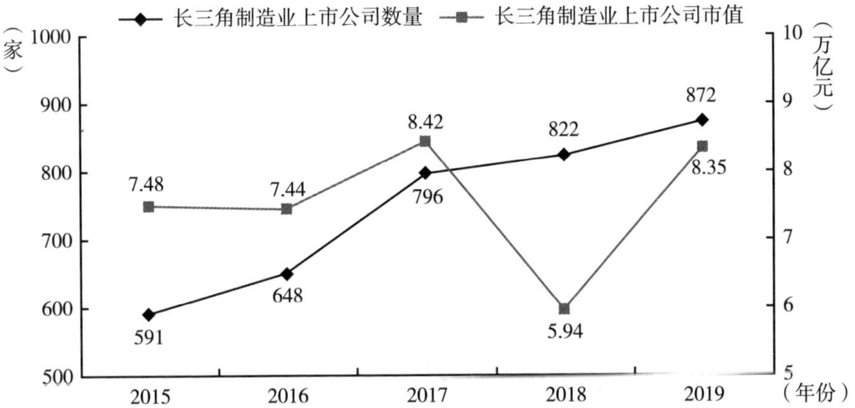

图 2　2015～2019 年长三角制造业上市公司数量和市值变化趋势

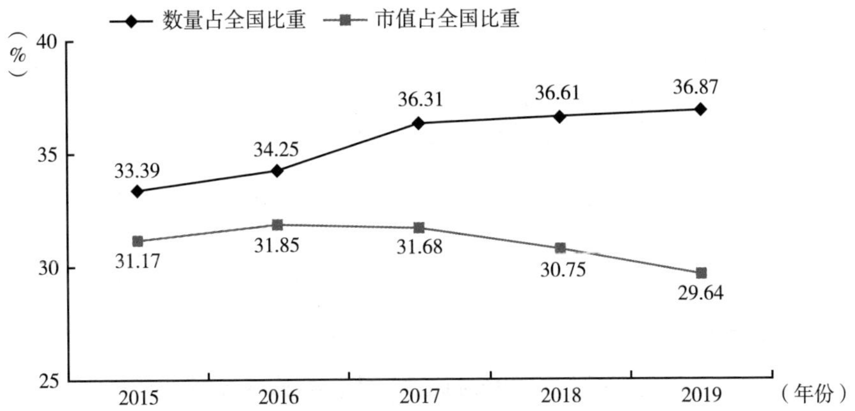

图 3　2015～2019 年长三角制造业上市公司数量和市值占全国比重变化趋势

（二）市值结构

从市值结构来看，长三角制造业上市公司规模分化明显。长三角制造业上市公司以3.5%的数量集中了35%的市值，市值最高的30家公司的总市值达2.93万亿元，平均市值近1000亿元，而约80%的公司市值在100亿元以下。具体来看，在长三角872家制造业上市公司中，市值在50亿元以下的506家，占比58.03%；市值在50亿~100亿元的196家，占比22.48%；市值在100亿~500亿元的152家，占比17.43%；市值在500亿~1000亿元的11家，占比1.26%；市值在1000亿元以上的7家，占比0.80%（见图4）。

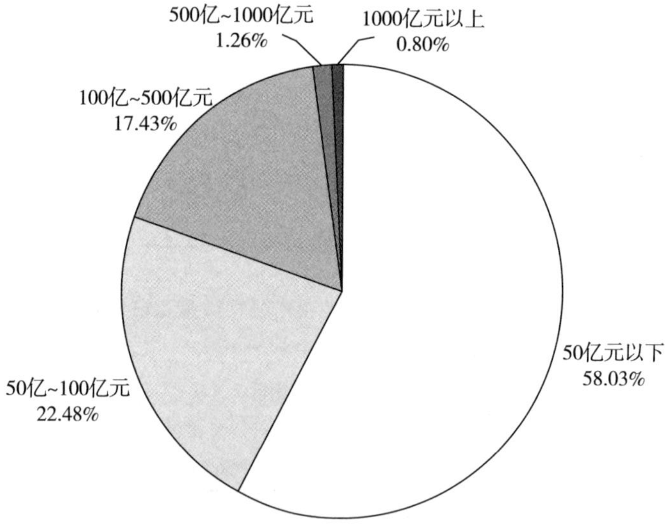

图4　2019年长三角制造业上市公司市值结构

在长三角30家头部上市公司中，计算机、通信和其他电子设备制造业上市公司数量最多，共有7家，市值占比23.63%；从公司属性分布来看，民营企业最多，共有15家，市值占比40.87%；从区域分布来看，沪苏浙皖分别为10家、8家、10家和2家，市值占比分别为32.86%、27.34%、

28.01%和11.79%。与沪苏浙相比，安徽头部上市公司数量明显偏少，入围的海螺水泥和古井贡酒两家上市公司原材料加工的行业特征明显，而且均是国有企业。同样是国资大省，上海的民营企业、外资企业和公众企业却分别占比30%、10%、20%，市场主体多元化发展值得安徽借鉴（见表1）。

表1　2019年长三角制造业上市公司市值TOP30排行

单位：亿元

排名	证券简称	省市	市值	公司属性	行业
1	恒瑞医药	江苏	3871	民营企业	医药制造业
2	海康威视	浙江	3060	国有企业	计算机、通信和其他电子设备制造业
3	**海螺水泥**	**安徽**	**2853**	**国有企业**	**非金属矿物制品业**
4	上汽集团	上海	2787	国有企业	汽车制造业
5	洋河股份	江苏	1665	国有企业	酒、饮料和精制茶制造业
6	宝钢股份	上海	1279	国有企业	黑色金属冶炼和压延加工业
7	韦尔股份	上海	1238	民营企业	计算机、通信和其他电子设备制造业
8	华域汽车	上海	819	国有企业	汽车制造业
9	澜起科技	上海	809	公众企业	计算机、通信和其他电子设备制造业
10	荣盛石化	浙江	779	民营企业	化学纤维制造业
11	世纪华通	浙江	681	民营企业	汽车制造业
12	上海电气	上海	675	国有企业	通用设备制造业
13	复星医药	上海	651	民营企业	医药制造业
14	苏泊尔	浙江	630	外资企业	金属制品业
15	大华股份	浙江	598	民营企业	计算机、通信和其他电子设备制造业
16	**古井贡酒**	**安徽**	**598**	**国有企业**	**酒、饮料和精制茶制造业**
17	正泰电器	浙江	577	民营企业	电气机械和器材制造业
18	新和成	浙江	500	民营企业	医药制造业
19	中微公司	上海	494	公众企业	专用设备制造业
20	三花智控	浙江	479	民营企业	通用设备制造业
21	浙江龙盛	浙江	471	民营企业	化学原料和化学制品制造业
22	晨光文具	上海	448	民营企业	文教、工美、体育和娱乐用品制造业
23	恒立液压	江苏	439	民营企业	专用设备制造业
24	徐工机械	江苏	429	国有企业	专用设备制造业
25	华友钴业	浙江	425	民营企业	有色金属冶炼和压延加工业

续表

排名	证券简称	省市	市值	公司属性	行业
26	环旭电子	上海	419	外资企业	计算机、通信和其他电子设备制造业
27	今世缘	江苏	410	国有企业	酒、饮料和精制茶制造业
28	卓胜微	江苏	410	民营企业	计算机、通信和其他电子设备制造业
29	先导智能	江苏	396	民营企业	专用设备制造业
30	沪电股份	江苏	383	外资企业	计算机、通信和其他电子设备制造业

注：加粗字体为安徽制造业上市公司。

资料来源：Wind 数据库及作者计算所得，下同。

（三）区域结构

从区域结构来看，与沪苏浙相比，安徽制造业上市公司规模明显偏小。沪苏浙分别有制造业上市公司 150 家、315 家和 336 家，数量占比分别为 17.20%、36.12%和 38.53%；总市值分别为 1.95 万亿元、2.55 万亿元和 2.99 万亿元，市值占比分别为 23.35%、30.54%和 35.81%。截至 2019 年底，安徽有制造业上市公司 71 家，总市值 0.86 万亿元，占长三角制造业上市公司数量与市值的比例仅为 8.14%和 10.30%（见图 5）。但在平均市值上，安徽的表现则优于江苏和浙江。2019 年底，安徽制造业上市公司平均市值为 123.45 亿元，高于浙江的 89.14 亿元和江苏的 81.00 亿元，位列长三角第 2。这主要是因为：一方面，沪苏浙近年来新上市的制造业企业多为规模较小的高科技公司，拉低了整体制造业的平均市值；另一方面，安徽的海螺水泥及酒类企业市值大幅增加，导致其 2019 年制造业平均市值大幅提升。

从城市分布来看，在长三角三大副中心城市中，合肥制造业上市公司数量和市值均较少，与南京、杭州及苏浙两省的其他主要城市相比差距明显（见表 2）。除上海外，制造业上市公司数量排名前三的城市依次为杭州、苏州、宁波；总市值排名前三的城市依次为杭州、连云港、绍兴。安徽各城市中，芜湖制造业上市公司数量远不及合肥，总市值却领先合肥 5 个位次，这是由于芜湖拥有安徽省最大的制造业上市公司——海螺水泥，其市值达到 2853 亿元，占芜湖全部 8 家制造业上市公司的 83.94%。

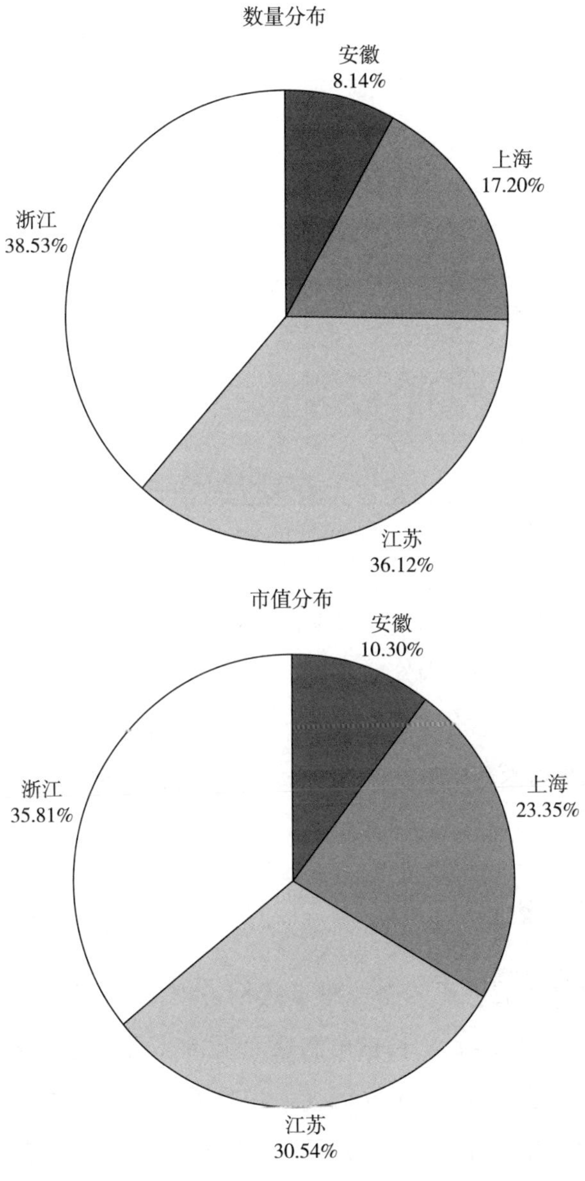

图 5　2019 年长三角制造业上市公司区域结构

表 2　长三角制造业上市公司城市排名

单位：家，亿元

数量排名	城市	数量	市值排名	城市	总市值
1	杭州	74	1	杭州	9865
2	苏州	51	2	连云港	4106
3	宁波	49	3	绍兴	4005
4	南京	44	4	苏州	3624
5	绍兴	35	5	芜湖	3399
6	无锡	33	6	宁波	3041
7	常州	32	7	南京	2762
8	台州	28	8	无锡	2285
9	江阴	25	9	常州	1954
10	合肥	24	10	合肥	1916

注：上海未列入比较。

长三角制造业上市公司主要聚集在上海大都市圈内。上海作为都市圈的中心城市，是辐射带动圈内发展的重要极核。安徽要推动本省制造业高质量发展，应强化与上海都市圈内城市的合作联动，以打造先进制造业集群为目标，深度融入都市圈高质量产业合作体系，以科创要素对接为重点，推进区域创新资源共建共享。

（四）股权属性

从股权属性来看，民营企业总量指标占据优势，但平均指标不及国有企业。截至 2019 年底，长三角制造业上市公司中，民营企业 670 家，占比 76. 83%；总市值 5. 26 万亿元，占比 62. 96%。国有企业 108 家，占比 12. 39%；总市值 2. 30 万亿元，占比 27. 59%。国有企业数量和市值占比相对较小，但单个体量较大，平均市值达到 213 亿元，是民营企业的 2. 7 倍。公众企业、外资企业和其他企业数量分别为 40 家、43 家和 11 家，占比分别为 4. 59%、4. 93% 和 1. 26%；市值分别为 3679 亿元、3540 亿元和 674 亿元，占比分别为 4.41% 、4.24% 和 0.81% （见图 6）。

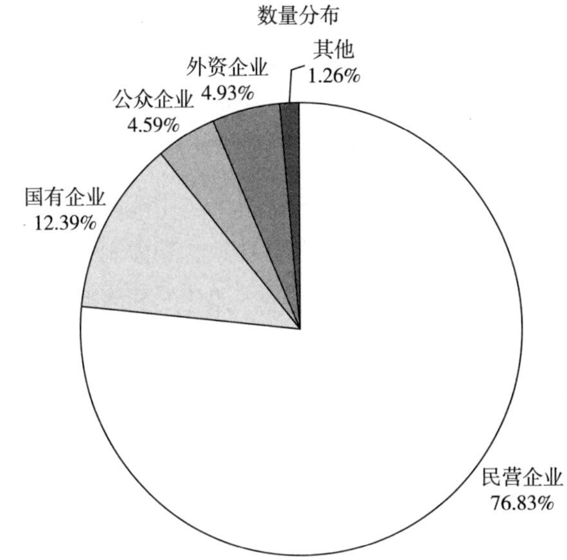

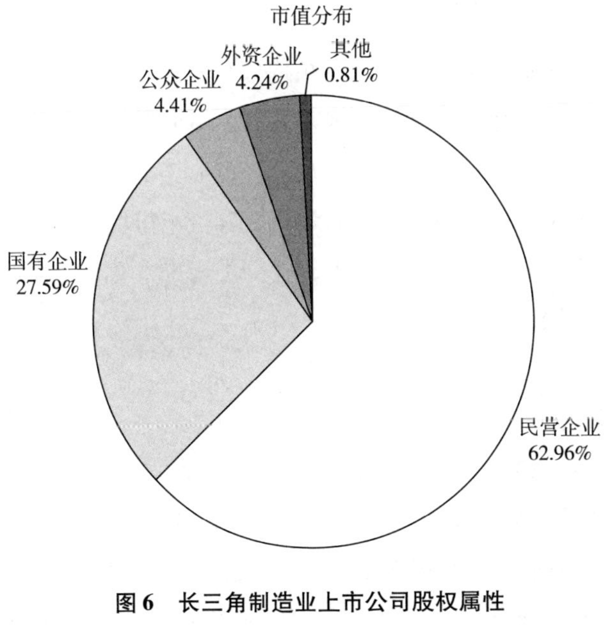

图 6　长三角制造业上市公司股权属性

从收益率来看，国有企业的盈利表现略优于民营企业。国有企业 2019 年平均净资产收益率（ROE）达到 4.96%，高于民营企业 0.66 个百分点。从社会贡献来看，国有企业在依法纳税、民营企业在吸纳就业方面各具优势。2019 年长三角制造业上市公司共计纳税 727.15 亿元，提供就业岗位 311.65 万个。其中，国有企业纳税 376.24 亿元，民营企业纳税 320.90 亿元，占比分别为 51.74% 和 44.13%；国有企业提供就业岗位 94.60 万个，民营企业提供就业岗位 190.92 万个，占比分别为 30.35% 和 61.26%。

总体来看，长三角制造业上市公司市值在全国上市公司制造业板块中占据重要地位，但也存在区域内部不平衡的现象。安徽制造业上市公司总体规模与沪苏浙相比差距明显，应抢抓长三角一体化发展战略机遇，加快推进企业上市扩容，推动制造业高质量发展。

二　行业结构

（一）区域整体情况

研究长三角制造业上市公司行业结构分布，探讨区域制造业的比较优势和产业结构的演变趋势，有利于政府、企业、科研机构等主体找准产业链和供应链的薄弱环节，为构建一体化、现代化产业体系和维护产业链安全找准发力方向。为了尽量贴近政府产业政策研究和资本市场行业研究惯例，本节综合运用证监会行业分类标准和申万行业分类标准，对长三角制造业上市公司行业结构开展探讨。

1. 引领中国“智造”的长三角城市群

作为中国经济规模较大、实力雄厚的城市群之一，长三角形成了相对完备的制造业体系。2019 年，长三角 872 家制造业上市公司覆盖了证监会制造业门类中 28 个细分行业。因此，从上市公司的行业分布情况可以感知长三角制造业的基本特征和发展趋势。

从长三角整体来看，一是分工格局初具雏形。长三角城市群资源禀赋各有优长，有各占优势的细分产业部门，而且彼此又相互关联。其中，上海先进制造业领域具有雄厚的研发基础和产业化能力，市值排名前十的上市公司中，除了一家从事化工、汽车产业，其余均从事电子、电气设备、生物医药①等高端制造业。江苏制造业实力雄厚，机械设备类、化工类上市公司数量遥遥领先于其余三地。浙江灵活的营商环境、良好的产业生态催生了大量优质制造业企业。2019 年，浙江制造业上市公司数量位居长三角榜首，拥有十家以上上市公司的行业（10 个）比江苏、上海、安徽分别多 2 个、3 个、8 个，此外，雄厚的数字经济基础也为信息化和制造业融合发展创造了良好条件。安徽在传统产业加快转型的同时，战略性新兴产业呈后发增长趋势。安徽市值排名前十的上市公司中，海螺水泥、铜陵有色位居世界 500 强，美亚光电、长信科技稳居光电识别、触控显示等细分领域行业龙头。二是产业集群蓄势扩面。长三角是全球先进制造业和现代服务业基地，产业配套强，产业链完整，汽车、生物医药、绿色化工、智能制造、新材料等产业优势显著，形成了世界级先进制造业集群的雏形。长三角汽车产品产量、生物医药园数量、集成电路规模、新材料产业基地数量，分别约占全国的 1/4、1/3、1/2、1/3。2019 年，上市公司数量分布最多的前十大行业分别为机械设备、化工、电气设备、汽车、电子、生物医药、轻工制造、纺织服装、家用电器、有色金属，其上市公司数量占全部制造业上市公司数量的 86.6%。

从行业结构变化趋势看，制造业转型升级的趋势较为明显。单从行业规模上看，2019 年，汽车、化工、钢铁等行业的营业收入位列长三角前三甲，但追溯到 2014 年，电子、生物医药、电气设备、通信、机械设备、计算机等行业的营业收入比重呈现上升趋势。其中，除建筑材料外，电子、生物医药、电气设备、通信等与新一代信息技术相关的先进制造业比重上升最为明显，而汽车、化工、钢铁、有色金属等传统制造业比重下降最为明显（见图 7）。

---

① 为了和现有政府文件中表述统一，申万行业分类中的“医药生物”统一用“生物医药”表述。

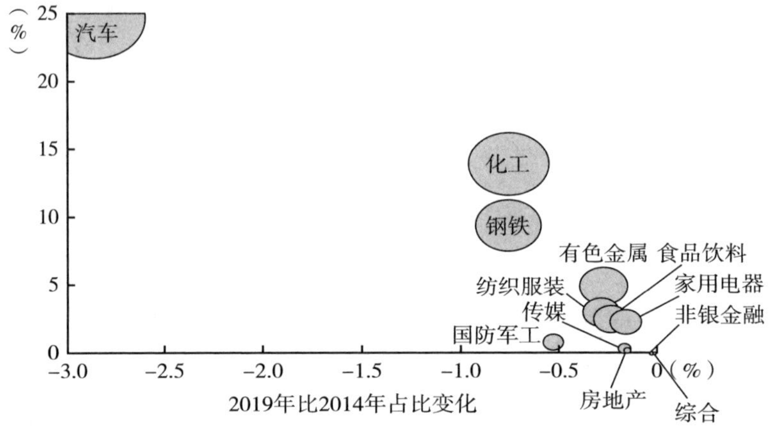

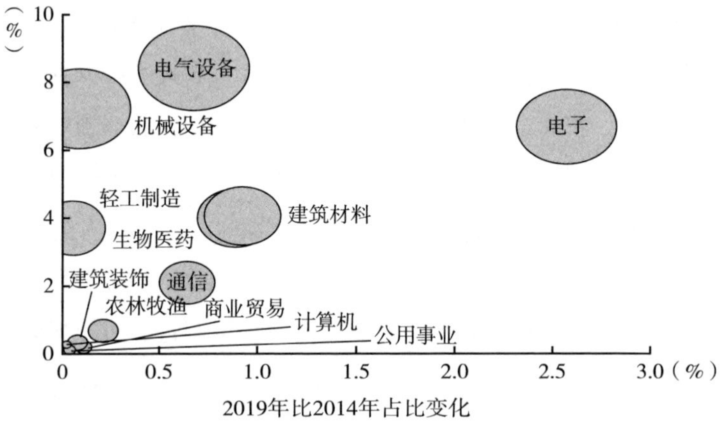

图7　2014～2019年各行业规模（营业收入）占比变化趋势

2. 与强者“共舞”的安徽

近年来，安徽通过实施“三重一创”、打造“四个一”创新主平台等多种举措，一手抓传统产业，提高产业基础能力，一手抓战略性新兴产业，推进产业链现代化步伐，实现了从“传统农业大省”向“新兴工业大省”的转变，重点产业也从“铜墙铁壁”发展到“芯屏器合”。但也要看到，安徽由于起步晚、起点低、发展慢等，产业规模效应相对滞后，龙头企业数量培育不足，产业结构层次与沪苏浙相比仍存在发展差距。

从安徽制造业上市公司的产业结构看，一是分布空间有限。从证监会行业分类标准看，安徽有 11 个行业门类仍无上市公司“落子”，其中，铁路、船舶、航空航天和其他运输设备制造业、仪器仪表制造业等高端制造业在沪苏浙均有产业链布局。从申万行业分类标准看，2019 年安徽制造业上市公司分布于 18 个行业，比沪苏浙少 2～4 类。二是产业层次有待提升。安徽上市公司主要分布在化工、轻工制造、汽车、食品饮料、有色金属、家用电器等传统原材料和装配加工行业，产品附加值和产业价值相对不足。虽然近年来先进制造业得到了快速发展，机械设备行业上市公司数量达 12 家，生物医药、电子、国防军工行业也涌现出安科生物、长信科技、四创电子等行业领先企业，国盾量子、大地熊、埃夫特、合肥江航、皖仪科技、科威尔等“硬核”科技企业成功通过上会审核，但先进制造业利用资本市场仍大有挖潜空间。三是制造业龙头企业储备不足。安徽上市公司分布最多的前五个行业中，与沪苏浙相同的是均有机械设备、化工、生物医药、汽车等行业，但不同的是四类行业集聚的数量差距明显。以榜首的机械设备行业为例，安徽有 12 家，比沪苏浙分别少 9 家、54 家和 48 家；排名第二的化工业，安徽有 10 家，比沪苏浙分别少 15 家、51 家和 33 家。安徽的龙头企业数量少，产业示范和带动效应相对较弱，参与世界级产业集群建设的底色略显不足。四是安徽产业发展与沪苏浙互补性较强。当前安徽产业发展与沪苏浙存在明显梯度差距，表明长三角产业协同发展具备空间梯度性和时序衔接性。安徽产业体系是长三角产业链的重要环节，部分制造业产业链的设计和总装分布在沪苏浙，上游产业和具体制造却布局在安徽，为产业链、供应链、创新链协同发展创造了空间。尤其是安徽不仅在上游产业中拥有海螺水泥、铜陵有色、马钢股份、淮北矿业等知名上市公司，智能家电、电子信息、新能源汽车、智能语音、工业机器人等战略性新兴产业中也涌现出国盾量子、埃夫特、长信科技等上市公司，蔚来、长鑫以及一批“专精特新”冠军企业正在蓄能聚势。省会合肥作为四大综合性国家科学中心之一，与上海的协同创新不断加强，为长三角共同优化和稳定产业链、供应链，在全球产业链、价值链中占据更有利的位置提供更多助力。

（二）部分细分行业

限于篇幅，本报告在分析长三角重点行业时，选择长三角上市公司数量和市值排名前五的行业进行分析。通过统计，沪苏浙皖前五大行业共有六类，主要是机械设备、化工、电气设备、汽车、电子和生物医药（见表3）。

表3 长三角上市公司数量和市值排名前五的行业

排序	市值前五的行业	数量排名前五的行业
1	电　子	机械设备
2	生物医药	化　工
3	化　工	电气设备
4	机械设备	汽　车
5	汽　车	电　子

注：按照申万行业分类标准。

1. 机械设备

长三角机械设备行业上市公司数量最多，共有159家。其中，江苏66家，浙江60家，上海21家，安徽12家。

从市场估值和主要财务指标看（见表4），受企业数量影响，江苏行业市值、营业收入、净利润、净资产均位列长三角榜首，其次是浙江和上海，安徽有三个指标的总量值垫底。但从平均值来看，同样受企业数量影响，江苏和浙江表现较为平淡，而上海平均市值和平均营业收入却表现突出，安徽平均净利润跃居榜首，平均营业收入高于长三角平均水平。从龙头企业看，市值、营业收入、净利润、净资产四个指标的平均数均大于中位数，表明长三角机械设备龙头企业的估值、收入、利润均较为突出。四个指标TOP10中，江苏和浙江占据了绝对优势，均有3～4家上市公司上榜。安徽入围TOP10的上市公司分别是美亚光电、安徽合力、华菱星马，其中2家是民营企业，1家是外资企业（见表5）。

表 4 2019 年长三角机械设备行业主要指标

单位：亿元

省市	市值		营业收入		净利润		净资产	
	总量	平均	总量	平均	总量	平均	总量	平均
上　海	1579.09	75.19	738.75	35.18	15.57	0.74	641.30	30.54
江　苏	3944.43	59.76	1841.70	27.90	84.61	1.28	1458.48	22.10
浙　江	2654.81	44.25	931.71	15.53	39.97	0.67	1014.19	16.90
安　徽	607.59	50.63	288.07	24.01	17.90	1.49	231.50	19.29
长三角	8785.92	55.26	3800.23	23.90	158.05	0.99	3345.47	21.04

表 5 2019 年长三角机械设备行业 TOP10 上市公司排行榜

单位：亿元

排名	市值		营业收入		净利润		净资产	
	证券简称	数额	证券简称	数额	证券简称	数额	证券简称	数额
1	中微公司	494.21	徐工机械	591.76	徐工机械	36.45	徐工机械	336.46
2	恒立液压	438.80	振华重工	245.96	上海机电	17.28	振华重工	185.71
3	徐工机械	428.50	上海机电	221.16	恒立液压	12.98	上海机电	136.70
4	先导智能	396.12	华东重机	136.87	巨星科技	9.04	巨星科技	76.16
5	美亚光电	264.32	胜利精密	136.50	安徽合力	7.77	杭氧股份	62.08
6	浙江鼎力	247.94	安徽合力	101.30	先导智能	7.66	恒立液压	56.14
7	华兴源创	177.56	杭叉集团	88.54	杭叉集团	7.14	安徽合力	53.80
8	振华重工	165.40	杭氧股份	81.87	浙江鼎力	6.94	海兴电力	52.34
9	杭可科技	159.32	巨星科技	66.25	杭氧股份	6.85	华东重机	50.48
10	上海机电	156.01	华菱星马	63.83	康尼机电	6.67	中金环境	49.44

2. 化工

长三角化工行业有 139 家上市公司，其中，江苏 61 家，浙江 43 家，上海 25 家，安徽 10 家。

从市场估值和主要财务指标看（见表 6），浙江化工行业上市公司无论是总量还是均值都占有绝对优势，江苏虽然企业数量最多，但总量和均值与浙江相比都略逊一筹。安徽化工行业上市公司数量少、规模小，平均盈利能力和市场估值均低于长三角平均水平。从龙头企业看，长三角化工行业龙头企业主要分布在沪苏浙，尤其是浙江省，其企业席位在各指标 TOP10 中均占半数及以上。值得关注的是，安徽化工行业上市公司数量在省内行业中位列第二，但规模和盈利能力与沪苏浙相比还有差距，TOP10 中没有一家皖企上榜（见表 7）。

表 6　2019 年长三角化工行业主要指标

单位：亿元

省市	市值		营业收入		净利润		净资产	
	总量	平均	总量	平均	总量	平均	总量	平均
上　海	1915.59	76.62	2342.45	93.70	81.27	3.25	1194.95	47.80
江　苏	3025.11	49.59	1475.12	24.18	20.39	0.33	1482.86	24.31
浙　江	4758.82	110.67	3225.24	75.01	265.71	6.18	2291.10	53.28
安　徽	508.97	50.90	306.13	30.61	25.24	2.52	317.91	31.79
长三角	10208.49	73.44	7348.94	52.87	392.61	2.82	5286.82	38.03

表 7　长三角化工行业 TOP10 上市公司排行榜

单位：亿元

排名	市值		营业收入		净利润		净资产	
	证券简称	数额	证券简称	数额	证券简称	数额	证券简称	数额
1	荣盛石化	779.47	上海石化	1003.46	浙江龙盛	53.06	荣盛石化	415.68
2	浙江龙盛	470.76	荣盛石化	825.00	荣盛石化	29.57	上海石化	300.16
3	中国巨石	381.75	中化国际	528.46	桐昆股份	28.96	浙江龙盛	268.20
4	上海石化	357.20	桐昆股份	505.82	上海石化	22.25	中化国际	252.75
5	桐昆股份	277.00	华谊集团	375.26	中国巨石	21.13	华谊集团	208.08
6	华峰氨纶	268.64	新凤鸣	341.48	华峰氨纶	18.41	桐昆股份	190.77
7	扬农化工	212.68	东方盛虹	248.88	东方盛虹	16.12	中国巨石	160.81
8	东方盛虹	208.71	浙江龙盛	213.65	中化国际	15.98	东方盛虹	153.00
9	中材科技	208.09	巨化股份	155.95	中材科技	14.28	巨化股份	132.17
10	上海家化	207.68	华峰氨纶	137.85	新凤鸣	13.55	中材科技	127.81

3. 电气设备

长三角电气设备行业共有 84 家上市公司，其中江苏和浙江各有 33 家，上海 16 家，安徽仅有 2 家。

从市场估值和主要财务指标看（见表 8），虽然江浙两省的企业数量最多，但浙江电气设备的市值高出江苏的 79.76%，营业收入、净利润、净资产也均领先于江苏。从企业属性可以看出，两省国有电气设备企业差距不大，但浙江民营电气设备企业估值、规模、盈利等遥遥领先于江苏。安徽由于企业数量少，四个指标平均数均高于长三角平均水平，甚至平均营业收入和平均净利润位居榜首。可以看出，安徽电气设备类上市公司数量虽少，但个体企业的规模和实力不弱于沪苏浙。从龙头企业看，长三角表现突出的电气设备上市公司主要分布在江浙地区，尤其是浙江省。安徽入围 TOP10 的共有 2 家上市公司，分别是阳光电源和精达股份（见表 9）。

表 8　2019 年长三角电气设备行业主要指标

单位：亿元

省市	市值		营业收入		净利润		净资产	
	总量	平均	总量	平均	总量	平均	总量	平均
上　海	1663. 18	103. 95	1689. 61	105. 60	68. 59	4. 29	1284. 09	80. 26
江　苏	1486. 33	45. 04	1090. 28	33. 04	15. 56	0. 47	846. 95	25. 67
浙　江	2671. 88	80. 97	1391. 56	42. 17	88. 87	2. 69	1153. 13	34. 94
安　徽	205. 89	102. 95	250. 01	125. 01	14. 46	7. 23	128. 73	64. 37
长三角	6027. 28	71. 75	4421. 46	52. 64	187. 48	2. 23	3412. 90	40. 63

表 9　长三角电气设备行业 TOP10 上市公司排行榜

单位：亿元

排名	市值		营业收入		净利润		净资产	
	证券简称	数额	证券简称	数额	证券简称	数额	证券简称	数额
1	上海电气	674. 72	上海电气	1266. 48	上海电气	58. 13	上海电气	915. 89
2	正泰电器	576. 53	宝胜股份	332. 83	正泰电器	39. 71	正泰电器	249. 52
3	协鑫集成	300. 32	正泰电器	302. 26	三星医疗	10. 47	林洋能源	103. 16
4	福斯特	253. 98	东方日升	144. 04	卧龙电驱	10. 08	东方日升	93. 68
5	晶盛机电	201. 92	阳光电源	130. 03	东方日升	9. 78	国轩高科	90. 56
6	国轩高科	165. 38	卧龙电驱	124. 16	福斯特	9. 55	阳光电源	87. 55
7	卧龙电驱	155. 44	精达股份	119. 97	阳光电源	9. 12	中利集团	86. 68
8	阳光电源	153. 43	中利集团	118. 25	天顺风能	7. 64	三星医疗	80. 84
9	东方日升	124. 84	万马股份	97. 45	林洋能源	7. 03	卧龙电驱	74. 19
10	八方股份	123. 29	南都电源	90. 08	晶盛机电	6. 24	华光股份	66. 47

注：2020 年 5 月 29 日，国轩高科公告注册地由江苏南通迁入安徽合肥，本文仍将其作为 2019 年样本归类为江苏省上市公司。

4. 汽车

汽车行业是长三角上市公司数量仅次于机械设备、化工、电气设备的第四大行业，共有83家企业，其中，浙江36家，江苏29家，上海13家，安徽5家。

从市场估值和主要财务指标看（见表10），虽然江浙两省的汽车行业上市公司数量较多，但整体表现不佳，主要指标落后于上海和安徽两地。上海汽车制造业基础雄厚，其市值、营业收入、净利润、净资产分别占长三角的51.40%、76.30%、93.30%、64.50%。安徽汽车行业上市公司数量偏少，总量指标虽不及上海和江苏，平均指标却均好于江苏和浙江两地。从龙头企业来看，上海汽车行业龙头企业的综合实力最强，上汽集团、华域汽车无论是市值、营业收入、净利润还是净资产均稳居TOP10领先位置，上汽集团的四项指标均大于TOP10榜上其余9家企业之和。安徽入围TOP10的上市公司主要有江淮汽车和中鼎股份（见表11）。

表10　2019年长三角汽车行业主要指标

单位：亿元

省市	市值		营业收入		净利润		净资产	
	总量	平均	总量	平均	总量	平均	总量	平均
上　海	4229.57	325.35	9995.61	768.89	459.44	35.34	3832.03	294.77
江　苏	1304.24	44.97	629.44	21.70	48.04	1.66	641.88	22.13
浙　江	2346.75	65.19	1795.90	49.88	-28.15	-0.78	1191.17	33.09
安　徽	359.02	71.80	673.51	134.70	12.95	2.59	272.33	54.47
长三角	8239.58	99.27	13094.46	157.76	492.28	5.93	5937.41	71.54

表11　2019年长三角汽车行业TOP10上市公司排行榜

单位：亿元

排名	市值		营业收入		净利润		净资产	
	证券简称	数额	证券简称	数额	证券简称	数额	证券简称	数额
1	上汽集团	2786.51	上汽集团	8265.30	上汽集团	352.89	上汽集团	3008.40
2	华域汽车	819.39	华域汽车	1440.24	华域汽车	85.16	华域汽车	587.02
3	星宇股份	262.29	均胜电子	616.99	威孚高科	23.03	威孚高科	174.85
4	均胜电子	221.47	江淮汽车	472.86	均胜电子	14.52	均胜电子	171.07

续表

排名	市值		营业收入		净利润		净资产	
	证券简称	数额	证券简称	数额	证券简称	数额	证券简称	数额
5	科博达	208.65	继峰股份	180.01	宁波华翔	12.73	江淮汽车	137.04
6	光启技术	197.14	宁波华翔	170.93	万丰奥威	8.11	宁波华翔	105.01
7	拓普集团	183.88	中鼎股份	116.98	星宇股份	7.90	中鼎股份	88.65
8	威孚高科	180.04	万丰奥威	107.88	岱美股份	6.27	众泰汽车	82.90
9	万丰奥威	153.08	万向钱潮	105.81	中鼎股份	5.95	光启技术	77.09
10	万向钱潮	147.84	亚普股份	91.38	万向钱潮	5.46	拓普集团	74.05

5. 电子

从上市公司的数量来看，电子行业在长三角位列第五，72 家上市公司分布在沪苏浙皖各为 14 家、29 家、25 家、4 家。

从市场估值和主要财务指标看（见表 12），得益于企业数量，浙江电子行业市值、营业收入、净利润、净资产总量指标稳居长三角首位，估值和财务表现高于长三角平均水平，电子产业在浙江已形成较为明显的先发优势。从平均值来看，上海电子行业市值和营业收入表现突出，但净利润和净资产却低于长三角平均水平，说明上海以民营企业居多的电子行业规模大，但平均成本费用偏高。安徽电子行业的上市公司数量少，总量上不占优势，但平均净利润表现高于长三角平均水平。从龙头企业看，长三角市场估值和财务表现优秀的企业主要集中在浙江和上海，其中，海康威视稳坐长三角电子行业头把交椅，综合竞争能力在行业内居领先地位。安徽上市公司进入 TOP10 的仅有长信科技一家（见表 13）。

表 12　2019 年长三角电子行业主要指标

单位：亿元

省市	市值		营业收入		净利润		净资产	
	总量	平均	总量	平均	总量	平均	总量	平均
上　海	3714.87	265.35	819.58	58.54	24.46	1.75	457.07	32.65
江　苏	3461.87	119.37	1235.69	42.61	-47.07	-1.62	1083.34	37.36
浙　江	5187.23	207.49	1318.87	52.75	185.98	7.44	1136.96	45.48
安　徽	348.79	87.20	143.45	35.86	10.93	2.73	128.96	32.24
长三角	12712.76	176.57	3517.59	48.86	174.30	2.42	2806.33	38.98

表 13　2019 年长三角电子行业 TOP10 上市公司排行榜

单位：亿元

排名	市值		营业收入		净利润		净资产	
	证券简称	数额	证券简称	数额	证券简称	数额	证券简称	数额
1	海康威视	3059.56	海康威视	576.58	海康威视	124.65	海康威视	454.73
2	韦尔股份	1238.49	环旭电子	372.04	大华股份	31.61	维信诺	192.12
3	澜起科技	809.06	大华股份	261.49	环旭电子	12.60	大华股份	159.76
4	大华股份	597.99	东山精密	235.53	沪电股份	12.06	杉杉股份	136.20
5	环旭电子	419.04	长电科技	235.26	澜起科技	9.33	长电科技	126.38
6	卓胜微	410.37	太极实业	169.17	欧普照明	8.91	环旭电子	103.07
7	沪电股份	383.06	韦尔股份	136.32	长信科技	8.60	东山精密	86.97
8	东山精密	371.92	杉杉股份	86.80	太极实业	7.21	韦尔股份	79.55
9	璞泰来	370.59	欧普照明	83.55	东山精密	7.06	太极实业	75.69
10	长电科技	352.31	通富微电	82.67	韦尔股份	7.05	澜起科技	73.30

6. 生物医药

生物医药行业上市公司数量在长三角位列第六，沪苏浙皖各自拥有 13 家、21 家、32 家、5 家企业。

从市值和主要财务指标看（见表 14），浙江得益于企业数量，其市值、营业收入、净利润和净资产表现良好，但平均表现未及长三角平均水平。江苏生物医药类上市公司数量虽然不及浙江，但是市值和净利润表现要优于浙江。上海生物医药类上市公司的市值总量虽不及江浙两省，但营业收入、净利润和净资产的平均值在长三角占有优势。与其他行业类似，安徽生物医药类上市公司仍处在起步阶段，与沪苏浙同业相比，数量少、规模小，盈利弱，TOP10 中也没有一家企业上榜（见表 15）。因此，在一体化发展过程中，安徽亟须利用沪苏浙的技术、人才、资金等溢出效应，在承接产业转移的同时，挖掘新安医学和华佗医学的积淀，把生命科学前沿、高新技术手段与传统医学优势结合起来，研发创新药物，逐步补足长三角生物医药产业链。

表 14　2019 年长三角生物医药行业主要指标

单位：亿元

省市	市值		营业收入		净利润		净资产	
	总量	平均	总量	平均	总量	平均	总量	平均
上　海	1790.85	137.76	559.93	43.07	71.46	5.50	859.98	66.15
江　苏	5518.41	262.78	580.34	27.64	89.61	4.27	682.23	32.49
浙　江	3273.46	102.30	903.93	28.25	73.16	2.29	989.67	30.93
安　徽	411.52	82.30	63.87	12.77	6.12	1.22	67.88	13.58
长三角	10994.24	154.85	2108.07	29.69	240.35	3.39	2599.76	36.62

表 15　长三角生物医药行业 TOP10 上市公司排行榜

单位：亿元

排名	市值		营业收入		净利润		净资产	
	证券简称	数额	证券简称	数额	证券简称	数额	证券简称	数额
1	恒瑞医药	3870.85	复星医药	285.85	恒瑞医药	53.26	复星医药	392.04
2	复星医药	651.10	恒瑞医药	232.89	复星医药	37.44	恒瑞医药	249.38
3	新和成	499.78	现代制药	121.99	新和成	21.77	新和成	169.01
4	上海莱士	369.12	海正药业	110.72	现代制药	9.28	上海莱士	114.91
5	健友股份	298.02	新和成	76.21	亿帆医药	8.73	现代制药	92.03
6	贝达药业	263.46	罗欣药业	75.89	海翔药业	7.71	浙江医药	82.52
7	我武生物	231.16	普洛药业	72.11	鱼跃医疗	7.62	亿帆医药	78.22
8	华海药业	228.24	浙江医药	70.44	恩华药业	6.57	海正药业	76.83
9	南微医学	214.14	康恩贝	67.68	罗欣药业	6.54	鱼跃医疗	61.57
10	鱼跃医疗	203.70	华海药业	53.88	华海药业	6.07	华海药业	57.79

综上可见，与沪苏浙相比，安徽传统制造业的上市公司数量较少，规模总量较小，但从平均水平看，单个上市公司的实力往往不弱于沪苏浙上市公司，甚至部分领域龙头企业领先沪苏浙上市公司，在长三角的产业链中占据重要地位。从战略性新兴产业看，虽然安徽出现了部分细分行业和领域的冠军企业，更有佼佼者成功登陆科创板，但是业态多元化、产业规模、核心竞争力与沪苏浙相比还有不少差距，部分上市公司在产业链上下游断链、缺链情况比较突出。安徽在参与长三角一体化建设中，宜充分发挥科技创新策源地的优势，加快建设省内外协同创新产业体系，推动合肥、上海张江综合性

国家科学中心“两心”共创。聚焦产业基础较好的行业和上市公司开展强链、补链工作，培育引进一批产业链核心企业，支持上下游企业加强产业协同和技术合作攻关，打造卡不住、拆不散、搬不走的优势产业集群。同时，坚持竞争与合作相结合，不能过分依赖沪苏浙的产业转移，更要注重加快未来产业培育，超前布局量子计算与量子通信、生物制造、先进核能等产业，加快类脑芯片、第三代半导体、聚乳酸、靶向治疗、再生医疗、非晶材料等产业化步伐。

三　创新情况

创新是引领发展的第一动力，长三角城市群要成为经济高质量发展的增长极，关键是要提高创新能力，而提高创新能力的关键是培育一批龙头创新企业，发挥企业的创新主体作用。制造业上市公司作为经济发展的中流砥柱，是创新驱动发展的重要力量。在当前长三角一体化发展背景下，研究长三角制造业上市公司的创新情况，对于深化科技创新一体化发展，打造全国发展强劲活跃增长极具有十分重要的意义。本节从创新投入和创新产出两个方面分析长三角制造业上市公司的创新情况。

（一）整体创新情况

1. 创新投入整体情况

在创新投入方面，2019 年长三角制造业上市公司研发支出合计 1709.19 亿元，占全国制造业上市公司研发支出的 29.8%。研发强度[①]为 3.24%，较全国制造业上市公司平均研发强度低 0.18 个百分点，说明长三角制造业上市公司整体创新投入力度有待进一步加强。

从企业方面来看，2019 年长三角制造业上市公司研发支出排名前 20 位

① 研发强度 =（研发支出/营业收入）×100%。研发强度是研究中经常采用的一个衡量创新投入的指标，其值越高表明对科技创新投入力度越大。研发支出和营业收入数据来源于 Wind 数据库。

中，仅有上汽集团研发支出超百亿元，达 147.68 亿元。研发支出较高的企业，大都规模较大，营业收入较高。2019 年上汽集团营业收入 8265.30 亿元，远超长三角其他制造业上市公司。此外，在长三角研发支出排名前 20 位的制造业上市公司中，上海有 8 家、江苏 5 家、浙江 5 家、安徽 2 家，也从侧面反映了安徽制造业上市公司规模与沪苏浙的差距（见表 16）。

表 16　2019 年长三角制造业上市公司研发支出排行榜（前 20 名）

单位：亿元

排名	上市公司	研发支出	营业收入	所属行业	省市
1	上汽集团	147.68	8265.30	汽车制造业	上海
2	宝钢股份	88.64	2915.94	黑色金属冶炼和压延加工业	上海
3	海康威视	54.84	576.58	计算机、通信和其他电子设备制造业	浙江
4	华域汽车	52.65	1440.24	汽车制造业	上海
5	上海电气	41.02	1266.48	通用设备制造业	上海
6	恒瑞医药	38.96	232.89	医药制造业	江苏
7	均胜电子	35.33	616.99	汽车制造业	浙江
8	复星医药	34.63	285.85	医药制造业	上海
9	大华股份	27.94	261.49	计算机、通信和其他电子设备制造业	浙江
10	徐工机械	24.56	591.76	专用设备制造业	江苏
11	南钢股份	18.23	479.70	黑色金属冶炼和压延加工业	江苏
12	韦尔股份	16.94	136.32	计算机、通信和其他电子设备制造业	上海
13	江淮汽车	16.04	472.86	汽车制造业	安徽
14	铜陵有色	14.96	929.51	有色金属冶炼和压延加工业	安徽
15	亨通光电	14.60	317.60	电气机械和器材制造业	江苏
16	环旭电子	13.73	372.04	计算机、通信和其他电子设备制造业	上海
17	世纪华通	13.30	146.90	汽车制造业	浙江
18	桐昆股份	11.18	505.82	化学纤维制造业	浙江
19	中天科技	11.01	387.71	电气机械和器材制造业	江苏
20	中国船舶	10.57	231.36	铁路、船舶和其他运输设备制造业	上海

研发强度衡量了企业创新投入的力度，从长三角制造业上市公司研发强度排行榜看，研发强度较高的企业多数为规模较小的高新技术企业。例如，排名靠前的贝达药业、苏州科达，2019 年研发强度高达 43.41% 和

27.29%，其营业收入规模仅为15.54亿元和25.47亿元。从行业分布[①]看，研发强度排名前20位的企业中，有9家属于计算机、通信和其他电子设备制造业，5家属于专用设备制造业，3家属于医药制造业，化学原料和化学制品制造业、汽车制造业、仪器仪表制造业各1家。从地区分布看，研发强度靠前的企业主要集中在浙江。排名前20位的企业中，浙江有8家；江苏、上海分别有6家和5家；安徽仅有1家应流股份上榜，其2019年研发强度为17.32%（见表17）。

表17　2019年长三角制造业上市公司研发强度排行榜（前20名）

单位：亿元，%

排名	上市公司	研发强度	营业收入	所属行业	省市
1	贝达药业	43.41	15.54	医药制造业	浙江
2	苏州科达	27.29	25.47	计算机、通信和其他电子设备制造业	江苏
3	维信诺	26.88	26.90	计算机、通信和其他电子设备制造业	江苏
4	长川科技	26.82	3.99	专用设备制造业	浙江
5	恒为科技	25.37	4.34	计算机、通信和其他电子设备制造业	上海
6	上海瀚讯	24.96	5.46	计算机、通信和其他电子设备制造业	上海
7	博瑞医药	24.82	5.03	医药制造业	江苏
8	晶方科技	21.99	5.60	计算机、通信和其他电子设备制造业	江苏
9	中微公司	21.81	19.47	专用设备制造业	上海
10	金科文化	20.32	18.31	化学原料和化学制品制造业	浙江
11	安集科技	20.16	2.85	计算机、通信和其他电子设备制造业	上海
12	众泰汽车	19.67	32.04	汽车制造业	浙江
13	心脉医疗	18.19	3.34	专用设备制造业	上海
14	天准科技	17.51	5.41	专用设备制造业	江苏
15	应流股份	17.32	18.60	专用设备制造业	安徽
16	恒瑞医药	16.73	232.89	医药制造业	江苏
17	远方信息	16.72	4.18	仪器仪表制造业	浙江
18	大立科技	16.62	5.30	计算机、通信和其他电子设备制造业	浙江
19	中新科技	16.51	4.91	计算机、通信和其他电子设备制造业	浙江
20	鸿泉物联	16.40	3.13	计算机、通信和其他电子设备制造业	浙江

① 行业分布采用证监会行业分类标准，所属行业指制造业门类下的大类行业。

2. 创新产出整体情况

企业创新活动取得阶段性成果的一种形式是转化为专利，考虑数据可得性，本节分析采用专利申请数和员工每百人专利申请数①来衡量企业创新产出整体情况。

2019 年，长三角制造业上市公司共申请专利 25104 件，员工每百人专利申请数为 0. 80 件。从专利申请排行榜看，前三位分别是大华股份、海康威视和国轩高科，2019 年专利申请数均超 500 件。从行业分布看，长三角制造业上市公司专利申请靠前的企业，主要集中在计算机、通信和其他电子设备制造业，电气机械和器材制造业，专用设备制造业等资金和技术密集型行业（见表 18）。

表 18　2019 年长三角制造业上市公司专利申请数排行榜（前 20 名）

单位：件

排名	上市公司	专利申请数	所属行业	省市
1	大华股份	780	计算机、通信和其他电子设备制造业	浙江
2	海康威视	574	计算机、通信和其他电子设备制造业	浙江
3	国轩高科	512	电气机械和器材制造业	江苏
4	长虹美菱	495	电气机械和器材制造业	安徽
5	欧普照明	485	电气机械和器材制造业	上海
6	江淮汽车	464	汽车制造业	安徽
7	先导智能	448	专用设备制造业	江苏
8	马钢股份	427	黑色金属冶炼和压延加工业	安徽
9	顾家家居	371	家具制造业	浙江
10	中国船舶	357	铁路、船舶、航空航天和其他运输设备制造业	上海
11	南钢股份	321	黑色金属冶炼和压延加工业	江苏
12	安徽合力	317	专用设备制造业	安徽
13	老板电器	313	电气机械和器材制造业	浙江
14	宝钢股份	311	黑色金属冶炼和压延加工业	上海
15	沙钢股份	310	黑色金属冶炼和压延加工业	江苏

① 员人每百人专利申请数 = 专利申请数/（员工总数/100）。员工总数来源于 Wind 数据库，专利申请数据来源于国家知识产权局专利检索。

续表

排名	上市公司	专利申请数	所属行业	省市
16	徐工机械	305	专用设备制造业	江苏
17	上汽集团	273	汽车制造业	上海
18	杰克股份	252	专用设备制造业	浙江
19	亚太股份	247	汽车制造业	浙江
20	阳光电源	242	电气机械和器材制造业	安徽

从长三角制造业上市公司员工每百人专利申请数看，2019 年员工每百人专利申请数在 10 件以上的有 5 家企业，分别为法尔胜、美思德、罗博特科、玉龙股份、古鳌科技。从行业分布看，员工每百人专利申请数排名前 20 位的企业涵盖了 10 个制造业大类，其中，有 6 家属于专用设备制造业，其余行业各 1 ~2 家，数量分布相对均匀。从地区分布看，员工每百人专利申请数靠前的企业主要集中在江苏和浙江。排名前 20 位的企业中，江苏有 9 家、浙江 6 家、上海 4 家，安徽仅有 1 家安凯客车上榜，其 2019 年员工每百人专利申请数为 7. 10 件（见表 19）。

表 19　2019 年长三角制造业上市公司员工每百人专利申请数排行榜（前 20 名）

单位：件

排名	上市公司	员工每百人专利申请数	所属行业	省市
1	法尔胜	19. 57	金属制品业	江苏
2	美思德	16. 07	化学原料和化学制品制造业	江苏
3	罗博特科	15. 90	专用设备制造业	江苏
4	玉龙股份	14. 00	金属制品业	江苏
5	古鳌科技	10. 80	专用设备制造业	上海
6	老凤祥	9. 86	其他制造业	上海
7	新美星	9. 47	专用设备制造业	江苏
8	乐歌股份	8. 72	家具制造业	浙江
9	欧普照明	8. 57	电气机械和器材制造业	上海
10	亚太股份	8. 21	汽车制造业	浙江
11	田中精机	8. 12	专用设备制造业	浙江
12	梅轮电梯	7. 95	通用设备制造业	浙江

续表

排名	上市公司	员工每百人专利申请数	所属行业	省市
13	迈得医疗	7.81	专用设备制造业	浙江
14	移为通信	7.73	计算机、通信和其他电子设备制造业	上海
15	佳力图	7.52	专用设备制造业	江苏
16	沙钢股份	7.14	黑色金属冶炼和压延加工业	江苏
17	安凯客车	7.10	汽车制造业	安徽
18	老板电器	6.94	电气机械和器材制造业	浙江
19	越博动力	6.90	汽车制造业	江苏
20	亿通科技	6.80	计算机、通信和其他电子设备制造业	江苏

（二）创新情况对比分析

1. 沪苏浙皖创新投入情况

上海制造业上市公司研发支出较高，但研发强度表现一般。2019 年，上海制造业上市公司平均研发支出 3.81 亿元，远超江苏、浙江和安徽，但其研发强度为 2.66%，排在江苏和浙江之后，这主要是由于上海制造业上市公司营业收入规模较大，单个企业研发强度相对较低，拉低了整体研发强度。江苏制造业上市公司总体研发强度最高，但平均研发支出却最低。这是由于江苏制造业上市公司多数集中于计算机、通信和其他电子设备制造业，电气机械和器材制造业等资金和技术密集型行业，企业规模小、数量多，平均研发支出低，研发强度反而相对较高。浙江制造业上市公司研发强度为 3.98%，排在长三角第二位。安徽制造业上市公司研发强度最低，平均研发支出高于江苏、浙江。总体来看，安徽制造业上市公司创新投入力度与沪苏浙相比还存在较大差距（见图 8）。

2. 沪苏浙皖创新产出情况

安徽制造业上市公司创新产出表现亮眼。2019 年，安徽 71 家制造业上市公司共申请专利 3639 件，平均专利申请量 51.25 件，远高于沪苏浙三地；员工每百人专利申请数量为 0.91 件，排在第二位，仅次于江苏。安徽制造业上

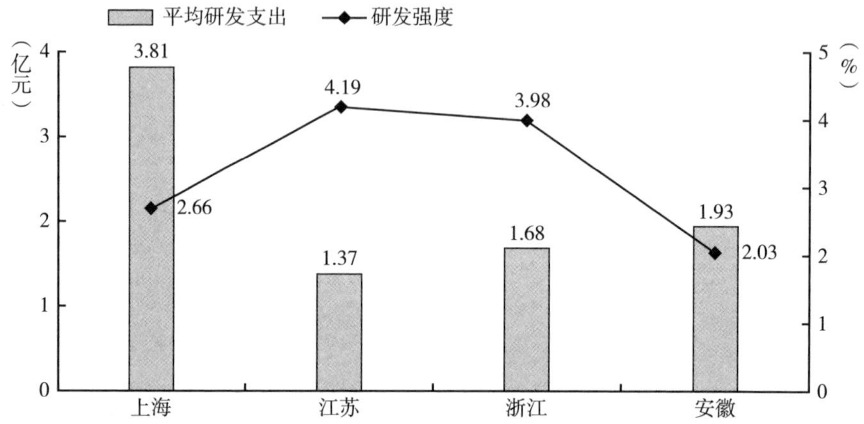

图 8　2019 年长三角制造业上市公司研发强度和平均研发支出概况

司公司创新产出突出，主要是因为长虹美菱、阳光电源等电气机械和器材制造业，以及江淮汽车、安凯客车等汽车制造业占比高且专利申请量大。江苏员工每百人专利申请数最高。2019 年，江苏制造业上市公司员工每百人专利申请数达 0.95 件，比浙江高 0.15 件，排在长三角首位。上海制造业上市公司创新产出表现一般。上海制造业上市公司员工每百人专利申请数仅为 0.57 件，与其他三省相比差距较大（见图 9），这主要是由于上海制造业上市公司

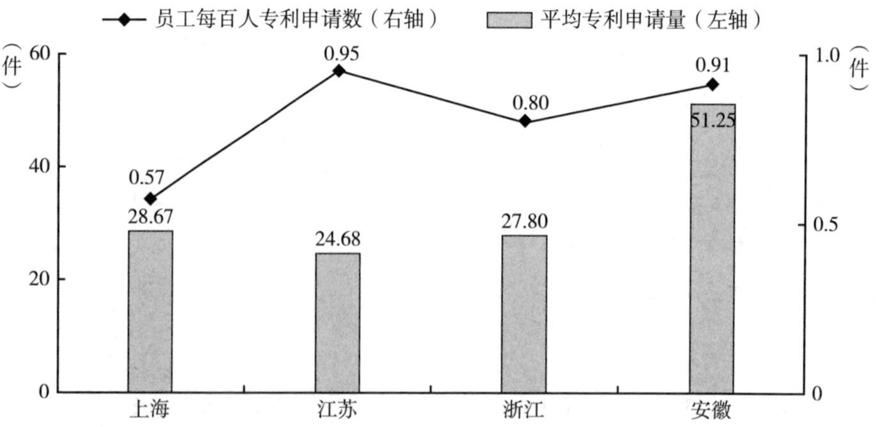

图 9　长三角制造业上市公司员工每百人专利申请数和平均专利申请量

多数规模较大，员工人数相对较多，拉低了整体创新产出指标。如上海汽车制造业上市公司员工数达27.84万人，申请了355件专利，员工每百人专利申请数仅为0.13件。

综上分析，江苏制造业上市公司创新投入和创新产出表现较好，上海则表现相对较弱。但应关注的是上海制造业上市公司规模较高，大型设备制造业、汽车制造业成为研发支出和专利申请的主要力量，相对指标表现不突出，但这不代表上海整体创新能力弱。安徽制造业上市公司在成果转化方面意愿更为强烈，效果也比较明显，但仍需加大创新投入力度。在长三角一体化发展战略下，安徽宜加强与沪苏浙的协同合作，构建高层次创新合作平台，推动科技创新与产业、资本的深度融合，激发企业尤其是上市公司自身创新动能，努力将安徽打造成长三角科技创新强劲策源地。

四　财务表现

研究具体企业的财务状况，可通过财务报表发掘其中存在的联系，进而掌握企业生产经营的规律。研究具体行业时，受限于指标计算和全文篇幅，难以像研究具体公司一样，采用全面、系统的财务指标体系。因此，本节参照已有成果的研究思路[①]，选择偿债能力、营运能力、盈利能力、发展能力四个维度的典型指标，探讨制造业上市公司的经营成果和财务表现，探讨行业细分财务特征以及经营发展趋势。

（一）2019年基本情况

1. 偿债能力

偿债能力是指企业用其资产偿还长期债务与短期债务的能力。本文选取

① 周永亮：《中国制造业上市公司价值创造年度研究报告（2018）》，机械工业出版社，2018。

流动比率①和资产负债率②分别反映长三角制造业上市公司的短期及长期偿债能力。

从流动比率看（见表20），安徽制造业上市公司的短期偿债能力不及上海、江苏和浙江。2019年，安徽流动比率平均数处于长三角最低水平，较长三角平均线低0.56。这可能是由于细分行业经营特性所致，如生物医药类企业普遍具有较高的流动比率，2019年长三角制造业上市公司流动比率前30名中有11家生物医药行业上市公司，而安徽生物医药行业上市公司占比相对较少。安徽短期偿债能力的分化程度小于沪苏浙。从变异系数看，安徽流动比率的变异系数最小，制造业上市公司的短期偿债能力差距不大。安徽制造业头部上市公司的短期偿债能力较强。沪苏浙皖流动比率的平均数均大于中位数，安徽平均数领先中位数0.47，表明偿债能力较强的制造业主要集中在优质的制造业头部上市公司。安徽制造业上市公司在资产短期流动性设置上宜优化债务结构及资本结构，并提高风险防范意识。

表20　2019年长三角制造业上市公司流动比率概况

省市	最小值	最大值	平均数	中位数	变异系数
江苏	0.06	19.32	2.86	1.86	0.95
浙江	0.54	31.72	2.63	1.81	1.04
上海	0.45	27.45	3.20	2.04	1.20
安徽	0.51	8.65	2.22	1.75	0.77
长三角平均	0.06	31.72	2.78	1.84	1.04

从资产负债率看（见表21），沪苏浙的制造业上市公司的长期偿债能力差距不大。沪苏浙制造业上市公司的平均数、中位数、变异系数都很接近，表明其长期偿债能力及分化程度大体相当，并且形成了较成熟的资产配置模

① 流动比率=流动资产/流动负债，该指标用来衡量企业流动资产在短期债务到期以前可以变为现金用于偿还负债的能力。

② 资产负债率=期末负债总额/资产总额×100%，该指标反映了债权人所提供的资本占全部资本的比例，体现了企业的长期偿债能力。

式，其资产负债率处于较合理的水平。安徽制造业上市公司相对来说更偏好负债经营。安徽资产负债率的平均数高于长三角平均水平 4.15 个百分点，高于沪苏浙三地各约 5 个百分点。可见受自身行业特点以及传统观念的影响，安徽制造业上市公司可能更偏好债权融资。

表 21　2019 年长三角制造业上市公司资产负债率概况

单位：%

省市	最小值	最大值	平均数	中位数	变异系数
江苏	4.84	103.10	37.56	37.71	0.50
浙江	4.27	126.25	38.12	37.22	0.47
上海	3.05	114.98	36.73	37.42	0.52
安徽	10.47	120.43	42.16	40.20	0.48
长三角平均	3.05	126.25	38.01	37.68	0.49

注：剔除了资产负债率极值 1049.5% 的保千里公司，该样本极大影响了整体结果。

2. 营运能力

营运能力是指企业的经营运行能力，即企业运用各项资产赚取利润的能力。本报告选取存货周转率①和应收账款周转率②展示长三角制造业上市公司的存货以及应收账款运营周转情况。

从存货周转率看（见表 22），安徽存货运营能力较为突出。2019 年安徽制造业存货周转率的平均数较长三角平均水平高 0.91，且明显高于江苏和浙江两省。安徽制造业企业之间存货流动性差距较小，存货周转率变异系数为长三角最低水平，较平均值低 0.3。虽然上海的平均水平与安徽相似，但企业之间的差异较为明显。可见安徽制造业上市公司不仅存货周转速度较快，而且分化程度较低，企业存货管理水平和变现能力在长三角较为突出。

① 存货周转率 = 营业成本/平均存货余额。该指标用于反映存货的周转速度，即存货的流动性及存货资金占用量是否合理。

② 应收账款周转率 = 当期销售净收入/应收账款平均余额。该指标衡量了企业应收账款周转速度及管理效率。

表 22　2019 年长三角制造业上市公司存货周转率概况

省市	最小值	最大值	平均数	中位数	变异系数
江苏	0.19	22.34	4.19	3.43	0.78
浙江	0.36	31.04	4.34	3.41	0.89
上海	0.50	88.06	5.44	3.60	1.55
安徽	0.53	18.58	5.48	4.15	0.76
长三角平均	0.19	88.06	4.57	3.50	1.06

从应收账款周转率看（见表 23），安徽的应收账款周转速度及管理效率良好。2019 年，安徽制造业应收账款周转率的平均数为长三角最高水平，较平均值高 10.97。这可能是由于安徽制造业上市公司数量较少，且头部企业在应收账款周转率上表现较好。此外，安徽制造业上市公司应收账款运营相对谨慎，收付结算把控较严，应收账款余额普遍较低。安徽制造业上市公司之间应收账款周转速度的分化程度处于长三角正常水平。虽然安徽应收账款周转率的变异系数较长三角平均值低 2.83，但与浙江、上海情况相近。江苏变异系数过大与部分上市公司存在异常值有关，即洋河股份应收账款周转率高至 2151.3，导致江苏和整个长三角的变异系数普遍较高。但该数值合理且真实，因此分析中未剔除。如剔除洋河股份再进行分析，则江苏变异系数值约为 3.9，相对沪浙皖仍处于较高位。

表 23　2019 年长三角制造业上市公司应收账款周转率概况

省市	最小值	最大值	平均数	中位数	变异系数
江苏	0.38	2151.31	16.52	4.10	7.66
浙江	0.46	462.19	10.56	4.84	2.92
上海	1.21	321.34	12.61	5.01	2.79
安徽	0.68	552.26	25.24	6.59	2.97
长三角平均	0.38	2151.31	14.27	4.68	5.80

3. 盈利能力

盈利能力是指企业获取利润的能力，即企业资金增值的能力，通常表现为一定时期内企业收益数额的多少及其水平的高低。本文选取了净资产收益率[①]和总资产报酬率[②]分析长三角制造业上市公司自有资金的收益水平以及企业全部资产的综合收益效果。

从净资产收益率看（见表24），长三角制造业上市公司的净资产收益呈现两极分化现象。安徽和上海的平均净资产收益率相对较高，且变动范围相对较窄，而江苏和浙江正好与之相反。这是由于江苏和浙江制造业上市公司数量相对较多，产业分布较为广泛，容易受到极值的影响，出现分化的现象。长三角部分制造业上市公司净资产收益率拖累了整个行业的盈利水平。沪苏浙皖净资产收益率的平均数普遍低于中位数，是部分异常值和中小企业普遍盈利能力较低共同所致。安徽制造业上市公司运用自有资本盈利的效率较高。2019年，安徽制造业上市公司净资产收益率的平均数高于长三角1.36个百分点。这主要是由于头部企业带动效应明显，长三角制造业上市公司净资产收益率前30名企业中安徽企业占据5席，达16.67%，这在安徽制造业上市公司数量仅占长三角全体8.1%的前提下显得十分难得。

表24　2019年长三角制造业上市公司净资产收益率概况

单位：%

省市	最小值	最大值	平均数	中位数	变异系数
江苏	-307.34	45.65	3.48	7.23	7.33
浙江	-456.95	67.64	4.69	9.07	6.84
上海	-90.36	46.04	6.38	8.10	2.33
安徽	-69.82	30.74	6.01	6.90	2.57
长三角平均	-456.95	67.64	4.65	8.04	5.64

从总资产报酬率看（见表25），沪苏浙皖的整体盈利能力差异较大。上海制造业上市公司总资产报酬率的平均数最高，且变异系数最小，表明其制造业上市公司资产配置能力与盈利能力均存在明显的优势。其他三省企业总

① 净资产收益率=净利润/平均股东权益×100%，该指标反映股东权益的收益水平，用以衡量公司运用自有资本的效率。

② 总资产报酬率=息税前利润/资产平均总额×100%。该指标表示企业包括净资产和负债在内的全部资产的总体获利能力，用以评价企业运用全部资产的总体获利能力。

资产报酬率的平均数呈梯次分布，且分化程度相对较强，说明其企业盈利能力发展不够均衡。安徽制造业上市公司总体盈利能力低于长三角平均水平。制造业上市公司总资产报酬率的平均数高于中位数，意味着头部企业带动效应明显，大型制造业企业与中小型制造业企业盈利能力差距较大。

表 25　2019 年长三角制造业上市公司总资产报酬率概况

单位：%

省市	最小值	最大值	平均数	中位数	变异系数
江苏	-77.21	45.22	4.88	5.72	2.19
浙江	-72.61	27.65	5.82	6.87	1.72
上海	-36.15	25.48	5.99	6.11	1.29
安徽	-45.67	26.45	5.12	4.97	2.11
长三角平均	-77.21	45.22	5.45	6.02	1.83

4. 发展能力

发展能力是指企业在生存基础上扩大规模、壮大实力的潜在能力。本文选取营业收入增长率①分析长三角制造业上市公司的未来发展概况。

从营业收入增长率看（见表 26），上海制造业上市公司营业收入增长率在长三角处于绝对领先地位，其平均数高于长三角 3.6 个百分点，但中位数表现不佳。其主要原因是华铭智能 2019 年营业收入增长率高达 445%，剔除该值之后，上海制造业上市公司营业收入增长率的平均数为 9.59%，仍高于其他三省。究其原因，上海制造业起步早，发展基础较好，不过其制造业企业发展参差不齐也导致了较高的变异系数。沪苏浙皖制造业上市公司盈亏分布情况相似。整体上看，江苏、浙江、上海、安徽等地制造业上市公司营业收入增长率为负的企业占本省的比例分别为 32.9%、29.6%、31.7%、31.0%，差异不大。安徽制造业上市公司营业收入平稳增长，但缺乏突破型发展企业。2019 年，安徽制造业上市公司虽然营业收入增长率中位数表现

① 营业收入增长率 = 营业收入增长额/上年营业收入总额 ×100%。该指标用于衡量主营业务收入的增减变动情况，是评价企业成长状况和发展能力的重要指标。

优异，但平均数并不高，其主要是受极端值影响。沪苏浙制造业上市公司都存在少数营业收入爆发式增长的企业，但安徽却没有发生类似情况。如不考虑极端值，安徽制造业上市公司整体表现优秀，营业收入增长率较为可观。

表 26 2019 年长三角制造业上市公司营业收入增长率概况

单位：%

省市	最小值	最大值	平均数	中位数	变异系数
江苏	-84.05	169.98	8.25	6.46	3.04
浙江	-92.71	147.19	8.22	6.21	3.02
上海	-37.26	445.64	12.48	5.73	3.34
安徽	-37.35	48.23	7.04	8.26	2.64
长三角平均	-92.71	445.64	8.88	6.69	3.17

（二）近五年财务表现

1. 偿债能力

从平均流动比率看（见图 10），长三角制造业上市公司短期偿债能力稳中有升。2018 年，由于受到外部市场环境影响，沪苏浙短期偿债能力都有所下降。但与 2015 年相比，沪苏浙皖短期偿债能力的发展过程虽然存在一定波动，但如今整体都得到了提升。安徽制造业上市公司短期偿债能力发展稳定，但与沪苏浙相比仍存在差距。这和安徽制造业上市公司基础差、不成熟有一定程度的关系。得益于安徽制造业整体稳健发展，近五年安徽制造业上市公司的平均流动比率并未像沪苏浙一样出现较大波动。但从历史差距看，安徽制造业上市公司仍需进一步优化流动性资产配置，提高短期偿债能力。

从平均资产负债率看（见图 11），相较于短期偿债能力，安徽制造业上市公司长期偿债能力与沪苏浙差距更大。沪苏浙制造业上市公司资产负债率近五年均值变化趋势和平均水平趋于一致。但对安徽而言，虽然变化趋势类似，但每年都保持了约 5 个百分点的差值，这有效印证了前文安徽制造业上市公司更偏好负债经营的结论。安徽需要逐步降低长短期借款，维持资金链稳定，实现合理负债经营。

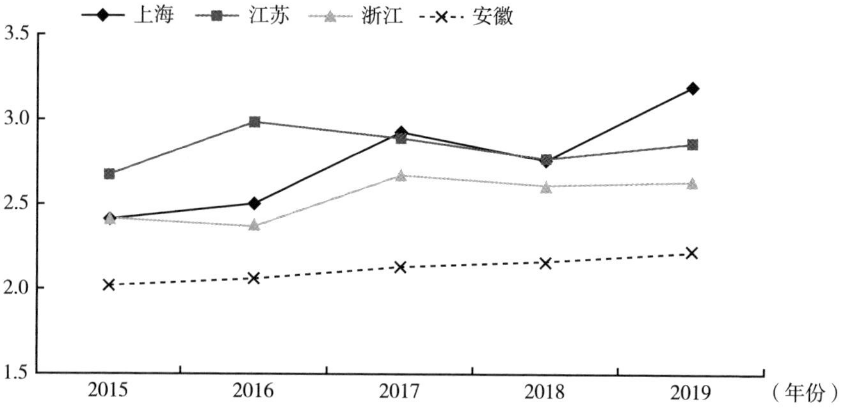

图 10　2015～2019 年长三角制造业上市公司平均流动比率

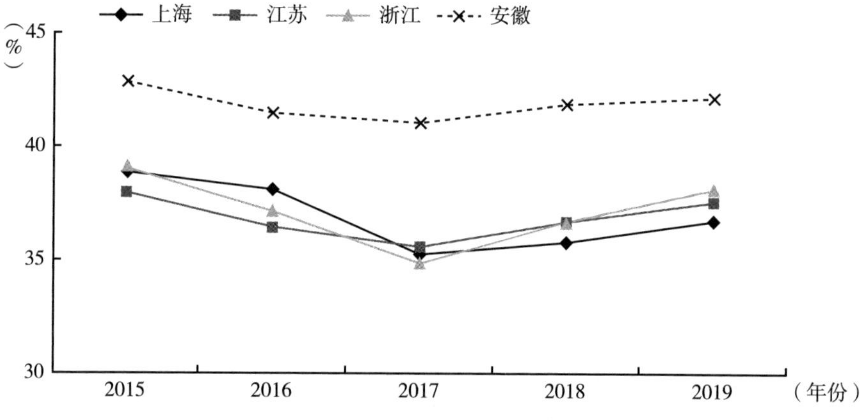

图 11　2015～2019 年长三角制造业上市公司平均资产负债率

2. 营运能力

从营运能力看（见图 12、图 13），长三角制造业上市公司营运能力稳定，未出现明显变化。抛去异常值影响，近五年长三角制造业上市公司的平均存货周转率以及平均应收账款周转率都保持在平稳水平，说明其已经形成较为成熟的运营模式，这也有利于长三角制造业长期稳定发展。安徽制造业上市公司营运能力明显具有优势。受益于皖企规避风险的意识以及细分行业结构，其平均存货周转率以及平均应收账款周转率都保持着较高水平，显著优于沪苏浙三地。

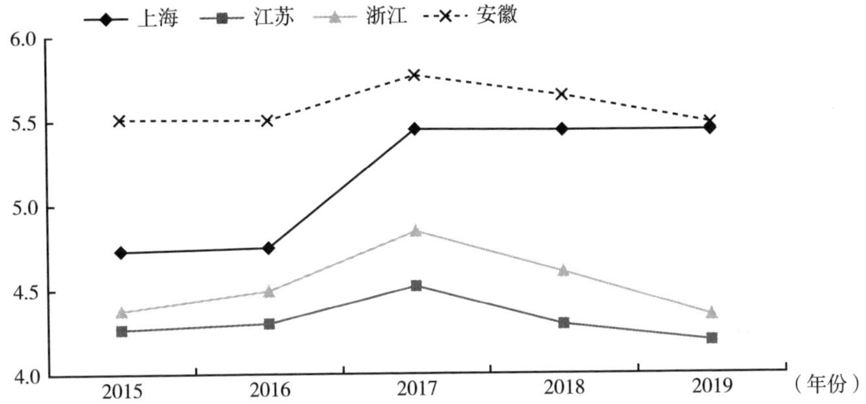

图 12　2015～2019 年长三角制造业上市公司平均存货周转率

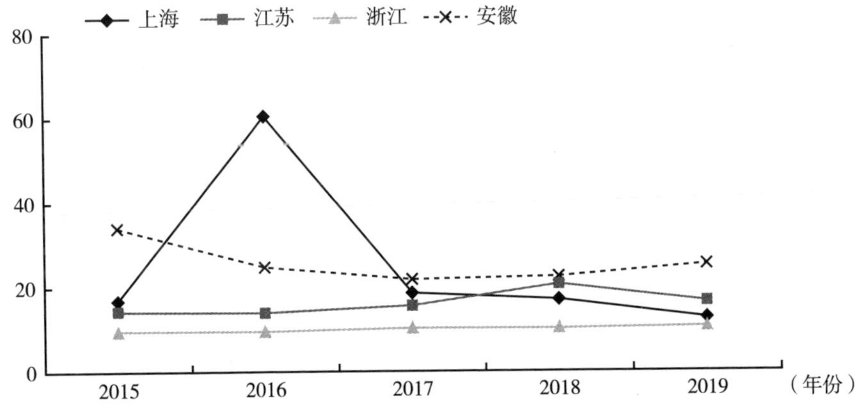

图 13　2015～2019 年长三角制造业上市公司平均应收账款周转率

3. 盈利能力

从盈利能力看（见图 14、图 15），近五年沪苏浙皖的平均总资产报酬率和平均净资产收益率的整体变化趋势以及具体排名基本一致。长三角制造业上市公司盈利能力近五年来略显颓势，与全部 A 股上市公司变化趋势逐渐一致，可见其变化与外部经济环境因素有很强的相关性。在当前经济下行压力加大的背景下，长三角制造业上市公司仍需积极加强创新，顺应供给侧结构性改革趋势，不断提高其盈利能力。值得关注的是，安徽近五年盈利能力增长速度显著超越沪苏浙，2019 年平均净资产收益率更是反超江浙，位列长三角第二名，与沪苏浙的差距不断缩小。

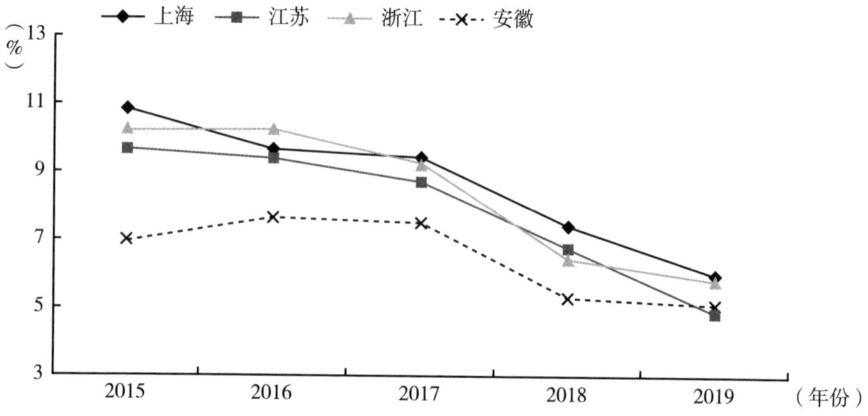

图 14　2015 ~ 2019 年长三角制造业上市公司平均总资产报酬率

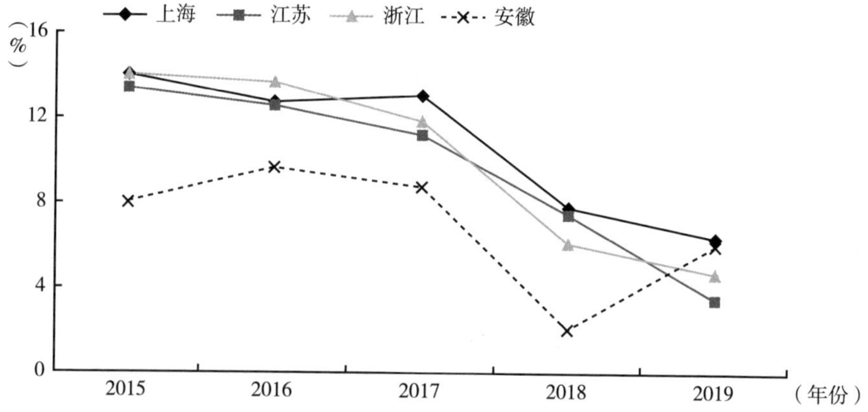

图 15　2015 ~ 2019 年长三角制造业上市公司平均净资产收益率

4. 发展能力

从平均营业收入增长率看（见图 16），与 A 股全部上市公司营业收入增长率均值变化趋势相近，长三角制造业上市公司近五年营业收入增长率均值变化趋势呈倒V形。2017年营业收入增长率突增是因为受极值影响，其中，浙江宁波东力的平均营业收入增长率高达2399.8%，江苏维信诺高达5504.4%。但剔除异常值之后，整体变化趋势仍保持基本不变。安徽制造业上市公司发展能力处于长三角低位，近五年来营业收入增长率一直处于长三角中末位，且变化幅度较大。因此在营业收入增长层面，安徽制造业上市公司仍需平衡好发展与质量的关系，力求稳中求进。

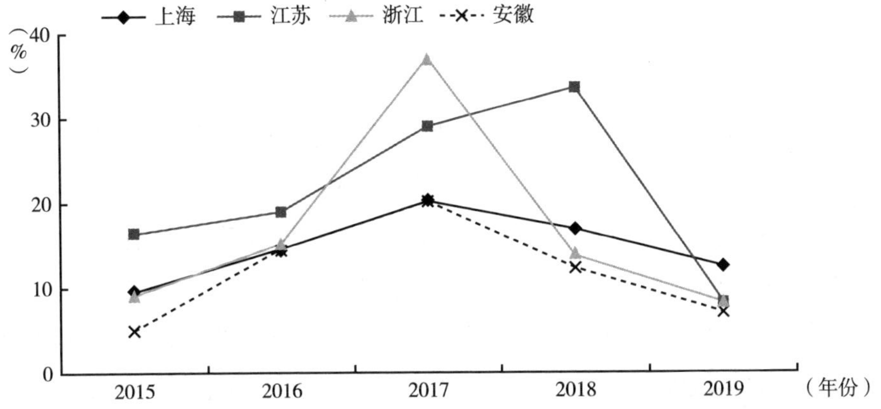

图16　2015～2019年长三角制造业上市公司平均营业收入增长率

综上所述，长三角制造业上市公司已经初步形成高质量发展和多元化发展的趋势。制造业上市公司形成了合理的资产配置，具备良好的偿债能力及营运能力，其发展能力虽然在2017年达到巅峰，但快速回落的营业收入增长率需要企业尽快适应。随着外部经济环境的变化，其盈利能力呈现下滑趋势，当前这一趋势虽在逐渐减缓，但面对未来相对严峻的经济形势以及突如其来的新冠肺炎疫情，长三角制造业企业仍需尽快调整经营策略以实现平稳过渡。虽然目前安徽制造业上市公司的整体财务表现不如沪苏浙，但差距正在缩小，尤其是在营运能力方面具有明显优势。在未来长三角一体化发展战略布局中，安徽宜积极发挥自身优势，加强协同分工，与沪苏浙携手打造财务表现好、创新能力强的世界级先进制造业集群。

五　再融资情况

再融资是指上市公司在证券市场上除首发外的直接融资，其方式主要包括增发、配股、可转债等。本节分析长三角制造业上市公司近五年的再融资情况，探讨其利用资本市场优化资本结构，提高企业治理效率，加快企业高质量发展的能力和水平。

（一）总体情况

2015～2019年，长三角制造业上市公司再融资规模[①]分别为1592.01亿元、2286.54亿元、2130.05亿元、967.55亿元和1121.43亿元，五年累计规模为8097.58亿元，分别占同期全国制造业上市公司再融资规模的25.33%、29.22%、32.85%、24.05%和23.21%，五年累计规模占比为27.50%（见图17）。从五年数据可以看出，作为全国经济发展水平领先的地区，沪苏浙皖制造业上市公司的再融资活动也较为活跃，总规模约占全国制造业上市公司的1/4。

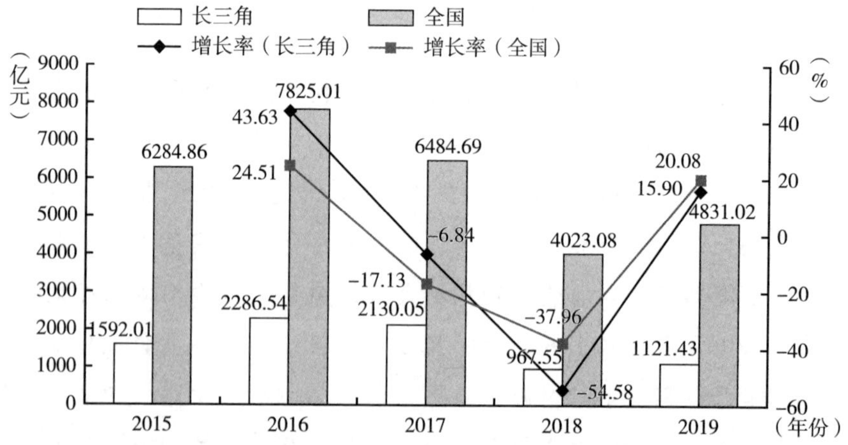

图17　2015～2019年全国和长三角制造业上市公司再融资规模和增长率

① 本文主要指实际募集资金。

从变化趋势来看，长三角制造业上市公司再融资规模在 2016 年达到顶峰后，2017 年和 2018 年连续下降，2018 年更是出现断崖式下跌，降幅超过 50%，当年长三角全部制造业上市公司再融资总规模不及 2016 年的一半。这与全国再融资市场变化趋势相一致，其原因与监管政策密切相关。2017 年 2 月证监会发布再融资新政（《上市公司非公开发行股票实施细则》），从定价方式、融资规模、融资间隔等方面做出严格限制，增加发行难度，收紧供给端；同年 5 月发布的减持新规（《上市公司股东、董监高减持股份的若干规定》）限制了退出通道，影响需求端。2018 年 11 月，再融资政策有所松绑，放宽资金用途、融资间隔等要求，受此政策红利影响，长三角制造业上市公司再融资规模从低迷中有所恢复。

（二）维度分析

1. 区域结构

分地区来看，2019 年浙江制造业上市公司再融资总规模排名第一，江苏次之，安徽最低。沪苏浙皖占当期长三角制造业上市公司再融资总规模的比重分别为 22.49%、27.89%、41.92% 和 7.70%。但 2018 年 11 月再融资政策调整后，2019 年只有上海和浙江再融资规模实现增长，江苏和安徽较 2018 年仍为下降（见图 18）。而在 2015 ~ 2019 年，上海制造业上市公司累计再融资规模为 1533.26 亿元，江苏为 2742.19 亿元，浙江为 3023.50 亿元，安徽为 798.62 亿元。与沪苏浙相比，除上海 2018 年的再融资规模最低，仅为 27.11 亿元外，安徽五年累计再融资规模一直处于最低水平，与沪苏浙相比有较大差距。

从数量上看，2019 年长三角各省市开展再融资的制造业上市公司数量分别为 14 家、32 家、34 家和 11 家（见图 19）。从这五年数据看，江苏和浙江开展再融资的制造业上市公司家数大致相当，上海和安徽的家数比较接近。但结合规模比较发现，上海制造业上市公司再融资规模远高于安徽，即上海平均每家公司的融资额高于安徽，原因是上海有多家体量较大的汽车制造业、

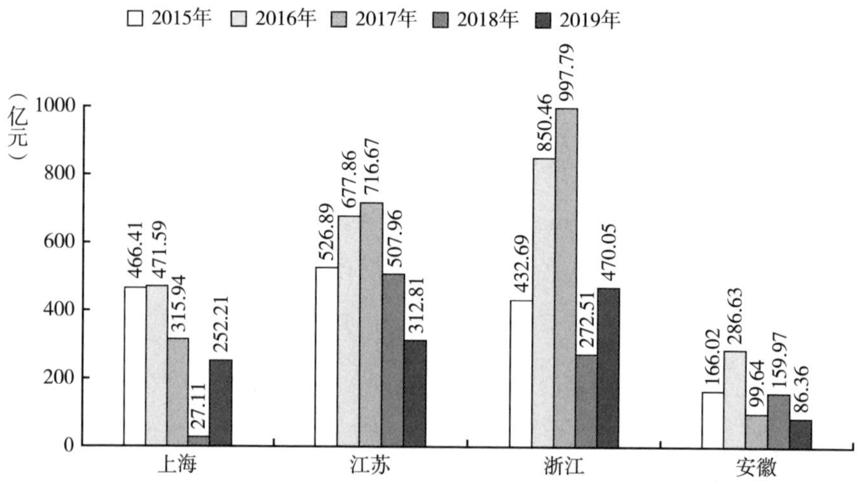

图 18　2015～2019 年长三角各省市制造业上市公司再融资规模

通用设备制造业上市公司，单次增发、发行可转债和可交换债的数额较大。如上汽集团 2016 年底单次定增发行募集资金 150 亿元，上海电气 2015 年发行一笔 60 亿元的可转债，宝钢股份 2017 年发行一笔 150 亿元的可交换债。

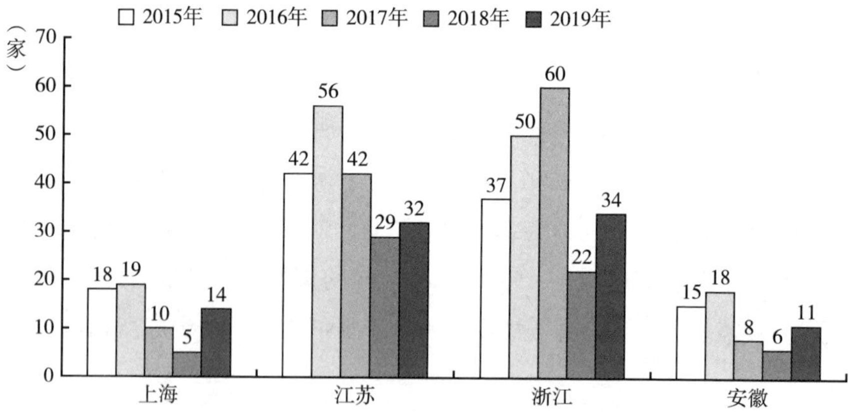

图 19　2015～2019 年长三角各省市制造业上市公司再融资家数

2. 行业结构

按照证监会行业分类标准，制造业分为 31 个大类。从制造业大类看，2019 年，长三角制造业上市公司中共有 85 家进行过 91 次再融资活动，其中专用设备制造业、电气机械和器材制造业、化学原料和化学制品制造业这3个大类行业实施过再融资的公司数量较多（见图20），大多数制造业大类行业年内实施过再融资的企业数不足5家。从规模上看，2019年长三角制造业上市公司再融资规模较大的行业主要是计算机、通信和其他电子设备制造业，电气机械和器材制造业，化学纤维制造业，化学原料和化学制品制造业，再融资规模均超百亿元。值得注意的是，个别公司利用再融资开展大额收购，导致部分大类行业中实施再融资的企业数量虽然不多，但行业再融资规模很高。如规模居首位的计算机、通信和其他电子设备制造业仅有6家公司开展了再融资，但其再融资规模排名第一，主要是由于韦尔股份年内增发募集135亿元用于收购。化学纤维制造业仅有3家公司进行再融资，但总规模很高，主要是因为华峰氨纶年内实施两次定向增发，其中一次募资总额达108亿元用于并购华峰新材。

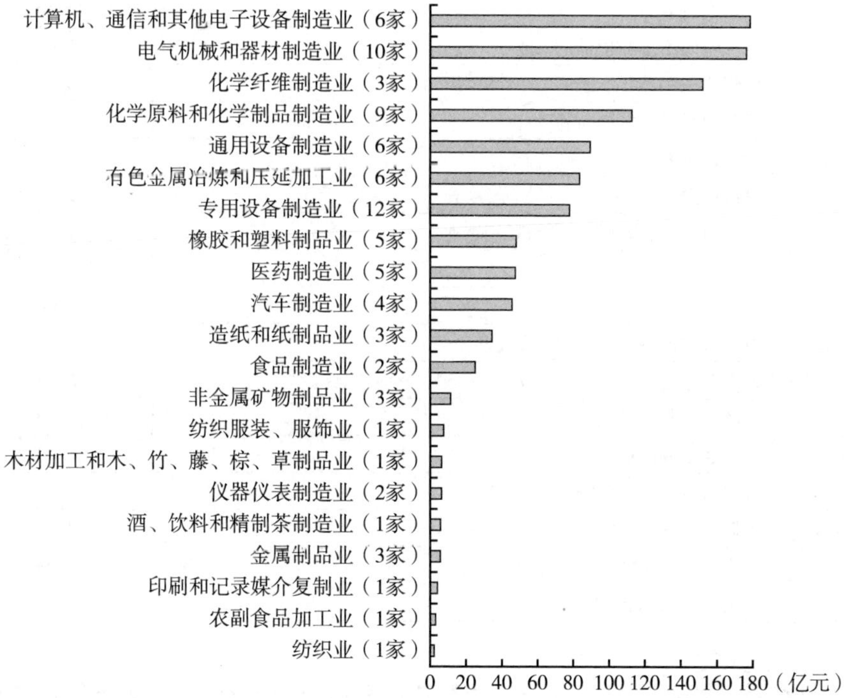

图20　2019年分行业长三角制造业上市公司再融资规模

横向对比来看，2019年长三角各省市制造业上市公司开展过再融资的行业大类分别有8个、14个、14个和11个，各省市制造业上市公司再融资规模行业大类前五名见表27。从表27中可以看出，虽然各省市排名前列的大类不尽相同，但计算机、通信和其他电子设备制造业，电气机械和器材制造业，有色金属冶炼和压延加工业以及化学原料和化学制品制造业上榜次数较多。其中，上海的前五名多为高技术含量、高附加值的先进制造业，浙江和安徽则以化工、橡胶、有色金属等传统制造业为主。

表27　2019年长三角各省市制造业上市公司再融资规模行业大类前五名

单位：亿元

省市	行业门类	规模
上海	计算机、通信和其他电子设备制造业	139.16
	电气机械和器材制造业	62.38
	专用设备制造业	24.98
	医药制造业	16.16
	有色金属冶炼和压延加工业	6.00
江苏	电气机械和器材制造业	90.73
	化学原料和化学制品制造业	86.61
	专用设备制造业	24.61
	食品制造业	22.02
	计算机、通信和其他电子设备制造业	17.55
浙江	化学纤维制造业	151.77
	通用设备制造业	80.66
	有色金属冶炼和压延加工业	56.37
	汽车制造业	35.74
	橡胶和塑料制品业	25.70
安徽	造纸和纸制品业	18.60
	计算机、通信和其他电子设备制造业	12.30
	橡胶和塑料制品业	12.00
	化学原料和化学制品制造业	8.00
	有色金属冶炼和压延加工业	7.47

据统计，2015～2019年长三角制造业上市公司共有26个大类行业进行过再融资，并且大类行业再融资累计规模差异较大（见表28）。有3类制造

业大类行业再融资累计规模超过1000亿元，分别为计算机、通信和其他电子设备制造业，电气机械和器材制造业，汽车制造业；3类行业再融资累计规模超过500亿元；9类行业再融资累计规模超过100亿元；11类行业再融资累计规模少于100亿元。五年里再融资监管政策多次变化，多数制造业大类行业再融资规模在2016年或2017年达到峰值，在2018年大幅收缩，部分在2019年有所恢复。其中，汽车制造业、通用设备制造业在经历2015～2017年再融资高潮后，近两年规模大幅收缩。化学纤维制造业则表现出与整体趋势相反的情况，在2015～2017年规模并不突出，但近两年突飞猛进，主要原因是近两年该行业均有单笔超过百亿元的增发用于收购。

表28　2015～2019年长三角制造业上市公司再融资规模分行业明细

单位：亿元

行业门类	2015年	2016年	2017年	2018年	2019年	总计
计算机、通信和其他电子设备制造业	284.36	260.18	267.27	195.34	177.95	1185.10
电气机械和器材制造业	136.94	427.59	357.10	11.10	175.95	1108.68
汽车制造业	236.97	362.94	337.01	28.23	45.66	1010.81
化学原料和化学制品制造业	245.86	142.07	174.37	138.45	112.56	813.31
通用设备制造业	213.91	110.11	322.74	47.19	89.34	783.29
化学纤维制造业	78.32	46.52	45.84	280.72	151.77	603.17
医药制造业	84.87	174.38	116.98	—	47.48	423.71
专用设备制造业	45.34	76.80	90.96	28.90	77.88	319.88
有色金属冶炼和压延加工业	37.33	107.40	31.80	54.65	83.46	314.64
橡胶和塑料制品业	40.95	103.84	44.30	31.26	47.92	268.27
黑色金属冶炼和压延加工业	1.98	92.87	167.88	—	—	262.73
仪器仪表制造业	24.20	80.75	44.14	2.22	6.30	157.61
纺织服装、服饰业	7.83	70.41	—	49.32	7.46	135.02
非金属矿物制品业	52.50	70.35	—	—	11.36	134.21
金属制品业	5.66	50.78	37.47	22.37	5.61	121.89
纺织业	—	31.72	39.79	20.68	2.23	94.42
造纸和纸制品业	—	20.00	—	24.56	34.40	78.96
酒、饮料和精制茶制造业	49.45	20.99	—	—	5.76	76.20
铁路、船舶、航空航天和其他运输设备制造业	28.86	—	23.37	11.13	—	63.36

续表

行业门类	2015 年	2016 年	2017 年	2018 年	2019 年	总计
家具制造业	—	19.40	10.00	21.43	—	50.83
农副食品加工业	9.40	5.15	14.80	—	3.00	32.35
食品制造业	—	—	4.22	—	25.01	29.23
木材加工和木、竹、藤、棕、草制品业	—	5.00	—	—	6.30	11.30
印刷和记录媒介复制业	5.13	—	—	—	4.01	9.14
文教、工美、体育和娱乐用品制造业	2.16	3.90	—	—	—	6.06
其他制造业	—	3.36	—	—	—	3.36

3. 融资方式

增发、配股、可转债、可交换债是再融资的主要方式。2019 年，长三角制造业上市公司通过增发、配股、可转债、可交换债等方式进行融资的规模分别为 649.65 亿元、4.84 亿元、399.02 亿元和 67.92 亿元（见图 21），分别占当年再融资规模的 57.93%、0.43%、35.58% 和 6.06%。据统计，长三角制造业上市公司的增发方式全部为定向增发。

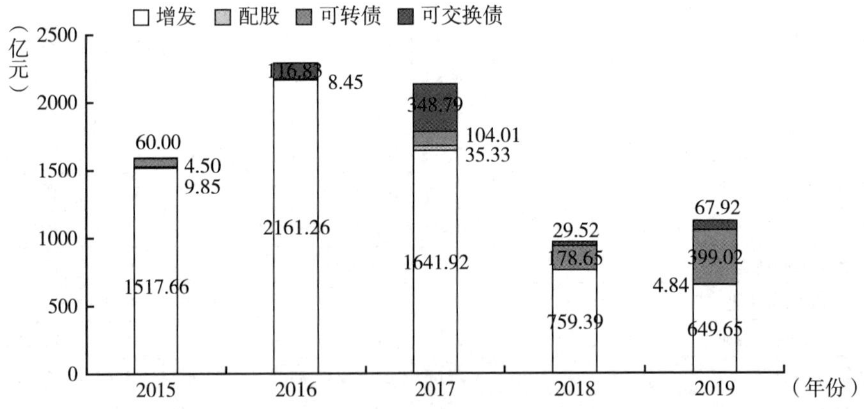

图 21　2015～2019 年长三角制造业上市公司再融资方式统计

2015～2019 年，长三角制造业上市公司通过增发、配股、可转债、可交换债四种方式累计的融资规模分别占比 83.11%、0.62%、9.26% 和 7.01%。

其中，增发规模自2016年突破2000亿元达到最高值后逐年下降，2018年降幅更是达到53.75%，主要是因为受2017年证监会发布的再融资新政和减持新规的叠加冲击。不过，尽管五年间通过增发方式的融资比重下降，但其仍然是再融资的主要方式。与增发遇冷相比，可转债具有财务成本低、股权稀释速度较缓慢、没有锁定期等优势，逐渐成为另一种受到欢迎的再融资工具。从规模看，长三角制造业上市公司可转债融资规模自2016年起逐年大幅增长，2019年增长率达到123.35%，当年占比超过30%；从家数看，利用可转债方式进行再融资的上市公司数量分别为1家、1家、10家、17家和45家。

图22和图23分别为2015～2019年长三角各省市制造业上市公司定增规模和可转债、可交换债规模。沪苏浙皖比较来看，江苏和安徽的制造业上市公司近五年以定增方式进行再融资的规模总体呈下降趋势，但同时发行的可转债、可交换债规模总体呈上升趋势。2019年两省制造业上市公司的可转债、可交换债融资规模已超过定增规模。上海和浙江的制造业上市公司的定增规模虽经历了大幅度“跳水”，但均在2019年实现反弹，仍高于可转债、可交换债规模，原因是2019年两地制造业上市公司并购重组较为活跃，定增用于收购、重组、配套融资的规模较大。

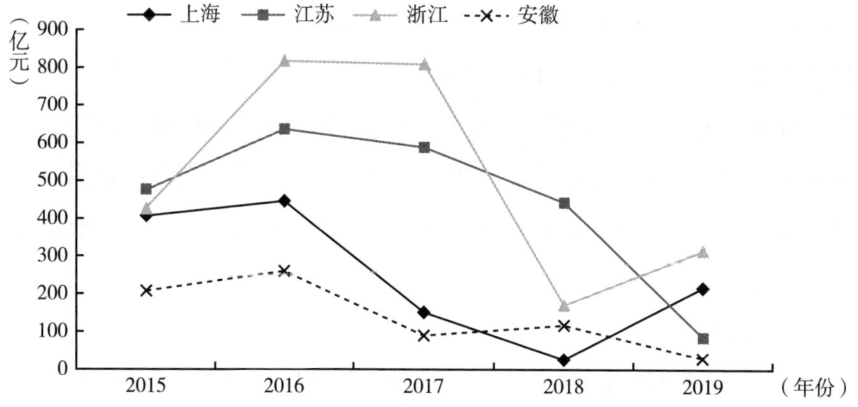

图22　2015～2019年长三角各省市制造业上市公司定增规模

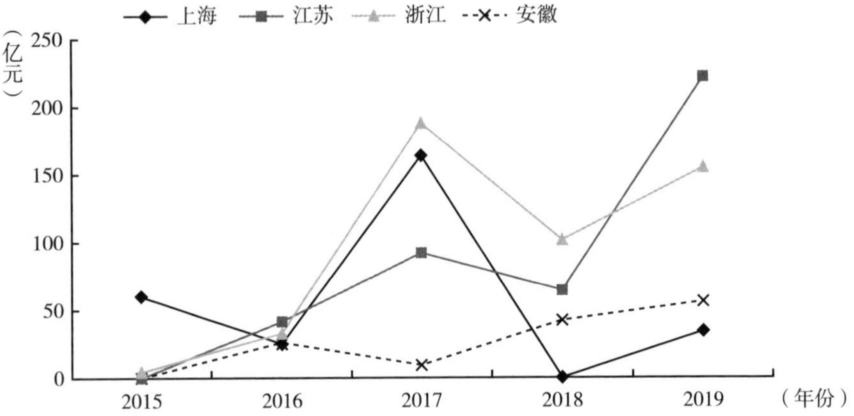

图23　2015～2019 年长三角各省市制造业上市公司可转债、可交换债规模

4. 股权属性

从公司股权性质来看，2019 年长三角制造业上市公司中国有企业、民营企业、其他企业的再融资规模分别为 94.65 亿元、1012.00 亿元、14.78 亿元（见图 24），分别占当年长三角再融资总规模的 8.44%、90.24%、1.32%。可以看到 2015～2019 年，民营企业一直是再融资活动的主要参与者。与国有企业相比，民营企业在获得银行等金融机构的间接融资方面较为弱势，因此再融资成为其重要融资工具。

横向比较来看，2019 年上海、江苏、安徽制造业上市公司的再融资规模均呈现民企为主、国企为辅的结构特点（见图 25）。江苏制造业上市国企再融资规模最大，而浙江制造业上市公司没有国企进行再融资，但民企再融资规模极其突出，远远超过其他省市。这也从侧面反映出浙江民企多、民营经济发达的特点。同时，安徽的制造业上市民企再融资规模与沪苏浙相比差距较大。

5. 板块结构

2019 年长三角制造业上市公司中，主板、中小企业板和创业板再融资规模分别为 633.60 亿元、387.90 亿元和 99.93 亿元，主板规模占比超过 50%。2015～2019 年，三个板块的公司再融资规模均呈现先上升后下降再

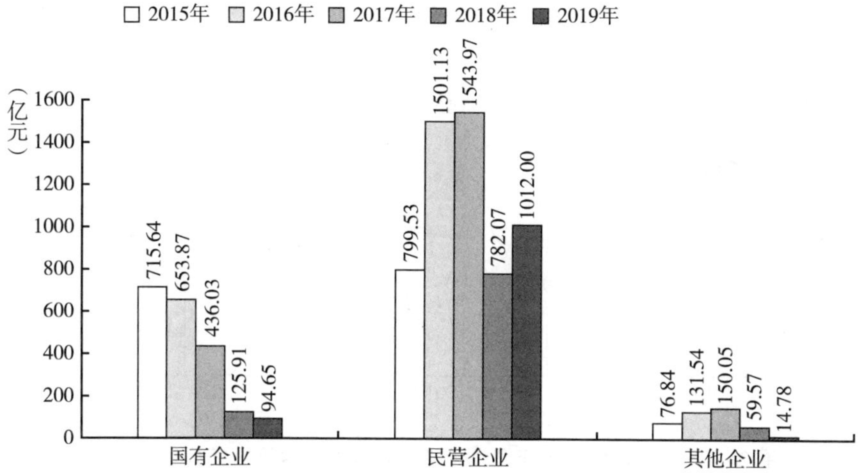

图 24　2015～2019 年长三角制造业上市公司再融资规模分股权属性统计

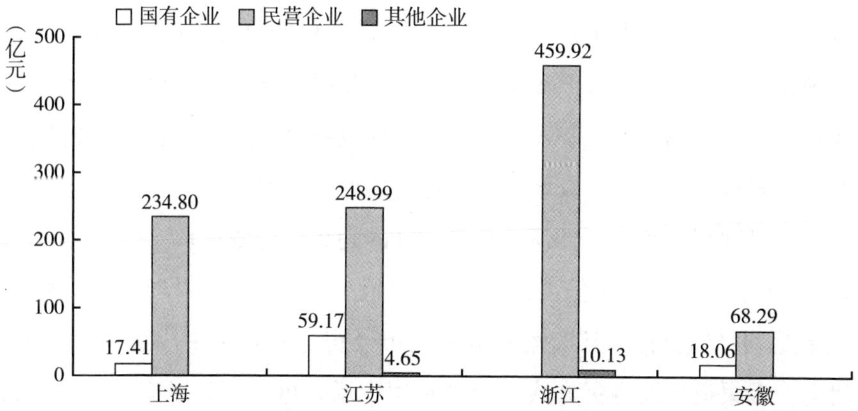

图 25　2019 年长三角各省市制造业上市公司再融资规模分股权属性统计

上升的波动态势（见图 26）。其中创业板的长三角制造业上市公司波动幅度最大，2017 年、2018 年再融资规模降幅分别为 32.40%、74.97%，而 2016 年、2019 年增幅分别达到 169.05%、80.54%。这可能是由于中小企业规模小、实力弱，间接融资渠道和融资额度受限，因而再融资政策的收紧和放松会对中小企业边际影响更大。

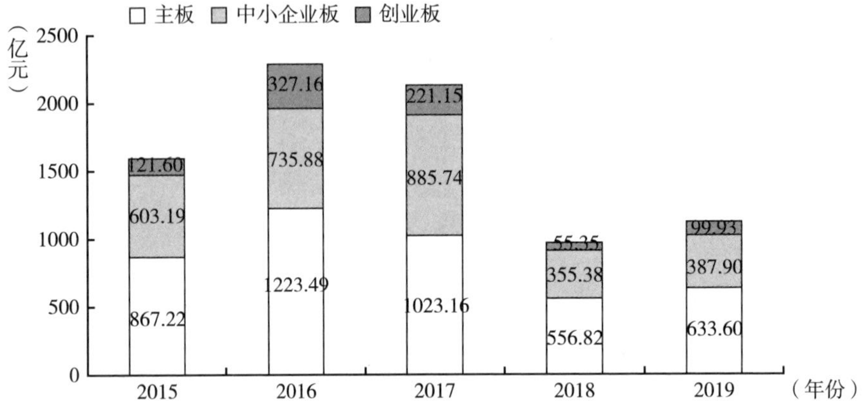

图 26　2015～2019 年长三角制造业上市公司再融资规模分板块统计

综上所述，作为全国制造业较为发达的地区，长三角制造业上市公司的再融资活动较为活跃，主要具有以下特点：五年里行业门类覆盖全面，既有计算机、通信和其他电子设备制造业，电气机械和器材制造业，通用设备制造业等先进制造业，也有汽车制造业、化学原料和化学制品制造业等传统制造业；上海、江苏、浙江和安徽之间的差异较明显；民营企业是再融资的主力军；大多数公司更青睐以增发方式进行再融资，但由于受再融资监管政策影响，也呈现积极利用可转债进行再融资的趋势。再融资政策一再松绑，尤其是 2020 年 2 月发布了修改后的《创业板上市公司证券发行管理暂行办法》更是利好创业板。长三角制造业上市公司，尤其是中小企业宜抢抓政策机遇，多渠道拓展融资方式，合理利用定增、可转债、可交换债等工具，为设备升级、技术创新、并购重组等筹集资金，为产业升级和高质量发展提供资金支撑。

六　对策建议

长三角制造业上市公司在全国上市公司制造业板块中占据重要地位，安徽是其产业链和供应链的重要组成部分。未来一段时期内，安徽宜抢抓长三角一体化发展的历史性机遇，立足制造业特色鲜明、自身创新活跃强劲等比较优势，围绕制造业补链、延链、强链，主动选择性承接沪苏浙产业转移，深度融入长三角产业分工协作，推动产业与创新深度融合，在传统产业链、战略性新兴产业链、先导产业链中培育一批上市公司和“专精特新”企业，以“龙头 + 配套”方式打造一批先进制造业聚集地，提升安徽的产业分工地位和整体竞争力，助力安徽制造业高质量发展。

（一）打造世界级产业集群

长三角制造业特色明显、互补性强，产业结构快速转型升级，正迈向全国乃至全球产业链中高端。建议充分发挥长三角制造业上市公司的引领作用，突破区域行政壁垒，加强产业协作，共同打造世界级产业集群。

1. 打造电子信息产业集群

以龙头上市公司和产业园区为依托，重点发展集成电路、通信设备、应用软件等领域，引导国内其他区域的领军企业进驻长三角，通过领军企业带动整个电子信息产业的发展。推动一批跨省合作园区发展，通过优势互补，引导电子信息产业集群的升级。

2. 打造高端装备产业集群

依托 G60 科创走廊，建设世界一流水平的高端装备制造业集聚发展带，重点发展航空航天、轨道交通、工程机械等领域。鼓励园区、上市公司创新合作方式，探索产业园区“走出去”发展新模式，依托长三角产业协同创新区建设，在长三角范围内打造高端装备产业集群。

3. 打造汽车产业集群

推动长三角汽车产业集群一体化发展，建立跨区域的协调机制，促进长三角汽车产业集群的专业化分工。积极推动江淮汽车、奇瑞汽车与上汽集团等沪苏浙汽车制造头部上市公司开展合作，共同组建大型汽车集团，形成以上海为研发总部、在安徽设制造基地的联动模式，打造在全球具有重要影响力的汽车产业集群。

4. 打造智能家电产业集群

充分发挥安徽智能语音、新型显示、家电制造等优势，整合江苏物联网优势、浙江工业互联网优势和上海人工智能优势，统一技术标准、共享金融资源、共建销售平台，培育具备国际竞争力的智能家电产业集团，加快构建智能家电世界级产业集群。

5. 打造生物医药产业集群

沪苏浙皖充分发挥各自在生产、研发领域的优势，整合资源，合作发展，建立生物医药产业转移承接机制，共建医药产业园区，形成研发在张江药谷、生产在合作园区的转移转化模式，加快安徽生物医药创新成果产业化。充分利用恒瑞医药、复星医药、药明康德等头部上市公司的带动作用，促进安徽原料药、仿制药、现代中药的发展，打造世界级生物医药产业集群。

（二）做优做强做大产业链

制造业竞争的关键是产业链竞争，产业链的水平决定着制造业的水平。建议在制造业高质量全链条发展上求突破，着力推动产业链升级。

1. 强链，增强产业链坚韧性和牢固性

巩固增强集成电路、智能家电、新能源汽车等现有优势产业链水平，加快发展新一代电子信息产业，推动重大项目建设。瞄准代表未来方向的新兴产业，加快布局人工智能、量子信息、现代医药等方向，尽快抢占产业链制高点。

2. 延链，提升产业链高级化和集约性

充分发挥上市公司资本、品牌和产供销体系等方面的优势，开放共享资源，推动大中小企业在设计研发、生产制造、物资采购、资金融通等方面加强合作。在长三角层面举办中小企业与上市公司配套合作项目对接活动，促进优势产业链向上下游及价值链的高端延伸，促进产业链上下游企业集中集聚、协作配套。

3. 补链，保障产业链安全性和可控性

抢抓长三角一体化发展机遇，沪苏浙皖优势资源要素对接互补，补足产业链关键节点，减少对外依存度。对制约产业发展的关键核心技术、缺门断档装备，组织长三角上市公司和研究机构联合攻关，集中力量攻克产业技术“卡脖子”问题。对于产业链缺失环节和短板环节，通过龙头带动、协同合作、项目布局等方式提高产业自主可控水平，增强产业抗冲击能力。

（三）夯实制造业产业基础

提升制造业产业链整体竞争力，必须先夯实产业基础。建议集中长三角各方面优势力量，实现重点突破，加强制造业产业基础。

1. 加快制造业新型基础设施建设

出台长三角区域性 5G 产业规划和扶持政策，打造产业研发试验基地、生产制造基地和应用示范基地，组建产业发展联盟，推动 5G 商用和应用场景落地，加快 5G 基站联网、组网步伐。全面推进工业互联网、物联网等制造业新型基础设施建设，打造长三角区域工业互联网云平台，促进企业与云资源深度对接，推广一批工业互联网优秀解决方案和优秀工业应用程序。

2. 推进区域协同创新

把握在更高起点上推动长三角更高质量一体化发展的机遇，加强科技创新联合攻关，形成互相促进、梯度有序的区域产业链协同创新体系。以上市公司为支点，通过专业金融资本和互联网连接长三角高等院校、科研机构、产业园区和企业，形成科技资源自由流动的创新系统。打造长三角科技创新共同体，形成具有全国影响力的科技创新共同体和制造业研发高地。

3. 协同推进科技成果转移转化

促进长三角科技创新与转化服务资源互联互通，推动沪苏浙科技成果在皖转移转化，提升区域科技成果转移转化的整体效益。依托上市公司打造长三角技术转移服务平台，实现成果转化项目资金共同投入、技术共同转化、利益共同分享。

（四）提升制造业质量水平

要推动制造业转型升级必须顺应新一轮科技革命和产业变革趋势，加快推进制造业与新一代信息技术、节能技术、服务业融合发展。建议围绕智能化、绿色化、服务型制造发展方向，提升供给体系质量，推动产业升级。

1. 推动制造模式智能化

依托制造业上市公司开展市场化兼并重组，培育具有总承包能力的大型综合性装备企业。点线面布局，加快机器换人、数字化车间、智能工厂建设步伐，加快工业机器人推广应用步伐，加快建设智能工厂和数字化车间。全面推广智能制造诊断服务，培育一批智能制造系统解决方案供应商，分行业选树一批智能制造标杆企业。

2. 推动生产方式绿色化

建立完善绿色制造相关评价标准体系和认证机制，实施生产过程清洁化、数字化、集约化改造，推动制造业企业能源利用高效低碳化，促进冶金、化工、建材、食品等行业节能技术改造，强化资源综合利用。培育一批节水型工厂，认定一批绿色园区、工厂、供应链、产品。

3. 推动“制造＋服务”一体化

推动传统制造业向技术研发、工业设计、采购分销、生产控制、售后服务延伸，发展全生命周期管理服务。深化制造业、服务业和互联网融合发展，加快新一代信息技术在制造业、服务业中的创新应用。提升制造业设计能力，加快制造业创新设计发展，培育一批工业设计中心、服务型制造示范企业和平台。

（五）促进制造业与资本市场协同发展

资本市场为优质的制造业企业创造了良好的融资环境。建议制造业企业加强与资本市场的对接合作，协同发展。

1. 推动制造业企业上市

加大制造业企业后备资源培育力度，加强宣传培训，提升地方政府资本市场工作能力，强化对资本市场枢纽地位的认识，推动更多制造业企业上市。发挥新三板承上启下、四板“塔基”的功能，提升科技创新专板服务能力，为新三板输送更多优质制造业公司，积极引导优质的基础层挂牌公司进入创新层，壮大企业上市规模。

2. 推动制造业上市公司利用资本市场功能

发挥市场资源配置功能，推动包括科创类在内的制造业上市公司运用资本市场融资工具，提高直接融资比重，增加科研资金投入，实施产业链上下游并购重组，实现“资本 + 技术 + 产业”的良好发展模式，促进制造业转型升级。

3. 同步推进资本市场一体化

发展一体化产权交易市场。推动沪苏浙皖产权交易所深度合作，探索法人主体改造、相互持股，建立一体化知识产权交易市场和金融资产交易市场。发展一体化股权交易市场，为长三角制造业企业提供更广阔的股权流动平台和融资服务平台。统筹发展政府投资基金。沪苏浙皖共同出资设立投资引导基金，吸纳民资、外资等各类社会资本，整体规划使用，加强对制造业企业的资金支持。

参考文献

安徽上市公司发展报告编写组：《安徽上市公司发展报告（2019）》，社会科学文献出版社，2019。

中国制造业上市公司价值创造论坛课题组：《2018 年度中国制造业 A 股上市公司价值创造年度评价报告》，《商业观察》2018 年第 11 期。

石蕾平：《创业板的行业结构及其区域差异》，《区域治理》2019 年第 50 期。

陈建军等：《城市群驱动产业整合与全球价值链攀升研究——以长三角地区为例》，《华东师范大学学报》（哲学社会科学版）2019 年第 5 期。

方大春、裴梦迪：《长三角一体化深度融合发展的有效路径》，《经济日报》2020 年 4 月 20 日。

盛朝迅：《推进我国产业链现代化的思路与方略》，《改革》2019 年第 10 期。

专题报告

Special Topic Reports

B.9 安徽推动企业上市发展的政策研究

吴满 杨欢 李源*

摘 要： 推动上市公司高质量发展的动力中，除了技术创新、投融资、中介服务等因素外，政策的引导和规范是不容忽视的变量。本报告在系统梳理和深入分析安徽近十年来相关政策导向和着力点的基础上，选择上市企业数量领先的上海、浙江、江苏和数量增速较快的湖南、湖北进行对比分析，梳理政府支持企业上市政策的异同点，揭示安徽支持企业上市政策存在的问题和不足，并据此提出了制定专项行动计划、鼓励上市企业再融资和并购重组、完善上市绿色通道制度等一系列政策建议，以期为安徽找准下一步政策发展方向和着力点提供借鉴。

* 吴满，安徽省投资集团中安研究院副院长，主要研究方向为国资国企改革、企业战略等；杨欢，安徽省投资集团中安研究院研究员，主要研究方向为金融与资本市场、类金融等；李源，安徽省投资集团中安研究院研究员，主要研究方向为宏观经济、行业政策等。

关键词： 企业上市 产业政策 上市奖励

作为实体经济的“基本盘”和资本市场的“生力军”，上市公司是构建创新型现代产业体系的关键力量。党的十八大以来，安徽上市公司主动适应经济发展转型升级的大局，专注主业、规范经营、稳健增长，在把自身做强做优的同时，带动行业和区域经济平稳发展。尤其是在长三角一体化发展的战略格局下，安徽上市公司为区域间技术创新、产业协作、市场共建等提供了有力支撑。

但也应看到，安徽上市公司群体发展还存在高市值龙头企业偏少、先进行业占比不高、区域分布差距明显、资本运作能力不足等问题。如何在新旧动能加速转换的时代、资本市场加速改革时期，尤其是在科创板启动后，真正实现高质量上市公司供给，构建区域经济、产业体系、上市公司高质量发展的良性循环，是对政府政策制定与执行能力的一项考验。

课题组 2018 年、2019 年连续两年开展安徽上市公司发展研究，通过对大量客观数据和案例进行挖掘和分析，发现推动上市公司高质量发展的动力中，除了技术创新、投融资、中介服务等因素外，政策的引导和规范是不容忽视的变量。课题组据此提出了加快安徽资本市场建设、抢抓科创板战略机遇、构建集群化发展产业生态、优化市场导向的营商环境和创新产业土壤等十余条建议。为了从政策的视角挖掘资本市场和上市公司发展的更多红利，更加科学有效地探讨下一步政策优化的方向和着力点，课题组特开展此项专项课题研究。

该课题系统梳理和深入分析了安徽近十年来相关政策的导向和着力点。总体来看，安徽推动企业上市的政策数量较多、覆盖面较广、更新频率较快，但在具体实践中，部分政策精细度不足，落地效果不如预期，与先行区域相比，存在政策的系统性、创新性、协调性等有待提升等问题。通过对比借鉴上海、浙江、江苏、湖南和湖北的政策经验，提出了制定专项行动计划、鼓励上市企业再融资和并购重组、完善上市绿色通道制度等政策建议。

一　安徽推动企业上市政策分析

为进一步壮大安徽在多层次资本市场的阵容，提高皖企利用资本市场做大做强的能力，安徽省委、省政府、省直相关主管部门以改革为统领、以拟上市企业和区域股权市场为主要抓手，通过加强组织领导、加大奖补力度、强化金融服务供给、补足发展短板、优化营商环境、防范化解风险等方式，不断完善政策体系，激活企业上市内生动力。党的十八大以来，研究和出台了26项政策文件（见表1），形成了“总体规划—专项政策—相关政策”的政策体系，其中，总体规划1项、专项政策14项、相关政策11项，基本实现了对资本市场、上市公司、重点企业的全面覆盖。

表1　安徽支持企业上市发展的政策文件

序号	政策名称	文　号
1	安徽省人民政府办公厅关于印发支持科技型初创企业发展若干政策	皖政办〔2019〕18号
2	安徽省聚焦创新驱动引领发展　打造省股权托管交易中心科创板的实施方案	皖政办〔2019〕10号
3	中共安徽省委　安徽省人民政府关于进一步减负增效纾困解难优化环境促进经济持续健康发展的若干意见	皖发〔2019〕7号
4	中共安徽省委　安徽省人民政府关于大力促进民营经济发展的若干意见	皖发〔2018〕38号
5	安徽省区域性股权市场监督管理实施细则(试行)	皖政办秘〔2018〕177号
6	安徽省地方金融监督管理局关于印发金融支持民营经济发展的实施意见的通知	2018年12月11日
7	关于加快建设金融和资本创新体系的实施意见	皖政〔2017〕76号
8	安徽省“十三五”金融业发展规划	皖政办〔2017〕2号
9	强化小微企业融资服务行动方案	皖政办秘〔2017〕229号
10	安徽省人民政府办公厅关于规范发展区域性股权市场的通知	皖政办〔2017〕45号
11	安徽省人民政府办公厅关于积极稳妥降低企业杠杆率的实施意见	皖政办〔2017〕13号
12	安徽省人民政府关于推进普惠金融发展的实施意见	皖政〔2016〕47号

续表

序号	政策名称	文　号
13	安徽省人民政府关于去杠杆防风险促进经济社会稳定健康发展的实施意见	皖政〔2016〕55号
14	安徽省人民政府办公厅关于印发企业上市（挂牌）相关政务服务事项办理规程的通知	皖政办秘〔2016〕2号
15	安徽省财政厅关于印发安徽省企业上市（挂牌）省级财政奖励实施办法的通知	财金〔2015〕2035号
16	安徽省人民政府关于充分利用多层次资本市场着力调结构转方式促升级的意见	皖政〔2015〕90号
17	安徽省人民政府关于促进经济持续健康发展的意见	皖政〔2015〕51号
18	安徽省人民政府办公厅关于推动科技创新型企业到省区域性股权交易市场挂牌发展的意见	皖金〔2014〕69号
19	安徽省人民政府办公厅关于推进区域性股权交易市场规范发展的意见	皖政办〔2013〕25号
20	安徽省人民政府关于金融支持经济结构调整促进转型升级的指导意见	皖政〔2013〕64号
21	关于抢抓“新三板”机遇推进我省企业场外市场上市相关工作的通知	皖金〔2013〕29号
22	“十二五”期间安徽省加快推进直接融资发展的实施意见	皖金〔2013〕32号
23	安徽省地方税务局关于优化纳税服务支持企业上市发展的意见	皖地〔2012〕59号
24	安徽省人民政府金融工作办公室关于加强专家指导推进企业上市工作的通知	2012年3月12日
25	安徽省人民政府金融工作办公室关于进一步做好企业首发上市有关工作的通知	皖金〔2011〕4号
26	关于支持皖江城市带承接产业转移示范区企业上市融资的实施意见	皖政办〔2010〕40号

注：1. 查询不到文号的文件以发布日期显示；2. 其中，文件皖金〔2013〕32号、皖金〔2011〕4号已宣布失效。

通过系统梳理26项政策文件，可以看出，安徽省推动企业上市发展主要聚焦在以下六个方面。

（一）建立上市工作推进机制

成立高规格的领导小组。安徽省于2007年恢复成立省金融工作领导小组和办公室，由省政府主要领导担任组长，省发展改革委、省地方金融监管局（原省政府金融办，下同）等多家省直机关为成员单位，统一领导全省金融和资本市场建设工作，协调资本市场和推动企业上市发展过程中存在的重大问题。各地市对标省金融工作领导机制，纷纷成立了市级金融工作领导小组和办公室，负责筛选有潜质的优质企业，加强培育、改制、推荐、发行等工作，推动其开展资产重组和再融资活动，并配合证券监管机构，做好证券机构、期货机构以及上市公司规范发展等工作。

建立联席会议制度。在推进全省多层次资本市场建设、省股权托管交易中心科创板建设、积极稳妥降低企业杠杆率等政策中，分别建立专项联席会议制度，协调解决重大问题。省联席会议办公室设在省地方金融监管局，负责日常相关工作。同时，加强调度管理，建立了资本市场年度任务的月通报、季调度工作机制。各地市政府和相关市直部门在季度末须将本地区工作开展情况上报省政府金融监管局。由省地方金融监管局会同相关单位，按季度汇总和调度工作进度，并向省政府做专题汇报。

建立职责清晰、协调配合的工作机制。省地方金融监管局按照省委省政府的统一部署，具体负责资本市场和企业上市的相关日常工作。如拟定并实施全省资本市场发展、地方金融风险防范的相关政策，承担区域性股权市场日常监管职责，指导上市公司协会等地方性行业协会的自律建设和管理等。地市金融监管局牵头协调有关单位推动工作落实，同时建立全程跟进服务制度，主动介入并提供协调服务。各省直相关部门按照职责，在工商登记、项目建设、环评、安评、用地审批等关键环节，为企业上市（挂牌）开辟“绿色通道”。建立严格的服务保障机制，如首问责任制、服务承诺制、限时办结制等，提高办理企业上市（挂牌）政务服务的效率。针对重点后备企业，“一企一策”强化帮扶，“点对点”提供上市服务。各地市按照上级相关单位要求，围绕上市公司量增质提，加强组织领导，明确目标任务，配合以协调调度、考核评价以及经费保障等方式，稳步推进各项工作。

发挥考核指挥棒作用。分解和监测目标任务，按年度、分地区、分部门地将规划中的任务目标层层分解，加以落实。同时，积极建立考核、评估和反馈机制，确保重大任务专项及时落地。如金融“十三五”规划明确，在规划实施中期和后期，引入第三方评估机构组织开展评估。明确主体责任，资本市场发展是各地市政府目标管理绩效考核的重要内容，企业改制辅导、上市挂牌、直接融资以及股权融资额是其中的重点考核指标。此外，积极发挥省属国有企业的杠杆作用，将省投资集团、华安证券、国元证券等金融机构支持区域资本市场发展和企业上市等相关事项纳入省级政府性股权投资基金年度考核评价。

（二）对上市相关主体实施奖补

对成功上市企业实行财政奖励。对于在多层次资本市场成功挂牌的企业，省财政均有不同幅度的奖补。例如，一方面，完成改制并上市备案登记的拟上市企业，省级财政先奖励30万元，待其成功上市后再奖励70万元。其中，在H股成功上市的企业，省级财政一次性奖励100万元。另一方面，成功在除主板之外的其他境内资本市场挂牌融资的中小企业，省财政将给予首次股权融资额1%的奖励，但总额以70万元为限。值得注意的是，同一家上市公司不能同时享受这两方面奖励。又如，为了更好地培育科创型企业，《支持科技型初创企业发展若干政策》明确，在安徽股交中心科创板成功挂牌的企业，省财政一次性奖补10万元，完成改制并挂牌的再奖补10万元；对在成长板挂牌的“专、精、特、新”企业每户给予一次性奖补20万元。如果科创型初创企业成功在境内外证券交易所IPO，省财政将分阶段奖励200万元。对于科创型皖企并购重组省外上市企业，并将注册地迁至安徽境内，政策规定，将一次性给予100万元奖励。除此之外，各地市在引导上市公司发展时，可在省级财政奖励的基础上，根据实际情况给予市县财政资金奖励。

依法加大财税补贴与优惠力度。安徽省股权托管交易中心科创板实施方案明确，各地市同级财政根据实际财力情况，支持省股权托管交易中心挂牌企业转增注册资本时所增加的成本。《安徽省人民政府办公厅关于推进区域性股权交易市场规范发展的意见》提出，各地对拟在安徽省区域性股权交易场所挂牌的企业进行的股份制改造、合并或分立、股权转让或重组，给予有关费用减免，对挂牌企业因改制评估资产增值补缴相关税收而增加的成本给予适当补助。《安徽省人民政府关于促进经济持续健康发展的意见》提出，认真落实国家对小微企业、企业改制重组等结构性减税政策。

优先享受扶持政策。在同等条件下，对于符合条件的上市挂牌及其后备企业，各相关部门优先支持其申报高新技术企业、省级以上创新型企业、农业产业化龙头企业和“专精特新”中小企业等资格认证，并给予相应政策性资金扶持。在用地指标方面，则优先考虑企业上市挂牌的首发募投项目和已上市企业的再融资募投项目。

对推动上市企业归属地政府的奖励。在沪深港交易所每新增 1 家上市公司，省建设用地计划将奖励上市公司所在地政府 100 亩土地指标。如果上市公司所在地为皖北和大别山地区，省财政还会奖励当地政府 100 万元。

（三）畅通各类金融服务渠道

多渠道扩大金融服务供给。鼓励金融机构加大向上市企业及后备企业的投融资力度。省、市政策性融资担保机构将担保资源库与上市挂牌后备企业资源库充分对接，给予上市挂牌后备企业最高年化担保费率 1.5% 的政策优惠。同时，积极推广新型政银担合作模式，单个在保余额 2000 万元以下的拟上市企业贷款担保业务，将享受担保机构、省担保集团、银行、地方政府按照 4∶3∶2∶1 比例的代偿保障。

支持省级股权投资基金发展。省委省政府将大力发展股权投资基金作为优化拟上市企业金融和资本供给的重点举措。目前，安徽已设立省级种子投资基金、省级风险投资基金、省“三重一创”产业发展基金和省中小企业（专精特新）发展基金，构建了覆盖企业生命全周期、服务产业发展全链条、对接企业上市（挂牌）全过程的省级股权投资基金体系。截至 2019 年上半年，该基金体系总规模超 1200 亿元，累计到位资金 201.3 亿元，完成投资项目 211 个。

为进一步减负纾困，优化营商发展环境，安徽允许省级股权投资基金以 20% 为限，进行与股权相关的债权投资、并购重组省内上市公司等活动。各类省级股权基金通过创新运用“产业 + 基金”“基金 + 集群”等模式，支持初创期创新型企业加快发展，助力省内企业面向境内外进行产业资源整合，推动企业对接多层次资本市场。2010 ~ 2018 年，47 家成功在 A 股 IPO 的皖企中，有 72.3% 的企业获得过省级股权投资基金的支持。

（四）补足资本市场发展短板

完善省股权托管交易中心功能。为加快推动暂未达到主板和新三板上市挂牌标准的企业到省股权托管交易中心挂牌，安徽省积极发挥省区域性股权市场资源集聚和综合金融服务平台功能，按照“分层 + 分板块”的方式，构建基础层、培育层、精选层等分层挂牌机制，先后建立成长板、农业板、科技板、文旅板、中医药板、专精特新板、机器人版、科创板，满足企业多样化融资需求。通过支持创新交易产品和模式，建立常态化企业路演机制，完善专业化中介服务体系，与相关单位协调对接等多种方式，提高股权交易活跃度，壮大全省企业上市后备资源。

培育上市挂牌后备企业资源。围绕与国家、省产业政策导向契合度高、产品竞争力强、具有良好发展前景和增长潜力的优秀企业，做好后备企业资源库分类管理，目前已建立了战新产业、高新产业、“专精特新”等拟上市企业后备资源库。紧抓创业板、科创板以及区域股权交易中心等改革机遇，梯次培育上市后备企业资源，分别建立上市后备资源和场外市场后备企业资源库，增强皖企在多层次资本市场上市的后劲。同时，积极向社会和市场推介优质企业，争取资源、要素以及政策的支持。如开展“拟上市挂牌企业走进交易所”行动。

支持上市企业开展再融资等活动。支持上市公司通过配股、增发等多种再融资方式，提高直接融资比重。引导上市公司跨地区、跨所有制并购重组，创新商业模式，整合产业链，做大产业群。鼓励国有上市公司依托资本市场完善内部治理，优化资源配置，提高市场核心竞争力。推动金融机构加大对并购重组企业综合授信力度，扩大并购贷款规模，优化贷款期限。

（五）加强企业上市配套服务

加强金融人才培育与引进。为引进和培养金融创新和技术人才，建立高素质的金融人才队伍，制订了专项金融人才工作计划，强化人才工作。同时，加强对领导干部开展金融知识培训，鼓励政府与金融机构开展双向挂职交流，不断提高各级政府运用金融支持实体经济发展的能力和水平。以业绩和能力为重点，探索建立科学合理的薪酬激励制度，形成公平公正、德以配位、岗能相适、人尽其才的用人环境。

强化专业指导和业务培训。明确金融办等相关部门为后备企业开展政策咨询和业务培训，指导后备企业推进公司制改制和规范达标工作，帮助其理清挂牌路径和工作方案。同时，从省直相关部门，沪、深证券交易所，部分证券公司及会计师事务所、律师事务所选聘了37位专家，组成上市专家库，通过集中上市业务辅导、现场指导、结对帮扶的形式，为全省企业上市提供专业咨询和指导服务。

发挥中介机构的专业优势。明确要求华安证券、国元证券等安徽本土证券公司立足自身专业优势，提供专业化服务，满足科创企业挂牌、股改、转板上市等市场需求。支持证券、期货等地方金融机构申请牌照，提高执业能力，扩宽服务领域。大力培育投资咨询、资信评级、资产评估等各类中介机构，满足上市（挂牌）企业多元化服务需求。

（六）强调市场监管和风险控制

建立民营企业纾困救助基金。安徽省投资集团、国元证券、华安证券分别设立总规模为100亿元、60亿元和50亿元的民营企业纾困救助基金，通过市场化、法治化方式，“一企一策”地为民营企业提供改善流动性、推动并购重组、拓宽融资渠道等综合服务，帮助安徽战略性新兴产业、就业大户、龙头企业等重点民营企业及其控股股东化解股票质押流动性风险。

加强监管与风险控制。为确保不发生区域性系统性风险，进一步健全资本市场突发事件快速反应、应急处置和风险防控长效机制。省政府金融办与安徽证监局建立了联合监管、信息共享等机制，并借助中介机构及时识别和预警资本市场和上市公司重点风险。同时，开展投资者教育，完善投资者信访投诉机制，提高投资者风险自担和维权意识，切实加强自我保护。

可以看出，在推动企业上市、发展区域股权交易市场、提高直接融资比重方面，安徽省起步较早、服务意识较强、政策更新频率较快，对于扩大皖企在全国资本市场的阵容，加快区域多层次资本市场建设发挥了重要作用。截至2019年末，安徽A股上市企业达105家，比2010年多了40家，上市企业数与湖南、湖北并列全国第9名、中部第1名；总市值连续多年位居中部第1名。港股上市公司13家，纽交所上市公司1家，“新三板”挂牌企业307家，省股权托管交易中心挂牌企业5300余家，海螺水泥、铜陵有色成功跻身世界500强企业。IPO在审数量18家，辅导备案企业达70家，上市后备资源充裕。

总体来看，安徽省在制定企业上市政策时，指导企业应对上市的“应试教育”有余，而培育拟上市企业，尤其是指导上市企业做强做优的“素质教育”薄弱。横向对比看，安徽面临“标兵越来越远，追兵越来越近”的窘境。2019年末，安徽A股上市企业数量先后被湖南、湖北赶上，市值总量仅比中部第2名的湖北领先8.6%。大市值企业偏少，超千亿元市值的上市公司仅有2家，比上海、江苏分别少10家、2家。“独角兽”和“瞪羚羊”上市资源不足，目前科创板仅有一家科大国盾上市过会。在做强做优资本市场方面，“安徽板块”还有很大的政策努力空间。具体来看，主要有以下三个方面有待进一步优化。

一是政策较为全面但不够精细。近十年来，安徽支持资本市场发展、促进企业上市的政策分散在26项政策文件中，虽然政策关注点、覆盖面较为全面，主要发展目标、工作抓手、政策举措前后统一，但“雨露均沾式”的一味求全也造成了政策精准性、针对性欠佳，相关主管部门只从面上负责“一亩三分地”，难以形成有效的政策合力。如“十三五”金融规划等文件提出2020年要发展200家上市公司，但缺乏阶段性目标设计和配套性任务，政策执行效率弹性较大，精准施策的效果打了折扣。

二是工作抓手有待丰富。安徽现有政策大多围绕拟上市企业、区域股权市场聚焦发力，对后备上市资源、相关市场机构、兼并重组、诚信体系建设等要素，缺乏明确详细的设计布局，对中介机构、投行机构、行业协会等市场力量激发不够，政策落地的“最后一公里”有待进一步畅通。此外，政策执行中重目标考核而轻过程管理，目前仅有《“十三五”金融业发展规划》《强化小微企业融资服务行动方案》《关于积极稳妥降低企业杠杆率的实施意见》《关于推进普惠金融发展的实施意见》《关于去杠杆防风险促进经济社会稳定健康发展的实施意见》等5项文件，提出开展政策效果监测评估，且多是承接当时国家政策导向的地方实施方案类文件。规划中提出，当2020年上市目标与实际相差甚远时，在后续的文件中也没有进行及时调整，被动、教条的服务理念有待扭转。

三是政策视角有待拓展。目前省级层面的政策体系总体偏重拟上市企业，对上市企业高质量发展“着墨”浅淡。如何将拟上市公司“扶上马，再送一程”，帮助其上市（挂牌）后更好地开展规范治理、风险防范化解、兼并重组、资本运作，仍有许多政策空间有待释放。尤其是2019年上市皖企出现了公司治理、强制退市、注册地迁出等新情况新问题，引发了市场和投资者对部分上市皖企的广泛关注，亟待政府积极拓宽服务视角，及时出台或修订应对举措。

二　国内部分省市推动企业上市政策研究

我们选择上市企业数量领先的上海、浙江、江苏和数量增速较快的湖南、湖北进行对比（主要政策清单详见附录），梳理和分析政府推动企业上市政策异同点，以期发现安徽下一步政策发展方向和着力点。总体上看，安徽与这五省市在直接奖励、税收优惠、财政补贴、要素支撑等方面均有相似条款和规定。除此之外，五省市政策方面存有不少值得安徽学习借鉴之处。

（一）制定推动企业上市的专项行动计划

企业上市的专项行动计划，是推动企业上市和支持企业利用资本市场发展的系统性政策设计，能够提高政策的针对性和精准性。专项行动计划进一步明确了推进企业上市的目标、任务，系统提出实施路径和保障措施，便于各项工作的阶段性评估和考核，有利于提高政策落地效果。

浙江出台《浙江省推进企业上市和并购重组“凤凰行动”计划》（下称《凤凰计划》）。“凤凰计划”明确提出以上市企业为平台、以并购重组为抓手，推动产业链做强、价值链做深，产业集中度及核心竞争力不断提高。推进供给侧结构性改革，加速实现全方位转型发展、振兴实体经济的重要目标。一是实现上市企业数量和质量显著提升。提出“到2020年，全省境内外上市公司达700家、拟上市企业达300家，实现上市公司数量倍增；新三板挂牌企业达到1200家，浙江股交中心挂牌企业达到5000家”。二是区域行业布局优化。至2020年，实现所有市县、所有行业有上市公司；实现八大万亿产业和高新技术产业的上市企业比例分别超过50%和60%。三是并购重组深入实施。政策提出，“2020年，60%以上的上市企业开展并购重组，年均并购金额超800亿元，并购活跃度不断提高”。四是产业提升带动明显。打造一批以上市企业为龙头、超千亿元规模的现代产业集群，带动和支撑地区经济发展作用持续显现。

围绕振兴实体经济的主要目标，《凤凰计划》提出了“实施企业股改培育工程、实施上市公司倍增计划、实施并购重组行动、积极发挥上市公司产业引领作用、深化服务平台建设”5大任务共15条具体举措。在实现路径方面，《凤凰计划》提出，一是建立和完善联动的工作机制。一方面，建立和完善省市县各级政府联动工作机制，通过部门联动，不断整合不同层级政府资源，优势互补，实现政策叠加效果；另一方面，强化企业和中介机构上市和服务的主体意识，同时政府要积极引导和做好服务保障，提高市场运行效率，畅通企业上市渠道。二是强化上市培育，积极对接市场。产业政策制定与上市工作相衔接，将产业发展与企业上市培育相结合，强化基础培育工作，积极引导和帮助企业对接市场，并以股改为切入点，不断提高拟上市企业经营和治理的规范性和现代化水平。三是强调规范先行，服务实体。推动企业依法合规经营和治理体系不断完善，加强监管，防止利用资本市场脱实向虚。四是重点突破，全面推进。《凤凰计划》提出“在全省整体推动的同时，选择部分市县进行重点突破，形成示范，带动面上工作加快推进”。同时强调，突出标准引领，培育一批上市公司成为标准领先、品质卓越的品牌企业，发挥龙头效应。

《凤凰计划》出台后，浙江在推动企业上市和上市企业并购重组方面取得了积极成效。该政策实施以来，浙江新增境内外上市企业近160家，每年实施并购金额超千亿元。同时涌现了巨星科技、均胜电子等一批通过并购做大做强的知名上市企业，成为浙江经济高质量发展的中坚力量。

比较来看，安徽并没有制定推动企业上市的专项行动计划，仅是在《安徽省“十三五”金融业发展规划》等文件中提出，到2020年末，全省在境内外交易所上市公司数量达到200家的目标，对于完成目标具体实施路径和相关配套保障措施没有专门规定。《凤凰计划》目标非常详细，从数量、质量、区域行业分布、产业带动力以及产业提升等方面均提出了具体的量化指标。同时，为完成相应目标，《凤凰计划》还规定了非常具体实施路径、主要任务以及相关保障措施。《凤凰计划》的实施，对浙江企业上市发展，实现产业结构优化、转型升级、创新发展，都起到了很好的推动作用，这些对安徽具有很大的借鉴价值。

（二）产业政策与上市政策有效结合

产业政策与上市政策有效结合，既可以兼顾不同行业的特点，又可有针对性地发展重点产业。上海《智能制造行动计划（2019～2021年）》提出“培育10家科创板上市公司，打造若干智能制造关键装备、核心部件等细分领域的单项冠军”。该计划除了提出加强政策扶持和人才培养外，着重实施产业创新突破、重点行业智能制造推广、平台载体提升、区域协同发展、新兴技术赋能、跨界融合创新6大重点行动，共19条具体举措。

江苏省出台的《江苏省绿色产业企业发行上市奖励政策实施细则（试行）》，鼓励主营业务符合国家发展改革委《绿色产业指导目录（2019年版）》中明确的节能环保产业、清洁生产产业、清洁能源产业、生态环境产业、基础设施绿色升级、绿色服务等方向的企业上市，并对成功上市的企业实施奖励，支持绿色产业发展。在具体奖励金额方面，取得省证监局辅导备案确认的，奖励20万元；取得证监会IPO行政许可申请受理的，奖励40万元；成功在A股上市的，一次性奖励200万元；在境外成功上市的，一次性奖励200万元。《关于引导社会资本更多更快更好参与乡村振兴意见的通知》则鼓励江苏省内农业企业挂牌上市，政策提出，“总部注册地在江苏的农业龙头企业，在主板和新三板上市挂牌的，分别给予300万元和40万元的奖励；在江苏股交中心挂牌的，给予20万元补助”。

（三）上市奖励的力度较大

加大对企业上市的奖励力度可以更好地激发企业上市的积极性。各省上市政策也将企业上市奖励放在了重要位置。其中，湖北对企业上市的直接奖励力度非常大，《关于进一步推进企业上市工作的意见（2018）》规定，对在A股市场IPO的企业，省政府奖励400万元；对企业在境外成功上市的，省财政一次性奖励300万元。各对比省市企业上市奖励情况见表2。

表2　各对比省市企业上市奖励情况

省市	政策文件	上市奖励
安徽	1.《关于加快建设金融和资本创新体系的实施意见》 2.《安徽省企业上市（挂牌）省级财政奖励实施办法》 3.《关于大力促进民营经济发展的若干意见》	·成功在A股IPO的企业，省财政分阶段给予不超过100万元奖励，其中，完成改制并办理上市辅导备案的，奖励30万元，成功上市后再奖励70万元。 ·成功在新三板和省区域股权交易市场挂牌的中小企业，给予首次股权融资额1%奖励，单个企业奖励金额不超过70万元。 ·对登陆科创板上市的民营企业，省级财政分阶段给予奖励200万元。

续表

省市	政策文件	上市奖励
上海	上海鼓励各区县政府对企业改制上市相关费用给予资助。各区县均出台了相关补贴奖励政策： 1.《金山区推进企业改制上市工作的实施意见》 2.《宝山区金融服务"调结构、促转型"专项资金使用管理办法》	·金山区 对列入区上市后备库的本区企业，完成改制，给予30万元补贴；完成上市辅导和成功申报上市，给予70万元补贴；成功上市后，给予200万元补贴。对新引进企业，三年内上市的，除享受以上补贴外，再一次性给予100万元补贴。对新引进已上市企业情况最高给予500万元差额补贴。 ·宝山区 上市后备企业培育库中的企业，完成股改或拟在海（境）外上市，完成海（境）外上市所需的重组构架的，最高给予100万元补贴；对申报上市获受理的企业，给予最高100万元的中介费补贴；企业成功上市后，再奖励100万元。通过"买壳""借壳"等形式实现上市的，并将其注册迁至区内的，最高奖励300万元。区外上市企业，将总部及工商、税务等关系迁入区内，不属于"买壳""卖壳"情形的，最高奖励500万元。企业上市3年内，累计直接融资额的半数以上用于宝山区产业投资的，可最高一次性奖励200万元。
江苏	1.《关于印发〈江苏省推进高新技术企业高质量发展若干政策〉的通知》 2.《江苏省绿色产业企业发行上市奖励政策实施细则（试行）》 3.《关于引导社会资本更多更快更好参与乡村振兴意见的通知》	·对在股交中心科创板挂牌的中小企业，给予30万元资助；对拟在A股"科创板"上市的高新技术企业，分阶段逐渐加大比例给予总额300万元以内的资金补助。 ·对符合《绿色产业指导目录（2019年版）》绿色产业的企业成功在A股上市的，一次性奖励200万元；在境外成功上市的，一次性奖励200万元。 ·对注册地在省内的农业龙头企业，在A股市场和新三板上市挂牌的，分别奖励300万元和40万元；在江苏股交中心挂牌的，给予20万元补助。
浙江	浙江各地市围绕《浙江省推进企业上市和并购重组"凤凰行动"计划》出台相关针对性落实政策： 1.《杭州市人民政府关于全面落实"凤凰行动"计划的实施意见》 2.《丽水市企业股改上市新政十条》	·杭州市 完成股改的，一次性奖励30万元；完成挂牌的，一次性奖励20万元；在境内外直接IPO的，一次性奖励150万元；上市企业迁入市内的，给予一次性奖励200万元；上市企业完成重大资产重组的，给予奖励150万元；在资本市场再融资并用于杭州区域内投资的，按投资项目到位资金的0.5%给予补助，最高不超过1000万元。 ·丽水市 对企业完成辅导备案、报会受理和首发上市的分别奖励200万元、200万元和300万元；在境外成功上市的，一次性奖励500万元；在新三板挂牌的，一次性奖励200万元；对国内上市企业注册地迁至市区的，给予1000万元的奖励；对境外上市公司主要经营地迁至市区的，给予500万元奖励；对新三板挂牌公司注册地迁至丽水市区的，给予200万元奖励。

续表

省市	政策文件	上市奖励
湖南	《湖南省金融发展专项资金管理办法》	·对已向中国证监会报送上市申请材料的企业，按实际支付中介费用的50%补助，单独企业累计补助不超过200万元；在“新三板”挂牌并实现融资1000万元以上的，按中介费用的50%补助，单独企业累计补贴不高于50万元；在湖南股权交易所挂牌并实现融资300万元以上的，给予实际支付中介费用的50%的补助，每家企业累计补助不超过50万元。
湖北	《关于进一步推进企业上市工作的意见》	·对在A股IPO的企业，省政府奖励400万元。奖励分阶段拨付：完成股改并登记辅导备案，奖励50万元；申报上市获证监会受理，给予一次性奖励150万元；成功IPO，奖励200万元。成功在境外上市的，一次性奖励300万元。省内企业异地“买壳”或“借壳”上市并将注册地迁回的，给予一次性奖励300万元。

可以看出，安徽与上海、江苏、浙江，尤其是湖北相比，上市企业在直接奖励额、税费补贴等方面投入的财政资金较少。安徽宜根据财政状况，适当提高企业上市奖励及相关补贴的具体金额，最大限度激发企业上市的积极性。

（四）构建完善的上市服务体系

企业多数专注于业务经营，对上市及再融资的要求、流程及手续等缺乏经验和专业知识，企业上市前的公司治理也与资本市场要求存在一定差距，加之上市流程涉及多个部门对接协调，手续繁杂，导致企业不敢上市、不愿上市、不会上市。这需要政府在制定政策时，着重加强对企业开展培训等服务。湖北的做法值得借鉴。

湖北印发《关于成立企业上市工作领导小组的通知》，建立了企业上市工作绿色通道制度。领导小组负责研究制定推进企业上市的相关政策；指导相关部门做好后备企业的培育和企业上市各项工作；协调和推动上市企业规范运作，提高上市公司质量。该政策打通了发改委、财政厅、科技厅等30

多个省直单位和部门，确保全面覆盖企业上市的各项服务；调动了省、市、区各级上市工作系统，建立了不同层次、不同阶段的上市后备企业库，为企业上市挂牌提供了全过程的服务支撑，包括上市前各类证明和手续的办理、上市前后面临的政策支持，例如政府奖励、税收优惠、土地支持等，以及企业上市相关的舆论宣传引导等。同时，为强化服务的成效，湖北还将“绿色通道”工作纳入了全省资本市场工作考核评价体系。

（五）特别强调后备资源培育和扶持

一个地区上市后备企业的数量和质量一定程度上决定了经济发展的后劲，因此，各省市都高度重视对上市企业后备资源的培育和扶持。较为突出的是江苏、湖北两省。江苏《关于进一步推动中小企业上市工作的通知》提出，组织中介机构和专家对后备企业逐一分析，科学安排后备企业的上市进程。将已经启动上市程序的企业作为第一梯队，采取“一事一议”“一企一策”的办法，帮助解决上市过程中的困难和问题，缩短上市准备期。将基础条件较好的企业作为第二梯队，帮助解决引进战略投资者、增资扩股、设立股份制公司等难题，促进其尽快成长成熟，早日达到上市标准。

湖北《关于实施上市后备企业金种子计划的通知》提出上市培育“金种子”计划，精准发掘上市后备企业，相关支持政策中除资金、土地等方面的激励要素外，还包括“一事一议”“一企一策”，对须进行行政处罚的事项依法依规从轻或减轻处理、各级部门行政处罚决定要事先通报省上市办等要求，对后备重点企业的培育扶持力度非常之大。截至 2019 年，湖北上市“金种子”后备企业总数已增至 98 家，而上一批“金种子”企业中，已有 3 家上市，为帝尔激光、奥美医疗和贝斯特；2 家已经通过科创板申请、5 家正在 A 股排队 IPO 并已发布招股书；还有一家已在美股申报 IPO，为斗鱼网络。湖北上市重点后备企业培育成效明显。

（六）提倡奖励具有突出贡献的个人

与安徽不同的是，其他省市除了给上市企业直接奖励的金额更大外，还强调对在上市中做出特殊贡献的个人进行重点奖励。2018 年湖北《省人民政府关于进一步推进企业上市工作的意见》中要求，“企业获得的财政奖励资金应安排部分专款用于重点奖励对企业上市作出特殊贡献的高级管理人员和相关中介机构执业人员”。

（七）重视上市企业再融资和并购重组

相比安徽，其他省市的视角更开阔，从拟上市企业延伸至上市企业，更加突出上市企业的高质量发展以及对本地区经济的贡献。强调上市企业通过资本市场再融资、并购重组做大规模，提高发展质量；鼓励企业“买壳”或“借壳”上市并将注册地迁回本区域；鼓励上市企业对本区域加大投资力度。上海《嘉定区推进企业改制上市扶持办法》规定，“企业上市后，直接融资额 60% 以上用于本区产业投资的，对企业进行奖励，上市企业再融资，每增加 1 亿元投资额，奖励 20 万元”。“对区内企业买壳上市和将公司工商、税务关系迁至本区的上市企业，奖励 50 万元”，同时，要求企业获得政策扶持后，十年内不得外迁，否则须退还所有奖励和补助资金。湖南规定，企业上市首发融资或再融资的 80% 以上投资在湖南省内的，视同招商引资项目，享受相关的优惠和奖励政策。企业上市募资所投资的项目，符合相关政策导向的可申请纳入省重点项目，享受相关扶持政策。湖北对企业异地“买壳”或“借壳”上市并将注册地迁回的，给予一次性 300 万元的奖励。

（八）加强企业上市的宣传和培训等服务

湖南《湖南省人民政府办公厅关于鼓励和扶持企业上市的若干政策意见》明确，省上市办公室联合相关部门、中介机构和交易所，举办企业改制和上市培训班，提供企业治理、企业上市规则以及资本市场、资本运作等基本知识培训，及时发布和通报资本市场改革动向以及上市最新要求等信息，邀请已上市企业和优秀中介机构分享企业上市工作经验，增强后备企业或拟上市企业对接资本市场的意识，加快其上市步伐。政策同时提出，要结合实际情况，大力宣传企业上市的成功范例，以及上市公司对地方经济社会发展的积极贡献等，有效激励更多企业上市和利用资本市场发展。湖北《省人民政府关于进一步推进企业上市工作的意见》则提出，联合上海、深圳交易所，成立企业上市培育基地，为拟上市企业提供多方位、全链条、专业化的培训和咨询等服务。

三　完善和优化安徽企业上市支持政策的建议

虽然近年来安徽推动企业上市政策对于增加安徽上市公司数量和规模、提高已上市公司发展质量等方面起到了一定的作用，但是通过与长三角其他省市以及湖南、湖北对比可以发现，安徽上市政策的实施效果还不是很明显，政策视角、精细度都有待进一步完善。针对安徽推动企业上市政策存在的问题，我们提出以下完善和优化安徽企业上市支持政策的建议，以期能够提高相关政策实施效果，并为政府部门制定更加科学合理的新政策提供参考。

（一）加强顶层设计和专项行动计划制定

一方面，紧抓全省“十四五”规划编制机遇，研究确定未来五年推动全省企业上市的可行性目标、阶段性发展重点及实施路径等。另一方面，比照浙江的“凤凰计划”、湖北的“金种子”计划，系统梳理和整合政策体系，制定安徽版专项行动计划，明确具体的目标任务、实施路径、相关资源配置、保障措施、配套政策要求以及考核评估等，提高政策的系统性、目标性、针对性，加大推进企业上市和上市企业再融资、并购重组力度。

（二）注重上市政策与产业政策相结合

将上市与产业发展政策相结合，可在兼顾不同行业企业上市特殊性的同时，对于产业发展也具有更强的针对性和引导性。建议政府在不同产业政策中增加推动企业上市的内容，可参照上海、江苏等省市的经验，在战略性新兴产业、先进制造业、现代服务业等的扶持政策和发展行动计划中，增加推动相关企业上市的支持措施、上市的阶段性目标及实施路径等相关内容。在企业上市政策中也将各项鼓励措施向重点扶持的产业倾斜，使上市政策与产业政策有效结合，最大限度发挥政策的推动作用。

（三）加大对企业上市的奖励力度，增加对特殊贡献的个人奖励

与江浙沪湘赣对比，安徽对上市企业奖励金额、中介结构奖励投入较少，对个人实施奖励的内容尚未提及。为最大限度激发企业上市的积极性，建议安徽根据财政状况，适当提高企业上市奖励或补贴的金额。同时，增加对企业上市或上市后再融资、投资做出突出贡献的相关个人进行奖励的条款内容。

（四）前置扶持政策重点，加大后备企业培育力度

建议对上市后备企业的政策支持，由传统的导向性转向系统全面的培育和辅导。培育方面，全面调查摸底全省“4 +2 + N”新兴产业内的企业，挖掘培育一批发展前景良好、运营管理规范的企业，分层次、分梯队建立上市企业后备资源库。对库内企业实行“一企一策”“一事一议”，为企业上市提供最优服务和最大限度的资源倾斜。培训辅导方面，加快上海证券交易所资本市场服务安徽基地建设，积极开展相关专业知识培训、课题研究和推广展示等活动，加大对企业培育力度，加强企业上市辅导和改制指导。积极与上海和深圳证券交易所、全国中小企业股份转让系统、证券期货行业自律组织建立合作机制，依托其各自专业优势，紧密掌握资本市场改革动向、上市新要求以及证监会审核标准和趋势等，及时有效地指导企业做好股改、规范治理等工作。

（五）鼓励上市企业再融资和并购重组

鼓励具有龙头效应的企业开展境内外并购重组，通过投资持股、战略合作、收购兼并等方式，整合产业链上下游，打造大型企业集团。对上市后实施并购重组或再融资并将融资一定金额用于本地区投资的，给予一定数额的

直接奖励和相关费用补贴。简化并购重组审核程序，压缩审核时间，降低企业并购重组成本。

（六）充分发挥各类机构的作用

首先，充分发挥省上市公司协会的带动作用。提高协会上市服务能力，为拟上市企业开展高质量的上市指导，不断提高企业利用资本市场发展的意识和能力。其次，充分发挥省级股权基金的引导作用。建议依托省级股权基金，联合地市、上市公司、省内外行业龙头企业等共同设立“安徽企业上市引导基金”及相关子基金，采取市场化运作方式，重点投向上市后备企业。再次，充分发挥证券、会计师事务所等中介机构的推动作用。明确对推动安徽企业上市力度大、效果明显、成绩突出的中介机构进行推介和奖励。

（七）完善上市绿色通道制度，提高政策协调和执行效率

建立省市县三级联动的企业上市绿色通道制度，为企业上市提供全过程服务支撑，为企业上市前所需的各类手续办理、企业上市前后的政府奖励、税收优惠、土地支持等政策支持，以及中介机构服务、上市相关舆论宣传等提供便捷快速的一站式服务，确保推动企业上市各项政策全面落实、服务全面覆盖。同时可将绿色通道工作纳入全省资本市场工作考核评价体系，强化服务的成效。

（八）建立政策评估和监督体系，提高政策时效性和可操作性

地方金融监管局、证监局、财政厅等相关主管部门紧跟国家宏观经济动态和资本市场改革与发展新问题、新情况，评估现有政策执行的“梗阻”，调研了解企业政策需求，及时出台和修订上市政策，进一步明晰笼统表述，统一政策导向，加大奖补力度，形成符合资本市场发展规律、体现区域发展特色的政策体系。

附件

附件1　上海支持企业上市政策文件

序号	政策名称	文号
1	关于着力发挥资本市场作用促进本市科创企业高质量发展的实施意见	沪府办规〔2019〕11号
2	关于促进上海创业投资持续健康高质量发展的若干意见	沪府规〔2019〕29号
3	上海市智能制造行动计划(2019～2021年)	沪经信制〔2019〕512号
4	关于促进中国(上海)自由贸易试验区临港新片区高质量发展实施特殊支持政策的若干意见	2019年8月30日
5	关于贯彻《中共中央办公厅、国务院办公厅关于加强金融服务民营企业的若干意见》的实施方案	2019年6月11日
6	本市鼓励中小企业开展股权托管交易有关财政专项扶持办法	沪财企〔2012〕45号
7	关于本市推进股权托管交易市场建设的若干意见	沪府发〔2011〕99号
8	上海市人民政府贯彻国务院关于进一步促进中小企业发展若干意见的实施意见	沪府发〔2010〕11号
9	上海市人民政府办公厅转发市金融办等十六部门关于推进本市中小企业上市工作实施意见的通知	沪府办发〔2010〕36号
10	关于促进本市上市公司发展的若干政策意见	沪府发〔1999〕40号

注：查询不到文号的文件以发布日期显示。

附件2　江苏支持企业上市政策文件

序号	政策名称	文号
1	关于印发江苏省推进高新技术企业高质量发展若干政策的通知	苏政发〔2019〕41号
2	关于印发江苏省高新技术企业培育“小升高”行动工作方案(2019～2020年)的通知	苏政办发〔2019〕57号
3	关于引导社会资本更多更快更好参与乡村振兴意见的通知	苏政办发〔2018〕109号
4	江苏省绿色产业企业发行上市奖励政策实施细则(试行)	苏环办〔2019〕264号
5	关于推动省属企业上市发展的指导意见	苏国资〔2018〕13号
6	关于积极稳妥降低企业杠杆率的实施意见	苏政发〔2017〕68号
7	关于金融支持制造业发展的若干意见	苏政发〔2016〕122号
8	关于进一步促进资本市场健康发展的实施意见	苏政发〔2014〕122号
9	关于促进金融业创新发展的若干意见	苏财金〔2014〕23号

续表

序号	政策名称	文号
10	关于印发国家促进科技和金融结合江苏省试点实施方案的通知	苏政发〔2012〕117 号
11	关于进一步推动中小企业上市工作的通知	苏中小改革发〔2012〕148 号
12	关于进一步做好企业上市工作的通知	苏政办发〔2000〕40 号

附件 3　浙江支持企业上市政策文件

序号	政策名称	文号
1	关于开展“雏鹰行动”培育隐形冠军企业的实施意见	浙政办发〔2019〕28 号
2	关于印发浙江省推进企业上市和并购重组“凤凰行动”计划的通知	浙政发〔2017〕40 号
3	关于发挥资本市场作用助推经济转型升级的若干意见	浙金融办〔2015〕18 号
4	浙江省金融产业发展规划	浙政办发〔2015〕69 号
5	关于印发浙江省交易场所管理办法(试行)的通知	浙政办发〔2013〕55 号
6	关于进一步发展资本市场的若干意见	浙政办发〔2004〕67 号

附件 4　湖南支持企业上市政策文件

序号	政策名称	文号
1	关于加快推进企业上市的若干意见	湘政办发〔2019〕61 号
2	湖南省金融发展专项资金管理办法	湘财金〔2017〕25 号
3	湖南省小巨人企业培育计划实施方案	湘经信中小发展〔2017〕274 号
4	湖南省“十三五”金融业发展规划	湘发改规划〔2017〕2 号
5	湖南省重点上市后备企业资源库管理办法	湘政金发〔2014〕55 号
6	关于进一步加快发展资本市场的若干意见	湘政发〔2010〕1 号
7	关于鼓励和扶持企业上市的若干政策意见	湘政办发〔2008〕16 号

附件 5　湖北支持企业上市政策文件

序号	政策名称	文号
1	省人民政府办公厅关于促进区域性股权市场规范创新发展的通知	鄂政办发〔2018〕30 号
2	省人民政府关于进一步推进企业上市工作的意见	鄂政发〔2018〕17 号

续表

序号	政策名称	文号
3	关于实施湖北省上市后备企业金种子计划的通知	鄂上市办发〔2016〕1 号
4	关于加快多层次资本市场建设发展的若干意见	鄂政发〔2013〕35 号
5	关于进一步加快资本市场发展的若干意见	鄂政发〔2011〕20 号
6	关于成立湖北省推进上市公司并购重组工作协调小组的通知	鄂政办发〔2009〕40 号
7	湖北省人民政府关于推进企业上市的若干意见	鄂政发〔2008〕42 号
8	关于成立湖北省企业上市工作领导小组的通知	鄂政办发〔2008〕47 号

B.10
安徽省制造业上市公司智能化升级的路径研究

国元证券课题组*

摘　要： 为了响应国家“中国制造2025”战略号召，安徽将智能制造作为重点工程之一，在政策办法上推陈出新，持续推动本地制造业智能化升级。本报告以安徽智能制造行业发展现状为背景，分析了当前中国智能制造的大环境，分析了当前安徽智能制造的制约因素，主要包括人才短缺、技术创新不足、财政支撑有限等。本报告进一步列举了安徽三家典型的智能制造企业，深刻剖析了其智能化升级路径，并对其他企业智能化升级提供了借鉴。本报告最后对安徽省制造业上市公司智能化升级提出了三条建议，分别是促进互联网跨界融合、打造智能制造技术优势、充分发挥资本融通功能。

关键词： 制造业　智能制造　数字化管理

一　制造业上市公司智能化升级的必要性分析

（一）制造业企业智能化升级的实践意义

随着数字经济的蓬勃发展，制造业企业在大力发展生产效率和转变生

* 执笔人：虞坷，经济学博士，中科大－国元证券联合工作站博士后，国元证券研究所研究员，主要研究方向为宏观策略研究；徐雨涵，国元证券研究所研究员，主要研究方向为策略研究。

产关系的同时，也对自身工业数字化转型升级提出了新的要求。而2020年新春伊始，一场突如其来的新冠肺炎疫情，进一步凸显了工业数字化转型和升级的必要性和紧迫性。习近平总书记指出，危险与机遇总是并存的，克服危险就是机遇，危机中也包含转机。这次疫情给我国的经济和社会发展带来了前所未有的深刻影响，也为传统产业的转型升级、新兴产业的培育和发展提供了新的机遇。充分发挥各方的积极作用，加速推进产业数字化的转型和升级，是推动我国经济实现质量变革、效率变革、动力变革的应有之义。

从宏观产业角度看，世界正面临新一轮的大变局，科技革命与产业变革的交叠重构，正在改变着全球产业格局，重塑全球经济结构。[①] 智能制造作为新一轮科技革命的核心技术之一，将人工智能等领域的最新技术成果嵌入“生产—消费—再生产”的循环中。从新型生产系统、个性化制造模块、网络化协同展业等方面，构建出新的智能制造生态。从而颠覆了传统制造业的发展模式、改变了全球制造业的竞争格局以及全球价值链中的分配模式。

从微观市场角度看，智能制造作为新工业革命的主攻方向，已成为各国制造业竞争的焦点。自现代工业出现以来，人类社会的发展一直处于上升阶段。从“丛林法则”时代到文明时代，工业化的实质是工业发展的目标趋向于自觉地促进社会福利。工业发展走向更高文明阶段的直接表现是通过不断的创新和“革命”来实现进化的过程。所谓产业转型或产业升级，从本质上说是工业创新和革命的自发表现。在这个过程中，市场在资源配置中起决定性作用。制造业的信息化、智能化升级，是工业工具效用与价值本质之间内在关系的重新调整，是产业创新能力的再释放，更是产业发展的必然要求。

从劳动力市场角度看，传统制造业企业的固有优势和吸引力正在不断被

① 习近平：《在中国科学院第十九次院士大会、中国工程院第十四次院士大会上的讲话》，《人民日报》2018年5月29日，第2版。

弱化。传统制造业大多是较为艰苦的行业，种种因素影响下的社会劳动力在自由选择时，往往被动或主动地流向其他产业，加剧了劳动密集型产业的招工困难。而劳动力成本是传统劳动密集型产业发展的关键要素。传统劳动密集型产业在现实环境冲击下，面临新时期发展方向和经营模式的重新抉择，迫切需要通过智能化改造等先进技术提高劳动生产率，缓解居高不下的劳动力成本压力，实现向价值链高端发展。

而作为制造业载体的制造业企业，如何在这种变局中把握智能制造的发展机遇、重塑自身的市场竞争力，日益成为各个企业聚焦的热点和实现中国制造业企业整体加速升级的重要发展契机。新动能正在深刻改变生产生活方式，形成中国发展的新尖端优势。2019 年政府工作报告指出，为推动智能化升级转型，国家已大力培育新兴产业，新一代信息技术、高端装备制造、新能源汽车等战略性新兴产业都保持了两位数的高速增长。我国加快传统产业向高端、绿色、智能转型，产业结构调整取得了积极进展。

（二）制造业上市公司智能化升级的发展环境

互联网、大数据等技术已经成为智能制造发展的动力引擎，智能制造装备也将呈现模块化、开源化、个性化的发展趋势。目前，中国的智能制造虽然取得了重大进展，但仍存在许多发展瓶颈。我国工业化起步较晚，技术积累相对落后，先进技术的产业化能力也与发达国家有较大差距，导致国内智能制造产品和系统的发展面临技术和市场瓶颈。企业信息化水平有待提高，智能制造的应用水平仍然较低。

根据《中国两化融合发展数据地图（2017）》，我国只有 5.6% 的企业在智能制造领域取得突破和进步。中国企业在信息化方面的平均投资占其营业收入的 0.25%，而发达国家约为 1%。中国制造业在一定程度上过于依赖廉价劳动力，导致大多数本土制造业缺乏使用智能设备替代劳动力的动力。同时，智能制造相关的核心软件和服务价格过高、智能制造新型人才缺乏、监管机制不完善等因素也在一定程度上制约了企业智能化水平提高。

一方面，我国制造业企业普遍研发能力薄弱，核心装备和智能软件长期依赖进口。例如工业机器人的核心零部件，包括精密减速机、控制器、伺服系统、高性能驱动等，由于依赖进口，其生产成本占总成本的70%以上。其中，精密减速机75%的市场份额被日本垄断，国内采购成本占总生产成本的45%，而日本仅占25%。国产核心零部件的采购成本已经高于国外同类机器人的整体价格，因此在高端机器人市场无法与国外品牌竞争。国内大部分机械零部件企业只能生产低端产品，无法满足高端智能装备行业的发展要求。因此，这些产业的升级比制造和装配环节更加困难和耗时。

另一方面，信息系统基础平台建设的欠缺也制约了国产智能制造的产品系统发展。软件系统发展水平的落后使智能水平也难以提高。与硬件技术的差距相比，我国软件技术水平与发达国家的差距更大。长期以来，我国偏重硬件制造而忽视软件开发的现象普遍存在，智能制造装备制造商的软件技术积累严重不足。近年来，虽然生产企业和软件系统集成能力提高，但很少有企业和科研机构进行智能制造基础软件系统的开发，忽视了国内软件企业的主要消费市场，导致国内数控机床、机器人和其他高端产品都使用了大量的外国软件系统。当跨国公司布局智能制造装备模块化生产和操作系统研发时，中国智能制造装备行业将面临缺乏基础操作系统的风险。

此外，国内制造业企业普遍缺乏国际市场的竞争力和话语权。近年来，作为全球最大的智能制造装备需求市场，中国国内70%以上的市场份额被ABB、FANUC、YASKAWA等国际巨头占据，90%的高端市场依赖进口，国内仍然缺乏具有全球影响力的智能制造型企业。

（三）全球智能制造对我国制造业企业的现实影响

基于“预期、现实、未来”的视角，目前全球范围内日趋激烈的智能制造业竞争给我国制造业企业的转型升级带来了越来越多的现实性影响。主要体现在三个方面：改变制造业升级预期路径、削弱传统制造业竞争优势、重构制造业网络协作体系。

1. 改变制造业转型升级的预期路径

沿“微笑曲线”向全球价值链的两端延伸，是中国制造业转型升级的既定路线。智能制造的快速崛起，降低了全球化生产对简单劳动的依赖，也动摇了基于成本洼地、配套体系和目标市场等因素建立起来的全球分工体系。全球价值链的“微笑曲线”将围绕智能制造平台进一步高级化、扁平化，甚至有可能变成“沉默曲线”“哭泣曲线”。后发国家的“人口红利”将转变为劳动力素质劣势，产业梯度转移的“雁阵模式”可能就此消失。

2. 削弱传统制造业参与全球竞争的优势

传统制造主要追求社会综合效能的优化，智能制造则主要满足消费者的个性化定制需求。当生产方式由大规模工厂化的流水作业转向个性化批量定制时，“产品 + 服务”将成为智能制造的主要产品形态。知识的积累、学习、创造和管理将取代资本、土地和劳动力等传统资源，成为影响企业核心竞争力的主导要素。这对长期依赖要素成本优势，习惯于规模竞争、价格战的传统制造企业提出了巨大的挑战。

3. 重构全球制造业的网络协作体系

智能制造系统是基于工业互联网的生产制造体系，可以突破劳动力、土地、资金、环境等要素的地理空间约束，实现远程遥控和虚拟生产，具有低成本聚集供应企业和分散用户的特点。智能制造的网络外部性和长尾经济性，为生产协作企业摆脱旧产业链的束缚、实现跨越式升级提供了条件。能否加入新的网络协作平台并吸引到足够的平台用户和创新资源，成为传统制造企业实现智能化转型升级的关键。

二　安徽省制造业上市公司智能化升级的现状分析

（一）安徽省制造业上市公司智能化升级的政策环境

对于制造业企业智能升级的制度环境，安徽省出台了对应的一系列政策制度，努力健全技术创新体系、强化示范推广作用、加大财政金融支持力度、推进国际合作、注重智能制造人才培养。

自2015年开始，安徽省开始全面推进实施“中国制造2025”战略。其中，安徽省重点发布《中国制造2025安徽篇》，将智能制造列为政府引导推动的五大工程之一，目的是推动先进信息技术和传统制造业融合渗透，促进安徽制造业转型升级。

至2017年，安徽省相继出台一系列智能制造系统相关制度规定。如《安徽省智能制造工程实施方案（2017～2020》和《制造强省建设行动方案（2017～2021)》，明确了智能制造作为安徽省制造业升级主攻方向，从“点、线、面”（“点”就是深入开展机器换人“十百千”工程，“线”就是生产线和车间的数字化、智能化改造，“面”就是打造智能工厂）发力布局智能制造，全面推动制造业数字化、网络化、智能化建设。重点聚焦“63512”重点任务，即发展六类智能制造装备、夯实智能制造三大基础、培育推广五种智能制造新模式、推进十二大重点领域智能转型。同时，安徽省逐步打造了以智能制造系统集成商为核心、各领域领先企业联合推进、一大批定位于细分领域的“专精特”企业深度参与的智能制造发展生态体系。安徽省一系列方案的制定为智能制造在省内落地开花营造了良好的政策环境。

至2018年，安徽在智能激励上不断深挖，出台相应的补贴奖励办法。如在《支持制造强省建设若干政策》中，把智能制造作为重点支持领域，对获得国家级智能制造试点示范项目和省级智能工厂、数字化车间的企业，分别给予50万～200万元的一次性奖补；省政府还出台了《支持机器人产业发展若干政策》，2019年下达了1.3亿资金用于支持机器人产业。

（二）安徽省制造业上市公司的智能化发展现状

1. 智能化进程提速，产业链联动增强

近年来，安徽省内工业智能化进程持续提速，产业链联动增强。安徽省

内制造业企业逐步形成了多形态、跨领域、全产业链的智能制造新生态。从研发、零部件、整机形成了一系列规模化企业集群，在新一代电子信息、高端装备、智能家电制造等领域涌现了一批领军示范企业。2019 年安徽省确立了 20 个智能工厂和 100 个数字化车间，生产效率平均提升 45.2%，运营成本平均减少 25.3%，企业智能化升级成效显著。

产业链动能不断增强。围绕产业链“补链强链”的关键环节，安徽省通过设立专项引导资金、扩大产业投资资金等措施，聚焦新一代信息技术、高端装备、新材料、新能源、节能环保等领域，加快建设新兴产业基地。沿江五市先后建立了轨道交通装备、数控机床、新能源汽车、机器人、通用航空、现代农业机械、半导体、化工新材料等九个重大战略新兴产业基地，产业聚集化特点逐渐凸显，例如粗钢和水泥产业集中在沿江地区，汽车产业集中在合肥、芜湖、马鞍山、滁州等市。截至 2019 年底，安徽省产业集群专业镇营收超百亿元的共有 17 个，充分发挥了龙头企业带动作用，不断辐射拉宽产业链条。

2. 示范效应提升，绿色科技产业为先

除了智能化不断提速，省内示范基地也成了发展的重要载体，绿色科技等产业成为重点发展领域。国家新型工业化示范产业基地是制造业集聚发展的重要载体，也是推动制造强省战略的重要支撑。近年安徽各地根据产业优势及发展特点，先后打造了 14 个国家新型工业化示范产业基地，既涵盖钢铁、有色、家电、汽车等传统制造业，也包括新材料、节能环保、电子信息、智能语音等新兴产业，年完成工业总产值超过 1 万亿元，占全省比重超过 1/4，支撑引领作用显著。同时，工业制造新模式具有可复制性，在示范企业的带动作用下，能够向公司内、行业内、区域内广泛推广。

（三）安徽省制造业上市公司智能化升级的主要领域

近年来，安徽省制造业上市公司围绕供给侧结构性改革这一主线延伸出两大智能化升级领域：一是以传统产业改造为突破口，实现技术改造、技术进步、技术创新，加快新旧动能转换；二是重点推动特色战略新兴产业，如部分具有高值化、品牌化、服务化、平台化、绿色化等特色的重点上市公司的发展。

1. 传统板块：以技术改造为突破，新旧动能共提速

在新兴产业培育发展和传统产业改造中，安徽省制造业企业将改造提升传统产业作为推动制造业高质量发展的重要支撑。2019 年国家制造强国建设专家论坛中明确指出，在本轮技术改造和智能化升级中，传统产业是关键，习近平总书记提出要注重激活存量。经济的稳定，主要取决于现有产业和企业能否修复动力，并通过技术改造促进传统产业优化升级，盘活存量巨大的资产，整个传统产业应该从中低端向中高端转移。

智能化升级以科技的巨大进步为视角，以传统优势产业的转型升级为主线，具体从以下三方面着手。

首先，要坚持新发展理念，以智能制造为主攻方向，抓好技术改造这个重要途径。其次，改造的同时注重保持产业链的完整性，重视劳动力素质的提升。最后，保持传统产业主体地位不变，提升新型产业下沉融合。传统产业占规模以上工业增加值的 80%，仍然是工业经济的主体，从改造提升传统产业关系到推动制造业高质量发展的全局。同时，以机器人产业为代表的发展迅速的新型产业也快速渗入。例如芜湖埃夫特积极拓展在工业领域的“蓝海”市场，利用贴近本土中小企业的天然优势，塑造智能化、高精度的核心竞争力产品，近期已经完成科创板 IPO 注册。

2. 新兴领域：以自主创新为试点，工业信息相融合

在特色战略新兴产业领域，省内上市企业重点打造制造业自主创新能力，如新能源汽车、新材料等战略性新兴产业。在传统汽车产业转型升级、市场需求增长、技术创新、环保节能要求的驱动下，汽车产业智能化发展已成为大势所趋。此外，包括海螺水泥在内的传统制造型企业也在不断加速智能化升级。海螺水泥在 2018 年建成中国首个水泥智能化工厂；在 2020 年又利用 5G 网络服务升级打造了“无人化工厂”，有效验证矿区、厂区、室内、室外等场景下的连续安全作业、智能预警和实时监控能力。

在重点深挖工业化与信息化融合方面，省内上市企业深化新技术在研发设计、生产制造、经营管理、市场营销等环节的应用。如阳光电源自2015年开始推动光伏产业智能化升级，借助物联网、云计算等技术对光伏电站进行智能化运维，实现远程监测和控制、远程智能运行维护管理、发电效率分析与优化服务、电站资产的评估等功能，有效降低生产线人力成本。华菱星马打造产线全流程MES系统，采用端到端信息化控制方案，实现生产车间自动化与生产管理信息化，真正做到生产数据和质量信息可追溯。部分企业持续对现有的生产设施、设备和工艺条件进行升级改造。把信息技术改造和提升传统产业功能作为切入点，大力发展工业控制系统、大型管理软件解决方案，并推进绿色低碳清洁安全发展，增强可持续发展能力。

三　安徽省制造业上市公司智能化升级的制约因素

（一）智能研发岗位紧缺，智力资本资源匮乏

随着智能制造成为国家抢占发展机遇的主攻方向，制造业对专业人才的需求水涨船高。有数据分析，2020年智能制造领域人才需求预测值为750万，人才缺口达300万人。到2025年，这一缺口将扩张到450万人，供需严重失衡。物联网、人工智能、云计算等领域对技能型人才的需求将持续增长。《安徽省人力资源需求目录（2017～2020年）》显示，安徽省在高端装备制造和新材料产业领域有70%岗位稀缺，新一代信息技术产业超过40%岗位紧缺。安徽省制造业产业配套不够先进、技术资金投入不足、产业规划分散化等问题导致高级技术人才外流严重，扼制了中高端制造业发展。2019年，安徽省在合肥市经济开发区启动人力资源“蓄水池”项目，力求通过校、企、区三方合作，为智能制造提供更有力的人才支撑。

（二）创新资源相对分散，互联网交互迭代缓慢

当前，安徽省内智能制造领域还存在创新资源相对分散，互联网交互迭

代缓慢的问题。一是智能制造领域还未形成完善的技术体系，基础理论研究深度有限，部分核心技术对国外研发的依赖性较强。二是制造型企业的智能化改造进程，本身投入高、周期长，对中小企业的要求较高，众多制造业企业再高昂研发成本压力下还面临着，基础理论研究在应用层面难落地的问题。三是智能制造基础设施不完善。目前，安徽省内制造业企业，在智能数据、智能网络、智能算法和智能处理等方面的水平相对落后，端到端集成能力欠缺。四是工业互联网作为智能制造最为基础和关键的平台，在安徽省内发展相对滞后，与国际先进智能制造水平存在较大差距。

安徽省内的创新能力和创新投入在国内进行横向比较，投入强度相对较弱。《2018 年全国科技经费投入统计公报》显示，2018 年安徽省 R&D 经费为 649 亿元，排在全国第 12 位，在总量上和位于全国前列的广东省、江苏省、北京市等地区存在较大差距。R&D 经费投入强度为 2.16%，排在全国第 8 位，略低于全国平均水平，相较于世界经合组织指定的 R&D 投入强度标准，安徽省依然处于创新能力投入区间的后半段。因此，随着制造业低成本优势的逐渐弱化，为提高产品质量、发展核心竞争力，必须加快提升企业信息技术水平和创新能力。2018 年各地区研究与试验发展（R&D）经费情况见表 1。

表 1　2018 年各地区研究与试验发展（R&D）经费情况

地　区	R&D 经费(亿元)	R&D 经费投入强度(%)
北　京	1870.8	6.17
上　海	1359.2	4.16
广　东	2704.7	2.78
江　苏	2504.4	2.7
天　津	492.4	2.62
浙　江	1445.7	2.57
全　国	19677.9	2.19
陕　西	532.4	2.18
安　徽	649	2.16
山　东	1643.3	2.15

续表

地 区	R&D 经费(亿元)	R&D 经费投入强度(%)
湖 北	822.1	2.09
重 庆	410.2	2.01
辽 宁	460.1	1.82
湖 南	658.3	1.81
四 川	737.1	1.81
福 建	642.8	1.8
江 西	310.7	1.41
河 南	671.5	1.4
河 北	499.7	1.39
宁 夏	45.6	1.23
甘 肃	97.1	1.18
山 西	175.8	1.05
云 南	187.3	1.05
黑龙江	135	0.83
贵 州	121.6	0.82
吉 林	115	0.76
内蒙古	129.2	0.75
广 西	144.9	0.71
青 海	17.3	0.6
海 南	26.9	0.56
新 疆	64.3	0.53
西 藏	3.7	0.25

资料来源：国家统计局。

（三）技术成果转化断层，金融支持力度有限

自主知识产权缺乏，金融支持力度有限。近年安徽省制造业专利申请数量持续增加，但是存在发明专利占比较少、成果转化困难等问题。据统计，安徽发明专利数量与浙江、上海等城市相差并不多，但是成果转化率却远远落后。主要是政府缺少配套的政策支撑、申请周期长、转移转化服务差等原因，使企业在研发上缺少积极性，不能有效地将已有的知识产权应用到生产中。另外，研发成本投入大、资金回收周期长等也成为阻碍企业自主研发的

主要障碍。

安徽省内制造业总体规模小，企业发展不均衡，财政支持力度也相应失衡。其中，财政资金投入集中在国有企业或大中型企业，金融服务对小企业不友好。同时，缺乏有效的财政手段去平衡风险和收益，风险补偿和风险共担机制不足，均阻碍了企业的智能化进程。随着我国制造业由劳动密集型向资金密集、技术密集型转变，我国需要积极调整制造业经济结构、加大财政扶持力度。

四　安徽省制造业上市公司智能化升级路径的案例分析

智能化升级的实现路径，在不同类型的制造业上市公司中，大多是依循"因地制宜、创新探索"的原则。只有充分结合自身的发展特点，利用互联网新技术补齐技术短板，才能探索出一条适宜有效的升级之路。总体上看，已初步进入智能制造升级通道的制造业上市公司多数具有如下目标：一是生产智能化，即建造智慧工厂、智慧车间，利用机器人、无人机、AGV 等自动化设备，实现生产、运行、管控的数字化管理，使生产过程透明可控，提高生产效率；二是产品智能化，结合处理器、存储器及通信模块，使产品的生产、运输能够准确定位和识别；三是管理智能化，利用 ERP、MES、PLM 等管理软件建造企业信息化平台，实现产品设计研发、企业管理等的数字化；四是服务智能化，通过大数据挖掘客户需求，有针对性的定制服务方案，以最大化产品附加值。

此处，我们选取三个安徽省制造业上市公司的特色实践案例，简要介绍其智能化升级路径。每个案例公司的情况各不相同，其科技赋能的实现路径也各具特色。这些成功的探索与创新，为后续其他省内制造业上市公司开拓科技之路，提供了可供借鉴的实际经验。

（一）路径一：围绕智能生产，打造数字化管理神经网络（以 A 公司为例）

智能生产是现代工厂的骨骼，数字化管理即为其神经网络。它连通了生产制造的各个环节，保障了生产的透明性、预控性和协同性。数字化管理要求企业利用物联网、云计算和大数据等技术，对生产流程、产品状态、作业环境、操作规范性等维度的数据进行监控，从而降低风险隐患和成本开支。

以A公司为例，A股份有限公司成立于1997年9月1日。1997年10月21日在香港挂牌上市，开创了中国水泥行业境外上市的先河。公司主要从事水泥及商品熟料的生产和销售。公司生产线全部采用先进的新型干法水泥工艺技术，具有产量高、能耗低、自动化程度高、劳动生产率高、环境保护好等特点。

近日，A公司自主研发的首个水泥行业智能工厂建成投产，该工厂建立了“以智能生产为核心、以运行维护作保障和以智慧管理促经营”的三大平台，采纳了工厂运行自动化、管理可视化、故障预控化、全要素协同化和决策智慧化等智能化成果，通过打造数字化神经网络，实现了绿色智能化高质量发展。智能工厂设备自行检测、数据自动归集、隐患提前暴露，使现场巡检工作量下降40%、设备运行周期延长37%、专业用工优化20%以上。在降低风险（隐患提前暴露）的同时，降低了人工需求（现场巡检工作量下降40%）和固定成本（延长设备寿命）。

2020年6月18日，A公司斥资与其全资子公司A信息工程公司签署《智能工厂项目设备供货及软件设计合同》（以下简称“智能工厂”建设合同），根据该合同，A信息工程公司将为该公司若干附属公司的智能工厂项目提供设备供货及软件设计等服务。

智能工厂项目合同内容主要包括：A信息工程公司同意为A若干附属公司的智能工厂项目提供设备供货及软件设计等服务；各项目的具体设备设计、供货及服务时间，将根据各项目的启动时间和施工进度要求，由A及相关附属公司与A信息工程公司在分项合同中另行约定；合同价格及定价基准，“智能工厂”建设合同的价格为人民币32830万元；该合同项下的设备供货及软件设计等服务是A信息工程公司根据A若干附属公司的智能化工厂建设实际需求而开发定制的。

短期看，企业签署的“智能工厂”建设合同，需付出相应的巨额资金，承担较高的流动性压力；但从长期看，此类风险性较高的智能投资，也具备了战略性视角与发展性布局的优势。首先，智能工程建设可迅速实现企业的智能化转型。该项合同的乙方为全资子公司，合同完成后可以实现整个企业的产业智能化。其次，智能项目的签署有助于拓宽企业的业务外延。A 公司借助该项智能工厂建设，不断涉猎新的行业内业务项目，提高了传统业务的再生性，开发出多元化的新型订单。最后，智能工程项目还可以增强公司自身抵御风险的能力，并帮助公司获得短期超额利润。从目前看，本土制造型企业在智能工厂这一蓝海业务中涉足较少，在前期先发优势下，企业利润率有充足的保证，子公司在帮助母公司完成智能改造后，也可从中获得更多数字化改造经验，极大地增强其“再生造血”功能。

（二）路径二：整合智造单元，提高自动化生产水平（以 B 公司为例）

“智造单元”针对企业自动化和集成度不足的工厂或产线进行模块化改造，整合自动化、信息化和智能化能力，提高生产效率，降低运营成本和次品率。针对离散化、小型化的加工场景，整合智造单元能力，集成分散低效的生产设备，提升产线的自动化生产水平，不失为企业智能化升级的可选路径。

以 B 公司为例，B 股份有限公司是中国企业 500 强盾安控股集团旗下的成员企业，是民爆及新能源业务“双核驱动”的多元化上市公司。公司形成了民爆产品研发、生产、销售、爆破服务及工程承包一体化产业链，业务覆盖安徽、新疆、四川、河南、湖北、福建、宁夏、内蒙古、江苏、西藏 10 个省区，拥有 70 余家全资及控股子公司。公司拥有工业炸药及其制品生产许可能力 25.65 万吨、5 家矿山总包资质企业、4 家爆破作业许可证一级企业。目前，公司爆破业务已完成国内重点资源区域的战略布局，下辖专业爆破公司 30 余家，可为客户提供爆破工程设计、评估、监理、检测以及钻、爆、挖、运一体化服务。

B 公司是民爆行业信息化和智能制造的先行者，先后获得多项省部级荣誉，自2012年起公司依据《民用爆炸物品行业"十二五"发展规划》和《信息化和工业化深度融合专项行动计划（2013～2018）》等文件要求，及时制定了"数字江南，安全发展"的企业发展战略，大力推动智能工厂建设。通过加大信息化的建设力度，借助信息技术改造传统制造业，以智能制造提高企业的核心竞争力，显著提升了经营动态化、管理规范化、信息透明化、安全数字化的"四化"集团管控能力。

民爆行业是易燃易爆高危行业。"十二五"之前我国民爆行业"小、散、低"特征明显，生产线存在自动化控制水平和设备设施集成联动程度不高、相关工艺环节匹配性不足、在线人员较多等问题。B公司在民爆行业率先研制并建设完成了粉状乳化炸药智能化生产线，将零散的加工设备和辅助设备进行整合，实现了生产加工的模块化、集成化、一体化，有效降本增效。B公司经工信部组织专家鉴定达到国际领先水平，成为民爆行业第一家实现全工序无固定人员操作的企业。将整体生产线危险工房内（含配料、制药、装药、包装等工序）的工作人员减少12人，巡视人员不多于3人，大幅提升了粉状乳化炸药生产线的安全生产水平。生产工艺数据自动数采率达95%，工厂自控投用率达96%，实现了制造智能化，企业生产效率在原有基础上提升了30%，能源消耗在原有基础上降低了15%，运营成本降低了20%，产品不良品率降低了25%，并于2016年获得安徽省智能制造专项资金。

其他方面，B公司也全力贯彻了产业智能化的方针，子公司研发的"TH－DTZY单头转盘式全自动震源药柱装药机"项目通过工信部科技成果鉴定，填补了国内空白，经工信部组织专家鉴定，达到国内领先水平；子公司的"硝酸肼镍起爆药生产线连续化、自动化生产技术及装备"项目，经工信部组织专家鉴定达到国内领先水平；B公司及子公司的"低爆速粉状乳化炸药生产工艺及装备"项目，经工信部组织专家鉴定达到国际先进水平。

公司以智能制造为发展方向，从智能化、管理信息化、安全数字化三方面推进产业智能化布局，为企业的未来打下了坚实的基础。首先，通过提高民爆生产装备的自动化和智能化水平，缩减了工厂内工作人员的配置数量，降低了公司对于人员工资的开支。其次，智能化最大限度地减少了民爆物品生产过程中的安全隐患，避免了潜在的危险（如不慎引发爆炸，炸伤工人）和损失（造成人身伤害产生的赔偿，以及公司生产设备及厂房的毁坏损失）。此外，在优化了产业流程后，公司高层可以耗费更少的精力在生产环节上，从而把目光放得更远，为公司的前景做更多的规划，B 公司近些年来就先后涉及了新能源和机器人产业，使公司的业务更加多元。

（三）路径三：秉持智创理念，创新智能仓储物流体系（以 C 公司为例）

物流仓储是企业效率提升的关键一环。高效的仓储物流体系使原材料、辅料、制成品在各个生产工序间流动起来，从而提升仓库利用效率、控制库存总量、减少冗余人员。智能仓储物流体系在设备上通过 RFID、传感器、机器视觉等识别设备实现对产品流程的精确感知。并通过 AGV、物流机器人等物流设备高效运输，由立体仓库和智能叉车等仓储设备实现智慧化仓储，同步对接企业 ERP、CRM 等管理软件，实现物流系统端到端闭环。

以 C 公司为例，C 公司作为安徽省工业互联网产业联盟理事长单位及长三角地区推进工业互联网平台集群的代表企业，在自动化、流线化、信息化和智能化等方面持续推进项目实施，加快建设合力智能工厂。

自 1991 年以来，C 公司主要经济指标已经连续 29 年位居中国叉车行业前列，并跻身世界工业车辆行业七强，2019 年实现资产收入过百亿，公司当下将目标从“百亿”升级成了“百年”。2019，公司投资建设“新能源车辆及关键零部件项目”，投资参股“杭州鹏成新能源科技有限公司”，进一步提升电动及新能源车辆生产及配套能力。同时，公司经营租赁业务、融资租赁业务、再制造业务及配件、维修服务等业务也实现了稳步发展，将工业车辆制造业与后市场服务业有机结合。近阶段，公司加快 G3 系列高端叉车、锂电新能源系列叉车、智能仓储系统研发上市的步伐，并自主研制推出了完整的智能车队管理系统解决方案。

C公司秉持智创理念，制造出多品种、大批量的智能叉车，尤其是“AGV自动引导运输车”在2018年世界制造业大会精彩绽放；公司提供的AGV整体智能物流解决方案，被全球知名物流企业A. P. 穆勒－马士基集团用于集装箱货运站集拼业务，为全球首例。C公司借助叉车车载终端设备，将基于CPS系统的车辆运行情况进行采集、处理、分析、统计，从而实现叉车的监控、调度、管理等功能，体现了工业车辆企业管理的移动可视化、工业车辆产品的车联网化、工业车辆驾驶的无人化三大亮点。

在智能仓储物流运输上，C公司借助智能运输大幅降低了人力成本、提高了作业效率、缩短了物流周期，为未来5G技术全面商用、无人物流搬运装卸提供了最佳的解决方案。据悉，目前已经得到应用的车型有牵引型AGV、搬运型AGV、堆垛型AGV、平衡重型AGV等工业车辆。C公司还通过云平台实现与企业ERP、MES、WMS、WCS等管理信息系统的无缝对接，将用户信息化系统与物料搬运执行系统集成，“无人工厂”和“熄灯车间”由梦想变成现实，为我国制造业的发展积极地贡献了力量。

可见，在智能化升级转型过程中，C公司秉承智能化与公司产业链相融合的基本理念。在下一阶段的战略部署中，还将进一步拓展AGV（自动导航运输车）的产品品种，开发更细分的品种，增加公司新的经济利润增长点。2017年到2019年公司叉车毛利率呈现逐年上升趋势，智能化的理念无疑是C公司未来继续作为中国叉车龙头、从“百亿”成功跨入“百年”的根本保障，是公司发展越来越好的最稳固支柱。

五　安徽省制造业上市公司智能化升级的对策建议

借助技术链、产业链和创新联动，安徽省内制造业上市公司的智能化升级需从技术端入手，通过数字科技赋能、信息技术平台、产业模式更迭、业务外延外拓等方面，全面带动制造业全产业链的智能化大发展。

（一）鼓励互联网的跨界融合，加速智能企业迭代升级

鼓励制造业上市公司实现互联网跨界融合，加速智能企业的迭代升级，将是下一阶段制造业上市公司实现智能化升级的关注重点。一方面，在智能制造企业的主体中，互联网企业作为新兴的技术力量，天然具有产业扩张的冲动。中国发达的消费互联网市场，也具备了拉动制造业转型升级的强大需求。另一方面，借助大数据、物联网、人工智能等新技术，可以促进制造业上市公司与互联网生态逐步交融，加速企业智能化的迭代升级。“互联网+”将目前互联网发展的创新成果与经济社会中的各种生产实践相结合，依靠科学技术的进步拉动效率的提升，从而推动社会整体生产力水平的提升，逐步提高传统制造企业生产经营过程中的数字化、网络化、智能化水平，最终实现“互联网+”协同制造的目标。该行动又可细分为四个方面，即大力发展智能制造、发展大规模个性化定制、提升网络化协同制造水平、加速制造业服务化转型。

通过互联网新技术驱动制造业迭代升级需要两手抓：一是推动传统制造企业“智慧”升级，二是培育制造业的新模式和新动能。“智慧”升级要求从产品、服务、生产流程上全面实现智能化和数字化，企业需要结合自身产业特点，推动自身生产和信息技术的深度融合。一方面，积极鼓励打造智能工厂，创新应用5G、IOT、大数据、人工智能等新技术，通过“机器换人”等路径实现减员提效，逐步淘汰产能落后、低端低效的产业；另一方面，也要促进整个供应链（客户—工厂—上游供应商）的智能化和信息化，不断提高生产水平、销售水平和供应能力。此外，传统制造业需要不断发掘新模式和新需求，实现传统制造业与其边界产业的融合，促进制造业由生产型制造向服务型制造转型，提升产品的附加值。利用“互联网+”能力，提升制造业的生产管理水平，将原来的人工管理转化为数据驱动，推动制造业转型升级。

（二）掌握智能制造的技术优势，打造科技赋能先发优势

掌握智能制造技术优势，打造科技赋能先发优势，做强技术和服务两个

市场，将是安徽智能制造业上市公司长期坚守的战略方针。智能制造体系的竞争，是知识积累和技术创新的竞争。智能产业的发展，既需要理论科学的坚实基础，也需要人工智能技术的创新引领。需要重新评估理论研究的重要性，让基础教育回归其学术研究的本源，让企业成为工程技术研发的主体，努力依托市场竞争机制，培育智能产业发展所需要的各类高端人才。

核心技术优势是智能制造产业健康发展的前提。当前，全球智能制造业发展并没有明确的时间表、路线图和成型的技术模式，更没有形成比较强大的市场势力和技术壁垒。面对智能技术高门槛、高投入、快速迭代升级的特征，一方面，需要发挥举国体制的优势，凭借国家雄厚的资金实力、人才优势，才能突破高性能集成电路和芯片等关键电子元器件、数据库和操作系统等基础软件、人工智能等领域的核心关键技术的发展门槛，通过技术链创新带动产业链发展；另一方面，众多的科技创新型企业可以广泛开展延续性技术创新，大力推进智能新技术、新成果、新模式的应用，以工艺创新、产品创新、商业模式创新，颠覆市场格局，引领行业发展。

（三）发挥资本市场融通功能，扶持智能制造转化升级

智能制造的生产模式不仅是技术密集型模式，也是资金密集型模式，如能更好地发挥资本市场融通功能，扶持安徽省智能制造发展，将加速推动更多上市公司智能化升级进程。无论是工业控制系统的应用、智能感知元器件的装备，还是智能工业软件的采购，都需要大量的资金支持。因此，设立专项资金并高效地进行资金管理在发展智能制造的进程中具有非常重要的意义。专项资金需要遵守“专人管理、专户储存、转账核算、专项使用”的原则，主要可以采取专项贷款、投资资金补助和奖励投资补助的方式进行发放。在进行专项资金分配的同时，还应建立与之配套的资金退出制度和动态监督管理制度，根据相关产业政策的调整和新兴技术的发展方向进行资格审查。

资本市场的资金融通扶持功能，正是智能制造前期转化过程中所需要的流动性支持。安徽制造业企业目前面临的普遍问题包括以下两方面：一方面是中

小企业不仅要面对高端产业的技术壁垒，也在低端产业的价格竞争中受到挤压，为了提升核心竞争力、打造自主创新品牌，需要加大自主研发投入；另一方面，民营及小微企业由于自身信用不足、抗风险能力差等，难以吸引资金流入，导致融资困难。

激发企业特别是上市公司创新活力，推进产业转型升级，为安徽制造业企业提供多元化的资金扶持方式，有如下建议：其一，鼓励社会资本投入。通过政府引导，成立智能制造业相关基金，通过专业化、市场化运作方式，引导社会资本参与智能制造重大项目，助力制造业转型升级。其二，促进银企合作，助力企业融资。由政府提供一定的风险补偿手段为企业增信，促进本地银行与企业深度合作，鼓励银行开发各种制造业创新金融产品，助力民营、中小企业融资。其三，鼓励融资租赁，缓解资金压力。为减少制造业重投资对中小企业的压力，可通过减免税收的方式，鼓励金融公司开展融资租赁业务，在帮助企业缓解资金压力的同时实现设备的再使用和再循环。

B.11
上市公司盈利质量评价的内容与方法研究

国元证券课题组*

摘　要： 我国上市公司财务造假、业绩操纵、盈利质量低下问题严重，阻碍了实体经济高质量发展目标的实现，而现有盈利质量评价标准缺陷明显：一是指标体系不全，二是过于看重盈利能力，三是权数的主观性较强。本报告首先分析了影响上市公司盈利质量的四大因素：会计政策和会计准则、公司治理结构、公司持续经营能力、公司财务风险；接着从盈利质量特征的真实性、持续性、成长性、现金保障性和盈利性五方面，构建了会计师事务所是否出具标准无保留意见审计报告、营业利润现金流量比、非经常性损益占比、营业利润增长率、净现金流增长率、净资产收益率、销售净利率、总资产净利率等13项盈利质量评价指标体系；最后通过主成分分析法和熵值法两种客观赋权方法，以确定各指标的权重。本报告最后用盈利质量评价方法具体分析了F公司的经营情况，并与行业领先企业海康威视进行比较后认为F公司盈利质量有待提高。

关键词： 上市公司　盈利质量评价　财务风险

---

* 执笔人：赖海峰，国元证券规划发展部总监，主要研究方向为宏观与资本市场；蒋俊杰，国元证券规划发展部研究员。

一　盈利质量评价意义重大

（一）形势严峻

自我国资本市场设立以来，上市公司财务造假、业绩操纵层出不穷，屡禁不止，从郑百文、银广夏、亿安科技、蓝田股份，到康得新、康美药业，再到獐子岛、瑞幸咖啡，目前已有愈演愈烈之势，包括安徽部分知名上市公司也时有市场财务质疑之声。

2020 年 4 月 24 日，证监会指出，2019 年以来，已累计对 22 家上市公司财务造假行为、18 起典型案件、6 起涉嫌财务造假的犯罪案件分别给以立案调查、做出行政处罚和移送公安机关的处理。其中，“索菱股份 2016 年至 2018 年连续三年虚构海外业务、伪造回款单据，虚增巨额利润；藏格控股 2017 年 7 月至 2018 年串通上百家客户，利用大宗商品贸易的特殊性实施造假；龙力生物 2015 年至 2017 年上半年为虚增公司利润，定期通过删改财务核算账套实施造假；东方金钰 2016 年至 2018 年上半年以全资子公司为平台，虚构翡翠原石购销业务，通过造假方式实现业绩目标”①。

从宏观角度看，上市公司财务造假严重挑战了信息披露制度的严肃性，毁坏了市场诚信基础，破坏了市场信心，损害了投资者利益。从微观角度看，上市公司财务造假与盈利质量低下，阻碍了市场价值发现、优胜劣汰、政府考核激励作用的发挥，阻碍了实体经济高质量发展目标的实现。

（二）会计信息与盈利质量

会计信息指企业通过财务报表、财务报告或附注等形式，向投资者、债

① 《证监会严厉打击上市公司财务造假》，中国政府网，2020 年 4 月 26 日，http：//www. gov. cn/xinwen/2020 －04/26/content_ 5506201. htm。

权人或其他信息使用者揭示企业财务状况和经营成果的信息，包括：反映过去所发生的财务信息，即有关资金的取得、分配与使用的信息，如资产负债表等；管理所需要的定向信息，如各种财务分析报表、对未来具有预测作用的决策信息、年度计划、规划等。会计信息是资本市场的基石。

盈利信息是会计信息中最重要的组成部分，指企业获取利润的信息，反映了企业一定会计期间的经营成果，即收入与费用的配比观。通常来说利益相关者对此部分信息的关注度极高。

随着盈利信息逐步被关注，盈利质量概念应运而生，自 20 世纪 30 年代起，美国证券业即通过盈利质量分析发现那些被低估的证券。时至今日，尽管人们对盈利质量尚缺乏明确定义，但不妨碍大家在其真实性、可持续性、高盈利能力等内涵方面达成的共识。盈利质量既是盈利信息的核心，也是会计信息的核心，缺乏盈利质量的会计信息必然无从谈起。

（三）现有评价标准

尽管上市公司盈利质量十分重要，但并无统一评价标准，这给实际操作带来了困难。国务院国资委印发的《中央企业综合绩效评价实施细则》可看作较权威的参考标准，但从盈利质量角度看，也存在明显缺陷：一是指标体系不全，二是过于看重盈利能力，三是权数的主观性较强。国资委企业财务绩效评价指标与权数见表 1。

表 1　国资委企业财务绩效评价指标与权数

评价内容	权数合计	基本指标	权数	修正指标	权数
盈利能力状况	34	净资产收益率 总资产报酬率	20 14	销售（营业）利润率	10
				盈余现金保障倍数	9
				成本费用利润率	8
				资本收益率	7
资产质量状况	22	总资产周转率 应收账款周转率	10 12	不良资产比率	9
				流动资产周转率	7
				资产现金回收率	6

续表

评价内容	权数合计	基本指标	权数	修正指标	权数
债务风险状况	22	资产负债率 已获利息倍数	12 10	速动比率	6
				现金流动负债比率	6
				带息负债比率	5
				或有负债比率	5
经营增长状况	22	销售（营业）增长率 资本保值增值率	12 10	销售（营业）利润增长率	10
				总资产增长率	7
				技术投入比率	5

资料来源：2006 年国务院国资委《中央企业综合绩效评价实施细则》。

二　盈利质量评价文献梳理

（一）海外文献梳理

海外对盈利质量的研究起步较早，20 世纪 70 年代末，Fabozzi 率先提出：盈利质量差的企业，其产品销售增长通常与应收账款及存货的增长成正比，盈利质量好的企业则正好相反。

另有学者提出，盈利质量与盈利产生过程中涉及的每一项目都密切相关，因此，可以通过对盈利组成部分的考察来进行盈利质量的分析，如对盈利与现金流的研究认为，未经操纵的高质量的盈利必须包含现金流。

Fatma 等提出，应计项目的操纵程度可以用总应计项目的变动来衡量。[①] Kenneth Yung 等根据应计项目的操纵难易程度，进一步将总应计项目划分为操纵性应计项目和非操纵性应计项目，得出结论：非操纵性应计项目和企业盈利质量呈正向相关关系，反之同样成立。[②]

① Fatma, Triki, Abdelwahed, Omri, "Earnings Quality and Cost of Equity Capital: Evidence from Tunisia," *International Journal of Managerial and Financial Accounting* 2 (2010): 161 – 176.

② Kenneth Yung, Qian Sun, Hamid Rahman, "Acquirer's Earnings Quality and the Choice of Payment Method in Mergers and Acquisitions," *Managerial Finance* 39 (2013): 193 – 228.

Uma Velurya 等创造出盈利反映系数的概念，即每股收益与股票价格的相关程度，其认为，盈利反映系数越高，股票价格对每股收益的反应越强烈，盈利质量也越高。[①] 但这种方法存在显而易见的缺陷，即市场必须是完全有效市场，且投资者以价值投资为主，否则，股价与每股收益的相关性有限，从而盈利反映系数根本难以判断盈利质量的高低。

Ariel Markelevich 等则将应计项目与现金流联系在一起，用短期应计项目与各期现金流进行回归，并用回归所得残差来度量应计质量，残差越小说明应计项目的质量越好，即盈利质量越好。[②]

尽管各方对盈利质量的定义和计量不统一，但仍有不少学者从各种角度进行了研究。其中，Rani Hoitash 等提出的计量盈利质量的方法比较有代表性——先基于财务报表构建 9 个指标：应收账款变动率 - 销售收入变动率、资本支出行业均值变动率 - 本企业资本支出变动率、税率变动影响、员工平均销售收入变动率、销售费用和管理费用变动率 - 销售收入变动率、存货核算方法、存货变动率 - 销售收入变动率、销售收入变动率 - 尚未交付订单的变动率、销售收入变动率 - 毛利变动率；再赋予这些指标一定的权重，从而更精确地衡量企业盈利质量。[③]

此外，海外学者也热衷于盈利质量与公司治理关系的研究，例如：股权结构与盈利质量的关系，尤其是机构投资者持股及管理层持股对盈利质量的影响、控股股东对关联交易的影响进而关联交易对盈利质量的影响。

通过海外文献梳理看出，海外学者对盈利质量进行了较多方面的研究，包括盈利质量的定义、主要特征、计量评价方法，盈利质量与现金流量、主营业务、公司治理的关系等，采用的实证数据也较多，但多数学者似乎偏好

---

① Uma Velurya, David S. Jenkinsb, "Institutional Ownership and the Quality of Earnings," *Managerial Finance* 59 (2006): 1043 - 1051.

② Ariel Markelevich, Charles A. Barragato, "Earnings Quality Following Corporate Acquisitions," *Managerial Finance* 34 (2008): 304 - 315.

③ Rani Hoitash, Jean C. Bedard, Udi Hoitash, "Material Weakness Remediation and Earnings Quality: A Detailed Examination by Type of Control Deficiency," *AUDITING: A Journal of Practice & Theory* 31 (2012): 57 - 58.

在盈利质量的某一侧面进行研究，而有意忽视对盈利质量评价进行全方位的总结研究。

（二）国内文献梳理

国内关于盈利质量的研究起步较晚，国内学者同样对盈利质量缺乏统一定义，通过各自界定、各有侧重的方式，进行分析评价。有些学者侧重于利润表中的利润构成，如主营业务盈利能力的稳定性及在利润总额中的比重，有些学者侧重于非经常性损益，还有的学者侧重于净利润与经营性现金流量的差异，然后通过政策引导、经验判断及综合评价等相关方法来评价盈利质量。

杨柳认为，企业盈利质量既受会计政策、会计估计影响较大，也受公司治理结构、公司经营影响较大。其中，治理结构的影响途径主要是委托代理机制以及股权集中度，公司经营的影响途径主要是关联交易及风险管理，从而控制和操纵公司盈利。①

安冬梅认为，上市公司盈利质量的核心要素有盈利的可靠性、成长性和获现性，因此可选取销售现金毛利率、销售净现率、净利润增长率、净利润现金比率、净资产收益率和净资产现金回收率这六个指标作为上市公司盈利质量的衡量指标。②

杜潇通过选取多家持续经营的上市公司，将净利润作为因变量、现金流量作为自变量、规模作为控制变量，建立一个多元一次回归方程进行检验。结果显示，盈利质量和经营活动产生的现金流呈正相关性，与投资活动产生的现金流呈负相关性，而对筹资活动产生的现金流则反应不显著。③

通过国内文献梳理看到，国内关于盈利质量的特征、评价方法研究可谓成果丰硕，学者从不同的角度、不同的侧重点挖掘了盈利质量的内涵，运用

① 杨柳：《上市公司盈利质量分析》，《商品与质量》2012 年第 8 期，第 63 ~ 64 页。
② 安冬梅：《浅议上市公司盈利质量分析》，《金田》2013 年第 2 期，第 247 页。
③ 杜潇：《我国上市公司现金流量和盈利质量的实证研究》，《科教文汇》2010 年第 5 期，第 197 ~ 200 页。

不同的方法进行评价分析，并运用实证数据对盈利质量与现金净流量、控股股东、公司治理、董事会治理等因素的相关性进行了验证。

三　影响盈利质量的主要因素分析

（一）会计政策与会计准则

会计政策指企业进行会计核算和编制会计报表时所采用的具体原则、方法和程序，在较多情况下，相同的经济业务允许采用多种会计处理方法，导致不同企业可能选择不一。会计估计指对结果不确定的交易或事项以最近可利用的信息为基础所做出的判断，同一经济业务即使采用相同会计处理方法，也会因为会计人员不同的主观判断即会计估计不同而出现不同的处理结果。因此，不同的会计政策和会计估计必然带来不同的会计信息，从而给企业的盈利质量带来重大影响。

另外，我国会计制度起步较晚，和西方成熟会计制度相比，存在内容不全、执行不力、惩罚过轻等缺陷。不完善的会计制度自然给一些缺乏诚信的企业留下做假空间，使会计信息变得不真实、不可靠，经过造假粉饰、人为调节的财务报表，表面上看盈利水平良好，但实际上盈利质量可能很低。因此，完善的会计准则将有利于盈利质量的提高。不可否认，2014 年新会计准则的修订，显著完善了我国会计制度，提高了我国企业的会计信息质量，但仍不可避免地存在一些缺陷，进而影响盈利质量进一步提升。

1. 无形资产的资本化

新会计准则将企业研发分为研究阶段和开发阶段，并对研究阶段和开发阶段进行了明确的规定，但究竟如何判断研究阶段和开发阶段，仍要靠人为主观区分。对于一些高科技企业，新的技术和产品的研发尤为重要，但研究阶段和开发阶段很可能紧密相连或者相互穿插，导致会计人员很难把二者有效分开。

研究和开发的难以区分，在很大程度需要会计人员的主观判断，从而给一些企业造假和盈利操纵留下空间。实践中，一些想增发配股的上市公司，为了实现净资产收益率三年达到标准以上，就把原来应该归于开发阶段的开销调整到研究阶段，即开发支出费用化，从而降低企业的净资产规模，实现提高净资产收益率的目的。这些行为必然对企业盈利质量产生不良影响。

2. 历史成本计量

新会计准则规定，企业计量会计要素时，一般需采用历史成本，从而奠定了历史成本计量在我国会计计量中占主导地位。在坚持以历史成本计量为基础的前提下，再引入重置成本、可变现净值、现值和公允价值等其他计量手段，这导致我国计量原则的局限性。如果发生通胀波动和币值不稳定，历史成本将难以真实反映企业的资产规模，难以体现企业真实的财务状况和经营业绩，从而削弱了会计信息的有用性，影响了企业的盈利质量和利益相关方的决策。

3. 固定资产减值损失转回

新会计准则规定，固定资产减值损失一经确定，在后续会计期间不得转回，从而有效阻止了企业利用固定资产减值损失转回来操纵利润的可能性，减少了会计造假，但也限制了一些确实需要转回的企业。尤其对于固定资产规模较大的企业来说，如果确有转回需要而不能转回其资产减值损失，将在较大程度上影响其盈利数据，盈利信息自然不能反映其真实的盈利水平，从而影响其盈利质量和利益相关方的决策。

4. 借款费用资本化

新会计准则扩大了借款费用资本化的范围，规定企业发生的借款费用含专门借款和一般借款，可直接归属于符合资本化条件的资产的购建或生产的，应当予以资本化，其他借款费用，应当在发生时根据其发生额确认为费用。其中，“符合资本化条件的资产”是指“需要经过相当长时间的购建或者生产活动才能达到预定可使用或者可销售状态的固定资产、投资性房地产和存货等资产”。相比旧准则，新准则一方面扩大了借款费用可予以资本化的范围，不仅包括专门借款，还包括一般借款；另一方面扩大了符合资本化条件的资产范围，不仅包括固定资产，还包括各种长期性资产。一般情况下，企业借入资金后都是混合使用的，符合资本化条件的专门借款究竟有多少用于短期投资、产生了多少收益，符合资本化条件的资产又占用了多少一般借款，很难区分，也没有必要区分，这就给企业留下了较大的操纵空间，进而影响实际利润、影响盈利质量、影响利益相关方决策。

（二）公司治理结构

1. 股权结构

我国资本市场后股权分置改革的最大遗憾是股权结构问题，目前上市公司股权结构过于集中，大股东或实控人常常一股独大。由于公司的决策和管理人员的任命是由股东大会来决定的，所以股东持有的股份比例越大，进行决策的影响力也就越大。在大股东一股独大的情况下，控股股东就能凭借自己的优势地位，选举对自己有利的人进入管理层，实现对公司的完全控制，这就极大地弱化了管理层与股东之间的制衡机制，进而引发私利行为或对公司的正常经营造成负面影响，并难以避免地降低公司的盈利质量。

2. 关联交易

关联交易在市场经济条件下广为存在，从有利的方面讲，交易双方因存在关联关系，可以节约大量商业谈判等方面的交易成本，并可运用行政的力量保证商业合同的优先执行，从而提高交易效率。从不利的方面讲，由于关联交易方可以运用行政力量撮合交易的进行，从而可能使交易的价格、方式等在非竞争的条件下出现不公正情况，形成对股东或部分股东权益的侵犯，也易导致债权人利益受到损害。利用关联交易来操纵盈利是上市公司常用的一种方式，如虚增业绩、粉饰报表，从而大大降低了上市公司的盈利质量，影响了利益相关方决策。

（三）公司持续经营能力

1. 资产质量

资产指由企业过去的交易、事项形成并由企业拥有或控制、预期会给企业带来经济效益的资源，带来经济效益的大小决定资产质量高低，不能带来经济效益的资源则不能称为企业的资产，或称为劣质资产，最终通过转为费用或损失的方式，降低企业利润，因此资产质量决定盈利质量。现实中，过多应收账款必然拖累企业资产质量，从而拉低盈利质量。

2. 利润构成比例

企业利润由营业利润和营业外收支构成，而营业利润则由主营业务利润、投资收益、公允价值变动损益、扣除费用以及资产减值损失得出，显而易见，主营业务利润是营业利润的主要组成部分。由于企业的主营业务具有稳定性、持续性的特点，主营业务产生的利润、营业利润也具有较强的稳定性和持续性。有理由相信，营业利润占企业利润的比例越高，盈利的持久性越好，盈利质量也越高。

3. 成长性

企业的成长性指企业在自身的发展过程中，通过生产要素与经营成果变动速度间的优化而获得企业价值的增长能力。根据行业生命周期的发展规律，初创期企业若产销对路，成长性较高，持续经营能力强，则盈利质量也相对较高；成熟期企业成长性下降，但仍具有稳定的经营能力，盈利质量同样较高；衰退期企业则随时可能进入负增长，从而盈利质量堪忧。

（四）公司财务风险

公司的财务风险是指公司财务结构不合理、融资不当使公司丧失偿债能力的可能性。负债经营是现代企业的一种常用策略，负债经营不仅可以弥补自有资金的不足，还可以用借来的资金进行扩大再生产，创造更多盈利。但负债经营也有两面性，如果借入资金不能产生效益，导致企业不能按期还本付息，就会使企业付出高昂的经济和社会代价，甚至影响企业的正常运营，从而降低企业的盈利质量。

财务风险可以简单地用财务杠杆系数来衡量，即普通股每股税后利润变动率相对于息税前利润变动率的倍数。一般情况下，财务杠杆系数越低，公司的财务风险也就越小，盈利质量也就越高，反之盈利质量越低。

四　上市公司盈利质量评价的内容

盈利信息是会计信息的一部分，并且是会计信息中最重要的部分，因此会计信息的质量直接决定着盈利信息的质量，会计信息的质量特征也是盈利的质量特征。根据美国 FASB 对会计信息质量特征的定义，可靠性和相关性是会计信息的首要质量特征，因此，盈利质量的特征也应以决策有用性为导向，以可靠性和相关性为首要质量特征。

综上，盈利质量的特征应该在可靠性和相关性的基础上结合盈利质量的影响因素进行界定，根据可靠性和相关性的属性特征来进行综合分析和细化，盈利质量的特征应包括真实性、可靠性、持续性、成长性和盈利能力五方面。

（一）盈利的真实性

真实性是企业盈利质量的基础，若缺乏真实性，企业的盈利质量便无从谈起。然而盈利真实性又很难用具体的指标量化，主要通过注册会计师的审计结果、财务报表公布日期的早晚以及是否更换会计师事务所等相关信号综合判断。盈利真实性的信号与判断见表 2。

表 2　盈利真实性的信号与判断

重要信号	判断
审计报告公布日期较晚，报告中含有异常措辞，提及的重要不确定性	存在一些结果具有高度不确定性的事项，导致管理层与外部审计师意见不一致
存在非流动资产处置所得、债务重组利得、捐赠收入等较多的一次性收入	利用一次性收入来进行利润调节，以缩小实际盈利与预期盈利的差距
在某些会计事项处理上选用的会计政策或者会计估计发生了变更	如果不是经济状况发生了变化确实需要对一项新的业务采用新的会计政策，就涉嫌利润操纵
应收账款异常增加，增加的比例显著高于以往经验值	可能改变了信用政策，或者资产规模扩大，但也不排除利用应收账款进行盈利操纵
账龄较高的应收账款不计提坏账准备或者计提比例不足	涉嫌虚增利润，导致未来发生坏账的可能性较高
关联方交易导致营业外收支净额异常	利用协议定价来进行关联企业之间的利润转移

（二）盈利的可靠性

利润表上的盈利以权责发生制为基础核算，并不一定伴随有真实现金的流入，常常成为盈利造假的重要来源，因此没有现金流为基础的盈利缺乏真实感，企业盈利质量不仅要考察盈利的真实性，还要考察盈利的可靠性。盈利的可靠性指标见表3。

表3　盈利的可靠性指标

指标名称	计算公式	涵义
净利润现金流量比	经营活动产生的现金净流量/净利润	净利润所获得的现金流保障程度，比率越高，盈利的可靠性越高
销售收入现金流量比	经营活动产生的现金净流量/销售收入	销售收入实际转化为现金的能力，比率越高，变现能力越强，可靠性越好，反之，收入可能多数是以应收或其他不能变现的形式存在，盈利的可靠性较差
营业利润现金流量比	经营活动产生的现金净流量/营业利润	营业利润所能获得的现金流保障程度，比率越高，盈利的可靠性越好，但通常该比率在企业进入成熟期后达到一个相对稳定的比例关系
净资产现金流量比	经营活动产生的现金净流量/净资产	净资产所获得的现金流保障程度，比率越高，保障程度越高，盈利的可靠性越好

（三）盈利的持续性

盈利的持续性是企业能持续、长久经营的前提，但不同的盈利构成、不同资产贡献对盈利的持续性具有不同影响。在识别、分析企业盈利的真实性和可靠性之后，进一步分析盈利构成、资产贡献影响，以判断盈利的持续性已经成为不可或缺的部分。盈利的持续性指标见表4。

表4　盈利的持续性指标

指标名称	计算公式	涵义
营业利润占比	营业利润/利润总额	主营业务利润在利润构成中的比重，比率越高，企业盈利越稳定，盈利质量也越好
非经常性损益占比	非经常性损益/利润总额	非主营业务在利润构成中的比重，比例越低，企业盈利越稳定，盈利质量也越好

续表

指标名称	计算公式	涵义
流动资产周转率	营业收入/(期初流动资产+期末流动资产)/2	流动资产为企业创造营业收入的能力,比率越高,流动资产的创收能力越强,企业盈利越稳定,盈利质量也越好

(四)盈利的成长性

在企业持续经营过程中，生产经营条件及其利用程度能否逐年有所进步、竞争力变化情况，均关系到企业的发展前景，盈利的成长性是企业发展的重要指标，因此盈利的成长性同样关系到企业盈利质量的高低。盈利的成长性指标见表5。

表5　盈利的成长性指标

指标名称	计算公式	涵义
营业利润增长率	(本年度营业利润－上年度营业利润)/上年度营业利润	企业在一定时期内盈利的变化情况,比率越高,企业盈利成长性越高,预示盈利质量越好
经营性净现金流增长率	(本期经营性净现金流－上期经营性净现金流)/上期经营性现金净流量	企业经营性净现金流的变化情况,指标为正,反映企业成长性较好,从而盈利质量较高
总资产增长率	(年初资产总额－年末资产总额)/年初资产总额	资产是盈利的基石,比例越高,企业资产增长越快,预示企业的盈利成长性越高,盈利质量也越好
每股收益增长率	(本期每股收益－上期每股收益)/上期每股收益	在总股本不变的情况下,指标越高,企业的盈利成长性越高,预示盈利质量越好,在证券投资中,每股收益更直观

(五)盈利能力

盈利能力衡量企业在一定时间内通过自有资产取得多大回报的能力，是盈利质量的核心之一，也是债权人和股东的终极关注点。债权人关注盈利能力，主要是基于资金的安全性考虑，如果企业盈利能力强，便有能力去偿还债权人的债务，反之其债权的安全性将很难得到保障。股东关注盈利能力，是考虑自己投入的本金能够赚取多少收益。盈利能力指标见表6。

表6　盈利能力指标

指标名称	计算公式	涵义
净资产收益率	净利润/平均净资产	股东权益的回报程度，指标越高，权益资本的投资报酬越高，企业盈利质量也越高
总资产净利率	净利润/平均资产总额	总资产为企业创造的回报程度，指标越高，基于有形资产所能为企业带来的收益越高，企业盈利质量也越高
销售净利率	净利润/营业收入总额	基于销售所能为企业实现的收益程度，指标越高，收益率越高，企业盈利质量也越高
每股收益	（净利润 - 优先股股利）/年末发行在外的普通股份总数	在总股本不变的情况下，指标越高，每一股的盈利能力越强，预示企业盈利质量越好，在证券投资中，是最直观指标

（六）盈利质量评价内容构建

通过上述盈利质量五大特征分析，构建盈利质量评价内容体系如图1所示。

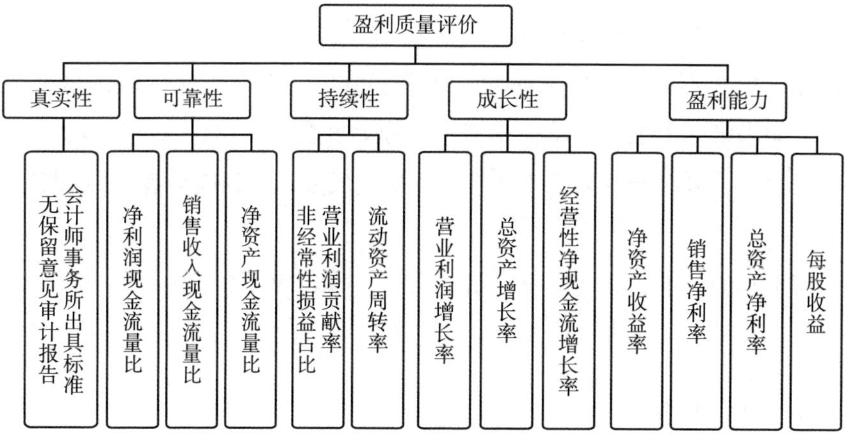

图1　盈利质量评价内容体系

五　上市公司盈利质量评价的方法

（一）主成分分析法

采用降维的原理，对原先提出的所有变量，建立尽可能少的新变量，使得这些新变量两两不相关，以使用较少的指标来涵盖原始变量所表达的大部分信息。

具体表述为：

$$
\begin{aligned}
E_1 &= a_{11}Z_1 + a_{12}Z_2 + a_{13}Z_3 + \cdots a_{1p}Z_p \\
E_2 &= a_{21}Z_1 + a_{22}Z_2 + a_{23}Z_3 + \cdots a_{2p}Z_p \\
&\cdots\cdots \\
E_n &= a_{n1}Z_1 + a_{n2}Z_2 + a_{n3}Z_3 + \cdots a_{np}Z_p
\end{aligned}
$$

其中 a_{ij} 为系数矩阵，Z_1、Z_2、Z_3……Z_P 为老变量，E_1、E_2、E_3……E_n 为新变量，即原本具有相关性的老变量 Z_1、Z_2、Z_3……Z_P，通过矩阵与系数的重新组合后，新变量 E_1、E_2、E_3……E_n 却相互独立，不再相关，从而构成主成分。

之后再用方差值方法考量主成分能够在多大程度上表述原始变量的信息，方差值越大，解释力越强。假设 E_1 为进行线性分析之后组合成的第一个变量，则 E_1 就是第一个主成分，通常它所包含的原始变量的信息也是最多的。如果第一个主成分没有能够表示原始变量 Z_1、Z_2、Z_3……Z_P 包含的大部分信息，可以选取第二个甚至第三个主成分，直到能够表示原始变量的信息为止。

新生成的各主成分之间应当相互独立，即 COV（E_1，E_n）$=0$，我们可以通过一个成分的协方差矩阵检验其是否符合要求。

（二）熵值法

熵是对不确定性的一种度量，信息量越大，不确定性就越小，熵也就越小；信息量越小，不确定性越大，熵也越大。计算熵值可以判断一个事件的随机性及无序程度，也可以判断某个指标的离散程度，指标的离散程度越大，该指标对综合评价的影响就越大。

决策矩阵如下：

$$D = \begin{bmatrix} x_{11} & x_{12} & \cdots & x_{1m} \\ x_{21} & x_{22} & \cdots & x_{2m} \\ \cdots & \cdots & \cdots & \cdots \\ x_{n1} & x_{n2} & \cdots & x_{nm} \end{bmatrix}$$

其中 x_{ij}为第 j 个指标属性下第 i 个对象的指标值。

第一步，计算第 j 项指标下，第 i 个评价对象的特征比重或者贡献度，公式如下：

$$p_{ij} = \frac{x_{ij}}{\sum_{i=1}^{n} x_{ij}}, i = 1,2,\cdots,n; j = 1,2,\cdots,m$$

第二步，计算第 j 项指标的熵值 e_j，即所有评价对象对第 j 个指标的贡献总量，公式如下：

$$e_j = -k\sum_{i=1}^{n} p_{ij}\ln p_{ij}$$

其中常数一般取为：$k = 1/\ln n$，这样能保证 $0 \leqslant e_j \leqslant 1$。当某个指标属性下各个评价对象的贡献度趋于一致时，e_j趋于 1。由于贡献度趋于一致，说明该指标属性在决策时不起作用，特别是当全相等时，可以不用考虑该目标属性，即该目标属性的权重可看作 0。

第三步，计算指标 x_j的差异性系数 g_j

$$g_j = 1 - e_j$$

g_j越大，越重视该项指标的作用。x_{ij}的差异性越小，则 e_j越大，当全部相等时，$e_j = e_{max} = 1$ （$k = 1/\ln n$），此时对于系统间的比较，指标 x_j毫无作用；当 x_{ij}差异越大，e_j越小，指标对于系统的比较作用越大。

第四步，确定权重系数

$$w_j = \frac{g_j}{\sum_{i=1}^{m} g_i}$$

权重 w_j 为经过归一化后的权重系数。

六　F 公司案例分析

F 公司成立于 1999 年，主营科技，2008 年首发融资 3.39 亿元，此后 6 次通过资本市场再融资，累计金额 79.3 亿元，现已成为科技行业典型公司、安徽省知名上市公司，但近年来屡遭市场财务质疑。

分析看到，F 公司上市前三年即 2005 年总资产仅 1.68 亿元，净利润仅 0.1 亿元，此后逐年增长，14 年之后的 2019 年，公司实现总资产 201 亿元，CAGR 为 45.97%，净利润 9.43 亿元，CAGR 为 17.29%，应该说较为靓丽；以国资委口径计算，上市后公司平均 ROE 和平均总资产报酬率急剧下滑，且连续 7 年不能止跌，平均 ROE 从最高 36% 跌至最低 6.3%，这应该与上市后公司持续再融资有关，好在 2018 ~ 2019 年出现止跌反弹，2019 年公司实现平均 ROE 显著回升至 9.46%，在安徽上市公司中处于中位数水平。总之，以公司规模成长与国资委口径下盈利能力的不同表现，很难评价 F 公司的盈利质量，因此有必要对 F 公司做进一步分析。

对比同样是科技行业典型公司的海康威视可以看到，海康威视成立于 2001 年，2010 年首发上市，均晚于 F 公司，不同的是，海康威视首发融资 34 亿元，远超 F 公司，但此后再未通过资本市场进行任何股权融资，从而累计融资金额又远低于 F 公司。上市前三年的 2007 年，海康威视总资产 8.72 亿元，净利润 3.65 亿元，12 年后的 2019 年，海康威视实现总资产 753.58 亿元，CAGR 为 73.51%，净利润 124.65 亿元，CAGR 为 49.13%，均显著超过 F 公司（见图 2、图 3）。更重要的是，上市以来海康威视平均 ROE 和平均总资产报酬率非常高，比如 ROE 一直在 30% 以上且保持稳定，相比较来看，F 公司的盈利能力存在较大差距。

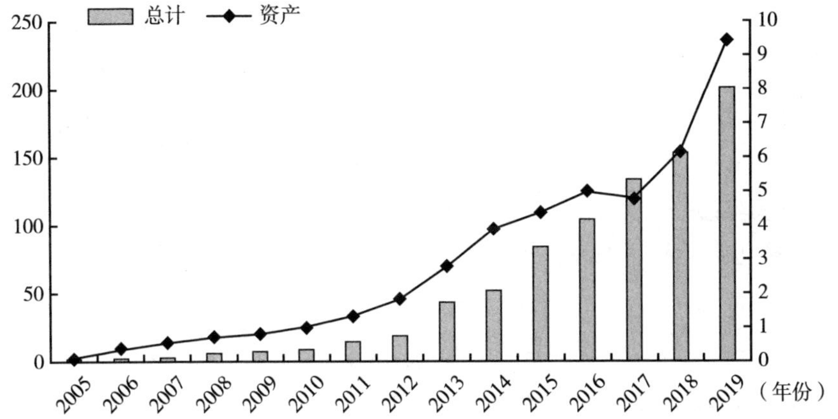

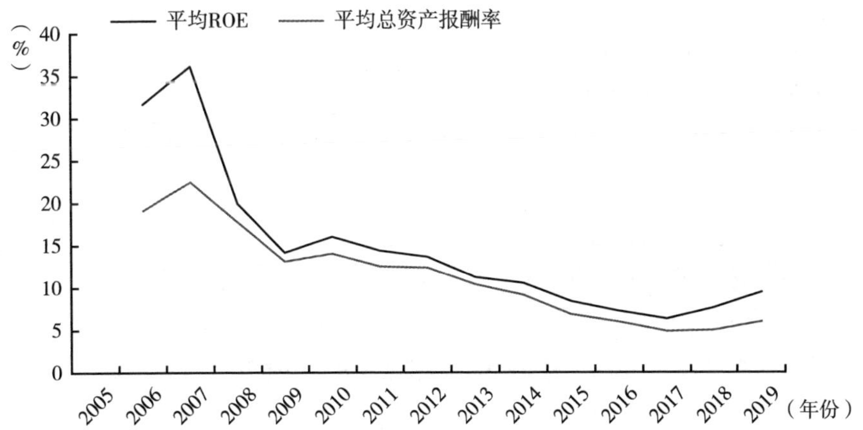

图 2　F 公司的规模成长与盈利能力

除了盈利能力差异，分析还看到，首现，F 公司历年政府补贴较大，占比较高，至 2019 年占净利润比例接近 80%；其次，F 公司应收账款较

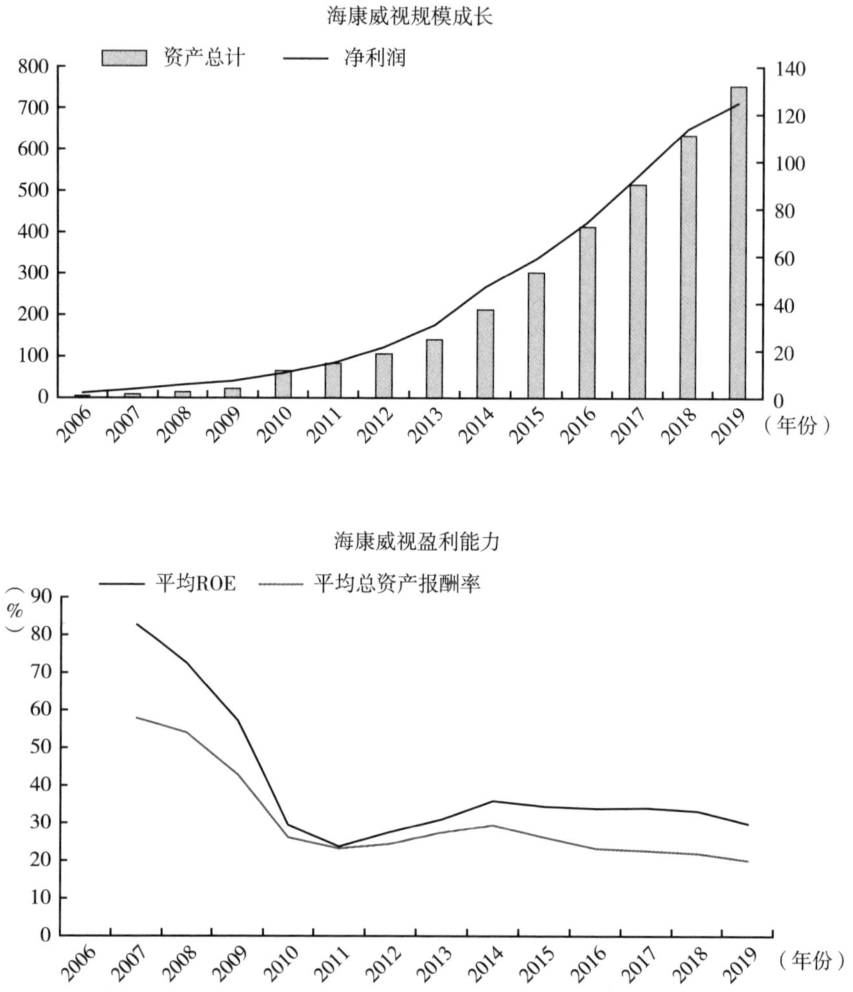

图 3　海康威视的规模成长与盈利能力

大、研发费用资本化程度较高，这导致公司或有资产逐年增长，2019 年占总资产比例已高达 55%，这些均有违盈利的真实性（见图 4）。此外，F 公司现金流不稳定，尤其投资活动现金流呈持续大幅净流出趋势，2019 年如果不是筹资活动带来的现金流大幅增长，总现金流很可能入不敷出，从而违背了盈利的收现性（见图 5）。接下来，F 公司盈利的持续性、成长性、盈利能力均要大打折扣。总之，F公司未来盈利质量有待大幅提高。

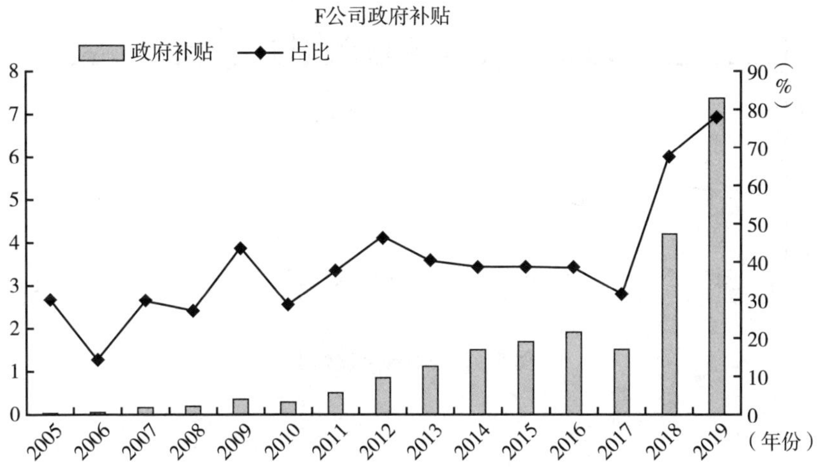

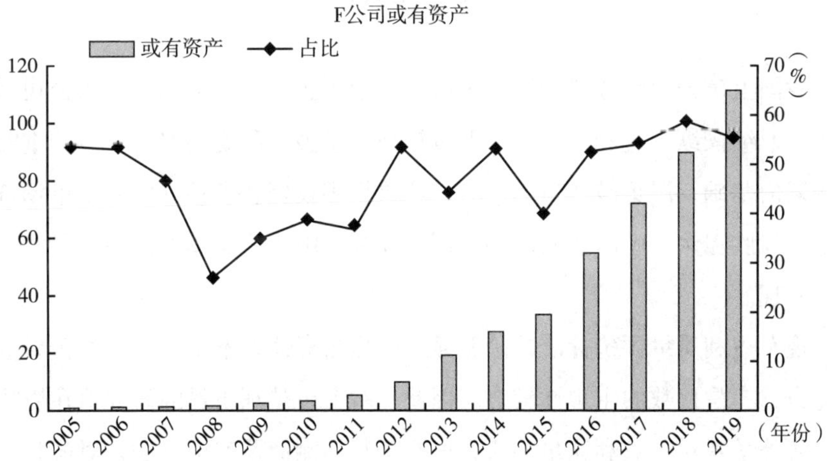

图4　F公司政府补贴和或有资产情况

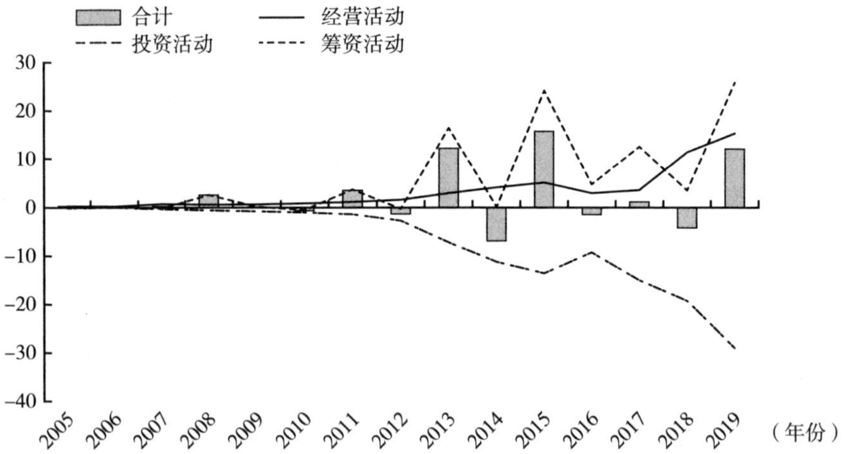

图 5　F 公司现金流情况

七　总结

我国上市公司财务造假层出不穷，屡禁不止，愈演愈烈，上市公司财务造假、业绩操纵、盈利质量低下严重挑战信息披露制度的严肃性，严重毁坏市场诚信基础，严重破坏市场信心，严重损害投资者利益，阻碍了市场价值发现、优胜劣汰、政府考核激励作用的发挥，阻碍了实体经济高质量发展目标的实现。

现有盈利质量评价标准缺陷明显：一是指标体系不全，二是过于看重盈利能力，三是权数的主观性较强。因此，对上市盈利质量的研究迫在眉睫。

海外学者对于盈利质量的研究偏好于某一侧面及实证方法，对盈利质量评价全面系统的研究相对较少。国内学者虽然从不同的角度、不同的侧重点，运用不同的方法进行全方位评价分析，试图挖掘盈利质量的真正内涵，但受国内资本市场成熟度不高、自身研究的功力差异制约，最终结论的差异性较大。

本报告研究发现，影响上市公司盈利质量的主要因素有：1. 会计政策和会计准则，总结为无形资产的资本化、历史成本计量原则的局限性、固定资产减值损失的转回、借款费用资本化四方面；2. 公司治理结构，总结为股权结构高度集中，即一股独大现象严重，以及关联方交易问题严重两方面；3. 公司持续经营能力，总结为资产的质量、利润的构成比例、成长性三个方面；4. 公司财务风险，主要体现为财务结构和财务杠杆。

结合会计信息质量特征，进一步分析得出盈利质量的特征，应包括真实性、可靠性、持续性、成长性和盈利能力，并据此构建会计师事务所是否出具标准无保留意见审计报告、净利润现金流量比、销售收入现金流量比、净资产现金流量比、非经常性损益占比、净资产周转率、营业利润增长率、经营性净现金流增长率、每股收益增长率、净资产收益率、销售净利率、总资产净利率、每股收益等 13 项盈利质量评价指标体系。

提供两种确定指标权重的客观赋权方法——主成分分析法和熵值法。其中，主成分分析法的特点是可以消除评价指标之间的相关影响，减少指标选择工作量；熵值法的特点是具有较高的可信度和精确度，但缺乏指标间的横向比较，权数依赖于样本数大小。

最后，用文中分析方法对 F 公司盈利质量进行具体案例分析，并与行业领先企业海康威视进行比较后认为，F 公司盈利质量有待提高。

B.12 资本市场促进安徽科技创新发展对策研究

尹沿技*

摘　要： 本报告以回顾国外典型发达经济体支持科技创新的成功经验为基础，结合安徽省资本市场和科技创新的发展现状，对安徽省当前在资本市场支持科技创新路径的过程中长期存在的问题进行了研究，最后从政府和企业的角度出发，为资本市场更好的支持安徽科技创新发展提出对策建议，以寻求适合安徽省的最优发展路径。

关键词： 资本市场　科技创新　新兴产业

一　导论

（一）资本市场与科技创新的天然联系

实施创新驱动发展战略是当下最重要的任务之一，创新驱动发展已成为国内共识。科技创新一般都具有资金投入大、风险高、研发周期长的特征，所以资本市场在对科技创新的支持方面起到至关重要的作用，尤其是以资本市场为中心的直接融资体系要比以银行为主的间接融资体系更关键，因为科技创新需要的就是风险承受能力较强的长期投资。资本市场与科技创新的天然联系主要体现在三个方面。首先，资本市场能够为科技创

---

* 尹沿技，华安证券研究总监、研究所所长。

新企业提供全方位全生命周期的融资服务。以美国为例，美国科技创新企业的直接融资在整个融资体系中占到80%，其中股权融资更是接近50%，形成了以主板市场、二板市场、场外股权交易市场、风险投资和私募股权为架构的多层次市场体系，能够有效覆盖处于不同发展阶段的科技创新企业，为其提供融资服务。苹果公司作为全球市值排在前列的科技公司，是美国资本市场支持科技创新企业走向成熟的典型案例。苹果在初创期接到首批订单时因缺乏启动资金，向当地银行申请贷款被拒绝，后来在1977年，红杉资本和某天使投资人对苹果投入75万美元才使其二代的计算机研发得以持续开展。到了1980年，苹果公司在纳斯达克上市，IPO融资数额仅次于美国第一大IPO福特汽车，高达1亿美元，对苹果的发展壮大起到了决定性作用。其次，由于科技创新具有的高风险和高不确定性的固有特征，拥有更长投资期限和更高风险偏好的资本市场才显得尤为匹配。股权融资的钱是不存在“还本付息”的财务风险的，股东通过持有对公司未来现金流的剩余索取权按照持股比例分享企业的经营利润或红利，并为此承担投资风险。通过股权融资，科技创新企业可以有效降低负债并优化资本结构，从而让企业的财务压力有效减轻，为研发提供长期稳定的资金支持。再次，资本市场还可以有效规范企业的公司治理，倒逼公司治理水平提升，约束企业聚焦主业，避免短期投机行为发生，防止企业“脱实向虚”。同时，通过股权激励、员工持股等制度，也可以有效激发企业员工的创新热情和动力，形成良性循环。

具有核心竞争力的科技创新企业对资本市场的发展壮大同样有促进作用。以纳斯达克市场为例，最初它只是专门为那些无法在纽交所上市的中小型高科技企业提供场外交易服务，后来纳斯达克伴随着美国的一系列新型科技产业革命，不断根据市场和科技创新型企业特征的变化做出相应调整，但它自始至终都定位于服务创新经济，让那些规模尚小和尚未盈利的科创型企业获得了极大的融资支持。纳斯达克市场不断向纽交所看齐，其中纳斯达克全球精选市场的上市标准在经历过两次分层改革后，与纽交所基本同步，这也成为那些在纳斯达克市场壮大起来的科技巨头仍愿留在那里的原因之一。直到目前，美股中市值最高的六家公司都来自纳斯达克。

（二）研究背景

进入21世纪后，新一轮科技革命悄然拉开序幕，科技创新开始为全球经济结构转型升级注入动力。当前中国正处于新旧动能转换的节点，在这样的历史性机遇下，发展科技创新、产业结构升级必将成为重启经济增长活力的根本途径。习近平总书记在党的十九大报告中指出，创新是引领发展的第一动力，是建设现代化经济体系的战略支撑。一个国家要强盛、要复兴，就一定要大力发展科学技术；一个企业想突破发展瓶颈、解决深层次矛盾和问题，根本出路也在于创新。

国家政策的大力支持使我国科技创新产业发展较快，在一些重要领域比如5G、智能手机、动力电池等已经走在了世界前列。而科技发展需要大量的资金支持，2019年初习近平总书记在中央政治局第十三次集体学习时强调，金融是国家重要的核心竞争力，金融安全是国家安全的重要组成部分，金融制度是经济社会发展中重要的基础性制度。资本市场作为金融供给侧改革和支撑科技创新企业发展的重点领域，在2019年终于也迎来了改革的大年，从科创板注册制、再融资制度改革到股指期权上市，都显示出改革的信心。而后续预计改革仍将持续加速，这意味着中国的资本市场有望迎来最好的时代。对于初创型、资金密集型的科技企业来说，资本市场和科技创新领域的进一步结合，无疑有望缓解企业的融资压力和打通科技企业全生命周期的融资渠道，为科技企业注入持续动力。

（三）研究意义

当前科技与资本市场的联动效率正成为我国经济增长模式、实现创新型国家的重要环节和实体经济高质量增长的保障。作为中部省份的安徽省，具备良好的科技金融发展基础，也是中东部地区经济发展的中坚力量，具备巨大的后发潜力，但从发展的整体程度来看，与国内发达省份仍然有着明显的差距。本报告希望通过研究国内外以及安徽省当前的资本市场和科技创新企业的发展路径，深入了解在发展过程中存在的问题与制约因素，寻求有效对策进行协调发展，从而在政府更好地实施科技金融政策、金融机构提供更好的服务、科技企业选择更好的融资方式等方面具有实践指导意义。

二 他山之石：国外资本市场支持科技创新的经验

发达国家在资本市场与科技创新互动方面已经取得了显著的成效，它们的实践经验对正处于产业转型期的中国具有重要的参考价值。从全球发展资本市场与科技创新的路径来看，美国具有高度灵活性和包容性的多层次资本市场成为其他国家模仿学习的典范。另外，日本和以色列作为成功的创新型亚洲国家代表，也形成了符合各自国情的资本市场支持科技创新的模式。本部分以美国的成功经验为主，以日本和以色列促进科技创新发展的典型资本市场为辅，通过分析各资本体系较为完善的经济体市场的背后演进逻辑，为我国提供可借鉴的成功之道。

（一）美国资本市场支持科技创新经验

1. 股权融资大发展

从金融支持角度看，在美国那一轮经济转型和产业升级过程中，以股权融资为代表的直接融资发挥了重要作用。20 世纪 70 年代至 80 年代前期，受利率高企和市场化改革影响，美国股权融资占比下降至 35% 的低位。随着 80 年代后期美国完成利率市场化改革，利率水平回落，资金从银行存款流出，银行贷款融资下滑。同时，随着产业结构转型，更能满足企业融资需求的股权融资取得了迅猛发展，股权资本不断地注入科技、金融、消费领域，第三产业和信息业高速崛起，结构优化速度也明显加快。到 2000 年，在美国“新经济”完成的背景下，股权融资继续大力支持第三产业和高科技产业的发展，股权融资占比大幅上升至60%左右，直接融资占比上升至85%左右。股权融资比重的变化趋势，与美国先进制造业占GDP比重的变化趋势吻合。

对于美国的科技产业来说，20世纪90年代的科技创新浪潮是整个产业走向繁荣的关键时期，在此期间，美国诞生了一大批高科技企业，大量科技型初创企业在风险资本推动下，最终成长为全球性的跨国集团。其中，股权融资的作用功不可没。股权投资者有明确的高风险偏好，与商业银行更偏好运作成熟、风险低的大型传统制造企业的模式迥异，与先进制造企业、科技创新企业高风险、高回报的性质天然适配。股权投资机构除了提供融资之外，还为企业提供经营管理、财务、资源整合、市场推广等多元化服务，扶持企业完成技术和产品从研发到商业化的全过程，最终通过资本市场风险补偿机制实现投资回报。因此，从美国的实践经验来看，大力发展股权融资是产业结构升级的客观要求。

2. 多层次资本市场结构不断完善

美国拥有世界上最发达的股票市场体系，经过长期发展，形成了如今全国性与区域性相协调的场内与场外交易相结合的体系，能够为处在不同发展阶段有不同需求的企业提供多样化的融资服务。美国股票市场体系呈现以下特点。

第一，多层次性。由多个不同上市标准的市场构成，主要分为全国性、地区性交易所市场和场外交易所市场，每一个交易所市场下又有更为细致的市场分类。为了满足不同企业和投资者的融资或投资需求，每个层次的交易市场都设置了相对应的标准供目标不同的投资者选择，做到市场与需求一一对应。

第二，不同层次市场实行“优胜劣汰”转板机制，便于不同层次市场实现无缝对接。一些在层次较低市场得到发展壮大的公司，如果符合高层次市场的有关上市条件，即使不满足高层次市场的上市标准，只要符合其他资本市场要求的，也可以在其他资本市场中申请挂牌。以美国场外柜台交易系统（简称OTCBB）为例，只要股东超过300名、价格在4.5美元左右、净资产超过400万美元，就可以申请转移到更高层次的纳斯达克市场。

第三，美国多层次股票市场的基础是场外交易市场，其中每一个场外交易市场可以细化为不同层次的市场，这样细化的优势能吸引较多的不同层次的企业上市，进一步优化市场结构，繁荣市场。美国多层次的资本市场如图1所示。

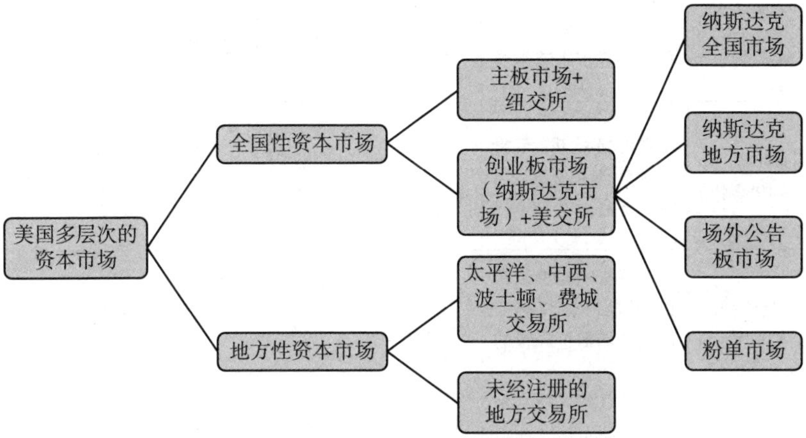

图1　美国多层次的资本市场

资料来源：华安证券研究所。

第四，退市制度完备。以纳斯达克为例，为了保证上市公司的质量，纳斯达克的退市标准一直异常严格。在演进过程中，纳斯达克的退市制度会根据市场环境的变化而不断改进，规定以有形资产净值、总资产、总收入、流通股、市值等持续上市的最低标准，以及最低股价要求和宽限期，为上市公司带来动力和压力的同时也为他们充分考虑到市场环境的变化，为大家赢得了时间。而这些举措的设立无疑也能为风险投资的撤离奠定基础，实现风投与股市的相互联动。

3. 成熟的风险投资市场

在美国的资本市场发展中，风险投资对科技创新的作用举足轻重，而美国也是风险投资的起源地，已经历了漫长的发展过程。从1946年世界上第一家真正意义上的风险投资公司——美国研究与发展公司的成立开始，美国就正式进入了风险投资时代。美国风险投资市场发展历程如表 1 所示。

表 1　美国风险投资市场发展历程

发展阶段	经济背景	风险投资表现	标志性事件
起步发展阶段（1946～1970 年）	美国经济进入“黄金时代”，战后技术革命推动经济迅速发展	小企业投资公司迅速发展，有限合伙制风险投资公司让美国的风险投资业不断走向规范化	1946 年美国“研究与发展公司”创立 1958 年，国会通过《小企业投资法》
调整阶段（1971～1980 年）	爆发经济危机，布雷顿森林体系瓦解，国内经济衰退	风险投资萎缩，投资策略从支持创业企业到非创业企业，政府重新调整政策鼓励风险投资	1971 年纳斯达克市场的成立，1973 年美国风险投资协会的成立。
快速增长阶段（1981～1989 年）	经济滞胀期间继续调整，风投协会和纳斯达克市场促进风投的发展	规模逐渐扩大，从 1980 年的 10 亿美元增长到 1989 年的 334 亿美元	1982 年实施“小企业创新研究计划”
成熟阶段（1990～2000 年）	美国经济进入高速发展时期，信息技术革命兴起	风险资本纷纷投资于高科技领域，加速科技成果转化，风险资本规模创新高，2000 年高达 1052 亿美元	1992 年通过《小企业股权投资促进法》 1992 年成立纳斯达克小型资本市场
调整发展阶段（2001～2008 年）	网络泡沫破灭，次贷危机，国际金融危机	规模下滑，投资策略变为谨慎，2003 年政府出台担保政策重新扶持风险投资业后逐渐转暖	2003 年颁布《新市场风险投资计划》、通过《创业风险投资法》
放缓阶段（2009 年至今）	美国经济陷入萧条	金融危机后风险投资更为谨慎，下滑严重；2010 年后逐渐复苏，呈波动式发展	

资料来源：华安证券研究所。

总的来说，美国在经历了宽松的市场环境、带有激励措施的法律体系的不断完善和以合伙制为主的组织形式的支撑后，一个相对完善且具有国家特色的风险投资体系才得以最终形成。首先是以美国国家自然科学基金会主导的天使投资为代表形成的一整套完整的科技创新投资体系，处于风险投资链条的最前端，引导着美国产业高端化的发展。除了有天使投资的引导，还有一套成熟的风险资本运作流程。

首先是筹资。美国的风投资金来源广泛且稳定，主要包括以养老基金和保险基金为主的机构投资者、大公司资金、政府财政资金、富有的个人资金等，其中机构基金占据绝对主导地位。

其次是投资。从投资行业来看，根据SEC的数据，美国风险投资以通信、计算机等高科技行业和部分国家战略行业为主。从变化趋势来看，工业、能源类近年来呈下降趋势，代表新科技和新需求的医疗健康、信息技术等受到风险投资的关注度持续上升（见表2）。

表2　美国风险投资行业统计（按投资金融）

单位：百万美元

投资行业名称	2011年	2012年	2013年	2014年	2015年	2016年
信息技术	9072.21	10035.15	13265.14	24175.45	25448.5	15339.80
医疗、生物技术及健康	5048.93	4582.05	4839.59	6828.59	8522.33	3991.05
工业、能源	3921.59	2931.62	1542.78	2346.05	2243.47	1138.47
商业、服务业	1231.11	1415.64	1331.25	3053.60	4856.61	785.79
其他	10.28	29.35	115.71	29.93	56.98	8.58

资料来源：Wind、华安证券研究所。

最后是退出。美国的风险资本退出方式多样且灵活，他们可以根据各自的投资状况，选择公开上市、企业兼并收购、出售、清算四种方式退出。目前，美国风险投资最主要的退出方式是并购重组，占比超过50%，这就意味着对于科创型企业来说，会得到更多的外部支持。

4. 新型科技银行提供创新金融产品和服务

美国科技银行的金融服务创新亦值得借鉴。美国间接融资虽然占比低，但美国银行系统也不断创新体制机制和产品服务，支持科技创新，典型特征就是以硅谷银行为代表的科技银行开始出现。1983年，硅谷银行设立，它的特别之处在于提供服务的对象与以往传统商业银行有很大不同，客户群体定位在高科技中小型企业，并与风投机构合作，为科创型企业提供全生命周期各阶段创新的金融产品和服务。硅谷银行开发出股权投资与信用贷款结合的投贷联动模式、认股期权贷款模式、供应链融资、中长期创业贷款、全球财富管理等创新服务。

（二）其他国家资本市场支持科技创新经验

1. 日本资本市场支持高新产业发展经验

日本多层次资本市场的发展没有美国和欧洲国家那么悠久的历史，但从20世纪90年代以来迅速崛起，并且形成了相对完善的多层次资本市场体系。其经验对于中国资本市场的发展具有很大的指导价值。这主要是因为，在大多数拥有成熟市场经济的国家中，日本仍然以间接金融体系为主，这与我国现行的金融结构安排很接近。

日本证券市场分为两个大的层次，交易所市场和场外市场，每个市场内部又分为多个层次。日本证券交易所市场内部一般分为三个层次：第一层次是主板市场，该层次上市标准高，主要为国内的大型成熟企业提供服务；第二层次是二部市场，主要为国内已经形成一定规模的企业服务，标准比主板市场略低；第三层次是外国部，为国外优秀企业提供上市融资服务。日本场外市场于20世纪60年代起步，历经多次改革后，JASDAQ自动报价系统出现，专门为以中小企业为导向的多层次资本市场服务，场外市场因此得到快速发展。同时，20世纪90年代以来，日本政府采取积极措施通过创业投资支持新兴产业发展，为创投企业创造良好的投融资环境，促进了对生物技术、新材料的研究开发和对新产业的培育。

从日本资本市场对先进制造业支持的实践经验来看，其成功之处主要包括：充分学习借鉴美国资本市场发展的经验，建立多层次差异化的资本市场体系，形成对先进制造企业全生命周期的有效支持；将资本市场、风险投资、银行系统、政策性金融机构有机结合，形成投贷联动机制，为广大中小先进制造企业提供综合性金融服务；同时，在资本市场发展的过程中，引入市场化的竞争机制，比如先后建立了JASDAQ、MOTHERS、HERCULES等支持创新型中小企业的市场，从而鼓励制度创新，提高资本市场服务创新企业的能力。但这一举措也造成一些市场彼此功能重叠，造成单个市场竞争力有限，后期将一些功能相似的市场进行了合并重组，比如2010年大阪交易所收购JASDAQ，并将其运营的创业板市场和JASDAQ整合，成立了新的JASDAQ市场。

2. 以色列资本市场支持高新产业发展经验

以色列作为世界公认的创新型国家，发展高新技术产业的成就和经验令人瞩目。在人口规模和国土面积狭小的背景下，仅科技初创类企业就超过6000家，全国的科技产业贡献超过本国GDP的90%，在纳斯达克上市的企业数量也超过欧洲。在对高新技术产业的金融支持上，以色列不同于美国以市场为主导和日本的银行导向型模式，而是一种在完全尊重本国市场规律的前提下，由政府主导但完全市场化运营的高效运作模式。这种模式值得我们研究与借鉴。

在20世纪中后期经济转型阶段，以色列由于缺乏完善的资本市场支持体系，科创产业的发展十分缓慢，尤其对中小企业来说，对抗风险能力相对较差。为了帮助科创型企业克服早期发展的困难，以色列政府在设立不以盈利为目的的技术孵化器平台的基础上，加强了对风投行业的重视。1992年，以色列政府出资1亿美元成立了名为YOZMA的风投基金项目，专门针对初创企业。其中40%由政府出资，剩余部分则必须包括境外风险资本。为了吸引更多的民间和外国资本，项目还设立了多个子基金，同时政府承诺不干预基金运作，愿意放弃投资回报，且风险由政府和投资方共担。经过6年的良好引导和发展之后，政府于1998年完成项目的私有化改革，完全撤出基金中的国有资本，真正有效地为以色列的高科技产业奠定了坚实的基础。除了越发成熟的风投机制外，以色列各界都为科创企业在资本支持上做了努力，比如国民银行针对小微企业与基金合作，针对欠发达地区推出小企业基金；以色列证券管理局提出在特拉维夫证券交易所为高科技企业设立“经营技术公司”板块，降低进入门槛，同时结合税收鼓励机构投资。这些措施都让以色列的科技产业在资本市场的合力引导作用下形成了良性循环。

整体来看，以色列的资本市场支持高新产业取得成功的主要经验在于：政府在充分发挥其在科技金融配置主导作用的基础上，通过创立孵化器和风险投资基金等项目，以带头参与并吸引境外资本和民间资本同时投资的方式，积极拓宽企业的资金来源。并且本着不干预运作和及时退出的原则，让整个产业最终实现完全市场化运作。另外，以色列还结合了欧美证券市场的经验，将创业资源优化组合，最终形成完整的科技创新生态。

三　安徽省资本市场支持科技创新概况

（一）安徽区域经济与科技创新发展现状

1. 安徽区域经济结构特征

（1）经济体量处于全国中上游水平，GDP 增速较快

安徽省经济体量处于全国中上游水平，GDP 增速较快，人均 GDP 处于中下游水平。2019 年 GDP 总量为 37114.0 亿元，在全国 30 个省、自治区、直辖市（不含港澳台）中排名第 11 位，人均 GDP 为 5.9 万元，低于全国平均水平 7.1 万元，GDP 增速为 7.5%（见图 2、图 3），在全国属于领先水平，安徽经济增速连续多年总体稳定，稳中有进。安徽地处长江经济带，内陆腹地广阔，生态资源良好，目前随着国家“一带一路”倡议、长江经济带政策、长三角一体化政策等的利好叠加，安徽发展有望步入新一轮的发展快车道。

（2）第三产业占比提高，产业结构持续优化

目前全省三大产业结构比重分别为 8∶41∶51，第三产业比重逐步提高。其中高新技术产业、战略性新兴产业和旅游业的发展为安徽经济持续稳定增长做出重要贡献。这得益于安徽大力实施创新驱动战略，一直着力于芯片、显示屏、智能机器人、人工智能和制造业融合等“芯屏器合”四个产业板块的工作。2018 年，安徽全省高新技术企业产值首破万亿，

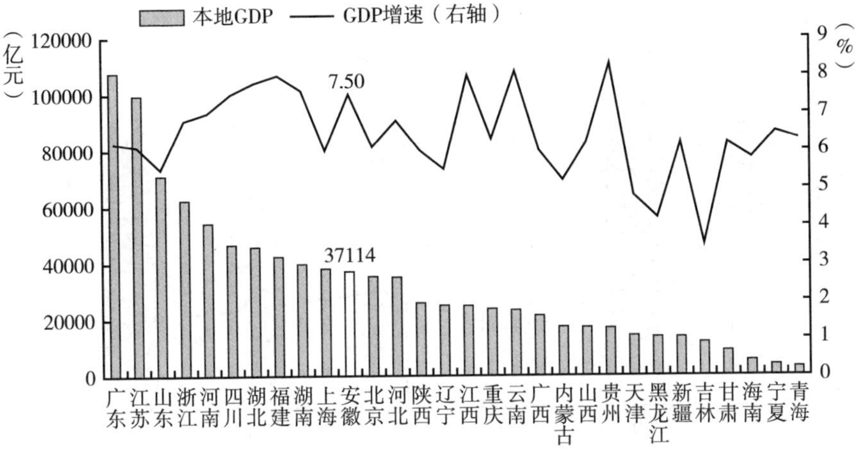

图 2　全国各省（自治区/直辖市）GDP 及 GDP 增速

资料来源：国家统计局网站、华安证券研究所。

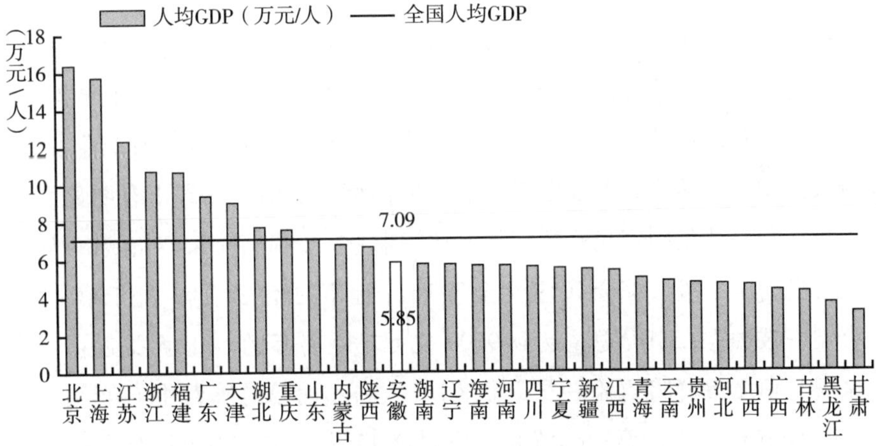

图 3　全国各省（自治区/直辖市）人均 GDP 及全国人均 GDP

资料来源：国家统计局网站、华安证券研究所。

2019 年全省高新技术企业共实现产值 11691.8 亿元，规模以上高新技术产业产值同比增长 11.2%、增加值同比增长 13.7%，远超“十三五”目标任务。

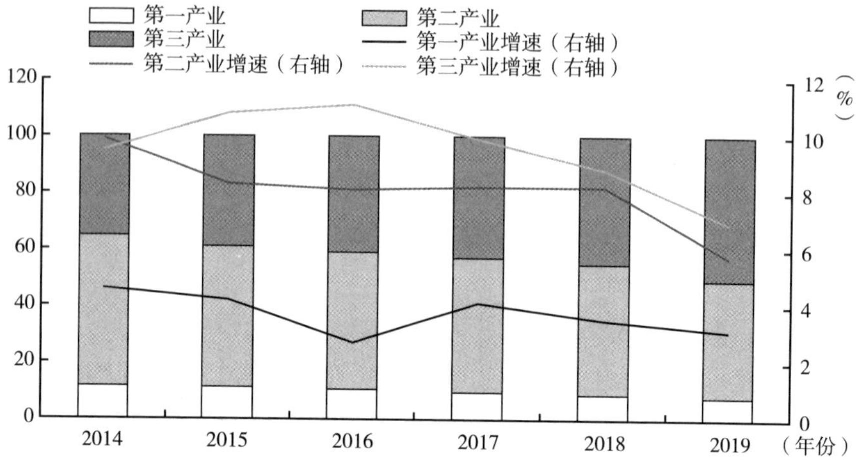

图4　安徽三大产业结构

资料来源：国家统计局网站、华安证券研究所。

（3）安徽分地区经济发展情况

按地理位置来划分，基本可划分为合肥都市圈、皖江城市带、皖南地区、皖北地区和皖西地区五个板块。不同区域间的发展程度、产业结构以及历史原因、资源优势等差异，导致不同地区的人均收入、经济及产业发展存在较大差距。虽然全省各地区与已进入成熟期的江浙沪三省市有明显区别，但在长三角一体化国家战略的带领下瞻望未来，安徽将是长三角城市群中最具发展潜力的一级。综合2019年全省16个地市的经济数据，处于第一阵营的合肥一枝独秀，GDP总量达到9600亿元，距离万亿GDP大关近在咫尺，未来长三角城市群将再添一员万亿GDP大将；而第二阵营中GDP达2000亿元的城市有6座，第三阵营有9座，这15座城市未来也极具发展潜力。安徽省不同类型城市区域发展特点见表3。

表3　安徽省不同类型城市区域发展特点

类型	城市	区域产业特点
创新型城市	合肥、芜湖、蚌埠	第一产业比例低，第三产业比例高，依托合芜蚌自主创新综合配套改革试验区，综合性国家科学中心，创新能力强

续表

类型	城市	区域产业特点
资源型城市	铜陵、马鞍山、淮南、淮北	第二产业高，主要集中在工业；淮南、淮北以煤炭为主，铜陵被称为千年古铜都，马鞍山则以铁矿石为主；依托特有的资源，发展工业
传统型城市	亳州、阜阳、宿州	第一产业比例高，第二产业低，位于皖北，人口密度大，地形平坦，有着发展农业的天然优势，并在此基础上发展特色工业
均衡型城市	安庆、宣城、滁州、六安	三次产业没有明显特色，工业基础中等，依靠自身特色和优势承接产业转移
旅游型城市	黄山、池州	第一产业、第二产业比例偏低，第三产业偏高，依托自然资源和文化底蕴发展旅游业

资料来源：《2019 年安徽省统计年鉴》、华安证券研究所。

2. 安徽科技创新发展情况

（1）政策大力支持科技产业发展

创新是安徽最宝贵的遗传基因。2016 年，习近平总书记视察安徽时指出，安徽在科技、教育、人才方面有自己的优势，要用好这一优势，下好创新“先手棋”，塑造更多依靠创新驱动的引领型发展。4 年来，安徽始终把创新作为最大政策，坚持研发攻关、产品应用和产业培育共同推进，同时积极发力新基建、壮大制造业、提升产业链。省政协也围绕创新发展和科创协同的主体，反复提到要深入推进“四个一”创新主平台建设、大力发展数字经济、推进人工智能技术产业化。并且在 2020 年 6 月初的省政协常委会会议上通过的《关于下好先手棋打造科技创新策源地的建议案》，也指出建设国家实验室创新生态圈，突出战略新兴产业发展，提高创新政策成效，发挥高校院所科研优势和畅通金融支持渠道等方向，努力将我省打造成为具有重要影响力的科技创新策源地。

（2）高新技术产业、战略性新兴产业发展快

2019 年，规模以上工业中，高新技术产业增长 13.7%，其中材料和新材料产业增加值增长 21.3%，能源和新能源产业增加值增长 26%。战略性

新兴产业产值增长14.9%，其中新一代信息技术产业、高端装备制造产业、新材料产业、生物产业、新能源汽车产业、新能源产业、节能环保产业分别增长16.4%、11.6%、13.2%、21.4%、10.5%、17.7%和18.1%，24个战略性新兴产业集聚发展基地产值增长13.6%。截至2020年1月，全省共有高新技术企业6636家，同比增长22.8%，全年高新技术企业实现产值11691.8亿元。其中，营业总收入为亿元以上的高新技术企业有1551家。在2019年国家高新区综合评价中，合肥、芜湖、蚌埠、淮南高新区综合排名位次均有前移。安徽高新技术企业数量及其同比情况见图5。

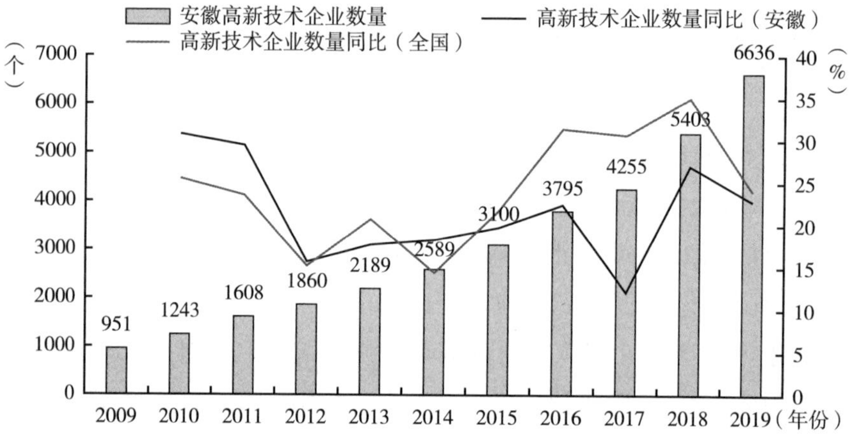

图5　安徽高新技术企业数量及其同比情况

资料来源：Wind数据库、华安证券研究所。

（3）研发经费和专利数量增长较快

由于研发经费的投入比重能够明显提升一个地区的科技创新能力，所以它一直都是用来衡量区域内科技投入水平的重要工具。近年来，安徽省各企业在研发经费的投入上不断加大力度，2018年达到649亿元，比2011年的99.5亿元增长了5倍多，年均增幅也达到20.6%；规模以上工业企业R&D经费也从162.8万元增长到2018年的497.3万元，增长约2倍，如图6所示。从专利申请数量上来看，2019年的专利申请数量同样创了新高，达到16.7万件，其中授权专利有8.3万件，较2010年增长了约4倍，如图7所示。

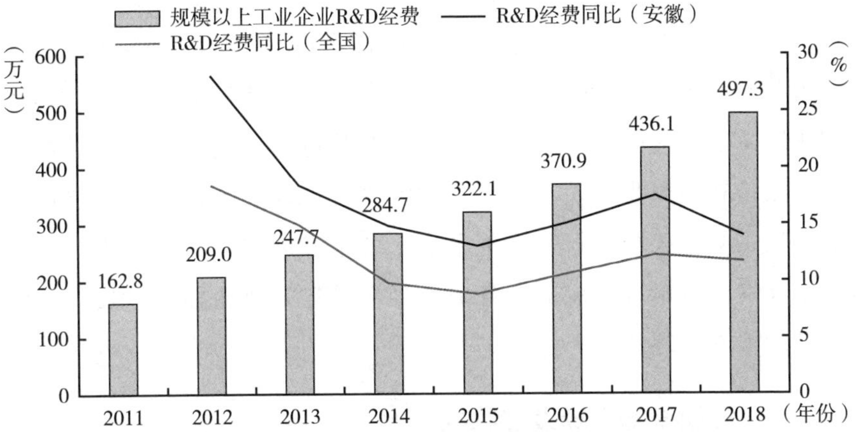

图6　安徽规模以上工业企业R&D经费及其同比情况

资料来源：Wind数据库、华安证券研究所。

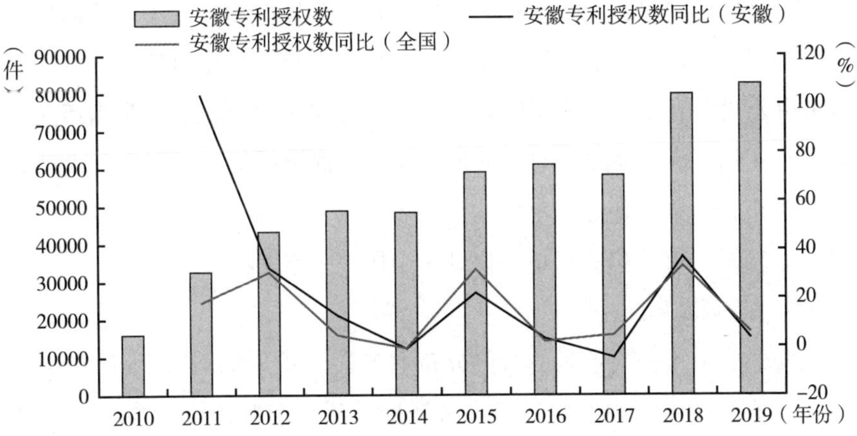

图7　安徽专利授权数量及其同比情况

资料来源：Wind数据库、华安证券研究所。

（4）存在的问题

当前，安徽省正处于新旧动能转换的攻坚克难阶段，创新驱动发展战略无疑是全社会的重要支撑，如何让创新机制更加有效的运转成为关键。虽然从上文数据来看，全省的科技创新保持良好发展势头，比如高新技术企业数量和研发经费都稳定增长，但在创新发展中仍然存在不少短板。一是和2019年相比，部分监测指标增速明显放缓，表明创新动能仍较为不足，比如三大产业中的第二、第三产业增速明显放缓，R&D经费同比增速不及全国平均水平，专利授权数量增速也只与全国平均水平接近。二是新兴产业带动不足，安徽省研发投入2/3的总量集中在传统产业。三是全省区域创新发展不平衡，各地发展水平分化较为严重，虽然区域性发展战略有所成效、各地区经济总量有所前移，但是没有解决不平衡的根本问题。

（二）安徽资本市场发展状况

1. 安徽上市公司发展情况

（1）总量规模

截至2019年年底，全国A股上市公司共有3749家，其中在安徽省的A股上市公司有105家，位列全国第九，和2018年排名相比前进了一位；全省A股上市公司市值共计达到1.4万亿元，首次突破一万亿大关，是当年安徽省GDP的1.4倍，位于全国第十，和2018年相比保持不变（见图8、图9）。但无论是上市公司数量还是总市值均位列中部第一，继续领跑中部省份。总体上来看，安徽上市公司的数量规模处于全国中上水平。

（2）结构特征

从安徽省上市公司数量的行业分布上来看，可以看出在行业结构中战略性新兴产业、高新技术产业上市公司偏少，第二产业比重最高，以机械设备、化工、轻工制造、食品饮料为代表，均超过全部A股的平均水平（见图10）。在与全国上市公司市值行业分布的比较上，安徽省也依然是第二、第三产业略胜一筹，科技类行业整体表现较弱（见图11）。从所有制结构分布来看，民营上市公司数量超过半数，地方国有企业比重超过30%，是地方国企控股企业占全部A股比重的约1.5倍（见图12）。在城市分布上来

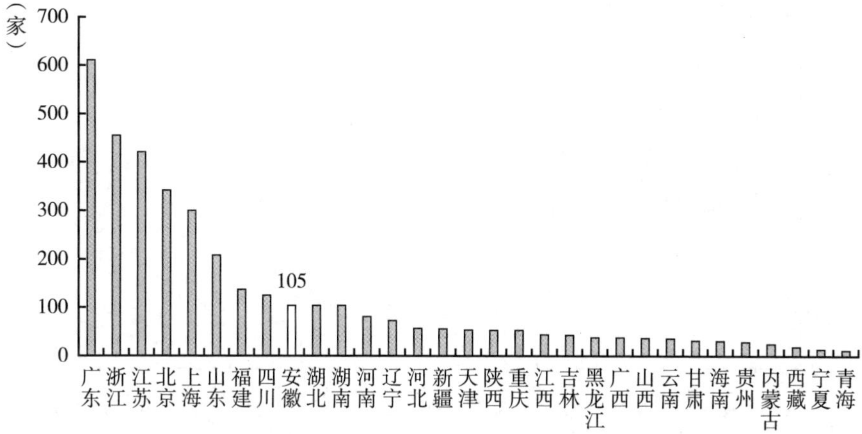

图 8　全国各省（自治区/直辖市）A 股上市公司数量

资料来源：Wind 数据库、华安证券研究所，截至 2019 年底。

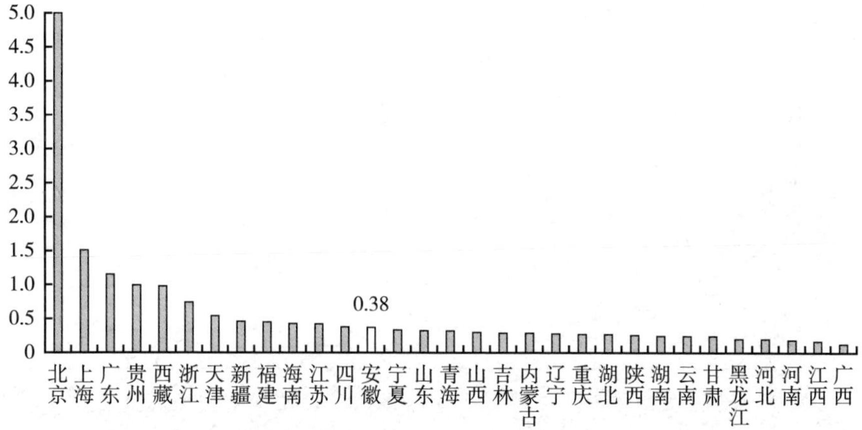

图 9　全国各省（自治区/直辖市）A 股上市公司总市值（GDP）

资料来源：Wind 数据库、华安证券研究所，截至 2019 年底。

看，皖江城市带上市公司数量占据全省 80% 以上，其中合肥以 44 家上市公司的绝对优势领先于其他地区，区域非均衡的特征明显（见图 13）。

（3）经营效益

一个企业运营的最终成果体现在它的经营效益上，对于上市公司的经营

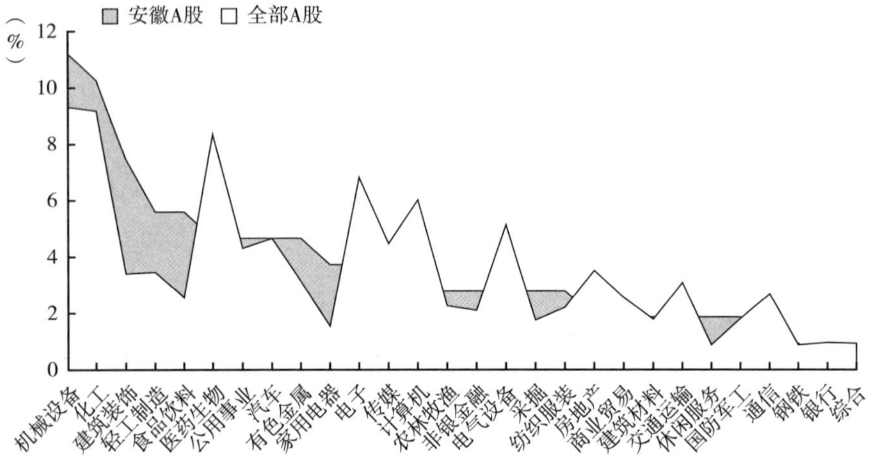

图 10　安徽上市公司数量的行业分布

资料来源：Wind 数据库、华安证券研究所，截至 2019 年底。

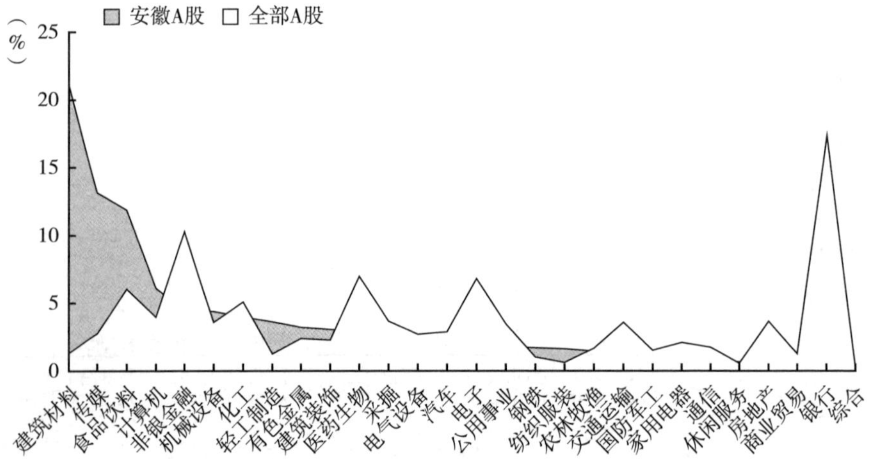

图 11　安徽上市公司市值的行业分布

资料来源：Wind 数据库、华安证券研究所，截至 2019 年底。

效益来说，最直观的就是 ROE 指标的大小。从安徽省上市公司的 ROE 的行业分布来看，与全省的行业市值分布相近，高 ROE 行业市值普遍偏大，高市值行业 ROE 水平也整体高于低市值行业，所以类似的依然是大部分的第二、第三产业表现较好，都超过或接近于全部 A 股的行业平均水平。行业

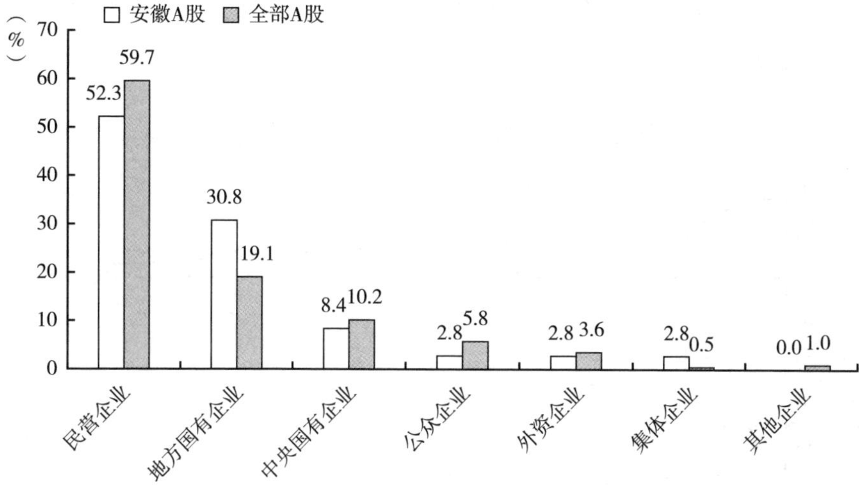

图 12　安徽上市公司所有制结构分布

资料来源：Wind 数据库、华安证券研究所，截至 2019 年底。

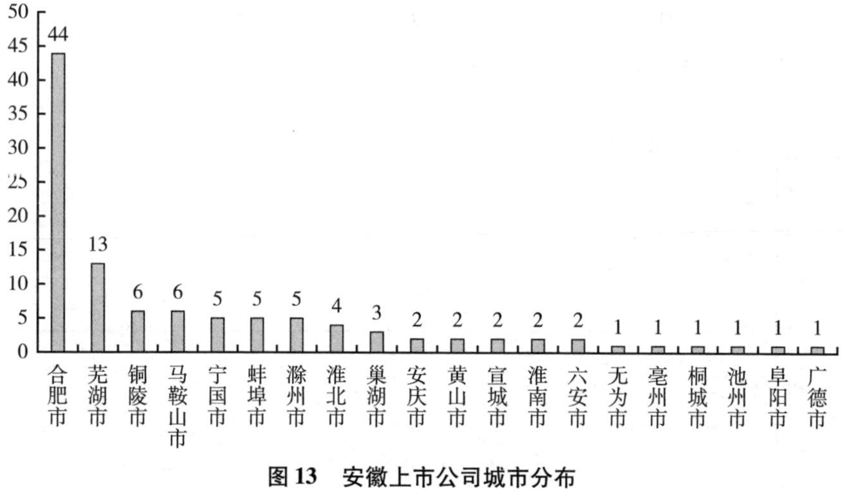

图 13　安徽上市公司城市分布

资料来源：Wind 数据库、华安证券研究所，截至 2019 年底。

分布中值得注意的是家用电器、通信和房地产行业在 2019 年 ROE 达到了负值，其中房地产行业受到政策面和周期性的影响最大，ROE 达到 -40%（见图 14）。再从 2019 年的行业净利润增速分布数据出发，由于受到盈利水平风向标 ROE 的影响，所以大部分行业都与 ROE 的分布排行同步，但公用事业和计算机行业净利润增速却呈现喜人态势，远超全部 A 股的平均水平，行业分化明显（见图 15）。

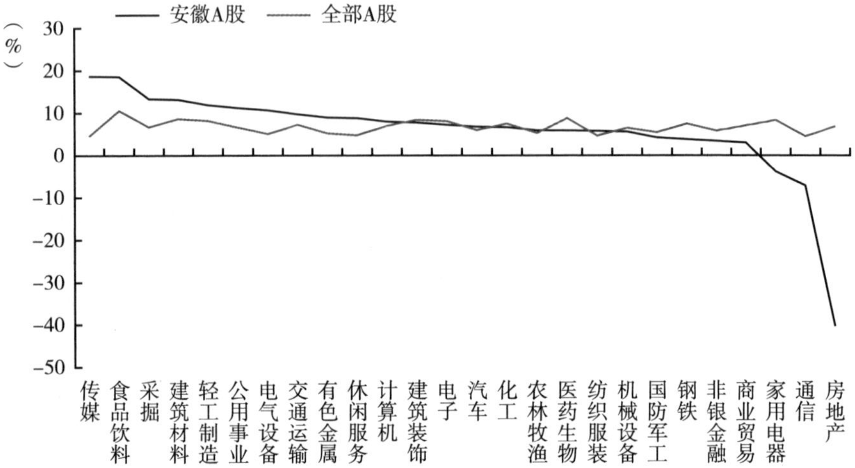

图 14　上市公司 2019 年 ROE 行业分布（中位数）

资料来源：Wind 数据库、华安证券研究所。

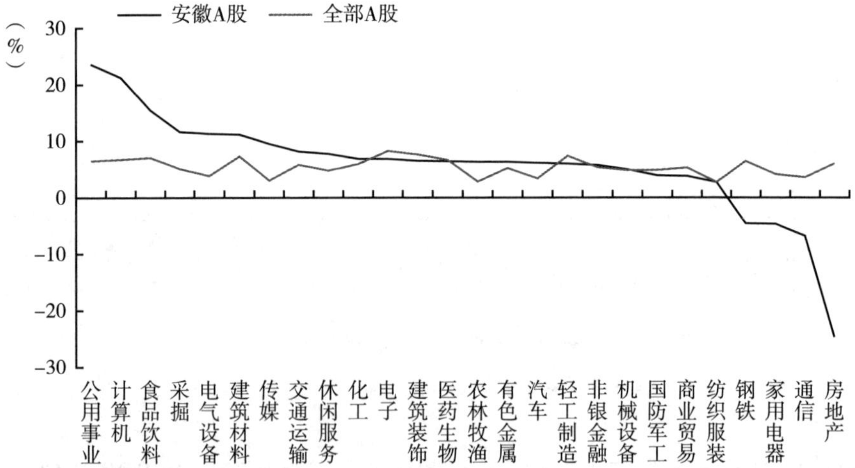

图 15　上市公司 2019 年净利润增速行业分布（中位数）

资料来源：Wind 数据库、华安证券研究所。

(4) 创新情况

从科技行业（电子、通信、计算机、传媒、生物医药）上市公司的研发费率看，2019 年安徽相应行业上市公司研发费率中值为 4.5%，低于全部 A 股相应行业上市公司的中值 5.0%，表明科技行业上市公司研发投入还有待进一步提高。从主营业务毛利率看，安徽科技行业上市公司中值为 32.1%，低于全部 A 股相应行业的中值 39.4%，表明安徽科技行业上市公司的产品技术水平仍有提高的空间（见图 16）。

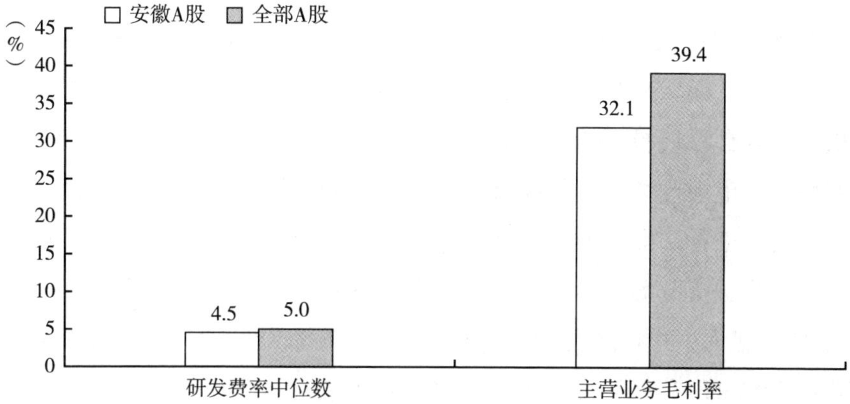

图 16　科技行业上市公司 2019 年研发费率与主营毛利率（中位数）

资料来源：Wind 数据库、华安证券研究所。

2. 安徽风险投资和区域股权市场发展状况

(1) 风险投资

虽然安徽省风险投资起步较晚，但近几年也实现了快速发展。一是投资机构、投资项目、投资额增长迅速。根据已公布的《中国创业风险投资发展报告 2017》来看，安徽省在 2016 年时的主要指标就已跃居全国前六，在创业风险机构数量排行中，安徽省居全国第四，达到 98 家，增幅为 36%，98 家中有 80 家是创投基金，剩余 18 家为创投管理机构。在基金的管理规模上，增幅在 2016 年也已达到 1.5 倍，增加至 412 亿元。从创业风险机构的投资项目数量占比来看，一是安徽省超越广东省，占到全国投资项目活动的7.6%；二是投资地区呈现较为明显的区域性集中，目前创投机构主要分布在经济发展相对较好的合芜蚌三个地区，投资对象也多为区域内企业，具有显著的地域集中特征；三是投资项目行业分布广泛，分布在24个行业，其中高新技术产业、新能源及环保工程领域依然是投资热点。

（2）区域股权市场

安徽省股交中心自成立以来就是安徽省唯一的区域性股权市场，其金融、泛金融企业的股权托管和股权质押业务在业内位于前列。从挂牌现状来看，自2013年8月揭牌运营以来，安徽省区域股权市场已经形成了成长板、科技板、农业板、文旅板、中医药板、专精特新板、机器人板和科创板八个板块。尤其自科创板开板以来，挂牌企业规模稳步扩大。截至2019年底，区域性股权市场挂牌企业有4878家，其中科创板挂牌企业有1637家。从融资交易现状来看，市场融资覆盖率稳步提升。2019年全年省区域性股权市场挂牌企业融资覆盖率达到21.9%，其中科创板已有458家挂牌企业实现融资24.7亿元，户均融资539万元，融资覆盖率为28.0%。专精特新板挂牌企业525家，有255家企业实现融资30.7亿元，户均融资1202万元，融资覆盖率达48.6%。从整体来看，安徽省股权交易中心已经初步形成了短期、中期、长期全面覆盖的融资体系。

3. 安徽金融机构发展状况

（1）银行类金融机构

安徽省银行类金融机构近年来发展稳健，规模呈增长态势。2018年末，安徽省银行类金融机构经营实力不断提升，资产总额达到6.5万亿元，同比增长9.4%（见表4）。银行业经营个数和从业人数也稳步增长。各项存款平稳有升，尤其是金融机构同业揽储力度加大，非银行业金融机构全年同比多增189.4亿元。贷款也更加均衡，表明银行信贷结构持续优化，资金配置更加合理。

银行经营网点逐步下沉，从城市到乡镇不断拓展。银行业金融机构创新程度进一步加深，业务空间继续扩大，并已初步形成了包括国家政策性银行、股份制银行、商业银行、农村金融机构、信托公司、外资银行等多种类型且功能逐步健全的银行业金融体系，进一步推动了全省经济快速增长，银行信贷对经济的推动作用正在不断加强。

表 4　2018 年安徽省银行业金融机构情况

机构类别	营业网点			法人机构(家)
	机构个数	从业人数	资产总额(亿元)	
大型商业银行	2360	47382	21671	0
国家开发银行和政策性银行	92	2264	7341	0
股份制商业银行	347	7741	5956	0
城市商业银行	472	10223	10270	2
小型农村金融机构	3120	33691	12827	84
财务公司	6	189	544	6
信托公司	1	163	73	1
邮政储蓄银行	1773	15390	4705	0
外资银行	5	190	157	0
新型农村机构	298	4213	656	68
其他	9	1379	1266	5
合计	8483	122825	65466	166

资料来源：中国人民银行网站、华安证券研究所。

（2）非银行类金融机构

非银行类金融机构包括证券类和保险类。在本报告中我们研究的对象以安徽省的证券类金融机构为主。安徽省的证券业起始于 20 世纪 80 年代末，随着新股发行体制改革的不断深入和证券行业基础性制度建设的不断完善，目前已经形成了包含股票、期货、基金、债券等多层次的证券市场体系，融资功能也进一步健全。证券市场融资额不断提升，2018 年全年通过境内主板市场、中小板市场、创业板市场、新三板市场和区域股权交易市场融资超过 600 亿元。辖内证券公司也打造了由私募股权投资、另类投资、新三板投资、科创板投资的风险投资平台。在机构数量上，至 2019 年 6 月 30 日，安徽共有证券公司56家、证券营业部298家、期货公司4家、期货营业部37家，总部设在辖区内的证券公司有两家、期货公司有3家。从整体规模来看，安徽省资本市场的服务能力和影响力虽然较之前已经有所提高，但和发达省份相比，机构数量和规模仍然存在较大差距。

（三）安徽资本市场支持科技创新现状

安徽省一直以来科技创新发展势头迅猛，科技资源丰富，资本市场的起步虽然落后于东部发达地区，但是目前也已初步形成了多层次资本市场和科技创新融合发展的局面。因此，在国内科技创新产业和需求升级不断加快的形势下，我们需要进一步分析安徽省支持科技创新的优势与短板，为推进安徽省进一步打开发展的机会窗口建言献策。

1. 安徽上市公司总融资水平有所提升，但国有企业和民营企业差异显著

通过对比2014年至2018年安徽省上市公司总融资规模数据可以发现，从整体来看，总融资规模和增长率呈现逐年递增的态势，融资水平明显提高。其中2018年末安徽省上市公司总融资规模达到102.19亿元，较2017年的82.26亿元有显著增加。但如果我们从股权结构分布的角度看，为了数据的完整性我们观察至2019年初的100家安徽省上市公司，发现这100家上市公司中，地方国有企业融资规模显著高于民营企业，并且在27家高于总融资平均值的公司中有16家为地方国企。从新增股票融资和债券融资角度看，国有企业和民营企业在数量分布上没有显著差异，但论融资规模依然是国有企业相对较高，且融资优势明显。反观民营企业则是内部差异化明显，虽然有融资水平很高的山鹰纸业、众泰汽车等，但在排名较低的一众上市企业中，民营企业仍然占比较大（见表5）。

科技类上市企业亦是如此。截至2018年底，安徽省共有41家科技类上市企业，其中13家为国有企业、26家为民营企业。在按照总融资规模大小的排名榜单中，国有科技类企业基本处于规模的中上部，而民营企业中除了少数位于前列，大部分都排名靠后，且和前列的国有企业融资规模差距较大（见表6）。

表 5　2018 年安徽上市公司新增股票融资额与债券融资额排名

排名	公司名称	新增股票融资额(亿元)	股权结构	公司名称	新增债券融资(亿元)	股权结构
1	淮北矿业	204.06	地方国企	国元证券	394.6	地方国企
2	中粮生物	82.85	中央国企	山鹰纸业	151	民营
3	江南化工	24.99	民营	华安证券	107	地方国企
4	广信股份	14.35	民营	安徽水利	26	地方国企
5	精工钢构	9.57	民营	盛运环保	13.55	民营
6	皖通科技	6.13	民营	精工钢构	3.85	民营
7	伯特利	5.62	外资	司尔特	3	外资
8	长城军工	4.55	地方国企			
9	华菱精工	3.13	民营			

资料来源：《安徽省上市公司发展报告（2019）》、华安证券研究所。

表 6　2018 年安徽科技类上市公司总融资规模排名（前十与后十名）

排名	公司名称	总融资(亿元)	股权结构	排名	公司名称	总融资(亿元)	股权结构
1	江淮汽车	450.05	地方国企	32	国机通用	9.83	中央国企
2	山鹰纸业	438.14	民营	33	科大国创	9.37	民营
3	阳光电源	165.32	民营	34	文一科技	8.77	民营
4	中鼎股份	136.96	民营	35	欧普康视	8.68	民营
5	长虹美菱	131.84	地方国企	36	泰禾广电	8.61	民营
6	三七互娱	118.46	民营	37	集友股份	8.47	民营
7	科大讯飞	116.68	中央国企	38	华菱精工	7.88	民营
8	华菱星马	112.76	地方国企	39	黄山胶囊	6.14	民营
9	皖新传媒	111.36	地方国企	40	山河药辅	5.33	民营
10	长信科技	87.18	地方国企	41	凤形股份	4.53	民营

资料来源：《安徽省上市公司发展报告（2019）》、华安证券研究所。

2. 企业资产整体稳步增长，但部分企业资产结构仍需优化

2019 年安徽省全部上市公司的各项资产额基本都呈现出平稳增长，但细看其资产负债表的资产结构，其速动资产和商誉的占比仍然偏高，尤其是

省内科技类上市企业，可能存在资产结构“脱实向虚”的风险。

通过统计省内112家A股上市公司2019年年报数据，商誉占总资产比率中值是1.23%，速动资产占比的中值是41.25%。其中，有披露商誉的科技类上市企业有22家，超过全部上市公司中值的企业数量接近科技类上市公司总数的70%，商誉占比超过一般警戒值10%的则占到科技类企业数量的40%。而超过速动资产比重中值的科技类企业数量也占到全部科技类上市企业数量的70%。速动资产占总资产比重高，说明其短期现金流较多，对于科技企业来说，可能意味着企业并没有看重长周期的研发投入，反而有倾向于短期的金融投机行为或没有聚焦主业的嫌疑，主要表现在研发费率低、主营业务贡献小、资产利用效率不高等方面。

以连年亏损的德豪润达为例，它曾经是LED全产业链布局的极少数企业之一，资本实力雄厚，然而德豪并没有将资金用于加大研发创新，而是通过不断进行并购、非公开发行股票等方式进入全行业布局，最终由于产品产能过剩、价格持续下跌走上亏损之路。还有一些企业利用闲散资金发展副业，通过跨行溢价收购进行大肆投机，最终加剧泡沫化，举步维艰，比如梦舟实业。

表7　2019年速动资产占比高和研发费率低的安徽省科技类上市公司汇总

序号	公司名称	速动资产占比(%)	研发费率(%)	序号	公司名称	速动资产占比(%)	研发费率(%)
1	欧普康视	73.4	2.49	9	全柴动力	56.92	3.62
2	伯特利	68.46	4.04	10	华菱精工	55.15	1.45
3	安凯汽车	67.7	3.02	11	永新股份	52.46	4.06
4	阳光电源	66.13	4.89	12	志邦家具	51.13	4.54
5	精达股份	65.92	1.56	13	四创电子	46.28	4.79
6	皖新传媒	63.81	0.14	14	江淮汽车	43.42	3.39
7	黄山胶囊	58.29	3.92	15	铜峰电子	41.93	2.89
8	时代出版	57.78	0.44	16	山河药辅	41.34	3.49

资料来源：《安徽省上市公司发展报告（2019）》、华安证券研究所。

3. 政府引导基金大力支持科技创新

近年来，在我国宏观经济承受下行压力的背景下，流入科技类企业的民间资本越来越倾向于中后期的项目，导致那些处于研发生产关键环节的科技类企业面临较大的生存压力。所以，政府需要利用自身优势，引导金融资本引领产业转型升级。尽管我国目前还未做到像美国的小企业产业基金和以色列的 YOZMA 基金的成熟体系，但也取得了一定的成效。

安徽省自政府引导基金工作实施以来，已经完成了从起步阶段向高速发展阶段的转变。截至 2019 年 6 月，在全国各省政府引导基金数量排名中安徽就以 67 支跻身第六名。目前安徽省已经形成了以省级种子投资基金、省级风险投资基金、省“三重一创”产业发展基金和省中小企业（专精特新）发展基金为主的覆盖企业全生命周期、产业发展全链条的政府引导基金完整体系。比如有专门投资科技型中小企业的由科技厅、财政厅发起设立的安徽省科技成果转化引导基金，侧重支持初创期、成长期前端企业发展的有省发展改革委和省投资集团共同发起的安徽新兴产业创业投资基金，还有专注于推动传统产业改造提升的创业投资引导基金，都有力地驱动了地方新兴产业的发展和壮大。安徽省政府引导基金支持科技创新产业概况见表 8。政府利用有限的现金流成功引导资本参与产业转型升级，通过对产业发展、管理模式、管理团队及资本运作的改进为企业助力，形成杠杆和激励作用，让一批具有较强发展潜力的创新型企业最大限度地突破自身发展边界，依托资本的力量加速成果产业化进程，同时为二级市场储备优质资源，最终形成进一步促进科技创新的生态循环。

例如，合肥矽迈公司是一家专门做集成电路生产的新兴企业，曾经因“缺钱”而举步维艰，无法将技术量产，有了合肥市政府成立的总规模超过 210 亿元的产业引导基金后，最终以股权转让的方式获得了 2. 2 亿元的产业引导基金支持，融资难题迎刃而解。安徽广信农化股份有限公司和山河药用辅料有限公司在安徽省创业投资引导基金投资项目的促进下也成功登陆了二级市场，加快了企业的科技创新与品牌化进程。

表 8　安徽省政府引导基金支持科技创新产业概况

序号	基金名称	管理部门	出资人	规模	发展定位
1	安徽新兴产业创业投资基金	省发展改革委、省地方金融监管局	安徽省投资集团	50 亿元	侧重支持初创期、成长期前端企业发展
2	安徽省“三重一创”产业发展基金	省发展改革委、省地方金融监管局	安徽省投资集团	300 亿元	侧重支持成长期、成熟期企业发展，侧重对接全省战略性新兴产业集聚发展基地
3	安徽省中小企业发展基金	省经济和信息化厅、省金融地方金融监管局	安徽省投资集团	200 亿元	重点支持成长性优质中小企业
4	安徽省科技成果转化引导基金	省科技厅、省财政厅	省财政厅	50 亿元	主要投向国内外在皖转化的各类先进科技成果；主要投资科技型中小企业；主要领域为高新技术领域
5	安徽省属企业改革发展基金	省国资委	安徽省国有资产运营公司、其他省属企业和建信信托	200 亿元	主要支持省属国有独资与国有控股企业的改革创新发展，重点支持战略性新兴产业、高新技术产业、先进制造业，支持企业做大做优

资料来源：《安徽上市公司发展报告（2019）》、华安证券研究所。

虽然安徽本身在原始创新领域有良好的基础，但科技成果转化能力仍显不足，民营企业和中小微企业融资难、融资贵的问题仍未得到根本缓解，说明政府引导基金推动产业升级的成效还不够显著。作为政府引导的基金，首先存在的问题就是审批流程较长，导致决策进度较为缓慢；其次是政府出资人和共同加入的社会资本的诉求存在一定矛盾，一个看中发展和引导，另一个更看重投资收益，所以基金的运营和投资效率不高，市场化程度也由于过多的政府约束而无法及时跟进，比如企业在搭建治理体系时可能受到基金管理人的主观影响，不利于企业的持续良性发展；最后是政府引导基金发展在地域上存在倾向性，即更偏向于经济发展较为快速的地区，比如合芜蚌等，县域一级则少有涉及，所以将来政府引导基金还需要进一步发挥价值挖掘功能，让区域协调发展。

四　资本市场支持科技创新发展政策建议

（一）资本市场建设层面的政策建议

1. 推进多层次资本市场建设，提高市场效率，拓宽科技企业融资渠道

政府可以在科创板推出及注册制试点基础上，进一步完善基于法制与信用的多层次资本市场体系。提升市场运转效率，加大对金融方面基础设施建设的投入力度，减少市场交易和定价机制上的漏洞，加强企业的管理力度以及信息披露情况的监管，对于利用内部交易信息、不实信息和非法操作金融市场等破坏正常市场秩序的违法者应让其付出相应的代价，从而形成正向激励，使资本市场真正发挥对生产要素优化配置的功能。

另外，可以依托多层次资本市场，加大对科技企业上市融资的支持力度，发展适合科技行业特点的创新债券融资服务，适当放宽债券发行条件。同时带动市场化运作的天使基金、风险投资、私募股权以及产业基金的发展，引导社会资本更多的投向省内主导产业和战略性新兴产业，并针对科技领域的企业实施适当的税收优惠，形成对科技企业发展全生命周期的政策性支持。

2. 加强后备企业培育管理

完善后备资源库建设。首先，政府可以将那些符合国家产业政策、有良好发展前景、有较强上市意愿、核心竞争力较强、主营业务突出、盈利水平较好的企业筛选出来，将其纳入后备资源库后再做进一步选择。由于科技创新企业的不确定性较大，政府和金融机构很难为其做出合理的价值和风险判断，所以对于科创类企业的真实技术水平、研发实力、研发体系需要做好尽职调查，以及做好企业现有主要投资者资料的备案，使其职业、资金来源、

收入水平等信息能够有案可查，让这些信息与公司财务、股东、业务等其他信息一同形成完善、充分的信息披露和备案机制，保证披露的信息及时、准确与完整。在完成以上筛选程序后，政府还应联合金融机构对企业库中的企业进行跟踪关注，实施动态管理。

以企业运营情况或改制上市经历的各个阶段为依据，采用分层次递进、分类别引导，探究处理企业上市进程中亟待解决的普遍化问题和差异化难题。开展好企业对接科创板等多方位资本市场的宣传服务工作，整合资本市场内的资源，与行业内有关专家联合为即将上市的企业提供上市建议、指导、募投项目设计等服务。

3. 全方位支持企业做大做强

支持企业做大做强的首要方式是支持企业上市融资，即在现有的政府扶持政策下，政府可以根据企业上市前期费用实际支出和直接融资情况，考虑通过地方财政予以补助，尤其是利用好政府引导基金对企业的资金支持作用，与真正有潜力的企业做好长效对接机制。对接机制主要体现在政府需继续发挥带头作用，定期鼓励民资、外资携手加大对企业的长期资本投入，结合投后管理让潜力企业形成更为高效的长期成长机制。

除股权融资外，政府还应鼓励企业发行债券融资，引导企业发行绿色债券、双创债券等创新品种，大力支持企业运用“民营企业债券融资支持工具”等创新产品，通过发行公司信用类债券方式进行直接融资。另外，政府还可以通过构建并购重组服务平台，引导支持企业改制重组、兼并重组，以此整合产业链、做大产业群。深化国有企业改革，引导国有企业兼并重组和混改，提高国有企业资产证券化率，充分利用资本市场助力企业做大做强。

4. 集聚资源要素，创造良好的金融生态环境

安徽省应针对当前科技金融服务零散化的短板去聚集资源要素，不断优化营商环境。首先，建议政府可以牵头金融机构、科技创新企业等共同成立金融科技联盟，把金融科技联盟当作一个有效的信息交流平台，外加低门槛的设定也可以起到吸引省内更多金融机构、科技中介机构、科创型企业加入的作用。努力将金融科技联盟打造成一个全方位、多角度的新兴

综合平台，为科技创新型企业提供不同发展阶段的咨询服务、融资服务、人才引进服务，为政府和金融机构进一步加强合作提供便捷平台，从而形成正向反馈。

其次，在长三角区域一体化的背景下，政府应积极发挥中心城市投资带头作用，利用龙头企业带动同一产业链中具有潜力的中小企业合力发展，并根据企业的发展需要，放大安徽省科技驱动型企业较为密集的区位优势，主动承接长三角城市群的战略型产业转移。支持开展政产学研合作，建立产业集群，通过专业化的分工合作和聚集经济，推动产业链和创新链的延伸，提高区域投资能力，加快发挥安徽省在建立长三角世界级集群中的作用，从而为打造完整的投资生态链和金融生态环境奠定基础。

5. 引导鼓励企业兼并重组，为发展储备力量

当前安徽省较为缺乏引领科创产业的特大企业和企业集团，作为需要高产业集中度的科技行业来说，不利于其形成具有规模优势的产业集群。通过兼并重组形成一批带动中小企业发展的龙头大企业和集团，对优化资源配置、促进产业结构调整具有重要作用。所以政府应以多形式推进鼓励企业进行兼并重组。

首先在财政扶持力度上，政府可以帮助符合条件的兼并重组的企业争取国家和省有关专项基金，而对于兼并重组后企业实施的技术改造、技术创新以及符合国家战略性产业发展规划的项目，可优先列入政府重点项目计划，且可以按照项目建设期内的银行贷款额或设备投资额给予一定比例的补助和贴息。其次是在并购扶持项目的选择上，政府需要和相关业内专家和金融机构共同评估，注意分辨不同企业兼并重组的目的是财务性并购还是战略性并购，根据不同目的和类型的重组企业分别给予不同程度的审批和政策支持。政府在企业引导类型上，优先引导龙头企业，整合重组上下游企业，培育一批“链主型企业”；还可以借助深化国有企业改革的东风，推动省属国企的实质性重组，精干主体，进一步优化资源配置；最后，政府还可以选择科技行业内成长性好的企业，作为后备型企业进行维护，为将来重组成特大型企业储备力量。

（二）企业层面的对策建议

1. 积极拓宽融资渠道，提高直接融资意识

从国际经验来看，科技创新类企业采用直接融资的方式比间接融资更为有利，而我国的企业大环境就是过度依赖银行贷款的间接融资方式，导致直接融资比重过低。但显然资本市场才能真正为科技创新类企业提供全生命周期的融资服务，且现在科技信贷日趋饱和，融资难、融资贵的现象屡见不鲜。因此企业应该提高直接融资的意识，在了解企业自身的科技状况和融资需求的前提下，准确评估市场，积极主动地寻求金融帮助。比如那些通过提高经营效率能明显增加自有资本的科技型企业，可以首先考虑提高企业的内源融资能力；而对于一般的科技型企业则可以选择通过发行各类债券、吸收私募基金投资的方式进行融资；其他符合条件的企业还可以在境内外资本市场上市，或者一些有条件的未上市企业可以通过并购重组借壳上市，使有限的资金发挥出最大的效益。

除了科技类企业自身提高融资意识外，作为中介组织的金融机构类企业，在融资过程中也扮演着举足轻重的角色。金融机构可以针对不同的科技型企业客户，专门开发与之相对应的融资需求类产品。比如根据不同的科技型企业特点，为每家企业量身定做不同的财务评价体系和对企业的不同阶段设计不同的风险甄别系统，结合科技金融的运行特点，创新科技信贷和保险产品，为科技企业提供融资支持。其中大型的、较为成熟的金融机构还可以针对科技型企业需求，简化业务流程，比如为已经在新三板或者场外市场挂牌的科技企业提供授信服务。

2. 规范企业治理，提升竞争能力

安徽省的科技型企业，尤其是中小型的科技型企业普遍存在规模较小、管理水平低、风险防范水平低、财务体系不健全、资产结构不合理等问题。因此，未来企业还需要不断地自我完善，利用自身特点，找准市场定位，与金融创新主体形成良性互动，比如需要建立起规范的现代企业管理制度，健全财务制度，编制合法合规的财务报表，加强内部和外部审核；同时加快企

业诚信建设，增加企业信息的透明度；此外还需拟定科学的自主创新规划，根据自身的特征增加研发资金、人力资本和技术工艺的投入，不断提高科技含量，提高自身的核心竞争力。

对于金融机构来说，在科技创新型产业和资本市场互动健康发展的今天，也需要加快对金融科技复合型人才的建设，组建懂技术、懂金融、懂业务的复合型人才团队，让未来能有更多的金融科技细分领域不断发展并走向成熟。另外各大金融机构还应强化专职金融服务功能，积极创造条件设立科技企业金融服务部门，并根据业务发展需要进行专业分支机构的设立，配备科技企业为不同行业领域的专业团队和人员提供专业化服务。

3. 加强市值管理，实现内外动态平衡

企业治理的核心内容之一就是市值管理，它是上市公司实现其价值的重要手段。除了上文提到的需要做到最基本的规范公司治理的措施、管理好公司基本层面以外，还需要从两个方面切入。首先是对内方面，上市公司需要促使管理层和投资者利益通过股价形成一致，科技企业本身就具有风险大的天然属性，所以若想从根源上提高企业进行市值管理的动力，最直接的方式就是让管理效率提高，利润表现变好，股价反应自然就会好，尤其需要注意改善普遍存在的“脱实向虚”现象，将资金真正用到服务于企业转型升级上，做到产融结合，使其市值货真价实。其次是对外方面，企业应维护好和投资者之间的关系，适当增加企业的透明度，比如通过每季度定期邀请机构投资者登门参观调研，再通过这些机构投资者将利好信息向外释放，增加市场信心，在双方互动中逐渐引入稳定的机构投资者。对于其他的普通投资者，企业也可以进行抽样保持沟通，引导投资者回归到公司基本面投资，进而统一公司内在价值与市值的动态均衡。

4. 聚焦主业根基，优化资本布局

当前，安徽省部分科创类企业仍存在布局过宽过散、资源配置不合理的问题。科技类企业要想做大做强，就必须聚焦好主业，发挥主营业务业绩考核的导向作用，筑牢主业根基，推动企业的资源要素向主业集中，在此基础上适度多元化发展，然后才能使核心业务盈利能力和市场竞争力不断增强。

第一，企业应确立主攻方向，紧紧围绕主营业务探索适合自身的发展战略，将资金、人才等资源优先配置到核心技术攻关中，而不是一味追求企业的规模和数量，也不是把闲散的流动资金大量投入期限短、收益快的其他业务中。第二，将无优势、耗费资源、市场前景差和关联度不高的非主营业务进行全面排查和清理，用转让或引进其他资本等有效方式将其有计划的逐步退出，从而转向主业。但企业也不必过度强调“聚焦主业”，防止出现“管窥效应”。在科技创新日新月异的社会背景下，企业可以根据现在行业的整体情况做出预判，适度推进真正优秀的、前景好的非主营业务，灵活布局，甚至可以尝试抓住跨界融合机会，形成市场突破，创造出属于自身的独特优势。

5. 协力培育科技金融，培育良好金融环境

由于科技产业是一个多要素整合的庞大复杂系统，所以在现实中，无论是科技企业还是金融机构都无法独善其身。不同类型的金融机构和科技企业之间的紧密合作是大势所趋。依托两者的聚集优势，围绕创新链完善资金链，在未来可以建立一个由银行、券商、投资基金、信托等金融机构共同构成的创新服务体系，甚至可以尝试与成熟的外部金融科技公司进行合作，利用人工智能和大数据等金融科技手段，推动云计算、区块链向科技行业渗透，通过知识产权价值评估、资产交易、债权融资、股权融资、投资担保等环节，对科技企业进行精准画像，为科创企业提供系统性的投融资平台。另外，可以建立一个类似于北京中关村“投贷联动”模式的创新业务，由各家金融机构联合组成一些专门投资成长型良好科技企业的投资基金，对高科技企业进行股权投资，协力培育科技金融的良好发展环境。

B.13 基于国内外经验的安徽省国有上市公司分拆上市研究

郑晓霞*

摘　要： 2019年12月，中国证监会正式发布《上市公司分拆所属子公司境内上市试点若干规定》，正式放开A股市场分拆上市，未来A股上市公司有望迎来分拆上市浪潮。安徽国有企业具有量大质优、偏重基础产业的特点。分拆上市能够为安徽国企改革提供增量手段，助力安徽国资产业结构调整与升级，促进安徽国资提高经营效率，规范公司治理。安徽国有企业分拆上市应基于长期战略考虑，选择优质资产分拆上市，并合理选择市场类型。分拆上市应做好前期准备，做好过程管理，重视财务问题，同时借机完善自身治理机制，并持续关注分拆以后的资源整合。

关键词： 国有上市公司　分拆上市　安徽

一　安徽国有上市公司分拆上市可行性分析

（一）安徽国有企业发展现状与改革进展

1. 安徽国企现状：量大质优，偏重基础产业

安徽的国资体量较大，截止到2017年底，安徽省属国有资产总量为

* 郑晓霞，华安证券研究所所长助理，首席策略分析师。

128516 亿元，全国排名第 6（见图 1）。根据安徽国资委数据，2019 年，安徽省 28 户省属企业累计实现营业收入 8252.7 亿元、利润总额 768.6 亿元，同比分别增长 11.1%、19.7%，年末资产总额 16001.5 亿元、所有者权益总额 6778.5 亿元，同比分别增长 7.9%、15.6%。

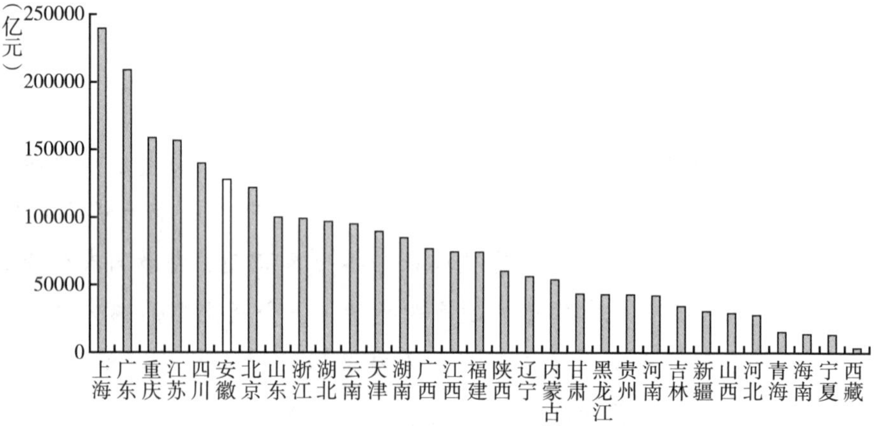

图 1　2017 年我国部分地区国有资产总量

资料来源：Wind 数据库、华安证券研究所。

从经营效率来看，2016 年，安徽国企净资产利润率为 4.7%，全国排名第 5（见图 2），高于全国平均值 2.4%，反映了安徽国企整体较为优良的盈

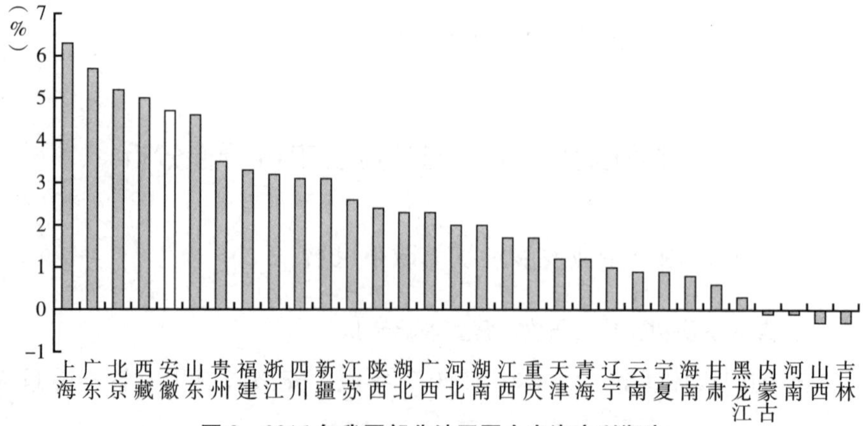

图 2　2016 年我国部分地区国企净资产利润率

资料来源：Wind 数据库、华安证券研究所。

利能力。

依据国企整体效率较高、国资体量较大、国企改革进展速度较快以及预期强烈程度，本报告选择了上海、广东、北京、江苏、浙江、山东国资较为优秀的几个地区，对国企净资产利润率变化情况进行比较。从近几年的趋势来看，上海国企净资产利润率情况表现最好，水平较高且稳定。安徽国企净资产利润率总体来看属于中等水平，且波动率较大。但从2014年以后，受国企改革及供给侧改革的影响，安徽国资盈利能力反弹的力度是最强的（见图3）。2017年以及2018年第一季度，安徽省属国企实现利润总额同比增长分别高达57.3%和59.4%，整体效益继续维持强劲增长态势。

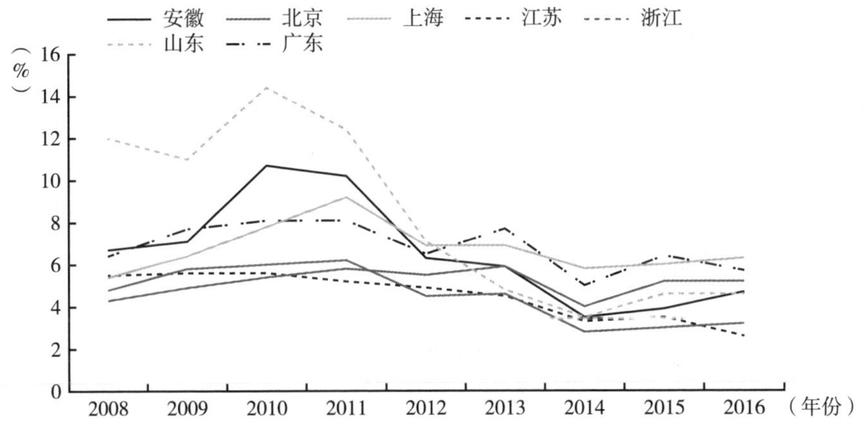

图3　国资较为优秀的几个地区国企净资产利润率变化情况

资料来源：Wind数据库、华安证券研究所。

从国有上市公司行业分布来看，分布较为广泛，但偏重于基础产业布局，化工、机械设备、食品饮料、汽车、建筑装饰、家电、建筑材料、有色金属、采掘、钢铁等行业上市数量占比达57%。安徽省国有上市公司申万一级行业分布见图4。

2. 安徽国企混改的进展

早在2014年安徽省政府就明确，安徽要进一步推进经济体制改革，其中混合所有制经济将是重要抓手，力争在民营经济发展和国企改革方面取得

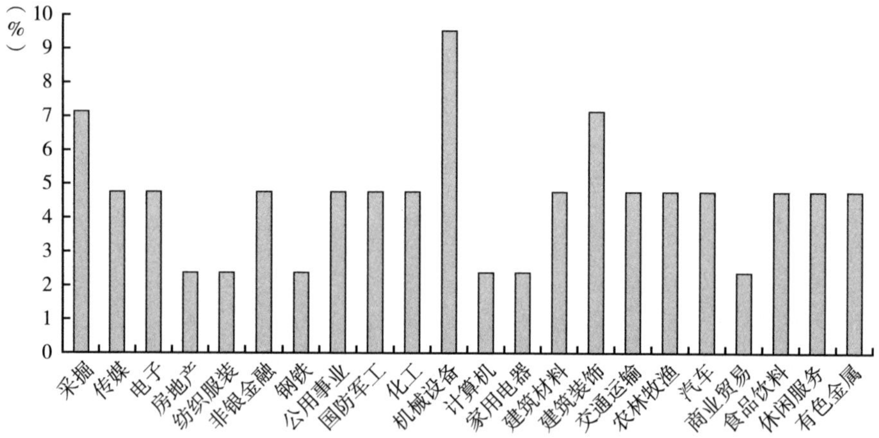

图4　安徽省国有上市公司申万一级行业分布

资料来源：Wind 数据库、华安证券研究所。

突破。随后安徽省国资委在推进混合所有制经济改革中提出了“股份制改造培育一批”“整体上市发展一批”“资本运作深化一批”“员工持股转换一批”“开放项目引进一批”“参股民企投入一批”六条路径，使企业更好地依据实际选择适宜的方式。近年安徽省混改取得的部分成效见表1。

表1　近年安徽省混改取得的部分成效

股份制改造	九华旅游已完成上市；华安证券、皖天然气、长城军工已经过会；皖垦种业、省交规院2家报会
整体上市	安徽省《关于深化国资国企改革的实施意见》中提出，在发展混合所有制经济方面，安徽将“推进整体上市、发展基金、推广PPP模式”等作为主要路径。江淮汽车已经率先完成整体上市。按照安徽省政府的要求，马钢集团、海螺集团、铜陵有色等省属企业，后续都要实现整体上市
资本运作	新力金融曲线借壳巢东股份
员工持股	安徽国企改革实施意见中提出“坚持试点先行，稳妥有序推进混合所有制企业员工持股”。江淮汽车、国元证券、铜陵有色均已完成员工持股计划；几大国企在持股方式、持股数量以及激励对象方面，给安徽国企员工持股提供了参考
开放项目	大力推广PPP模式是安徽省混改的一大抓手。截至8月初，安徽PPP项目库建设积极推进，入库项目581个，估算投资4576亿元。其中列入国家发展改革委PPP项目库的265个，总投资2743亿元，项目个数和总投资均居全国前列。上述项目已有57个项目初步落实了社会投资主体

续表

参股民企	安徽省希望能够在战略新兴高成长领域与民企加深合作。其中重要方式之一是"推动产业基金发展"。2015 年 10 月,省政府设立了总规模 800 亿元至 1000 亿元的安徽省产业发展基金。先期设立的 600 亿元,省信用担保集团和省投资集团各发起设立 300 亿元

资料来源：华安证券研究所。

（1）整体上市

从已公开的信息和方案看，整体上市、提升资产证券化率是未来几年安徽省国企改革的首要任务。国有企业资产证券化不仅有利于完善公司治理结构，而且在减少上市公司与集团公司之间的关联交易、提升规模经济、完善产业链、降低企业运营成本、提高经营效率方面都有积极的作用。根据安徽省政府的规划，"十三五"期间安徽国资资产证券化率要从40%提高到60%。

（2）员工持股

员工持股是对内实现混合所有制的方式，也是长期激励的有效手段。但在实施过程中由于存在谁来持股、持股量多少、激励效果如何、如何公允地推广股权激励等问题，国务院于2016年8月出台了《关于国有控股混合所有制企业开展员工持股试点的意见》，规定原则上员工持股总量不应高于公司股本的30%，单一员工持股不得高于公司股本的1%，公司员工持股计划主要通过增资扩股等方式开展，不减少现有存量。我们认为，细节的确定将有利于加速员工持股计划的推广。安徽省部分具有代表性的国企员工持股状况见表2。

表 2　安徽省部分具有代表性的国企员工持股状况

公司	说明	方式
国元证券	由于相关的法律法规对证券行业实施股权激励的限制比较多,上市券商此前并没有实施股权激励。2015 年证券市场波动剧烈,国元证券响应监管层关于维护资本市场稳定的要求,从二级市场回购了 1.5% 的股份,并将之全部用于员工持股计划	通过委托资产管理人设立资产管理计划持有股份,单个持有人通过本员工持股计划所获得的标的股票数量不得超过公司股本总额的 1%； 全员参与； 锁定期:普通员工 12 个月,中层以上管理人员 36 个月

续表

公司	说明	方式
铜陵有色	公司较大的有息负债规模致使公司财务费用较大,存在一定的财务风险,拟通过向有色控股、铜陵有色员工持股计划等定增,偿还银行贷款。员工持股计划认购股份资金总额不超过9亿元	通过"长江养老企业员工持股计划专项养老保障管理产品"下设的专项投资组合进行管理。 8名高管认购持股计划的2.78%,其他参加对象不超过10992人; 员工持股计划的锁定期为72个月
海螺水泥	2000年左右,为解决公司发展融资难题,7700名员工通过海螺创业(员工工会持股公司)出资参股建设多家沿江熟料基地,并受让了安徽省投资集团持有的31.8%铜陵海螺股权。2006年,海螺水泥定向收购他们持有的各个基地的股份,广大员工利益与上市公司整体保持一致。2013年海螺企业在港股上市,海螺水泥的业绩表现会直接反映在海螺企业香港的股价上,可以更直接地激励海螺企业持股员工的积极性,改革将实现多方利益的共赢,符合国家混合所有制改革的方向	通过工会持股海螺创业,间接持股海螺水泥;海螺创业香港上市,激励刺激更为直接,同时进入和退出也更为方便
安凯客车(草案)	面向管理骨干、技术骨干,授予总股本1%的股票期权	股权激励计划有效期5年,满2年后可行权,后三年每年可行权三分之一;从第三个行权期开始有考核
凯盛科技	为提高公司新项目的成功率,项目子公司采取混合所有制形式,管理层参股进行有效激励。以纳米钛酸钡生产线和电容式触摸屏柔性镀膜生产线为试点	管理层参与公司投产的新项目

资料来源：华安证券研究所。

（3）引入战略投资者

战略投资者是推动公司发展的重要力量，一般指拥有技术、资金、人才、市场等优势，能够为公司带来协同效应，致力于获得长期投资回报的相关大企业或集团。对于企业来讲，引入战略投资者一方面可以通过股权融资的方式获取企业发展的资金，减少债务压力；另一方面可以实现产权主体多元化，有助于建立现代企业管理制度，保证国有资本的保值、增值；同时，也能维护员工的根本利益，实现多赢的局面。

安徽省已将引入战略投资者作为国资改革的主要手段之一，但具体做法各有千秋。如安徽省属企业铜陵有色、海螺集团、安徽合力等一大批国企均已有计划地引入战略投资者；在策略上，市属国企则主要在充分竞争性领域引入战略投资者。对于充分竞争性行业，合肥市国资一般不优先考虑实施股权激励等内生性增长模式，考虑到与上市公司主营业务的相近性，把企业交给善于经营的团队，做大在合肥投资的相关产业。如 2014 年合肥市国资委旗下的合肥三洋以 8.42 元/股的价格向惠而浦定增 2.34 亿股。定增完成后，惠而浦成为控股股东，合肥市国资委持股比例下滑至第二位。受益于惠而浦带来的协同效应，合肥三洋在国内渠道、管理、制造等方面的优势得到了更好的发挥，实现了优势互补。

3. 安徽国企混改的难点

首先，目前经济处于下行周期，国资业务多集中于基础行业，经营压力非常大，而且在改革过程中员工家庭福祉和社会安定因素也需要予以考虑。在实际中，传统行业国企的改革一般首先在增量部分开展，其涉及业务规模较小，改革层次相对较低。反观平台类国企，特别是地方金控类、投控类企业，历史包袱小，发展空间大，改革力度和成效也较大。

其次，从企业管理层的角度来看，国企改革，包括混改、上市或公司治理改革，都会稀释现有企业高层的权力。在没有具体可操作的政策细则出来之前，一些国企领导一般选择保守观望。特别是经济下行时期，一些国企薪酬下滑，中青年业务和管理骨干出现流失，改革中坚力量被削弱。

再次，从管资产到管资本的角色转变中，国资委需要下放权力，进行自我革命，而且叠加改革涉及部门多，协商、会签流程长，导致效率不高，再加上国有资产保值、增值和合理兼顾多种诉求难度较大，影响改革的进程。

（二）分拆上市对安徽国企改革的意义

1. 为安徽国企改革提供增量手段

从过去安徽国企改革的实践经验看，国企混改是国企改革的重要抓手，而国企混改的主要手段包括整体上市、员工持股、引入战略投资者等方式，其中整体上市是最主要的改革手段，员工持股、引入战略投资者主要是企业上市后或上市过程中的资本运作和公司治理手段。经过近些年的国企改革，安徽国有企业的资产证券化率有了一定的提高，国企上市公司数量从2000年的18家增长至2019年的42家，大部分较为优质的国资资源已实现了整体上市，未来整体上市国资资源将逐渐减少。在这种背景下分拆上市将为国企混改提供增量手段，从而进一步提高安徽国资资产证券化率。

2. 助力安徽国资产业结构调整与升级

从产业结构看，安徽国资偏重于中上游的基础产业，经营压力较大，未来国企改革的重点应为促进国有资产产业结构转型升级。2019年12月出台的分拆上市新规虽然没有明确分拆上市的具体板块，但从以往监管层的表态来看，更多的是鼓励分拆具有较高成长性的新兴产业板块进行上市，从A股已经发布公告拟分拆上市的公司的情况来看，绝大多数企业选择分拆新兴产业板块到科创板或创业板上市，拟分拆的业务也大多属于新兴产业范畴。从这个意义上看，通过分拆上市可以将安徽国有上市公司中较为优质的新兴产业板块分拆出来，子公司可以与资本市场直接对接，从而拓宽公司融资渠道，提高融资效率，同时子公司还可以借助资本市场平台进行产业并购等资本运作，进一步拓展业务范围，实现跨越式发展，进而带动安徽国资产业结构转型升级。

3. 促进安徽国资提高经营效率，规范公司治理

部分安徽国有上市公司业务较为复杂，虽然多元化经营有助于企业规模的扩大，但也会分散主营优势，降低企业市场竞争力。分拆上市为企业降低多元化弊端、规避多元化风险提供了一个有效手段，有利于在

核心业务领域积聚更多资源，促进企业专业化程度提高。同时，分拆上市能够帮助子公司减少对母公司的依赖，可以促进子公司在独立面对资本市场的过程中不断提高其公司治理水平，从而提高公司经营效率。上市后，子公司具有独立的上市平台，能够使市场对公司有更深入的了解，从而获得更好的市场估值，便利公司的融资，使公司获得更好的长远发展。母公司也可以通过管理费用率的降低、股东权益增长等方式实现公司经营效率的提升。

分拆上市能够在一定程度上解决公司管理效率不高的问题。分拆上市后，子公司没有了母公司的庇护，公司治理体系会更加透明。资本市场对公司的约束和监督作用，会倒逼子公司完善自身治理机制，制定适合自身的治理方案，并加强自身的信息披露管理，从而提高公司的治理水平。

（三）安徽上市公司符合分拆上市标准分析

1. 安徽上市公司潜在分拆上市标的

（1）A 股分拆 A 股上市

截至 2020 年 6 月 16 日，按照分拆上市新规中的指标初步筛选，符合上市满三年，上市公司最近 3 个会计年度连续盈利，最近 3 个会计年度归属上市公司股东的净利润累计不低于 6 亿元人民币（不剔除拟上市子公司），36 个月内未受到中国证监会行政处罚，12 个月内未受到公开谴责且最近一年及一期财报审计意见为无保留意见的安徽上市公司共有 36 家，进一步剔除所属子公司主要从事金融业务的华安证券、国元证券后，剩余 34 家，占安徽 111 家 A 股上市公司的 30.6%，具体公司如表 3 所示，其行业分布见图 5。

表 3　初步筛选符合分拆上市标准的安徽 A 股上市公司

证券代码	证券简称	行业	企业属性	证券代码	证券简称	行业	企业属性
000543. SZ	皖能电力	公用事业	地方国企	300274. SZ	阳光电源	电气设备	民营企业
000596. SZ	古井贡酒	食品饮料	地方国企	300388. SZ	国祯环保	公用事业	民营企业
000630. SZ	铜陵有色	有色金属	地方国企	600012. SH	皖通高速	交通运输	地方国企

续表

证券代码	证券简称	行业	企业属性	证券代码	证券简称	行业	企业属性
300088. SZ	长信科技	电子	地方国企	600054. SH	黄山旅游	休闲服务	地方国企
000887. SZ	中鼎股份	汽车	民营企业	600502. SH	安徽建工	建筑装饰	地方国企
000930. SZ	中粮科技	农林牧渔	央企	600567. SH	山鹰纸业	轻工制造	民营企业
002014. SZ	永新股份	轻工制造	集体企业	600575. SH	淮河能源	交通运输	地方国企
002074. SZ	国轩高科	电气设备	民营企业	600577. SH	精达股份	电气设备	民营企业
002171. SZ	楚江新材	有色金属	民营企业	600585. SH	海螺水泥	建筑材料	地方国企
002230. SZ	科大讯飞	计算机	央企	600761. SH	安徽合力	机械设备	地方国企
002541. SZ	鸿路钢构	建筑装饰	民营企业	600808. SH	马钢股份	钢铁	央企
002555. SZ	三七互娱	传媒	民营企业	603599. SH	广信股份	化工	民营企业
002557. SZ	洽洽食品	食品饮料	民营企业	600971. SH	恒源煤电	采掘	地方国企
002597. SZ	金禾实业	化工	民营企业	600985. SH	淮北矿业	采掘	地方国企
002607. SZ	中公教育	传媒	民营企业	601801. SH	皖新传媒	传媒	地方国企
002690. SZ	美亚光电	机械设备	民营企业	603198. SH	迎驾贡酒	食品饮料	民营企业
300009. SZ	安科生物	医药生物	民营企业	603589. SH	口子窖	食品饮料	民营企业

资料来源：Wind 数据库、华安证券研究所。

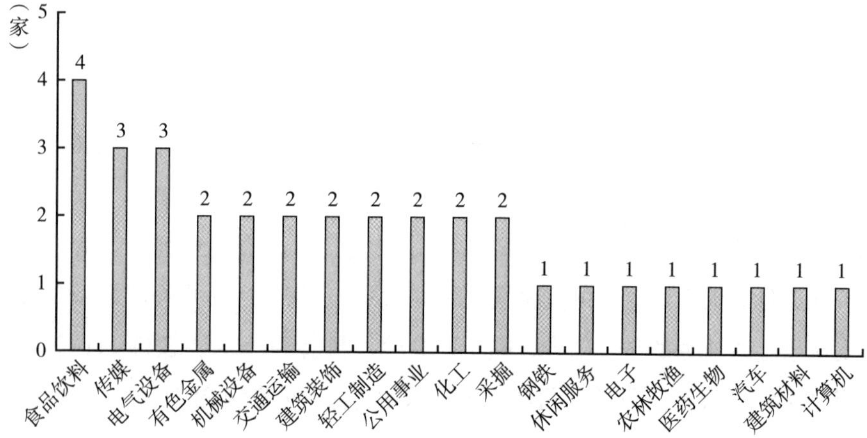

图 5　初步筛选符合分拆上市标准的安徽 A 股上市公司行业分布

资料来源：Wind 数据库、华安证券研究所。

（2）港股分拆 A 股上市

截至 2020 年 6 月 24 日，安徽共有 13 家港股上市公司（见表 4）。港股分拆子公司到A股上市需满足《香港联合交易所有限公司证券上市规则〈第15项应用指引〉》中的相关规定，包括母公司上市满三年，母公司连续三年盈利并且累计盈利达到5000万港元及以上，同时要求母公司经分拆后剩余业务应足以支持其上市地位等。通过对安徽13家港股上市公司的梳理发现，其中有5家上市不满三年，马鞍山钢铁股份、安徽皖通高速公路、海螺水泥、海螺创业在A股都有相应上市公司，故不在此单独讨论。剩余4家公司现代牧业、徽商银行、信义光能、恒勤集团中，现代牧业、恒勤集团2017年、2018年均亏损，不满足连续三年盈利的条件，徽商银行、信义光能满足分拆上市基本条件，可以重点关注。

表4 安徽港股上市公司

序号	证券代码	证券简称	上市日期	行业	所有制	城市
1	0323. HK	马鞍山钢铁股份	1993年11月3日	材料	中央国有企业	马鞍山市
2	0995. HK	安徽皖通高速公路	1996年11月13日	工业	地方国有企业	合肥市
3	0914. HK	海螺水泥	1997年10月21日	材料	地方国有企业	芜湖市
4	1117. HK	现代牧业	2010年11月26日	日常消费	公众企业	马鞍山市
5	3698. HK	徽商银行	2013年11月12日	金融	公众企业	合肥市
6	0968. HK	信义光能	2013年12月12日	公用事业	民营企业	芜湖市
7	0586. HK	海螺创业	2013年12月19日	工业	公众企业	芜湖市
8	8331. HK	恒勤集团	2015年12月29日	材料	民营企业	芜湖市
9	2779. HK	中国新华教育	2018年3月26日	可选消费	民营企业	合肥市
10	8151. HK	宝申控股	2018年4月23日	可选消费	民营企业	滁州市
11	8502. HK	远航港口	2018年7月10日	工业	民营企业	池州市
12	3868. HK	信义能源	2019年5月28日	公用事业	其他企业	芜湖市
13	0667. HK	中国东方教育	2019年6月12日	可选消费	民营企业	合肥市

资料来源：Wind数据库、华安证券研究所。

2. 安徽国有上市公司潜在分拆上市标的

在初步筛选符合分拆上市标准的安徽A股上市公司中，进一步筛选出国有企业16家，其中地方国有企业13家，中央国有企业3家，如表5所示。从子公司涉及的领域来看，可以重点关注长信科技、海螺水泥、安徽建工、马钢股份、科大讯飞、中粮科技，其子公司涉及领域与科创板、创业板鼓励的行业方向较为吻合。

表5　初步筛选符合分拆上市标准的安徽A股国有上市公司

序号	证券代码	证券简称	行业	企业属性	子公司涉及领域
1	600971. SH	恒源煤电	采掘	地方国企	发电、售电、工程技术
2	600985. SH	淮北矿业	采掘	地方国企	煤炭采掘、煤化工、工程建筑、供水、电力销售、商品销售
3	601801. SH	皖新传媒	传媒	地方国企	出版物发行、商务服务、文体娱乐、教育培训、证券投资
4	300088. SZ	长信科技	电子	地方国企	电子产品、动力电池、真空技术、贸易服务
5	000543. SZ	皖能电力	公用事业	地方国企	发电、贸易、金融
6	600761. SH	安徽合力	机械设备	地方国企	车辆制造、销售
7	600585. SH	海螺水泥	建筑材料	地方国企	水泥生产销售、水泥装备设计生产、矿山开采、材料加工、投资服务等
8	600502. SH	安徽建工	建筑装饰	地方国企	建筑与房地产开发、新型材料生产销售、试验检测、物业管理、建筑装饰等
9	600012. SH	皖通高速	交通运输	地方国企	交通运输、金融
10	600575. SH	淮河能源	交通运输	地方国企	电力生产、销售，物流贸易，交通运输业
11	000596. SZ	古井贡酒	食品饮料	地方国企	食品饮料、酒店管理、商业贸易、污水处理与废品回收
12	600054. SH	黄山旅游	休闲服务	地方国企	景点开发、餐饮服务、酒店管理
13	000630. SZ	铜陵有色	有色金属	地方国企	采掘与加工、贸易服务、金融
14	600808. SH	马钢股份	钢铁	央企	钢铁、轨道交通装备、金融、贸易服务等
15	002230. SZ	科大讯飞	计算机	央企	软件开发、机器人开发、教育科技产品开发等
16	000930. SZ	中粮科技	农林牧渔	央企	生物工程的科研开发、生物能源和生物化工系列产品的生产、销售，金融投资、贸易服务等

资料来源：Wind 数据库、华安证券研究所。

二　安徽国有上市公司分拆上市对策建议

（一）分拆上市前的战略考虑

1. 分拆上市应基于长期战略考虑

分拆上市作为资本运作的一种方式，与其他资本市场的工具一样，有利有弊。一般来讲，以下两种情况下上市公司可以考虑通过分拆上市进行资产运作。一是母公司的某个子公司或业务板块具有较好的成长性，但是其价值在母公司股价中没有得到充分反映。分拆上市可以帮助子公司独立面对资本市场，得到市场更深入的了解，从而获得更公允的市场定价，而不受母公司整体估值水平的限制。二是母公司规模较大，业务已经多元化导致公司内部沟通成本越来越高，甚至造成母子公司间的负协同效应。此时，分拆上市可以使子公司实现独立运营，从而提高管理效率，实现更好的战略发展。

2. 应选择优质资产分拆上市

对于不同的公司，资本市场会根据其所处行业、竞争地位、经营情况等给出一定的市场定价，不同公司的估值往往差异较大。若一个上市公司业务采用多元化经营，其业务范围可能涉及不同的行业板块，有各自不同的盈利和成长性，本应享有不同的估值，但对于公司整体而言只能有一个特定的估值，公司不同板块均共享公司的这个整体估值水平，就有可能存在估值被市场低估。为了更好地挖掘其价值，就应该选择估值较高的优质资产进行分拆上市。

通常来讲，具有较大发展潜力的业务潜在盈利能力高，往往享有更高的市场估值。因此，上市公司在确定分拆上市前，要对拟分拆的业务板块及其资本市场估值进行充分评估，一般优先将公司中发展潜力大、成长性好，尤其属于新兴行业的业务板块或子公司进行剥离并分拆上市。这类优质的子公司或业务板块通常较容易获得较高的市场估值，从而有利于获得尽可能多的市场融资，同时尽量减少母公司所失去的控制权。分拆上市后，子公司以独立平台面对资本市场，在充分融资的帮助下可以更好地发挥自己的竞争优势，充分兑现成长潜力，实现更好的自身发展，也为母公司带来相应的股权收益，提高其业绩。

3. 合理选择分拆上市的目的地

企业分拆上市前需要考虑的一个重要问题是分拆后的子公司到哪里进行上市，即上市地点的选择。过去 A 股上市公司分拆上市以到港股上市为主，2019 年 12 月分拆上市新规出台后，A 股上市公司分拆子公司在境内上市真正破冰，未来 A 股上市公司分拆上市的选择将更加多样化，既可以到港股、美股上市，也可以在国内 A 股继续上市。

相较于 A 股，在港股上市的优势主要体现在三个方面：一是港股上市的门槛与 A 股主板相比较低，对拟上市公司的盈利情况、股权架构等的要求更为宽松；二是在港股上市发审效率更高，过去 A 股上市周期较长，往往要经过较长的排队期，导致上市进度缓慢，相比而言港股上市审核周期明显更短；三是港股的国际化程度更高，有利于国际投资者的投资和公司的国际化发展。

相较于港股，在 A 股上市最大的优势体现在两个方面：一是 A 股享有更高的估值水平，上市公司分拆子公司在 A 股上市将获得更高的股权溢价效应；二是 A 股的再融资效应要优于港股，港股的境内上市公司若要再融资，一般要同时接受香港联交所和中国证监会的双重审核，因此，港股的再融资审批流程更加复杂，需要更高的时间成本。

（二）分拆上市操作建议

1. 分拆上市应做好前期准备

（1）明确拟分拆公司的经营业务范围，选择合适的资本运作方案

在确定拟分拆公司的经营业务范围时，要充分考虑上市目标、上市板块的监管要求、子公司独立性和资产完整性、分拆成本等。之后，应明确子公司的发展战略目标、实施途径和具体举措，为后续上市路演等做好材料准备，也为业务发展指明方向。

（2）建立专门的管理机构加强组织协调

公司业务的剥离与重组对公司影响巨大，涉及业务、财务、组织结构、管理体系等各个方面，应该组建专职的项目管理团队来具体落实，选聘外部专业顾问也是一个方便的选择。因为分拆上市项目涉及部门和服务机构较多，各部门的相互协同配合至关重要，应考虑建立上市指导委员会或专门项目办公室，统一指导与协调各团队的工作。

2. 分拆上市应做好过程管理

（1）做好沟通与变革管理

分拆上市涉及多方利益，包括实际控制人、员工、管理层、客户、战略或财务投资人、供应商等，各方诉求也各不相同，往往造成谈判战线过长，效率低下。沟通与变革管理在整个分拆重组过程中显得尤为关键，应尽早明确各利益相关者的主要诉求和沟通要点，确定与之匹配的沟通方案，确保分拆上市工作的顺利进行。

（2）合规程序不能忽视

应充分重视分拆重组流程的合规性。如在股权或资产转让时，应特别关注定价公允性；在审议重组方案时，要特别遵从上市公司三会运作的要求；同时注意加强上市公司的信息披露，积极履行监管机构备案等相关程序。

3. 分拆上市要重视财务问题

分拆上市应至少从以下几个方面关注财务问题：母公司与子公司间关联交易；拟分拆子公司的业务范围、资产、营收、利润、现金流的质量等；子公司的资产、利润占母公司的比例。

要注意母公司与子公司间关联交易的合理性及必要性，子公司从母公司获得的业务定价是否有失公允，是否存在利益输送，其独立性是否得到保证，从而判断其市场竞争力和分拆的合理性；要关注子公司资产和利润的来源、构成，是否由于关联交易、内部转移定价等虚增而来，利润是否真实，是否有现金流作支撑，从而判断分拆会否损害新股东的利益；要关注被分拆的资产、利润占母公司的比例，从而判断分拆会否损害母公司原股东的利益，如果比例过大，就有掏空上市公司的嫌疑，导致母公司业绩下滑，后续竞争力不足，甚至无法维持母公司的上市资格。

4. 分拆上市要完善自身治理体系

分拆上市能在一定程度上有效解决公司管理层效率不高的问题，而治理机制的优化又是改善绩效的关键点。所以，在分拆上市过程中，应在券商的帮助下完善自身治理方案，提高公司治理水平，完善自身治理机制。同时，通过引入外部机构投资者优化公司股权结构，使其他股东积极发挥监督作用，为公司提供决策参考，提高公司的管理效率。要通过实施以公司股票为标的的股权激励计划，激励管理层完成经营目标，提升绩效水平。

5. 上市公司分拆后应持续关注资源整合

分拆上市是一个漫长的过程，分拆上市的成功能够在短期内为子公司带来积极的市场反应，同时在股权流通之后能为母公司带来股权收益。作为长期的资产重组行为，分拆上市需要持续关注资源整合，并针对每一阶段反映出来的数据和问题，做出合理的评价、判断，及时进行跟进调整，从而促进企业的长期发展。

B.14

安徽省上市公司信息披露违法案例研究

夏建光　李永猛　丁琦琦　李　想*

摘　要：　本报告以安徽省4起上市公司信息披露违法案件为例，梳理上市公司财务造假、资金占用、违规担保等违法手段，从内部、外部两个层面剖析上市公司违法成因，总结经验教训，并针对上市公司信息披露违法行为的背后成因提出加强监管、强化公司治理、中介机构勤勉尽责、树牢投资者价值投资理念等意见建议。

关键词：　信披违法　上市公司　新《证券法》

2020年6月29日，某上市公司发布关于公司及实际控制人收到《中国证券监督管理委员会行政处罚及市场禁入事先告知书》的公告，显示该公司2015～2018年通过虚构销售业务、采购、生产、研发费用等方式合计虚增利润总额76亿元；2015～2018年年度报告中披露的银行存款余额亦存在虚假记载，其中2018年虚增银行存款122亿元；此外，未在相关年度报告中披露违规担保近15亿元，未如实披露募集资金使用情况。

2019年，几家上市公司重大信息披露（简称“信披”）违法案件频频发生，财务造假、违规担保、资金占用多种违法方式交织，信息披露违法行

---

* 夏建光，安徽证监局四级主任科员；李永猛，安徽证监局三级主任科员；丁琦琦，安徽证监局四级主任科员；李想，安徽省铁路基金公司研究发展部负责人。

为持续时间长、涉案金额巨大、手段恶劣、违法情节严重。

2020 年 3 月 1 日，新《证券法》正式实施。作为资本市场的“根本大法”，新《证券法》对上市公司信息披露提出了新要求，同时也大幅提高了对信息披露违法、欺诈发行等违法行为的处罚力度。

2020 年 4 月 7 日以来，国务院金融稳定发展委员会（简称“金融委”）先后召开 4 次关于打击财务造假的工作会议。会议提出，要坚决打击财务造假、内幕交易、操纵市场等违法违规行为，对造假、欺诈等行为从重处理，对资本市场造假行为“零容忍”，对造假的上市公司、中介机构和个人坚决彻查，严肃处理，多措并举加强和改进证券执法工作，全力维护资本市场持续健康稳定发展的良好生态。

本报告拟分四个部分从安徽省上市公司信披违法案件查办视角探讨如何提高上市公司信息披露质量。第一部分介绍了 2019 年至 2020 年 7 月 9 日证监会和安徽省信披违法行为行政处罚概况。第二部分，以 4 起安徽上市公司信披违法案件为例，重点分析信披违法案件的主要特点，挖掘背后的深层原因。第三部分，介绍了新《证券法》对上市公司信息披露的影响。第四部分，有针对性地提出提高上市公司信息披露质量的对策建议。

一　2019年至2020年7月9日信披违法行为行政处罚概况

（一）证监会行政处罚概况

2019 年至 2020 年 7 月 9 日，证监会对上市公司信息披露违法行为共做出行政处罚决定 94 件[①]，处罚金额高达 4705 万元，处罚金额分布如图 1 所

① 数据来源于 Wind 数据库，从 Wind 数据库导出 2019 年至 2020 年 7 月 9 日 A 股上市公司违规事件，并针对“违规类型”和“具体违规行为”字段进行手工处理，筛选出信息披露违法行政处罚 94 件。

示，其中处以 60 万元顶格罚款的有 54 件，占比为 58%，体现了证监会严厉查处上市公司信披违法案件的决心。

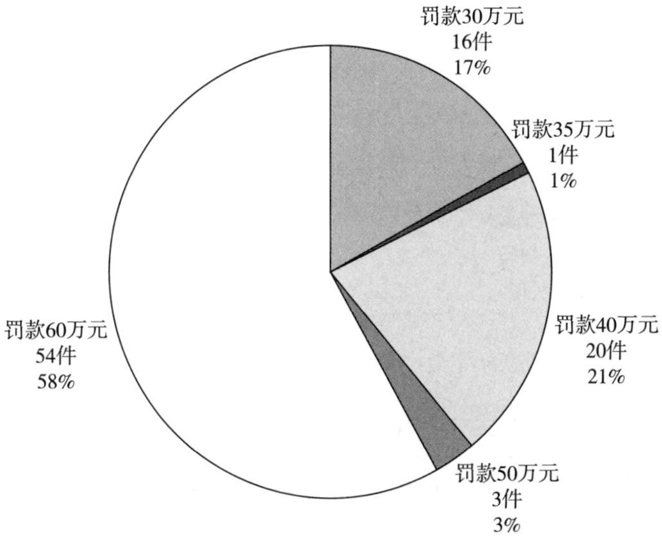

图 1　上市公司信息披露违法行为行政处罚金额分布

1. 信披违法类型

表 1 列示了 2019 年至 2020 年 7 月 9 日上市公司信息披露违法行为类型。可以看出，上市公司信披违法行为主要表现为财务造假、关联交易、资金占用、违规担保等，占比达 66.86%。

2. 信披违法行为持续时间

表 2 列示了上市公司信披违法行为持续时间，可以看出以违法持续 1 年、2 年、3 年为主，占比为 77.33%。经对比研究发现，信披违法行为中财务造假、违规担保、关联交易、资金占用的持续时间以 2 年、3 年、4 年为主，其中 2 家上市公司的财务造假行为持续时间甚至分别长达 6 年和 9 年。上述数据说明上市公司信息披露违法行为持续时间较长，是一种持续、系统的违法行为。

表 1　信披违法类型分布

单位：次，%

信披违法类型	出现次数	占比
财务造假	36	20.57
关联交易	33	18.86
资金占用	24	13.71
违规担保	24	13.71
未按规定披露定期报告	10	5.71
未按规定披露重大诉讼和仲裁	9	5.14
未按规定披露重大债务违约	7	4.00
未按规定披露借款/或有负债	5	2.86
实控人披露不实	5	2.86
未按规定披露股东股权被司法冻结、股权质押	3	1.71
其他	19	10.86
合计	175	100.00

注：同一家公司的信披违法行为可能涉及多种类型，因此涉及公司 75 家，信披违法行为类型合计为 175 种。

资料来源：根据 Wind 数据库数据计算得出。

表 2　上市公司信披违法行为持续时间

单位：家，%

信披违法行为持续时间	违法家数	占比
1 年	18	24.00
2 年	18	24.00
3 年	22	29.33
4 年	11	14.67
5 年以上	6	8.00
合计	75	100.00

资料来源：根据 Wind 数据库数据计算得出。

3. 信披违法行为特点

（1）持续时间长、金额巨大，性质恶劣

上市公司信披违法行为往往持续数年时间，比如 W 公司财务造假从 2010 年持续到 2017 年，未按规定披露 2017 年年报和 2018 年一季报，前后

跨越9年时间。上市公司财务造假、资金占用金额动辄几十亿元乃至上百亿元，性质恶劣。K公司在2018年虚增货币资金近362亿元，大股东资金占用超过116亿元，证监会立案调查后，其居然发布所谓的“前期会计差错更正”公告，坚称只是会计差错，而非财务造假，性质恶劣。

（2）出现系统性、规模性现象

有的公司虚构业务，搞“两本账”，如J公司在会计核算中设置两个账套，一个用于对外披露，记录伪造的财务数据，一个用于内部管理，以真实发生的业务为依据记账；有的公司甚至定期制定造假指标，与供应商、客户内外勾连实施全流程造假；有的公司通过隐名关联方持续虚构交易，达到虚增利润或者向大股东转移资金的目的，如Z公司通过控股股东控制的H企业等虚构房产销售业务。

（3）多种违法行为相伴相生，相互关联

一方面，控股股东资金占用通常会与违规担保、关联交易或财务造假同时出现。上市公司大股东为了非经营性占用上市公司资金，一般采用两种手段。一种手段是余额模式，通过虚构财务报表中货币资金余额以隐瞒控股股东及其关联方的资金占用，或不披露货币资金受限情况以隐瞒违规担保；另一种是发生额模式，控股股东及其关联方利用上市公司直接或间接的资金拆借、无商业实质的购销业务或票据交换、对外投资、支付工程款等形式占用其资金。

另一方面，上市公司财务造假的主要目的是夸大经营业绩以达到新股发行、再融资或维持上市资格等目的，其主要表现形式是虚构收入，在监管从严的情况下，一般是通过关联方客户或者隐名关联方，串通合谋虚构业务和收入。

（二）安徽省上市公司信披违法案件行政处罚情况

2019年至2020年6月底，安徽省有4家上市公司因严重信息披露违法被处罚，均被处以60万元顶格罚款，相关责任人员被采取10年至终身市场禁入措施。其中三家公司均因股价连续20个交易日低于面值而被交易所强制退市，尤其是Z公司作为面值退市第一股，开启了我国A股面值退市的大幕。

表3为2019年至2020年6月底安徽省上市公司信披违法类型分布。与全国上市公司信披违法情况相似，安徽省上市公司信披违法类型亦以财务造假、关联交易、资金占用、违规担保为主，合计占比高达86.67%。

表3 安徽省上市公司信披违法类型分布

单位：次，%

信披违法类型	出现次数	占比
违规担保	4	26.67
财务造假	3	20.00
关联交易	3	20.00
资金占用	3	20.00
未按规定披露一致行动关系	1	6.67
未按规定披露重大债务违约	1	6.67
合计	15	100.00

资料来源：根据Wind数据库数据计算得出。

二 安徽省上市公司信披违法案例分析

（一）4起信披违法案例基本情况

1. Z公司信披违法案

Z公司信披违法案是一起集财务造假、资金占用、违规担保等多种违法行为的重大信披案件，案情复杂、金额巨大、性质恶劣，社会关注度极高。

上市公司及有关主体存在以下违法行为：一是实控人指使上市公司进行有预谋的财务造假，通过虚构房地产销售业务、少计财务费用等方式虚增收入13.58亿元，虚增利润14.5亿元，为其披露利润总额的8.9倍，以实现“扭亏为盈”，导致2016年度前三季度报告虚假记载；二是未按规定披露关联方非经营性占用资金及相关关联交易事项，2016～2017年实际控制人安排上市公司累计向控股股东关联方提供206亿元资金，并最终形成61.38亿元资金占用未还，占其最近一期净资产的62.5%，导致2016年、2017年年度报告存在重大遗漏；三是未按规定披露重大担保事项，实际控制人操控上市公司违规为大股东及第三方提供124亿元担保，导致2016年、2017年年度报告存在重大遗漏。

2019年12月13日，安徽证监局做出行政处罚，对Z公司、实际控制人王某、财务总监刘某给予顶格处罚，对其他时任董监高给予警告和罚款处罚，此外对王某和刘某分别采取了终身证券市场禁入、5年证券市场禁入措施。

Z公司由于连续20个交易日的每日收盘价均低于股票面值（1元），于2018年12月28日被深圳证券交易所摘牌。

2. S公司信披违法案

S公司存在以下违法事实：一是少记负债约9.78亿元，导致2016年年度报告存在虚假记载，占当期净资产的18.8%；二是未按照规定披露对外担保39.07亿元，占2017年经审计净资产的102.1%；三是未按规定及时披露对外财务资助21.95亿元，占2017年经审计净资产的57.4%；四是作为公司债券发行人，在公司债券存续期间，未按照规定披露未能清偿到期债务的违约情况，涉及金额达6.12亿元，占2017年经审计净资产的16%。

2019年11月6日，安徽证监局做出行政处罚，对S公司给予顶格处罚，对实际控制人开某及其他15名董监高给予警告和罚款处罚，此外对开某采取了终身证券市场禁入措施。

S公司由于连续20个交易日的每日收盘价均低于股票面值（1元），于2020年6月18日收到深圳证券交易所关于公司股票终止上市的决定。

3. H公司信披违法案

H公司信披违法案为一起典型的财务造假案件，财务造假规模巨大。经安徽证监局调查，H公司存在以下四种违法行为。一是通过关联交易非关联化规避关联交易披露义务，2015～2017年度未披露的关联交易金额分别为3.5亿元、52.3亿元、82亿元，占公司最近一期经审计净资产的比例分别为13.07%、180.45%、259.8%。二是通过虚构保理业务和转口贸易业务，分别虚增2016年度、2017年度营业收入76.89亿元和72.77亿元，分别占同期公司披露营业收入的40.41%和43.31%，虚增利润总额分别为1.8亿元和2.39亿元，分别占同期公司披露利润总额的30.54%和38.04%。三是未及时披露2018年违规担保事项，担保金额5.5亿元，占公司最近一期经审计净资产的15.61%。

2020年2月18日，安徽证监局向H公司下达了《行政处罚决定书》，对公司采取责令改正措施，给予警告，并处以60万元罚款；对H公司控股股东采取责令改正措施，给予警告，并处以60万元罚款。

H公司由于连续20个交易日的每日收盘价均低于股票面值（1元），于2019年11月1日被深圳证券交易所摘牌。

4. X公司信披违法案

经安徽证监局调查，X公司及其大股东X集团存在以下违法行为：一是X公司未按规定披露X集团非经营性占用上市公司14.35亿元的关联交易，亦未在2018年中期报告中披露，存在重大遗漏；二是X公司未按规定披露为X集团及其关联方提供担保事项，金额为27.52亿元，亦未在2018年中期报告中披露，存在重大遗漏；三是X公司未按规定披露其与X集团及其关联方共同借款事项，共同借款金额8000万元；四是X集团借用他人名义通过资管通道参与上市公司定向增发，导致X公司2016年至2018年的定期报告未能如实披露X集团与相关3只资管产品的一致行动关系及合并持股情况。

2019年12月31日，安徽证监局做出行政处罚，对X公司、X集团进行顶格处罚，对既是实际控制人又是董事的周某、虞某夫妇进行了“双罚”，对其他参与人员财务总监胡某、董事张某处以警告和罚款；此外，对周某、虞某采取10年证券市场禁入措施。

X公司面临大股东股权质押违约、债务违约、巨额诉讼、银行账户被冻结等多重风险因素，已申请破产重整，并委托东方前海资产管理有限公司协助公司实施债务重组。

（二）公司违法成因

1. 外部原因

（1）经济下行压力

近年来，我国实体经济经营环境趋紧、经济下行压力加大，出现了增长放缓、结构性矛盾突出、效益下滑等诸多问题。部分上市公司也出现了经营业绩下降、产能过剩、库存积压、杠杆居高不下、转型升级难等压力，为了保壳或者再融资，选择铤而走险进行财务造假。而控股股东遇到流动性危机，往往也会铤而走险通过违规占用上市公司资金、关联交易、违规担保等方式解决自身流动性问题。

（2）违法违规成本过低

在新《证券法》实施前，对信披违法行为只能按照《证券法》第193条予以行政处罚，处罚力度有限（顶格罚款分别为60万元、30万元），市场禁入也难以对大股东或实际控制人形成有效的震慑作用。

从刑事追责角度来看，信披违法主要适用《刑法》违规披露、不披露重要信息罪，先行刑法规定处以“三年以下有期徒刑或者拘役，并处或者单处二万元以上二十万元以下罚金”。相较于财务造假、资金占用给上市公司及中小股东造成的巨大损失，违法成本较低，如2020年4月10日上海首例违规披露重要信息案中Y公司虚增利润1063万余元，占同期披露利润总额的81.35%，但是对直接责任人员仅处以有期徒刑一年、六个月、拘役三个月，罚金20万元、10万元、5万元不等。

从民事赔偿角度，在新《证券法》实施前，集体诉讼制度尚未建立，民事赔偿案件审理时间过长、投资者维权效率不高、索赔效果不明显等都促使大股东铤而走险。

（3）中介机构未能有效归位尽责

梳理安徽省4起上市公司信披违法案件发现，除部分公司上下配合刻意隐瞒、执行现有审计程序确难以发现问题外，部分案件与审计机构执行审计程序不到位、未保持合理职业怀疑有一定关系。比如S公司信披违法案中，中介机构在审计中发现公司存在部分银行账户未纳入财务核算范围，但未就该账户执行进一步审计程序，导致其未能发现该表外账户由大股东控制；在Z公司信披违法案中，中介机构未能对上市公司在临近年报披露的“特殊时点”剥离子公司的交易保持应有的职业怀疑并执行相应的审计程序，导致其未能发现该子公司与大股东存在巨额资金往来。此外，中介机构还存在对关联方走访不到位、函证程序执行不到位、对函证回函异常未保持充分关注的情况，部分保荐机构、财务顾问的持续督导工作也流于形式，未能发挥应有的作用。

2. 内部成因

（1）公司大股东和董监高法律意识淡薄

少数大股东和上市公司董监高对资本市场缺乏敬畏之心，守法意识、规则意识和契约精神淡漠。个别公司大股东甚至通过非法关联交易输送利益，占用公司资金。有的操纵公司业绩，主导操纵财务造假行为。

（2）公司治理机制失衡，治理结构混乱

我国资本市场的一个重要特征是股权结构高度集中，大股东一股独大的现象普遍存在。集中的股权结构在一定程度上缓解了代理问题，但是在这样的情况下，股东大会、董事会变成了大股东的“一言堂”，失去了对大股东的牵制作用，公司的内部控制形同虚设。随之而来的就是大股东掏空上市公司资金，侵害中小股东权益。

安徽证监局承办的4起案件主体均为民营企业，实际控制人同时兼任真正拥有控制权的经营者，大股东“一言堂”情况严重，监督制衡机制失效，“三会”议事规则形同虚设，一旦存在资金需求，大股东很容易利用其控制地位凌驾于公司治理之上，致使上市公司丧失独立性，部分董监高迫于大股东压力“明哲保身”，很少主动提出疑问或要求核实，更不会发表不同意见，更有甚者，与大股东“里应外合”，为大股东占用上市公司资金、财务造假大开方便之门，如Z公司财务总监刘某完全充当了实际控制人王某的帮手，按需为大股东提供资金，并为其出谋划策进行掩盖。

三　新《证券法》对上市公司信息披露的影响

上市公司信息披露违法成本较低问题，在 2020 年 3 月 1 日正式施行的新《证券法》中已经得到修正。新《证券法》修订历经 4 年，出台 4 稿，最终修订了 100 多项条款，最引人注目的包括注册制改革、投资者保护条款和法律责任条款修订等。而新《证券法》根据上市公司监管中遇到的难点痛点问题对上市公司信息披露进行了大幅度修订，主要包括以下两点重大变化。

（一）新《证券法》对上市公司信息披露要求更高

1. 重新界定信息披露原则

原《证券法》第 63 条规定，信息披露总体标准是耳熟能详的“真实、准确、完整”。而新《证券法》在第 78 条增加了“简明清晰、通俗易懂”原则，这是一个全新的要求。

新增“简明清晰、通俗易懂”原则是因为个别信息披露义务人为了防止被追究信息披露违法责任或为了蹭热点，选择对一些重大事件的披露进行“模糊处理”，措辞内容似是而非、模棱两可，可能导致市场困惑或错误解读，进而导致证券价格与发行人的真实状况不相匹配，对市场有害无益。

新《证券法》对信息披露原则增加“简明清晰、通俗易懂”的新要求后，更能保障信息披露制度的有效性，可以通过信息公开保证市场公正透明，保护中小投资者合法权益。

2. 重新梳理重大事件

新《证券法》第 80 条、第 81 条对应当信息披露的重大事件进行了重新梳理。一是增加信息披露主体，增加了股票在国务院批准的其他全国性证券交易场所交易的公司；二是根据实践需要对股票发行的重大事件进行修订，新增重大担保、关联交易、董事长或经理无法履职、分红、配资、破产、重大仲裁等强制披露事项；三是首次增加对发行债券企业的相关重大事件信息披露要求，明确了强制披露的11类重大事项。

3. 增加董监高异议

新《证券法》第82条规定，发行人的董事、监事和高级管理人员应当保证发行人及时、公平地披露信息，所披露的信息真实、准确、完整；董事、监事和高级管理人员无法保证证券发行文件和定期报告内容的真实性、准确性、完整性或者有异议的，应当在书面确认意见中发表意见并陈述理由，发行人应当披露；发行人不予披露的，董事、监事和高级管理人员可以直接申请披露。

异议权并非新鲜产物，《上市公司信息披露管理办法》第24条就有规定。异议权是对董监高保证上市公司定期报告真实、准确、完整责任的一种补充，防止过度保证的救济，但是也绝不允许市场主体滥用异议权，用全体董监高异议来代替董监高天然的勤勉尽责义务，绝不能让董监高的保证责任形同虚设。新《证券法》在法律层面将异议制度确立下来，可以为稽查执法的异议权认定提供制度保障。

（二）新《证券法》大幅提高信披违法成本

新《证券法》分别从行政处罚、民事赔偿、刑事追责三个角度大幅提高上市公司信息披露违法成本，倒逼上市公司履职尽责，提高上市公司信息披露质量。

1. 行政处罚力度更大

新《证券法》第197条根据主观恶意程度将信披违法行为区分为未按规定报告或者披露和“虚假记载、误导性陈述或者重大遗漏”两个层次，分别规定处罚幅度，更加科学合理。其中，对未按规定报告或者披露的信息披露义务人处以50万元以上500万元以下的罚款，直接负责的主管人员和其他直接责任人员处以20万元以上200万元以下的罚款；对“虚假记载、误导性陈述或者重大遗漏”的信息披露义务人处以100万元以上1000万元以下的罚款，直接负责的主管人员和其他直接责任人员处以50万元以上500万元以下的罚款。新旧证券法信息披露违法罚则对比见表4。

表 4　新旧证券法信息披露违法罚则对比

处罚对象	新《证券法》		原《证券法》
	未按规定报告或者披露	虚假记载、误导性陈述或者重大遗漏	
信息披露义务人	责令改正,警告,50 万 ~ 500 万元罚款	责令改正,警告,100 万 ~ 1000 万元罚款	责令改正,给予警告,30 万 ~ 50 万元罚款
直接负责的主管人员和其他直接责任人员	警告,20 万 ~ 200 万元罚款	警告,50 万 ~ 500 万元罚款	警告,3 万 ~ 30 万元罚款
控股股东、实际控制人	50 万 ~ 500 万元罚款	100 万 ~ 1000 万元罚款	30 万 ~ 60 万元罚款

2. 民事赔偿更便利

新《证券法》第 85 条虚假陈述民事索赔、控股股东、实控人的过错推定责任和第 95 条集体诉讼的修改，极大地便利了投资者发起虚假陈述民事索赔，另一方面加重了实际控制人、控股股东证明责任，对上市公司及其董监高、实际控制人、控股股东而言，都是极大的挑战。

（1）引入集体诉讼制度

新《证券法》第 95 条规定，投资者提起虚假陈述等证券民事赔偿诉讼时，诉讼标的是同一种类，且当事人一方人数众多的，可以依法推选代表人进行诉讼。对按照前款规定提起的诉讼，可能存在有相同诉讼请求的其他众多投资者的，人民法院可以发出公告，说明该诉讼请求的案件情况，通知投资者在一定期间向人民法院登记。人民法院做出的判决、裁定，对参加登记的投资者发生效力。投资者保护机构受五十名以上投资者委托，可以作为代表人参加诉讼，并为经证券登记结算机构确认的权利人依照前款规定向人民法院登记，但投资者明确表示不愿意参加该诉讼的除外。

根据前述规定，中国的代表人诉讼制度类似于境外的集团诉讼，有利于投资者更好地监督上市公司，可以优化司法资源配置，更好地保护中小投资者权益。而对于涉案上市公司而言，由于代表人诉讼可以集中大量的投资者，索赔人数增加，金额也随之增加；对于在上市公司信披违法中承担连带责任的董监高而言，也需要承担更高的连带赔偿责任。因此代表人诉讼制度大大提高了上市公司和董监高个人的赔偿风险。

（2）实际控制人、控股股东民事赔偿的过错推定责任

新《证券法》第 85 条规定，发行人的控股股东、实际控制人、董事、监事、高级管理人员和其他直接责任人员以及保荐人、承销的证券公司及其直接责任人员，应当与发行人承担连带赔偿责任，但是能够证明自己没有过错的除外。

新《证券法》在虚假陈述民事索赔中，将实际控制人、控股股东的举证责任改为过错推定责任，大大提高了实际控制人、控股股东的证明责任。第 85 条的修改表示虚假陈述的最大获益者实际控制人和控股股东也成为虚假陈述民事索赔对象，需要自己承担举证责任，无须投资者证明其对上市公司信披违法有无过错。这大大加重了实际控制人、控股股东的责任，有利于打击上市公司的违法行为，有利于保护投资者权益。

3. 刑事追责力度更大

在新《证券法》修订后，证监会积极配合立法机关加快刑法修改等工作进度，进一步完善惩戒违法犯罪行为的法律制度，加大欺诈发行、信息披露违法等刑罚力度。2020 年 7 月，《刑法修正案（十一）（草案）》公开征求意见，其中对违规披露、不披露重要信息罪进行了修订，将先行刑法的“三年以下有期徒刑或者拘役，并处或者单处二万元以上二十万元以下罚金”修订为“处五年以下有期徒刑或处五年以下有期徒刑或者拘役。并处或者单处罚金；情节特别严重的，处五年以上十年以下有期徒刑，并处罚金”，并对控股股东、实际控制人组织、指使信披违法行为的，予以上述相同处罚。

《刑法修正案（十一）（草案）》加大了刑事追责力度，并取消了罚金上限，大幅加大了对信息披露违法违规行为的惩罚力度，严厉打击上市公司信息披露违法行为。

四　提高上市公司信息披露质量的建议

防范上市公司信息披露违法，提高上市公司信息披露质量，需要包括监

管部门、上市公司、以审计机构为主的中介机构以及广大投资者在内的市场参与主体共同努力，加强诚信建设，强化法治理念，优化市场生态，着力构建共建共治共享的上市公司治理体系，共同打造一个规范、透明、开放、有活力、有韧性的资本市场。

（一）坚持依法监管、精准监管，着力提升监管工作效能

为提高上市公司信息披露质量，作为监管部门，要坚持预防与治理并行、规范与发展并重、监管与服务并举，持续强化事中事后监管，不断提升监管工作的针对性和有效性。

一要坚持依法监管，大力开展法律宣讲，筑牢守法合规的思想根基。要根据当前常态化新冠肺炎疫情防控要求，综合运用云讲座、视频会议、微信群推送等方式，持续抓好《证券法》《公司法》《上市公司治理准则》《上市公司信息披露管理办法》等法律法规宣讲，切实营造辖区市场主体知敬畏、守底线的良好生态。同时，要坚持风险导向，着力提高日常监管发现处理问题的能力。针对监管发现的问题，采取监管谈话、下发监管关注函、实施行政监管措施、移送稽查立案等不同措施，层层递进传导监管压力，切实筑牢上市公司守法合规的思想根基。

二要实施精准监管，提高监管工作的针对性和有效性。坚持管少管精才能管好。要持续跟踪上市公司信息披露、媒体报道、市场传闻、投诉举报等重点情况，综合运用审核、约谈、问询、走访、调研等监管手段，紧盯“关键”公司，防范化解重大风险，切实做到分类施策、精准监管。加强科技监管，充分运用中央监管信息平台、交易所“画像系统”与上市公司质量评价和预警系统等，提高分析研判能力，提升日常监管效率。强化与沪深交易所、行业自律组织等部门的协同配合，形成监管合力。

三要加大对信披违法行为的打击力度。对财务舞弊等重大信披违法行为保持“零容忍”，坚持打早、打小、打疼。推动重大信披违法案件快立、快查、快罚、快移，形成强烈的市场震慑效应。配合推动《刑法修正案（十一)》修订工作，用足用好现有法律法规，构建对重大信披违法行为的行

政、民事、刑事等多层次追责体系。进一步完善退市标准，简化退市程序，形成“有进有出、优胜劣汰”的市场化、常态化退出机制。对重大信披违法案件涉及的中介机构，实施“一案双查”，对未能勤勉尽责甚至充当违法者“帮凶”的中介机构，坚决实施“顶格罚”“资格罚”。

（二）坚持“四个敬畏”，强化公司治理，打造真实透明的上市公司

证监会主席易会满在中国上市公司协会2019年年会上指出，“提高上市公司质量必须要坚持‘四个敬畏’，守住‘四条底线’，常怀敬畏之心”。推进资本市场持续健康发展，监管部门要做到“四个敬畏”，对上市公司来讲，也必须谨记和坚持“四个敬畏”，规范信息披露，加强公司治理，打造一个真实透明的上市公司。

一要坚持“四个敬畏”，常怀敬畏之心。首先，必须敬畏市场，尊重规律。敬畏市场就必须做到尊重规律、敬畏规律、遵循规律，坚持按市场规律办事。随着外部环境不断变化，经济下行压力持续加大，叠加新冠肺炎疫情等不利因素影响，上市公司必须要将敬畏市场、尊重规律贯穿始终，将稳健经营、审慎经营贯穿始终，做到发展与风控能力相匹配，有所为有所不为，避免发生大的战略失误和偏差，保持战略定力，推动公司在主责主业上行稳致远。其次，必须敬畏法治，守法诚信。上市公司作为中国企业的优秀典范，必须当守法经营、诚信经营的表率，切实做到讲真话、做真账。从安徽省上市公司情况来看，绝大部分公司能够做到守法合规经营，但也存在少数大股东和个别上市公司董监高凌驾于公司治理之上，操纵公司业绩，占用公司资金等违法行为。这些违法行为损害市场信心，最终也会伤害企业自身发展，甚至使企业面临退市风险，得不偿失。其三，必须敬畏专业，远离乱象。资本市场瞬息万变，新情况新问题不断涌现，新事物新变化层出不穷。作为市场主体的上市公司，必须持续加强对专业知识的学习研究，不断满足知识更新迭代和市场变化的需要，必须具备工匠精神，走专业化道路，做到术业有专攻，必须要深耕细作，把自己的细分领域做专、做精、做强。其

四，必须敬畏投资者，回报投资者。上市公司和投资者是市场的共生共荣体。只有懂得尊重和回报投资者的上市公司，才能赢得市场的认同和尊重。中国有大约1.5亿名中小投资者，上市公司要把投资者特别是中小投资者当作“衣食父母”，为回报投资者“苦心”经营。要牢固树立为投资者创造价值的理念，尊重投资者合法权益，切实保障股东特别是中小股东的参与权、投票权、分红权等。

二要真实、准确、完整、及时、公平地披露信息。上市公司作为公众公司，必须强化自身的社会责任意识，特别是在信息披露过程中，要诚实守信，给市场和投资者一个真实、透明的上市公司。保证上市公司所披露的信息真实、准确、完整是上市公司董监高的法定义务。董监高必须做到勤勉尽责，应当充分了解并持续关注公司生产经营情况、财务状况和公司已经发生的重大事件及其影响，主动调查、获取决策所需要的资料等。要审慎行使年报签字权和表决权，对公司的重点风险领域、财务薄弱环节、重大投资决策事项等要保持高度关注，有疑点的要问询，该核查的要核查，需借助专业外力的，要主动提出相关意见和要求。这既是对投资者负责，也是对自身负责。要加强与监管部门的沟通协调。上市公司及其董监高要积极配合监管部门做好监管工作，加强工作中的沟通联络与对接协调，及时了解监管政策，准确把握监管动向，确保公司严格落实相关制度标准与行为规范，维护市场环境的健康发展，避免出现监管部门和上市公司“各说各话”的现象。

三要强化公司治理，建立完善有效的内部监督机制。健全的公司治理是企业内部控制有效运行的重要保证，也是企业增强竞争力和提高经营绩效的内生动力。要强化法规制度落实。作为上市公司，要严格遵守《公司法》《证券法》《上市公司信息披露管理办法》《上市公司治理准则》等法律规范体系，把公司治理规范要求严格落实到公司决策、经营、运行、披露的各个环节，使其成为可落地、可执行、可检查、可追责的刚性制度，并在工作中严格执行。要加强内部监督机制建设。健全有效的内部监督机制有助于公司实现目标。同时，内部控制和公司治理也需要有效的内部监督。要切实发挥董事会、监事会、股东大会议事决策功能。要确保独立董事能独立自主地发表意见建议。上市公司董监高要严格约束规范董监高及大股东行为，切实履行忠实勤勉义务，坚持内外部监督制衡，董监高对于大股东、实际控制人的不合理安排要敢于说“不”。

（三）中介机构必须勤勉尽责，切实发挥外部监督作用

中介机构是资本市场的“看门人”，在保荐质量、会计审计、合规审核、信用评级等方面发挥着专业把关的重要职责。提高上市公司信息披露质量，会计师事务所等证券服务机构必须做到勤勉尽责，坚守行业精神，坚持底线思维，切实发挥好外部监督作用。

一是要强化执业能力建设。从2019年安徽省几家上市公司案发情况来看，涉案公司违法行为均与审计机构执行审计程序不到位、未保持合理职业怀疑存在一定关系。在当前注册制改革背景下，财务信息披露质量要求越来越高，对会计师事务所等中介机构责任和能力的要求也越来越高。审计机构要强化执业能力建设，切实做到勤勉尽责，不能过分相信内控，该执行的审计程序一定要执行到位，特别要加大对存贷双高、高估值高溢价并购、年末突击剥离资产等现象的关注。善于发现问题是能力，敢于揭露问题是品质，中介机构要严把职业操守，坚持审计意见的独立性，坚决杜绝与高风险问题公司搞“默契”，协商“审计意见”类型，沦为“放风者”和造假“帮凶”。

二是要加强诚信文化建设。中介机构要大力弘扬“合规、诚信、专业、稳健”的行业文化，切实把公众利益放在第一位，牢牢扛起社会责任，切不能过分追求自身利益而漠视公众利益。声誉是中介机构的生命线，中介机构要珍惜维护行业声誉和形象，打造良好的行业生态。审计机构要在提高执业质量的前提下加强体制创新，破解大而不强、合而不同、各自为政的问题，总所应加强对分所的管理，在内部真正树立利益共享、风险共担的企业文化。要坚持底线思维，坚守职业道德，严格遵守法律法规，不触红线，不踩“雷区”，谨记做“坏事”是要付出代价的。

（四）投资者要树牢价值投资理念，摒弃投机炒作思想

资本市场是一个多元共生的生态系统，投资者是维系整个生态运行的纽带，具有不可替代的地位和作用。作为资本市场的重要参与者，投资者要加强投资知识和相关法律法规学习，树立长期投资、价值投资、理性投资的理念，用自己理性的投资选择促进资本市场生态系统优胜劣汰，进而“倒逼”上市公司提高信息披露质量。

一要树立正确的投资理念，做一名理性的投资者。作为投资者，参与资本市场要注重投资，减少投机。要树立长期投资、价值投资、理性投资的理念，避免跟风盲从投资，避免听消息靠打听炒股，特别是要远离“雷区”，少一丝炒作投机，多一点理性投资。投资者要把主业突出、业绩优良、核心竞争力强的上市公司作为首选，远离热衷于编故事、炒概念、搞不切实际的跨界并购的上市公司。

二要加强投资知识和相关法律法规学习，做一名专业的投资者。股市有风险，入市须谨慎。投资者要熟知投资者适当性制度，深入了解并合理选择投资产品，特别是要加强风险管控。要关注公司公告披露的信息，特别是财务信息以及审计机构的审计意见，切实“读懂”上市公司，合理选择投资标的。资本市场是法治市场，投资者要加强对《证券法》《公司法》等法律法规的学习，坚决杜绝内幕交易、操纵市场等违法行为。

三要善于拿起法律武器维护自身合法权益。新《证券法》增设了投资者保护专章，明确了证监会投资者保护机构受投资者委托，可以作为代表人参加诉讼。投资者可以根据代表人诉讼制度提起虚假陈述等证券民事赔偿，让违法违规的上市公司或其大股东坐上“被告席”，承担应有的法律责任。投资者应切实拿起法律武器维护自身合法权益，做到全面知权、积极行权、依法维权。

参考文献

廖烨：《上市公司财务报告舞弊的主要手段——基于2011~2016中国证监会行政处罚决定书分析》，《时代金融》2016年第7期。

吕寻飞：《分析中国上市公司财务舞弊成因》，《现代经济信息》2018年第13期。

黄世忠、叶钦华、徐珊：《上市公司财务舞弊特征分析——基于2007年至2018年6月期间的财务舞弊样本》，《财务与会计》2019年第10期。

李子璠、宋夏云：《獐子岛财务舞弊案例分析》，《审计与理财》2020年第7期。

黄新建、李若山：《中国上市公司财务舞弊成因分析》，《生产力研究》2006年第8期。

B.15

上市公司财务报告信息披露的问题、成因及政策建议

——基于安徽辖区上市公司的研究

谢树志　张　祥*

摘　要： 本报告按照沪深和香港证券交易所上市或交易渠道，分别总结了2019年度安徽上市公司的信息披露情况和外部监管情况。在此基础上，以交易所问询函为重点，较为全面地梳理、分析和总结了在上市公司证券监管中发现的会计处理、内部控制和信息披露方面存在的问题，并分资产减值等八个类别进行了详细的列示。对问题的成因进行了较为系统的分析和总结，并提出了相关的对策建议。

关键词： 财务报告　信息披露　上市公司监管

中国证券监督管理委员会安徽监管局发布的截至2019年12月31日的《安徽辖区上市公司名录》列明了105家公司的中文名称等简要信息。其中，盛运环保（300090）于当年退市。

一　安徽上市公司2019年度财务报告信息披露情况

安徽上市公司2019年度财务报告信息披露的主要方式是法定信息披露，

* 谢树志，高级会计师，容诚会计师事务所（特殊普通合伙）专业技术部总监；张祥，容诚会计师事务所（特殊普通合伙）专业技术部经理。

主要渠道包括在证券交易场所的网站和符合国务院证券监督管理机构规定条件的媒体发布；同时将信息披露文件置备于公司住所、证券交易场所。其中，2019 年度的财务报告及相关信息仍然通过中国证监会指定媒体（《中国证券报》、《上海证券报》、《金融时报》、《中国改革报》、《中国日报》、《证券时报》、《证券日报》和《证券市场周刊》等）进行披露。

（一）上海证券交易所上市公司年度财务报告信息披露情况

2019 年度在上海证券交易所（简称“上交所”）上市或挂牌交易的安徽上市公司共 48 家，全年共披露各类信息 4538 条。其中，财务信息 1799 条，非财务信息 2739 条（见图 1）。明显属于自愿性信息披露的 101 条，在自愿性信息披露中，正面或利好信息 15 条，负面或利差信息 4 条，其他的则为中性信息。披露信息数量最多的公司是山鹰纸业（600567），共披露信息 171 条，其中财务与会计信息 80 条。

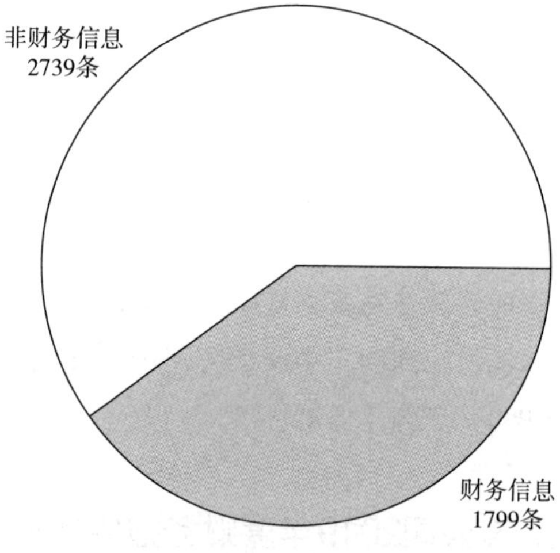

图 1　上交所安徽上市公司信息披露情况

（二）深圳证券交易所上市公司年度财务报告信息披露情况

2019 年度在深圳证券交易所（简称“深交所”）上市或挂牌交易的安

徽上市公司共57家［其中，盛运环保（300090）于当年退市］，全年共披露各类信息7636条。其中，财务信息2683条，非财务信息4953条（见图2）。明显属于自愿性信息披露的194条，在自愿性信息披露中，正面或利好信息62条，负面或利差消息3条，其他的则为中性信息。披露信息数量最多的公司是盛运环保（300090），共披露信息291条，其中财务与会计信息73条。

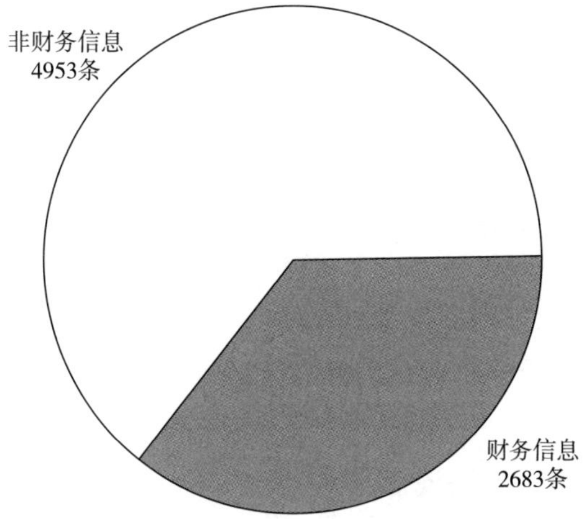

图2　深交所安徽上市公司信息披露情况

（三）香港证券交易所上市公司年度财务报告信息披露情况

在香港主板或创业板上市的公司，须依据《香港会计准则》《香港联合交易所有限公司证券上市规则》等披露财务信息或非财务信息，并把信息披露公告发布到香港交易所网站或创业板的网站上。2019年度在香港证券交易所上市或挂牌交易的安徽上市公司共13家，其中，皖通高速（600012）、海螺水泥（600585）和马钢股份（600808）同时在A股和H股上市交易。13家公司全年共披露各类信息1402条（见表1）。主要种类是定期财务报表和资本运作。披露信息数量最多的是马鞍山钢铁股份（00323. HK），共披露信息853条，主要是资本运作方面的信息。

表1　在香港上市交易的安徽上市公司2019年度信息披露概况

单位：条

股票代码	公司简称	信息披露条数
00323. HK	马鞍山钢铁股份	853
00586. HK	海螺创业	38
00667. HK	中国东方教育	30
00914. HK	海螺水泥	82
00968. HK	信义光能	49
00995. HK	安徽皖通高速公路	64
01117. HK	现代牧业	37
02779. HK	中国新华教育	38
03698. HK	徽商银行	73
03868. HK	信义能源	32
08151. HK	宝申控股	32
08331. HK	恒勤集团	37
08502. HK	远航港口	37
合　计		1402

（四）年度监管与违规情况

1. 年报审计情况（会计师事务所）

2018年度沪深交易所安徽105家上市公司年报审计由容诚会计师事务所（由华普天健会计师事务所更名而来）、大华会计师事务所、天职国际会计师事务所、大信会计师事务所、立信会计师事务所、北京中证天通会计师事务所、瑞华会计师事务所、广东正中珠江会计师事务所、信永中和会计师事务所、中天运会计师事务所、中勤万信会计师事务所、中审众环会计师事务所、天健会计师事务所、中审华会计师事务所、众华会计师事务所、天衡会计师事务所、毕马威华振会计师事务所、安永华明会计师事务所、普华永道中天会计师事务所等19家会计师事务所于2019年实施完成。其中，2019年中上市的交建股份（603815）在《首次公开发行股票上市公告书》《首次公开发行股票并上市招股说明书摘要》等文件中披露了2018年度财务报告审计信息。

除交建股份（603815）未在上交所网站披露2018年度的审计报告外，其他104家上市公司2018年度审计报告意见类型为标准无保留意见（98家）、保留意见（5家）和带强调事项段无保留意见（1家）（见图3）。

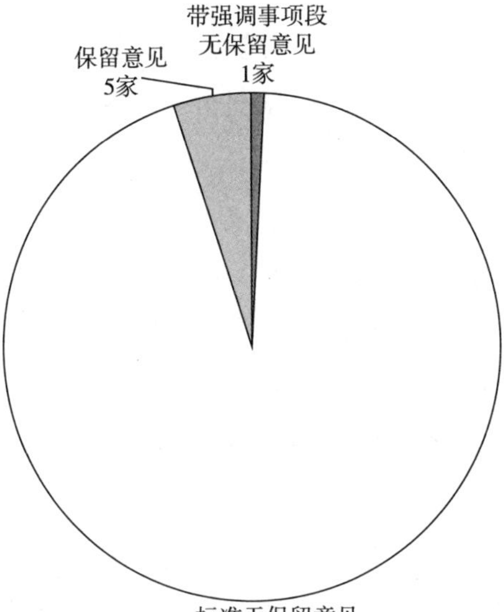

图3　沪深交易所安徽上市公司2018年度审计报告意见类型

2019年度，在上海证券交易所上市交易的安徽上市公司没有发生会计师事务所变更情形；深圳证券交易所则有7家安徽上市公司变更会计师事务所，分别为合肥百货（000417，从大华变更为天职）、古井贡酒（000596，从瑞华变更为容诚）、司尔特（002538，从中审众环变更为容诚）、三七互娱（002555，从广东正中变更为华兴）、中公教育（002607，从天职变更为容诚）、荃银高科（300087，从瑞华变更为大信）和国祯环保（300388，从瑞华变更为大信）。从上市公司会计师事务所变更公告看，主要变更理由可总结为确保公司审计工作的独立性与客观性；公司经营发展及战略需要；新所实力和执业能力（如是否有证券资格）；等等。

2019 年 2 月，中国注册会计师协会相关负责人对频繁变更会计师事务所的上市公司进行了年报审计风险提示，要求严格执行承接客户的审批程序，重视对期初余额的审计，重视对内部控制的审计，关注以前年度审计意见，强化项目质量控制复核。

2. 证券调查、处罚与问询情况（证券监管部门＋证券交易所）

2019 年度沪深交易所安徽 105 家上市公司中，主动披露受到中国证监会及其派出机构调查的有 1 家［中国证券监督管理委员会《调查通知书》（皖证调查字 2019027 号）］，调查原因为涉嫌信息披露违法违规。

2019 年度沪深交易所安徽 105 家上市公司中，共披露相关公司或个人受到中国证监会及其派出机构行政处罚 7 起，主要处罚措施为没收违法所得、罚款、警告和不予行政处罚。其中，中国证监会 1 起，安徽监管局 6 起。主要事由有信息披露、虚假记载、内幕交易、限制期买卖、违规向控股股东提供资金等。

2019 年度沪深交易所安徽 105 家上市公司中，共披露相关个人被中国证监会安徽监管局采取市场禁入措施 1 起，主要事由是信息披露、表外借款、违规担保、非经营性占用资金的关联交易事项等。

2019 年度沪深交易所安徽 105 家上市公司中，共披露相关公司或个人被中国证监会及其派出机构采取出具警示函的行政监管措施 12 起。其中，安徽监管局 6 起，浙江监管局 2 起，上海监管局 1 起，广东监管局 3 起。主要事由有信息披露、管理缺陷（如内幕信息知情人登记管理）、内部控制（兼任不相容职务）、其他公司治理问题等。

2019 年度沪深交易所安徽 105 家上市公司中，除披露股价异常波动外，有 37 家上市公司披露收到交易所问询函，主要问询事项是年报（事前或事后）、半年报和特定事项（包括委托贷款事项、股权收购事项、实际控制人变更事项、收购资产暨关联交易事项、商标使用许可、公司持续亏损与持续经营能力、年度业绩修正、重组事项、诉讼事项、投资事项、控股股东司法冻结事项、资产减值事项、投资理财产品逾期事项等）。其中有 6 家上市公司本年度内收到 2 次以上问询函（股价异常波动事项除外），有 16 家公司公告延期回复问询函。

3. 会计违规调查、处罚情况（会计监管部门）

2019 年 6 月，财政部开展本年度医药行业会计信息质量检查工作，其中涉及 2 家安徽企业，均未涉及上市公司。2019 年 4 月，安徽省财政厅公布了对 2018 年度会计信息质量监督检查结果，涉及延伸检查企业 2 家，均未涉及上市公司。2019 年 7 月，合肥市财政局随机抽取 2019 年度会计信息质量检查单位 2 户，均为医药类公司，均未涉及上市公司。

此外，2019 年度，阜阳市财政局（1 家医药企业）、安庆市财政局（1 家医药企业）、黄山市财政局（1 家医药企业和 2 家财税咨询代理企业）、六安市财政局（9 家财税咨询代理企业）、淮北市财政局（1 家医药企业和 4 家财税咨询代理企业）、宿州市财政局（8 家医药企业等 31 家单位）、滁州市财政局（1 家医药企业）、马鞍山市财政局（公布了抽查工作细则）等 8 家地市级财政部门在其官网公布了年度会计信息质量检查工作部署情况，均未涉及上市公司。

4. 政府审计与处理情况（审计部门）

沪深交易所安徽 105 家上市公司中，有 26 家上市公司为国资实际控股性质，审计署和安徽各级政府审计部门对本级所属国有企业和省政府规定的国有资本占控股或主导地位企业的资产、负债和损益及财务收支负有审计监督职责。

当前，政府审计对上市公司的会计信息质量与信息披露相关的监督相对薄弱或滞后。从 2019 年度审计署和安徽省审计厅的公告来看（审计工作通告和审计结果发布公告），极少涉及安徽上市公司。2019 年度，安徽省审计厅企业一室对安徽江淮汽车集团控股有限公司实施了任期经济责任履行情况的审计。

5. 其他调查与处理情况

2019 年度沪深交易所安徽 105 家上市公司中，共有 8 家公司披露受到 10 起其他种类调查或处罚。其中，境内处罚或调查 8 起，境外处罚 2 起；生态环境管理部门处罚 5 起，市场监督管理部门调查 2 起（其中，不实施进一步审查1起、撤回申报1起），住房和城乡建设管理部门处罚1起，商务管理部门处罚1起，纪检监察部门调查1起。

二　安徽上市公司财务报告信息披露存在的主要问题

综合外部审计、证券行政监管和交易所监管等有关情况看，2019年度沪深交易所安徽105家上市公司会计信息质量和以财务报告信息披露为核心的信息披露工作等存在一系列的问题。以37家收到沪深交易所问询函的上市公司为例，延期回复的（一般代表受到问询的事项较复杂、公司事先未经充分考虑）有16家，多次受到问询的（一般代表相关工作基础较为薄弱）有6家。值得强调的是，2019年度沪深交易所安徽上市公司中，有11家重新发布了2018年年报。其中，沪市1家，深市10家。进一步分析，有8家上市公司在收到交易所问询函后重新发布2018年年报。其中，沪市1家，深市7家。个别公司年报发布后被迫撤回，并导致财务总监辞职、会计师事务所变更等后果；极个别公司年度审计报告发布后撤回并重新发布，而且导致会计师事务所变更的后果。

现按相关会计准则与指南、《公开发行证券的公司信息披露内容与格式准则第2号——年度报告的内容与格式》（以下简称《格式准则第2号》），以及存在的问题类型等因素，对2019年度沪深交易所安徽上市公司信息披露存在的问题进行分类总结。

值得说明的是，首先，本报告中总结指出的沪深交易所安徽上市公司存在的主要问题，并非在所有的上市公司中都存在，而只是在一部分已经查明或有待进一步查明的公司中存在，但是有些较为突出的问题，具有一定的普遍性。

其次，行政处罚等证券监管类措施中指出的问题都是确定的；而交易所问询函中提出的问题，并不都是确定的，其中相当一部分问题需要进一步分析才能够确定是否确实存在，但一般都存在信息披露不充分、不完整或不及时等相关问题。

最后，是问题出现的频率。有的问题只在个别公司出现过一次，而有的问题则是在同一公司、不同的公司多次出现，但本报告在列举时对重复出现的问题只进行一次描述，对多次出现的同一类问题不会重复列出函号（即同类问题的函号也只列举一次）。

（一）资产类

主要根据相关问题的性质和出现的频次，对沪深交易所安徽上市公司资产类业务的会计处理与信息披露以及相关问题进行分类总结，分为资产减值类、往来事项等资产类和合并报表类三种。

1. 资产减值类会计处理与信息披露

出现的问题相对集中于应收账款等债权类事项的坏账准备、存货跌价损失准备和长期资产减值三个项目，关注的主要焦点则包括交易性金融资产等的会计处理与信息披露，共 12 类问题，尤其关注内在的逻辑矛盾。

应收账款等债权类事项的坏账准备是存在问题最多的项目。典型问题有应收账款坏账准备计提的正确性、准确性、合理性、谨慎性，相关信息披露的充分性；关联方应收账款坏账准备计提的合理性和谨慎性；境外客户被全额计提坏账准备的合理性；包括关联方在内的应收票据坏账准备计提的合理性，信息披露的充分性；其他应收款坏账准备计提的合理性、计提依据的充分性，信息披露的充分性；与应收政府补助款相关的坏账准备信息披露的充分性；财务担保形成的应收款项坏账准备信息披露的充分性；等等。

存货跌价损失准备项目的典型问题有围绕可变现净值、转回与转销的会计处理的正确性，不当盈余管理问题；跌价损失准备计提的准确性、充分性、合理性、完整性，尤其是查封受限存货对跌价损失准备计提的影响；相关信息披露的充分性，尤其是存在内在逻辑矛盾的情况。

附件 1 详细列明了沪深交易所安徽上市公司于 2019 年度被公开披露的 12 类资产减值类会计处理与信息披露存在的主要问题及主要证据。

2. 往来事项等资产类会计处理与信息披露

问题相对集中于货币资金、应收类资产、长期股权投资、在建工程与固定资产等四类项目，关注的主要焦点包括受限制货币资金、应收类资产的会计处理与信息披露，长期股权投资的会计核算与信息披露，可供出售金融资产、在建工程与在建工程转固、固定资产的会计处理与信息披露，无形资产的会计处理与信息披露等，尤其是内在逻辑矛盾。

货币资金项目的典型问题有货币资金增减变动的核算依据不充分；相关信息披露不充分；抵押、质押或遭冻结的受限货币资金相关信息披露不充分，账面大额货币资金与有息负债并存的矛盾，相关风险警示不充分、不及时；结构性存款与大额借贷之间存在逻辑矛盾。

应收类资产项目的典型问题有应收票据贴现、背书与终止确认条件等会计处理不准确，或者处理依据不充分；应收票据相关信息披露不充分，尤其是逾期款项、前五名客户信息、关联方和交易背景等信息披露不充分、不完整、不及时；应收账款会计处理不准确，尤其是单项计提依据不充分，营收下滑的背景下应收账款却增加，存在逻辑矛盾，回款处理不及时；应收账款信息披露不充分，尤其是前五名客户信息，大额应收账款信息，特定客户应收账款信息，PPP 项目形成的应收账款信息，客户结构相关信息，关联方信息，回款信息的及时性和完整性，全额计提坏账的依据，应收账款增幅高于或远低于营收增幅，存在逻辑矛盾，应收账款较期初增长过快等；坏账损失实际核销情况不清晰，营收下滑背景下坏账损失核销数量却显著减少，存在逻辑矛盾；应收账款信用政策及其变化情况披露不充分；预付款项披露不充分，尤其是前五名或前十名供应商、关联方和关联关系、预付款的必要性、预付款重分类依据及后果、长期未结转等相关信息；其他应收账款的会计处理不准确，尤其是数据关系的合理性；其他应收账款信息披露不充分，尤其是大额往来、大股东等特定占用资金情形、大幅度增长等；关联方占用相关信息披露不充分，尤其是占用的合理性、财务资助合理性等相关信息；其他应收账款的坏账损失披露不充分，尤其是全额核销和控股股东占用、无法收回却不及时核销；财政补贴应收账款信息披露不及时、不充分，尤其是财政已明确告知停止拨付的情形；应收业绩承诺款的信息披露不完整、不充分、不及时，尤其是在子公司连续亏损情形下仍未做账务处理。

长期股权投资项目的典型问题有会计核算不准确，尤其是按权益法核算形成的亏损、重分类依据不合理、不提减值、股权投资退出核算不正确或不及时、减少投资的核算不正确；信息披露不完整、不充分，如收购标的报告期内亏损、投资管理情况、募投项目、未达预计收益、减值、成立合资公司、联营企业连续亏损情况下却追加投资、收购股权等。

在建工程与固定资产项目的典型问题有在建工程会计核算不准确，尤其是新增在建工程、转固条件、已完工未结算、可变现净值等节点上的核算错误；在建工程信息披露不完整、不充分、不及时，如工程进度、设备状态、使用条件、预算与实际差异等；固定资产会计处理不准确，如对外购合理性的判断；固定资产信息披露不充分，如在建工程转固，主营业务连续多年盈利不佳的情况下新增固定资产的合理性，等等。

附件 2 详细列明了沪深交易所安徽上市公司于 2019 年度被公开披露的 13 类往来事项等资产类会计处理与信息披露存在的主要问题及主要证据。

3. 合并报表类会计处理与信息披露

合并报表相关业务处理受到的问询较少，包括存货合并抵销会计处理问题（安徽证监局《行政监管措施决定书》〔2019〕13 号）；纳入合并范围的依据和控制权信息披露不够充分（公司部年报问询函〔2019〕第 68 号）；纳入合并报表的子公司连续亏损、如何保护公司利益问题（中小板问询函〔2019〕第 260 号）。

（二）负债类

问题相对集中于预计负债项目，关注的焦点问题主要有短期借款的偿还、应付类款项的会计处理与信息披露、预计负债，尤其是重大或有事项的会计处理与信息披露等，特别是内在逻辑矛盾。

预计负债项目的典型问题有计提等会计核算的充分性、合理性、正确性；重大诉讼和仲裁事项会计处理和信息披露的充分性、及时性；担保事项会计处理和信息披露的充分性，尤其是对违规担保的性质判断是否合理；等等。

附件 3 详细列明了沪深交易所安徽上市公司于 2019 年度被公开披露的 9 类负债类会计处理与信息披露存在的主要问题及主要证据。

（三）股东权益与分配类

问题相对集中于股份转让等项目，关注的焦点主要包括股份转让、股份受限和实际控制权等问题。

股份转让等项目的典型问题包括会计信息核算的准确性和信息披露的充分性，如定价合理性、股东退出条款约定不明、转让比例规定不清楚、股权变更事项实施进展披露不及时，等等。

附件 4 详细列明了沪深交易所安徽上市公司于 2019 年度被公开披露的 12 类股东权益与分配类会计处理与信息披露存在的主要问题及主要证据。

（四）收入与利润类

问题相对集中于营业收入、毛利率、净利润和持续经营能力等项目，关注的焦点主要有收入确认与信息披露、毛利率的变动、营业外收入的会计核算与信息披露、净利润的波动、亏损与持续经营能力的信息披露等问题，尤其是内在逻辑矛盾。

营业收入项目的典型问题有收入确认与转回相关的会计处理不完全正确、不够稳健，尤其是关联交易收入确认的真实性；相关信息披露的合理性、充分性不足，尤其是对大客户依赖性的相关信息披露不充分、关联交易及大额业务交易信息披露不充分；增幅差异大的相关信息披露不充分；收入预测依据的合理性不够。

毛利率项目的典型问题有毛利率下滑相关的信息披露不充分；毛利率波动相关的信息披露不充分；毛利率计算和相关参数之间匹配度或内在逻辑的合理性不够。

净利润项目的典型问题有净利润波动不合理；净利润下滑或亏损信息披露不完整、不充分；净利润率等相关指标信息披露不充分；净利润增幅与生产经营业绩、消耗等相关指标之间存在逻辑矛盾。

持续经营能力项目的典型问题有信息披露不充分、不完整、不及时；持续亏损的相关风险及拟采取措施信息披露不完整、不充分；子公司亏损相关信息得不到有效的披露。

附件5详细列明了沪深交易所安徽上市公司于2019年度被公开披露的9类收入与利润类会计处理与信息披露存在的主要问题及主要证据。

（五）成本费用类

问题相对集中于研发费用项目，关注的焦点主要包括职工薪酬、销售费用、研发支出费用化、营业外支出等问题，尤其是内在逻辑矛盾问题。

研发费用项目的典型问题主要有会计处理的正确性和准确性，尤其是费用化或资本化的依据，特别是100%费用化处理的合理性，以及研发费用纵向比较时的矛盾之处；信息披露的充分性，如研发费用大幅增长但研发投入减少的合理性，研发人员下降的情况下研发费用上升的合理性等。

附件6详细列明了沪深交易所安徽上市公司于2019年度被公开披露的8类成本费用类会计处理与信息披露存在的主要问题及主要证据。

（六）现金流量类

问题相对集中于经营活动现金流量项目，关注的焦点主要包括经营活动现金流量的信息披露、投资活动现金流量的会计处理与信息披露等问题，尤其是可能存在的内在逻辑矛盾。

经营活动现金流量项目的典型问题有会计处理中对未来现金流的测试依据不充分；信息披露不充分，如经营活动净现金流下降与营业收入同比增长有矛盾之处，经营活动现金流入量与营业收入之比值逐年下滑，连续三年大额净流入，连续三年大额净流出，支付往来款现金流大幅增加、收回往来款现金流却大幅减少，分季现金流量分析不充分、不深入，许可使用费的支付不合理，经营活动现金净流量与扣非后净利润差异较大，等等。

附件7详细列明了沪深交易所安徽上市公司于2019年度被公开披露的3类现金流量类会计处理与信息披露存在的主要问题及主要证据。

（七）内部控制类

问题相对集中于投资环节的内部控制活动，关注的焦点主要有印章管理、内部控制信息的披露、投资环节内部控制和营业外支出的内部控制等问题，尤其是程序性控制问题。

投资环节的内部控制活动中的典型问题有内控措施不到位与信息披露不充分，如投资理财产品时的内部控制执行不力，关联资金往来和关联交易中的内部控制措施不够，子公司内控信息披露不够，减少投资时的内部控制存在缺陷，投资管理业务的内部控制制度不健全与内部控制执行不力，使用募集资金时出现违规，等等。

附件 8 详细列明了沪深交易所安徽上市公司于 2019 年度被公开披露的 6 类内部控制类信息披露存在的主要问题及主要证据。

（八）其他类与综合类

问题相对集中于重大事项，关注的焦点主要有重大事项、关联方、销售与收款、采购与付款等环节中的问题，尤其是逻辑矛盾。

重大事项中存在的典型问题有信息披露不完整、不充分，尤其是对重大资产重组、破产程序与破产风险、重大事项进展的信息披露。

附件 9 详细列明了沪深交易所安徽上市公司于 2019 年度被公开披露的 6 类其他类与综合类会计处理与信息披露存在的主要问题及主要证据。

三　造成安徽上市公司财务报告信息披露存在问题的主要原因分析

安徽上市公司会计信息质量和信息披露问题成因复杂，既有主观原因，也有客观原因；既有内因，也有外因；既有共性原因，也有特殊原因。

从公司基本方面看，包括内部的经营战略、人才结构，外部的经营环境和行业竞争等原因；从公司资本运作方面看，管理层业绩指标压力大，选择性信息披露加剧了信息不对称的程度；从专业知识、业务能力和管理能力方面看，存在专业技术与业务能力不足，内部沟通不畅等问题；从内部控制方面看，同样有内控设计缺陷和执行不到位的情况；从资本市场投融资等制度方面看，投融资制度存在诱导动机；从证券监管体制机制方面看，亦存在监管职能重叠、效率不高的问题。

（一）公司基本面方面的原因

公司的基本面可分为外部和内部两个层面。其中，公司外部基本面主要包括宏观经济运行态势和行业情况，内部基本面则主要包括财务状况、盈利状况、市场占有率、管理体制与经营战略、人才结构等方面。

当上市公司的上述基本面发生难以逆转的不利变化时，会给公司管理层带来较大的压力，从而容易产生不当盈余管理等损害会计信息质量和信息披露工作的动机。从2019年的情况来看，超过10家安徽上市公司受到中美贸易摩擦、技术壁垒和环境壁垒等外部基本面的不利影响，导致反映公司内部基本面的主要指标出现下滑，甚至是连续下滑，公司管理层面临业绩剧烈波动或下降等较大的压力，其中的部分公司从而产生选择性披露信息或延迟披露不利信息的动机。从会计信息质量来看，经营数据与财务数据之间存在内在逻辑矛盾的情形增多。

（二）公司资本运作方面的原因

公司发展或扩张的基本方式有两种，也就是内部扩张和外部扩张。其中，外部扩张的主要手段是资本运作，即发行权益工具或债务工具，股权转让，增资与配股，合并、托管、收购、兼并与分立，资产重组（剥离、置换、出售、转让等），等等。

资本运作具有较高的风险，不当的资本运作，可能由于子公司或分公司亏损等情况对上市公司主营业务的业绩指标形成拖累，给公司管理层带来较大的压力，从而容易产生威胁会计信息质量和导致公司管理层实施不当信息披露行为的动机。例如，选择性披露信息或延迟披露利差信息。从2019年的情况来看，安徽上市公司在自愿性信息披露中，总体上倾向于主动发布利好信息，不发布或推迟发布利差消息。

（三）专业知识、业务能力和管理能力层面的原因

1. 相关人员素质与能力存在不足

第一，专业知识与技能有欠缺之处。安徽上市公司会计及相关从业人员（以下简称“财务与会计人员”，即财会人员）学历和教育背景差异较大，从部分披露了相关信息的公司来看，个别上市公司财会人员整体学历相对较低。但总体而言，财会人员都具备从事相关工作的职业资格。与此同时，以企业会计准则为例，中国财会人员面临的职业准则、法律环境、政策环境与相关技术环境均处于快速变化的时期，对专业知识、技能与技术的更新能力或学习、运用能力要求比较高。2006 年发布的企业会计准则（1 项基本准则、38 项具体准则）中，截至 2020 年 6 月 30 日，修订或新增情况为 2014 年 9 项（包含基本准则 1 项）、2017 年 7 项、2018 年 1 项、2019 年 2 项。同时，相应地修订或新增《企业会计准则解释》、系列专项的《会计处理规定》，发布《收入准则应用案例》以及企业会计准则解读、会计准则实务问答等。财会人员要在较为繁重的工作之余，及时更新和有效掌握会计领域、法律领域和技术领域的变化，并非易事，需要投入较多的时间和精力。

总体上看，专业知识与技能的欠缺或不足，容易造成无意的工作差错，但并不是导致出现会计信息质量和信息披露问题的主要原因，尤其是在具有较高专业水准的机构力量的帮助之下。

第二，职业道德有失范之处、法律意识有淡薄之时。从 2019 年的总体情况来看，职业道德失范和法律意识相对淡薄是造成主动管理型信息披露问题的重要原因。基于决策有用性的会计准则体系，赋予了财会人员一定的自由裁量权，在对财会人员的职业判断能力提出较高要求的同时，也考验着财会人员和公司管理层的职业道德和遵纪守法“习惯”。

第三，职业匹配度有欠佳之处。从人力资源管理和心理学角度看，会计相关工作除了专业知识与技能要求，在性格、做人处事等方面，还要求性格

沉稳、严谨细致、踏实勤劳、具有服务意识、思维敏捷、善于沟通、意志坚定，等等。只有具备这些知识、技能和品格，才能更好地做到爱岗敬业、诚实守信、廉洁自律、客观公正、坚持准则、提高技能、参与管理和强化服务。归根结底，这些属于职业匹配度的问题。财会人员职业匹配度较低，容易带来会计信息质量和信息披露问题。

2. 组织重视程度或方式有不足之处

从组织行为学中的科层制来看，财会部门在公司中的地位与公司组织架构设计有关，通常也取决于组织对财会部门的重视程度。按重视程度可以把财会职能定位为战略财务、业务财务、专家财务、共享财务等不同类型。

一般组织重视程度低的公司，会计信息质量和信息披露更容易出现问题。组织重视，首先是财会人员提高专业知识与技能的重要推动力。此时，组织会为财会人员提供提高专业知识与技能的时间、空间和培训机会等。

从会计信息质量检查和信息披露监管结果来看，出现问题较多的公司大多对财会工作和信息披露工作重视不够。以因为内部控制存在问题受到的处罚决定为例，有的问题属于非常低级的失误，跟组织重视程度有关，如公司印章管理。

有的公司则是以错误的方式利用财会部门，有意地制造问题，尤其是ST公司和有潜在ST风险的公司。这些公司重视利用财会部门实现虚假信息披露、违规盈余管理等目标。

3. 部门协调配合有不力的地方

财会工作尤其是信息披露工作涉及公司的各个部门，是综合性非常强的工作，只依靠财会部门难以做好，需要公司相关部门的大力配合。2019年度交易所问询函中较为突出的问题之一，是基础业务数据与财务业绩指标之间的内在逻辑矛盾问题，相关的信息披露不完整、不充分、不及时。这里有部分原因可能是在于部门间协调配合不够紧密，数据或信息传递出现较大的时间差异，导致两者不匹配。

又如，内部控制制度的设计与执行也属于综合性工作，需要整个公司（包括集团公司和子公司等）协调配合才能做好。2019年度交易所问询函和证券监管部门的调查与处理决定，对内部控制提出了较多的问询或处罚决定。公司部门之间配合不力，是造成这些问题的重要原因。如作为焦点问题之一的投资环节的内部控制，既被证券监管部门采取监管措施，也收到较多交易所问询。问题表现在理财产品投资、关联交易尤其是关联资金往来、子公司相关内控、募集资金使用和投资业务管理等广泛的层面。相关部门配合不力，是造成信息披露不完整、不充分、不及时、不清晰的重要原因。

4. 借助外力的能力或方式有欠缺之处

公司在依靠会计师事务所、证券公司、律师事务所等专业力量时，有两类不利的倾向，会导致会计信息质量和信息披露出现问题。一类是完全依赖注册会计师等专业人士，自身失去能动性。专业人士通常具有较强的专业胜任能力，在处理专业问题时具有标准化和高质量等特点。但是，这些专业人士通常是公司外部人员，对公司整体情况、总体战略和具体问题的理解往往会有偏差。尤其是全面性、及时性、认识的深刻性等方面，存在固有的缺陷。这在收到证券交易所问询后重新出具审计报告的极端个案中得到了集中的体现。另一类是基于违法违规或违反职业道德的动机主动寻求专业人士的意见或帮助。例如，公司出于违规盈余管理的目的，有选择性地听取或寻求注册会计师关于某项会计职业判断意见中的某个部分或某个节点，同时完全忽略专业人士观点的全面性，如阐述意见时的前提或背景信息，或直接拒绝听取其正确意见。

（四）内部控制方面的原因

作为公司治理的重要组成部分，完善和有效的内部控制体系在提高会计信息质量和促进信息披露的合规性上具有事半功倍的作用。具体而言，内部环境中的政策、程序和效率等因素，能够促进会计信息质量的提高，也对信息披露工作的效率产生提升作用；风险识别与评估活动，有利于提高会计信息的稳健性和信息披露的准确性、充分性；控制措施和控制活动既能直接保障会计及相关信息披露工作的质量和效率，也能通过提高基础信息与数据支持、相关部门协同工作的绩效来提高信息披露工作的质量与效率；信息沟通也有利于从时效性方面影响数据统计效率和相关决策效率，提高会计和信息披露工作的效率；内部监督既能保障和改进信息披露工作，也能通过对相关部门的监督提高会计工作的质量和信息披露工作的效率。

从2019年的情况来看，安徽上市公司出现的如下内部控制缺陷，直接导致会计信息质量和信息披露工作出现问题。不相容职务兼任问题，导致受到证券监管部门的处罚；印章管理问题给投资业务带来损失，同时也受到证券监管部门的处罚；董监高辞职可能造成内部控制体系失效，并受到深圳证券交易所的关注；内部控制缺陷给信息披露工作造成不利的影响（信息披露不充分、不完整、不及时等），也受到了深圳证券交易所的关注；等等。

（五）资本市场投融资等制度方面的原因

资本市场的基本功能是融资和投资。一方面，长期以来，公司通过公开发行股票和股票上市筹集资金（属于较为稀缺的资源），将其作为直接融资渠道，上市条件、标准或门槛较高，尤其是当宏观基本面处于经济下行的周期以及金融政策强调持续去杠杆的时期，容易出现“融资饥渴”。公司为了满足较高的发行和上市条件，达到上市融资的目的，容易产生会计造假和虚假信息披露的动机。

另一方面，作为融资交易的另一方，虽然投资者保护的相关制度设计或改进一直没有停止过，尤其是2020年3月1日施行的新《证券法》在投资者保护方面有诸多制度安排，但是在相关实践中，上市公司及相关利益主体损害投资者的行为仍时有发生，例如，《证券日报》公布的2019年“投资者保护十大经典案例”中所反映出来的一系列问题。[1] 归根结底，原因仍然出在投资者保护制度及其执行上，一些上市公司不惜以身试法，通过虚假信息披露达到违规盈余管理等目的。

---

① 《投资者保护十大经典案例》，新华网，2020年5月23日，http：//www. xinhuanet. com/2020 -05/23/c_ 1126022308. htm。

（六）证券监管体制机制方面的原因

按监管主体分，各国证券监管体制可分为集中型监管、自律型监管和中间型监管三类主要的模式。中国证券市场目前实行集中统一的监管体制，以中国证监会为主，以交易所和行业协会为辅，并以事中和事后监管为主。但是金融混业经营进一步加深和持续的金融创新，给证券监管实践带来挑战。

导致会计信息质量和信息披露出现问题的证券监管体制机制方面的原因，主要为监管责任主体及其职责配置所带来的监管效率欠佳。从证券监管本身来看，首先是中国证券监管实行查审与处理分离，尽管业界认为这是全球监管机制的重要创新，但同时带来较多的协调工作和效率问题，需要进一步完善以改进事中监管工作和事后处理工作的效率。其次是监管职责存在一定程度的错配，既存在重叠之处（如财务收支领域，专业的金融监管部门、法律监督部门、其他行政监督部门都负有相应的监管职责，存在较为严重的职能交叉），也存在监管盲区（主要表现在企业债券领域，目前债券市场规模为90万~100万亿元，证券监管相关的行政法律法规、部门规章和2020年施行的新《证券法》，都还没能系统地解决职责划分问题，相关证券监管实践也不够活跃）。从证券监管体系来看，目前较为活跃的是行政监管部门和证券交易所，同时负有相应监管职责的财政部门、审计部门和行业协会则相对滞后。

值得强调的是，会计信息质量和信息披露方面的会计违规、证券违规和相关违法行为的惩处力度相对较小，相关利益主体的违法违规成本较低，也是导致会计信息质量和信息披露出现问题的原因之一。

四　改进安徽上市公司财务报告信息披露工作的对策与政策建议

针对2019年度安徽上市公司会计信息质量和信息披露工作存在的主要

问题，主要依据证券监管相关理论和政策（如中国证券监督管理委员会发布的一系列《公开发行证券的公司信息披露内容与格式准则》，上海证券交易所和深圳证券交易所发布的一系列《行业信息披露指引》，上海证券交易所发布的一系列《上市公司日常信息披露工作备忘录》、《上市公司定期报告工作备忘录》和《上市公司重大资产重组信息披露工作备忘录》，深圳证券交易所发布的一系列《深圳证券交易所上市公司业务办理指南》，等等），分别从上市公司自身、证券监管部门与证券交易所、相关行业协会和相关中介机构的角度提出对策建议和政策建议。

（一）上市公司

第一，也是最根本的和最重要的，上市公司要做好战略规划和经营决策，要么培养和不断发展核心竞争力，要么深入研究市场、把握机会及时实现转型，要么经过审慎决策实现多元化或一体化发展，用良好的经营业绩支撑会计信息质量和信息披露工作。同时，重视公司治理工作，尤其是内部控制建设，查缺补漏，用健全的公司制度和完善的管理机制来保障会计信息质量和信息披露工作。

第二，要做好股票期权等薪酬激励工作，通过持续的管理创新，努力解决委托代理问题，缓解公司经营管理中的短期行为与长期规划支撑下的公司可持续发展之间的矛盾，较大程度地、较为有效地消除公司管理层实施违规信息披露的动机。通常，当管理层的报酬与公司财务业绩（尤其是短期业绩）紧密挂钩时，管理层为了拿到期望报酬，就有动机通过粉饰财务报告或实施虚假信息披露来“实现”基于历史成本核算的财务指标所反映的业绩，管理层也有动机去追逐职务消费、闲暇时间、个人声望或职业地位等私人利益，这些行为实际上往往损害公司价值。股票期权等薪酬激励手段，把公司价值与管理层报酬挂钩，能够较大程度地解决管理层自身利益与公司发展目标之间的冲突问题，从而抑制管理层虚假信息披露的现象，保障会计信息质量。

第三，是建立健全相关的制度、采取有力措施，保障和提高会计信息质量和信息披露工作。一方面，是组织机构与人员保障。公司治理层和管理层应高度重视会计信息质量和信息披露工作。例如，公司应科学地设立相关职能部门，如各级各类财务部门，合理确定财务管理体系，如集中管理体制和分散管理体制；在招聘或选拔相关工作人员时，应重视综合考察专业知识、技能、性格与品德等诸要素，重点关注新员工的职业匹配度；应重视相关专业人员的后续教育和培训工作，促进相关人员知识、技能、理念和观念的更新，稳定提高其职业水平和工作能力；要立足长远，规划相关人才队伍，实现老、中、青的传帮带作用，以及人员的新陈代谢或新老交替；要为相关人员提供职业晋升空间，激励其努力做好会计信息质量和信息披露工作；重视职业道德和遵纪守法教育，建立健康的企业文化；等等。另一方面，是日常工作机制保障。例如，各相关职能部门在董事会秘书的统筹协调下有序开展日常工作，分工合作，提高会计信息质量，并按规定程序实施定期和临时财务报告等信息披露工作，保障信息披露的充分性、完整性、及时性和明晰性等要求；搞好股权管理，管理和维护好投资者关系；制订保密措施，做好保密工作，杜绝内幕交易，当出现泄密情形时，及时做好应急管理或危机管理；及时与证券监管部门、证券交易所和人民法院、会计师事务所等其他有关部门或单位保持沟通，积极参加这些部门组织的宣传、教育和培训等相关活动，当被调查和被处理时，做好配合和善后工作。

第四，是重视相对复杂的资本运作领域的会计处理与信息披露工作。资本运作的过程和结果都具有较强的不确定性。从上市公司会计信息、管理信息等的管理角度来看，公司参与或拟参与资本运作，要正确处理好信息披露与商业保密之间存在的矛盾或冲突。公司应组织学习相关法律法规尤其是两大证券交易所发布的行业信息披露指引，熟悉正面清单中列举的法定信息披露事项，按照真实性、完整性、准确性、及时性和公平性要求，实施法定信息披露；针对资本运作过程中的特定事项，公司应及时寻求法律顾问的专业意见，确定是否应该予以披露、运用何种方式进行披露以及披露的对象和范围等；在不同的强制性规范之间存在冲突时，应运用法律层次原则进行判定，执行层级最高的规范；科学、合理地运用自愿性信息披露工具，全面提高会计信息质量，提升信息披露工作的效率，以增加公司价值；提高主人翁意识，重视资本运作过程中的社会责任信息的披露工作。

第五，是建立健全内部审计机构和内部控制体系，通过规范公司治理促进会计信息质量的提高，提高信息披露工作的效率和效果。建议上市公司结合自身业务特色和实际管理需要，围绕经营与管理活动的监督、评价、鉴证、决策支持（或管理支持）四个重心，充分利用内部审计职能；保障内部审计工作的相对独立性，建立健全内部审计制度，稳步提高内部审计人员素质；依据公司特征，确定内部审计工作的范围，发挥内部审计在参与公司战略与风险管理、承担社会责任，以及保障公司信息安全等方面的能动性作用。建议上市公司进一步强化现代公司治理理念、提高内部控制意识，充分认识内部控制体系建设的全局性和长期性，以及其在实现经营方针与公司战略目标、确保公司经营活动的效率与效果、维护公司资产安全与完整、保证经营管理信息和会计信息的真实性与完整性等方面的保障作用；优化内部控制环境、强调全员参与执行内控程序，建立科学合理的股权结构，完善公司治理结构，建立健全内部监督机制，保障内部控制制度的健全性和内部控制措施的有效性；强化风险意识和风险管理能力，健全风险评估机制，建立风险预警系统，从源头上提高会计信息质量；重视内部控制自我评价工作，定期对内部控制进行穿行测试，编制内部控制报告，提高信息沟通效率，保障信息披露的充分性、完整性和及时性。

（二）证券监管部门与证券交易所

首先，通过建设和完善多层次资本市场，解决“融资贵”和“融资难”的问题，缓解资本市场“资产荒”和实体经济“资金荒”，降低股权直接融资门槛，回归资本市场资金融通的基本功能，从而“釜底抽薪”，为解决上市公司会计信息质量与信息披露问题提供健康的资本市场环境。当前有一种共识，就是中国资本市场难以做到为处于不同发展阶段和不同规模的公司提供不同层次资本市场之间的有效对接，也就是，多层次资本市场与实体公司的融资需求之间存在错位或资本错配的问题。只要解决好这个问题，上市公司就不必为了满足这个供需错位下的上市标准而去制造虚假会计信息和管理信息，更不必去做虚假信息披露。

其次，当前阶段围绕资本市场融资制度的改革，大多是某一具体方面和某一具体环节的单项措施，缺乏系统的改革思路与整体改革配套措施，政策容易起落、反复或波折，不仅无法从根本上解决交织在一起的股票市场矛盾，而且不利于合理引导市场预期，从而助长了公司管理层的短期行为，客观上不利于抑制本报告中总结出的诸多会计处理与信息披露问题。证券立法与证券管理部门，应充分研究制约资本市场发展的一系列条件，尊重历史和现实，在资本市场改革的整体配套措施上下功夫，注重合理引导市场预期，为在金融市场开放的背景下完善资本市场融资制度创造条件。

第三，重视证券监管改革的渐进性和顺序性，有效扭转逆向选择机制下的违规信息披露局面。以美国为代表的西方成熟资本市场，大多经历了100年以上的发展时间，而中国股市建立至今则只用了30年的时间，在市值规模（2019年中国股市总市值位居全球第二，其中上交所居全球第四，深交所居全球第七）、上市公司数量和基础设施建设等方面已经取得了长足进展。同时，也在相关法律制度建设、投资者结构、市场效率和服务实体经济的能力等方面，存在较为显著的结构性矛盾和深层次的问题，必须通过渐进、容错、持续的改革逐步解决和完善。资本市场制度建设在诸多改革措施中处于优先地位，是其他改革措施的基础。一方面，要贯彻好新《证券法》，完善投资者保护的司法解释体系，尤其是要做好《民法典》在资本市场司法实践中的落地和衔接工作，依法保障股东诉权、求偿权等重要权利，同时要加大对大股东、实际控制人、公司管理层的制度约束，规范股东减持、股份质押、资产重组等行为，强化对合法经营公司合法权益的保护，加大对违法违规行为的处罚力度，避免利用资本市场融资制度的缺陷形成“劣币驱逐良币”效应。

第四，证券交易所实施分层运行和分层监管，消除股票市场中不合理的高流动性溢价，降低上市公司违规信息披露的动机。建议的做法是，在进一步提高或完善现有板块（主板、中小板、创业板或科创板等）上市条件和监管要求的基础上，对不满足现有板块上市条件的公司，建立新的“次级”

证券板块，实施以投资者准入和差异化交易为核心的市场运行和证券监管制度，只允许机构投资者等具有较强专业水平、自我保护能力和风险承担水平的投资者参与高风险的“次级”股票市场。

第五，在退出机制中，畅通转板机制。就是对不再符合主板、中小板、创业板或科创板持续上市条件，但是还未达到退市条件的上市公司，本着公司自愿原则，建立新的板块（如上述“次级”证券板块）挂牌交易。一方面，这有利于证券监管部门和证券交易所实施更具针对性的分层监管，另一方面，能够进一步降低上市公司违规披露的动机。

第六，证券交易所提高日常监管的针对性和时效性。证券交易所日常监管工作量很大，专业技术含量高，这项工作其实并不容易做。从 2019 年度的问询函来看，出现了“模板化”类的问题，可问可不问；有的问题问了，上市公司也无法按照问询函的真正意图去回答，而且在申请延期回复后，却又“不得不答”。这样的现象反映的是证券交易所和上市公司各自面临的无奈或困境，问题出在日常监管的针对性和时效性不足上，集中体现在事中监管的工作机制设计方面。可喜的是，沪深交易所建立的每周监管清单制度，提高了证券监管的时效性；深圳证券交易所通过分类监管（监管函、重组问询函、年报问询函、关注函等），提高了监管的针对性。建议沪深交易所在注册制的背景下，进一步研究日常监管措施，提高针对性和时效性。

第七，强化整体上市的集团企业在安徽的子公司或分公司等分支机构的证券监管工作。从 2019 年的证券执法情况来看，上海、浙江、广东等地证券监管部门比较重视在地分支机构的监管，安徽上市公司同时受到其他省市证券监管部门的证券监管。全国一盘棋，证券监管部门尤其是分支机构之间加强协调和配合，共同做好证券监管工作，有效地堵塞监管漏洞和填补监管盲区，有利于促进全面提高上市公司会计信息质量和做好信息披露工作。

（三）相关行业协会

中国上市公司协会和安徽上市公司协会具有如下与会计信息质量与信息披露相关的职责：一是依法、依规组织制定上市公司自律准则，制定董事、监事、高级管理人员的职业道德规范等，指导公司自律；二是推动建立上市公司信用管理体系，推进上市公司诚信体系建设，倡导积极健康的股权文化和诚信文化；三是接受行政授权，协助证券监管等部门开展相关工作；四是参与有关上市公司规范的制订、完善和发展，以及与信息披露相关的政策论证，提出上市公司有关政策、立法等方面的建议，推动上市公司履行信息披露义务；五是组织相关业务培训和继续教育等工作；六是指导上市公司加强投资者关系管理；七是鼓励上市公司承担相应的社会责任。其中，安徽上市公司协会还突出了“协助证券监管部门开展教育、协助会员执行法律法规、加强与安徽证监局和证券交易所的联系”的职责。行业协会要发挥好自律和服务这两只手的作用，为上市公司提高会计信息质量和做好信息披露工作提供助力，尤其是要组织、研究、制订注册制下的行业自律准则和职业道德规范，围绕公司规范治理、创造良好业绩、实现长期可持续发展和履行社会责任等工作重心，做好各项自律服务工作。

（四）相关中介机构

证券公司（尤其是投资银行）、会计师事务所和律师事务所为上市公司会计信息质量建设和信息披露工作提供及时而有效的服务。但是从 2019 年来看，部分上市公司在受到证券交易所问询后对财务报告进行了修订和重新发布，甚至个别上市公司重新发布了审计报告，说明相关中介机构在提供服务时，存在服务质量或职业道德等方面的缺陷。

建议投资银行在重视保荐、承销能力的同时，合理配置人员等相关资源与力量，重视对上市公司的后续辅导，帮助其建立起高效的会计工作与信息披露管理体系。同时，完善相关制度，提供符合会计准则与相关规范要求的会计信息，按照证券监管部门和证券交易所的要求，依法依规做好信息披露工作。

建议会计师事务所强化审计质量管理与控制，为上市公司会计信息质量建设和信息披露工作提供可靠助力。从 2019 年安徽上市公司的情况来看，主要是要处理好会计信息质量与信息披露责任中的以下几对关系。一是正确区分、处理公司的责任和注册会计师的责任。尽管在标准化或格式化的审计报告中，均对公司管理层的责任和注册会计师的责任进行了明确的声明，但在工作实务中，双方对公认常识、法理与人情等因素的把握，实际上是相当困难的。在多年的连续审计中，公司管理层与注册会计师之间建立了相对稳定的信任关系，公司管理层尤其是专业力量相对薄弱的公司的财务部门对注册会计师较为信赖，在一定程度上依赖注册会计师的专业判断能力。在这种情况下出现会计信息质量或信息披露问题，两者之间的责任并不容易划分。注册会计师应自觉遵守职业道德，严守审计业务与提供增值服务业务之间的分际，尤其是严防陷入自我评价和违反保密义务，建议和鼓励公司聘请专业的财务顾问。同时，及时加强与公司管理层和相关职能部门的沟通，避免在责任界定过程中产生误解等情形。二是正确区分、处理会计师事务所和注册会计师的责任。会计师事务所应在建立审计质量控制程序和标准的基础上，进一步建立会计师事务所内部的责任承担制度，依据相关法律法规和制度，正确界定注册会计师和会计师事务所的法律责任与管理责任。三是正确区分、处理会计师事务所与其他相关中介机构或人员的责任。这类责任划分在公司上市的过程中，集中体现在会计师事务所、证券公司、律师事务所甚至证券传媒之间的协同合作与职责划分中：如果其中一方或多方的工作成果存在瑕疵，将会影响其他方或其他多方的工作成果。在审计业务中，则集中体现在注册会计师利用其他专家（如资产评估师、职业鉴定师、内部审计师等）或组织的工作上，尽管相关审计准则已经明确了利用专家工作的责任，但是在工作实务中，还需进一步面对职业道德的拷问，甚至面临向上述第三方实施追偿等问题。

律师事务所在公司信息披露中具有较大的责任，中国股票市场建立 30 年来，有超过 10 家律师事务所和数十名律师受到过证券监管部门的处罚。其中，以 2017 年《证监会组织开展律师事务所从事 IPO 证券法律业务专项检查》的结果公告最为著名，受到处理的 9 家律师事务所出现的典型问题是未实施访谈或虚假访谈笔录；虚假记载；未实施查验或虚假查验；未进行讨论或虚假讨论；未实施复核或虚假复核；未尽勤勉义务；重大遗漏；函证范围不全面；工作底稿不规范或不真实；出具错误法律意见；等等。建议律师事务所和执业律师进一步加强业务学习，提高专业技能，提升执业和职业道德水平，强化法治意识、风险意识和规范意识，不断提高专业服务能力，发挥积极的市场监督作用，为上市公司的会计信息质量建设和信息披露工作提供更好的服务，担当好“最后看门人”的角色。

附件

附件 1　2019 年度沪深交易所安徽省上市公司资产减值类会计处理与信息披露存在的主要问题

序号	问题类别	问题描述	主要证据
1	交易性金融资产		
1.1	投资理财产品	信息披露不充分	上证公函〔2019〕0497 号
1.2	特定投资	无法确定是否减值；无法确定计入当期损益的金融资产和公允价值变动损益的金额	中小板年报问询函〔2019〕第 98 号
2	应收票据及应收账款		
2.1	应收账款－坏账计提	正确性、准确性、合理性、谨慎性	中小板年报问询函〔2019〕第 34 号、中小板年报问询函〔2019〕第 211 号、中小板年报问询函〔2019〕第 263 号、创业板年报问询函〔2019〕第 319 号、中小板年报问询函〔2019〕第 336 号
2.2	应收账款－信息披露	充分性	上证公函〔2019〕0723 号、中小板问询函〔2019〕第 260 号、中小板年报问询函〔2019〕第 263 号、中小板年报问询函〔2019〕第 413 号
2.3	应收账款－关联方	按账龄计提坏账的合理性、谨慎性	创业板年报问询函〔2019〕第 319 号
2.4	应收账款－境外客户	全额计提坏账准备的合理性	中小板年报问询函〔2019〕第 416 号
2.5	应收票据－（关联方）坏账计提	合理性	上证公函〔2019〕0787 号、中小板问询函〔2019〕第 260 号
2.6	应收票据－信息披露	商业承兑汇票坏账准备计提相关信息披露不充分	上证公函〔2019〕0444 号、中小板年报问询函〔2019〕第 413 号
3	预付款项	坏账计提合理性	中小板问询函〔2019〕第 228 号
4	其他应收款		
4.1	坏账计提	合理性、依据充分性；对自然人全额计提坏账准备；关联关系未披露	中小板问询函〔2019〕第 228 号、中小板年报问询函〔2019〕第 336 号、中小板年报问询函〔2019〕第 416 号
4.2	信息披露	充分性	公司部年报问询函〔2019〕第 92 号
4.3	政府补助	信息披露充分性	中小板半年报问询函〔2019〕第 65 号
4.4	财务担保	信息披露充分性	中小板年报问询函〔2019〕第 263 号

续表

序号	问题类别	问题描述	主要证据
4.5	关联方	控股股东占用资金、诚意金坏账准备相关信息披露不充分	中小板年报问询函〔2019〕第177号
5	存货		
5.1	会计处理	可变现净值、转回与转销、不当盈余管理	中小板年报问询函〔2019〕第98号
5.2	跌价损失准备计提	准确性、充分性、合理性、完整性；考虑查封受限情形	上证公函〔2019〕0760号、中小板年报问询函〔2019〕第177号、中小板年报问询函〔2019〕第263号
5.3	信息披露	充分性；未说明存货跌价准备转回或转销原因；增长原因	上证公函〔2019〕0760号、中小板年报问询函〔2019〕第98号、中小板问询函〔2019〕第260号、中小板年报问询函〔2019〕第263号
6	合同资产	建造合同相关减值准备信息披露不充分	中小板年报问询函〔2019〕第313号
7	长期股权投资	测算依据不充分；未计提减值准备	中小板年报问询函〔2019〕第98号、中小板年报问询函〔2019〕第250号、中小板年报问询函〔2019〕第336号、中小板年报问询函〔2019〕第416号
8	投资性房地产	重分类依据不充分；成本法计量合理性；减值计提充分性、合理性	中小板年报问询函〔2019〕第177号
9	其他权益工具	减值计提充分性、合理性；测试依据充分性；信息披露充分性	上证公函〔2019〕0717号、中小板年报问询函〔2019〕第313号、中小板年报问询函〔2019〕第336号
10	长期资产		
10.1	固定资产－累计折旧	信息披露不清晰	上证公函〔2019〕0444号
10.2	在建工程与固定资产－减值计提	合理性、充分性、完整性；测算依据合理性	公司部年报问询函〔2019〕第92号、中小板年报问询函〔2019〕第98号、中小板年报问询函〔2019〕第263号、中小板问询函〔2019〕第302号

续表

序号	问题类别	问题描述	主要证据
10.3	在建工程与固定资产－减值信息披露	充分性、及时性	中小板半年报问询函〔2019〕第65号、中小板年报问询函〔2019〕第263号、中小板问询函〔2019〕第302号、创业板年报问询函〔2019〕第319号
10.4	无形资产	减值计提依据合理性、充分性；信息披露完整性、充分性、及时性	中小板半年报问询函〔2019〕第65号、中小板年报问询函〔2019〕第263号、中小板问询函〔2019〕第302号、创业板年报问询函〔2019〕第319号
10.5	标的公司资产－减值	未计提；信息披露不充分	上证公函〔2019〕0787号
11	商誉		
11.1	减值计提	判断依据充分性；测试方法合理性	中小板年报问询函〔2019〕第34号、中小板年报问询函〔2019〕第336号、中小板年报问询函〔2019〕第416号
11.2	信息披露	充分性	上证公函〔2019〕0638号
11.3	收购标的商誉减值	未计提；计提合理性	中小板年报问询函〔2019〕第177号、中小板年报问询函〔2019〕第250号
12	整体问题	资产减值及损失相关事项披露不不充分、不完整	上证公函〔2019〕0638号、上证公函〔2019〕0766号、上证公函〔2019〕3157号、中小板年报问询函〔2019〕第52号、中小板年报问询函〔2019〕第67号

附件2　2019年度沪深交易所安徽上市公司往来事项等资产类会计处理与信息披露存在的主要问题

序号	问题类别	问题描述	主要证据
1	货币资金		
1.1	货币资金－会计处理	增减变动处理依据	中小板年报问询函〔2019〕第416号
1.2	货币资金－信息披露	充分性	中小板年报问询函〔2019〕第34号、中小板年报问询函〔2019〕第416号
1.3	受限货币资金（含抵押、质押、冻结等）	披露不充分；与有息负债并存；风险警示不足	上证公函〔2019〕0516号、上证公函〔2019〕0723号、上证公函〔2019〕0760号、公司部年报问询函〔2019〕第68号、中小板年报问询函〔2019〕第98号、中小板问询函〔2019〕第175号

续表

序号	问题类别	问题描述	主要证据
1.4	结构性存款	与大额借贷之间存在矛盾	上证公函〔2019〕0766 号
2	交易性金融资产	投资理财产品相关信息披露不充分	上证公函〔2019〕0497 号
3	应收票据与应收账款		
3.1	应收票据 - 会计处理	贴现、背书与终止确认条件	上证公函〔2019〕0444 号
3.2	应收票据 - 信息披露	充分性;逾期事项;前五名;关联方;交易背景	上证公函〔2019〕0444 号、上证公函〔2019〕0723 号、公司部年报问询函〔2019〕第 68 号、中小板年报问询函〔2019〕第 413 号
3.3	应收账款 - 会计处理	单项计提依据不充分;营收下滑背景下增加;回款处理不及时	中小板年报问询函〔2019〕第 67 号、中小板年报问询函〔2019〕第 250 号、中小板年报问询函〔2019〕第 416 号
3.4	应收账款 - 信息披露	前五名;大额;特定客户;销售价格;因 PPP 项目形成的;客户结构;关联方;回款;全额计提坏账准备时披露不充分;高于营收增幅;远低于营收增幅;较期初增长过快	上证公函〔2019〕0505 号、上证公函〔2019〕0638 号、上证公函〔2019〕0766 号、公司部年报问询函〔2019〕第 68 号、中小板年报问询函〔2019〕第 211 号、中小板年报问询函〔2019〕第 250 号、中小板年报问询函〔2019〕第 313 号、创业板年报问询函〔2019〕第 319 号、中小板年报问询函〔2019〕第 336 号、中小板年报问询函〔2019〕第 413 号、中小板年报问询函〔2019〕第 416 号
3.5	应收账款 - 坏账损失	实际核销情况不清晰;营收下滑背景	中小板年报问询函〔2019〕第 250 号
3.6	应收账款 - 信用政策	披露不充分(如占收入与资产比重);变化情况	中小板年报问询函〔2019〕第 34 号、公司部年报问询函〔2019〕第 68 号、中小板年报问询函〔2019〕第 250 号、中小板年报问询函〔2019〕第 313 号
4	预付款项	前五名或前十名;关联方和关联关系;必要性;充分性;重分类依据及后果;长期未结转	上证公函〔2019〕0723 号、中小板年报问询函〔2019〕第 177 号、中小板问询函〔2019〕第 228 号、中小板年报问询函〔2019〕第 313 号、创业板年报问询函〔2019〕第 319 号、中小板年报问询函〔2019〕第 416 号
5	其他应收款		
5.1	会计处理	数据关系合理性;准确性	上证公函〔2019〕0717 号、创业板年报问询函〔2019〕第 319 号

续表

序号	问题类别	问题描述	主要证据
5.2	信息披露	充分性;大额往来;特定占用情形;大幅增长情形	上证公函〔2019〕0766号、公司部年报问询函〔2019〕第68号、中小板年报问询函〔2019〕第263号、中小板年报问询函〔2019〕第336号、中小板年报问询函〔2019〕第416号
5.3	关联方占用	信息披露不充分;合理性;是否财务资助	上证公函〔2019〕0516号、上证公函〔2019〕0638号、上证公函〔2019〕0717号、上证公函〔2019〕0723号、中小板年报问询函〔2019〕第34号、创业板问询函〔2019〕第41号、中小板问询函〔2019〕第175号、中小板问询函〔2019〕第260号、中小板年报问询函〔2019〕第263号、创业板年报问询函〔2019〕第319号
5.4	坏账损失	全额核销依据;控股股东占用可回收性	上证公函〔2019〕0717号、公司部年报问询函〔2019〕第68号、中小板年报问询函〔2019〕第177号、中小板问询函〔2019〕第228号
5.5	财政补贴应收款	停止拨付信息披露不充分	中小板年报问询函〔2019〕第263号
5.6	应收业绩承诺款	子公司连续亏损情形下未做账务处理	中小板问询函〔2019〕第260号
6	存货		
6.1	信息披露	充分性	公司部年报问询函〔2019〕第68号
6.2	跌价损失	披露不充分	公司部年报问询函〔2019〕第68号
7	长期股权投资		
7.1	会计核算	长期股权投资权益法核算形成的亏损;重分类依据;未提减值;股权投资退出核算;减少投资的核算	上证公函〔2019〕0638号、公司部年报问询函〔2019〕第68号、公司部年报问询函〔2019〕第92号、中小板年报问询函〔2019〕第98号、中小板年报问询函〔2019〕第416号
7.2	信息披露	完整性、充分性(收购标的报告期内亏损;管理情况;募投项目信息、未达预计收益、是否减值;成立合资公司;联营企业连续亏损情况下追加投资;收购股权信息披露不充分)	上证公函〔2019〕0760号、上证公函〔2019〕第2651号、上证公函〔2019〕第2719号、上证公函〔2019〕3166号、公司部年报问询函〔2019〕第68号、公司部年报问询函〔2019〕第92号、中小板年报问询函〔2019〕第177号、中小板年报问询函〔2019〕第250号、中小板年报问询函〔2019〕第413号

续表

序号	问题类别	问题描述	主要证据
8	其他权益工具		
8.1	可供出售金融资产	公允价值变动信息披露不充分;计量依据;核算准确性	上证公函〔2019〕0723号、上证公函〔2019〕0787号、公司部年报问询函〔2019〕第92号、创业板年报问询函〔2019〕第319号
9	在建工程与固定资产		
9.1	在建工程－会计核算	新增;转固条件;已完工未结算;可变现净值;核算错误	上证公函〔2019〕0717号、中小板年报问询函〔2019〕第98号、中小板年报问询函〔2019〕第250号、创业板年报问询函〔2019〕第319号
9.2	在建工程－信息披露	工程进度、设备状态、使用条件;预算与实际差异	上证公函〔2019〕0444号、中小板年报问询函〔2019〕第250号
9.3	固定资产会计处理	外购合理性	中小板年报问询函〔2019〕第98号
9.4	固定资产－信息披露	充分性;在建工程转入;主营业务连续多年盈利不佳的情况下新增的合理性	上证公函〔2019〕0516号、上证公函〔2019〕0787号、中小板年报问询函〔2019〕第98号
10	无形资产	新增会计处理;特许经营权及其减值;确认相关信息披露不充分	上证公函〔2019〕0760号、创业板年报问询函〔2019〕第319号、中小板年报问询函〔2019〕第416号
11	开发支出	资本化率显著增长相关信息披露不充分	中小板年报问询函〔2019〕第263号
12	递延所得税资产	未确认递延所得税资产的合理性	中小板年报问询函〔2019〕第211号
13	其他资产	已追缴查封相关资产金额、估值依据、可用作抵偿公司债务金额的确定依据,以及资产估值的波动性、可变现能力、相关程序及其不确定性等信息披露不充分	创业板年报问询函〔2019〕第319号

附件 3　2019 年度沪深交易所安徽上市公司负债类会计处理与信息披露存在的主要问题

序号	问题类别	问题描述	主要证据
1	短期借款		
1.1	信息披露	充分性	上证公函〔2019〕0766 号、公司部年报问询函〔2019〕第 92 号
1.2	偿还计划	信息披露不充分	中小板年报问询函〔2019〕第 263 号
2	应付票据	充分性	中小板年报问询函〔2019〕第 263 号
3	应付账款		
3.1	信息披露	充分性、债券质押信息披露的正确性	中小板年报问询函〔2019〕第 177 号、中小板年报问询函〔2019〕第 263 号
3.2	期末余额	信息披露合理性	中小板年报问询函〔2019〕第 211 号、中小板年报问询函〔2019〕第 336 号
4	预收账款	合理性、充分性、正确性	上证公函〔2019〕0444 号、上证公函〔2019〕0717 号、创业板年报问询函〔2019〕第 319 号
5	其他应付款	充分性	公司部年报问询函〔2019〕第 68 号、中小板年报问询函〔2019〕第 263 号
6	长期借款	充分性、正确性	上证公函〔2019〕0766 号、公司部年报问询函〔2019〕第 92 号、创业板年报问询函〔2019〕第 319 号
7	长期应付款	充分性、正确性	公司部年报问询函〔2019〕第 68 号、创业板年报问询函〔2019〕第 319 号
8	预计负债		
8.1	计提	充分性、合理性、正确性	创业板问询函〔2019〕第 41 号、创业板年报问询函〔2019〕第 319 号
8.2	重大诉讼和仲裁事项	会计处理和信息披露的充分性、及时性	上证公函〔2019〕0444 号、中小板半年报问询函〔2019〕第 65 号、公司部年报问询函〔2019〕第 68 号、公司部年报问询函〔2019〕第 75 号、中小板问询函〔2019〕第 136 号、中小板问询函〔2019〕第 175 号、中小板问询函〔2019〕第 260 号、中小板年报问询函〔2019〕第 263 号、中小板年报问询函〔2019〕第 313 号
8.3	担保事项	担保金额信息的正确性、是否违规担保、信息披露充分性	中小板年报问询函〔2019〕第 34 号、中小板问询函〔2019〕第 175 号、中小板年报问询函〔2019〕第 177 号、中小板问询函〔2019〕第 228 号
9	其他相关信息披露		

续表

序号	问题类别	问题描述	主要证据
9.1	负债规模、结构等信息	完整性、充分性	上证公函〔2019〕0505号、中小板问询函〔2019〕第175号
9.2	往来关联方信息	信息披露不充分	上证公函〔2019〕0723号
9.3	偿债能力信息	信息披露不充分	中小板年报问询函〔2019〕第34号
9.4	业绩补偿信息	充分性、会计处理的合规性	中小板年报问询函〔2019〕第336号、中小板年报问询函〔2019〕第416号
9.5	逾期负债信息	充分性;是否拖欠工资	中小板年报问询函〔2019〕第177号、中小板问询函〔2019〕第228号

附件4　2019年度沪深交易所安徽上市公司股东权益与分配类会计处理与信息披露存在的主要问题

序号	问题类别	问题描述	主要证据
1	股东加入或增持	各方权利与义务约定不明	中小板问询函〔2019〕第136号、中小板年报问询函〔2019〕第250号
2	股份转让	股东退出条款约定不明;转让比例规定不清楚;股权变更事项实施进展披露不及时;定价合理性	中小板问询函〔2019〕第136号、创业板问询函〔2019〕第253号、创业板年报问询函〔2019〕第319号、中小板问询函〔2019〕第366号
3	股份受限(质押、冻结等)	信息披露不充分	上证公函〔2019〕0787号、中小板问询函〔2019〕第52号、中小板问询函〔2019〕第64号、中小板问询函〔2019〕第175号、中小板年报问询函〔2019〕第263号
4	股东流动性	信息披露不充分	上证公函〔2019〕0723号
5	股东实际控制权或实际控制人	控制权变更或潜在变更披露不充分、不清楚;实际控制人认定依据	上证公函〔2019〕0717号、创业板问询函〔2019〕第253号、中小板问询函〔2019〕第52号、中小板问询函〔2019〕第64号、中小板问询函〔2019〕第366号
6	收购过程	相关各方未按照《上市公司收购管理办法》第十七条的规定及时履行相应信息披露义务	创业板问询函〔2019〕第253号

续表

序号	问题类别	问题描述	主要证据
7	资本公积	新增巨额资本公积相关信息披露不充分	中小板年报问询函〔2019〕第263号
8	少数股东权益	确认过程中信息披露不充分	上证公函〔2019〕0516号
9	股份支付	信息披露不充分	中小板问询函〔2019〕第175号
10	现金分红	连续3年未进行现金分红	中小板问询函〔2019〕第260号
11	分配政策	不清晰	中小板问询函〔2019〕第136号
12	净资产	净资产为负的风险披露不及时	创业板问询函〔2019〕第41号

附件5　2019年度沪深交易所安徽上市公司收入与利润类会计处理与信息披露存在的主要问题

序号	问题类别	问题描述	主要证据
1	营业收入		
1.1	收入确认	收入信息披露不充分、收入确认信息不够稳健；关联交易收入确认及真实性信息披露不充分；正确性	上证公函〔2019〕0444号、中小板年报问询函〔2019〕第34号、中小板问询函〔2019〕第136号、中小板年报问询函〔2019〕第313号、创业板年报问询函〔2019〕第319号
1.2	收入冲回	执行收入政策不谨慎	安徽证监局《行政监管措施决定书》〔2019〕13号
1.3	信息披露	合理性、充分性、大客户依赖信息披露不充分、关联交易及大额业务交易信息披露不充分；增幅差异大的相关信息披露不充分	中小板年报问询函〔2019〕第67号、公司部年报问询函〔2019〕第68号、中小板年报问询函〔2019〕第211号、中小板年报问询函〔2019〕第250号、中小板年报问询函〔2019〕第263号、中小板年报问询函〔2019〕第313号、创业板年报问询函〔2019〕第319号、中小板年报问询函〔2019〕第336号、中小板年报问询函〔2019〕第416号
1.4	收入预测	合理性	中小板年报问询函〔2019〕第250号
2	营业成本		
2.1	成本确认	正确性、充分性	中小板年报问询函〔2019〕第250号、创业板年报问询函〔2019〕第319号

续表

序号	问题类别	问题描述	主要证据
3	毛利率	下滑信息及拟采取的措施信息披露不充分；上升信息、变化趋势大的原因信息披露不充分；变动原因及对公司业绩影响信息披露不充分；合理性信息披露不充分	上证公函〔2019〕0723 号、上证公函〔2019〕0766 号、中小板年报问询函〔2019〕第 34 号、中小板年报问询函〔2019〕第 67 号、中小板年报问询函〔2019〕第 211 号、创业板年报问询函〔2019〕第 319 号、中小板年报问询函〔2019〕第 336 号
4	期间费用	合理性	中小板年报问询函〔2019〕第 34 号、中小板年报问询函〔2019〕第 413 号
5	资产减值损失	完整性、充分性、合理性	公司部年报问询函〔2019〕第 75 号、中小板年报问询函〔2019〕第 416 号
6	投资收益		
6.1	信息披露	完整性、充分性；募投项目未报告收益	上证公函〔2019〕0717 号、中小板年报问询函〔2019〕第 98 号
6.2	会计确认	确认依据信息、会计处理信息披露不充分	公司部年报问询函〔2019〕第 92 号、中小板年报问询函〔2019〕第 177 号
7	营业外收入		
7.1	财政补贴	充分性	公司部年报问询函〔2019〕第 68 号
7.2	政府补助	会计处理的合规性、披露信息的充分性	中小板年报问询函〔2019〕第 98 号、中小板问询函〔2019〕第 136 号、中小板年报问询函〔2019〕第 211 号
7.3	土地收购补偿款	会计处理及相关信息披露的充分性	中小板年报问询函〔2019〕第 34 号
8	净利润	合理性；下滑信息、亏损信息披露不完整、不充分；净利润率信息披露不充分；增幅差异大的相关信息披露不充分	上证公函〔2019〕0723 号、上证公函〔2019〕0760 号、中小板年报问询函〔2019〕第 67 号、中小板年报问询函〔2019〕第 177 号、中小板年报问询函〔2019〕第 211 号、中小板年报问询函〔2019〕第 250 号、中小板年报问询函〔2019〕第 263 号、中小板年报问询函〔2019〕第 313 号、中小板年报问询函〔2019〕第 413 号、中小板年报问询函〔2019〕第 416 号
9	其他相关信息披露		

续表

序号	问题类别	问题描述	主要证据
9.1	其他经营管理信息	信息披露不充分影响对其他相关财务信息的理解	上证公函〔2019〕0505 号
9.2	经营业绩信息	相关信息、风险提示信息、证明公司可持续发展信息不充分	上证公函〔2019〕0516 号、上证公函〔2019〕0717 号
9.3	其他经营模式信息	信息披露不充分	上证公函〔2019〕0787 号
9.4	新业务领域、客户信息	信息披露不完整、不充分；客户集中度信息披露不充分	上证公函〔2019〕0760 号、中小板年报问询函〔2019〕第 250 号、中小板年报问询函〔2019〕第 313 号
9.5	其他持续亏损及经营能力信息	信息披露不充分、不完整、不及时；持续亏损的相关风险及拟采取措施信息披露不完整、不充分；子公司亏损	中小板半年报问询函〔2019〕第 65 号、公司部年报问询函〔2019〕第 92 号、中小板年报问询函〔2019〕第 98 号、中小板年报问询函〔2019〕第 177 号、中小板年报问询函〔2019〕第 263 号、中小板问询函〔2019〕第 302 号、中小板年报问询函〔2019〕第 413 号
9.6	外部贸易摩擦及汇率变动的影响	信息披露不充分	中小板年报问询函〔2019〕第 263 号
9.7	业绩预测及修正合理性	信息披露不充分；实际业绩与预测指标差异信息披露不充分	中小板年报问询函〔2019〕第 34 号、中小板问询函〔2019〕第 52 号
9.8	其他订单信息	尚未执行及在施工期间的订单进展及继续履行情况信息披露不充分	创业板年报问询函〔2019〕第 319 号
9.9	业务承诺信息	完成情况信息披露的充分性；风险及相关补偿信息披露的充分性	中小板年报问询函〔2019〕第 34 号、中小板年报问询函〔2019〕第 336 号

附件6　2019年度沪深交易所安徽上市公司成本费用类会计处理与信息披露存在的主要问题

序号	问题类别	问题描述	主要证据
1	主营业务成本	信息披露不充分：业务成本占比提高；产能及产能利用率；不结转或少结转成本	安徽证监局《行政监管措施决定书》〔2019〕13号、上证公函〔2019〕0766号
2	职工薪酬	董监高薪酬调整的合理性；销售人员薪酬大幅增长合理性；销售人员人数下降的情况下，销售费用中薪酬费用反而上涨	上证公函〔2019〕0717号、中小板年报问询函〔2019〕第413号、中小板年报问询函〔2019〕第416号
3	销售费用		
3.1	会计处理	销售预提费用大额减少的依据	创业板年报问询函〔2019〕第319号
3.2	信息披露	充分性、完整性；市场开拓支出等销售费用大幅增长或增幅高于营业收入的合理性	上证公函〔2019〕0505号、上证公函〔2019〕0766号、中小板年报问询函〔2019〕第336号、中小板年报问询函〔2019〕第416号
4	管理费用	报告期公司管理费用中工资及福利费大幅增长的合理性	创业板年报问询函〔2019〕第319号
5	财务费用	计提逾期利息披露不充分	中小板年报问询函〔2019〕第52号
6	研发费用		
6.1	会计处理	费用化或资本化处理依据；研发投入100%费用化合理性；研发投入数据前后矛盾	上证公函〔2019〕0505号、上证公函〔2019〕0638号、上证公函〔2019〕0760号、上证公函〔2019〕0787号
6.2	信息披露	充分性；研发费用大幅增长但研发投入减少的合理性；研发人员下降的情况下研发费用上升的合理性	上证公函〔2019〕0505号、上证公函〔2019〕0516号、上证公函〔2019〕0638号、上证公函〔2019〕0760号、上证公函〔2019〕0766号、上证公函〔2019〕0787号、中小板年报问询函〔2019〕第67号、中小板年报问询函〔2019〕第250号、中小板年报问询函〔2019〕第336号、中小板年报问询函〔2019〕第416号

续表

序号	问题类别	问题描述	主要证据
7	营业外支出	信息披露不充分（包括罚息；环保行政处罚款；盘亏；质量问题遭索赔）	上证公函〔2019〕0516号、中小板年报问询函〔2019〕第52号、中小板年报问询函〔2019〕第67号、中小板年报问询函〔2019〕第98号
8	所得税费用	信息披露不充分（与营业利润匹配度；递延所得税资产转回）	公司部年报问询函〔2019〕第68号

附件7　2019年度沪深交易所安徽上市公司现金流量类会计处理与信息披露存在的主要问题

序号	问题类别	问题描述	主要证据
1	经营活动		
1.1	会计处理	测试依据不充分	安徽证监局《行政监管措施决定书》〔2019〕13号
1.2	信息披露	不充分；经营活动净现金流下降与营业收入同比增长有矛盾之处；OCF与营业收入比值逐年下滑；连续三年大额净流入；连续三年大额净流出；支付往来款现金流大幅增加、收回往来款现金流大幅减少；分季现金流量分析不够；许可使用费支付；与扣非后净利润差异较大	上证公函〔2019〕0505号、上证公函〔2019〕0766号、上证公函〔2019〕0723号、公司部年报问询函〔2019〕第68号、中小板问询函〔2019〕第302号、中小板年报问询函〔2019〕第313号、中小板年报问询函〔2019〕第177号、中小板年报问询函〔2019〕第211号、中小板年报问询函〔2019〕第413号
2	投资活动		
2.1	会计处理	准确性；重整程序中的资金占用、优先受偿相关处理	上证公函〔2019〕0717号、中小板年报问询函〔2019〕第175号
2.2	信息披露	投资活动净现金流减少与产能不变之间有矛盾之处；连续三年大额净流出	上证公函〔2019〕0505号、上证公函〔2019〕0766号、上证公函〔2019〕0717号、中小板年报问询函〔2019〕第175号
3	筹资活动	收回和支付的票据保证金规模大幅增加	上证公函〔2019〕0760号

附件 8　2019 年度沪深交易所安徽上市公司内部控制类信息披露存在的主要问题

序号	问题类别	问题描述	主要证据
1	主要内控措施执行		
1.1	不相容职务	不相容职务由同一人兼任	上海证监局《关于对＊＊＊采取出具警示函措施的决定》(〔2019〕114 号)
1.2	印章管理	未经内部审议流程对外使用上市公司印章	安徽证监局《行政监管措施决定书》〔2019〕8 号
1.3	内控管理	董事、监事、高管辞职对内部控制有效性的影响	中小板年报问询函〔2019〕第 177 号
1.4	内控信息披露	内控缺陷相关披露不充分；内部控制审核否定意见、内部控制进一步信息披露不及时、不完整、不充分	中小板年报问询函〔2019〕第 67 号、中小板年报问询函〔2019〕第 177 号
2	投资环节	如下环节的内控措施不到位或信息披露不充分：投资理财产品；关联资金往来；关联交易；子公司内控；减少投资；投资管理业务；使用募集资金(违规)	安徽证监局《行政监管措施决定书》〔2019〕13 号、上证公函〔2019〕0497 号、公司部年报问询函〔2019〕第 92 号、中小板年报问询函〔2019〕第 98 号、中小板问询函〔2019〕第 260 号、中小板年报问询函〔2019〕第 263 号、中小板问询函〔2019〕第 302 号
3	固定资产	部分房屋建筑物持续数年未办妥产权证书，相关信息披露不充分	上证公函〔2019〕0516 号
4	资产减值	针对资产减值计提所履行的审议程序，资产减值的充分性、必要性	中小板年报问询函〔2019〕第 98 号
5	销售业务	销售相关内部控制及可能存在的重大缺陷相关信息披露不充分	中小板年报问询函〔2019〕第 313 号
6	营业外支出	盘亏及质量问题赔款相关内部控制是否存在重大缺陷	中小板年报问询函〔2019〕第 98 号

附件9 2019年度沪深交易所安徽上市公司其他类与综合类会计处理与信息披露存在的主要问题

序号	问题类别	问题描述	主要证据
1	特定业务		
1.1	重大事项	信息披露不完整、不充分(重大资产重组;破产程序与破产风险;重大事项进展)	上证公函〔2019〕0381号、上证公函〔2019〕0638号、中小板年报问询函〔2019〕第34号、中小板年报问询函〔2019〕第263号、创业板年报问询函〔2019〕第319号
1.2	关联方、关联关系与关联交易	关联方认定依据;关联担保、关联租赁相关信息披露不充分;购买资产暨关联交易预案信息披露不完整、不充分;对关联方存在大额应收款项的情况下继续支付采购款项	上证公函〔2019〕0723号、上证公函〔2019〕2923号、创业板年报问询函〔2019〕第319号
1.3	对外担保	高额对外担保相关信息披露不充分	上证公函〔2019〕0516号
1.4	委托贷款	委托贷款相关信息披露不充分	上证公函〔2019〕3102号
1.5	业绩承诺	信息披露不充分	上证公函〔2019〕0638号、创业板年报问询函〔2019〕第319号
2	销售与收款	未披露前五大客户	中小板年报问询函〔2019〕第250号、中小板年报问询函〔2019〕第263号、中小板年报问询函〔2019〕第313号
3	采购与付款	采购集中度较高的合理性;未披露前五大供应商	中小板年报问询函〔2019〕第250号、中小板年报问询函〔2019〕第263号、中小板年报问询函〔2019〕第413号
4	核心技术人员	是否存在核心技术人员流动性大的风险	中小板年报问询函〔2019〕第416号
5	子公司	净资产为负的子公司相关信息披露不完整、不充分、不及时;未以适当方式披露本公司投资者正在关注的子公司财务报表与注册会计师审计相关信息	上证公函〔2019〕0505号、中小板年报问询函〔2019〕第416号

续表

序号	问题类别	问题描述	主要证据
6	总体信息	董事会全体成员对信息披露工作的保证；管理层变动；公司董事在其他公司任职因信息披露违规问题受到处罚	中国证监会处罚字〔2019〕70 号、中小板问询函〔2019〕第 302 号、中小板问询函〔2019〕第 366 号

B.16 安徽上市公司股票质押业务分析

张书林　王玮*

摘　要： 股票质押融资是上市公司股东获得信贷资金的补充方式之一。本报告首先详细阐述了股票质押的业务模式及参与渠道，随后整理了安徽上市公司的股票质押业务概况，进而通过与长三角地区及全国上市公司的股票质押业务进行对比分析，得出与全国及邻近省市相比，安徽上市公司的股东在开展股票质押融资业务领域风险控制较好的结论。同时，研究发现，大股东的股票质押融资困境也往往伴随上市公司的财务及业务困境，并通过市值波动来完整体现。股票质押融资是一种解决上市公司股东短期资金需求的方式，因此股东方及借款机构都要规范资金用途，避免借短投长，主动化解现有质押率较高的上市公司及股东的债务风险。

关键词： 股票质押　长三角　风险控制

股票质押业务是解决上市公司股东短期融资需求的方式之一。该业务主要是一种为股东缓解短期流动性压力的融资工具，虽然该融资工具具有很大的便利性，但其业务模式较容易受上市公司股价及金融市场整体环境的影

* 张书林，海通证券企业金融部产品开发部总经理，上海财经大学法学硕士、经济学及法学双学士，主要研究方向为证券法；王玮，海通证券企业金融部高级经理，英国诺丁汉大学管理学硕士，主要研究方向为数据和逻辑分析及财务统计。

响，因此，防范化解股票质押业务风险是近年来监管部门的主要任务之一。2018 年以来，降低质押比例、控制总体质押规模成为防范资本市场金融风险的主要工作。安徽也存在一些质押比例较高的上市公司，需要积极地采取措施化解流动性风险。

本报告主要通过 Wind 数据库和 Choice 数据库中的统计数据，分析安徽 A 股上市公司股票质押业务，同时，鉴于数据的可获得性，报告以中登数据为准，未区分场内质押及场外质押。报告对安徽的质押股数以及质押股份市值、安徽各个行业上市公司的质押情况、安徽上市公司各板块质押数量情况以及安徽上市公司股票质押业务质量情况进行了分析。

一　股票质押业务概述

（一）股票质押定义

从本质上讲，股票质押属于一种权利质押，是指出质人与质权人协议在出质人所持有的股票上设定限制性物权。当债务人到期不能履行债务时，债权人可以依约定就股票折价受偿，或将该股票出售并就其所得优先受偿的一种担保方式。

（二）股票质押的种类

1. 场内质押

场内质押，指资金融入方将所持有的股票向符合条件的登记在交易所的券商或其成立的资产管理计划（资金融出方）融入资金，未来返还资金、解除质押的交易。“场内”是指交易所内，业务操作主体是券商及其成立的资产管理计划，场内质押直接在场内进行股票交收和处置。因场内质押遵循程序化操作步骤，被称为标准业务。一般标的股票是指沪深交易所上市交易的 A 股股票、基金、债券或其他经交易所和中国结算认可的证券（港股通股票），但不包括 B 股股票、暂停上市的 A 股股票、进入退市整理期的 A 股股票、没有完成股改的非流通股股票、股权激励限售股股票、被交易所实施退市风险警示处理或其他特别处理的股票、中小企业私募债券。场内质押期限不超过3年，限售股票质押回购的期限必须大于其剩余限售期。董监高质押比例不应高于其持有的股票数量的25%。

2. 场外质押

场外质押，指资金融入方将所持有的股票向银行、信托等融入资金，未来返还资金、解除质押的交易。场外质押的办理不通过交易所系统，而是在中国证券登记结算有限公司（下称“中证登”）登记，质权自办理登记之日起设立。因场外质押不需要遵循标准式流程，被称为非标业务。主要操作主体是银行、信托、基金子公司。场外质押实际上是在融资过程中出质人于中证登办理质押登记的一种担保手段，其不能直接在场内交收和处置股票。场外质押不设具体期限，解除质押登记需由质权人申请办理。对于限售股的质押登记没有特殊要求，但是在违约处置时需要遵守有关限售股减持规则、董监高减持规则等监管规定。

（三）股票质押率的普遍情况

质押率（即融资金额和质押股票市值的比值）和利率是反映股票质押的杠杆水平和融资成本的重要指标。一般来说，主板公司、中小板公司和创业板公司的质押率分别为50%、40%和30%左右。利率比同期贷款利率高30%~80%。

（四）大股东进行股票质押的目的

控股股东进行股权质押的目的多数是为自身提供现金周转或者盘活股票。控股股东一般通过质押手中的股票获得流动资金，弥补自己在公司经营过程中造成的亏损或是用来开拓新的产业投资，补充短期流动性。

（五）股票质押的参与渠道

1. 银行

从商业银行参与股票质押业务的模式来看，其股票质押业务以场外质押为主，但近年来也有部分商业银行借助券商通道参与场内股票质押业务。

2. 信托

信托公司股票质押的通道业务主要与银行合作开展。因银行不能直接从事证券经营业务且受监管限制，因此，银行理财资金借助信托、券商等通道开展股票质押业务。其主要业务模式为：一是银行理财资金委托给信托公司，设立单一或结构化信托（杠杆比≤2∶1，理财资金认购优先级，其他投资者认购劣后级）投资券商的资产管理计划；二是银行理财资金委托给信托公司，设立单一或结构化信托参与场外股票质押融资。目前，在《关于规范银信类业务的通知》的规定下，银信合作业务受限，而且资管新规将嵌套层级限制为一层，导致信托公司参与股票质押的通道业务大幅减少。

3. 券商

股票质押证券交易，实质上是针对持有符合要求标的证券的客户开展的一项融资类业务。客户通过质押及回购标的证券的方式获得券商机构给予的流动性支持，券商机构对客户融入资金的用途不做具体限制。该业务的特色在于客户可以通过出质标的证券而非卖出过户的方式向券商机构融入资金，购回时偿还融资本金及利息以解除对标的证券的质押。通常股票质押回购交易的待购回期限最长可放宽至3年。此外，通过股票质押回购交易为融入方客户提供的资金渠道可包括券商自有资金、券商机构资产管理计划产品资金等。

4. 其他

除此之外，投资管理公司、财务公司以及典当行等其他金融机构也可以为部分中小企业提供股票质押业务。

二　安徽上市公司股票质押业务概况

（一）安徽上市公司开展股票质押业务的总体情况

根据Wind数据库的年报数据，表1整理了截至2019年12月底，全国、长三角地区及各省市的股票质押业务情况。截至2019年12月底，安徽共有104家上市公司的股东存在股票质押业务，占安徽内所有A股上市公司数量的99.05%，但有37家公司的质押股份市值均低于2000万元，排除后占比为63.81%。

表1　全国、长三角地区及各省市的股票质押业务情况（截至2019年12月31日）

地区	市场质押股数（亿股）	含质押业务的上市公司总股本（亿股）	市场质押股数占含质押业务的上市公司总股本的比例（%）	质押股份市值（亿元）	所有上市公司总市值（亿元）	含质押业务的上市公司总市值（亿元）
安徽	120.73	1233.49	9.79	1237.38	13983.74	13525.39
浙江	676.86	4245.46	15.94	5936.52	46993.63	45697.64
江苏	509.34	3713.64	13.72	3909.62	42709.29	40074.61
上海	270.71	5531.08	4.89	2497.16	58684.42	55660.85
长三角	1577.64	14723.67	10.71	13580.68	162371.08	154958.49
全国	5808.91	67632.77	8.59	46579.34	658293.77	635148.57

地区	质押股份市值占所有上市公司总市值的比例（%）	质押股份市值占含质押业务的上市公司总市值的比例（%）	含质押业务的上市公司数（家）	所有上市公司数（家）	含质押业务的上市公司数量平均质押比例（%）
安徽	8.85	9.15	104	105	10.70
浙江	12.63	12.99	437	457	14.70
江苏	9.15	9.76	394	423	14.43
上海	4.26	4.49	282	301	9.03
长三角	8.36	8.76	1217	1286	12.99
全国	7.08	7.33	3597	3756	13.85

资料来源：Wind数据库。

从长三角地区的统计口径看，其上市公司的市场质押股数为1577.64亿股，市场质押股数占含质押业务的上市公司总股本的比例为10.71%，质押股份市值达到13580.68亿元，含质押业务的上市公司数量平均质押比例为12.99%，主要是浙江及江苏两省的平均质押比例较高，分别为 14.70% 及 14.43%；安徽和上海的平均质押比例相对较低，分别为 10.70% 及 9.03%。

从全国统计口径看，截至 2019 年 12 月底，全国 A 股上市公司的市场质押股数为 5808.91 亿股，市场质押股数占含质押业务的上市公司总股本的比例为 8.59%，质押股份市值达到 46579.34 亿元，占所有上市公司总市值的比例为 7.08%。

截至 2019 年 12 月底，安徽全部 A 股上市公司的市场质押股数为 120.73 亿股，市场质押股数占含质押业务的上市公司总股本的比例为 9.79%，质押股份市值为 1237.38 亿元，质押股份市值占安徽所有上市公司总市值的比例为 8.85%；从长三角地区及全国数据看，长三角地区的上市公司质押股份市值占其所有上市公司总市值的比例为 8.36%，全国上市公司质押股份市值占全国所有上市公司总市值的比例为 7.08%，整体上，安徽的这一数据高于全国。另外，安徽质押股份市值占安徽含质押业务的上市公司总市值的比例为 9.15%，而长三角地区和全国的这一数据分别为 8.76%、7.33%，由此可知在这方面安徽也高于全国平均水平。但安徽的以上数据远低于浙江和江苏，长三角地区以上数据占比较低主要是因为上海的占比只有 4% 左右。

结合表 1、表 2，从长三角各地区数据而言，浙江的上市公司质押股份市值占所有上市公司总市值的比例和其占含质押业务的上市公司总市值的比例都偏高。原因是在浙江的所有上市公司中民企占比最大，且存在着一些总市值与质押比例都很高的企业，如浙商银行，它的总市值为 1016.64 亿元，质押比例也达到了 26.33%，世纪华通的质押比例更是达到了 35.43%。正是因为有这些质押比例与总市值都很高的上市公司，浙江的这两项比例会偏高。而相反，上海的这两项比例则大大低于全国平均水平，因为在上海的所有上市公司中，排名前几的基本都是国有企业，类似于交通银行、浦发银行、上海银行、上海机场等，他们的总市值很大，但他们的质押比例很低。以上海市值最大的交通银行为例，它的总市值为 4180.99 亿元，但是它的质押比例仅为 0.7%，质押股份市值仅为 16.25 亿元。

表 2　安徽及长三角地区上市公司实控人性质概况（截至 2019 年 12 月 31 日）

单位：家，%

实控人属性	安徽		江苏		上海		浙江	
民企	61	58.10	319	71.52	159	51.62	374	78.90
国资	40	38.10	78	17.49	127	41.23	57	12.03
其他	4	3.81	49	10.99	22	7.14	43	9.07

注：“民企”指实控人是个人（含境外），“国资”指实控人是中央国资委、地方国资委、地方政府和国企，“其他”指除“民企”和“国资”以外的情况。

资料来源：Wind 数据库。

从表 3 可看出，全国各省区市质押股份市值占其所在辖区内含股票质押业务的上市公司总市值的比例在 2.52% ~35.00%，不同省区市间差距较大，该比例最大的是青海，最小的是北京。从全国数据来看，安徽的质押股份市值合计为 1237.38 亿元，省内含股票质押业务的上市公司总市值为 13525.39 亿元，质押股份市值占比排名为 24。长三角地区中浙江为 13 名，江苏为 22 名，上海为 29 名。从全国各个省区市的数据来看，安徽上市公司质押比例处于较低水平。当然，这也与 2018 年底以来，安徽通过纾困基金解决民企上市公司大股东流动性紧张的举措有一定的关系。

表 3　各省区市质押股份市值占含股票质押业务的上市公司总市值的比例（截至 2019 年底）

单位：亿元，%

省区市	质押股份市值合计	总市值(含质押业务)	占比
青　海	337.41	964.13	35.00
甘　肃	407.55	2161.54	18.85
内蒙古	923.66	5019.63	18.40
天　津	1398.90	7612.56	18.38
海　南	407.37	2304.51	17.68
重　庆	1115.83	6377.85	17.50
吉　林	535.76	3434.43	15.60
辽　宁	1089.13	7033.45	15.49

续表

省区市	质押股份市值合计	总市值(含质押业务)	占比
宁　夏	189.58	1272.31	14.90
黑龙江	385.07	2744.67	14.03
河　北	951.45	7033.73	13.53
西　藏	218.08	1650.23	13.22
浙　江	5936.52	45697.64	12.99
湖　南	1283.17	9985.16	12.85
广　西	358.09	2831.51	12.65
山　西	648.70	5160.31	12.57
云　南	680.36	5600.85	12.15
河　南	1135.66	10276.84	11.05
湖　北	1359.57	12500.49	10.88
江　西	417.65	4166.80	10.02
新　疆	636.59	6361.75	10.01
江　苏	3909.62	40074.61	9.76
陕　西	626.32	6662.30	9.40
安　徽	1237.38	13525.39	9.15
山　东	2022.38	22227.46	9.10
福　建	1633.15	19052.47	8.57
四　川	1394.14	17607.07	7.92
广　东	8062.99	121746.09	6.62
上　海	2497.16	55660.85	4.49
贵　州	459.51	16931.54	2.71
北　京	4320.61	171470.41	2.52

资料来源：Wind 数据库，占比为质押股份市值占含股票质押业务的上市公司总市值的比例。

（二）全国各省区市质押股份市值排名

从表4质押股份市值排名可以看出，全国前20家上市公司中，安徽仅有1家中公教育在内；长三角地区的前20家上市公司中，安徽仅有2家，为中公教育和古井贡酒，而上海有5家，浙江有10家，江苏有3家。一方面是因为安徽上市公司单体市值规模较小，另一方面也反映出安徽上市公司股东对自身风控敞口控制得较好。

表 4　质押股份市值排名（截至 2019 年底，前 20 家）

单位：亿元

全国			长三角三省一市			安徽	
证券简称	质押股份市值合计	省市	证券简称	质押股份市值合计	省市	证券简称	质押股份市值合计
三六零	1223.16	北京	韦尔股份	354.17	上海	中公教育	325.26
民生银行	471.82	广东	中公教育	325.26	安徽	古井贡酒	139.48
顺丰控股	465.98	广东	海康威视	272.53	浙江	山鹰纸业	41.73
立讯精密	400.33	天津	世纪华通	249.64	浙江	江南化工	37.57
韦尔股份	354.17	上海	上海莱士	238.45	上海	口子窖	33.93
中国平安	340.53	广东	完美世界	211.75	浙江	欧普康视	31.81
云南白药	333.52	云南	浙商银行	210.77	浙江	洽洽食品	27.86
牧原股份	328.14	河南	新城控股	201.44	江苏	新光圆成	26.93
中公教育	325.26	安徽	申通快递	172.50	浙江	科大讯飞	24.87
闻泰科技	284.41	湖北	中南建设	147.74	江苏	集友股份	21.23
海康威视	272.53	浙江	华友钴业	142.73	浙江	三七互娱	20.40
世纪华通	249.64	浙江	光启技术	139.52	浙江	中鼎股份	19.91
上海莱士	238.45	上海	古井贡酒	139.48	安徽	楚江新材	19.36
方正证券	229.70	湖南	新湖中宝	135.57	浙江	恒源煤电	18.73
美锦能源	224.33	山西	美凯龙	133.96	上海	国祯环保	17.46
招商蛇口	215.68	广东	苏宁易购	126.59	江苏	金禾实业	17.00
完美世界	211.75	浙江	绿地控股	120.36	上海	精工钢构	16.12
浙商银行	210.77	浙江	协鑫集成	110.70	上海	应流股份	14.87
伊利股份	204.02	内蒙古	顾家家居	109.93	浙江	国元证券	14.51
恒力石化	202.63	辽宁	韵达股份	106.43	浙江	长信科技	13.85

资料来源：Wind 数据库。

（三）安徽上市公司质押情况

1. 安徽上市公司股东融入方开展的全部股票质押业务情况

为使统计数据更具备研究意义，表 5 进一步筛选了质押股份市值大于 2000 万元的上市公司。截至 2019 年 12 月 31 日，安徽开展股票质押业务市值大于2000 万元的上市公司数量为66 家，占安徽全部 A 股上市公司总数的比例为 62.86%。

表5　安徽上市公司股票质押业务情况（截至2019年12月31日）

单位：亿元，%

证券名称	质押股份市值	质押比例	总市值	市盈率(PE,TTM)	市净率(PB)	净资产收益率ROE(TTM)	实控方类型
中公教育	336.94	30.56	1102.73	70.22	32.14	45.77	个人
古井贡酒	154.95	22.64	684.49	31.38	7.65	24.39	地方政府国有资产管理机构
大富科技	61.96	52.35	118.35	83.10	2.37	2.85	个人
山鹰纸业	44.07	25.50	172.84	7.82	1.24	15.35	个人
江南化工	38.55	56.33	68.44	18.60	1.14	6.15	个人
口子窖	35.21	10.69	329.46	19.53	4.70	24.06	个人
欧普康视	32.12	16.77	191.52	68.37	14.40	21.05	个人
洽洽食品	28.24	16.40	172.23	32.46	4.71	14.52	个人
新光圆成	26.31	67.88	38.76	-6.43	1.42	-22.05	个人
科大讯飞	25.01	3.30	758.07	108.83	6.64	6.10	其他，个人
集友股份	21.73	23.13	93.94	66.87	8.00	11.97	个人
中鼎股份	21.10	19.10	110.48	16.59	1.27	7.49	个人
三七互娱	20.77	3.65	568.83	42.26	8.09	19.15	个人
国轩高科	20.35	12.30	165.38	33.10	1.86	5.61	个人
楚江新材	19.84	20.08	98.82	21.78	1.80	8.28	个人
恒源煤电	19.38	27.01	71.76	5.74	0.82	14.34	地方政府国有资产管理机构
金禾实业	17.59	13.92	126.34	16.44	2.92	17.15	个人
国祯环保	17.46	24.73	70.61	23.09	2.11	8.87	个人
精工钢构	16.46	31.46	52.32	15.23	0.99	6.53	个人
应流股份	16.17	22.08	73.24	66.64	2.04	3.06	个人
国元证券	14.98	4.80	311.98	29.94	1.26	4.20	地方政府国有资产管理机构

续表

证券名称	质押股份市值	质押比例	总市值	市盈率（PE，TTM）	市净率（PB）	净资产收益率 ROE（TTM）	实控方类型
长信科技	14.44	5.78	249.77	30.61	4.00	12.94	投资公司
中电兴发	12.74	24.37	52.28	23.44	1.20	5.10	个人
华安证券	12.42	4.70	264.33	24.71	1.99	8.06	地方政府国有资产管理机构
开润股份	12.11	15.82	76.53	34.63	9.18	26.50	个人
永新股份	11.90	24.31	48.95	18.75	2.63	14.05	其他
精达股份	11.55	22.02	52.45	14.19	1.48	10.41	个人
皖维高新	10.71	14.19	75.50	25.75	1.47	5.72	地方政府国有资产管理机构
阳光电源	10.64	6.93	153.43	20.27	1.79	8.81	个人
辉隆股份	10.40	25.52	40.76	45.48	1.58	3.48	其他
司尔特	9.62	28.15	34.18	10.87	0.93	8.20	个人
神剑股份	8.57	23.42	36.60	34.29	2.04	5.94	个人
新力金融	8.47	23.57	35.94	66.97	2.86	4.26	其他
科大国创	8.16	17.64	46.25	58.21	2.94	5.05	个人
聚隆科技	7.79	23.52	33.12	52.59	2.58	4.91	个人
鸿路钢构	6.77	12.21	55.46	13.16	1.12	8.53	个人
黄山胶囊	6.35	32.38	19.61	50.92	2.71	5.32	个人
志邦家居	5.95	11.44	52.01	17.20	2.70	15.67	个人
荃银高科	5.89	13.51	43.59	54.55	9.05	16.59	无
德豪润达	5.82	17.00	34.24	-0.82	1.37	-167.12	个人
中钢天源	5.34	10.11	52.81	43.81	3.69	8.42	国务院直属特设机构
泰尔股份	5.17	25.65	20.16	85.82	1.75	2.04	个人
安德利	4.65	17.23	26.99	344.26	4.35	1.26	个人
德力股份	4.62	23.07	20.03	-47.83	1.39	-2.91	个人
富煌钢构	4.49	20.54	21.86	24.08	1.01	4.18	个人
融捷健康	4.19	18.42	22.75	-2.70	2.60	-96.17	个人
皖通科技	3.52	8.66	40.67	34.56	1.86	5.39	个人
铜峰电子	3.33	16.76	19.87	-127.98	1.81	-1.42	个人

续表

证券名称	质押股份市值	质押比例	总市值	市盈率（PE，TTM）	市净率（PB）	净资产收益率 ROE（TTM）	实控方类型
凤形股份	3.26	20.55	15.86	30.05	2.74	9.12	个人
梦舟实业	3.20	11.59	27.61	-2.02	2.66	-131.42	个人
泰禾光电	2.42	10.85	22.30	33.48	2.40	7.16	个人
伯特利	2.32	2.52	91.93	28.95	4.10	14.15	个人
合锻智能	2.26	9.92	22.79	77.83	1.36	1.75	个人
江淮汽车	2.13	2.24	95.04	-13.34	0.73	-5.50	地方政府国有资产管理机构
华菱精工	1.79	10.47	17.09	23.08	2.33	10.10	个人
淮北矿业	1.65	0.76	217.02	5.55	1.16	20.53	地方政府国有资产管理机构
新集能源	1.63	1.94	83.93	6.51	1.38	21.15	国务院直属特设机构
长城军工	1.31	1.65	79.23	128.02	3.43	2.68	地方政府国有资产管理机构
安利股份	1.28	7.43	17.23	24.31	1.64	6.74	个人
常青股份	1.22	5.48	22.26	55.19	1.31	2.38	个人
淮河能源	1.17	1.17	99.88	15.82	1.05	6.61	地方政府国有资产管理机构
安科生物	1.01	0.64	158.49	54.93	6.03	10.98	个人
凯盛科技	0.97	2.16	44.92	95.85	1.80	1.88	其他
华菱星马	0.72	2.77	26.01	47.34	0.91	1.93	地方各级人民政府
国机通用	0.68	4.40	15.45	38.63	2.63	6.81	国务院直属特设机构
众源新材	0.68	3.30	20.60	22.81	2.23	9.76	个人

注：本表数据包含安徽开展股票质押业务的上市公司数据，且这些公司为质押股份市值大于2000万元的上市公司。

资料来源：Choice数据库。

由表 5 可知，安徽发生股票质押业务的公司中有 7 家上市公司的 PE 倍数为负值，占比为 10.61%。在这些 PE 倍数为负的公司中，只有江淮汽车的实际控制人为地方政府国有资产管理机构，其余的全是个人，造成这种现象的原因一方面是民企融资渠道相对有限，需要充分利用股权进行抵押融资而非依靠信用获得融资；另一方面也说明民营企业上市公司相对于国有企业上市公司抗风险能力更弱。另外，从表 5 中还可以看出安徽发生股票质押业务的企业主要以制造业为主（共 47 家，占比 71.21%）。

2. 安徽上市公司全市场质押比例排名

从表 6 可以看出，安徽上市公司全市场质押比例排名前 20 的公司中多数为轻工业、通信和化工行业的公司，其中新光圆成、江南化工、大富科技三家公司的质押比例均超过 50%，新光圆成的质押比例更是高达 67.88%，其市盈率和净资产收益率均为负值。其他公司质押比例均在 22.64% ~32.36%。一家上市公司的股份质押比例超过 50% 意味着超过总股本一半的股票都被质押，且根据监管规定，此类公司已无法在金融机构做新增的股票质押融资。因此上述三家公司的股东应该尽快降低质押比例，积极化解风险，以避免股价下跌带来的平仓行为对上市公司经营造成不利的影响。

表 6　安徽上市公司全市场质押比例排名前 20 的公司

（截至 2019 年 12 月 31 日）

单位：%

排名	证券名称	质押比例	所属 GICS 行业
1	新光圆成	67.88	房地产开发
2	江南化工	56.33	商品化工
3	大富科技	52.36	通信设备
4	黄山胶囊	32.36	制药
5	精工钢构	31.46	建筑产品
6	中公教育	30.55	教育服务

续表

排名	证券名称	质押比例	所属 GICS 行业
7	司尔特	28.13	化肥与农用药剂
8	恒源煤电	27.00	煤与消费用燃料
9	泰尔股份	25.63	工业机械
10	辉隆股份	25.51	贸易公司与经销商
11	山鹰纸业	25.50	纸制品
12	国祯环保	24.72	环境与设施服务
13	中电兴发	24.37	电气部件与设备
14	永新股份	24.32	纸材料包装
15	新力金融	23.57	特殊金融服务
16	聚隆科技	23.53	家用电器
17	神剑股份	23.42	商品化工
18	集友股份	23.14	纸材料包装
19	德力股份	23.06	金属与玻璃容器
20	古井贡酒	22.64	酿酒商与葡萄酒商

资料来源：Choice 数据库。

3. 安徽上市公司大股东高质押比例情况

从表 7 可以看出，安徽上市公司中大股东质押比例有 20 家超过 50%，有 11 家超过 80%，其中江南化工、大富科技、盛运环保和聚隆科技 4 家公司控股股东累计质押数量占持股比例均达到了 100%。新光圆成是表 7 中唯一一家从事房地产开发的公司，通过公开资料披露，其房地产业务的发展面临困境，行业去库存、去杠杆压力继续存在，金融机构对房地产行业的融资条件仍未放松，国家对房地产行业的宏观调控政策仍然趋紧。控股股东占用公司资金及以公司名义违规对外提供担保，导致公司流动性紧张，到期债务未按期偿还形成违约等，对公司经营均产生了较大的负面影响。

表 7　安徽上市公司中大股东质押比例超过 50%和 80%的公司名单

（截至 2019 年 12 月 31 日）

单位：%

证券名称	控股股东累计质押数量占持股比例	所属 GICS 行业	市盈率（PE，TTM）	市净率（PB）	净资产收益率 ROE（TTM）
聚隆科技	100.00	家用电器	52.59	2.60	4.91
大富科技	100.00	通信设备	83.10	2.19	2.85
盛运环保	100.00	环境与设施服务	-0.52	-4.50	—
江南化工	100.00	商品化工	18.60	1.15	6.15
铜峰电子	99.94	电子元件	-127.98	1.62	-1.42
精工钢构	99.73	建筑产品	15.23	1.01	6.53
精达股份	99.10	电气部件与设备	14.19	1.53	10.41
司尔特	98.62	化肥与农用药剂	10.87	0.94	8.20
新光圆成	98.30	房地产开发	-6.43	0.51	-22.05
德豪润达	89.38	家用电器	-0.82	1.62	-167.12
皖通科技	81.35	信息科技咨询与其他服务	34.56	1.94	5.39
山鹰纸业	79.77	纸制品	7.82	1.25	15.35
融捷健康	79.04	消闲设施	-2.70	1.45	-96.18
国祯环保	73.26	环境与设施服务	23.09	2.14	8.87
黄山胶囊	71.12	制药	50.92	2.74	5.32
应流股份	69.99	工业机械	66.64	2.47	3.06
神剑股份	69.21	商品化工	34.29	2.04	5.94
辉隆股份	62.89	贸易公司与经销商	45.48	1.71	3.48
中电兴发	62.46	电气部件与设备	23.44	1.21	5.10
中钢天源	50.00	多种金属与采矿	43.81	3.77	8.42

资料来源：Choice 数据库。

综上可以看出，处于传统制造业的化工行业和矿石能源行业质押的股份较多，其中控股股东质押占比最大的公司盈利能力均较差。安徽存在一些表现较好的公司，如中公教育、古井贡酒等，这些公司本身主业发展较好，质押比例适中，风险控制能力也较强。但是也还有一些质押比例较高的公司，如大富科技、江南化工等，其市场整体质押率超过 50%，大股东质押比例也达到 100%，说明这一类企业及股东自身流动性非常紧张，急需通过变现资产和外部输血等方式降低负债规模。

对于控股股东质押比例超过 50% 的公司，建议控股股东应积极化解股票质押风险；对于质押比例超过 80% 的控股股东，已基本失去通过股票质押获得外部融资的能力，建议控股股东通过尽快出售资产或引入战略投资者等方式，降低负债和自身的股票质押比例。另外，当地政府也可以成立或引入各类纾困基金，提供产业政策支持，或减免、缓交部分税费来帮助控股股东化解风险，让股东渡过难关。当然，对于部分严重资不抵债的股东，可考虑引进新的战略投资者，帮助上市公司恢复生产经营。

（四）安徽上市公司股票质押五年变化情况

如图 1 所示，2015～2019 年，安徽上市公司的整体股票质押融资趋势比较平缓。2015～2016 年质押股数及质押比例都有较明显地上升，整体质押比例从 7. 80% 上升至 10. 41%，质押股数由 66. 55 亿股上升至 105. 32 亿股。但在随后的四年中，则基本保持了平稳态势，整体质押比例稳定在 10% 左右，质押股数徘徊在 105. 32 亿～120. 73 亿股。

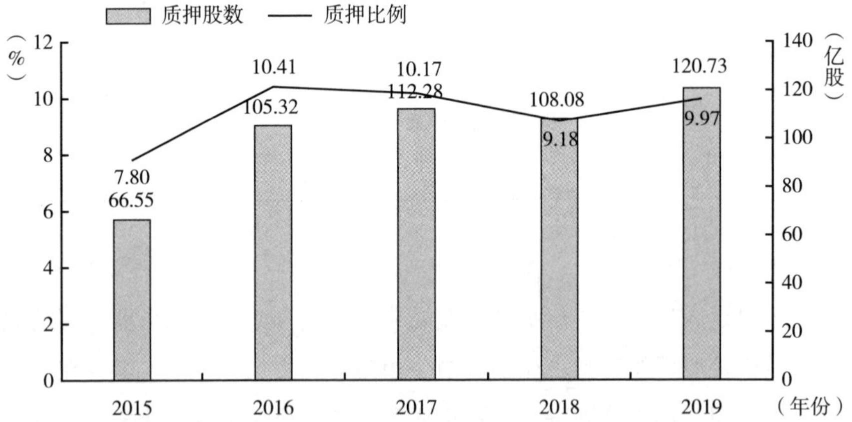

图 1　2015～2019 年安徽上市公司股票质押比例及质押股数

资料来源：Wind 数据库。

由表 8 可知，2015～2018 年，安徽有股票质押的上市公司的数量无论是创业板、中小板还是沪深主板都有一定幅度的增加，合计质押公司数从

90 家增至 104 家。从绝对数来看，沪深主板公司增加了 7 家，创业板公司增加了 4 家。结合表 8 与图 2 可知，2019 年的质押公司数与各板块所占比例都与 2018 年保持一致。从近五年占比来看，中小板公司的绝对值变动不大，占比自 30.0% 降至 26.9%。创业板占比由 12.2% 提升至 14.4%。

表 8　2015～2019 年安徽有股票质押的上市公司按板块分类

单位：家

分类	2015 年	2016 年	2017 年	2018 年	2019 年
创业板	11	12	15	15	15
中小板	27	28	28	30	30
沪深主板	52	54	58	59	59
合计	90	94	101	104	104

资料来源：Wind 数据库。

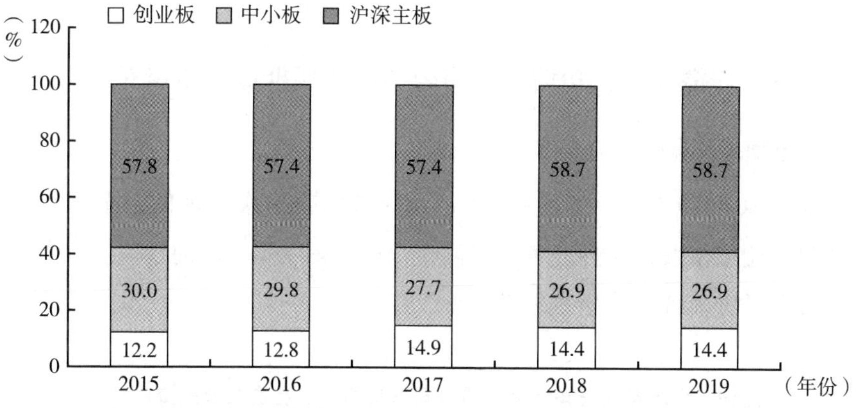

图 2　2015～2019 年安徽有股票质押的上市公司各板块数量占比

资料来源：Wind 数据库。

（五）长三角地区上市公司股票质押业务融资概况

安徽及长三角地区累计融资额和未解押融资额（估算）概况见表 9。

总体上看，安徽股票质押业务相对激进，用 2.31% 的总市值占比获得了 4.3% 的累计融资额占比、4.6% 的未解押融资额占比。同时，安徽、浙江的未解押融资额占比相对累计融资额占比有所提升，而江苏和上海则是下降的。

表9　安徽及长三角地区累计融资额和未解押融资额（估算）概况

单位：亿元，%

地区	累计融资额估算	累计融资额占比	未解押融资额估算	未解押融资额占比
安徽	1454.9	4.3	387.1	4.6
江苏	4076.1	12.0	745.5	8.9
上海	2663.0	7.9	636.9	7.6
浙江	2242.6	6.6	761.3	9.1
全国	33918.2	—	8356.2	—

注1：累计融资额的数据为2013年开展股票质押业务以来截至2020年6月底的数据。未解押融资额的数据为截至2020年6月底的数据。

注2：融资额估算值=质押股票当日市值×0.4。折算率根据不同股票情况一般在0.3~0.5，此处为方便计，取值0.4。仅供参考。

资料来源：Wind数据库。

（六）安徽及长三角地区上市公司股票质押业务质量对比

1. 交易维度对比

从表10可以看出，安徽每10亿元融资的交易次数远低于全国平均水平，这说明安徽股票质押业务质量高于全国平均水平。相对而言，江苏、浙江的股票质押业务总体质量较低。

表10　全国及长三角地区上市公司股票质押交易次数及融资额估算

单位：次，亿元

地区	交易次数	融资额估算	每十亿元融资的交易次数
全国	34148	33918.2	10.1
安　徽	772	1454.9	5.3
江　苏	5440	4076.1	13.3
上　海	1733	2663.0	6.5
浙　江	2763	2242.6	12.3

注：交易次数表征了展期、再次交易的频率。一般而言，交易频率越高，意味着股票质押业务的质量越低。

资料来源：Wind数据库。

2. 长三角地区上市公司质量维度

从表 11 可以看出，在发生股票质押业务的上市公司中，安徽上市公司的市盈率中值在长三角 4 省市中最低，且低于全部 A 股公司；2019 年安徽上市公司的扣非加权净资产收益率（ROE）中值在长三角 4 省市中最高，且超过全部 A 股公司；安徽上市公司商誉占净资产比例中值在长三角 4 省市中最低，且低于全部 A 股公司。总之，发生股票质押业务的安徽上市公司的整体质量在长三角 4 省市中表现最好，且好于全部 A 股公司。

表 11　长三角地区上市公司质量情况

单位：倍，%

	2020 年 6 月 23 日市盈率中值	2019 年报扣非加权 ROE 中值	2019 年商誉占净资产比例中值
全部 A 股公司	30.0	4.83	0.82
安徽	26.1	6.27	0.16
江苏	32.8	5.56	1.16
上海	33.4	5.43	1.08
浙江	29.1	6.02	0.48

注：全部 A 股公司均指发生股票质押业务的上市公司。
资料来源：Wind 数据库。

3. 全国上市公司股票质押疑似平仓情况汇总

由于股票平仓并无公告数据，因此，表 12 基于 Wind 数据库，主要依据股价已经跌破平仓线或有日内的大量抛售行为等来判断。从表 12 可以看出，2015 年以来，安徽上市公司股票质押业务发生疑似平仓案例并不多，合计共有 26 次，疑似平仓总市值合计约 161.29 亿元。长三角地区中，浙江上市公司的疑似平仓总市值约 1948.34 亿元，疑似平仓次数为 253 次，均据全国第二。上海上市公司的疑似平仓总市值约 1419.95 亿元，疑似平仓次数为 84 次。江苏上市公司的疑似平仓总市值约 1185.15 亿元，疑似平仓次数为 196 次。在全国范围内，疑似平仓总市值及疑似平仓次数最高的是广东，分别为 2148.31 亿元及 327 次。

综上可以看出，安徽上市公司股东在股票质押融资业务上的风险控制能力处在全国中上游，在长三角地区中也属于风险控制较好的地区。

表12　2015～2019年全国上市公司股票质押疑似平仓情况汇总

单位：次，亿元

省区市	疑似平仓次数	疑似平仓总市值
广　东	327	2148.31
浙　江	253	1948.34
上　海	84	1419.95
北　京	130	1353.51
江　苏	196	1185.15
山　东	90	566.12
重　庆	34	560.23
辽　宁	54	490.16
福　建	75	414.55
湖　北	64	401.83
内蒙古	14	397.78
四　川	48	350.31
新　疆	30	343.18
甘　肃	21	342.81
山　西	18	342.00
海　南	24	329.01
河　南	41	293.37
湖　南	47	260.22
河　北	24	244.71
黑龙江	22	237.17
陕　西	41	220.30
吉　林	30	166.39
安　徽	26	161.29
宁　夏	10	126.59
江　西	16	123.41
贵　州	11	115.98
青　海	16	108.43
天　津	8	105.95
广　西	23	98.19
云　南	13	92.68
西　藏	8	28.92

资料来源：Wind数据库。

（七）小结

从第二部分的数据分析来看，安徽股票质押业务整体风险控制较好，除了少数上市公司及大股东质押比例较高外，整体质押风险可控。虽然与全国及长三角地区整体水平相比，安徽的质押比例略高，但扣除北京、上海等大型央企、国企较多的地区的数据后，安徽质押水平是较低的，而且就长三角地区各省市而言，安徽上市公司的质押情况也明显好于浙江和江苏两省。综上所述，安徽上市公司质押风险控制较好的原因主要有以下几点：一是省内上市公司整体对质押比例比较谨慎，多数公司质押比例均在 22.64% ~ 32.36%，属于比较安全的比例；二是安徽上市公司属于国资的比例明显高于江苏和浙江，而属于民企的比例较低，这也是整体股票质押业务风险控制较好的原因之一；三是安徽积极采取了多种形式的纾困行动，帮助本地企业解决和缓解流动性问题。如安徽省投资集团与海通证券成立的规模为 100 亿元的民企发展基金，为安徽当地多家企业提供了资金支持；另外还有地方政府也积极参与当地困难企业的纾困工作，如蚌埠市政府参与了德豪润达的纾困工作，芜湖市政府参与了梦舟实业的纾困工作，等等，均为当地企业提供了资金支持。

三　安徽及长三角地区上市公司融资业务对比分析

（一）长三角地区上市公司概况

1. 上市公司家数、总股本、总市值概况

从上市公司家数、总股本、总市值等总量维度来看（见表 13），安徽和江苏经济的证券化程度与长三角其他省市比相对弱势。安徽上市公司家数占比为 2.71%，总股本占比为 1.77%，总市值占比为 2.31%，均不及其 GDP 的占比。上海和浙江的情况则相反，证券化程度超过其 GDP 占比，尤其是浙江，以其 6.30% 的 GDP 占比，获得了上市公司家数 12.22%、总市值 7.82% 的占比。

表 13　全国及长三角地区上市公司家数、总股本、总市值概况

地区	GDP 占比（2019 年）（%）	上市公司家数（家）	上市公司家数占比（%）	总股本（亿股）	总股本占比（%）	总市值（亿元）	总市值占比（%）
全国		3878		71780		692311	
安徽	3.80	105	2.71	1269	1.77	16005	2.31
江苏	10.10	446	11.50	3952	5.51	50013	7.22
上海	3.90	308	7.94	5807	8.09	59906	8.65
浙江	6.30	474	12.22	4478	6.24	54142	7.82

注：上市公司相关数据为截至 2020 年 6 月底的数据。

资料来源：Wind 数据库。

2. 安徽及长三角地区上市公司行业分布、上市板块概况

从上市公司行业分布和上市板块概况来看（见表 14、表 15），安徽上市公司制造业占比低于江苏和浙江，上海的金融业占比突出。安徽在信息传输、软件和信息技术服务业，科学研究和技术服务业与江浙沪的差距比较明显。

值得注意的是，安徽截至 2019 年底在科创板尚无公司上市。

表 14　长三角地区上市公司行业分布概况

单位：家，%

行业	安徽		江苏		上海		浙江	
	家数	占比	家数	占比	家数	占比	家数	占比
制造业	74	70.48	334	74.9	145	47.1	350	73.8
水利、环境和公共设施管理业	5	4.76	8	1.8	3	1.0	5	1.1
信息传输、软件和信息技术服务业	5	4.76	19	4.3	38	12.3	34	7.2
批发和零售业	4	3.81	17	3.8	21	6.8	13	2.7
建筑业	3	2.86	6	1.3	11	3.6	11	2.3
金融业	3	2.86	13	2.9	15	4.9	8	1.7
采矿业	2	1.90		0.0	4	1.3	2	0.4
文化、体育和娱乐业	2	1.90	5	1.1	6	1.9	10	2.1
农、林、牧、渔业	2	1.90	1	0.2	2	0.6		0.0
交通运输、仓储和邮政业	1	0.95	9	2.0	18	5.8	4	0.8
房地产业	1	0.95	8	1.8	26	8.4	13	2.7
电力、热力、燃气及水生产和供应业	1	0.95	6	1.3	3	1.0	5	1.1

续表

行业	安徽		江苏		上海		浙江	
	家数	占比	家数	占比	家数	占比	家数	占比
科学研究和技术服务业	1	0.95	11	2.5	5	1.6	3	0.6
教育	1	0.95			1	0.3		0.0
租赁和商务服务业			2	0.4	6	1.9	11	2.3
住宿和餐饮业			1	0.2	2	0.6		0.0
综合			5	1.1	2	0.6	1	0.2
卫生和社会工作			1	0.2			4	0.8

资料来源：Wind 数据库。

表 15　长三角地区上市公司上市板块概况（截至 2019 年底）

单位：家，%

上市板块	安徽		江苏		上海		浙江	
	家数	占比	家数	占比	家数	占比	家数	占比
主板	59	56.19	210	47.1	212	68.8	227	47.9
中小企业板	31	29.52	104	23.3	31	10.1	142	30.0
创业板	15	14.29	110	24.7	48	15.6	94	19.8
科创板			22	4.9	17	5.5	11	2.3

资料来源：Wind 数据库。

3. 安徽及长三角地区上市公司实控人性质概况

从上市公司实控人性质概况来看（见表 16），安徽上市公司属于国资的比例明显高于江苏和浙江，属于民企的比例明显低于江苏和浙江。

表 16　长三角地区上市公司实控人性质概况

单位：家，%

实控人属性	安徽		江苏		上海		浙江	
民企	61	58.1	319	71.5	159	51.6	374	78.9
国资	40	38.1	78	17.5	127	41.2	57	12.0
其他	4	3.8	49	11.0	22	7.1	43	9.1

注："民企"指实控人是个人（含境外），"国资"指实控人是中央国资委、地方国资委、地方政府和国企，"其他"指除"民企"和"国资"以外的情况。

资料来源：Wind 数据库。

4. 安徽及长三角地区上市公司盈利能力及估值

从上市公司盈利能力情况看（见表 17），2019 年报显示，安徽的扣非后加权净资产收益率（ROE）中位数在长三角地区最低，浙江最高。

从 2020 年 6 月底滚动市盈率［PE（TTM）］中位数来看，市场给安徽上市公司的整体估值处于长三角最低水平。

表 17　长三角地区上市公司盈利能力及估值

盈利能力及估值	安徽	江苏	上海	浙江
2019 年报扣非后加权 ROE 中位数(%)	5.90	6.49	5.95	6.97
2020 年 6 月底 PE(TTM)中位数	25.1	32.9	35.7	28.5

资料来源：Wind 数据库。

（二）安徽及长三角地区上市公司证券市场融资概况

从过去 3 年证券市场融资角度看（见表 18），安徽获得证券市场融资的比例（2.6%）也低于其 GDP 占比（3.8%），与长三角其他省市相比明显较弱。浙江以 6.3% 的 GDP 占比，获得了 9.6% 的证券市场融资占比，表明浙江资本市场发达，企业充分利用了资本市场的作用，值得安徽借鉴。从融资方式来看，江浙沪的首发家数远超安徽，证券市场融资方式也更加多元化，首发、增发、配股、优先股、可转债、可交换债齐头并进。

表 18　全国及长三角地区上市公司证券市场融资情况

单位：亿元，%

地区	融资总额		各种方式融资规模					
	总额	占比	首发	增发	配股	优先股	可转债	可交换债
全国	42531		6368	23973	656	4177	4787	2570
安徽	1126	2.6	73	783	36		184	50
江苏	3825	9.0	751	2093	65	200	638	78
上海	4175	9.8	457	2445		200	823	250
浙江	4098	9.6	781	2251	5	200	554	307

注：统计时段为过去三年，即 2017 年 6 月到 2020 年 6 月，按上市日统计。

资料来源：Wind 数据库。

（三）安徽及长三角地区企业获得金融机构贷款情况

从安徽企业获得银行信贷等金融机构贷款的能力来看（见表 19、表 20），安徽企业获得金融机构贷款的能力偏弱，与其 GDP 占比不匹配，相应地，浙江在金融机构贷款方面表现出很强的能力。

表 19　长三角地区企业获得金融机构贷款情况

单位：%

地区	2019 年 GDP 占比	2019 年非金融企业获得新增贷款占比	获得贷款能力指数
安徽	3. 8	1. 7	44. 7
江苏	10. 1	5. 7	56. 4
上海	3. 9	2. 00	51. 3
浙江	6. 3	4. 70	74. 6

注 1：“非金融企业获得贷款占比” =2019 年非金融企业及机关团体贷款增量/2019 年全国金融机构各项贷款增量（“全国金融机构对非金融企业及机关团体新增贷款”数据缺失，以“全国金融机构各项贷款增量”替代。仅供参考。）

注 2：“获得贷款能力指数”计算公式为：［1 －（GDP 占比 －新增贷款占比）/GDP 占比］×100%，仅为方便叙事而设，仅供参考。

资料来源：Wind 数据库。

表 20　过去 3 年非金融机构获得贷款增量

单位：亿元

全国:各项贷款增量	478131. 40
安徽:非金融企业及机关团体贷款增量	6974. 54
江苏:非金融企业及机关团体贷款增量	25023. 20
上海:非金融企业及机关团体贷款增量	11152. 94
浙江:非金融企业及机关团体贷款增量	19623. 60

注：过去 3 年贷款增量 =2020 年 1 月贷款余额 －2017 年 1 月贷款余额。

资料来源：Wind 数据库。

（四）小结

对比安徽各类社会融资数据可以看出，无论是上市公司证券市场融资规模占比，还是非金融企业获得新增贷款占比，结合第二部分中安徽的质押股份市值占比，上述指标均明显低于其在全国经济体量的占比，充分说明安徽未充分利用资本市场优化资源配置等功能来提高省内的融资能力。另外也说明，与长三角地区其他省市相比，省内资本市场的开放程度还不够，没有充分发挥长三角地区大型金融机构的资源和专业优势，为安徽企业提供综合、专业及高效的一揽子金融服务。

四　研究结论和建议

（一）研究结论

通过分析安徽上司公司股票质押情况可知，截至2019年底，表面上看安徽上市公司质押股数和质押股份市值占比均高于全国及长三角地区上市公司水平。但从单个省份来看，安徽的以上数据则远低于浙江和江苏。

从全国各省区市质押股份市值占含股票质押业务的上市公司总市值的比例来看，安徽的质押股份市值占比全国排名为第24位，也是比较靠后的。而浙江为第13位，江苏为第22位，上海为第29位。这说明，安徽上市公司质押股份市值的占比处于较低水平。

安徽也有不少整体质押比例和大股东质押比例都非常高的上市公司，如上市公司新光圆成、大富科技、江南化工的整体质押比例都超过50%，超过监管部门的质押红线。另外大股东质押持股比例也有20家超过50%，有11家超过80%，其中江南化工、大富科技、盛运环保和聚隆科技4家公司控股股东累计质押数量占持股比例均达到了100%。说明这些企业及股东自身流动性非常紧张，急需通过变现资产和外部输血等方式降低负债规模。

综上分析，安徽股票质押业务整体风险控制较好，除了少数上市公司及大股东质押比例较高外，整体质押风险可控。虽然与全国及长三角地区整体水平相比，安徽的质押比例略高，但扣除北京上海等这些大型央企、国企较多的地区的数据后，安徽质押水平较低，而且就长三角地区各省市而言，安徽上市公司的质押情况也明显好于浙江和江苏两省。综上所述，安徽上市公司质押风险控制较好的原因主要有以下几点：一是省内上市公司整体对质押比例比较谨慎，多数公司质押比例均在22.64%～32.36%，属于比较安全的比例；二是从上市公司实控人情况来看，安徽上市公司属于国资的比例明显高于江苏和浙江，属于民企的比例明显低于江苏和浙江；三是安徽积极地采取了多种形式的纾困行动，帮助本地企业解决和缓解流动性问题。

另外，对比安徽各类社会融资数据可以看出，无论是上市公司证券市场融资规模占比，还是非金融企业获得新增贷款占比，均明显低于其在全国经济体量的占比。如安徽上市公司家数占比为2.71%，总股本占比为1.77%，总市值占比为2.31%，均不及其GDP的占比。从过去3年证券市场融资角度看，安徽获得证券市场融资的比例（2.6%）也低于其GDP占比（3.8%），与长三角其他省市相比明显较弱，证券化率有待提高。这也充分说明安徽未充分利用资本市场优化资源配置等功能来提高省内的融资能力。

（二）建议

因股票质押业务是一种为股东提供短期流动性的盘活资产方式，而且抵押资产的市值波动较大，要避免通过该融资方式为一些中长期项目提供资金支持。一旦价格波动造成资产价值大幅下降而没有资金和资产补仓时，短贷长投很容易导致流动性风险。建议上市公司股东在开展股票质押时，控制自身的质押比例，资金用途避免短贷长投。股东自身股票质押比例控制在50%以下是比较安全的，如果股价出现下跌导致质押比例上升，则需要降低融资规模，使其保持在安全区域内，避免因质押比例过高对上市公司形象造成负面影响，从而影响公司的正常经营及在其他金融机构的融资功能。

另外，从报告的第二部分内容可以看出，安徽有不少上市公司整体质押比例及大股东质押比例偏高，如新光圆成、大富科技、江南化工等，其市场整体质押率超过50%，说明这一类企业及股东自身流动性非常紧张，对上市公司本身的经营及市场形象都造成一定的负面影响，为了消除这种不利影响，急需通过变现资产和外部输血等方式降低负债规模。对于这一类企业，建议通过以下方式逐步缓解公司及其股东的流动性问题。

（1）政府部门成立专门帮扶困难企业小组，协调处理因短期流动性出现问题的企业融资问题。

（2）政府部门与金融机构一起成立专项纾困基金，通过为困难企业和股东提供资金支持的形式解决流动性问题。

（3）质押比例较高的大股东本身要改变观念，尽快处置自身部分股权或外部资产，解决短期资金需求。

（4）针对上市公司主营业务不理想的企业，可以通过引进新的战略股东或者盈利能力强的战略新型产业，提升上市公司盈利能力，从而提升股东持股价值。

（5）对于流动性出现枯竭的股东，可以考虑转让上市公司控股权，从而解决自身流动性问题。

最后，与长三角地区其他省市相比，安徽资本市场的开放程度还不够，建议安徽进一步深化金融市场的改革，推进金融市场的开放，融入长三角地区金融市场，充分利用和发挥长三角地区大型金融机构的资源和专业优势，为安徽企业提供综合、专业及高效的一揽子金融服务，提升省内优化资源配置的功能。

B.17
后 记

本书是安徽省政府发展研究中心、安徽省投资集团与华安证券、国元证券、中国科学技术大学管理学院等单位合作课题“安徽省上市公司发展研究”的最终研究成果。全书对安徽省上市公司发展状况进行了系统研究，从不同侧面展示了安徽省上市公司发展质量和水平，探究了上市公司对安徽省经济发展的影响，提出了推动安徽省上市公司发展的对策建议，对推动安徽省上市公司和资本市场健康稳定发展、区域经济协调发展、长三角一体化发展具有重要的实用价值和重大的现实意义。

《安徽上市公司发展报告（2020）》由吴劲松、陈翔、章宏韬、蔡咏领衔主编，钱良信、蔡毅、刘志迎组织编撰，蔡的贵、张道刚、梁欣然、吕海、尹沿技负责编撰协调等工作。全书由钱良信、蔡毅、刘志迎、梁欣然具体修改和统稿，吴劲松、陈翔、章宏韬、蔡咏审阅并定稿。

在本书的编写过程中，得到了安徽省地方金融监督管理局局长何昌顺，安徽证监局局长叶锦伟、副局长张文生，容诚会计师事务所管理合伙人朱宗瑞的指导和支持，编委会在此表示衷心感谢。

在本书的出版过程中，得到了国家金融与发展实验室、社会科学文献出版社的鼎力支持，编委会在此致以诚挚的谢意。

受时间与能力所限，本书的缺点和错误在所难免，我们真诚地希望得到社会各界的批评指正，以便我们在下一年的编撰过程中予以改进。

编委会

2020 年 9 月

Abstract

Anhui provincial investment group has conducted research on listed companies in Anhui by the Hua'an Securities, Guoyuan Securities, and University of Science and Technology of China for two consecutive years, and released the *Development Report on Anhui Listed Company (2018)* and *Development Report on Anhui Listed Company (2019)*, which systematically display the development of Anhui's listed companies and capital market, and build an Anhui characteristic, high-end, professional and nationally well-known capital market research brand. Based on the research reports of the previous two years, the 2020 annual report will continue to focus on the key points under the new situation, conduct follow-up research on listed companies in Anhui, and deeply analyze the main problems in the development of listed companies. The general report is formed on the basis of summarizing and refining the main research results of 6 sub-reports, 1 reference report and 8 special reports on the development of Anhui listed companies.

The sub-reports systematically researched the development of Anhui listed companies in 2019 from six aspects: performance development, innovation capabilities, operating capabilities, investment and financing, social contribution and responsibility, and comprehensive development capabilities. And we further disassemble each aspects into specific indicators, not only from the overall research, but also from the industry structure, city structure and equity structure level to make a detailed analysis. Finally we integrate all levels of indicators to make a comprehensive evaluation, which comprehensively displays the level and quality of Anhui listed companies' development.

The reference article focuses on the development of listed manufacturing companies in the Yangtze River Delta. It analyzes the regional advantages and development shortcomings of the listed manufacturing companies in Yangtze River Delta in terms of overall overview, capital market performance, industry structure, innovation capabilities, mergers and acquisitions, etc. According to the analysis, we put forward countermeasures and suggestions to promote the high-quality development of Anhui manufacturing listed companies.

The special report focuses on topics such as intelligent upgrade, development of science and technology enterprises, spin-off and listing, standardized information disclosure, stock pledged repurchase, etc. Through benchmarking analysis, combined with the Anhui regional market and the practice of Anhui listed companies, some targeted and professional suggestions are put forward.

Through systematic inspections and evaluations from multiple aspects, the 2020 annual report provides a panoramic description and analysis of the development of listed companies in Anhui, and comprehensively displays the image of "Anhui sector" of the capital market through detailed data index measurement. The report proposes relevant countermeasures against the main problems in the development of Anhui listed companies, which are of great practical significance for promoting the development of listed companies in Anhui, the coordinated development of the regional economy, and the integrated development of the Yangtze River Delta.

Keywords: Listed Companies; Capital Market; Integration of the Yangtze River Delta; Information Disclosure; Intelligent Upgrade

Contents

I General Report

Abstract: 2019 is the 70th anniversary of the founding of the People's Republic of China (PRC) and the first year for Anhui to join in the integration of Yangtze River Delta. Due to the complex and severe external environment, economic downward pressure continues to increase, but Anhui listed companies took the initiative to develop and have achieved positive results. Focusing on hot topics, such as capital market reform, manufacturing transformation and upgrading and etc. , this report multi-dimensionally analyzes and evaluates of the quality of Anhui listed companies' development. The results show that Anhui public companies continue to develop, but some problems still need to be solved. In addition, several countermeasures are put forward from the government and the enterprise level, aiming to play an active role in promoting the high-quality development of Anhui listed companies and promoting the integration of Yangtze River Delta.

Keywords: High Quality Development; Anhui; Listed Companies; Capital Market

Ⅱ Sub-reports

Abstract: Based on the relevant theories of business performance, this report makes a systematic evaluation on the performance development of listed companies in Anhui province, and concludes that the overall performance of listed companies in Anhui province is good, the regional development is unbalanced, and the industry performance is obviously differential. Finally, based on the research conclusion, it proposes to speed up the transformation and upgrading of traditional advantageous industries, strengthen the construction of innovation capacity, and optimize regional development Layout and other countermeasures and suggestions.

Keywords: Performance of Listed Companies; Business Efficiency; ROE; ROA

Abstract: Based on the theory of financial management, investment and financing management, this report uses the data of Wind database, multi-angle study the investment and financing structure of listed companies in Anhui, ranks and compares the scale. Through the studies, this report draws some useful conclusion. The total investment and financing level of listed companies in Anhui has been greatly improved, the proportion of outward investment has increased, and the proportion of direct financing has increased to some extent, but still needs to be strengthened. Based on these conclusions, it puts forward some countermeasures and suggestions, such as government guiding capital investment direction, cultivating potential listed companies, promoting industry upgrading, creating better policy environment, companies in Anhui increasing outward investment, developing direct financing, and actively carrying out M&As.

Keywords: Inward Investment; Outward Investment; Direct Financing; Indirect Financing

B. 4 Report of Operating Capability on Listed Companies in Anhui

Liu Tianxiang, Gong Lei, Ni Ping and Yang Huan / 149

Abstract: Based on financial management theory, this report uses the entropy weighting method to conduct a systematic study on the operating capability of various assets of listed companies in Anhui. It is concluded that the external environmental impact of listed companies in Anhui is limited, the internal control is generally stable, and the development of the industry remains stable. Individual companies are still insufficient, regional differences still need to be improved, and other conclusions. In response to the above conclusions, it puts forward countermeasures and suggestions to strengthen accounts receivable and inventory management, rationally dispose of idle assets, improve internal control systems, and enhance corporate awareness of danger.

Keywords: Operating Capability; Accounts Receivable; Fixed Assets; Internal Control

B. 5 Report on Innovation Capability Development of Listed Companies in Anhui

Fu Lihua, Lu Chen, Wu Wanting and Zha Weiting / 188

Abstract: Based on the theory of technological innovation and entropy weighting method, this report makes an overall study on the innovation capability of listed companies in Anhui and a specific study from the perspective of industry, region and ownership structure. It is concluded that the overall situation of innovation input of listed companies in Anhui is good, the innovation output needs to be improved, the high-tech industry continues to grow, the traditional manufacturing industry still needs to rise, the regional differences are obvious, and the innovation output of private enterprises needs to be improved. Based on these research conclusions, this report puts forward some countermeasures and suggestions, such as increasing the intensity of research and development, accelerating the accumulation of talents, strengthening the patent consciousness of enterprises, strengthening the construction of regional scientific and technological innovation system, integrating innovation resources, and promoting the accelerated integration of traditional industries and scientific and technological innovation. Finally, based on the effect of COVID − 19 and the basic policy objectives of "six stabilities" and "six guarantees", the prospect is put forward.

Keywords: Innovation Capability; R&D Intensity; Enterprise Patent

Abstract: In the information age, public opinion is extremely influential, and corporate social responsibilities and contributions can even affect corporate social image more than ever. In the context of Sino −US trade frictions, it is more valuable to examine the overall performance of listed companies' social responsibilities and their contributions to society. Based on accounting principles, this report uses scientific evaluation methods to evaluate the social contributions and social responsibilities of listed companies in Anhui from multiple perspectives. The main conclusion of this report is that in 2019, social contributions of listed companies in Anhui declined due to the economic environment, while their performance in fulfilling their social responsibilities has improved. Combined with the domestic and international economic environment and the regional characteristics of Anhui, targeted opinions and suggestions were put forward from the perspectives of enterprises, governments and investors.

Keywords: Social Contributions; Social Responsibilities; Anhui Listed Companies

Abstract: In the context of the trade friction between China and the United States, the containment strategy of the United States against China and the dynamic and volatile external environment, the comprehensive development capability of listed companies has become an important issue of theoretical and practical concern. This report constructed the evaluation index system of CDC, ranked the listed companies according to the CDC score obtained from the entropy weighting method and carried on a thorough analysis on the CDC condition of listed companies in Anhui province. It is concluded that the CDC of some individuals are high, but this is not the case in terms of the CDC of the whole listed companies in Anhui province. The CDC of companies located in the south of Anhui province is higher than that of the northern area in Anhui. The CDC of companies affiliated to high technology industry and central state is higher than that of the companies that are not central state-owned, and affiliated to low technology industry. It is proposed that, the listed companies in Anhui province should focus on their weak links, make best use of their regional endowment, and facilitate integration of traditional industry with information industry; the government should continue to deepen the reform of state-owned enterprises, etc.

Keywords: Comprehensive Development Capability; Evaluation Index System; Focus on the Weak Links; Balanced Development

Ⅲ Experience and Lessons

Abstract: Listed manufacturing companies in the Yangtze River Delta are an important force to promote the integrated development of the Yangtze River Delta and build world-class industrial clusters. Taking 872 listed companies in 2019 as research objects, this report analyzes the development of listed companies in the manufacturing industry in the Yangtze River Delta region from the perspectives of general situation, industry structure, innovation, finance and refinancing. Through these studies, readers can perceive the foundation, characteristics and trends of manufacturing industry development in Shanghai, Jiangsu, Zhejiang and Anhui. While analyzing the whole of the Yangtze River Delta, the report pays more attention to analyzing the comparative advantages and development weaknesses of Anhui. Based on these, the report puts forward some suggestions on Anhui's deep integration into the division of labor and cooperation in the Yangtze River Delta manufacturing industry. The suggestions are expected to provide reference for the government to improve the industrial development environment, optimize resources allocation for market entities and improve the core competitiveness of manufacturing enterprises.

Keywords: Yangtze River Delta Manufacturing Industry; Listed Company; Refinancing

Ⅳ Special Topic Reports

Abstract: In the power to promote the high-quality development of listed companies, the policy guidance and norms can not be ignored variables, in addition to technological innovation, investment and financing, intermediary services and other factors. Based on a systematic review and in-depth analysis of relevant policy guidance and focus points in Anhui Province in the past decade, this report selects Shanghai, Zhejiang, Jiangsu, which are leading in the number of listed enterprises, and Hunan Hubei, which have a rapid growth in the number of listed enterprises, to sort out the similarities and differences of the government support enterprise listing policies, reveal the problems and shortcomings of Anhui's supporting enterprise listing policies, and put forward accordingly a series of policy suggestions, such as formulating special action plan, encouraging listed enterprises to refinance and merge and reorganize, and improving the green channel of listing, are made in order to provide reference for Anhui to find out the direction and focus of policy development in the next step.

Keywords: Listing of Enterprises; Industrial Policy; Listing Reward

Abstract: In response to the national strategic call "Made in China 2025", Anhui has made intelligent manufacturing one of its key projects, innovating in policy and method, and constantly promoting intelligent upgrading of local manufacturing industries. Based on the development status of intelligent manufacturing industry in Anhui, this report analyzes the current environment and the constraints of intelligent manufacturing in Anhui Province, including talent shortage, lack of technology innovation, and limited financial support. This report further lists three typical intelligent manufacturing enterprises in Anhui, deeply analyzing their intelligent upgrading paths, which provides references for other enterprises. At last, this report put forward four suggestions for the intelligent upgrading of listed manufacturing companies in Anhui Province, which are: promoting cross-border integration of the Internet, creating the advantages of intelligent manufacturing technology, giving full play to the capital financing function, and encouraging diversified upgrade.

Keywords: Manufacturing Industry; Intelligent Manufacturing; Digital Management

Abstract: The problems of financial fraud, performance manipulation and low profit quality of Listed Companies in China hinder the realization of high-quality development goals of the real economy. However, there are obvious defects in the existing evaluation standards of profit quality: first, the index system is incomplete; second, the profitability is overemphasized; third, the subjectivity of weight is strong. This paper first analyzes the four major factors that affect the earnings quality of listed companies: accounting policies and accounting standards, corporate governance structure, sustainable operation ability and financial risk of the company; then, from five aspects of the authenticity, sustainability, growth, cash guarantee and profitability of the characteristics of profit quality, it constructs whether the accounting firm issues standard unqualified audit report, whether the accounting firm issues the standard unqualified opinion audit report, whether the accounting firm issues the standard unqualified opinion audit report, and whether the accounting firm issues the standard unqualified audit report There are 13 profit quality evaluation index systems, such as operating profit cash flow ratio, non recurring profit and loss proportion, operating profit growth rate, net cash flow growth rate, return on net assets, net sales interest rate and net interest rate of total assets. Finally, two objective weighting methods, principal component analysis and entropy method, are provided to determine the weight of each index. Finally, the paper analyzes the operation of F company with the method of profit quality evaluation, and compares it with Hikvision, and concludes that the profit quality of F company needs to be improved.

Keywords: Listed Company; Profit Quality Evaluation; Financial Risk

B. 12 Research on the Countermeasures for the Capital Market to Promote the Development of Anhui Science and Technology Innovation

Yin Yanji / 418

Abstract: This report is based on a review of the successful experience of typical foreign developed economies in supporting scientific and technological innovation, combined with the development status of the capital market and technological innovation in Anhui Province, and examines the long-standing problems in Anhui Province's current process of supporting technological innovation in the capital market. Research. Finally, from the perspective of the government and enterprises, it puts forward countermeasures and suggestions for the capital market to better support the development of scientific and technological innovation in Anhui. The government should promote the construction of a multi-level capital market, improve market efficiency, strengthen the cultivation and management of reserve enterprises, gather resource elements, and support enterprises to grow bigger and stronger. At the same time, companies also need to actively expand financing channels, strengthen market value management, and focus on their main businesses, in order to find the optimal development path suitable for Anhui Province.

Keywords: Capital Market; Scientific and Technological Innovation; Emerging Industries

Abstract: In December 2019, the China Securities Regulatory Commission officially issued the "Regulations on the Pilot Domestic Listing of Subsidiaries of Listed Companies Spin-off". Spin-off listings may spring up officially in the A-share market. Spin-off listing can provide incremental means for the reform of Anhui's state-owned enterprises, help the restructuring and upgrading of Anhui's industry, and promote Anhui's state-owned business to improve operating efficiency. Spin-off listings of Anhui state-owned enterprises should be based on long-term strategic considerations. High-quality assets should be selected for spin-off listings. Proper market types are also crutial. Spin-off and listing should be prepared in advance, process managements should be under control, and financial issues should be emphasized. At the same time, enterprises that plan to spin-off should take the opportunity to improve its governance mechanism. Firms should continue to pay attention to the integration of resources after the spin-off.

Keywords: State-owned Listed Companies; Spin-off; Anhui

Abstract: This report takes four cases of illegal information disclosure by listed companies in Anhui as examples, sorts out illegal methods such as financial fraud, capital occupation, and illegal guarantees, analyzes the causes of listed companies' violations from both internal and external levels, and put forward suggestions like strengthening supervision, strengthening corporate governance, strengthening the diligence of accounting firms and establishing investor value investment ideas.

Keywords: Illegal Information Disclosure; Listed Companies; "Securities Law of the People's Republic of China"

Abstract: This report summarizes the information disclosure and external supervision of Listed Companies in Anhui Province in 2019 according to the listing or trading channels of the Shanghai, Shenzhen and Hongkong Stock Exchange. On this basis, focusing on the Exchange Inquiry Letter, the problems in accounting treatment, internal control and information disclosure found in the securities supervision of listed companies are comprehensively sorted, analyzed and summarized, and detailed listed in 8 categories, such as asset impairment. The causes of the problems are analyzed and summarized systematically, and relevant countermeasures and policy suggestions are put forward.

Keywords: Financial Report; Information Disclosure; Supervision of Listed Companies

Abstract: Stock pledge financing is one of the supplementary ways for shareholders of listed companies to obtain credit funds. This report first elaborates on the stock pledge business model and participation channels, then sorts out the stock pledge business overview of listed companies in Anhui, and then compares and analyzes the shareholder financing business of listed companies in the Yangtze River Delta region and the whole country, and finds that the Compared with provinces and cities, shareholders of Anhui listed companies have better risk control in the field of stock pledge financing. At the same time, the study found that the financial and business difficulties of listed companies often accompany the financial and business difficulties of major shareholders, which are fully reflected by market value fluctuations. Stock pledge financing is a way to solve the short-term capital needs of listed company shareholders. Therefore, shareholders and borrowing institutions must regulate the use of funds, avoid short-term investment and long-term investment, and actively resolve the debt risks of listed companies and shareholders with high pledge rates.

Keywords: Stock Pledge; Yangtze River Delta; Risk Control

皮 书

智库报告的主要形式
同一主题智库报告的聚合

皮书定义

皮书是对中国与世界发展状况和热点问题进行年度监测，以专业的角度、专家的视野和实证研究方法，针对某一领域或区域现状与发展态势展开分析和预测，具备前沿性、原创性、实证性、连续性、时效性等特点的公开出版物，由一系列权威研究报告组成。

皮书作者

皮书系列报告作者以国内外一流研究机构、知名高校等重点智库的研究人员为主，多为相关领域一流专家学者，他们的观点代表了当下学界对中国与世界的现实和未来最高水平的解读与分析。截至 2020 年，皮书研创机构有近千家，报告作者累计超过 7 万人。

皮书荣誉

皮书系列已成为社会科学文献出版社的著名图书品牌和中国社会科学院的知名学术品牌。2016 年皮书系列正式列入“十三五”国家重点出版规划项目；2013~2020 年，重点皮书列入中国社会科学院承担的国家哲学社会科学创新工程项目。

中国皮书网

（网址：www.pishu.cn）

发布皮书研创资讯，传播皮书精彩内容
引领皮书出版潮流，打造皮书服务平台

栏目设置

◆关于皮书

何谓皮书、皮书分类、皮书大事记、
皮书荣誉、皮书出版第一人、皮书编辑部

◆最新资讯

通知公告、新闻动态、媒体聚焦、
网站专题、视频直播、下载专区

◆皮书研创

皮书规范、皮书选题、皮书出版、
皮书研究、研创团队

◆皮书评奖评价

指标体系、皮书评价、皮书评奖

◆互动专区

皮书说、社科数托邦、皮书微博、留言板

所获荣誉

◆2008 年、2011 年、2014 年，中国皮书网均在全国新闻出版业网站荣誉评选中获得“最具商业价值网站”称号；

◆2012 年，获得“出版业网站百强”称号。

网库合一

2014年，中国皮书网与皮书数据库端口合一，实现资源共享。

S 基本子库
UB DATABASE

中国社会发展数据库（下设 12 个子库）

整合国内外中国社会发展研究成果，汇聚独家统计数据、深度分析报告，涉及社会、人口、政治、教育、法律等 12 个领域，为了解中国社会发展动态、跟踪社会核心热点、分析社会发展趋势提供一站式资源搜索和数据服务。

中国经济发展数据库（下设 12 个子库）

围绕国内外中国经济发展主题研究报告、学术资讯、基础数据等资料构建，内容涵盖宏观经济、农业经济、工业经济、产业经济等 12 个重点经济领域，为实时掌控经济运行态势、把握经济发展规律、洞察经济形势、进行经济决策提供参考和依据。

中国行业发展数据库（下设 17 个子库）

以中国国民经济行业分类为依据，覆盖金融业、旅游、医疗卫生、交通运输、能源矿产等 100 多个行业，跟踪分析国民经济相关行业市场运行状况和政策导向，汇集行业发展前沿资讯，为投资、从业及各种经济决策提供理论基础和实践指导。

中国区域发展数据库（下设 6 个子库）

对中国特定区域内的经济、社会、文化等领域现状与发展情况进行深度分析和预测，研究层级至县及县以下行政区，涉及地区、区域经济体、城市、农村等不同维度，为地方经济社会宏观态势研究、发展经验研究、案例分析提供数据服务。

中国文化传媒数据库（下设 18 个子库）

汇聚文化传媒领域专家观点、热点资讯，梳理国内外中国文化发展相关学术研究成果、一手统计数据，涵盖文化产业、新闻传播、电影娱乐、文学艺术、群众文化等 18 个重点研究领域。为文化传媒研究提供相关数据、研究报告和综合分析服务。

世界经济与国际关系数据库（下设 6 个子库）

立足“皮书系列”世界经济、国际关系相关学术资源，整合世界经济、国际政治、世界文化与科技、全球性问题、国际组织与国际法、区域研究 6 大领域研究成果，为世界经济与国际关系研究提供全方位数据分析，为决策和形势研判提供参考。